# L'homme et la nature

ou la géographie physique modifiée par l'action humaine

George P. Marsh

Writat

Cette édition parue en 2023

ISBN : 9789359252056

Publié par
Writat
email : info@writat.com

# Contenu


PRÉFACE ........................................................- 1 -

LISTE BIBLIOGRAPHIQUE ......................................- 3 -

CHAPITRE PREMIER. ..........................................- 14 -

   INTRODUCTION. ...........................................- 14 -

CHAPITRE II. ...................................................- 43 -

TRANSFERT, MODIFICATION ET EXTIRPATION
D'ESPÈCES VÉGÉTALES ET ANIMALES. .................- 43 -

CHAPITRE III. ..................................................- 81 -

   LES BOIS. ................................................- 81 -

CHAPITRE IV. ..................................................- 188 -

   LES EAUX. ...............................................- 188 -

CHAPITRE V .....................................................- 255 -

   LES SABLES. .............................................- 255 -

CHAPITRE VI. ..................................................- 292 -

CHANGEMENTS GÉOGRAPHIQUES PROJETÉS OU
POSSIBLES PAR L'HOMME. .........................- 292 -

NOTES DE BAS DE PAGE : ....................................- 315 -

ANNEXE. .......................................................- 481 -

# PRÉFACE

L'objet du présent volume est : d'indiquer le caractère et, approximativement, l'étendue des changements produits par l'action humaine dans les conditions physiques du globe que nous habitons ; signaler les dangers de l'imprudence et la nécessité de la prudence dans toutes les opérations qui, à grande échelle, interfèrent avec les arrangements spontanés du monde organique ou inorganique ; suggérer la possibilité et l'importance de la restauration des harmonies perturbées et de l'amélioration matérielle des régions dévastées et épuisées ; et, incidemment, pour illustrer la doctrine selon laquelle l'homme est, à la fois en genre et en degré, une puissance d'un ordre plus élevé que toutes les autres formes de vie animée, qui, comme lui, se nourrissent à la table de la nature généreuse.

Aux stades les plus rudes de la vie, l'homme dépend de la croissance spontanée des animaux et des végétaux pour se nourrir et se vêtir, et sa consommation de ces produits diminue par conséquent l'abondance numérique des espèces qui lui servent à ses besoins. À des époques plus avancées, il protège et propage certains légumes esculents et certains oiseaux et quadrupèdes, et, en même temps, fait la guerre aux organismes rivaux qui s'attaquent à ces objets de ses soins ou entravent l'augmentation de leur nombre. C'est pourquoi l'action de l'homme sur le monde organique tend à renverser l'équilibre originel de ses espèces, et tandis qu'elle réduit le nombre de certaines d'entre elles, ou même les extirpe complètement, elle multiplie d'autres formes de vie animale et végétale.

L'extension de l'industrie agricole et pastorale implique un élargissement de la sphère du domaine de l'homme, par l'empiétement sur les forêts qui couvraient autrefois la plus grande partie de la surface terrestre autrement adaptée à son occupation. L'abattage des bois a eu des conséquences capitales sur le drainage du sol, sur la configuration extérieure de sa surface et probablement aussi sur le climat local ; et l'importance de la vie humaine en tant que pouvoir transformateur est peut-être plus clairement démontrée dans l'influence que l'homme a ainsi exercée sur la géographie superficielle que dans tout autre résultat de son effort matériel.

Les terres conquises sur les forêts doivent être à la fois drainées et irriguées ; les berges des fleuves et les côtes maritimes doivent être sécurisées au moyen de remparts artificiels contre les inondations causées par les crues intérieures et océaniques ; et les besoins du commerce exigent l'amélioration des voies naturelles et la construction de voies de navigation artificielles. Ainsi l'homme est obligé d'étendre sur les eaux instables l'empire qu'il avait déjà fondé sur la terre solide.

Le bouleversement du lit des mers et les mouvements de l'eau et du vent mettent à nu de vastes dépôts de sable, qui occupent l'espace nécessaire au confort de l'homme, et souvent, par la dérive de leurs particules, submergent les domaines de l'industrie humaine d'invasions comme désastreuse comme les incursions de l'océan. D'un autre côté, sur de nombreuses côtes, les dunes protègent les rives de l'érosion causée par les vagues et les courants, et abritent des terres précieuses des vents marins violents. L'homme doit donc tantôt résister, tantôt favoriser la formation et la croissance des dunes, et soumettre les sables arides et volants à la même obéissance à sa volonté à laquelle il a réduit d'autres formes de surface terrestre.

Outre ces méthodes anciennes et relativement familières d'amélioration matérielle, l'ambition moderne aspire à des réalisations encore plus grandioses dans la conquête de la nature physique, et l'on médite des projets qui éclipsent complètement les entreprises les plus audacieuses entreprises jusqu'ici pour modifier la surface géographique.

Le caractère naturel des divers domaines où l'industrie humaine a opéré des révolutions si importantes, et où la population croissante et les ressources appauvries du globe exigent de nouveaux triomphes de l'esprit sur la matière, suggère une division correspondante du sujet général, et j'ai conformé le répartition des différents sujets selon la succession chronologique dans laquelle l'homme doit être supposé avoir étendu son emprise sur les différentes provinces de son royaume matériel. J'ai donc, dans le chapitre d'introduction, exposé de manière globale les effets généraux et les conséquences futures de l'action humaine sur la surface de la terre et sur la vie qui la peuple. Ce chapitre est suivi de quatre autres dans lesquels j'ai retracé l'histoire de l'industrie humaine exercée sur la vie animale et végétale, sur les bois, sur les eaux et sur les sables ; et à ceux-ci j'ai ajouté un chapitre concluant sur les révolutions géographiques probables et possibles encore à réaliser par l'art de l'homme.

Je n'ai qu'à ajouter ce qui, en effet, apparaît suffisamment à chaque page du volume, pour que je m'adresse non pas aux physiciens de profession, mais à l'intelligence générale des hommes instruits, observateurs et pensants ; et que mon but est plutôt de faire des suggestions pratiques que de me livrer à des spéculations théoriques proprement adaptées à une classe différente de celle à laquelle appartiennent ceux pour lesquels j'écris.

GEORGE P. MARSH.

*décembre* 1863.

# LISTE BIBLIOGRAPHIQUE

## DES ŒUVRES CONSULTÉS POUR LA PRÉPARATION DE CE VOLUME.


*Amersfoordt, JP* Het Haarlemmermeer, Oorsprong, Geschiedenis, Droogmaking. Haarlem, 1857. 8vo.

*Andresen, CC* Om Klitformationen og Klittens Behandling og Bestyrelse. Kjöbenhavn, 1861. 8vo.

Annali di Agricoltura, Industria e Commercio. Pubblicati per cura del Ministryo d'Agricoltura, Industria e Commercio. Fasc IV. Turin, 1862-'3. 8vo.

*Arago, F.* Extraits de, dans Becquerel, Des Climats.

*Arriani* , Opéra. Lipsiæ, 1856. 2 vol. 12 mois.

*Asbjörnsen, P. Chr.* À Skovene et à Ordnet Skovbrug en Norvège. Christiania, 1855. In-12.

Aus der Natur. Die neuesten Entdeckungen auf dem Gebiete der Naturwissenschaften. Leipzig, plusieurs années. 20 vol. 8vo.

*Avé-Lallemant, KCB* Die Benutzung der Palmen am Amazonenstrom in der Oekonomie der Indier. Hambourg, 1861. 18mo.

*Babinet.* Études et Lectures sur les Sciences d'Observation. Paris, 1855-1863. 7 vol. 18mo.

*Baer, von.* Kaspische Studien. Saint-Pétersbourg, 1855-1859. 8vo.

*Barth, Henri.* Wanderungen durch die Küstenländer des Mittelmeeres. V. je. Berlin, 1849. 8vo.

*Barth, JB* Om Skovene i deres Forhold til Nationalœconomien. Christiania, 1857. 8vo.

*Baude, JJ* Les Côtes de la Manche, Revue des Deux Mondes, 15 janvier, 1859.

*Baumgarten.* Avis sur les Rivières de la Lombardie ; dans Annales des Ponts et Chaussées, 1847, 1er semestre, pp. 129-199.

*Beckwith, lieutenant.* Rapport dans Pacific Railroad Report, vol. ii.

*Becquerel.* Des Climats et de l'Influence qu'exercent les Sols boisés et non-boisés. Paris, 1853. 8vo.

—— Éléments de Physique Terrestre et de Météorologie. Paris, 1847. 8vo.

*Belgrand.* De l'Influence des Forêts sur l'écoulement des Eaux Pluviales; dans Annales des Ponts et Chaussées, 1854, 1er semestre, pp. 1, 27.

*Berg, Edmond von.* Das Verdrängen der Laubwälder im Nördlichen Deutschlande durch die Fichte et die Kiefer. Darmstadt, 1844. 8vo.

*Bergsöe, AF* Greve Ch. Ditlev Frederik Reventlovs Virksomhed som Kongens Embedsmand et Statens Borger. Kjöbenhavn, 1837. 2 vol. 8vo.

*Berlepsch, H.* Die Alpen in Natur- und Lebensbildern. Leipzig, 1862. 8vo.

*Bianchi, Célestino.* Compendio di Geografia Fisica Speciale d'Italia. Annexe à la traduction italienne della Geog.-Fisica di Maria Somerville. Florence, 1861. (2e vol. de traduction.)

*Bigelow, John.* Les États Unis d'Amérique en 1863. Paris, 1863. 8vo.

*Blake, Wm. P.* Rapports dans Pacific Railroad Report, vols. ii et v.

*Blanqui.* Mémoire sur les Populations des Hautes Alpes ; dans Mémoires de l'Académie des Sciences Morales et Politiques, 1843.

—— Voyage en Bulgarie. Paris, 1843. In-12.

—— Précis Élémentaire d'Économie Politique, suivi du Résumé de l'Histoire du Commerce et de l'Industrie. Paris, 1857. In-12.

*Boitel, Amédée.* Mise en valeur des Terres pauvres par le Pin Maritime. 2e édition. Paris, 1857. 8vo.

*Bonnemère, Eugène.* Histoire des Paysans depuis la fin du Moyen Âge jusqu'à nos jours. Paris, 1856. 2 vol. 8vo.

*Böttger, C.* Das Mittelmeer. Leipzig, 1859.

*Boussingault, JB* Économie Rurale considérée dans ses Rapports avec la Chimie, la Physique, et la Météorologie. 2e édition. Paris, 1851. 2 vol. 8vo.

*Brémontier, NT* Mémoire sur les Dunes ; dans Annales des Ponts et Chaussées, 1833, 1er semestre, pp. 145, 223.

*Brincken, J. von den.* Ansichten über die Bewaldung der Steppen of Europæischen Russland. Brunswick, 1854. In-4.

*Büttner, JG* Zur Physikalischen Geographie; dans Berghaus, Geographisches Jahrbuch, n° iv, 1852, pp. 9-19.

*Caimi, Pietro.* Cenni sulla Importanza e Coltura dei Boschi. Milan, 1857. 8vo.

*Cantegril et autres.* Extraits des Comptes Rendus à l'Académie des Sciences. Paris, 1861.

*Castellani.* La grippe immédiate delle Selve sul corso delle acque. Turin, 1818, 1819. 2 vol. 4to.

Recensement des États-Unis pour 1860. Rapport préliminaire sur, Washington, 1862. 8vo.

*Cérini, Giuseppe.* Dell' Impianto e Conservazione dei Boschi. Milan, 1844. 8vo.

*Champion, Maurice.* Les Inondations en France depuis le VIme Siècle jusqu'à nos jours. Paris, 1858, 1862. Vols. i-iv, 8vo.

*Châteauvieux, F. Lullin de.* Lettres sur l'Italie. Seconde édition, Genève, 1834. 8vo.

*Chevandier.* Extraits des Comptes Rendus à l'Académie des Sciences. Juillet-décembre 1844. Paris.

*Clavé, Jules.* Études sur l'économie forestière. Paris, 1862. In-12.

—— La Forêt de Fontainebleau ; Revue des Deux Mondes, 1er mai 1863.

*Cooper, JG* Les forêts et les arbres d'Amérique du Nord ; dans Rapport du commissaire aux brevets pour l'année 1860, pp. 416-445.

*Cotta, Bernhard.* Allemagne Boden. Leipzig, 1858. 2 vol. 8vo.

—— Quellenkunde du Vorwort zu Paramelle. Voir *Paramelle* .

—— Les Alpes. Leipzig, 1851. 8vo.

*Coultas, Harland.* Ce qu'on peut apprendre d'un arbre. New York, 1860. 8vo.

*Courrier, Paul-Louis.* Œuvres Complètes. Bruxelles, 1833. 8vo.

*Dana, James D.* Manuel de géologie. Philadelphie, 1863. 8vo.

*Delamarre, LG* Historique de la Création d'une Richesse Millionnaire par la culture des Pins. Paris, 1827. 8vo.

*D. Héricourt, AF* Les Inondations et le livre de M. Vallès ; Annales Forestières, décembre 1857, pp. 310, 321. Paris.

*Diggelen, camionnette BPG.* Groote Werken aux Pays-Bas. Zwolle, 1855. 8vo.

*Dumas, MJ* La Science des Fontaines. 2ème édition, Paris, 1857. 8vo.

*Dumont, Aristide.* Des Travaux Publics dans leurs Rapports avec l'Agriculture. Paris, 1847. 8vo.

*Dwight, Timothée.* Voyages en Nouvelle-Angleterre et à New York. New Haven, 1821. 4 vol. 8vo.

*Emerson, George B.* Un rapport sur les arbres et arbustes poussant naturellement dans le Massachusetts. Boston, 1850. 8vo.

*Emory, Wm. H., Col.* Rapport des commissaires de l'enquête sur les frontières des États-Unis et du Mexique, vol. moi, 1857.

*Escourrou-Miliago, A.* L'Italie à propos de l'Exposition Universelle de Paris. Paris, 1856. 8vo.

*Evelyne, Jean.* Silva ; ou, un discours sur les arbres forestiers. Avec des notes de A. Hunter. York, 1786. 2 vol. 4to.

—— Terra, un discours philosophique de la Terre. York, 1786. In-4. dans le vol. II de Silva.

*Féraud-Giraud, LJD* Police des Bois, Défrichements et Reboisements Commentaire pratique sur les lois promulguées en 1859 et 1860. Paris, 1861. In-8.

*Ferrare, Francesco.* Description de l'Etna. Palerme, 1818. 8vo.

*Feuillide, C. de.* L'Algérie Française. Paris, 1856. 8vo.

*Figuier, Louis.* L'Année Scientifique et Industrielle. Paris, 1862-'3. 12 mois.

Finnboga Saga est un rama. Kaupmannahöfn, 1812. In-4.

*Foissac, P.* Météorologie mit Rücksicht auf die Lehre vom Kosmos, Deutsch von AH Emsmann. Leipzig, 1859. 8vo.

*Forchhammer, G.* Geognostische Studien am Meeres-Ufer ; dans Neues Jahrbuch für Mineralogie, Geognosie, Geologie, etc. de Leonhard et Bronn. Jahrgang, 1841, pp. 1-38.

*Fossombroni, Vittorio.* Memorie Idraulico-Storiche sopra la Val-di-Chiana. Montepulciano, 3za edizione, 1835. 8vo.

*Fraas, C.* Klima et Pflanzenwelt dans der Zeit. Landshut, 1847. 8vo.

*Frisi, Paolo.* Du mode de règlement à Fiumi et Torrenti. Lucques, 1762. In-4.

*Plus complet, Thomas.* L'histoire des dignes d'Angleterre. Londres, 1662. Folio.

*Gilliss, JM, capitaine de* l'expédition astronomique navale des États-Unis dans l'hémisphère sud. Washington, 1855. 2 vol. 4to.

*Giorgini.* Papier par ; dans Salvagnoli-Marchetti, Rapporto sul Bonificamento delle Maremme, App. v.

*Girard et Parent-Duchatelet.* Rapport sur les Puits forés dits Artésiens ; Annales des Ponts et Chaussées, 1833, 2e semestre, 313-344.

*Graham, JD, lieutenant-colonel.* Un raz-de-marée lunaire dans les lacs nord-américains en a fait la démonstration. Cambridge, 1861. 8vo. *brochure* . Également dans le vol. XIV, Proc. Suis. Cul. pour Adv. des sciences pour 1860.

*Hakluyt, Richard.* Les principales navigations, voyages, etc., de la nation anglaise. Londres, 1598-'9. 3 vol. folio.

*Harrison, W.* Une description historique de l'île de Grande-Bretagne ; dans les Chroniques de Holinshed. Réimpression de 1807, vol. je.

*Hartwig, G.* Das Leben des Meeres. Francfort, 1857. 8vo.

*Haxthausen, août von.* Transkaucasie. Leipzig, 1856. 2 vol. 8vo.

*Henry, professeur Joseph.* Document sur la météorologie en relation avec l'agriculture ; dans le rapport de l'Office des brevets des États-Unis pour 1857, pages 419 à 550.

*Herschel, Sir JFW* Géographie physique. Édimbourg, 1861. 12mo.

*Héyer, Gustav.* Das Verhalten der Waldbäume gegen Licht und Schatten. Erlangen, 1852. 8vo.

*Hohenstein, Adolphe.* Der Wald sammt dessen wichtigem Einfluss auf das Klima, etc. Vienne, 1860. 8vo.

*Humboldt, Alexandre von.* Tenir compte de la nature. Dritte Ausgabe, Stuttgart et Tübingen, 1849. 2 vol. 12 mois.

*Hummel, Karl.* Géographie physique. Graz, 1855. 8vo.

*Hunter, A.* Notes à Evelyn, Silva et Terra. York, 1786. Voir *Evelyn* .

*Jacini, Stefano.* La Proprietà Fondiaria e le Popolazioni agricole en Lombardie. Milan et Vérone, 1857. 8vo.

*Rejoindre la ville.* Histoire de Saint-Louis. Nouvelle Collection des Mémoires pour servir à l'Histoire de France, par Michaud et Poujoulat. Tome I. Paris, 1836. 8vo.

*Josselyn, John.* Raretés de la Nouvelle-Angleterre. Londres, 1672. 12mo.

*Knorr, EA* Studien über die Buchen-Wirthschaft. Nordhausen, 1863. 8vo.

*Kohl, JG* Alpenreisen. Dresde et Leipzig, 1849. 3 vol. 8vo.

—— Die Marschen und Inseln der Herzogthümer Schleswig et Holstein. Dresde et Leipzig, 1846. 3 vol. 8vo.

*Kramer, Gustave.* Der Fuciner-See. Berlin, 1839. In-4.

*Krause, GCA* Der Dünenbau auf den Ostsee-Küsten West-Preussens. 1850. 8vo.

*Kremer, Alfred von.* Egypte, Forschungen über Land und Volk. Leipzig, 1863. 2 vol. 8vo.

*Kriegk, GL* Schriften zur allgemeinen Erdkunde. Leipzig, 1840. 8vo.

*Ladoucette, JCF* Histoire, Topographie, Antiquités, Usages, Dialectes des Hautes Alpes. Seconde édition, 1834. 1 vol. 8vo. et Atlas.

*Lastadius, Lars Levi.* Om Möjligheten och Fördelen af allmänna Uppodlingar i Lappmarken. Stockholm, 1824. In-12.

*Læstadius, Petrus.* Journal pour la recherche de Hans Tjenstgöring sur le missionnaire de Lappmarken. Stockholm, 1831. 8vo.

—— Fortsättning af Journalen öfver Missions-Resor i Lappmarken. Stockholm, 1833. 8vo.

*Lampridius.* Vita Elagabali dans le scénario. Hist., août.

*Landgrebe, Georg.* Naturgeschichte du Vulcane. Gotha, 1855. 2 vol. 8vo.

*Laurent, Ch.* Mémoires sur le Sahara Oriental au point de vue des Puits Artésiens. Paris, 1859. 8vo. *brochure* . Aussi, dans Mém de la Soc. des Ingénieurs Civils, et le Bulletin de la Soc. Géologique de France.

*Laval.* Mémoire sur les Dunes du Golfe de Gascogne ; dans Annales des Ponts et Chaussées, 1847, 2e semestre, pp. 218-268.

*Lavergne, ML de.* Économie Rurale de la France, depuis 1789. 2me édition, Paris, 1861. 12mo.

Les Alpes qui parlent de l'Italie. Partie 1er, vol. 1er. Turin, 1845. 8vo.

*Lefort.* Avis sur les travaux de Fixation des Dunes; dans Annales des Ponts et Chaussées, 1831, 2e semestre, pp. 320-332.

*Lenormant.* Note relative à l'Exécution d'un Puits Artésien en Egypte sous la XVIIIe Dynastie ; Académie des Inscriptions et Belles-Lettres, 12 novembre 1852.

Liber Albus : Le Livre Blanc de la Ville de Londres. Londres, 1861. In-4.

*Loftus, WK* Voyages et recherches en Chaldée et en Susiane. New York, 1857. 8vo.

*Lombardini.* Cenni Idrografi sulla Lombardia; Intorno al Sistema Idraulico del Pô; incarné par Baumgarten dans Annales des Ponts et Chaussées, 1847, 1er semestre, pp. 129, 199 ; et dans Dumont, Des Travaux Publics, pp. 268, 335.

—— Vous avez des projets complets pour étendre l'irrigation de la planète du Pô. Politechnique. Gennajo, 1863, p. 5-50.

*Lorentz.* Cours Élémentaire de Culture des Bois, complété et publié par A. Parade, 4e édition. Paris et Nancy, 1860. 8vo.

*Lyell, Sir Charles.* Les preuves géologiques de l'antiquité de l'homme. Londres, 1863. 8vo. Principes de géologie. New York, 1862. 8vo.

*Mardigny, M. de.* Mémoire sur les Inondations des Rivières de l'Ardèche. Paris, 1860. In-8.

*Marschand, A.* Ueber die Entwaldung der Gebirge. Berne, 1849. 12mo. *brochure* .

*Martineau.* Efforts après la vie chrétienne. Boston, 1858.

*Martins.* Revue des Deux Mondes, Avril, 1863.

*Maury, MF* La géographie physique de la mer. Dixième édition. Londres, 1861. 8vo.

*Medlicott, Dr.* Observations of, cité de London Athenæum, 1863.

*Meguscher, Francesco.* Memorie sulla migliore maniera per rimettere i Boschi della Lombardia, etc. Milan, 1859. 8vo.

*Mejdell, Th.* Om Foranstaltninger til Behandling af Norges Skove. Christiania, 1858. 8vo.

*Mella.* Delle Inondazioni del Mella nella notto del 14 al 15 Agosto, 1850. Brescia, 1851. 8vo.

*Meyer, J.* Physique de la Suisse. Leipzig, 1854. 8vo.

*Michelet, J.* L'Insecte, 4e édition. Paris, 1860. In-12.

—— L'Oiseau, 7e édition. Paris, 1861. In-12.

*Monestier-Savignat, A.* Étude sur les Phénomènes, l'Aménagement et la Législation des Eaux au point de vue des Inondations. Paris, 1858. 8vo.

*Montluisant.* Note sur les Desséchéments, les Endiguements et les Irrigations; dans Annales des Ponts et Chaussées, 1833, 2e semestre, pp. 281-294.

*Morozzi, Ferdinando.* L'État ancien et moderne du Fiume Arno. Florence, 1762. In-4.

*Müller, K.* Das Buch der Pflanzenwelt. Leipzig, 1857. 2 vol. 12 mois.

*Nangis, Guillaume de.* Extraits de, dans Nouvelle Collection des Mémoires pour servir par Michaud et Poujoulat. Vol. je. Paris, 1836.

*Nanquette, Henri.* Cours d'Aménagement des Forêts. Paris et Nancy, 1860. 8vo.

*Newberry, Dr* Report dans Pacific Railroad Report, vol. vi.

Niebelunge-Lied, Der. Abdruck der Handschrift von Joseph von Lassberg. Leipzig, 1840. In-folio.

*Niel.* L'Agriculture des États Sardes. Turin, 1857. 8vo.

Rapport du chemin de fer du Pacifique. Rapports d'explorations et d'enquêtes pour une route ferroviaire vers le Pacifique. Washington, plusieurs années. 12 vol. 4to.

*Palissy, Bernard.* Œuvres Complètes, avec des Notes, etc., par Paul-Antoine Cap. Paris, 1844. In-12.

*Parade, A.* Voir *Lorentz*.

*Paramelle, abbé.* Quellenkunde, Lehre von der Bildung und Auffindung der Quellen ; avec un ouvrage de B. Cotta. Leipzig, 1856. In-12.

*Paroisse, Dr* Vie du Dr Eleazer Wheelock. 8vo.

*Parry, Rapport CC* dans United States and Mexican Boundary Survey, vol. je.

*Parthey, G.* Wanderungen durch Sicilien und die Levante. Berlin, 1834. 2 vol. 12 mois.

*Piper, RU* Les arbres d'Amérique. Boston, 1858, nos i-iv. 4to.

*Plinii, Historia Naturalis*, éd. Hardouin. Paris, 1723. 3 vol. folio.

*Ponz, Antonio.* Route d'Espagne. Madrid, 1788, etc. 18 vol. 12 mois.

*Quatrefages, A. de.* Souvenirs d'un naturaliste. Paris, 1854. 2 vol. 12 mois.

*Reclus, Élisée.* Le Littoral de la France ; Revue des Deux Mondes, 15 décembre 1862.

*Rentzsch, Hermann.* Der Wald im Haushalt der Natur und der Volkswirthschaft. Leipzig, 1862. 8vo.

*Ribbe, Charles de* . La Provence au point de vue des Bois, des Torrents et des Inondations. Paris, 1857. 8vo.

*Ridolfi, Cosme.* Lezioni Orali. Florence, 1862. 2 vol. 8vo.

*Ritter, Carl.* Einleitung zur allgemeinen vergleichenden Geographie. Berlin, 1852. 8vo.

——— Die Erdkunde im Verhältniss zur Natur und zur Geschichte des Menschen. Berlin, plusieurs années. 19 vol. 8vo.

*Rosa, G.* Les conditions des boschi, des fiumi et des torrents dans la province de Bergame. Politecnico, décembre, 1861, pp. 606, 621.

——— Studii sui Boschi. Politecnico, Maggio, 1862, pp.232, 238.

*Rossmässler, CA* Der Wald. Leipzig et Heidelberg, 1863. 8vo.

*Roth, J.* Der Vesuv et la Umgebung von Neapel. Berlin, 1857. 8vo.

*Rozet, M.* Moyens de forcer les Torrents des Montagnes de rendre une partie du sol qu'ils ravagent. Paris, 1856. 8vo. *brochure* .

*Salvagnoli-Marchetti, Antonio.* Mémoire Économique-Statistique sur la Maremme Toscane. Florence, 1846. 8vo.

——— Raccolta di Documenti sul Bonificamento delle Maremme Toscane. Florence, 1861. 8vo.

——— Rapport sur le Bonificamento delle Maremme Toscane. Florence, 1859. 8vo.

——— Rapport sur les opérations hydrauliques et économiques menées en 1859-1860 dans la Maremme Toscane. Florence, 1860. 8vo.

*Sandys, Georges.* Relation d'un voyage commencé An. Dom. 1610. Londres, 1627. Folio.

*Schacht, H.* Les Arbres, Études sur leur Structure et leur Végétation, traduit par E. Morren. Bruxelles et Leipzig, 1862. 8vo.

*Schleiden, MJ* Die Landenge von Suês. Leipzig, 1858. 8vo.

——— Die Pflanze und ihr Leben. Leipzig, 1848. 8vo.

*Schubert, W. von.* Resa genom Sverige, Norrige, Laponie, etc. Stockholm, 1823. 3 vol. 8vo.

*Sénèque, LA* Opera Omnia quæ supersunt, ex rec. Ruhkopf. Août Taurinorum, 1831. 6 vol. 8vo.

*Simonde, JEL* Tableau de l'Agriculture Toscane. Genève, 1801. 8vo.

*Smith, Dr William.* Un dictionnaire de la Bible. Londres, 1860. 3 vol. 8vo.

—— Un dictionnaire de géographie grecque et romaine. Londres, 1854, 1857. 2 vol. 8vo.

*Smith, John.* Histoire de la Virginie. Londres, 1624. Folio.

*Somerville, Marie.* Géographie physique. Cinquième édition. Londres, 1862. 12mo.

*Springer, John S.* Forest-Life et Forest-Trees. New York, 1851. 12mo.

*Stanley, Dr.* Conférences sur l'histoire de l'Église juive. Londres, 1863. 8vo.

*Regardant, WH* De Bodem van Nederland. Haarlem, 1856. 2 vol. 8vo.

—— Voormaals et Thans. Haarlem, 1858. 8vo.

*Stevens,* rapport du gouvernement dans Pacific Railroad Report, vol. XII.

*Strain, lieutenant. IC* Darien Exploring Expedition, par JT Headley, dans Harper's Magazine. New York, mars, avril et mai 1855.

*Streffleur, V.* Uber die Natur und die Wirkungen der Wildbäche. Asseyez-vous. Ber. der MNW Classe der Kaiserl. Akad. der Wis. Février 1852, viii, p. 248.

*Ström, Israël.* À Skogarnas Vård et Skötsel. Upsala, 1853. *Brochure.*

*Surell, Alexandre.* Étude sur les Torrents des Hautes Alpes. Paris, 1844. In-4.

*Tartini, Ferdinando.* Souvenirs du Bonificamento delle Maremme Toscane. Florence, 1838. Folio.

*Thomas et Baldwin.* Gazetier. Philadelphie, 1855. 1 vol. 8vo.

*Thompson, Z.* Histoire du Vermont, naturelle, civile et statistique. Burlington, 1842. 8vo.

—— Annexe à l'Histoire du Vermont. Burlington, 1853. 8vo.

*Titcomb, Timothée.* Leçons de vie. New York, 1861. 12mo.

*Treadwell, Dr* Observations de, cité dans le rapport du commissaire aux brevets.

*Troie, Paul.* Étude sur le reboisement des montagnes. Paris et Toulouse, 1861. 8vo. *brochure* .

*Tschudi, Friedrich von.* Ueber die Landwirthschaftliche Bedeutung der Vögel. Saint-Gall, 1854. 12mo.

*Tschudi, JJ von.* Voyages au Pérou. New York, 1848. 8vo.

*Vallès, MF* Études sur les Inondations, leurs causes et leurs effets. Paris, 1857. 8vo.

*Valvasor, Johann Weichard.* Die Ehre des Herzogthums Crain. Laybach, 1689. 4 vol. folio.

*Van Lennep.* Extraits du Journal of, dans le Missionary Herald.

*Vaupell, Chr.* Bögens Indvandring i de Danske Skove. Kjöbenhavn, 1857. 8vo.

—— De Nordsjaellandske Skovmoser. Kjöbenhavn, 1851. In-4. *brochure*

.

*Venema, GA* Sur la Dalen van de Noordelijke Kuststreken van ons Land. Groningue, 1854. 8vo.

*Villa, Antonio Giovanni Batt.* Nécessité de Boschi en Lombardie. Milan, 1850. In-4.

*Viollet, JB* Théorie des Puits Artésiens. Paris, 1840. In-8.

*Walterhausen, W. Sartorius von.* Ueber den Sicilianischen Ackerbau. Göttingen, 1863.

*Webster, Noé.* Une collection d'articles sur des sujets politiques, littéraires et moraux. New York, 1843. 8vo.

*Wessely, Joseph.* Die Oesterreichischen Alpenländer et ihre Forste. Vienne, 1853. 2 vol. 8vo.

*Wetzstein, JG* Reisebericht sur Hauran et die Trachonen. Berlin, 1860. 8vo.

*Sauvage, Albert.* Les Pays-Bas. Leipzig, 1862. 2 vol. 8vo.

*Guillaume, Gustav.* Der Boden et das Wasser. Vienne, 1861. 8vo.

*Williams, Dr* Histoire du Vermont. 2 vol. 8vo.

*Wittwer, WC* Die Physikalische Géographie. Leipzig, 1855. 8vo.

*Jeune, Arthur.* Voyages en France, pendant les années 1787, 1788, 1789, précédée d'une introduction par Lavergne. Paris, 1860. 2 vol. 12 mois.

—— Voyages en Italie et en Espagne, pendant les années 1787, 1789. Paris, 1860. 1 vol. 12 mois.

# CHAPITRE I.

## INTRODUCTION.

AVANTAGES NATURELS DU TERRITOIRE DE L'EMPIRE ROMAIN — DÉGRADATION PHYSIQUE DE CE TERRITOIRE ET D'AUTRES PARTIES DE L'ANCIEN MONDE — CAUSES DE LA DÉGRADATION — NOUVELLE ÉCOLE DE GÉOGRAPHES — RÉACTION DE L'HOMME SUR LA NATURE — OBSERVATION DE LA NATURE — INFLUENCES COSMIQUES ET GÉOLOGIQUES — GÉOGRAPHIE INFLUENCE DE L'HOMME — INCERTITUDE DE NOS CONNAISSANCES MÉTÉOROLOGIQUES — EFFETS MÉCANIQUES PRODUITS PAR L'HOMME À LA SURFACE DE LA TERRE — IMPORTANCE ET POSSIBILITÉ DE RESTAURATION PHYSIQUE — STABILITÉ DE LA NATURE — RESTAURATION DES HARMONIES PERTURBÉES — CARACTÈRE DESTRUCTIVITÉ DE L'HOMME — AMÉLIORATION PHYSIQUE — ACTION HUMAINE ET BRUTE COMPARÉE —FORMES ET FORMATIONS LES PLUS SUSPENSABLES À LA DÉGRADATION PHYSIQUE—DÉGRADATION PHYSIQUE DES NOUVEAUX PAYS—INFLUENCE CORROMPUE DES SOCIÉTÉS PRIVÉES, *note* .

### *Avantages naturels du territoire de l'Empire romain.*

L'Empire romain, à l'époque de sa plus grande expansion, comprenait les régions de la terre les plus distinguées par une heureuse combinaison d'avantages physiques. Les provinces limitrophes des bassins principal et secondaire de la Méditerranée jouissaient d'un climat salubre et équitable, d'une fertilité du sol, d'une variété de produits végétaux et minéraux, et de facilités naturelles pour le transport et la distribution des marchandises échangeables, qui n'ont pas encore existé. été possédée à un degré égal par tout territoire de même étendue dans l'Ancien Monde ou dans le Nouveau. L'abondance de la terre et des eaux satisfaisait adéquatement à tous les besoins matériels et s'occupait généreusement de toutes les jouissances sensuelles. L'or et l'argent, en effet, n'ont pas été trouvés dans la profusion qui s'est révélée si néfaste à l'industrie des terres plus riches en filons de métaux précieux ; mais les mines et les lits des rivières en fournissaient dans la mesure la plus favorable à la stabilité de la valeur dans le moyen d'échange et, par conséquent, à la régularité des transactions commerciales. Les ornements de l'orgueil barbare de l'Orient, la perle, le rubis, le saphir et le diamant, bien que non étrangers au luxe d'un peuple dont les conquêtes et la richesse commandaient tout ce que le monde habitable pouvait contribuer à augmenter la splendeur matérielle de l'Orient. leur vie sociale – n'étaient guère originaires du territoire de l' empire ; mais la rareté relative de ces pierres précieuses en Europe, à des périodes un peu plus anciennes, fut peut-être la circonstance même qui conduisit les artistes rusés de l'antiquité classique à enrichir des pierres plus tendres de gravures, qui confèrent à l'onyx et à la cornaline communs une valeur surpassée, dans des yeux cultivés, l'éclat des plus brillants joyaux orientaux.

Parmi ces multiples bénédictions, la température de l'air, la répartition des pluies, la disposition relative de la terre et de l'eau, l'abondance de la mer, la composition du sol et la matière première de certains arts, étaient des dons entièrement gratuits. . Pourtant, la nature spontanée de l'Europe, de l'Asie occidentale, de la Libye ne nourrissait ni n'habillait les habitants civilisés de ces provinces. Chaque pain était mangé à la sueur du front. Tout doit être gagné par le travail. Mais le travail n'était nulle part ailleurs récompensé par des salaires aussi généreux ; car nulle part une quantité donnée de travail intelligent ne produirait des rendements aussi abondants et, en même temps, aussi variés des bonnes choses de l'existence matérielle. Les luxuriantes récoltes de céréales qui flottaient dans tous les champs depuis les rives du Rhin jusqu'aux rives du Nil, les vignes qui ornaient les coteaux de Syrie, d'Italie et de Grèce, les oliviers d'Espagne, les fruits des jardins de les Hespérides, les quadrupèdes et les volailles domestiques connus dans l'agriculture rurale ancienne, tous ces produits étaient originaires de climats étrangers, naturalisés dans de nouveaux foyers et graduellement ennoblis par l'art de l'homme, tandis que des siècles de labeur persévérant expulsaient la végétation sauvage et convenaient. la terre pour la production de pousses plus généreuses.

Ce n'est que pour le sentiment de beauté du paysage que la nature, seule, a prévu des dispositions. En effet, la banalité même de cette source de jouissance raffinée semble l'avoir privée de la moitié de sa valeur ; et ce n'est que dans l'enfance des pays où toute la terre était belle, que l'humanité grecque et romaine eut suffisamment de sympathie pour le monde inanimé pour être sensible aux charmes des paysages ruraux et montagnards. Dans les générations suivantes, lorsque la gloire du paysage fut rehaussée par les plantations, l'architecture décorative et d'autres formes d'amélioration pittoresque, les poètes de Grèce et de Rome furent aveuglés par l'excès de lumière et devinrent finalement presque insensibles aux beautés. qui maintenant, même dans leur état dégradé, enchantent tous les regards, sauf, trop souvent, ceux qu'une familiarité de toute une vie a émoussés devant leurs attraits.

### *Dégradation physique du territoire de l'Empire romain et d'autres parties de l'Ancien Monde.*

Si nous comparons l'état physique actuel des pays dont je parle avec les descriptions que les historiens et les géographes anciens ont données de leur fertilité et de leur capacité générale à servir les usages humains, nous constaterons que plus de la moitié de leur étendue totale — y compris les provinces les plus célèbres pour la profusion et la variété de leurs produits spontanés et cultivés, ainsi que pour la richesse et l'avancement social de leurs habitants — est soit désertée par l'homme civilisé et livrée à une désolation désespérée, soit du moins considérablement réduite dans sa productivité. et la population. De vastes forêts ont disparu des contreforts et des crêtes des montagnes ; la terre végétale accumulée sous les arbres par la pourriture des feuilles et des troncs tombés, le sol des alpages qui bordaient et échancrés les bois, et la moisissure des champs des hautes terres, sont emportés ; les prairies, une fois fertilisées par l'irrigation, sont incultes et improductives, parce que les citernes et les réservoirs qui alimentaient les anciens canaux sont brisés, ou les sources qui les alimentaient se sont taries ; les rivières célèbres dans l'histoire et les chants se sont réduites à d'humbles ruisseaux ; les saules qui ornaient et protégeaient les rives des petits cours d'eau ont disparu, et les ruisseaux ont cessé d'exister en tant que courants pérennes, parce que le peu d'eau qui s'infiltre dans leurs anciens canaux est évaporée par les sécheresses de l'été, ou absorbée par les eaux. terre desséchée, avant qu'elle n'atteigne les basses terres ; les lits des ruisseaux se sont élargis en de larges étendues de cailloux et de graviers, sur lesquelles, bien que pendant la saison chaude passaient à sec, en hiver tonnent des torrents semblables à des mers ; les entrées des cours d'eau navigables sont obstruées par des bancs de sable, et les ports, autrefois marchés d'un commerce étendu, sont fermés par les dépôts des rivières à l'embouchure desquelles ils se trouvent ; l'élévation des lits des estuaires, et par conséquent la diminution de la vitesse des ruisseaux qui s'y jettent, ont transformé des milliers de lieues de mer peu profonde et de plaines fertiles en marécages improductifs et miasmatiques.

Outre le témoignage direct de l'histoire sur l'ancienne fertilité des régions auxquelles je fais référence : l'Afrique du Nord, la grande péninsule arabique, la Syrie, la Mésopotamie, l'Arménie et de nombreuses autres provinces d'Asie Mineure, la Grèce, la Sicile et même certaines parties de l'Italie et de l'Espagne. — la multitude et l'étendue des ruines architecturales qui subsistent encore et des travaux d'amélioration intérieure en ruine montrent qu'à des époques antérieures, une population dense habitait ces quartiers aujourd'hui isolés. Une telle population n'aurait pu être entretenue que par une productivité du sol dont nous ne découvrons actuellement que de minces traces ; et l'abondance dérivée de cette fertilité sert à expliquer comment de grandes armées, comme celles des anciens Perses, et des Croisés et des Tartares dans les époques ultérieures, pouvaient, sans un commissariat organisé, s'assurer des approvisionnements adéquats au cours de longues marches à travers des territoires qui, en notre époque aurait à peine les moyens de fournir du fourrage à un seul régiment.

Il semble donc que les provinces les plus belles et les plus fécondes de l'Empire romain, précisément cette partie de la surface terrestre en un mot qui, vers le commencement de l'ère chrétienne, était dotée de la plus grande supériorité de sol, de climat et de position, qui avait été porté au plus haut degré d'amélioration physique, et qui combinait ainsi les conditions naturelles et artificielles les mieux adaptées à l'habitation et à la jouissance d'une population dense, hautement raffinée et cultivée, est maintenant complètement épuisé de sa fertilité, ou alors diminué en productivité, car, à l'exception de quelques oasis favorisées qui ont échappé à la ruine générale, elles ne sont plus capables de subvenir aux besoins de l'homme civilisé. Si à ce royaume de désolation nous ajoutons les sols désormais déserts et solitaires de la Perse et de l'Orient le plus lointain, qui nourrissaient autrefois des millions de personnes avec du lait et du miel, nous verrons qu'un territoire plus grand que toute l'Europe, dont l'abondance a soutenu au cours des siècles passés une population à peine inférieure à celle de l'ensemble du monde chrétien d'aujourd'hui, a été entièrement soustraite à l'usage humain, ou, au mieux, est peu peuplée de tribus trop peu nombreuses, trop pauvres en produits superflus et trop peu avancées en matière de culture. la culture et les arts sociaux, pour contribuer quoi que ce soit aux intérêts généraux moraux ou matériels de la grande communauté humaine.

### *Causes de cette carie.*

Le déclin de ces pays autrefois florissants est dû en partie, sans aucun doute, à cette classe de causes géologiques, auxquelles nous ne pouvons ni résister ni guider l'action, et en partie aussi à la violence directe d'une force humaine hostile ; mais c'est, dans une bien plus grande proportion, soit le résultat du mépris ignorant de l'homme à l'égard des lois de la nature, soit une conséquence accidentelle de la guerre, de la tyrannie et de la mauvaise gestion civile et ecclésiastique. Après l'ignorance de ces lois, la source primitive, la *causa causarum* , des actes et des négligences qui ont frappé de stérilité et de décrépitude physique la plus noble moitié de l'empire des Césars, est, d'abord, le despotisme brutal et épuisant que Rome elle-même exercé sur ses royaumes conquis, et même sur son territoire italien ; puis, la multitude de tyrannies temporelles et spirituelles qu'elle a laissées comme sa malédiction mourante sur tout son vaste empire, et qui, sous une forme de violence ou de fraude, couvent encore sur presque tous les sols soumis par les légions romaines. [1] L'homme ne peut pas lutter à la fois contre l'oppression écrasante et les forces destructrices de la nature inorganique. Lorsque les deux sont combinés contre lui, il succombe après une lutte plus ou moins longue, et les champs qu'il a conquis sur la forêt primitive retombent dans leur état originel de forêt sauvage et luxuriante, mais non rentable, ou tombent dans celui d'une forêt sèche et luxuriante. désert aride.

Rome imposait sur les produits du travail agricole dans les campagnes des impôts que la vente de la totalité de la récolte pouvait à peine acquitter ; elle les a vidés de leur population par la conscription militaire ; elle a appauvri la paysannerie par le travail forcé et non payé sur les travaux publics ; elle gênait l'industrie et le commerce intérieur par des restrictions absurdes et des réglementations imprudentes. Ainsi, de vastes étendues de terre sont restées incultes, ou complètement désertes, et exposées à toutes les forces destructrices qui agissent avec une telle énergie à la surface de la terre lorsqu'elle est privée des protections par lesquelles la nature la gardait originellement et pour lesquelles, Dans un élevage bien ordonné, l'ingéniosité humaine a trouvé des substituts plus ou moins efficaces. [2] Des abus similaires ont eu tendance à perpétuer et à étendre ces maux dans les siècles ultérieurs, et ce n'est que récemment que, même dans les régions les plus peuplées de l'Europe, l'attention publique a été à moitié éveillée à la nécessité de restaurer les harmonies perturbées de la nature. dont les influences bien équilibrées sont si propices à toute sa progéniture organique, de rembourser à notre grande mère la dette que la prodigalité et l'économie des générations précédentes ont imposée à leurs successeurs - accomplissant ainsi le commandement de la religion et de la sagesse pratique, pour utiliser ce monde comme n'en abusant pas.

### *Nouvelle Ecole des Géographes.*

Les travaux de Humboldt, de Ritter, de Guyot et de leurs successeurs ont donné à la science géographique un caractère plus philosophique et en même temps plus imaginatif qu'elle n'avait reçu des mains de leurs prédécesseurs. Le domaine de spéculation le plus intéressant, ouvert par la nouvelle école aux adeptes de cette étude intéressante, est peut-être la question de savoir dans quelle mesure les conditions physiques extérieures, et en particulier la configuration de la surface terrestre, ainsi que la distribution, le contour et la position relative de la terre et de l'eau, ont influencé la vie sociale et le progrès social de l'homme.

### *Réaction de l'Homme sur la Nature.*

Mais, comme nous l'avons vu, l'homme a réagi sur la nature organisée et inorganique, et a ainsi modifié, sinon déterminé, la structure matérielle de sa demeure terrestre. La mesure de cette réaction constitue manifestement un élément très important dans l'appréciation des relations entre l'esprit et la matière, ainsi que dans la discussion de nombreux problèmes purement physiques. Mais bien que le sujet ait été abordé incidemment par de nombreux géographes et traité avec beaucoup de détails en ce qui concerne certains domaines limités de l'effort humain et certains effets spécifiques de l'action humaine, il n'a pas, dans son ensemble, autant que possible. Je sais, fait l'objet d'une observation particulière ou d'une recherche historique par tout chercheur scientifique. [3] En effet, jusqu'à ce que l'influence de la géographie physique sur la vie humaine soit reconnue comme une branche distincte de la recherche philosophique, il n'y avait aucune raison de poursuivre de telles spéculations ; et il était souhaitable de se demander si nous sommes ou pouvons devenir les architectes de notre propre lieu de résidence, seulement quand on sait comment le mode de notre être physique, moral et intellectuel est affecté par le caractère de la maison que la Providence a désignée, et nous l'avons façonné pour notre habitation matérielle. [4]

Il est encore trop tôt pour tenter d'aborder ce problème selon une méthode scientifique, et notre stock actuel de faits nécessaires n'est en aucun cas suffisamment complet pour me justifier de promettre une approche visant à l'exhaustivité des déclarations les concernant. L'observation systématique sur ce sujet a à peine commencé [5] et les données éparses qui ont pu être enregistrées n'ont jamais été recueillies. Elle n'a désormais plus sa place dans le schéma général de la science physique et n'est qu'une question de suggestion et de spéculation, et non de conclusion établie et positive. À l'heure actuelle, tout ce que je peux donc espérer, c'est susciter un intérêt pour un sujet d'une grande importance économique, en indiquant les directions et en illustrant les modes dans lesquels l'action humaine a été ou peut être la plus préjudiciable ou la plus bénéfique dans son influence sur la société. les conditions physiques de la terre que nous habitons.

### *Observation de la nature.*

Dans ces pages, comme dans tout ce que j'ai écrit ou propose d'écrire, mon objectif est de stimuler, non de satisfaire, la curiosité, et il ne fait pas partie de mon objectif d'épargner à mes lecteurs le travail d'observation ou de réflexion. Car le travail c'est la vie, et

La mort vit là où le pouvoir demeure inutilisé.
[6]

Le moi est le maître d'école dont les leçons valent le mieux son salaire ; et comme le sujet que je considère n'est pas encore devenu une branche de l'enseignement formel, ceux qu'il peut intéresser ne peuvent heureusement avoir d'autre pédagogue qu'eux-mêmes. Pour le philosophe naturel, le poète descriptif, le peintre et le sculpteur, ainsi que pour l'observateur ordinaire, le pouvoir le plus important à cultiver et, en même temps, le plus difficile à acquérir, est celui de voir ce qui est devant lui. . La vue est une faculté ; voir, un art. L'œil est un appareil physique, mais non autonome, et en général il ne voit que ce qu'il cherche. Comme un miroir, il reflète les objets qui lui sont présentés ; mais il peut être aussi insensible qu'un miroir, et il ne perçoit pas nécessairement ce qu'il reflète. [7] On se demande si la sensibilité purement matérielle de l'œil est susceptible d'amélioration et de culture. Il a été soutenu par une haute autorité que l'acuité naturelle d'aucune de nos facultés sensorielles ne peut être augmentée par l'usage, et que par conséquent les moindres détails de l'image formée sur la rétine sont aussi parfaits chez les plus inexpérimentés que chez les plus approfondis. organe discipliné. On peut en douter, et tout le monde s'accorde à dire que le pouvoir d'une perception multiple et d'une discrimination rapide peut être immensément accru par une pratique bien dirigée. [8] C'est cet exercice des yeux que je désire promouvoir, et, à côté de la doctrine morale et religieuse, je ne connais pas de leçons pratiques plus importantes dans notre vie terrestre, qui, pour le sage, est une école depuis le berceau jusqu'à l'âge adulte. la tombe - que celles relatives à l'emploi du sens de la vision dans l'étude de la nature.

La poursuite de la géographie physique, qui englobe l'observation réelle de la surface terrestre, offre à l'œil la meilleure formation générale accessible à tous. La majorité des hommes, même cultivés, n'ont ni le temps ni les moyens d'acquérir autre chose qu'une connaissance très superficielle d'une branche quelconque de la connaissance physique. Les sciences naturelles sont devenues si étendues, leurs faits enregistrés et leurs questions sans réponse se sont tellement multipliés que tout homme strictement scientifique doit être un spécialiste et confiner les recherches de toute une vie dans un cercle relativement étroit. L'étude que je recommande, dans la perspective que je propose d'en adopter, est encore dans cet état imparfaitement développé qui permet à ses partisans de s'occuper d'opinions aussi larges et générales que toute personne cultivée peut atteindre, et elle ne le fait pas actuellement. nécessitent une connaissance de détails particuliers que seules des années d'application peuvent maîtriser. Tous peuvent la poursuivre avec profit ; et tout voyageur, tout amoureux des paysages ruraux, tout agriculteur, qui utilisera judicieusement le don de la vue, pourra ajouter de précieuses contributions au fonds commun de connaissances sur un sujet qui, comme j'espère le convaincre de mes lecteurs, bien que longtemps négligé, et Présenté aujourd'hui de manière artificielle, il s'agit d'un domaine de recherche non seulement très important, mais très intéressant.

### *Influences cosmiques et géologiques.*

Les révolutions des saisons, avec leurs alternances de température et de durée du jour et de la nuit, les climats des différentes zones, et l'état général et les mouvements de l'atmosphère et des mers, dépendent de causes pour la plupart cosmiques et, de fait, bien sûr, totalement hors de notre contrôle. L'élévation, la configuration et la composition des grandes masses de surface terrestre, ainsi que l'étendue et la répartition relatives des terres et des eaux, sont déterminées par des influences géologiques également éloignées de notre juridiction. Il semblerait donc que l'adaptation physique des différentes parties de la terre à l'usage et à la jouissance de l'homme soit une question si strictement appartenant à des puissances plus puissantes que l'homme, que nous ne pouvons qu'accepter la nature géographique telle que nous la trouvons et nous contenter de telles des sols et des ciels qu'elle offre spontanément.

### *Influence géographique de l'homme.*

Mais il est certain que l'homme a beaucoup fait pour façonner la forme de la surface de la terre, même si nous ne pouvons pas toujours distinguer les résultats de son action des effets de causes purement géologiques ; que la destruction des forêts, le drainage des lacs et des marais, et les opérations de l'agriculture rurale et de l'art industriel ont tendu à produire de grands changements dans l'état hygrométrique, thermométrique, électrique et chimique de l'atmosphère, bien que nous ne soyons pas encore en mesure de le faire. mesurer la force des différents éléments de perturbation, ou dire dans quelle mesure ils ont été compensés les uns par les autres, ou par des influences encore plus obscures ; et, enfin, que les myriades de formes de vie animale et végétale qui couvraient la terre lorsque l'homme entra pour la première fois dans le théâtre d'une nature dont il était destiné à perturber les harmonies, ont été, par son action, considérablement modifiées en proportion numérique, parfois très modifié dans sa forme et son produit, et parfois entièrement disparu.

Les révolutions physiques ainsi opérées par l'homme n'ont pas toutes été destructrices pour les intérêts humains. Des sols où aucun légume nutritif n'était indigène, des pays qui produisaient autrefois le moins de produits propres à la subsistance et au confort de l'homme, tandis que la rigueur de leurs climats créait et stimulait le plus grand nombre et la plus impérieuse urgence de besoins physiques, font surface le Les plus robustes et les plus intraitables, et les moins dotés de facilités naturelles de communication, ont été créés dans les temps modernes pour produire et distribuer tout ce qui fournit les nécessités matérielles, tout ce qui contribue aux jouissances sensuelles et aux commodités de la vie civilisée. La Scythie, la Thulé, la Grande-Bretagne, l'Allemagne et la Gaule, que les écrivains romains décrivent en termes si rébarbatifs, ont été amenées à rivaliser presque avec la luxuriance indigène et ont facilement conquis une grande partie de l'Italie du Sud ; et, tandis que les fontaines d'huile et de vin qui rafraîchissaient la vieille Grèce, la Syrie et l'Afrique du Nord ont presque cessé de couler, et que les sols de ces belles terres sont transformés en déserts assoiffés et inhospitaliers, les régions hyperboréennes de l'Europe ont conquis, ou plutôt compensé. , les rigueurs du climat, et atteint une richesse matérielle et une variété de produits dont, avec tous leurs avantages naturels, on peut difficilement dire que les greniers du monde antique ont bénéficié.

Ces changements en bien et en mal n'ont pas été provoqués par de grandes révolutions naturelles du globe, et ils ne sont en aucun cas entièrement imputables à l'action ou à l'inaction morale et physique des peuples, ou, dans tous les cas, même des races qui habitent désormais ces régions respectives. Ils sont le produit d'une complication de forces contradictoires ou coïncidentes, agissant sur une longue série de générations ; ici, l'imprévoyance, le gaspillage et la violence gratuite ; là, une industrie persévérante, prévoyante et judicieusement guidée. Dans la mesure où ils sont purement les résultats calculés et désirés de ces opérations simples et familières de l'agriculture et de la vie sociale qui sont aussi universelles que la civilisation : l'abattage des forêts qui couvraient le sol nécessaire à la culture des fruits comestibles, le séchage des fruits comestibles, çà et là, quelques arpents trop humides pour une culture rentable, grâce au drainage des eaux de surface, à la substitution de plantes sauvages et peu rentables par des plantes domestiquées et nutritives, à la construction de routes, de canaux et de ports artificiels, appartiennent au domaine rural. l'économie commerciale et politique plus proprement qu'à la géographie, et ne sont donc qu'incidemment incluses dans le champ de nos recherches actuelles, qui concernent les équilibres physiques et non financiers. Je propose d'examiner seulement les mutations les plus grandes, les plus permanentes et les plus complètes que l'homme a produites et produites sur la terre, la mer et le ciel, parfois, certes, avec un dessein conscient, mais pour la plupart, comme imprévues quoique naturelles. conséquences d'actes accomplis dans un but plus étroit et plus immédiat.

La mesure exacte des changements géographiques ainsi effectués jusqu'ici est, comme je l'ai laissé entendre, impraticable, et nous ne possédons, à leur égard, que les moyens d'une analyse qualitative et non quantitative. Le fait de telles révolutions est établi en partie par des preuves historiques, en partie par déduction analogique à partir d'effets produits à notre époque par des opérations de caractère similaire à celles qui ont dû se produire à des époques plus ou moins reculées de l'action humaine. Les deux sources d'information manquent également de précision ; les seconds, pour des raisons générales trop évidentes pour nécessiter une spécification ; la première, parce que les faits dont elle témoigne se sont produits avant l'existence de l'habitude ou des moyens d'observation rigoureusement scientifique de toute branche de la recherche physique, et particulièrement des changements climatiques.

### *Incertitude de nos connaissances météorologiques.*

L'invention des mesures de la chaleur, de l'humidité, de la pression et des précipitations atmosphériques est extrêmement récente. C'est pourquoi les physiciens anciens ne nous ont laissé aucun enregistrement thermométrique ou barométrique, aucune table de chute, d'évaporation et d'écoulement des eaux, et même aucune carte précise des lignes côtières et du cours des rivières. Leurs observations de ces phénomènes se limitent presque entièrement à des cas excessifs et exceptionnels de températures élevées ou basses, à des chutes extraordinaires de pluie et de neige et à des inondations ou sécheresses inhabituelles. Notre connaissance de l'état météorologique de la terre, à n'importe quelle époque plus de deux siècles avant notre ère, est dérivée de ces détails imparfaits, des vagues déclarations des historiens et des géographes anciens concernant le volume des rivières et l'étendue relative des eaux. forêts et terres cultivées, à partir des indications fournies par l'histoire de l'agriculture et de l'économie rurale des générations passées, et d'autres sources d'information presque purement fortuites.

Parmi ces derniers, il faut classer certains domaines d'investigation nouvellement ouverts, à partir desquels ont été rassemblés des faits pertinents sur le point à l'étude. Je fais allusion à la découverte d'objets artificiels dans des formations géologiques plus anciennes que toutes celles reconnues jusqu'ici comme présentant des traces de l'existence de l'homme ; aux anciennes habitations lacustres de la Suisse, contenant les outils des occupants, les restes de leur nourriture et d'autres reliques de la vie humaine ; aux curieuses révélations des Kjökkenmöddinger, ou tas d'ordures de cuisine, au Danemark, et des mousses de tourbe dans le même pays et dans d'autres pays du nord ; aux habitations et autres témoignages de l'industrie de l'homme dans les âges reculés, parfois mis à nu par le mouvement des dunes de sable sur les côtes de France et de la mer du Nord ; et aux faits révélés sur les rivages de ces derniers, par des fouilles dans des tertres habités qui furent peut-être élevés avant l'époque de l'Empire romain. Ces vestiges sont des mémoriaux de races qui n'ont laissé aucune trace écrite, car elles ont péri avant le début de la période historique des pays qu'elles ont occupés. Les plantes et les animaux qui fournissaient les reliques trouvées dans les gisements étaient certainement contemporains de l'homme ; car ils sont associés à ses œuvres et ont évidemment servi ses usages. Dans certains cas, les animaux appartenaient à des espèces dont on sait qu'elles sont aujourd'hui complètement éteintes ; dans d'autres, les animaux et les végétaux, bien qu'existants ailleurs, ont cessé d'habiter les régions où leurs restes ont été découverts. Du caractère des objets artificiels, comparés à d'autres appartenant à des dates connues, ou du moins à des périodes connues de civilisation, des inférences ingénieuses ont été tirées quant à leur âge ; et de la végétation dont les restes les accompagnent, quant aux climats de l'Europe centrale et septentrionale au moment de leur production.

Il existe cependant des sources d'erreur contre lesquelles on n'a pas toujours suffisamment pris garde lors de ces estimations. Lorsqu'un bateau, composé de plusieurs morceaux de bois attachés ensemble par des épingles du même matériau, est creusé dans une tourbière, on en déduit que le navire, ainsi que les squelettes et les instruments trouvés avec lui, appartiennent à une époque où l'usage de le fer n'était pas connu des constructeurs. Mais cette conclusion n'est pas justifiée par le simple fait que des métaux n'ont pas été employés dans sa construction ; car les Nubiens construisent aujourd'hui des bateaux assez grands pour transporter une demi-douzaine de personnes à travers le Nil, avec de petits morceaux de bois d'acacia entièrement épinglés ensemble avec des boulons en bois. La présence de pointes de flèches et de couteaux en silex, en conjonction avec d'autres preuves de la vie humaine, ne constitue pas non plus une preuve concluante quant à l'antiquité de cette dernière. Lyell nous apprend que certaines tribus orientales continuent encore à utiliser les mêmes instruments de pierre que leurs ancêtres, « après que de puissants empires, où l'usage des métaux dans les arts était bien connu, avaient prospéré pendant trois mille ans dans leur voisinage » ; [9] et les Indiens de l'Amérique du Nord fabriquent et utilisent aujourd'hui des armes en pierre et même en verre, les taillant dans ce dernier cas avec une grande facilité avec le fond d'épaisses bouteilles. [dix]

Nous pouvons aussi être induits en erreur par notre ignorance des relations commerciales existant entre tribus sauvages. Des nations extrêmement grossières, malgré leurs jalousies et leurs guerres perpétuelles, parviennent quelquefois à échanger les produits de provinces très éloignées les unes des autres. Les monticules de l'Ohio contiennent des perles, que l'on croit marines, qui doivent provenir du golfe du Mexique, ou peut-être même de Californie, et les couteaux et les pipes trouvés dans les mêmes tombes sont souvent formés d'un matériau farfelu, naturellement payé par un produit national exporté vers la localité d'où le matériau a été dérivé. L'art de conserver le poisson, la chair et la volaille par séchage et fumage est très répandu et d'une grande antiquité. On dit que les Indiens du Long Island Sound faisaient le commerce des coquillages séchés avec des tribus résidant très loin à l'intérieur des terres. Dès les premiers âges, les habitants des îles Féroé et des Orcades, ainsi que des côtes continentales opposées, ont fumé de la volaille sauvage et d'autres viandes. Il est donc possible que les aliments animaux et végétaux, dont les restes se trouvent dans les gisements anciens dont je parle , aient parfois été apportés de climats éloignés de celui où ils étaient consommés.

Les conclusions les plus importantes, ainsi que les plus dignes de confiance, concernant le climat de l'Europe et de l'Asie anciennes, sont celles tirées des récits donnés par les auteurs classiques sur la croissance des plantes cultivées ; mais celles-ci ne sont nullement exemptes d'incertitude, car on peut rarement être sûr d'une identité d'espèce, presque jamais d'une identité de race ou de variété, entre les légumes connus des agriculteurs de Grèce et de Rome et ceux des temps modernes que l'on pense le plus proche de leur ressembler. En outre, on peut toujours se demander si les habitudes des plantes cultivées depuis longtemps dans différents pays n'ont pas été tellement modifiées par la domestication que les conditions de température et d'humidité dont elles avaient besoin il y a vingt siècles étaient différentes de celles actuellement exigées pour leur avantage. cultivation. [11]

Même si l'on suppose qu'une identité d'espèce, de race et d'habitude s'établit entre une plante ancienne et une plante moderne donnée, le fait négatif que cette dernière ne poussera pas maintenant là où elle prospérait il y a deux mille ans ne prouve pas dans tous les cas une identité. changement de climat. Le même résultat pourrait résulter de l'épuisement du sol [12] ou d'un changement dans la quantité d'humidité qu'il contient habituellement. Après qu'une région de pays a été complètement ou même partiellement débarrassée de ses forêts et mise en culture, le dessèchement du sol, dans des circonstances favorables, se poursuit pendant des générations, peut-être pendant des siècles. [13] Dans d'autres cas, à cause d'une culture peu judicieuse, ou du détournement ou de l'étouffement des cours d'eau naturels, il peut devenir plus fortement chargé d'humidité. Une augmentation ou une diminution de l'humidité d'un sol suppose presque nécessairement une élévation ou une dépression de sa chaleur hivernale ou estivale, et de sa température extrême, sinon de sa température annuelle moyenne, bien que cette élévation ou cette dépression puisse être si légère qu'elle ne soit pas nécessaire. élever ou abaisser sensiblement le mercure dans un thermomètre exposé à l'air libre. N'importe laquelle de ces causes, plus ou moins d'humidité, ou plus ou moins de chaleur du sol, affecterait la croissance de la végétation sauvage et de la végétation cultivée et, par conséquent, sans aucun changement appréciable de la température atmosphérique, des précipitations ou de l'évaporation, des plantes d'un type particulier. les espèces pourraient cesser d'être avantageusement cultivées là où elles étaient autrefois faciles à élever. [14] Nous connaissons très imparfaitement la température moyenne et extrême actuelle, ou les précipitations et l'évaporation d'une région étendue, même dans les pays les plus densément peuplés et les mieux pourvus d'instruments et d'observateurs. Les progrès de la science détectent constamment des erreurs de méthode dans les observations anciennes, et de nombreux tableaux de phénomènes météorologiques, laborieusement construits, sont maintenant rejetés comme étant fallacieux, et donc pire qu'inutiles, parce qu'une condition nécessaire pour garantir l'exactitude des résultats a été négligée lors de l'obtention des résultats. données sur lesquelles ils ont été fondés.

Pour prendre un exemple familier : ce n'est que récemment qu'on a attiré l'attention sur la grande influence de légers changements de station sur les résultats des observations de température et de précipitations. Un thermomètre éloigné de quelques centaines de mètres seulement de sa première position diffère souvent de cinq, parfois même de dix degrés dans ses lectures ; et quand on nous dit que la chute annuelle de pluie sur le toit de l'observatoire de Paris est de deux pouces de moins que sur le sol à côté, on voit que le niveau du pluviomètre est un point de grande importance. en faisant des estimations à partir de ses mesures. Les données dont ont été déduits les résultats relatifs aux conditions hygrométriques et thermométriques, au climat en bref des différents pays, ont très souvent été dérivées d'observations faites en des points isolés dans des villes ou des districts séparés par des distances considérables. La tendance des erreurs et des accidents à s'équilibrer nous autorise, en effet, à avoir une plus grande confiance que nous n'en aurions autrement dans les conclusions tirées de tels tableaux ; mais il est très probable qu'ils seraient beaucoup modifiés par des séries d'observations plus nombreuses, faites à différentes stations et dans des limites étroites. [15]

Il est une branche de recherche qui est de la plus haute importance en ce qui concerne ces questions, mais qui, à cause de la grande difficulté de l'observation directe, a été étudiée avec moins de succès que presque tous les autres problèmes de la science physique. Je fais référence aux proportions entre précipitations, drainage superficiel, absorption et évaporation. Une mesure précise et réelle de ces quantités, même sur un seul acre de terrain, est impossible ; et dans toutes les expériences en cabinet sur le sujet, les conditions de la surface observées sont si différentes de celles qui se produisent dans la nature, que nous ne pouvons pas raisonner en toute sécurité d'un cas à l'autre. Dans la nature, l'inclinaison du sol, le degré de liberté ou d'obstruction de la surface, la composition et la densité du sol, dont dépendent sa perméabilité à l'eau et son pouvoir d'absorber et de retenir ou de transmettre l'humidité, sa température, la sécheresse. ou la saturation du sous-sol, varient à des distances relativement courtes ; et bien que les précipitations et l'écoulement superficiel provenant de très petits bassins géographiques puissent être estimés avec une certaine précision, nous n'avons cependant aucun moyen actuel de savoir quelle quantité d'eau absorbée par la terre est restituée à l'atmosphère par évaporation. et quelle quantité est emportée par l'infiltration ou d'autres modes de rejet souterrain. Lorsque donc nous essayons d'utiliser les phénomènes observés sur quelques mètres carrés ou cubes de terre, comme base de raisonnement sur la météorologie d'une province, il est évident que nos données doivent être insuffisantes pour justifier des conclusions générales positives. En discutant de la climatologie de pays entiers, ou même de divisions locales relativement petites, nous pouvons affirmer sans risque de se tromper que personne ne peut dire quel pourcentage de l'eau qu'ils reçoivent de l'atmosphère est évaporée ; ce qui est absorbé par le sol et évacué par des conduites souterraines ; ce qui est transporté jusqu'à la mer par des canaux superficiels

; ce que tire de la terre ou de l'air une étendue donnée de forêt, de végétation de pâturage ras ou de pâturins hauts ; ce que restituent les surfaces ainsi recouvertes, ou par un sol nu de textures et de compositions diverses, dans différentes conditions de température atmosphérique, de pression et d'humidité ; ou quelle est la quantité d'évaporation de l'eau, de la glace ou de la neige, sous les diverses expositions auxquelles, dans la nature réelle, elles sont constamment soumises. Si donc nous sommes à ce point ignorants de tous ces phénomènes climatiques dans les régions habitées par l'homme les plus connues, il est évident que nous ne pouvons guère compter sur des déductions théoriques appliquées à l'état antérieur plus naturel de ces mêmes régions, et encore moins à de telles régions. comme on l'adopte à l'égard des pays lointains, étranges et primitifs.

## *Effets mécaniques produits par l'homme à la surface de la Terre plus facilement vérifiables.*

En étudiant les effets mécaniques de l'action humaine sur une géographie superficielle, nous avançons sur un terrain plus sûr et traitons de phénomènes beaucoup moins subtils, d'éléments moins insolubles. De grands changements physiques peuvent, dans certains cas, être démontrés positivement, dans d'autres presque certainement inférés, comme ayant été produits par les opérations de l'industrie rurale et par le travail de l'homme dans d'autres sphères d'effort matériel ; et c'est pourquoi, dans cette partie la plus importante de notre sujet, nous pouvons arriver à de nombreuses généralisations positives et obtenir des résultats pratiques d'une grande valeur économique.

## *Importance et possibilité de restauration physique.*

De nombreuses circonstances concourent à investir avec un grand intérêt actuel les questions : dans quelle mesure l'homme peut modifier et améliorer de façon permanente les conditions physiques de la surface terrestre et du climat dont dépend son bien-être matériel ; dans quelle mesure il peut compenser, arrêter ou retarder la détérioration que nombre de ses procédés agricoles et industriels tendent à produire ; et jusqu'où il peut restaurer la fertilité et la salubrité des sols que ses folies ou ses crimes ont rendus stériles ou pestilentiels. Parmi ces circonstances, la plus importante peut-être est la nécessité de fournir de nouveaux logements à une population européenne qui augmente plus rapidement que ses moyens de subsistance, de nouveaux conforts physiques pour des classes populaires devenues trop éclairées et absorbées trop de culture pour subir une privation plus longue de la part des jouissances matérielles que les rangs privilégiés ont jusqu'ici monopolisées.

Pour fournir de nouvelles ruches aux essaims d'émigrants, il y a, d'abord, les vastes prairies et forêts inoccupées d'Amérique, d'Australie et de nombreuses autres grandes îles océaniques, les sols peu peuplés et encore inexploités de l'Afrique australe et même centrale, et, enfin, les rives appauvries et à moitié dépeuplées de la Méditerranée, ainsi que l'intérieur de l'Asie Mineure et de l'Extrême-Orient. Fournir à ceux qui resteront après l'émigration aura commodément réduit la population trop dense de nombreux États européens, ces moyens de bien-être sensuel et intellectuel qui sont appelés « besoins artificiels » lorsqu'ils sont exigés par les humbles et les pauvres, mais qui sont reconnu comme « nécessaire » lorsqu'il est revendiqué par les nobles et les riches, le sol doit être stimulé jusqu'à ses plus hautes puissances de production, et l'homme doit faire appel à la plus grande ingéniosité et à la plus grande énergie pour rénover une nature vidée, par son imprévoyance, de fontaines qu'un une économie sage aurait créé des sources abondantes et pérennes de beauté, de santé et de richesse.

Dans ces terres encore vierges que les progrès des découvertes modernes dans les deux hémisphères ont amenées et apportent encore à la connaissance et au contrôle de l'homme civilisé, il n'y a pas beaucoup d'amélioration des grandes conditions physiques à espérer. Il s'agit en effet de réduire considérablement la proportion de forêts, de puiser les eaux superflues et de construire des voies de communication intérieures ; mais les caractéristiques géographiques et climatiques primitives de ces pays doivent être conservées, autant que possible.

### Stabilité de la nature.

La nature, laissée intacte, façonne son territoire de manière à lui donner une permanence presque immuable de forme, de contour et de proportion, sauf lorsqu'il est brisé par des convulsions géologiques ; et dans ces cas de dérangement relativement rares, elle s'efforce immédiatement de réparer les dégâts superficiels et de restaurer, autant que possible, l'ancien aspect de sa domination. Dans les pays nouveaux, l'inclinaison naturelle du sol, les pentes et les niveaux auto-formés, sont généralement tels qu'ils assurent le mieux la stabilité du sol. Ils ont été gradués et abaissés ou élevés par le gel, les forces chimiques, la gravitation, l'écoulement de l'eau, les dépôts végétaux et l'action des vents, jusqu'à ce que, par une compensation générale des forces contradictoires, une condition d'équilibre ait été atteinte qui, sans l'action de l'homme demeurerait, avec peu de fluctuations, pendant d'innombrables siècles.

Il n'est pas nécessaire de remonter bien loin pour arriver à une époque où, dans toute la partie du continent nord-américain occupée par la colonisation britannique, les éléments géographiques s'équilibraient et se compensaient à peu près. Au début du XVIIe siècle, le sol, à quelques exceptions près, était couvert de forêts ; [16] et chaque fois que l'Indien, par suite de la guerre ou de l'épuisement des bêtes de chasse, abandonnait les champs étroits qu'il avait plantés et les bois qu'il avait incendiés, ils revenaient promptement, par une succession de plantations herbacées, arborescentes et arborescentes. les pousses arboricoles, à leur état d'origine. Une seule génération a suffi à leur redonner presque leur luxuriance primitive de végétation forestière. [17] Les forêts ininterrompues avaient atteint leur densité et leur force de croissance maximales et, à mesure que les arbres plus âgés se décomposaient et tombaient, de nouvelles pousses ou semis leur succédaient, de sorte que de siècle en siècle aucun changement perceptible ne semble s'être produit dans le bois, à l'exception de la succession lente et spontanée des cultures. Cette succession n'impliquait aucune interruption de la croissance, et seulement peu de rupture dans la « contiguïté illimitée de l'ombre » ; car, dans l'exploitation de la nature, il n'y a pas de jachère. Les arbres tombent seuls, non par tiges carrées, et les grands pins sont à peine prostrés, avant que la lumière et la chaleur, admises au sol par l'enlèvement de la couronne dense de feuillage qui les avait exclus, stimulent la germination des graines de larges arbres. -des arbres à feuilles qui attendaient cette influence bienveillante, peut-être depuis des siècles. Deux causes naturelles, de caractère destructeur, étaient en effet à l'œuvre dans les forêts primitives de l'Amérique, bien que, dans les colonies du Nord, au moins, il y ait eu des compensations suffisantes ; car nous ne découvrons pas qu'ils aient produit un changement permanent considérable. Je fais référence à l'action des castors et des arbres tombés dans la production de tourbières [18], et des petits animaux, insectes et oiseaux, dans la destruction des bois. Les tourbières sont moins nombreuses et moins étendues dans les États du Nord de l'Union américaine, parce que l'inclinaison naturelle de la surface favorise le drainage ; mais ils sont plus fréquents et couvrent plus de terrain dans les États du Sud, pour la raison opposée. [19] Ils ont généralement pour origine le contrôle des cours d'eau par la chute de bois, ou de terre et de roches, à travers leurs canaux. Si l'obstacle ainsi créé est suffisant pour retenir derrière lui une accumulation permanente d'eau, les arbres dont les racines sont débordées périssent bientôt, et alors, par leur chute, augmentent l'obstruction et, bien sûr, provoquent une extension encore plus large du cours d'eau stagnant. Ce processus se poursuit jusqu'à ce que l'eau trouve un nouvel écoulement, à un niveau plus élevé, non susceptible d'être interrompu de la même manière. Les arbres tombés, non complètement recouverts par l'eau, sont bientôt recouverts de mousses ; les plantes aquatiques et semi-aquatiques se propagent et s'étendent jusqu'à remplir plus ou moins complètement l'espace occupé par l'eau, et la surface se transforme progressivement d'un étang en un marécage tremblant. [20] Le marécage est lentement solidifié par la production végétale et le dépôt, puis très souvent restauré à l'état forestier par la croissance de frênes noirs, de cèdres ou, dans les latitudes méridionales, de cyprès et d'autres arbres adaptés à un tel sol, et ainsi l'harmonie interrompue de la nature est enfin rétablie.

Je suis disposé à penser que les tourbières des États du Nord doivent davantage leur origine aux castors qu'aux obstructions accidentelles des ruisseaux par des arbres tombés par le vent ou naturellement pourris ; car il y a peu de marécages dans ces États, à la sortie desquels on ne puisse, par une recherche minutieuse, trouver les restes d'un barrage de castor. Le castor habite parfois des lacs naturels, mais il préfère devoir son étang à son ingéniosité et à son labeur. Le réservoir une fois construit, ses habitants se multiplient rapidement, et comme ses récoltes de nénuphars et autres plantes aquatiques dont se nourrit ce quadrupède en hiver, deviennent trop petites pour la population croissante, la métropole du castor envoie des expéditions de découverte et de colonisation. L'étang se remplit peu à peu, par l'action des mêmes causes que lorsqu'il doit son existence à une obstruction accidentelle, et quand, enfin, l'établissement primitif est transformé en tourbière par les processus habituels de la vie végétale, les habitants restants abandonnent et bâtir sur quelque ruisseau vierge une nouvelle ville d'eau.

Dans les pays un peu plus avancés en civilisation que ceux occupés par les Indiens d'Amérique du Nord, comme dans l'Irlande médiévale, la formation de tourbières peut être commencée par la négligence de l'homme d'enlever, des canaux naturels de drainage superficiel, les cimes et les branches des arbres. abattu pour les diverses fins auxquelles le bois est applicable dans son industrie grossière ; et, lorsque l'écoulement de l'eau est ainsi arrêté, la nature continue les processus que j'ai déjà décrits. Dans ces régions à moitié civilisées aussi, les chablis sont plus fréquents que dans celles où la forêt est intacte, parce que, lorsque des ouvertures y ont été faites, à des fins agricoles ou autres, l'entrée ainsi donnée au vent provoque le renversement soudain de la forêt. des centaines d'arbres qui autrement auraient pu subsister pendant des générations et seraient ainsi tombés au sol, un par un, à mesure que la pourriture naturelle les faisait tomber. [21] En outre, les troupeaux élevés par l'homme à l'état pastoral, freinent la croissance naissante des arbres sur les tourbières à moitié sèches, et les empêchent de recouvrer leur état primitif.

Les jeunes arbres de la forêt indigène sont parfois annelés et tués par les plus petits rongeurs quadrupèdes, et leur croissance est freinée par les oiseaux qui se nourrissent du bourgeon terminal ; mais ces animaux, comme nous le verrons, se trouvent généralement seulement à la lisière du bois, et non dans ses recoins les plus profonds, et par conséquent les dégâts qu'ils font ne sont pas étendus. Les insectes qui endommagent les forêts primitives en se nourrissant des produits des arbres essentiels à leur croissance ne sont pas nombreux et leur apparition, en nombre destructeur, n'est pas fréquente ; et ceux qui perforent les tiges et les branches pour y déposer et faire éclore leurs œufs sélectionnent le plus souvent des arbres morts à cet effet, bien que, malheureusement, il y ait des exceptions importantes à cette dernière remarque. [22] Je ne sais pas si nous avons la moindre preuve de la destruction ou des dommages sérieux des forêts américaines par les insectes, avant ou même peu après la période de colonisation ; mais depuis que l'homme blanc a mis à nu une grande partie de la surface de la terre et produit ainsi des changements favorables peut-être à la multiplication de ces ravageurs, ils ont considérablement augmenté en nombre et, apparemment, en voracité aussi. Il n'y a pas si longtemps, les pins sur des milliers d'acres de terres en Caroline du Nord ont été détruits par des insectes qui n'avaient jamais causé de dommages graves à cet arbre auparavant. Dans des cas comme celui-ci et d'autres du même genre, il y a de bonnes raisons de croire que l'homme est la cause indirecte d'un mal pour lequel il paie un si lourd tribut. Les insectes augmentent chaque fois que les oiseaux qui s'en nourrissent disparaissent. Ainsi, dans la destruction gratuite du merle et d'autres oiseaux insectivores, le *bipes implumis* , le bipède sans plumes, l'homme, ne se contente pas d'échanger l'orchestre vocal qui salue le soleil levant contre le bourdonnement nocturne du scarabée somnolent, et de priver ses bosquets et ses champs de leur plus bel ornement, mais il mène une guerre perfide contre ses alliés naturels. [23]

Enfin, dans les pays inexplorés par l'homme, les proportions et les positions relatives de la terre et de l'eau, les précipitations et l'évaporation atmosphériques, la moyenne thermométrique et la répartition de la vie végétale et animale ne sont sujets à changement que sous l'effet d'influences géologiques si lentes à se produire. opération selon laquelle les conditions géographiques peuvent être considérées comme constantes et immuables. Il est, dans la plupart des cas, hautement souhaitable de maintenir substantiellement ces arrangements naturels, lorsque de telles régions deviennent le siège de républiques organisées. Il est donc de la première importance qu'au moment de commencer à les préparer à une occupation civilisée permanente, les opérations de transformation soient conduites de manière à ne pas perturber et détruire inutilement ce qui, dans trop de cas, est au-delà des limites. le pouvoir de l'homme de rectifier ou de restaurer.


### *Restauration des harmonies perturbées.*

Lorsqu'il s'agit de récupérer et de réoccuper des terres dévastées par l'imprévoyance ou la malveillance humaine, et abandonnées par l'homme, ou occupées uniquement par une population nomade ou dispersée, la tâche du pionnier est d'un caractère très différent. Il doit devenir collaborateur de la nature dans la reconstruction du tissu endommagé que la négligence ou l'impudence des anciens locataires a rendu inutilisable. Il doit l'aider à recouvrir les pentes des montagnes de forêts et de terre végétale, rétablissant ainsi les fontaines qu'elle a fournies pour les arroser ; en arrêtant la fureur dévastatrice des torrents et en ramenant le drainage de surface à ses canaux primitifs et étroits ; et à assécher les marais mortels en ouvrant les écluses naturelles qui ont été obstruées et en creusant de nouveaux canaux pour aspirer leurs eaux stagnantes. Il doit ainsi, d'une part, créer de nouveaux réservoirs et, d'autre part, éliminer les accumulations nuisibles d'humidité, égalisant et régulant ainsi les sources d'humidité atmosphérique et d'eau courante, toutes deux si essentielles à toute croissance végétale, et , bien sûr, à la vie humaine et animale inférieure.

## *Destructivité de l'Homme.*

L'homme a trop longtemps oublié que la terre lui a été donnée uniquement pour l'usufruit, non pour la consommation, et encore moins pour le gaspillage excessif. La nature a pourvu à la destruction absolue de toute sa matière élémentaire, matière première de ses œuvres ; la foudre et la tornade, les affres les plus convulsives même du volcan et du tremblement de terre, n'étant que des phénomènes de décomposition et de recomposition. Mais elle a laissé à l'homme le pouvoir de perturber irrémédiablement les combinaisons de matière inorganique et de vie organique qu'elle avait dosées et équilibrées pendant la nuit des éons, pour préparer la terre à son habitation, quand, dans la plénitude de temps, son Créateur devrait l'appeler à entrer en sa possession.

En dehors de l'influence hostile de l'homme, le monde organique et le monde inorganique sont, comme je l'ai remarqué, liés ensemble par des relations et des adaptations mutuelles qui assurent, sinon la permanence et l'équilibre absolus des deux, du moins une longue continuation des conditions établies de l'homme. chacun à un moment et un lieu donnés, ou du moins, une succession très lente et graduelle de changements dans ces conditions. Mais l'homme est partout un agent perturbateur. Partout où il pose le pied, les harmonies de la nature se transforment en discordes. Les proportions et les aménagements qui assuraient la stabilité des arrangements existants sont bouleversés. Les espèces végétales et animales indigènes sont disparues et supplantées par d'autres d'origine étrangère, la production spontanée est interdite ou restreinte, et la surface de la terre est soit mise à nu, soit recouverte d'une nouvelle croissance réticente de formes végétales et de tribus étrangères de plantes. vie animale. Ces changements et substitutions intentionnels constituent, en effet, de grandes révolutions ; mais aussi vastes que soient leur ampleur et leur importance, ils sont, comme nous le verrons, insignifiants en comparaison des résultats contingents et non recherchés qui en ont découlé.

Le fait que, de tous les êtres organiques, l'homme seul doit être considéré comme un pouvoir essentiellement destructeur, et qu'il exerce des énergies pour résister auxquelles la nature, cette nature à laquelle toute vie matérielle et toute substance inorganique obéit, est totalement impuissante, tend à prouver que, bien que vivant dans la nature physique, il n'est pas d'elle, qu'il est d'une filiation plus élevée et appartient à un ordre d'existence plus élevé que ceux nés de son ventre et soumis à ses diktats.

Il existe, en effet, des destructeurs brutaux, des bêtes, des oiseaux et des insectes de proie – toute vie animale se nourrit et, bien sûr, détruit d'autres formes de vie – mais cette destruction est compensée par des compensations. C'est, en fait, le moyen même par lequel l'existence d'une tribu d'animaux ou de végétaux est assurée contre l'étouffement par les empiétements d'une autre ; et les pouvoirs reproductifs des espèces, qui servent de nourriture aux autres, sont toujours proportionnés à la demande qu'elles sont destinées à satisfaire. L'homme poursuit ses victimes avec une agressivité téméraire ; et, tandis que le sacrifice de la vie par les animaux inférieurs est limité par les envies de l'appétit, il persécute sans ménagement, jusqu'à l'extirpation, des milliers de formes organiques qu'il ne peut consommer. [24]

La terre n'était pas, dans son état naturel, complètement adaptée à l'usage de l'homme, mais seulement à la subsistance des animaux sauvages et de la végétation sauvage. Ceux-ci vivent, multiplient leur espèce dans une juste proportion et atteignent leur mesure parfaite de force et de beauté, sans produire ni exiger aucun changement dans les arrangements naturels de la surface, ou dans les tendances spontanées de chacun, sauf une telle répression mutuelle d'un accroissement excessif qui peut empêcher la disparition d'une espèce par l'empiétement d'une autre. En bref, sans l'homme, la vie animale inférieure et la vie végétale spontanée auraient été constantes en termes de type, de répartition et de proportions, et la géographie physique de la terre serait restée intacte pendant des périodes indéfinies et n'aurait été soumise à une révolution qu'à partir d'événements cosmiques possibles et inconnus. causes, ou d'une action géologique.

Mais l'homme, les animaux domestiques qui le servent, les plantes des champs et des jardins dont les produits lui fournissent nourriture et vêtements, ne peuvent subsister et atteindre le plein développement de leurs propriétés supérieures, à moins que la nature brute et inconsciente ne soit efficacement combattue et, dans une large mesure, vaincu par l'art humain. Par conséquent, une certaine mesure de transformation de la surface terrestre, de suppression de la productivité naturelle et de stimulation de la productivité artificiellement modifiée devient nécessaire. Cette mesure l'homme a malheureusement dépassé. Il a abattu les forêts dont le réseau de racines fibreuses liait la moisissure au squelette rocheux de la terre ; mais s'il avait laissé ici et là une ceinture de forêts se reproduire par propagation spontanée, la plupart des méfaits causés par sa destruction imprudente de la protection naturelle du sol auraient été évités. Il a démoli les réservoirs des montagnes, dont la percolation des eaux par des canaux invisibles alimentait les fontaines qui rafraîchissaient son bétail et fertilisaient ses champs ; mais il a négligé d'entretenir les citernes et les canaux d'irrigation qu'une sage antiquité avait construits pour neutraliser les conséquences de sa propre imprudence. S'il a arraché la mince glebe qui confinait les terres légères des vastes plaines, détruit la frange de plantes semi-aquatiques qui longeait la côte et freiné la dérive du sable marin, il n'a pas réussi à empêcher l'expansion des dunes par les habiller de végétation reproduite artificiellement. Il a fait une guerre impitoyable à toutes les tribus de nature animée dont il pouvait convertir le butin à son propre usage, et il n'a pas protégé les oiseaux qui se nourrissent des insectes les plus destructeurs pour ses propres récoltes.

L'humanité purement inculte, il est vrai, interfère relativement peu avec les arrangements de la nature, [25] et l'action destructrice de l'homme devient de plus en plus énergique et impitoyable à mesure qu'il avance dans la civilisation, jusqu'à l'appauvrissement, avec lequel son épuisement des ressources naturelles Les ressources du sol le menacent, l'éveille enfin à la nécessité de préserver ce qui reste, sinon de restaurer ce qui a été inutilement gaspillé. Le sauvage errant ne cultive aucun légume cultivé, n'abat aucune forêt et n'extirpe aucune plante utile, aucune mauvaise herbe nuisible. Si son habileté à la chasse lui permet de piéger nombre des animaux dont il se nourrit, il compense cette perte en détruisant aussi le lion, le tigre, le loup, la loutre, le phoque et l'aigle, protégeant ainsi indirectement les plus faibles . des quadrupèdes, des poissons et des volailles, qui autrement deviendraient le butin des bêtes et des oiseaux de proie. Mais avec la vie stationnaire, ou plutôt avec l'état pastoral, l'homme commence immédiatement une guerre presque aveugle contre toutes les formes d'existence animale et végétale qui l'entourent, et à mesure qu'il avance dans la civilisation, il éradique ou transforme progressivement tout produit spontané du sol. il occupe. [26]

### *Comparaison de l'action humaine et brute.*

Il a été soutenu par des autorités aussi élevées que toutes celles connues de la science moderne, que l'action de l'homme sur la nature, bien que plus grande en *degré* , ne diffère pas en *nature* de celle des animaux sauvages. Elle me paraît différer par son caractère essentiel, car, bien qu'elle soit souvent suivie de résultats imprévus et indésirables, elle est néanmoins guidée par une volonté consciente et intelligente visant aussi souvent des objets secondaires et lointains qu'immédiats. L'animal sauvage, au contraire, agit instinctivement et, autant que nous puissions le percevoir, toujours en vue d'un but unique et direct. Le bûcheron comme le castor abattaient des arbres ; l'homme pour qu'il transforme la forêt en une oliveraie dont les fruits ne mûriront que pour une génération suivante, le castor pour qu'il puisse se nourrir de leur écorce ou les utiliser dans la construction de son habitation. L'action humaine diffère également de l'action brute par son influence sur le monde matériel, car elle n'est pas contrôlée par des compensations et des équilibres naturels. Les arrangements naturels, une fois perturbés par l'homme, ne sont restaurés que lorsqu'il se retire du terrain et laisse libre cours aux énergies spontanées de récupération ; les blessures qu'il inflige à la création matérielle ne sont guéries que lorsqu'il retire le bras qui a porté le coup. D'un autre côté, je ne connais aucune preuve que les animaux sauvages aient jamais détruit la plus petite forêt, extirpé une espèce organique ou modifié son caractère naturel, occasionné un changement permanent de la surface terrestre ou produit une perturbation des conditions physiques que la nature a créées. non, d'elle-même, réparée sans l'expulsion de l'animal qui l'avait causé. [27]

La forme de la surface géographique et très probablement le climat d'un pays donné dépendent beaucoup du caractère de la vie végétale qui lui appartient. L'homme a, par la domestication, profondément modifié les habitudes et les propriétés des plantes qu'il élève ; il a, par sélection volontaire, modifié immensément les formes et les qualités des créatures animées qui le servent ; et il a, en même temps, complètement extirpé de nombreuses formes d'êtres animaux, sinon végétaux. [28] Qu'y a-t-il, dans l'influence de la vie brute, qui corresponde à cela ? Nous n'avons aucune raison de croire que dans cette partie du continent américain qui, bien que peuplée de nombreuses tribus de quadrupèdes et de volailles, soit restée inhabitée par l'homme, ou à peine occupée par des tribus purement sauvages, un changement géographique sensible se soit produit dans les vingt siècles précédant l'invasion. l'époque de la découverte et de la colonisation, tandis que, pendant la même période, l'homme avait transformé des millions de kilomètres carrés, dans les régions les plus belles et les plus fertiles de l'Ancien Monde, en déserts les plus arides.

Les ravages commis par l'homme bouleversent les relations et détruisent l'équilibre que la nature avait établi entre ses créations organisées et ses créations inorganiques ; et elle se venge de l'intrus, en déchaînant sur ses provinces dégradées des énergies destructrices jusqu'ici contenues par des forces organiques destinées à être ses meilleurs auxiliaires, mais qu'il a imprudemment dispersées et chassées du champ d'action. Lorsque la forêt disparaît, le grand réservoir d'humidité emmagasiné dans sa moisissure végétale s'évapore et ne revient que sous forme de déluges de pluie pour laver la poussière desséchée en laquelle cette moisissure a été transformée. Les collines bien boisées et humides sont transformées en crêtes de roches sèches, qui encombrent les terrains bas et obstruent les cours d'eau avec leurs débris, et, sauf dans les pays favorisés par une répartition égale des pluies au fil des saisons et une inclinaison modérée et régulière. de surface — la terre entière, à moins d'être sauvée par l'art humain de la dégradation physique à laquelle elle tend, devient un assemblage de montagnes chauves, de collines arides et sans gazon et de plaines marécageuses et impaludées. Il est des régions de l'Asie Mineure, de l'Afrique du Nord, de la Grèce et même de l'Europe alpine, où l'action de causes mises en action par l'homme a amené la face de la terre à une désolation presque aussi complète que celle de la lune ; et bien que, dans ce bref laps de temps que nous appelons « la période historique », on sache qu'ils ont été couverts de bois luxuriants, de pâturages verdoyants et de prairies fertiles, ils sont maintenant trop détériorés pour être récupérables par l'homme, et ne peuvent pas non plus être récupérés par l'homme. ils redeviennent adaptés à l'usage humain, sauf à la suite de grands changements géologiques ou d'autres influences ou agents mystérieux dont nous n'avons aucune connaissance actuelle et sur lesquels nous n'avons aucun contrôle futur. La terre est en train de devenir rapidement un foyer impropre à son habitant le plus noble, et une autre ère de crime humain et d'imprévoyance humaine égale, et d'une durée semblable à celle à travers laquelle s'étendent les traces de ce crime et de cette imprévoyance, la réduirait à un tel état d'appauvrissement. productivité, de surface brisée, d'excès climatiques, au point de menacer la dépravation, la barbarie, et peut-être même l'extinction de l'espèce. [29]

## *Amélioration physique.*

Il est vrai qu'il y a un revers partiel à cette image. Sur les théâtres étroits, de nouvelles forêts ont été plantées ; les inondations de cours d'eau retenus par de lourds murs de maçonnerie et autres constructions ; des torrents obligés d'aider, en déposant la vase dont ils sont chargés, à remplir les basses terres et à élever le niveau des marécages que leurs propres débordements avaient créés ; le sol submergé par les empiètements de l'océan, ou exposé à être recouvert par ses marées, a été sauvé de sa domination par des digues ; [30] les marécages et même les lacs ont été asséchés et leurs lits ramenés au domaine de l'industrie agricole ; les dunes côtières dérivantes ont été contrôlées et rendues productives par des plantations ; les mers et les eaux intérieures ont été repeuplées de poissons, et même les sables du Sahara ont été fertilisés par des fontaines artésiennes. Ces réalisations sont plus glorieuses que les plus fiers triomphes de la guerre, mais, jusqu'à présent, elles ne donnent qu'un faible espoir que nous parviendrons encore à expier pleinement notre gaspillage dépensier des générosités de la nature.

Il est, d'une part, téméraire et peu philosophique de tenter de fixer des limites au pouvoir ultime de l'homme sur la nature inorganique, et il n'est pas rentable, d'autre part, de spéculer sur ce qui peut être accompli par la découverte de phénomènes aujourd'hui inconnus et inimaginables. forces naturelles, ou encore par l'invention de nouveaux arts et de nouveaux procédés. Mais depuis que nous avons vu l'aérostation, la force motrice des vapeurs élastiques, les merveilles de la télégraphie moderne, l'explosivité destructrice de la poudre à canon et même d'une substance aussi inoffensive, aussi inoffensive et inerte que le coton, rien dans le domaine de la réalisation mécanique ne semble impossible. , et il est difficile d'empêcher l'imagination d'errer quelques générations en avant jusqu'à une époque où nos descendants auront progressé aussi loin au-delà de nous dans la conquête physique, que nous avons marché au-delà des trophées érigés par nos grands-pères.

Je dois donc être compris comme signifiant seulement qu'aucun moyen actuellement connu de l'homme et dirigé par lui ne semble adéquat pour réduire les grands précipices alpins à des pentes telles qu'elles leur permettraient de soutenir un revêtement végétal, ou pour couvrir de grandes étendues de montagnes. dénudé la roche avec de la terre et plantant dessus une végétation forestière. Mais parmi les mystères que la science doit encore révéler, il existe peut-être encore des méthodes à découvrir pour accomplir des merveilles encore plus grandes que celles-ci. Les philosophes mécaniques ont suggéré la possibilité d'accumuler et de conserver pour l'usage humain certaines des plus grandes forces naturelles, que l'action des éléments met en valeur avec une énergie si étonnante. Pourrions-nous rassembler, lier et soumettre à notre contrôle la puissance qu'un ouragan antillais exerce sur une petite zone en un seul souffle continu, ou l'élan dépensé par les vagues, au cours d'un hiver tumultueux, sur le brise-lames de Cherbourg, [31] ou la puissance de montée de la marée, pendant un mois, à l'entrée de la baie de Fundy, ou la pression d'un mille carré d'eau de mer à la profondeur de cinq mille brasses, ou un moment de la puissance d'un tremblement de terre ou volcan, notre époque, qui ne déplace pas les montagnes et les jette dans la mer par la foi seule, pourrait espérer escarper les parois escarpées des Alpes, des Pyrénées et du mont Taurus, les revêtir une fois de plus d'une végétation aussi riche que celle de leurs bois vierges et transformer leurs torrents dévastateurs en ruisseaux rafraîchissants. [32]

Ce vieux monde, que l'homme a renversé, pourrait-il être reconstruit, la ruse humaine pourrait-elle sauver ses collines dévastées et ses plaines désertes de la solitude ou de la simple occupation nomade, de la stérilité, de la nudité et de l'insalubrité, et restaurer l'ancienne fertilité et la santé du monde ? Côte maritime étrusque, la Campagna et les marais pontins, de Calabre, de Sicile, du Péloponnèse et de la Grèce insulaire et continentale, d'Asie Mineure, des versants du Liban et de l'Hermon, de Palestine, du désert syrien, de la Mésopotamie et de la Dans le delta de l'Euphrate, de la Cyrénaïque, de l'Afrique proprement dite, de la Numidie et de la Mauritanie, les millions d'Européens pourraient encore trouver place sur le continent oriental, et le principal courant d'émigration serait tourné vers le soleil levant plutôt que vers le coucher du soleil.

Mais de tels changements doivent attendre de grandes révolutions politiques et morales chez les gouvernements et les peuples qui possèdent actuellement ces régions, une maîtrise des moyens pécuniaires et mécaniques dont ces nations ne jouissent pas actuellement, et une connaissance plus avancée et généralement plus diffuse de la situation. processus par lesquels l'amélioration du sol et du climat est possible, qu'il n'existe aujourd'hui nulle part ailleurs. Jusqu'à ce que de telles circonstances concourent à favoriser le travail de régénération géographique, les pays que j'ai mentionnés, avec ici et là une exception locale, continueront à sombrer dans une désolation encore plus profonde, et pendant ce temps, le continent américain, l'Afrique australe, l'Australie , et les petites îles océaniques, seront presque les seuls théâtres où l'homme s'engage, à grande échelle, dans la transformation de la face de la nature.

### *Arrêt de la dégradation physique des nouveaux pays.*

Si courte que soit la période pendant laquelle s'étend la colonisation des terres étrangères par les émigrants européens, elle est grande et, il est à craindre, parfois irréparable, des dommages ont déjà été causés dans les divers processus par lesquels l'homme cherche à subjuguer la terre vierge ; et de nombreuses provinces, foulées pour la première fois par l' *homo sapiens Europe* au cours des deux derniers siècles, commencent à montrer des signes de ce mélancolique délabrement qui chasse maintenant tant de paysans d'Europe de leur foyer natal. Il est évidemment d'une grande importance, non seulement pour la population des États où ces symptômes se manifestent, mais aussi pour l'intérêt général de l'humanité, que ce déclin soit stoppé et que les futures opérations d'exploitation rurale et forestière l'industrie, dans les régions qui restent encore substantiellement dans leur état d'origine, devrait être dirigée de manière à empêcher les dégâts généralisés qui ont été produits ailleurs par la destruction irréfléchie ou gratuite des sauvegardes naturelles du sol. Cela ne peut se faire que par la diffusion des connaissances à ce sujet parmi les classes qui, autrefois, conquéraient et labouraient des terres sur lesquelles elles n'avaient aucun droit acquis, mais qui, de nos jours, sont propriétaires de leurs bois, de leurs pâturages et de leurs terres. les terres labourées sont une possession perpétuelle pour eux et les leurs, et ont donc tout intérêt à protéger leur domaine contre la détérioration.

### *Formes et formations les plus sujettes à la dégradation physique.*

Le caractère et l'étendue des maux considérés dépendent dans une large mesure du climat ainsi que des formes naturelles et de la constitution de la surface. Si les précipitations, qu'elles soient grandes ou petites, sont également réparties au cours des saisons, de manière à ce qu'il n'y ait ni pluies torrentielles ni sécheresses destructrices, et si, en outre, l'inclinaison générale du terrain est modérée, de manière à ce que les eaux superficielles soient entraînées sans une rapidité destructrice d'écoulement et sans accumulation soudaine dans les canaux de drainage naturel, il y a peu de danger de dégradation du sol par suite de l'enlèvement de la forêt ou d'autres couvertures végétales, et la face naturelle de la terre peut être considérée comme essentiellement permanente. Ces conditions sont bien illustrées en Irlande, dans une grande partie de l'Angleterre, dans de vastes régions d'Allemagne et de France et, heureusement, dans une immense proportion de la vallée du Mississipi et du bassin des grands lacs américains, ainsi que dans de nombreuses régions des continents d'Amérique du Sud et d'Afrique.

Les changements destructeurs sont plus fréquents dans les pays à surface irrégulière et montagneuse, et dans les climats où les précipitations se limitent principalement à une seule saison et où l'année est divisée en une période humide et une période sèche, comme c'est le cas pendant une grande partie de l'année. l'empire ottoman et, plus ou moins strictement, l'ensemble du bassin méditerranéen. C'est en partie, mais pas entièrement, à cause de causes topographiques et climatiques que le fléau, qui a frappé les provinces les plus belles et les plus fertiles de la Rome impériale, a épargné la Britannia, la Germanie, la Pannonie et la Mœsia, les demeures relativement inhospitalières des peuples barbares. des races qui, au temps des Césars, étaient trop peu avancées dans la vie civilisée pour posséder soit le pouvoir, soit la volonté de mener cette guerre contre l'ordre de la nature qui semble, jusqu'ici, une condition préalable presque inséparable de la haute culture sociale, et de grands progrès dans les arts fins et mécaniques. [33]

Dans les pays montagneux, en revanche, diverses causes se conjuguent pour exposer les sols à des dangers constants. La pluie et la neige tombent habituellement en plus grande quantité et avec une grande inégalité de répartition ; la neige sur les sommets s'accumule pendant plusieurs mois de suite, et puis il n'est pas rare qu'elle soit presque entièrement dissoute en un seul dégel, de sorte que toute la précipitation des mois est en quelques heures précipitée sur les flancs des montagnes et à travers les ravins qui les entourent. sillonnez-les; l'inclinaison naturelle de la surface favorise la rapidité des courants rassemblés de pluie diluvienne et de fonte des neiges, qui acquièrent bientôt une force presque irrésistible et un pouvoir d'enlèvement et de transport ; le sol lui-même est moins compact et moins tenace que celui des plaines, et si la forêt qui l'abrite a été détruite, elle n'est confinée que par quelques-uns des fils et ligaments par lesquels la nature l'avait lié et attaché au sol rocheux. C'est pourquoi chaque averse considérable met à nu ses rochers, et les torrents envoyés par les dégels du printemps et par les fortes décharges occasionnelles des pluies d'été et d'automne, sont des mers de boue et de pierres roulantes qui parfois dévastent et s'enfouissent sous elles. des acres, et même des kilomètres, de pâturages, de champs et de vignobles. [34]

### *Dégradation physique des nouveaux pays.*

J'ai remarqué que les effets de l'action humaine sur les formes de la surface terrestre ne peuvent pas toujours être distingués de ceux résultant de causes géologiques, et qu'il existe également beaucoup d'incertitude quant à l'influence précise du défrichement et de la culture du sol, et d'autres exploitations rurales, sur le climat. On se demande si la moyenne ou les extrêmes de température, les périodes des saisons, ou la quantité ou la répartition des précipitations et de l'évaporation, dans tout pays dont les annales sont connues, ont subi un changement quelconque au cours de la période historique. Il est en effet impossible de douter que bon nombre des opérations du pionnier tendent à produire de grandes modifications dans l'humidité, la température et l'électricité de l'atmosphère ; mais nous sommes actuellement incapables de déterminer dans quelle mesure un ensemble d'effets est neutralisé par un autre, ou compensé par des agents inconnus. Cette question, la recherche scientifique ne parvient pas à la résoudre, faute de données nécessaires ; mais une observation bien menée, dans les régions qui sont maintenant pour la première fois occupées par l'homme, combinée aux preuves historiques qui existent encore, peut s'attendre à ce que dans un avenir proche, elle jette beaucoup de lumière sur ce sujet.

L'Australie est peut-être le pays dont nous sommes en droit d'attendre l'élucidation la plus complète de ces problèmes difficiles et controversés. Sa colonisation n'a commencé que lorsque les sciences physiques sont devenues un sujet d'attention presque universelle, et elle est en effet si récente que la mémoire des hommes vivants embrasse les principales époques de son histoire ; les particularités de sa faune, de sa flore et de sa géologie sont telles qu'elles ont suscité pour lui le plus vif intérêt des adeptes des sciences naturelles ; ses mines ont donné à ses habitants la richesse nécessaire pour se procurer les moyens d'observation instrumentale et les loisirs nécessaires à la poursuite des recherches scientifiques ; et de vastes étendues de forêt vierge et de prairies naturelles passent rapidement sous le contrôle de l'homme civilisé. Il existe donc ici de plus grandes facilités et de plus fortes motivations pour une étude minutieuse des sujets en question que jamais on n'en a trouvé réunies sur aucun autre théâtre de la colonisation européenne.

En Amérique du Nord, le passage de l'état naturel à l'état artificiel de la surface terrestre a commencé à peu près à l'époque où les instruments d'observation météorologique les plus importants ont été inventés. Les premiers colons du territoire qui constitue aujourd'hui les États-Unis et les provinces britanniques américaines avaient autre chose à faire que de compiler des relevés barométriques et thermométriques, mais il reste quelques documents physiques intéressants datant des premiers jours des colonies, [35] et il ʸ a Il s'agit encore d'une immense étendue du sol nord-américain où l'industrie et la folie de l'homme n'ont encore produit que peu de changements appréciables. Ici aussi, grâce aux facilités accrues actuelles d'observation scientifique, les effets futurs, directs et contingents, du travail de l'homme, peuvent être mesurés, et de telles précautions peuvent être prises dans ces processus ruraux que nous appelons améliorations, de manière à atténuer les maux, peut-être, dans dans une certaine mesure, inséparable de toute tentative de contrôler l'action des lois naturelles.

Pour arriver à des conclusions sûres, il faut d'abord acquérir une connaissance plus exacte de la topographie et de l'état superficiel et climatique actuel des pays où la surface naturelle est encore plus ou moins intacte. Ceci ne peut être accompli que par des relevés précis et par une grande multiplication des points d'enregistrement météorologique, [36] déjà si nombreux ; et comme, en outre, des changements considérables dans la proportion de forêts et de terres cultivées, ou de surfaces sèches et entièrement ou partiellement submergées, se produiront souvent dans de brèves périodes, il est hautement souhaitable que l'attention des observateurs, dans le voisinage desquels le défrichement du sol, ou le drainage des lacs et des marécages, ou d'autres grands travaux d'amélioration rurale, en cours ou envisagés, devraient être particulièrement attirés non seulement par les révolutions de la température atmosphérique et des précipitations, mais aussi par les changements plus faciles à déterminer et peut-être plus importants. changements locaux produits par ces opérations dans la température et l'état hygrométrique des couches superficielles de la terre, et dans ses produits spontanés végétaux et animaux.

L'extension rapide des chemins de fer, qui maintenant partout accompagne et parfois même précède l'occupation de nouveaux sols à des fins agricoles, fournit de grandes facilités pour élargir notre connaissance de la topographie du territoire qu'ils traversent, parce que leurs coupes révèlent la composition et La structure générale de la surface, ainsi que l'inclinaison et l'élévation de leurs lignes constituent des coupes hypsométriques connues, qui donnent de nombreux points de départ pour la mesure des stations supérieures et inférieures, et bien sûr pour déterminer le relief et la dépression de la surface, la pente des lits. des cours d'eau, et bien d'autres questions non moins importantes. [37]

Les études géologiques, hydrographiques et topographiques que réalisent presque tous les gouvernements généraux et même locaux du monde civilisé apportent des contributions encore plus importantes à notre stock de connaissances géographiques et physiques générales et, dans un espace relativement court, il sera une accumulation de faits constants et historiques bien établis, à partir desquels nous pouvons raisonner en toute sécurité sur toutes les relations d'action et de réaction entre l'homme et la nature extérieure.

Mais nous sommes, même maintenant, en train de démolir le sol, les lambris, les portes et les cadres de fenêtres de notre habitation, pour obtenir du combustible pour réchauffer notre corps et faire bouillir nos plats, et le monde ne peut pas se permettre d'attendre que les progrès lents et sûrs de la science exacte aient lui a enseigné une meilleure économie. De nombreuses leçons pratiques ont été tirées de l'observation commune d'hommes non scolarisés ; et les enseignements de la simple expérience, sur des sujets dont la philosophie naturelle a à peine encore parlé, ne doivent pas être méprisés.

Dans ces humbles pages, qui n'aspirent nullement à figurer parmi les exposés scientifiques des lois de la nature, je tenterai de donner les conclusions pratiques les plus importantes suggérées par l'histoire des efforts de l'homme pour reconstituer la terre et la soumettre ; et je chercherai à étayer ces conclusions par des faits et des illustrations uniquement qui s'adressent à la compréhension de tout lecteur intelligent, et qui peuvent être trouvés enregistrés dans des ouvrages susceptibles d'être lus avec profit, ou du moins consultés, par des personnes qui n'ont pas apprécié. une formation scientifique particulière.

# CHAPITRE II.

## TRANSFERT, MODIFICATION ET EXTIRPATION D'ESPÈCES VÉGÉTALES ET ANIMALES.

LA GÉOGRAPHIE MODERNE EMBRASSE LA VIE ORGANIQUE — TRANSFERT DE VIE LÉGÈTE — PLANTES ÉTRANGÈRES CULTIVÉES AUX ÉTATS-UNIS — LES PLANTES AMÉRICAINES POUSSENT EN EUROPE — MODES D'INTRODUCTION DES PLANTES ÉTRANGÈRES — LES LÉGUMES, QUE LE TRANSFERT VERS DES SOLS ÉTRANGERS AFFECTE — EXTRACTION DES LÉGUMES — ORIGINE DES PLANTES DOMESTIQUES — LA VIE ORGANIQUE COMME AGENCE GÉOLOGIQUE ET GÉOGRAPHIQUE — ORIGINE ET TRANSFERT DES ANIMAUX DOMESTIQUES — EXTIRPATION DES ANIMAUX — NOMBRE D'OISEAUX AUX ÉTATS-UNIS — LES OISEAUX COMME SEMEURS ET CONSOMMATEURS DE GRAINES, ET COMME DESTRUCTEURS D'INSECTES — DIMINUTION ET EXTIRPATION DES OISEAUX — INTRODUCTION DES OISEAUX—UTILITÉ DES INSECTES ET DES VERS—INTRODUCTION DES INSECTES—DESTRUCTION DES INSECTES—REPTILES—DESTRUCTION DES POISSONS—INTRODUCTION ET ÉLEVAGE DES POISSONS—EXTIRPATION DES ANIMAUX AQUATIQUES—ORGANISMES MINUTES.

### *La géographie moderne embrasse la vie organique.*

C'était une vision étroite de la géographie qui limitait cette science à la délimitation de la surface et des contours terrestres, ainsi qu'à la description de la position relative et de l'ampleur de la terre et de l'eau. Dans sa forme améliorée, il embrasse non seulement le globe lui-même, mais aussi les êtres vivants qui végètent ou se déplacent sur lui, les influences variées qu'ils exercent les uns sur les autres, l'action et la réaction réciproques entre eux et la terre qu'ils habitent. Même si le but des études géographiques était seulement d'obtenir la connaissance des formes extérieures des masses minérales et fluides qui constituent le globe, il faudrait encore tenir compte de l'élément vie ; car chaque plante, chaque animal est un agent géographique, l'homme un pouvoir destructeur, les légumes et même les bêtes sauvages des pouvoirs réparateurs. Les eaux tumultueuses dévalent la terre depuis les hauteurs ; dans le premier moment de repos, la végétation cherche à se rétablir sur la surface mise à nu, et, par le lent dépôt de ses produits en décomposition, à relever le sol que le torrent avait abaissé. Cet élément de reconstruction est si important qu'on s'est sérieusement demandé si, dans l'ensemble, la végétation ne contribue pas autant à élever que les eaux à abaisser le niveau de la surface.

Chaque fois que l'homme a transporté une plante de son habitat naturel vers un nouveau sol, il a introduit une nouvelle force géographique pour agir sur elle, et cela généralement aux dépens d'une végétation indigène que le végétal étranger a supplantée. Les plantes nouvelles et anciennes sont rarement équivalentes les unes aux autres, et la substitution d'un arbre, d'un arbuste ou d'une herbe indigène par un exotique à un arbre, un arbuste ou une herbe indigène augmente ou diminue l'importance relative de l'élément végétal dans la géographie du pays auquel il se trouve. supprimé. De plus, l'homme sème pour récolter. On ne laisse pas les produits de l'industrie agricole pourrir sur le sol et le soulever ainsi d'une couche annuelle de moisissure nouvelle. Ils sont rassemblés, transportés sur des distances plus ou moins grandes, et après avoir servi à l'économie humaine, ils entrent, lors de la décomposition finale de leurs éléments, dans de nouvelles combinaisons, et ne sont rendus qu'en faible proportion au sol sur lequel ils ont été déposés. grandi. Cependant, les racines des graminées et de beaucoup d'autres plantes cultivées restent et se décomposent généralement dans la terre, et contribuent à en élever la surface, quoique certainement pas dans le même degré que la forêt.

Les légumes, qui ont remplacé les arbres, remplissent incontestablement bon nombre des mêmes fonctions. Ils rayonnent de la chaleur, ils condensent l'humidité de l'atmosphère, ils agissent sur la constitution chimique de l'air, leurs racines pénètrent dans la terre plus profondément qu'on ne le croit communément et forment un labyrinthe inextricable de filaments qui lient le sol entre eux et empêchent son écoulement. érosion par l'eau. Les plantes annuelles et vivaces à larges feuilles ombragent également le sol et empêchent l'évaporation de l'humidité de sa surface par le vent et le soleil. [38] À un certain stade de croissance, les prairies sont probablement un radiateur et un condenseur plus énergétique que même la forêt, mais cette action puissante s'exerce, dans sa pleine intensité, pendant quelques jours seulement, tandis que les arbres continuent de telles fonctions, avec vigueur constante, pendant plusieurs mois consécutifs. Dans l'ensemble, il semble tout à fait certain qu'aucune terre cultivée n'est aussi efficace pour tempérer les extrêmes climatiques ou pour conserver la surface et les contours géographiques que l'est le sol que la nature elle-même a planté.

### *Transfert de vie végétale.*

Il appartient à la géographie végétale et animale, qui sont presque des sciences à elles seules, de montrer en détail ce que l'homme a fait pour changer la répartition des plantes et de la vie animée et révolutionner l'aspect de la nature organique ; mais certains des faits les plus importants relatifs à ce sujet peuvent être présentés ici avec pertinence. On pense que la plupart des arbres fruitiers cultivés en Europe et aux États-Unis, et – si l'on doit se fier au témoignage de Pline et d'autres naturalistes anciens – beaucoup d'entre eux sont historiquement connus, sont originaires des climats tempérés d'Asie. On a pensé que le raisin de cuve n'était véritablement indigène que dans les régions limitrophes de l'extrémité orientale de la mer Noire, où il se propage désormais spontanément, notamment sur les rives du Rion, l'ancienne Phasis, et pousse avec une luxuriance sans exemple. [39] Mais certaines espèces de vigne semblent originaires d'Europe, et de nombreuses variétés de raisin sont connues depuis trop longtemps comme communes à toutes les régions des États-Unis pour admettre la supposition qu'elles ont toutes été introduites par des colons européens. [40]

Il est intéressant de noter que le commerce - ou du moins le transport maritime - et l'industrie agricole et mécanique du monde dépendent, dans une très large proportion, de produits végétaux et animaux peu ou pas du tout connus des anciens Grecs, Romains. , et la civilisation juive. Dans de nombreux cas, l'essentiel de l'approvisionnement en ces articles provient de pays où ils sont probablement indigènes et où ils sont encore presque exclusivement cultivés ; mais dans beaucoup d'autres, les plantes ou les animaux dont ils dérivent ont été introduits par l'homme dans des régions aujourd'hui remarquables par leur culture la plus réussie, et cela aussi à des époques relativement récentes, ou, en d'autres termes, en moins de deux ou trois ans. des siècles.

### *Plantes étrangères cultivées aux États-Unis.*

D'après Bigelow, les États-Unis possédaient, au premier juin 1860, en chiffres ronds, 163 millions d'acres de terres améliorées, cette quantité ayant été augmentée de 50 millions d'acres au cours des dix années précédentes. [41] Sans compter les récoltes moins importantes, ces terres ont produit, dans l'année terminée au dernier jour mentionné, en chiffres ronds, 171,000,000 de boisseaux de blé, 21,000,000 de boisseaux de seigle, 172,000,000 de boisseaux d'avoine, 15,000,000 de boisseaux de pois et haricots, 16 000 000 de boisseaux d'orge, de fruits du verger d'une valeur de 20 000 000 $, 900 000 boisseaux de graines de trèfle, 900 000 boisseaux d'autres semences de graminées, 104 000 tonnes de chanvre, 4 000 000 de livres de lin et 600 000 livres de graines de lin. Ces cultures maraîchères étaient familières à l'agriculture européenne ancienne, mais elles ont toutes été introduites en Amérique du Nord après la fin du XVIe siècle.

Des fruits de l'industrie agricole inconnus des Grecs et des Romains, ou trop peu employés par eux pour avoir une quelconque importance commerciale, les États-Unis produisirent, la même année, 187 000 000 de livres de riz, 18 000 000 de boisseaux de sarrasin, 2 075 000 000 de livres d'égrenage. coton, [42] 302 000 000 de livres de sucre de canne, 16 000 000 de gallons de mélasse de canne, 7 000 000 de gallons de mélasse de sorgho, tous produits par des légumes introduits dans ce pays au cours des deux cents ans, et, à l'exception du sarrasin, dont l'origine est incertaine. , et de coton, tous, directement ou indirectement, des Indes orientales ; en outre, provenant de plantes indigènes inconnues de l'agriculture ancienne, 830 000 000 de boisseaux de maïs indien, 429 000 000 de livres de tabac, 110 000 000 de boisseaux de pommes de terre, 42 000 000 de boisseaux de patates douces, 39 000 000 de livres de sucre d'érable et 2 000 000 de gallons de mélasse d'érable. A tout cela, il faut ajouter 19 000 000 de tonnes de foin, produit en partie par des herbes nouvelles, en partie par des plantes connues de longue date, en partie par des herbes exotiques, en partie par des herbes et graminées indigènes, une quantité incalculable de légumes du jardin, principalement d'origine européenne ou asiatique, et de nombreux petits production agricole.

Le poids de cette récolte annuelle ne serait pas inférieur à 60,000,000 de tonnes, ce qui est onze fois le tonnage de tous les navires des États-Unis à la fin de l'année 1861, et, à l'exception du sucre d'érable, le sucre d'érable. la mélasse et les produits des terres des prairies occidentales et de quelques petites clairières indiennes, tout cela a été cultivé sur des terres arrachées à la forêt par la race européenne en un peu plus de deux cents ans. Les besoins de l'Europe ont introduit dans les colonies de l'Amérique tropicale la canne à sucre, le caféier, l'orange et le citron [43], tous d'origine orientale, et ont immensément stimulé la culture des deux premiers dans les pays dont ils sont issus. et, bien entendu, ils ont favorisé des opérations agricoles qui ont dû affecter la géographie de ces régions dans une mesure proportionnelle à l'échelle à laquelle elles ont été menées.

### *Plantes américaines cultivées en Europe.*

L'Amérique a partiellement remboursé sa dette envers le continent oriental. Le maïs et la pomme de terre sont des compléments très précieux à l'agriculture de plein champ en Europe et en Orient, et la tomate n'est pas un mince cadeau pour les jardins potagers de l'Ancien Monde, mais certainement pas un retour suffisant pour la multitude de racines esculentes et de légumineuses qui les colons européens emportaient avec eux. [44] J'aimerais pouvoir croire, avec certains, que l'Amérique n'est pas la seule responsable de l'introduction de la mauvaise herbe sale, le tabac, dont l'usage est l'habitude la plus vulgaire et la plus pernicieuse greffée par la semi-barbarie de la civilisation moderne sur le monde. sensualisme moins multiple de la vie ancienne ; [45] mais la prétendue présence d'objets en forme de pipe en slave et, a-t-on dit, dans les sépulcres hongrois, n'est guère une preuve suffisante pour convaincre ces races de complicité dans cette grave offense contre la tempérance et le raffinement de la société moderne.

## *Modes d'introduction de plantes étrangères.*

Outre les légumes que j'ai mentionnés, nous savons que de nombreuses plantes de moindre valeur économique ont fait l'objet d'échanges internationaux très récemment. Busbequius, ambassadeur d'Autriche à Constantinople vers le milieu du seizième siècle, et dont les lettres contiennent l'un des meilleurs récits de la vie turque qui soient parus jusqu'à nos jours, rapporta de la capitale ottomane le lilas et la tulipe. Le Belge Clusius introduisit à peu près à la même époque d'Orient le marronnier d'Inde, qui s'est répandu depuis en Amérique. On dit que les saules pleureurs d'Europe et des États-Unis sont nés d'une bouture reçue de Smyrne par le poète Pape et plantée par lui dans un jardin anglais ; et les Portugais déclarent que l'ancêtre de toutes les oranges européennes et américaines était un arbre oriental transplanté à Lisbonne et vivant encore dans la dernière génération. [46] Les fleurs actuellement préférées des parterres d'Europe ont été importées d'Amérique, du Japon et d'autres pays orientaux éloignés, en un siècle et demi, et, enfin, il y a peu de légumes d'une quelconque importance agricole, peu d'arbres ornementaux ou plantes décoratives, qui ne sont plus communes aujourd'hui aux trois continents civilisés.

Les statistiques de l'émigration végétale présentent des résultats chiffrés assez surprenants pour ceux qui ne sont pas familiers avec le sujet. L'île isolée de Sainte-Hélène est décrite comme produisant, au moment de sa découverte en 1501, une soixantaine d'espèces végétales, dont trois ou quatre connues pour pousser également ailleurs. A l'heure actuelle, sa flore compte sept cent cinquante espèces. Humboldt et Bonpland n'ont trouvé, parmi les plantes incontestablement indigènes de l'Amérique tropicale, que des monocotylédones, toutes les dicotylédones de ces vastes régions ayant probablement été introduites après la colonisation du Nouveau Monde par l'Espagne.

La faculté de reproduction et de perpétuation spontanées suppose nécessairement un plus grand pouvoir d'accommodation, dans une certaine mesure, que celui que nous trouvons chez la plupart des plantes domestiques, car il arriverait rarement que la graine d'une plante sauvage tombe dans un sol à peu près semblable, en composition. et son état, à celui où son parent a poussé, comme le sont les sols de différents champs artificiellement préparés pour la culture d'un légume particulier. En conséquence, bien que chaque espèce sauvage affecte un habitat d'un caractère particulier, on constate que, si elle est semée accidentellement ou intentionnellement ailleurs, elle poussera dans des conditions extrêmement différentes de celles de son lieu de naissance. [47] Cooper dit : « Nous ne pouvons pas affirmer positivement qu'une *plante* est *incultivable* où que ce soit tant qu'elle n'a pas été essayée ; » et cela semble être encore plus vrai pour la végétation sauvage que pour la végétation domestiquée.

Les sept cents espèces nouvelles qui sont arrivées à Sainte-Hélène en trois siècles et demi n'étaient certainement pas toutes, ni même dans la plus grande proportion, plantées là à dessein par l'art humain, et si l'on connaissait bien l'émigration végétale, nous devrions probablement pouvoir démontrer que l'homme a intentionnellement transféré moins de plantes qu'il n'en a introduit accidentellement dans des pays qui leur étaient étrangers. Après le blé, suivez l'ivraie qui l'infeste. Les mauvaises herbes qui poussent parmi les grains de céréales, les ravageurs du potager, sont les mêmes en Amérique qu'en Europe. [48] Le renversement d'un chariot, ou l'un des mille accidents qui arrivent à l'émigrant au cours de son voyage à travers les plaines occidentales, peut disperser sur le sol les graines qu'il a conçues pour son jardin et les herbes qui occupent une place si importante dans la matière médicale rustique des États de l'Est, surgit le long des sentiers des prairies mais à peine ouverts par la caravane du colon. [49] L'hortus siccus d'un botaniste peut accidentellement semer des graines du pied de l'Himalaya dans les plaines qui bordent les Alpes ; et c'est un fait d' observation très familier, que les espèces exotiques, transplantées dans des climats étrangers adaptés à leur croissance, s'échappent souvent du jardin fleuri et se naturalisent parmi la végétation spontanée des pâturages. Lorsque les caisses contenant les trésors artistiques de Thorvaldsen furent ouvertes dans la cour du musée où ils sont déposés, la paille et l'herbe employées pour les emballer furent dispersées sur le sol, et la saison suivante, pas moins de vingt graines germèrent. -cinq espèces de plantes appartenant à la campagne romaine, dont certaines ont été conservées et cultivées comme un nouvel hommage à la mémoire du grand sculpteur scandinave, et au moins quatre se seraient spontanément naturalisées autour de Copenhague. [50] Dans la campagne de 1814, les troupes russes apportèrent, en bourrant leurs selles et par d'autres moyens accidentels, des graines des rives du Dniepr jusqu'à la vallée du Rhin, et introduisirent même dans la vallée du Rhin des plantes des steppes. environs de Paris. Les armées turques, dans leurs incursions en Europe, apportèrent à leur suite des légumes orientaux et laissèrent pousser sur les remparts de Buda et de Vienne les graines des plantes des murailles orientales. [51] On dit que le chardon des champs, *Erigeron Canadense* , est apparu en Europe, il y a deux cents ans, à partir d'une graine tombée de la peau empaillée d'un oiseau. [52]

### *Légumes, dans quelle mesure sont-ils affectés par le transfert vers des sols étrangers.*

Les légumes, naturalisés à l'étranger soit par accident, soit à dessein, présentent parfois une luxuriance de croissance considérablement accrue. Le cardon européen, chardon esculent, s'est répandu dans les jardins des colonies espagnoles de la Plata, a acquis une stature gigantesque et s'est propagé, en fourrés impénétrables, sur des centaines de lieues de la Pampa ;

et l' *Anacharis alsinastrum* , une plante aquatique peu encline à se répandre dans son habitat indigène américain, a trouvé son chemin dans les rivières anglaises et s'est étendue à un point tel qu'elle constitue un obstacle sérieux à l'écoulement du courant, et même à la navigation.

Non seulement de nombreuses plantes sauvages présentent une remarquable facilité d'accommodation, mais leurs graines possèdent généralement une grande ténacité de vie, et leur pouvoir germinatif résiste à des épreuves très sévères. Ainsi, tandis que les graines de très nombreux légumes cultivés perdent leur vitalité en deux ou trois ans et ne peuvent être transportées en toute sécurité vers des pays lointains qu'avec de grandes précautions, les mauvaises herbes qui infestent ces légumes, bien que l'homme n'en prenne pas soin, continuent de l'accompagner. dans ses migrations, et trouve un nouveau foyer sur chaque sol qu'il colonise. La nature se bat pour défendre ses enfants libres, mais elle leur fait la guerre lorsqu'ils ont abandonné ses bannières et se sont soumis docilement à la domination de l'homme. [53]

Non seulement la plante sauvage est beaucoup plus résistante que le végétal domestique, mais la même loi prévaut dans la vie animale animée et même dans la vie humaine. Les bêtes de chasse sont plus capables d'endurance et de privations et plus tenaces dans la vie que les animaux domestiques qui leur ressemblent le plus. Le sauvage continue de se battre, après avoir reçu une demi-douzaine de blessures mortelles, dont la moindre aurait paralysé instantanément les forces de son ennemi civilisé, et, comme le sanglier, on l'a vu se précipiter le long du puits . de la lance qui transperçait ses entrailles, et de porter un coup mortel au soldat qui la brandissait.

Il est vrai que les plantes domestiquées peuvent s'acclimater peu à peu à supporter un degré de chaleur ou de froid qu'elles n'auraient pas supporté à l'état sauvage ; le coureur anglais entraîné dépasse le cheval le plus rapide de la pampa ou des prairies, peut-être même le coursier arabe le moins systématiquement éduqué ; la force de l'Européen, testée au dynamomètre, est supérieure à celle du Néo-Zélandais. Mais il s'agit là d'exemples de développement excessif de capacités et de facultés particulières aux dépens de la puissance vitale générale. Exposez ensemble les formes de vie indomptées et domestiquées à tout un ensemble de conditions physiques également étrangères aux anciennes habitudes des deux, de sorte que tous les pouvoirs de résistance et d'accommodation soient appelés à l'action et que la plante ou l'animal sauvage vivra, tandis que les domestiqués périront.

L'atmosphère saline de la mer est particulièrement nocive pour les graines et pour un très grand nombre de jeunes plantes, et ce n'est que récemment que le transport de certains légumes très importants à travers l'océan a été rendu possible, grâce à l'invention des vitrines hermétiques de

Ward. C'est par ce moyen qu'un grand nombre d'arbres qui produisent l'écorce des Jésuites ont été transplantés avec succès d'Amérique vers les possessions britanniques de l'Est, où l'on espère qu'ils seront pleinement naturalisés.

### *Disparition des légumes.*

Aussi lamentables que soient les maux produits par l'abattage trop général des bois dans l'Ancien Monde, je crois qu'il ne semble pas satisfaisant qu'une quelconque espèce d'arbre forestier indigène ait encore été extirpée par l'homme sur le continent oriental. Les racines, souches, troncs et feuillages trouvés dans les tourbières sont reconnus comme appartenant à des espèces encore existantes. Sauf dans quelques rares cas où il existe des preuves historiques de l'emploi de matériaux étrangers, le bois des plus anciens bâtiments européens, et même des habitations lacustres de Suisse, est évidemment le produit d'arbres encore communs dans ou à proximité des pays où de tels vestiges architecturaux sont trouvés; les catacombes égyptiennes elles-mêmes ne nous ont pas non plus révélé l'existence antérieure de bois qui ne nous sont pas encore familiers sous le nom de croissance d'arbres encore vivants. [55] On dit cependant que l'if, *Taxus baccata*, autrefois très commun en Angleterre, en Allemagne et, comme nous sommes autorisés à le déduire de Théophraste, en Grèce, a presque entièrement disparu de ce dernier pays, et semble en voie de disparition en Allemagne. Le bois de l'if surpasse celui de tout autre arbre européen par la densité et la finesse du grain, et il est bien connu pour l'élasticité qui en a fait autrefois un si grand favori de l'archer anglais. Il est très demandé par les sculpteurs et les tourneurs sur bois, et cette demande explique en partie sa rareté croissante. Il convient également de remarquer qu'aucun insecte ne dépend de lui pour se nourrir ou s'abriter, ni pour contribuer à sa fructification, aucun oiseau ne se nourrit de ses baies, cette dernière circonstance étant d'une certaine importance, car l'arbre a donc besoin d'un moyen de propagation ou de diffusion commun à tous. tant d'autres plantes. Mais on prétend que le pouvoir reproducteur de l'if est épuisé et qu'il ne peut plus se propager facilement par semis naturel de ses graines ou par des méthodes artificielles. Si des recherches plus approfondies et des expériences minutieuses devaient établir ce fait, cela contribuerait grandement à montrer qu'un changement climatique, d'un caractère défavorable à la croissance de l'if, s'est réellement produit en Allemagne, bien que cela n'ait pas encore été prouvé par l'observation instrumentale, et le La cause la plus probable d'un tel changement serait la diminution de la superficie couverte par les forêts.

On dit que l'industrie humaine a si bien réussi à éliminer localement les légumes nuisibles ou inutiles en Chine, qu'à l'exception de quelques plantes aquatiques dans les rizières, il est parfois impossible de trouver une seule mauvaise herbe dans une vaste culture. district; et le regretté agriculteur éminent, M. Coke, aurait offert en vain une récompense considérable pour la détection d'une mauvaise herbe dans un grand champ de blé de son domaine en Angleterre. Dans ces cas-là, cependant, il n'y a aucune raison de supposer qu'un élevage diligent a fait plus que l'éradication des ravageurs de l'agriculture dans une zone relativement limitée, et la coque et l'ivraie continueront probablement à tourmenter le cultivateur négligent aussi longtemps que les céréales seront cultivées. les céréales continuent de le bénir. [56]

### *Origine des plantes domestiques.*

L'une des questions les plus importantes, et en même temps les plus difficiles, liées à notre sujet est la suivante : dans quelle mesure devons-nous considérer nos grains de céréales, nos bulbes et racines esculents, ainsi que les arbres fruitiers multipliés de nos jardins, comme artificiellement modifiés ? et des formes améliorées de végétation sauvage auto-reproductrice. Les récits des voyageurs botaniques ont souvent annoncé la découverte de la forme et de l'habitat originels des plantes domestiquées, et les revues scientifiques ont décrit les expériences par lesquelles l'identité de certains légumes sauvages et cultivés a été supposée être établie. Il est affirmé avec certitude que le maïs et la pomme de terre, dont nous devons supposer qu'ils ont été cultivés pour la première fois à une époque beaucoup plus tardive que les aliments à pain et la plupart des autres légumes esculents d'Europe et de l'Est, se trouvent à l'état sauvage et se reproduisent spontanément en Amérique espagnole, bien que sous des formes non reconnaissables par l'observateur commun comme étant identiques au maïs et aux tubercules familiers de l'agriculture moderne. On a récemment affirmé, sur la base de preuves qui semblaient très solides, que l' *Ægilops ovata* , une plante poussant à l'état sauvage dans le sud de la France, avait en réalité été transformée en blé tendre ; mais, après avoir répété les expériences, des observateurs ultérieurs ont déclaré que le changement apparent n'était qu'un cas d'hybridation ou de fécondation temporaire par le pollen du vrai blé, et que l'herbe prétendument transformée en blé ne pouvait pas être perpétuée comme telle à partir de sa propre graine.

Les très grandes modifications que les plantes cultivées subissent constamment sous nos yeux, et les nombreuses variétés et races qui surgissent parmi elles, confirment certainement la doctrine selon laquelle tout végétal domestiqué, même s'il dépend des soins humains pour sa croissance et sa propagation dans sa forme actuelle, peut avoir été réellement dérivé, par une longue succession de changements, d'une plante sauvage qui ne lui ressemble plus beaucoup. Mais c'est dans tous les cas une question de preuve. La seule preuve satisfaisante qu'une plante sauvage donnée est identique à un légume de jardin ou de champ donné est le test expérimental, la culture réelle de l'une à partir de la graine de l'autre, ou la conversion de l'une en l'autre par transplantation et changement de conditions. On ne prétend guère qu'aucune des céréales ou autres plantes importantes pour l'alimentation humaine ou comme objets de l'industrie agricole existent et se propagent à l'état inculte sous la même forme et avec les mêmes propriétés que lorsqu'elles étaient semées et cultivées par l'art humain. [57] En fait, les cas sont rares où l'identité d'une plante sauvage avec une plante domestiquée est considérée par les meilleures autorités comme établie de manière concluante, et nous sommes autorisés à affirmer que peu de ces dernières, comme étant historiquement connues ou expérimentalement prouvées. fait, qu'ils ont jamais existé, ou pourraient exister, indépendamment de l'homme. [58]

### *La vie organique en tant qu'agence géologique et géographique.*

La valeur quantitative de la vie organique, en tant qu'agent géologique, semble être inversement proportionnelle au volume de l'organisme individuel ; car la nature fournit par le nombre ce qui manque dans la masse des plantes ou des animaux, à partir des restes ou des structures desquels elle forme des strates couvrant des provinces entières, et bâtit du fond de la mer de grandes îles, sinon des continents. Il y a, il est vrai, près de l'embouchure des grands fleuves sibériens qui se jettent dans la mer polaire, des îles dérivantes composées, dans une proportion incroyablement grande, d'os et de défenses d'éléphants, de mastodontes et d'autres pachydermes énormes, et de nombreuses autres espèces. de vastes grottes dans diverses parties du monde sont à moitié remplies de squelettes de quadrupèdes, tantôt reposant dans la terre, tantôt cimentés ensemble en une brèche osseuse par un dépôt calcaire ou un autre matériau liant. Ces restes de grands animaux, bien que trouvés dans des formations relativement tardives, appartiennent généralement à des espèces éteintes, et leurs congénères ou représentants modernes n'existent pas en nombre suffisant pour avoir une importance sensible en géologie ou en géographie par la simple masse de leurs squelettes. [59] Mais les produits végétaux trouvés avec eux et, dans de rares cas, dans l'estomac de certains d'entre eux, sont ceux de plantes encore existantes ; et outre cette évidence, la découverte récente d'œuvres d'art humaines, déposées en juxtaposition avec des ossements fossiles, et évidemment en même temps et par le même organisme qui a enterré ces derniers, sans parler des prétendus ossements humains trouvés dans les mêmes couches, prouve que les animaux dont ils témoignent de l'existence antérieure étaient contemporains de l'homme, et peut-être même disparus par lui. [60] Je n'ai pas l'intention d'aborder la question épineuse de savoir si les races humaines existantes sont généalogiquement liées à ces anciens types d'humanité, et je fais référence à ces faits uniquement pour suggérer que l'homme, dans ses premiers stades connus, étapes de l'existence, était probablement un pouvoir destructeur sur la terre, mais peut-être pas avec autant d'insistance que ses représentants actuels.

Les plus gros animaux sauvages ne sont pas aujourd'hui assez nombreux dans une région donnée pour former des dépôts étendus avec leurs restes ; mais ils ont néanmoins une certaine importance géographique. Si les myriades de grands quadrupèdes brouteurs et brouteurs qui errent dans les plaines d'Afrique australe – et dont le massacre par milliers est la source d'un plaisir féroce et d'un triomphe brutal pour les chasseurs prétendument civilisés – si les troupeaux de bisons d'Amérique, qui sont numérotés par centaines de milliers, ne produisent pas de changements visibles dans les formes de la surface terrestre, ils ont au moins une immense influence sur la croissance et la répartition de la vie végétale et, bien entendu, indirectement sur toutes les conditions physiques du sol et du climat. entre lequel et la végétation existe une interdépendance mutuelle.

L'influence des quadrupèdes sauvages sur la vie végétale a été peu étudiée, et peu de faits y relatifs ont été enregistrés, mais, autant qu'on le sache, elle semble être plutôt conservatrice que pernicieuse. [61] Peu d'entre eux, voire aucun, dépendent pour leur subsistance de produits végétaux obtenus uniquement par la destruction de la plante, et ils semblent limiter leur consommation presque exclusivement à la récolte annuelle de feuilles ou de brindilles, ou au moins de parties du légume. facilement reproductible. S'il y a des exceptions à cette règle, ce sont dans les cas où le nombre de l'animal est tellement proportionné à l'abondance du végétal, qu'il n'y a aucun danger d'extermination de la plante par la voracité du quadrupède, ni d'extinction. des quadrupèdes à cause de la rareté de la plante. Par l'alimentation et les besoins naturels, le bison ressemble au bœuf, le bouquetin et le chamois s'assimilent à la chèvre et au mouton ; mais si l'animal sauvage ne semble pas être un agent destructeur dans le jardin de la nature, ses congénères domestiques le sont éminemment. Cela est dû en partie au changement d'habitudes résultant de la domestication et de l'association avec l'homme, en partie au fait que le nombre d'animaux récupérés n'est pas déterminé par le rapport naturel entre la demande et l'offre spontanée qui régule la multiplication des créatures sauvages, mais par la commodité. de l'homme, qui est, dans relativement peu de choses, susceptible de contrôler les arrangements purement physiques de la nature. Lorsque l'animal domestique échappe à la juridiction humaine, comme dans le cas du bœuf, du cheval, de la chèvre et peut-être de l'âne, qui, à ma connaissance, sont les seuls exemples bien authentifiés de l'émancipation complète des quadrupèdes domestiques. — il redevient un sujet inrésistant de la nature, et toute son économie est régie par les mêmes lois que celle de ses semblables qui n'ont jamais été asservis par l'homme ; mais, tant qu'il obéit à un seigneur humain, il est un auxiliaire dans la guerre que son maître mène toujours contre toutes les existences, à l'exception de celles qu'il peut apprivoiser volontairement.

### *Nombre de quadrupèdes aux États-Unis.*

La civilisation est si intimement associée, sinon dépendante, de certaines formes inférieures de vie animale, que l'homme cultivé n'a jamais manqué de s'accompagner, dans toutes ses migrations, de quelques-uns de ces humbles serviteurs. Le bœuf, le cheval, le mouton et même le chien et le chat, relativement inutiles, ainsi que plusieurs espèces de volailles, sont volontairement transportés par chaque colonie d'émigrants, et ils se multiplient bientôt jusqu'à atteindre des nombres dépassant de loin ceux des genres sauvages les plus proches. correspondant à eux. [62] D'après le recensement des États-Unis pour 1860, [63] le nombre total de chevaux dans tous les États de l'Union américaine était, en chiffres ronds, de 7,300,000 ; d'ânes et de mulets, 1 300 000 ; de la tribu des bœufs, 29 000 000 ; [64] de moutons, 25 000 000 ; et de porcs, 39 000 000. Le seul quadrupède nord-américain suffisamment grégaire par ses habitudes et suffisamment multiplié en nombre pour former de très grands troupeaux, est le bison, ou, comme on l'appelle communément en Amérique, le buffle ; et cet animal est confiné à la région des prairies du bassin du Mississippi et au nord du Mexique. Les ingénieurs envoyés pour étudier les voies ferrées vers le Pacifique ont estimé à pas moins de 200 000 le nombre d'un seul troupeau de bisons observés au cours des dix dernières années dans les grandes plaines proches du Haut Missouri, et pourtant l'aire de répartition occupée par cet animal est la superficie est maintenant beaucoup plus petite qu'elle ne l'était lorsque les Blancs se sont établis pour la première fois dans les prairies. [65] Mais il faut remarquer que le buffle d'Amérique est un animal migrateur, et qu'à la saison de ses voyages annuels, tout le bétail d'une vaste étendue de pâturages est rassemblé en une seule armée, que l'on voit à ou très près d'un point donné seulement pendant quelques jours pendant toute la saison. Il y a donc un risque de grande erreur en estimant le nombre de bisons dans une région donnée, d'après l'importance des troupeaux observés au même moment ou à peu près au même moment en un seul lieu d'observation ; et, dans l'ensemble, il n'est ni prouvé ni probable que les bisons aient jamais été, à une certaine époque, aussi nombreux en Amérique du Nord que l'espèce bovine domestique l'est aujourd'hui. Le wapiti, l'orignal, le bœuf musqué, le caribou et les petits quadrupèdes communément embrassés sous le nom général de cerf, [ 66] bien que suffisants pour les besoins d'une population sauvage clairsemée, n'étaient jamais numériquement très abondants, et les carnivores qui ceux qui s'en nourrissaient l'étaient encore moins. Il est presque inutile d'ajouter que les moutons et les chèvres des Rocheuses ont toujours dû être très rares.

En résumé, il est donc évident que les quadrupèdes sauvages de l'Amérique du Nord, même lorsqu'ils étaient les plus nombreux, étaient peu nombreux comparés à leurs successeurs domestiques, qu'ils exigeaient beaucoup moins de nourriture végétale et, par conséquent, étaient beaucoup moins importants du point de vue géographique. éléments que les millions de bovins à ongulés et à cornes que nourrissent désormais les hommes civilisés sur le même continent.

## *Origine et transfert des quadrupèdes domestiques.*

De l'origine de nos animaux domestiques, nous ne savons historiquement rien, car leur domestication appartient aux époques qui ont précédé l'histoire écrite ; mais bien qu'ils ne puissent pas tous être spécifiquement identifiés avec des animaux sauvages aujourd'hui existants, il est présumé qu'ils ont été récupérés d'un état initialement sauvage. Les anciens annalistes nous ont conservé moins de données sur l'introduction des animaux domestiques dans les pays nouveaux que sur la transplantation des légumes domestiques. Ritter, dans son savant essai sur le chameau, a montré que cet animal n'a été employé par les Egyptiens qu'à une époque relativement tardive de leur histoire ; qu'il était inconnu des Carthaginois jusqu'après la chute de leur république ; et que sa première apparition en Afrique de l'Ouest est encore plus récente. Le chameau de Bactriane a certainement été amené d'Asie Mineure jusqu'aux rives nord de la mer Noire, par les Goths, au IIIe ou IVe siècle. [67] Le chameau arabe à une seule bosse, ou dromadaire, a été transporté aux îles Canaries, partiellement introduit en Australie, en Grèce, en Espagne et même en Toscane, expérimenté sans succès au Venezuela et finalement importé par le gouvernement américain dans Le Texas et le Nouveau-Mexique, où il trouve le climat et les produits végétaux les mieux adaptés à ses besoins, et promet de devenir un agent très utile dans le développement de la civilisation spéciale pour laquelle ces régions sont adaptées. L'Amérique n'avait pas de quadrupède domestique mais une espèce de chien, la tribu des lamas et, dans une certaine mesure, le bison ou le buffle. [68] Bien sûr, elle doit le cheval, l'âne, le bœuf, le mouton, la chèvre et le porc, comme l'Australie aussi, à la colonisation européenne. L'Europe moderne n'a jusqu'à présent pas accompli grand-chose en matière d'importation de nouveaux animaux, bien que quelques essais intéressants aient été réalisés. Le renne a été introduit avec succès en Islande il y a environ un siècle, tandis que des tentatives similaires ont échoué, à peu près au même moment, en Écosse. La chèvre Cachemire ou Thibet a été introduite en France il y a une génération et y réussit bien. La même espèce, ou une espèce apparentée, et le buffle asiatique ont été transportés en Caroline du Sud vers 1850, et on pense que la première, au moins, aura une valeur permanente aux États-Unis. Le yak, ou bœuf tartare, semble prospérer en France, et les récents efforts visant à introduire l'alpaga sud-américain en Europe ont été couronnés de succès.

## *Disparition des quadrupèdes.*

Bien que l'homme ne manque jamais de diminuer considérablement, et qu'il soit peut-être destiné en fin de compte à exterminer, les grands quadrupèdes sauvages qu'il ne peut pas domestiquer de manière rentable, leur nombre fluctue souvent, et même après qu'ils semblent presque éteints, ils augmentent parfois soudainement, sans aucune intention intentionnelle. mesures pour promouvoir un tel résultat de sa part. Au cours des guerres qui suivirent la Révolution française, le loup se multiplia dans de nombreuses régions d'Europe, en partie parce que les chasseurs étaient retirés des bois pour chasser un gibier plus noble, et en partie parce que les corps des hommes et des chevaux tués fournissaient à ce quadrupède vorace des ressources plus abondantes. nourriture. Le même animal est redevenu plus nombreux en Pologne après le désarmement général de la population rurale par le gouvernement russe. Au contraire, lorsque les chasseurs poursuivent le loup, les quadrupèdes sauvages graminivores se multiplient, et favorisent ainsi à leur tour la multiplication de leur grand destructeur à quatre pattes en augmentant la réserve de sa nourriture. Tant que la fourrure du castor fut largement utilisée pour fabriquer de beaux chapeaux, elle coûta très cher, et la chasse à ce quadrupède fut si intense que les naturalistes craignirent sa disparition prochaine. Lorsqu'un fabricant parisien inventa le chapeau de soie, qui devint bientôt un usage presque universel, la demande de fourrure de castor tomba, et cet animal, dont les habitudes, comme nous l'avons vu, jouent un rôle important dans la formation des tourbières et d'autres modifications. de la nature forestière - a immédiatement commencé à croître, est réapparu dans des lieux qu'il avait abandonnés depuis longtemps et ne peut plus être considéré comme suffisamment rare pour être en danger immédiat de disparition. Ainsi, la commodité ou le caprice de la mode parisienne a inconsciemment exercé une influence qui peut affecter sensiblement la géographie physique d'un continent lointain.

Depuis l'invention de la poudre à canon, certains quadrupèdes ont complètement disparu de nombreux pays européens et asiatiques où ils étaient autrefois nombreux. Le dernier loup a été tué en Grande-Bretagne il y a deux cents ans, et l'ours a disparu de cette île encore plus tôt. Le bœuf sauvage britannique n'existe que dans quelques parcs anglais et écossais, tandis que dans les tourbières irlandaises, d'une antiquité apparemment peu ancienne, on trouve des bois qui témoignent de l'existence antérieure d'un cerf beaucoup plus grand que toutes les espèces européennes existantes. On pense que le lion a habité l'Asie Mineure et la Syrie, et probablement aussi la

Grèce et la Sicile, longtemps après le début de la période historique, et on dit même qu'il n'a pas encore disparu dans les deux premiers de ces pays à l'époque. époque des premières croisades. [69] Deux grands quadrupèdes graminivores ou brouteurs, l'ur et le schelk, autrefois communs en Allemagne, sont complètement éteints, l'éland et l'auerochs presque aussi. Le Nibelungen-Lied, qui, dans sa forme la plus ancienne qui nous soit conservée, date d'environ l'an 1.200, bien que sa composition originale appartienne sans aucun doute à une période antérieure, chante ainsi :

Ensuite, ralentissez le dowghtie Sigfrid, un
sage et un élan,
il frappa quatre uroxen robustes et un schelk
sombre et robuste. [70]

Les naturalistes modernes identifient le wapiti avec l'élan, le sage avec les auerochs. La période à laquelle l'ur et le schelk ont disparu n'est pas connue. L'auerochs a survécu en Prusse jusqu'au milieu du siècle dernier, mais à moins qu'il ne soit identique à un quadrupède similaire que l'on dit trouver dans le Caucase, il n'existe plus que dans la forêt impériale russe de Bialowitz, où environ un millier sont encore conservés, et dans quelques grandes ménageries, comme par exemple celle de Schönbrunn, près de Vienne, qui, en 1852, comptait quatre spécimens. L'élan, qui est étroitement apparenté au wapiti américain, s'il n'est pas spécifiquement le même animal, est encore conservé dans les réserves royales de Prusse, au nombre de quatre ou cinq cents individus. Le chamois devient rare, et le bouquetin ou steinbock, autrefois commun dans toutes les hautes Alpes, serait désormais confiné aux montagnes de Cogne dans le Piémont, entre les vallées de la Dora Baltea et de l'Orco.

### Nombre d'oiseaux aux États-Unis.

Les oiseaux apprivoisés jouent un rôle beaucoup moins visible dans la vie rurale que les quadrupèdes, et, dans leurs relations avec l'économie de la nature, ils ont bien moins d'importance que les animaux à quatre pattes ou que les oiseaux sauvages. Le dindon domestique [71] est probablement plus nombreux sur le territoire des États-Unis que ne l'a jamais été l'oiseau sauvage de la même espèce, et les tétras ne peuvent pas, à l'époque de leur plus grande abondance, en avoir compté autant que nous en avons aujourd'hui. la poule commune. La colombe, cependant, doit être bien inférieure en nombre au pigeon sauvage, et il est peu probable que les troupeaux d'oies et de canards domestiques soient aussi nombreux que l'étaient autrefois ceux de leurs congénères sauvages. Le pigeon, en effet, semble s'être multiplié énormément pendant quelques années après les premiers défrichements dans les bois, parce que les colons luttaient sans ménagement contre le faucon, tandis que les récoltes de céréales et d'autres légumes augmentaient l'approvisionnement en nourriture à la portée des habitants. les jeunes oiseaux, à l'âge où leur puissance de vol n'est pas encore assez grande pour leur permettre de la rechercher sur une vaste étendue. [72] Le pigeon n'est pas décrit par les premiers habitants blancs des États américains comme remplissant l'air de tels nuages de vie ailée que les naturalistes étonnants dans les descriptions d'Audubon, et, de nos jours, le filet et le fusil l'ont fait. a réduit son abondance, que son apparition en grand nombre n'est enregistrée qu'à de longs intervalles, et qu'on ne l'a jamais vu dans les grands troupeaux dont se souviennent de nombreux observateurs encore vivants comme autrefois très communs.

### *Les oiseaux comme semeurs et consommateurs de graines et comme destructeurs d'insectes.*

Les oiseaux sauvages constituent en eux-mêmes un élément très remarquable et intéressant dans la *composition* , comme l'appellent les peintres, du paysage naturel, et ils sont des éléments importants dans la vision que nous avons de la géographie, que nous considérions leur influence immédiate ou accidentelle. Les oiseaux affectent directement la végétation en semant des graines et en les consommant ; ils l'affectent indirectement en détruisant les insectes nuisibles ou, dans certains cas, bénéfiques à la vie végétale. Ainsi, lorsque nous tuons un oiseau semeur de graines, nous freinons la dissémination d'une plante ; quand on tue un oiseau qui digère la graine qu'il avale, on favorise la croissance d'un légume. La nature protège les graines des plantes sauvages bien plus efficacement que celles des plantes domestiques. Les grains de céréales sont complètement digérés lorsqu'ils sont consommés par les oiseaux, mais le germe des petits fruits à noyau et de nombreux autres légumes sauvages n'est pas endommagé, peut-être même est stimulé pour une croissance plus vigoureuse, par la chimie naturelle de l'estomac de l'oiseau. La puissance de vol et les habitudes agitées de l'oiseau lui permettent de transporter des graines lourdes sur des distances bien plus grandes que celles qu'elles pourraient transporter par le vent. Un oiseau aux ailes rapides peut laisser tomber des noyaux de cerises à des milliers de kilomètres de l'arbre sur lequel ils poussent ; un faucon, en déchirant un pigeon, peut disperser de sa récolte le riz encore frais qu'il avait avalé à une distance de dix degrés de latitude, [73] et ainsi l'apparition de plantes isolées dans des situations où leur présence ne peut autrement bien s'expliquer, est facilement expliqué. Il existe une grande classe de graines apparemment spécialement adaptées par la nature à la dissémination par les animaux. Je veux parler de ceux qui s'attachent, au moyen de crochets, ou par des sucs visqueux, au pelage des quadrupèdes et aux plumes des oiseaux, et sont ainsi transportés partout où leurs véhicules vivants peuvent errer. Certains oiseaux aussi enterrent délibérément les graines, non pas avec une prévoyance visant directement la propagation de la plante, mais par un secret apparemment inutile, ou comme moyen de conserver la nourriture pour une utilisation future.

Une malheureuse erreur populaire amplifie considérablement les dommages causés aux récoltes de céréales et de légumineuses par les oiseaux sauvages. Un très grand nombre de ceux qui sont généralement censés consommer de grandes quantités de graines de plantes cultivées se nourrissent en réalité presque exclusivement d'insectes et fréquentent les champs de blé, non pour le grain, mais pour les œufs, les larves et les mouches des tribus multipliées de la vie des insectes si destructrice pour les récoltes. Ce fait a été si bien établi par l'examen de l'estomac d'un grand nombre d'oiseaux en Europe et dans la Nouvelle-Angleterre, à différentes saisons de l'année, qu'il n'est plus permis d'en douter, et il paraît hautement probable que même les espèces qui consommer plus ou moins de céréales se rattrape généralement en détruisant les insectes dont les ravages auraient été encore plus nuisibles. [74] À ce sujet, nous disposons de bien d'autres éléments de preuve que ceux issus de la dissection. L'observation directe a montré, dans de nombreux cas, que la destruction des oiseaux sauvages a été suivie d'une grande multiplication d'insectes nuisibles, et que, d'autre part, ces derniers ont été considérablement réduits en nombre par la protection et l'augmentation des oiseaux. qui les dévore. De nombreux faits intéressants de cette nature ont été rassemblés par des naturalistes de profession, mais je me contenterai de quelques-uns tirés de sources familières et généralement accessibles. L'extrait suivant est tiré de Michelet, *L'Oiseau* pp. 169, 170 :

"Le fermier *avare* , épithète justement et sentimentalement donnée par Virgile. Avare, aveugle même, qui proscrit les oiseaux, ces destructeurs d'insectes, ces défenseurs de ses récoltes. Pas un grain pour l'être qui, pendant les pluies de l'hiver, Il chasse l'insecte futur, découvre les nids des larves, examine, retourne chaque feuille, et détruit chaque jour des milliers de chenilles naissantes. Mais des sacs de blé pour l'insecte adulte, des champs entiers pour les sauterelles, que l'oiseau voudrait qui ont fait la guerre. Les yeux fixés sur son sillon, sur le moment présent seulement, sans voir et sans prévoir, aveugle à la grande harmonie qui ne se rompt jamais impunément, il a partout réclamé ou approuvé des lois pour l'extermination de cet allié nécessaire. de son labeur, l'oiseau insectivore. Et l'insecte a bien vengé l'oiseau. Il est devenu nécessaire de révoquer en toute hâte la proscription. Dans l'île de Bourbon, par exemple, on a mis à prix la tête du martin ; elle a disparu , et les sauterelles prirent possession de l'île, dévorant, flétrissant, brûlant d'une sécheresse mordante tout ce qu'elles ne consommaient pas. En Amérique du Nord, il en a été de même pour l'étourneau sansonnet, protecteur du maïs indien. [75] Même le moineau, qui attaque bien le grain, mais qui le protège encore davantage, le chapardeur, le hors-la-loi, chargé d'injures et frappé de malédictions, on a constaté en Hongrie qu'ils risquaient de périr sans lui, que lui seul pouvait soutenir la puissante guerre contre les scarabées et les milliers d'ennemis ailés qui pullulent dans les basses terres ; ils ont révoqué le décret de bannissement, rappelé en toute hâte cette vaillante milice qui, quoique manquant de discipline, est néanmoins le salut du pays. [76]

« Il n'y a pas longtemps, aux environs de Rouen et dans la vallée de Monville, le merle fut pour quelque temps proscrit. Les coléoptères profitèrent bien de cette proscription ; leurs larves, infiniment multipliées, poursuivirent leurs travaux souterrains avec un tel succès, qu'un On m'a montré une prairie dont la surface était complètement desséchée, toutes les racines herbacées étaient consumées, et tout le manteau herbeux, facilement détaché, aurait pu être enroulé et emporté comme un tapis.

### *Diminution et disparition des oiseaux.*

L'hostilité générale de la population européenne à l'égard des petits oiseaux est, en partie, l'effet lointain de la réaction créée par les lois sur la chasse. Lorsque les restrictions imposées à la chasse par ces lois furent soudainement supprimées en France, le peuple tout entier commença aussitôt une campagne destructrice contre toutes les espèces d'animaux sauvages. Arthur Young, écrivant en Provence, le 30 août 1789, peu après que l'Assemblée nationale eut déclaré la chasse libre, se plaint ainsi de l'ennui qu'il éprouva de l'usage que faisaient les paysans de leur liberté nouvellement conquise. " On croirait que tous les sas rouillés de toute la Provence travaillaient à la destruction aveugle de tous les oiseaux. La ouate bourdonnait à mes oreilles, ou tombait dans ma voiture, cinq ou six fois dans la journée. " * * "La déclaration de l'Assemblée que chacun est libre de chasser sur son propre terrain* * a rempli toute la France d'une nuée intolérable de chasseurs. * * La déclaration parle de compensations et d'indemnités [aux seigneurs], mais l' ingouvernable La population profite de l'abolition des lois sur la chasse et se moque de l'obligation imposée par le décret.

La Révolution française a supprimé des restrictions similaires, avec des résultats similaires, dans d'autres pays. Les habitudes alors formées sont devenues héréditaires sur le continent, et bien que des lois sur la chasse existent encore en Angleterre, il ne fait guère de doute que les préjugés aveugles des classes ignorantes et à moitié instruites de ce pays contre les oiseaux sont, dans une certaine mesure, au moins, à cause d'une législation qui, en restreignant la chasse à tout gibier digne d'être tué, pousse le chasseur défavorisé à s'indemniser en abattant toute vie sauvage qui n'est pas réservée à l'amusement de ses supérieurs. Ainsi le seigneur du manoir achète ses perdrix et ses lièvres en sacrifiant le pain de ses tenanciers, et tant qu'il sera interdit aux fermiers de Crawley de suivre un gibier supérieur, ils se vengeront suicidairement en détruisant les moineaux qui protègent leurs champs de blé.

Sur le continent, et particulièrement en Italie, la rareté et la cherté relative de la nourriture animale se combinent au sentiment que je viens de mentionner pour stimuler encore davantage les passions destructrices de l'oiseleur. Dans la province toscane de Grosseto, qui s'étend sur moins de 2 000 miles carrés, près de 300 000 grives et autres petits oiseaux sont commercialisés chaque année. [77]

Les oiseaux sont de constitution moins rustique, ils possèdent moins de facilités d'hébergement [78] et ils sont plus gravement affectés par les excès climatiques que les quadrupèdes. En outre, ils manquent généralement de moyens d'abri contre les intempéries et contre la poursuite de leurs ennemis, que les trous et les tanières offrent aux animaux fouisseurs et à quelques bêtes de proie plus grosses. L'œuf est exposé à de nombreux dangers avant l'éclosion et le jeune oiseau est particulièrement tendre, sans défense et impuissant. Chaque pluie froide, chaque vent violent, chaque tempête de grêle pendant la saison de reproduction détruit des centaines d'oisillons, et le parent périt souvent avec sa progéniture en le couvant dans le vain effort de le protéger. [79] Le grand nombre proportionnel d'oiseaux, leurs habitudes migratoires et la facilité avec laquelle ils peuvent échapper à la plupart des dangers qui les assaillent, semblent les garantir de la disparition du pays et même d'une très grande réduction numérique. Mais l'expérience montre que lorsqu'ils ne sont pas protégés par la loi, par la faveur populaire ou la superstition, ou par d'autres circonstances spéciales, ils cèdent très facilement aux influences hostiles de la civilisation et, bien que les premières opérations du colon soient favorables à l'augmentation de nombreuses espèces , la grande extension de l'industrie rurale et de l'industrie mécanique est, de diverses manières, destructrice même pour les tribus qui ne sont pas directement attaquées par l'homme. [80]

La nature impose des limites à l'augmentation disproportionnée des oiseaux, tandis qu'en même temps, par la multitude de leurs ressources, elle les met à l'abri de l'extinction par ses propres moyens spontanés. L'homme s'en prend à eux et les détruit sans raison. La délicieuse saveur du gibier à plumes et l'habileté impliquée dans les divers arts du chasseur qui se consacre à la chasse à la chasse, en font des objets favoris de la chasse, tandis que la beauté de leur plumage, en tant que décoration militaire et féminine, menace d'impliquer le sacrifice du dernier survivant de nombreuses espèces autrefois nombreuses. Jusqu'à présent, on sait que peu d'oiseaux décrits par les naturalistes anciens ou modernes ont complètement disparu, bien qu'il existe des cas dans lesquels il a été établi qu'ils ont complètement disparu de la surface de la terre dans des temps très récents. Les exemples les plus familiers sont ceux du dodo, grand oiseau particulier à Maurice ou à l'île de France, exterminé vers 1690, et maintenant connu seulement par deux ou trois fragments de squelettes, et le solitaire, qui habitait les îles de Bourbon. et

Rodriguez, mais n'a pas été vu depuis plus d'un siècle. Un perroquet et quelques autres oiseaux du groupe de l'île Norfolk auraient récemment disparu. Le pingouin sans ailes, *Alca impennis*, oiseau remarquable par son embonpoint excessif, était très abondant il y a deux ou trois cents ans dans les îles Féroé et sur toute la côte scandinave. Les premiers voyageurs ont trouvé soit la même espèce, soit une espèce étroitement voisine, en nombre immense, sur toutes les côtes et îles de Terre-Neuve. La valeur de sa chair et de son huile en faisait une des ressources les plus importantes des habitants de ces régions stériles, et elle était naturellement un objet de vive recherche. On pense qu'il a complètement disparu et peu de musées peuvent montrer ne serait-ce que son squelette.

Il semble y avoir de bonnes raisons de croire que notre civilisation moderne, tant vantée, est innocente d'un ou deux péchés d'extermination commis au cours des dernières époques. La Nouvelle-Zélande possédait autrefois trois espèces de dinornis, dont l'une, appelée *moa* par les insulaires, était beaucoup plus grande que l'autruche. L'état dans lequel les os de ces oiseaux ont été trouvés et les traditions des indigènes concourent à prouver que, bien que les aborigènes les aient probablement extirpés avant la découverte de la Nouvelle-Zélande par les blancs, ils existaient encore à une époque relativement tardive. Les mêmes remarques s'appliquent à un géant ailé dont les œufs ont été rapportés de Madagascar. Cet oiseau devait avoir largement dépassé les dimensions du moa, du moins autant que l'on puisse en juger d'après l'œuf, qui est huit fois plus gros que la taille moyenne de l'œuf d'autruche, soit environ cent cinquante fois celle de la poule. .

Mais bien que nous n'ayons aucune preuve que l'homme ait exterminé de nombreuses espèces d'oiseaux, nous savons que ses persécutions ont provoqué leur disparition dans de nombreuses localités où ils étaient autrefois communs, et ont considérablement diminué leur nombre dans d'autres. Le grand tétras, *Tetrao urogallus*, le plus beau de la famille des tétras, autrefois abondant en Écosse, avait disparu de Grande-Bretagne, mais a été réintroduit de Suède. [81] L'autruche est mentionnée par tous les anciens voyageurs, comme commune sur l'isthme de Suez jusqu'au milieu du XVIIe siècle. Il semble avoir fréquenté la Syrie et même l'Asie Mineure à des époques antérieures, mais on ne le trouve plus que dans les déserts les plus reculés.

Les moyens de transport modernes et de plus en plus nombreux ont mis des marchés éloignés à la portée du chasseur professionnel et ont ainsi donné une nouvelle impulsion à ses propensions destructrices. Non seulement toute la Grande-Bretagne et l'Irlande contribuent à l'approvisionnement en gibier de la capitale britannique, mais le canard à dos de toile du Potomac, et même la poule des prairies du bassin du Mississippi, se retrouvent sur les étals du Londres. volailler. Kohl [82] nous apprend que sur les côtes de la mer du Nord, vingt mille canards sauvages sont ordinairement capturés au cours de la saison dans un seul leurre et envoyés pour être vendus dans les grandes villes maritimes. Les statistiques des grandes villes européennes montrent une prodigieuse consommation de gibier à plumes, mais les chiffres officiels sont bien en deçà de la vérité, parce qu'ils n'incluent pas les communes rurales, et parce que ni le braconnier ni ses clients ne communiquent le nombre de ses victimes. La reproduction, dans les pays cultivés, ne peut suivre cette destruction excessive, et il ne fait aucun doute que tous les oiseaux sauvages chassés pour leur chair ou leur plumage diminuent avec une rapidité qui fait craindre que les derniers d'entre eux ne suivent bientôt. le dodo et le pingouin sans ailes.

Heureusement, les plus gros oiseaux qui sont recherchés pour leur chair ou pour leurs plumes, et ceux dont les œufs sont utilisés comme nourriture, ne sont, pour autant que nous connaissons les fonctions qui leur sont assignées par la nature, pas particulièrement utiles à l'homme, et, par conséquent, leur destruction totale n'est un mal économique que dans le même sens que tout gaspillage de capital productif est un mal. S'il était possible de limiter la consommation de gibier à plumes à un nombre égal à l'augmentation annuelle, le monde y gagnerait, mais pas dans la même mesure qu'en freinant le sacrifice gratuit de millions de petits oiseaux, qui n'ont aucune valeur réelle en tant que nourriture, mais qui, comme nous l'avons vu, rendent un service des plus importants en luttant, en notre faveur comme en leur propre, contre les légions innombrables de créatures bourdonnantes et rampantes, avec lesquelles les prolifiques les pouvoirs de la vie des insectes couvriraient autrement la terre.

### *Introduction des oiseaux.*

L'homme a involontairement introduit dans de nouvelles régions peut-être moins d'espèces d'oiseaux que de quadrupèdes ; mais la répartition des oiseaux est très influencée par le caractère de son industrie, et la transplantation de tout objet de production agricole est, à un intervalle plus ou moins long, suivie par celle des oiseaux qui se nourrissent de ses graines, ou plus fréquemment de les insectes qu'il abrite. Le vautour, la corneille et autres charognards ailés suivent la marche des armées aussi régulièrement que le loup. Les oiseaux accompagnent les navires lors de longs voyages, pour le bien des déchets qui sont jetés par-dessus bord, et, dans de tels cas, il arrive souvent qu'ils se reproduisent et se naturalisent dans des pays où ils étaient inconnus auparavant. [83] Il existe une histoire familière d'un oiseau anglais qui a construit son nid dans un bloc inutilisé du gréement d'un navire et a effectué un ou deux courts voyages avec le navire tout en faisant éclore ses œufs. Si les jeunes avaient pris leur envol alors qu'ils se trouvaient dans un port étranger, ils auraient bien sûr revendiqué les droits de citoyenneté du pays où ils ont pris leur envol pour la première fois. [84]

Un entomologiste enthousiaste découvrira peut-être peu à peu que les insectes et les vers sont aussi essentiels que les organismes plus grands au bon fonctionnement de la grande machine terraque, et nous aurons des plaidoyers tout aussi éloquents en faveur du moustique, et peut-être même du les tzetze volent, comme Toussenel et Michelet l'ont encadré au nom de l'oiseau. [85] Le ver à soie et l'abeille n'ont pas besoin d'excuses ; une noix de galle produite par la piqûre d'un insecte sur un chêne syrien est un ingrédient nécessaire de l'encre avec laquelle j'écris, et de mes fenêtres je reconnais le grain de kermès et de cochenille dans les gais vêtements des groupes de vacances en dessous d'eux. Mais l'agriculture aussi doit beaucoup à l'insecte et au ver. Les anciens, selon Pline, avaient l'habitude d'accrocher des branches de figuier sauvage à l'arbre domestique, afin que les insectes qui fréquentaient le premier puissent accélérer par leurs piqûres la maturation du figuier cultivé, ou, comme d'autres le supposent, qu'ils puissent fructifier. en lui transportant le pollen des fruits sauvages — et ce procédé, appelé caprification, n'est pas encore tout à fait obsolète. Les vers de terre ont depuis longtemps fait valoir leur titre grâce au respect et à la gratitude des agriculteurs et des pêcheurs. L'utilité des vers de terre a été soulignée dans de nombreux traités scientifiques ainsi que dans de nombreux traités agricoles. L'extrait suivant, extrait d'un journal, répondra à mon propos actuel :

"M. Josiah Parkes, ingénieur-conseil de la Royal Agricultural Society of England, dit que les vers sont de grands assistants pour le draineur et une aide précieuse pour l'agriculteur pour maintenir la fertilité du sol. Il dit qu'ils aiment l'humidité, mais pas l'humidité. sols humides ; ils s'enfonceront jusqu'à l'eau, mais pas dans l'eau ; ils se multiplient rapidement sur terre après drainage et préfèrent un sol profondément séché. En examinant avec M. Thomas Hammond, de Penhurst, Kent, une partie d'un champ qu'il avait profondément Après une longue période de drainage peu profond, il constata que les vers avaient considérablement augmenté en nombre et que leurs alésages descendaient jusqu'au niveau des tuyaux. De nombreux alésages de vers étaient assez grands pour recevoir le petit doigt. M. Henry Handley avait Il l'informa d'un terrain près de la mer dans le Lincolnshire, sur lequel la mer s'était brisée et avait tué tous les vers - le champ restait stérile jusqu'à ce que les vers l'habitent à nouveau. Il lui montra également un terrain de pâturage près de sa maison. dans lequel les vers étaient en si grand nombre qu'il pensait que leurs lancers gênaient trop le produit, ce qui l'incitait à le faire rouler la nuit afin de détruire les vers. Le résultat fut que la fertilité des champs diminua considérablement et ne fut restaurée que lorsqu'ils eurent recruté leur nombre, ce qui fut aidé par la collecte et le transport d'une multitude de vers des champs.

"La grande profondeur dans laquelle les vers creusent, et à partir de laquelle ils poussent un sol fertile et le jettent à la surface, a été admirablement retracée par M. C. Darwin, de Down, Kent, qui a montré que dans quelques Au fil des années, ils ont en fait surélevé la surface des champs d'une large couche de terreau riche, de plusieurs pouces d'épaisseur, fournissant ainsi de la nourriture aux racines des graminées et augmentant la productivité du sol.

Il convient d'ajouter que l'auteur cité et d'autres qui ont discuté du sujet ont négligé un élément très important dans la fécondation produite par les vers de terre. Je fais référence à l'enrichissement du sol par leurs excréments au cours de leur vie, et par la décomposition de leurs restes à leur mort. Le fumier ainsi fourni est aussi précieux que la quantité semblable de produits animaux dérivés d'organismes supérieurs, et quand nous considérons le nombre prodigieux de ces vers trouvés sur un seul mètre carré de certains sols, nous pouvons facilement voir qu'ils ne fournissent aucune contribution insignifiante. aux matières nutritives nécessaires à la croissance des plantes. [86]

Les perforations du ver de terre affectent mécaniquement la texture du sol et sa perméabilité à l'eau, et elles ont donc une certaine influence sur la forme et le caractère de la surface. Mais l'importance géographique des insectes proprement dits, ainsi que des vers, dépend principalement de leur relation avec la vie végétale comme agents de sa fécondation et de sa destruction. [87] Je ne connais aucun fait unique qui illustre de manière aussi frappante cette importance que la déclaration suivante que je tire d'un avis du volume de Darwin, Sur divers dispositifs par lesquels les orchidées britanniques et étrangères sont fertilisées par les insectes, dans la Saturday Review, du 18 octobre 1862 : « Le résultat net est que quelque six mille espèces d'orchidées dépendent absolument de l'action des insectes pour leur fécondation. Autrement dit, si ces plantes n'étaient pas visitées par les insectes, elles disparaîtraient toutes rapidement. Ce qui est vrai pour les orchidées l'est plus ou moins pour de nombreuses autres familles végétales. Nous ne connaissons pas les limites de cette action, et beaucoup d'insectes habituellement considérés comme des nuisibles absolus peuvent remplir, directement ou indirectement, des fonctions aussi importantes pour les plantes les plus précieuses que les services rendus par certaines tribus aux orchidées . Je dis directement ou indirectement, parce que, outre les autres dispositions de la nature pour arrêter la multiplication indue d'espèces particulières, elle a établi une police parmi les insectes eux-mêmes, par laquelle certains d'entre eux répriment ou favorisent la croissance des autres ; car il y a des insectes, ainsi que des oiseaux et des bêtes de proie. L'existence d'un insecte qui féconde un légume utile peut dépendre de celle d'un autre, qui constitue sa nourriture à une certaine époque de sa vie, et cet autre peut encore être aussi nuisible à une plante que son destructeur est bénéfique à une autre. L'équation de la vie animale et végétale est un problème trop compliqué pour que l'intelligence humaine puisse le résoudre, et nous ne pourrons jamais savoir quelle est l'étendue du cercle de perturbations que nous produisons dans les harmonies de la nature lorsque nous jetons le plus petit caillou dans l'océan de la vie organique.

Mais nous semblons autorisés à conclure ceci : aussi souvent que nous détruisons l'équilibre en perturbant les proportions originelles entre les différents ordres de vie spontanée, la loi d'autoconservation nous impose de rétablir l'équilibre, soit en restituant directement le poids soustrait d'une échelle, ou en supprimant une quantité correspondante de l'autre. En d'autres termes, la destruction doit être soit réparée par la reproduction, soit compensée par une nouvelle destruction en sens inverse.

L'aquarium de salon a appris même à ceux pour qui il n'est qu'un jouet amusant, que l'équilibre de la vie animale et végétale doit être préservé, et que l'excès de l'un est fatal à l'autre, dans l'aquarium artificiel comme dans les eaux naturelles. . Il y a quelques années, l'eau de l'aqueduc Cochituate, à Boston, est devenue si désagréable en odeur et en goût qu'elle est devenue tout à fait impropre à l'usage. L'enquête scientifique en a trouvé la cause dans le soin trop scrupuleux avec lequel la végétation aquatique avait été exclue du réservoir, et dans la mort et la pourriture consécutives des animalcules qui ne pouvaient être exclus ni vivre dans l'eau sans l'élément végétal. [88]


## *Introduction d'insectes.*

La tendance générale des empiètements de l'homme sur la nature spontanée a été d'augmenter la vie des insectes aux dépens de la végétation et des petits quadrupèdes et oiseaux. Il y a sans doute des insectes dans tous les bois, mais dans les climats tempérés ils sont relativement peu nombreux et inoffensifs, et les tribus les plus nombreuses qui se reproduisent dans la forêt, ou plutôt dans ses eaux, et même dans toutes les solitudes, sont celles qui nuisent peu à la végétation, comme comme les moustiques, les moucherons, etc. Avec les plantes cultivées par l'homme viennent les myriades de tribus qui s'en nourrissent ou se reproduisent, et l'agriculture non seulement introduit de nouvelles espèces, mais multiplie le nombre d'individus à un point tel qu'il défie le calcul. Les légumes nouvellement introduits échappent souvent pendant des années aux invasions d'insectes qui les avaient infestés dans leur habitat d'origine ; mais l'importation d'autres variétés de la plante, l'échange de graines, ou quelque simple accident, sont sûrs d'emporter à la longue l'œuf, la larve ou la chrysalide jusqu'aux rivages les plus éloignés où la plante qui lui est assignée par nature. car sa possession l'a précédé. Pendant de nombreuses années après la colonisation des États-Unis, peu ou pas d'insectes qui attaquent le blé à ses différents stades de croissance n'étaient connus en Amérique. Pendant la guerre d'indépendance, la mouche de Hesse, *Cecidomyia destructor* , a fait son apparition, et elle a été ainsi appelée parce qu'elle a été observée pour la première fois l'année où les troupes de Hesse ont été amenées, et était généralement supposée avoir été accidentellement importée par ces étrangers indésirables. . Depuis, d'autres destructeurs de céréales ont traversé l'Atlantique et un puceron européen nuisible a attaqué pour la première fois les champs de blé américains au cours des quatre ou cinq dernières années. Malheureusement, dans ces cas de migration, le correctif naturel d'une multiplication excessive, ennemi parasite ou vorace de l'insecte nuisible, n'accompagne pas toujours les errances de sa proie, et le fléau précède de loin l'antidote. Ainsi, aux États-Unis, les ravages des insectes importés nuisibles aux cultures, n'étant pas freinés par les influences contraires que la nature avait prévues pour limiter leurs ravages dans l'Ancien Monde, sont beaucoup plus destructeurs qu'en Europe. On ne sait pas si la cécidomyie du blé est la proie d'un autre insecte en Amérique, et dans les saisons qui lui sont favorables, elle se multiplie à un degré qui s'avérerait presque fatal à la récolte entière, si ce n'était que, dans la grande étendue territoriale des États-Unis, il y a place pour des différences de sol et de climat telles que, dans une année donnée, elles présentent dans un État toutes les conditions favorables à la multiplication d'un insecte particulier, tandis que dans un autre, les influences naturelles lui sont hostiles. . Le seul remède apparent à ce mal est d'équilibrer le développement disproportionné d'espèces étrangères nuisibles en faisant venir de leur pays d'origine les tribus qui s'en nourrissent. Il semble que cela ait été tenté. Rapport de recensement des États-Unis pour 1860, p. 82, déclare que la New York Agricultural Society « a introduit dans ce pays depuis l'étranger certains parasites que la Providence a créés pour contrecarrer les pouvoirs destructeurs de certains de ces prédateurs ».

Ce n'est cependant pas le seul but pour lequel l'homme a délibérément introduit des formes étrangères d'insectes. On sait que les œufs du ver à soie ont été importés de l'Extrême-Orient en Europe au VIe siècle, et de nouvelles fileuses de soie, se nourrissant de graines de ricin et d'ailante, ont récemment été élevées en France et en Amérique du Sud avec un succès prometteur. . La cochenille, longtemps cultivée régulièrement dans l'Amérique primitive, a été transplantée en Espagne, et l'insecte kermès et les cantharides ont été transférés sous d'autres climats que le leur. L'abeille mellifère doit être classée à côté du ver à soie en termes d'importance économique. [89] Cette créature utile a été transportée aux États-Unis par les colons européens, dans la dernière partie du XVIIe siècle ; il n'a traversé le Mississipi qu'à la fin du XVIIIe, et ce n'est que depuis cinq ou six ans qu'il a été transporté en Californie, où il était auparavant inconnu. L'abeille italienne sans dard a été introduite très récemment aux États-Unis.

Les insectes et les vers intentionnellement transplantés par l'homme ne représentent qu'une faible proportion de ceux introduits accidentellement par lui. Les plantes et les animaux transportent souvent avec eux leurs parasites, et le trafic des pays commerçants, qui échangent leurs produits avec toutes les zones et tous les stades de l'existence sociale, ne peut manquer de transférer dans les deux sens les minuscules organismes qui sont, d'une manière ou d'une autre, associé à presque tous les objets importants pour les intérêts matériels de l'homme. [90]

La ténacité de vie que possèdent beaucoup d'insectes, leur fécondité prodigieuse, le temps qu'ils restent souvent dans les différentes phases de leur existence, [91] la sécurité des retraites dans lesquelles leurs petites dimensions leur permettent de se retirer, sont autant de circonstances très favorables non seulement à la perpétuité de leur espèce, mais à leur transport vers des climats lointains et à leur multiplication dans leurs nouveaux habitats. Le teredo, si destructeur pour la navigation, a été transporté par les navires dont il exploite les parois en bois dans presque toutes les régions du globe. La termite, ou fourmi blanche, aurait été amenée à Rochefort par le commerce de ce port, il y a cent ans. [92] Cette créature est plus nuisible aux structures et outils en bois que tout autre insecte connu. Il ronge presque toute la substance du bois, ne laissant que de minces cloisons entre les galeries qu'il y creuse ; mais comme il ne ronge jamais la surface jusqu'à l'air, un morceau de bois peut être presque entièrement consumé sans montrer aucun signe extérieur du dommage qu'il a subi. Le termite se rencontre aussi dans d'autres parties de la France, et particulièrement à la Rochelle, où, jusqu'à présent, ses ravages se limitent à un seul quartier de la ville. Un foreur, aux habitudes semblables, n'est pas rare en Italie, et vous pouvez voir dans ce pays de belles chaises et autres meubles qui ont été réduits par cet insecte à une charpente de poudre de poteau, recouverte et apparemment maintenue ensemble par rien. mais le vernis.

Les insectes carnivores et souvent herbivores rendent un service important à l'homme en consommant des matières animales et végétales mortes et en décomposition, dont la décomposition remplirait autrement l'air d'effluves nocifs pour la santé. Quelques-uns, le scarabée fossoyeur, par exemple, enterrent les petits animaux dans lesquels ils pondent leurs œufs, et empêchent ainsi l'échappement des gaz dégagés par la putréfaction. La prodigieuse rapidité de développement de la vie des insectes, le grand nombre d'individus dans de nombreuses espèces et la voracité de la plupart d'entre eux à l'état de larve justifient l'appellation de charognards de la nature qui leur a été accordée, et il y a très peu d'informations disponibles. Je ne doute pas que, dans les pays chauds, ils consomment une quantité beaucoup plus grande de matière organique putrescente que les quadrupèdes et les oiseaux qui se nourrissent de cet aliment.

### *Destruction des insectes.*

Il est bien connu des naturalistes, mais moins familier des observateurs ordinaires, que les larves aquatiques de certains insectes constituent, à certaines saisons, une grande partie de la nourriture des poissons d'eau douce, tandis que d'autres larves, à leur tour, se nourrissent des poissons d'eau douce. le frai et même les petits de leurs persécuteurs. [93] Les larves du moustique et du moucheron sont la nourriture favorite des truites dans les régions boisées où ces insectes abondent. [94] Plus tôt dans l'année, la truite se nourrit des larves de la mouche de mai, qui est elle-même très destructrice pour le frai du saumon, et par conséquent, par une sorte de maison que Jack a construite, la destruction du moustique , qui nourrit la truite qui se nourrit de la mouche de mai qui détruit les œufs qui éclosent le saumon qui dorlote le gourmet, peut occasionner une pénurie de ce dernier poisson dans les eaux où il serait autrement abondant. Ainsi, toute la nature est liée entre elle par des liens invisibles, et chaque créature organique, aussi basse, aussi faible soit-elle, aussi dépendante soit-elle, est nécessaire au bien-être de l'une des innombrables formes de vie dont le Créateur a peuplé la terre.

J'ai dit que l'homme a favorisé la multiplication des insectes et des vers, en détruisant les oiseaux et les poissons qui s'en nourrissent. De nombreux insectes, aux quatre stades différents de leur croissance, habitent successivement la terre, l'eau et l'air. Dans chacun de ces éléments, ils ont leurs ennemis particuliers, et, si profonds et obscurs que soient les recoins minuscules où ils se cachent, ils sont poursuivis jusqu'aux coins les plus reculés et les plus obscurs par les bourreaux que la nature a désignés pour punir leurs délinquances, et qui leur fournissent avec des artifices astucieux pour dénicher les délinquants et les traîner à la lumière du jour. Une tribu d'oiseaux, les pics, semble dépendre presque entièrement pour sa subsistance des insectes qui se reproduisent dans les arbres morts ou mourants, et il est peut-être inutile de dire que les dommages que ces oiseaux font à la forêt sont imaginaires. Ils ne font pas de trous dans le tronc de l'arbre pour préparer un logement à une future colonie de larves foreuses, mais pour en extraire le ver qui a déjà commencé ses travaux miniers. C'est pourquoi on ne trouve pas ces oiseaux là où le forestier coupe les arbres aussi vite qu'ils deviennent des habitations convenables pour ces insectes. Lors du défrichement de nouvelles terres aux États-Unis, on laisse souvent les arbres morts, surtout ceux à feuilles en épi, trop décomposés pour servir de bois d'œuvre et qui, dans cet état, valent peu comme combustible, jusqu'à ce qu'ils tombent. eux-mêmes. Ces *souches* , comme on les appelle communément, sont remplies de foreurs et souvent profondément coupées par les pics, dont le bec puissant leur permet de pénétrer jusqu'au cœur même de l'arbre et d'en extraire les larves qui s'y cachent. Après quelques années, les souches tombent ou, lorsque le bois devient précieux, sont coupées et emportées pour le bois de chauffage, et, en même temps, l'agriculteur choisit pour l'abattage, dans la forêt qu'il s'est réservée comme source permanente d'approvisionnement en bois. le combustible et le bois, les arbres en décomposition qui, comme les tiges mortes dans les champs, servent de refuge au ver et à son poursuivant. On extirpe ainsi peu à peu cette tribu d'insectes, et avec eux les espèces d'oiseaux qui en subsistent principalement. Ainsi le beau et grand pic à tête rouge, *Picus erythrocephalus* , autrefois très commun dans la Nouvelle-Angleterre, a presque entièrement disparu de ces États, depuis que les arbres morts ont disparu et que les pommes, sa nourriture végétale préférée, sont moins abondantes.

Il existe même de grands quadrupèdes qui se nourrissent presque exclusivement d'insectes. L'ours fourmi est assez fort pour abattre les maisons d'argile construites par les espèces de termites qui constituent son régime alimentaire ordinaire, et le curieux ai-ai, un quadrupède grimpeur de Madagascar, dont je crois qu'un seul spécimen, obtenu par M. Sandwith, qui a encore atteint l'Europe, est pourvu d'un doigt très fin, muni d'un clou en forme de crochet, assez long pour pénétrer profondément dans un trou du tronc d'un arbre et en extraire le ver qui l'a percé.

### *Reptiles.*

Mais les reptiles sont peut-être les ennemis les plus redoutables de l'insecte, et même des petits rongeurs. Le caméléon s'approche de l'insecte perché sur une brindille d'arbre avec une lenteur presque imperceptible, jusqu'à ce que, à la distance d'un pied, il tire sa longue langue visqueuse et manque rarement de saisir la victime. Même le lent crapaud attrape de la même manière la mouche domestique rapide et prudente ; et dans les pays chauds de l'Europe, les nombreux lézards contribuent très essentiellement à la réduction de la population d'insectes, qu'ils surprennent à l'état ailé sur les murs et les arbres, et qu'ils consomment sous forme d'œufs, de vers et de chrysalide, dans leurs métamorphoses antérieures. Les serpents se nourrissent beaucoup d'insectes, ainsi que de souris, de taupes et de petits reptiles, y compris également d'autres serpents. Le dégoût et la peur avec lesquels le serpent est si universellement considéré l'exposent à une persécution constante de la part de l'homme, et peut-être aucun autre animal n'est-il sacrifié avec autant d'acharnement. Dans les climats tempérés, les serpents ne sont consommés que par des bêtes ou des oiseaux de proie, à l'exception de la cigogne, et ils ont peu d'ennemis dangereux à part l'homme, bien que sous les tropiques, d'autres animaux s'en prennent à eux. [95] Il est douteux qu'une espèce de serpent ait été exterminée au cours de la période humaine, et même la population dense de la Chine n'a pas été capable de se débarrasser complètement de la vipère. Ils ont cependant presque entièrement disparu de certaines localités. Le serpent à sonnettes est aujourd'hui totalement inconnu dans de nombreuses grandes régions où il était extrêmement commun il y a un demi-siècle, et la Palestine est depuis longtemps, sinon absolument exempte de serpents venimeux, du moins presque. [96]

### *Destruction du poisson.*

Les habitants des eaux semblent relativement à l'abri des poursuites ou des interférences humaines du fait de l'inaccessibilité de leurs retraites et de notre ignorance de leurs habitudes – résultat naturel de la difficulté d'observer les manières de vivre des créatures vivant dans un milieu dans lequel nous ne pouvons exister. L'action humaine a néanmoins, directement ou indirectement, produit de grands changements dans la population de la mer, des lacs et des rivières, et si les effets de telles révolutions dans la vie aquatique sont apparemment de peu d'importance en géographie générale, ils sont toujours d'actualité. pas totalement inappréciable. La grande diminution de l'abondance des plus gros poissons employés pour l'alimentation ou recherchés pour des produits utiles dans les arts est familière, et quand nous considérons comment la vie végétale et animale dont ils se nourrissent doit être affectée par la réduction de leur nombre, il est il est facile de voir que leur destruction peut impliquer des modifications considérables dans plusieurs des arrangements matériels de la nature. La baleine ne semble pas avoir été un objet de poursuite par les anciens, à quelque fin que ce soit, et nous ne savons pas non plus quand la pêche à la baleine a commencé. [97] Elle fut cependant très activement poursuivie au Moyen Âge, et les Biscayens semblent avoir particulièrement réussi dans ce domaine, comme d'ailleurs dans d'autres branches de l'industrie nautique. [98] Il y a cinq cents ans, les baleines abondaient dans toutes les mers. Depuis longtemps, ils sont devenus si rares en Méditerranée qu'ils n'encouragent pas la pêche en tant qu'occupation régulière ; et la grande demande d'huile et de fanons de baleine à des fins mécaniques et manufacturières, au cours du siècle actuel, a stimulé la poursuite de la « plus grande des créatures vivantes » à une telle activité, qu'elle a maintenant presque entièrement disparu de nombreuses zones de pêche préférées, et en d'autres sont considérablement diminués en nombre.

Nous ne savons pas quelles fonctions spéciales, outre ses utilisations pour l'homme, sont assignées à la baleine dans l'économie de la nature ; mais certaines considérations, suggérées par le caractère de la nourriture dont certaines espèces subsistent, méritent d'être spécialement remarquées. Aucun des grands mammifères regroupés sous le nom général de baleine n'est rapace. Ils vivent tous de petits organismes, et les espèces les plus nombreuses se nourrissent presque entièrement de mollusques mous et gélatineux dont la mer abonde sous toutes les latitudes. Nous ne pouvons pas calculer, même approximativement, le nombre de baleines, ni la quantité de nourriture organique consommée par un individu, et bien sûr nous ne pouvons pas estimer la quantité totale de matière animale retirée par elles, au cours d'une période donnée, des eaux de la mer. Il est certain cependant qu'elle devait être énorme lorsqu'ils étaient plus abondants, et qu'elle est encore très considérable. Il y a très peu d'années, les États-Unis avaient plus de six cents baleiniers constamment employés dans le Pacifique, et le produit de la pêche à la baleine américaine pour l'année terminée le 1er juin 1860 s'élevait à sept millions et demi de dollars. [99] La simple masse des baleines détruites en une seule année par les navires américains et européens engagés dans cette pêche formerait une île de dimensions non négligeables, et chacune de celles capturées devait avoir consommé, au cours de sa croissance. , plusieurs fois son propre poids de mollusques. La destruction des baleines a dû être suivie d'un accroissement proportionnel des organismes dont elles se nourrissent, et si l'on avait les moyens de comparer les statistiques de ces humbles formes de vie, même pour une période aussi courte que celle comprise entre les années 1760 et 1860, nous devrions trouver une différence suffisante, peut-être, pour suggérer une explication de certains phénomènes actuellement inexpliqués.

Par exemple, comme je l'ai observé dans un autre ouvrage [100] , la phosphorescence de la mer était inconnue des écrivains anciens, ou du moins à peine remarquée par eux, et même par Homère, qui, aussi aveugle que le rend la tradition lorsqu'il composait ses épopées, avait vu et marqué, dans sa vie antérieure, tout ce que la nature glorieuse de la Méditerranée et de ses côtes révèle à une observation non scientifique - nulle part ne fait allusion à cette plus belle et plus frappante des merveilles maritimes. Dans le passage que je viens de mentionner, j'ai essayé d'expliquer le silence des écrivains anciens à l'égard de ce phénomène ainsi que d'autres phénomènes remarquables pour des raisons psychologiques ; mais n'est-il pas possible que, dans les temps modernes, les animalcules qui le produisent se soient immensément multipliés, par suite de la destruction de leurs ennemis naturels par l'homme, et que par conséquent la lueur projetée par leur décomposition ou par leurs processus vivants soit à la fois plus fréquent et plus brillant qu'au temps de l'Antiquité classique ?

Bien que la baleine ne se nourrisse pas de créatures plus petites qui lui ressemblent par la forme et les habitudes, les vrais poissons sont cependant extrêmement voraces, et presque toutes les tribus dévorent sans ménagement les espèces les plus faibles, et même leurs propres œufs et leurs petits. L'énorme destruction du brochet, de la famille des truites et d'autres poissons voraces, ainsi que des oiseaux pêcheurs, du phoque et de la loutre, par l'homme, aurait naturellement provoqué une grande augmentation du nombre de poissons plus faibles et plus sans défense sur lesquels ils se nourrissent, s'il ne leur avait pas été aussi hostile qu'à leurs persécuteurs. Nous avons peu de preuves que les poissons utilisés pour l'alimentation humaine se soient naturellement multipliés dans les temps modernes, alors que les populations des tribus les plus précieuses ont été considérablement réduites en nombre. [101] Cette réduction a dû affecter les espèces les plus voraces qui ne sont pas utilisées comme nourriture par l'homme, et par conséquent le requin et d'autres poissons ayant des habitudes similaires, bien que n'étant pas l'objet d'une poursuite systématique, sont maintenant relativement rares dans de nombreuses eaux où ils abondaient autrefois. Il en résulte que l'homme a considérablement réduit le nombre de tous les grands animaux marins, et a par conséquent indirectement favorisé la multiplication des petits organismes aquatiques qui entraient dans leur alimentation. Ce changement dans les rapports de la matière organique et inorganique de la mer a dû exercer une influence sur cette dernière. Quelle a été cette influence, nous ne pouvons pas le dire, et encore moins prédire ce qu'elle sera par la suite ; mais son action n'en est pas pour autant moins certaine.

### Introduction et élevage de poissons.

L'introduction et l'élevage réussi de poissons d'espèces étrangères semblent avoir été pratiqués depuis longtemps en Chine et n'étaient pas inconnus des Grecs et des Romains. Cet art a été relancé dans les temps modernes, mais jusqu'à présent sans résultats importants, économiques ou physiques, bien qu'il semble y avoir de bonnes raisons de croire qu'il peut être utilisé avec avantage à une échelle étendue . Comme dans le cas des plantes, l'homme a parfois introduit, sans le vouloir, de nouvelles espèces d'animaux aquatiques dans des pays éloignés de leur lieu de naissance. La fuite accidentelle des poissons rouges chinois des étangs où ils étaient élevés comme ornement de jardin a peuplé certains cours d'eau européens et américains avec cette espèce. Les canaux de navigation et d'irrigation échangent les poissons des lacs et des rivières largement séparés par des barrières naturelles, ainsi que les plantes qui lâchent leurs graines dans les eaux. Le canal Érié, mesuré par son propre chenal, a une longueur d'environ trois cent soixante milles et il a des écluses ascendantes et descendantes dans les deux directions. Par cette route, les poissons d'eau douce de l'Hudson et des lacs supérieurs, ainsi que certains des légumes indigènes de ces bassins respectifs, se sont mélangés, et la faune et la flore des deux régions ont maintenant plus d'espèces communes aux deux qu'avant l'époque. le canal a été ouvert. Il n'est pas rare qu'une attraction accidentelle incite les poissons à suivre un navire pendant des jours consécutifs et ils peuvent ainsi être attirés dans des zones très éloignées de leur habitat d'origine. Il y a plusieurs années, on m'a dit à Constantinople, de bonne autorité, que deux poissons, d'une espèce totalement inconnue des indigènes, venaient d'être capturés dans le Bosphore. On prétendait qu'ils avaient suivi un navire anglais depuis la Tamise et qu'ils avaient été fréquemment observés par l'équipage pendant le voyage, mais je n'ai pu connaître leur caractère spécifique.

Beaucoup de poissons qui passent la plus grande partie de l'année en eau salée fraient en eau douce, et certaines espèces d'eau douce, l'omble de fontaine commun de la Nouvelle-Angleterre par exemple, qui, dans des circonstances ordinaires, ne visitent jamais la mer, le feront, si transférés dans des ruisseaux se jetant directement dans l'océan, descendent dans l'eau salée après la période de frai et reviennent la saison suivante. Les poissons de mer, l'éperlan entre autres, auraient été naturalisés en eau douce, et certains naturalistes ont soutenu, à partir du caractère des poissons du lac Baïkal, et surtout de l'existence du phoque dans cette localité, que tous ses habitants étaient espèces à l'origine marines, et ont changé leurs habitudes avec la conversion progressive des eaux salées du lac, autrefois, comme on le suppose, une baie maritime, en eaux douces. [102] La présence du phoque n'est guère concluante sur ce point, car on l'aperçoit parfois dans le lac Champlain à quelques centaines de milles de distance même des eaux saumâtres. Un de ces animaux fut tué sur la glace de ce lac en février 1810, un autre en février 1846, [103] et des restes du phoque ont été retrouvés à d'autres époques dans les mêmes eaux.

Les restes des ordres supérieurs d'animaux aquatiques sont généralement si périssables que, même là où ils sont les plus abondants, ils ne semblent pas former actuellement de dépôts permanents d'une ampleur considérable ; mais il en est tout autrement des coquillages et, comme nous le verrons plus tard, de la plupart des petits chaux de la mer. Il y a, sur la côte sud des États-Unis, des couches de coquillages si étendues qu'on croyait autrefois qu'elles s'étaient accumulées naturellement, et qu'on les invoquait comme preuves d'une élévation de la côte par des causes géologiques ; mais on constate maintenant qu'elles proviennent d'huîtres, consommées au cours de longs âges par les habitants des villes indiennes. L'implantation d'un banc d'huîtres dans une nouvelle localité pourrait très probablement conduire, avec le temps, à la formation d'un banc qui, en liaison avec d'autres gisements, pourrait affecter sensiblement la ligne d'une côte, ou, en modifiant la Le cours des courants marins ou l'embouchure d'un fleuve produisent des changements géographiques non négligeables. La transplantation d'huîtres dans des étangs artificiels est courante depuis longtemps et semble avoir récemment connu un grand succès à grande échelle en pleine mer sur les côtes françaises. On espère une grande extension de cette pêcherie, et il est maintenant proposé d'introduire sur la même côte la palourde américaine, qui est si abondante dans les sables des plages balayées par les marées du détroit de Long Island qu'elle forme un article important dans le régime alimentaire. de la population voisine.

La naturalisation intentionnelle des poissons étrangers, comme je l'ai dit, n'a pas encore donné de fruits importants ; mais bien que cette branche particulière de ce qu'on appelle, pas très heureusement, *la pisciculture*, n'ait pas encore établi ses prétentions à l'attention du géographe physique ou de l'économiste politique, l'élevage artificiel de poissons domestiques a déjà produit des résultats très précieux et est apparemment en cours. destiné à occuper une place extrêmement importante dans l'histoire des efforts de l'homme pour compenser son gaspillage prodigue des dons de la nature. La restauration de l'abondance primitive des poissons d'eau salée et d'eau douce est l'un des plus grands avantages matériels que, avec nos ressources physiques actuelles, les gouvernements puissent espérer conférer à leurs sujets. Les rivières, les lacs et les côtes, une fois réapprovisionnés et protégés par la loi de l'épuisement en prenant du poisson à des saisons inappropriées, par des méthodes destructrices et en quantités extravagantes, continueraient indéfiniment à fournir une très grande quantité de nourriture des plus saines, qui, contrairement à toutes les autres. produits nationaux et agricoles, se renouvellerait spontanément et ne coûterait rien d'autre que le prélèvement. Il existe en Europe de nombreux sols stériles ou usés, situés de telle manière qu'ils pourraient, à peu de frais, être convertis en lacs permanents, qui serviraient non seulement de réservoirs pour retenir l'eau des pluies et des neiges d'hiver, et la distribuer dans le courant de l'hiver. saison sèche pour l'irrigation, mais comme étangs de reproduction pour les poissons, et produiraient ainsi, sans frais supplémentaires, une quantité de nourriture humaine plus importante que celle qu'on peut actuellement en obtenir, même au prix de grandes dépenses de capital et de travail dans les opérations agricoles. Les ajouts qui pourraient être apportés à la nutrition du monde civilisé par une gestion judicieuse des ressources en eaux permettraient une certaine restriction de la quantité de sol actuellement utilisée à des fins agricoles et une extension correspondante de la superficie de la forêt. , et faciliterait ainsi un retour à des configurations géographiques primitives qu'il importe de restaurer partiellement.

### *Disparition des animaux aquatiques.*

Il ne semble pas probable que l'homme, avec toute sa rapacité et toute son ingénierie, parviendra à extirper totalement un poisson d'eau salée, mais il a déjà exterminé au moins un animal marin à sang chaud - la vache marine de Steller - et le morse, l'otarie et d'autres grands amphibiens, ainsi que les principaux quadrupèdes pêcheurs, sont en danger imminent d'extinction. La vache marine de Steller, *Rhytina Stelleri* , a été vue pour la première fois par les Européens en 1741, sur l'île de Béring. C'était un énorme mammifère amphibie, pesant pas moins de huit mille livres, et qui semble avoir été confiné exclusivement aux îles et aux côtes voisines du détroit de Béring. Sa chair était très savoureuse et les localités qu'il fréquentait étaient facilement accessibles depuis les établissements russes du Kamtschatka. Dès que son existence et son caractère, ainsi que l'abondance des animaux à fourrure dans les mêmes eaux, furent portés à la connaissance des occupants de ces postes par le retour des survivants de l'expédition de Béring, une chasse si active fut commencée contre les amphibiens de cette région. , qu'au cours de vingt-sept ans, la vache marine, décrite par Steller comme extrêmement nombreuse en 1741, aurait disparu complètement, aucun individu n'ayant été vu depuis l'année 1768. Les diverses tribus de phoques dans le Pacifique Nord et Sud, le morse et la loutre de mer sont déjà si réduits en nombre qu'ils semblent destinés à suivre bientôt la vache marine, à moins d'être protégés par une législation assez stricte et une police assez énergique pour réprimer l'ardente cupidité des animaux. leurs poursuivants.

Les phoques, la tribu des loutres et beaucoup d'autres amphibiens qui se nourrissent presque exclusivement de poissons, sont extrêmement voraces, et bien entendu leur destruction ou leur réduction numérique a dû favoriser la multiplication des espèces de poissons dont ils sont principalement la proie. Le gardien de plusieurs phoques apprivoisés m'a assuré que, s'il était nourri à intervalles fréquents, chaque phoque ne dévorerait pas moins de quatorze livres de poisson, soit environ un quart de son propre poids, par jour. [104] Un chasseur très intelligent et observateur, qui a passé une grande partie de sa vie dans la forêt, après avoir observé attentivement les habitudes des loutres d'eau douce des États de l'Amérique du Nord, estime leur consommation de poisson à environ quatre livres par personne. jour.

L'homme a favorisé la multiplication des poissons en faisant la guerre à leurs ennemis brutaux, mais il n'a en aucun cas compensé par là son plus grand pouvoir destructeur. [105] Les oiseaux et les bêtes de proie, que ce soit sur terre ou dans l'eau, ne chassent que tant qu'ils ressentent le stimulus de la faim, leurs ravages sont limités par les exigences de l'appétit présent et ils ne détruisent pas inutilement ce qu'ils ne peuvent pas. consommer. L'homme, au contraire, se penche aujourd'hui pour pouvoir dîner demain ; il prend et sèche des millions de poissons sur les rives de Terre-Neuve, afin que le fervent catholique des bords de la Méditerranée ait de quoi satisfaire les fringales de l'estomac pendant le carême de l'année prochaine, sans mettre son âme en péril en violant la discipline de l'église papale . ; et tous les arrangements de ses pêcheries sont organisés de manière à impliquer la destruction de beaucoup plus de poissons que ce qui est réservé à l'usage humain, et la perte d'une grande proportion de la récolte annuelle de la mer en cours de traitement ou de transport vers les lieux de sa consommation. [106]

Les poissons sont plus affectés que les quadrupèdes par des différences légères, voire imperceptibles, dans leurs lieux de reproduction et leurs aires d'alimentation. Chaque rivière, chaque ruisseau, chaque lac imprime à ses saumons, à ses aloses et à ses truites un caractère particulier, immédiatement reconnu par ceux qui les trafiquent ou les consomment. Aucune habileté ne peut donner aux poissons engraissés par des aliments choisis et préparés par l'homme la saveur de ceux qui se nourrissent à la table de la nature, et les truites des étangs artificiels d'Allemagne et de Suisse sont si inférieures aux poissons de ruisseau de la même espèce et climat, qu'il est difficile de les croire identiques. La sapidité supérieure de la truite américaine par rapport à l'espèce européenne, familière à tous ceux qui connaissent les deux continents, est probablement due moins à des différences spécifiques qu'au fait que, même dans les parties du Nouveau Monde qui ont été cultivées le plus longtemps, la nature sauvage n'est pas encore apprivoisée au caractère qu'elle a pris dans l'ancien temps et qu'elle acquerra en Amérique également lorsque sa civilisation sera aussi ancienne que l'est aujourd'hui celle de l'Europe.

Jusqu'à présent, l'homme n'a pratiquement jamais provoqué de changements climatiques ou autres qui suffiraient à eux seuls à bannir totalement les habitants sauvages de la terre ferme, et la disparition des oiseaux et des quadrupèdes indigènes de certaines localités doit être attribuée tout autant à ses persécutions directes. quant au manque d'abri forestier, de nourriture appropriée ou d'autres conditions indispensables à leur existence. Mais presque tous les procédés de l'agriculture et de l'industrie mécanique et chimique sont mortellement destructeurs pour les animaux aquatiques à la portée de leur influence. Lorsque, par suite du défrichement des bois, les changements déjà décrits comme produits ainsi dans les lits et les courants des rivières, sont en cours, les frayères à poissons sont exposées d'année en année à une succession de perturbations mécaniques ; la température de l'eau est plus élevée en été, plus froide en hiver que lorsqu'elle était ombragée et protégée par du bois ; les organismes plus petits, qui constituaient la subsistance des jeunes alevins, disparaissent ou sont réduits en nombre, et de nouveaux ennemis s'ajoutent aux anciens ennemis qui s'en prenaient à eux ; la turbidité accrue de l'eau lors des inondations annuelles étouffe les poissons ; et enfin, la vitesse accélérée de son courant les entraîne dans les grands fleuves ou dans la mer, avant qu'ils ne soient encore assez forts pour supporter un si grand changement de circonstances. [107] Les opérations industrielles ne sont pas moins destructrices pour les poissons qui vivent ou fraient en eau douce. Les moulins gênent leurs migrations, s'ils ne les empêchent pas absolument, les sciures des scieries obstruent leurs branchies, et les mille substances minérales délétères, déversées dans les rivières par les établissements métallurgiques, chimiques et manufacturiers, les empoisonnent par hauts fonds.

### *Organismes minuscules.*

Outre les plus grandes créatures terrestres et marines, les quadrupèdes, les reptiles, les oiseaux, les amphibiens, les crustacés, les poissons, les insectes et les vers, il existe d'autres formes innombrables d'êtres vitaux. La terre, l'eau, les conduits et les fluides de la vie végétale et animale, l'air même que nous respirons, sont peuplés de minuscules organismes qui remplissent les fonctions les plus importantes dans les règnes vivant et inanimé de la nature. Parmi les fonctions assignées à ces créatures, la plus familière à l'observation commune est l'extraction de la chaux, et plus rarement de la silex, des eaux qu'elles habitent, et le dépôt de ces minéraux sous forme solide, soit comme matière de leurs habitations ou comme exuvies de leurs corps. Le microscope et d'autres moyens d'observation scientifique nous assurent que les lits de craie d'Angleterre et de France, les récifs coralliens des eaux marines des climats chauds, les vastes dépôts calcaires et siliceux de la mer et de nombreux étangs d'eau douce, les terres de polissage communes et les ardoises, et beaucoup d'espèces de roches apparemment denses et solides, sont l'ouvrage d'humbles organismes dont je parle, souvent même, d'animalcules si petits qu'ils ne deviennent visibles qu'à l'aide de lentilles grossissant cent fois les mesures linéaires. . On croit communément que les animalcules, ou ce qu'on embrasse communément sous le nom vague d'infusoires, habitent seuls l'eau, mais la poussière atmosphérique transportée par chaque vent et déposée par chaque calme est pleine de vie microscopique ou de ses reliques. Le sol sur lequel s'élève la ville de Berlin contient, à une profondeur de dix ou quinze pieds au-dessous de la surface, des élaborateurs vivants de silex ; [108] et l'examen microscopique d'une poignée de terre, associé aux preuves matérielles de la culpabilité, a permis au naturaliste de désigner l'endroit même où un crime a été commis. On a calculé qu'un sixième de la matière solide rejetée par les grands fleuves à leur embouchure est constituée de coquilles et de boucliers infusoires encore reconnaissables, et comme le frottement de l'eau qui roule doit réduire une grande partie de ces structures fragiles à un état de comminution qui même le microscope ne peut pas diviser en particules distinctes et les identifier comme des reliques de vie animale ou végétale, nous devons conclure qu'une proportion considérablement plus grande des dépôts fluviaux est en réalité le produit d'animalcules. [109]

Il est évident que le caractère chimique et, dans bien des cas, le caractère mécanique d'un grand nombre d'objets importants dans l'économie matérielle de la vie humaine, doivent être affectés par la présence d'un si grand élément organique dans leur substance, et il est également Il est évident que toutes les opérations agricoles et industrielles tendent à perturber les arrangements naturels de cet élément, à augmenter ou à diminuer l'adaptation spéciale de chaque milieu dans lequel il vit aux ordres particuliers d'être habité par lui. La conversion des forêts en pâturages, des pâturages en terres labourées, des marécages ou des mers peu profondes en terres sèches, la rotation des cultures cultivées, doivent s'avérer fatales à des millions d'êtres vivants sur toute surface ainsi dérangée par l'homme, et doivent , en même temps, compenser plus ou moins entièrement cette destruction de la vie en favorisant la croissance et la multiplication d'autres tribus de dimensions également minuscules.

Je ne sais pas si l'homme a encore essayé de profiter, par des artifices artificiels, du libre arbitre de ces merveilleux architectes et fabricants. Nous connaissons à peine assez bien leur économie naturelle pour concevoir les moyens de rentabiliser leur industrie, et dans de nombreux cas, ils sont trop lents à produire des résultats visibles pour une époque aussi impatiente que la nôtre. La surcivilisation du XIXe siècle ne peut pas attendre que la richesse soit amassée par des gains infinitésimaux, et nous sommes pressés de *spéculer* sur les puissances de la nature, comme nous le faisons sur les objets de marchandage et de vente dans notre commerce les uns avec les autres. Mais il est encore des cas où le peu que l'on connaît d'une vie, dont les rouages sont invisibles à l'œil nu, suggère la possibilité d'orienter avantageusement les efforts de troupes d'artisans que l'on ne voit pas. Sur les côtes occupées par les corallines, l'animalcule constructeur de récifs ne travaille pas près de l'embouchure des rivières. Ainsi, le changement de l'embouchure d'un cours d'eau, chose souvent très facile, peut favoriser la construction d'une barrière à la navigation côtière en un point, et empêcher la formation d'un récif en un autre, en détournant un courant d'eau douce de l'ancien point. et le déversant dans la mer au niveau de cette dernière. On peut probablement en trouver des cas dans les mers tropicales, où les rivières ont empêché le travail des animalcules coralliens dans les détroits séparant les îles les unes des autres ou du continent. Le détournement de tels cours d'eau pourrait supprimer cet obstacle, et des récifs se formeraient par conséquent qui devraient transformer un archipel en une seule grande île, et enfin la joindre au continent voisin.

Quatrefages proposa de détruire les teredo dans les ports en imprégnant l'eau d'une solution minérale qui leur serait fatale. Peut-être que le travail des animaux corallins pourrait être arrêté sur une étendue considérable de côtes maritimes par des moyens similaires. Les constructeurs de récifs sont des architectes insouciants, mais le précieux corail se forme si rapidement que les fonds peuvent être repêchés avantageusement jusqu'à une fois tous les dix ans. [110] Il ne semble pas impossible que ce corail puisse être transplanté sur la côte américaine, où le Gulf Stream fournirait une température convenable au-delà des limites climatiques qui autrement confinent sa croissance ; et ainsi une nouvelle source de profit pourrait peut-être s'ajouter aux maigres revenus du pêcheur robuste.

Dans certaines formations géologiques, les diatomées déposent, au fond des étangs d'eau douce, des lits de boucliers siliceux, précieux comme matériau pour une espèce de brique réfractaire très légère, dans la fabrication du verre soluble et du ciment hydraulique, et finalement, sans doute , dans de nombreux processus industriels encore inconnus. Une étude attentive des conditions favorables à la propagation des diatomées pourrait peut-être nous aider à profiter directement de la productivité de cet organisme, et en même temps révéler des secrets de la nature susceptibles d'être mis à profit dans le traitement des roches siliceuses. , et le métal qui en est la base. Notre connaissance de la vie obscure et infinitésimale dont je viens de parler est très récente et encore très imparfaite. Nous savons qu'elle est d'une immense importance dans l'économie de la nature, mais nous sommes si ambitieux de comprendre les grands, si peu habitués à nous occuper de l'infime, que nous ne sommes pas encore prêts à aborder sérieusement la question de savoir jusqu'où nous pouvons contrôler et diriger les opérations, non pas de forces physiques non incarnées, mais d'êtres, dans l'appréhension populaire, presque aussi immatériels qu'eux.

La nature n'a pas d'unité de grandeur par laquelle elle mesure ses œuvres. L'homme prend ses normes de dimension de lui-même. La largeur des cheveux était son minimum jusqu'à ce que le microscope lui dise qu'il existe des créatures animées pour lesquelles l'un des cheveux de sa tête est un cylindre plus grand que ne l'est pour lui le tronc du séquoia géant de Californie. Il emprunte son pouce à la largeur de son pouce, sa paume et son empan à la largeur de sa main et à l'écartement de ses doigts, son pied à la longueur de l'organe ainsi nommé ; sa coudée est la distance entre le bout de son majeur et son coude, et sa brasse est l'espace qu'il peut mesurer avec ses bras tendus. Pour un être qui trouve instinctivement le standard de toutes les grandeurs dans son propre cadre matériel, tous les objets dépassant ses propres dimensions sont absolument grands, tous étant absolument petits. C'est pourquoi nous considérons habituellement la baleine et l'éléphant comme des créatures essentiellement grandes et donc importantes, l'animalcule comme un organisme essentiellement petit et donc sans importance. Mais aucune formation géologique ne doit son origine aux travaux ou aux restes du gigantesque mammifère, tandis que l'animalcule compose ou a fourni la substance de strates de plusieurs milliers de pieds d'épaisseur et s'étendant, en couches ininterrompues, sur plusieurs degrés de la surface terrestre. . Si l'homme est destiné à habiter la terre beaucoup plus longtemps et à progresser dans la connaissance naturelle avec la rapidité qui a marqué ses progrès dans la science physique au cours des deux ou trois derniers siècles, il apprendra à évaluer plus sagement les œuvres de la création. et tirera non seulement une grande instruction de l'étude des voies de la nature dans ses promenades les plus obscures et les plus humbles, mais aussi un grand avantage matériel de la stimulation de ses énergies productives dans des provinces de son empire jusqu'ici considérées comme à jamais inaccessibles, totalement stériles. [111]

# CHAPITRE III.

## LES BOIS.

LA TERRE HABITABLE A L'ORIGINE BOISEE - LA FORET NE FOURNIT PAS DE NOURRITURE A L'HOMME - PREMIER ENLEVEMENT DES BOIS - EFFETS DU FEU SUR LES SOLS FORESTIERS - EFFETS DE LA DESTRUCTION DE LA FORET - INFLUENCE ELECTRIQUE DES ARBRES - INFLUENCE CHIMIQUE DE LA FORET.

INFLUENCE DE LA FORÊT, CONSIDÉRÉE COMME MATIÈRE INORGANIQUE, SUR LA TEMPÉRATURE : $a$ , SURFACE ABSORBANTE ET ÉMETTRICE ; $b$ , LES ARBRES COMME CONDUCTEURS DE CHALEUR ; $c$ , ARBRES EN ÉTÉ ET EN HIVER ; $d$ , PRODUITS MORTS DES ARBRES ; $e$ , LES ARBRES COMME ABRI POUR LES TERRAINS SOUS LE VENT D'EUX ; $f$, LES ARBRES COMME PROTECTION CONTRE LE PALUDISME—LA FORÊT, EN TANT QUE MATIÈRE INORGANIQUE, TEND À ATTÉNUER LES EXTRÊMES.

LES ARBRES COMME ORGANISMES : TEMPÉRATURE SPÉCIFIQUE – INFLUENCE TOTALE DE LA FORÊT SUR LA TEMPÉRATURE.

INFLUENCE DES FORÊTS SUR L'HUMIDITÉ DE L'AIR ET DE LA TERRE : $a$ , COMME MATIÈRE INORGANIQUE ; $b$ , COMME ORGANIQUE—MOUSSES DE BOIS ET CHAMPIGNONS—ÉCOULEMENT DE LA SÈVE—ABSORPTION ET EXHALATION DE L'HUMIDITÉ PAR LES ARBRES—ÉQUILIBRE DES INFLUENCES CONFLITS—INFLUENCE DE LA FORÊT SUR LA TEMPÉRATURE ET LES PRÉCIPITATIONS—INFLUENCE DE LA FORÊT SUR L'HUMIDITÉ DU SOL—SON INFLUENCE SUR LE FLUX DES SOURCES - LES CONSÉQUENCES GÉNÉRALES DE LA DESTRUCTION DES BOIS - LA LITTERATURE ET L'ÉTAT DE LA FORÊT DANS DIFFÉRENTS PAYS - L'INFLUENCE DE LA FORÊT SUR LES INUNDATIONS - L'ACTION DESTRUCTIVE DES TORRENTS - LE PO ET SES DÉPÔTS - LES GLISSEMENTS DE MONTAGNE - LA PROTECTION CONTRE LA CHUTE DES ROCHES ET DES AVALANCHES PAR LES ARBRES - CAUSES PRINCIPALES DE LA DESTRUCTION DE LA FORÊT - ARBRES FORESTIERS AMÉRICAINS - CAUSES SPÉCIALES DE LA DESTRUCTION DES BOIS EUROPÉENS - FORÊTS ROYALES ET

LOIS DU Gibier - PETITES PLANTES FORESTIÈRES, VITALITÉ DES GRAINES - UTILITAIRE DE LA FORÊT - LES FORÊTS DE L'EUROPE — FORÊTS DES ÉTATS-UNIS ET DU CANADA — L'ÉCONOMIE DE LA FORÊT — LES ARBRES EUROPÉENS ET AMÉRICAINS COMPARÉS — LA SYLVICULTURE — L'INSTABILITÉ DE LA VIE AMÉRICAINE.

## *La Terre Habitable Initialement Boisée.*

Il y a de bonnes raisons de croire que la surface de la terre habitable, dans tous les climats et dans toutes les régions qui ont été la demeure de populations denses et civilisées, était, à quelques exceptions près, déjà recouverte d'une végétation forestière lorsqu'elle est devenue pour la première fois le foyer de homme. C'est ce que nous déduisons des nombreux restes végétaux - troncs, branches, racines, fruits, graines et feuilles d'arbres - si souvent trouvés en conjonction avec des œuvres d'art primitif, dans le sol marécageux des districts où aucune forêt ne semble avoir existé à l'intérieur du pays. les époques traversées par les annales écrites ; d'anciens documents historiques, qui prouvent que de grandes provinces, où la terre a longtemps été entièrement dénudée d'arbres, étaient recouvertes de forêts vastes et presque ininterrompues lorsqu'elles furent connues pour la première fois à la civilisation grecque et romaine ; [112] et de l'état d'une grande partie de l'Amérique du Nord et de l'Amérique du Sud lorsqu'ils furent découverts et colonisés par la race européenne. [113]

Ces preuves sont renforcées par l'observation de l'économie naturelle de notre époque ; car, chaque fois qu'une étendue de pays, autrefois habitée et cultivée par l'homme, est abandonnée par lui et par les animaux domestiques, ( [114]) et livrée aux influences tranquilles de la nature spontanée, son sol se revêt tôt ou tard de plantes herbacées et arborescentes, et à peu d'intervalle, avec une végétation forestière dense. En effet, sur des surfaces d'une certaine stabilité, et non d'une inclinaison absolument abrupte, les conditions spéciales requises pour la propagation spontanée des arbres peuvent toutes être exprimées négativement et réduites à ces trois conditions : l'absence de défaut ou d'excès d'humidité, de gel perpétuel et de les déprédations de l'homme et des quadrupèdes brouteurs. Lorsque ces conditions sont assurées, la roche la plus dure est aussi certainement envahie par le bois que la plaine la plus fertile, bien que, pour des raisons évidentes, le processus soit plus lent dans le premier cas que dans le second. Les lichens et les mousses ouvrent d'abord la voie à une végétation plus organisée. Ils retiennent l'humidité des pluies et des rosées, et l'amènent à agir, en combinaison avec les gaz dégagés par leurs processus organiques, en décomposant la surface des roches qu'ils recouvrent ; ils arrêtent et confinent la poussière que le vent disperse sur eux, et leur décomposition finale ajoute de la nouvelle matière au sol déjà à moitié formé sous et sur eux. Une très fine couche de moisissure suffit à la germination des graines des conifères rustiques et des bouleaux, dont les racines se trouvent souvent en contact immédiat avec la roche, fournissant à leurs arbres une nourriture provenant d'un sol provenant de la décomposition de leur propre feuillage. , ou envoyer de longues radicelles dans la terre environnante à la recherche de jus pour les nourrir.

La matière éruptive des volcans, si rébarbative que soit son aspect, ne refuse pas la nourriture aux bois. La lave réfractaire de l'Etna, il est vrai, reste longtemps stérile, et celle de la grande éruption de 1669 est encore presque entièrement dépourvue de végétation. [115] Mais le cactus fait des incursions même ici, tandis que le sable volcanique et la roche en fusion rejetés par le Vésuve deviennent bientôt productifs. George Sandys, qui visita cette dernière montagne en 1611, après qu'elle eut reposé pendant plusieurs siècles, trouva la gorge du volcan au fond du cratère « presque obstruée par des rochers brisés et des arbres qui y sont tombés » . « A côté de cela, continue-t-il, la matière soulevée est rougeâtre, légère et douce : plus lointaine, noire et lourde : le front le plus extrême, qui décline comme les sièges d'un théâtre, fleuri d'arbres et d'excellents pâturages. Le milieu de la colline est ombragé de châtaigniers et d'autres portant des fruits divers. [116]

Je suis convaincu que les forêts couvriraient bientôt de nombreuses régions des déserts d'Arabie et d'Afrique si l'homme et les animaux domestiques, en particulier la chèvre et le chameau, en étaient bannis. Le palais et la langue durs, les dents et les mâchoires fortes de ce dernier quadrupède lui permettent de casser et de mastiquer des branches coriaces et épineuses aussi grosses que le doigt. Il aime particulièrement les petites brindilles, feuilles et gousses des *sont* et autres acacias, qui, comme le robinier d'Amérique, prospèrent bien sur les sols secs et sablonneux, et il n'épargne aucun arbre dont les branches sont à sa portée, sauf , si je me souviens bien, le tamaris qui produit la manne. Les jeunes arbres poussent en abondance autour des sources et le long des cours d'eau hivernaux du désert, et ce ne sont que les haltes des caravanes et leurs itinéraires de voyage. A l'ombre de ces arbres poussent des graminées annuelles et des arbustes vivaces, mais sont fauchés par le bétail affamé des Bédouins, à mesure qu'ils grandissent. Quelques années de végétation intacte suffiraient pour couvrir ces points de bosquets, et ceux-ci s'étendraient graduellement sur des sols où l'on ne voit presque plus d'autre chose verte que la coloquinte amère et la digitale venimeuse.

### *La forêt ne fournit pas de nourriture à l'homme.*

Dans une région absolument couverte d'arbres, la vie humaine ne pouvait pas subsister longtemps, faute de nourriture animale et végétale. Les profondeurs de la forêt fournissent rarement des bulbes ou des fruits propres à la nourriture de l'homme ; et les oiseaux et les bêtes dont il se nourrit sont à peine visibles sauf à la lisière du bois, car ici ne poussent que les arbustes et les herbes, et ici seulement se trouvent les graines et les insectes qui forment la nourriture des oiseaux non carnivores et quadrupèdes. [117]

### *Première suppression de la forêt.*

Dès que l'homme multiplicateur eut rempli les terrains découverts le long des rivières, des lacs et de la mer, et suffisamment peuplé les prairies naturelles et les savanes de l'intérieur, là où elles existaient, [118] il put trouver un espace pour l' expansion et une croissance ultérieure, uniquement par la suppression d'une partie de la forêt qui l'entourait. La destruction des bois fut donc la première conquête géographique de l'homme, sa première violation des harmonies de la nature inanimée.

L'homme primitif avait peu d'occasions d'abattre des arbres pour obtenir du combustible ou pour construire des habitations, des bateaux et les outils de son agriculture et de son artisanat bruts. Les chablis fourniraient à une population peu nombreuse une quantité suffisante de ces matériaux, et si de temps en temps un arbre en croissance était coupé, les dommages causés à la forêt seraient trop insignifiants pour être appréciables.

La fuite accidentelle et la propagation du feu, ou peut-être l'incendie des forêts par la foudre, ont dû d'abord suggérer les avantages qu'il y avait à retirer de l'abattage de bois trop abondants et trop étendus, et, en même temps, avoir indiqué un moyen de grâce auquel une grande partie de la surface pourrait facilement être débarrassée d'une grande partie de cet encombrement naturel. Dès que l'agriculture aurait commencé, on observerait que la croissance des plantes cultivées, ainsi que de nombreuses espèces de végétation sauvage, était particulièrement rapide et luxuriante sur les sols qui avaient été incendiés, et qu'un nouvel élan serait ainsi créé. on s'est donné l'habitude de détruire les bois par le feu, comme moyen à la fois d'étendre les terrains découverts et de faire l'acquisition d'un sol encore plus productif. Après que quelques récoltes eurent épuisé la fertilité de premier ordre de la terre vierge, ou lorsque les mauvaises herbes, les ronces et les racines germées des arbres eurent commencé à étouffer les récoltes du sol à moitié soumis, la terre était abandonnée pour de nouveaux champs gagnés sur la forêt par les mêmes moyens, et la plaine ou la butte déserte se revêtiraient bientôt de nouveau d'arbustes et d'arbres, pour être de nouveau soumises au même processus destructeur et de nouveau abandonnées aux pouvoirs réparateurs de la nature végétale. [119] Cette économie grossière se poursuivrait pendant des générations et, aussi coûteuse soit-elle, elle est encore largement pratiquée dans le nord de la Suède, en Laponie suédoise et parfois même en France et aux États-Unis. [120]

### *Effets du feu sur les sols forestiers.*

Outre les effets mécaniques et chimiques de la perturbation du sol par les opérations agricoles et de l'admission plus libre du soleil, de la pluie et de l'air au sol, le feu lui-même exerce une influence importante sur sa texture et son état. Il consomme une partie de la terre végétale à moitié pourrie qui servait à maintenir ensemble ses particules minérales et à retenir l'eau des précipitations, et ainsi ameublit, pulvérise et sèche la terre ; il détruit les reptiles, les insectes et les vers, avec leurs œufs et les graines des arbres et des plantes plus petites ; il fournit, dans les cendres qu'il dépose à la surface, des éléments importants pour la croissance d'un nouveau revêtement forestier, ainsi que des objets habituels de l'industrie agricole ; et par les changements ainsi produits, il prépare le terrain à la réception d'une végétation d'un caractère différent de celle qui l'avait spontanément recouvert. Ces conditions nouvelles contribuent à expliquer la succession naturelle des cultures forestières, si généralement observée dans tous les bois défrichés par le feu puis abandonnés. Il ne fait aucun doute, cependant, que d'autres influences contribuent au même résultat, car des effets plus ou moins analogues se produisent lorsque les arbres sont détruits par d'autres causes, comme par des vents violents, par la hache du bûcheron et même par la pourriture naturelle. [121]


### *Effets de la destruction de la forêt.*

Les effets physico-géographiques de la destruction des forêts peuvent être divisés en deux grandes classes, chacune ayant une influence importante sur la vie végétale et animale dans toutes leurs manifestations, ainsi que sur toutes les branches de l'économie rurale et de l'industrie productive, et, donc sur tous les intérêts matériels de l'homme. La première respecte la météorologie des pays exposés à l'action de ces influences ; la seconde, leur géographie superficielle, ou, en d'autres termes, leur configuration, leur consistance et leur revêtement de surface.

Pour les raisons exposées dans le premier chapitre, la branche météorologique ou climatique du sujet est la plus obscure, et les conclusions des physiciens à son sujet sont, dans une large mesure, uniquement inférentielles, non fondées sur l'expérience ou l'observation directe. Ils sont, comme on pouvait s'y attendre, quelque peu discordants, bien que certains résultats généraux soient presque universellement acceptés et semblent en fait trop bien étayés pour permettre une remise en question sérieuse.

### *Influence électrique des arbres.*

Les propriétés des arbres, seuls ou en groupes, comme excitateurs ou conducteurs d'électricité, et leur influence conséquente sur l'état électrique de l'atmosphère, ne semblent pas avoir été beaucoup étudiées ; et les conditions de la forêt elle-même sont si variables et si compliquées que la solution de tout problème général concernant son influence électrique serait une question d'une extrême difficulté. Il est en effet impossible de supposer qu'un nuage dense, une mer de vapeur, puisse traverser des kilomètres de surface hérissée de bons conducteurs, sans subir quelque changement d'état électrique. On peut proposer des cas hypothétiques dans lesquels le caractère du changement pourrait être déduit des lois connues de l'action électrique. Mais dans la nature réelle, les éléments sont trop nombreux pour que nous puissions les saisir. La véritable condition électrique des nuages et de la forêt ne pouvait être connue, et il était difficile de prédire si les vapeurs se dissoudraient en flottant au-dessus du bois, ou si elles se déverseraient dessus dans un déluge de pluie. En ce qui concerne d'éventuelles influences électriques de la forêt, plus larges encore dans leur champ d'action, l'incertitude est encore plus grande. Les données qui seules pourraient conduire à des conclusions certaines, voire probables, font défaut, et nous ne devrions donc qu'embarrasser notre argument en tentant de discuter de cet élément météorologique, aussi important soit-il, dans ses relations de cause à effet pour phénomènes météorologiques plus familiers et mieux compris. On peut cependant observer que les tempêtes de grêle, que l'on supposait autrefois généralement, et que beaucoup considèrent encore, comme étant produites par une action électrique spécifique et qui, au moins, sont toujours accompagnées de perturbations électriques, sont considérées, en tous les pays particulièrement exposés à ce fléau, sont devenus plus fréquents et destructeurs à mesure que les forêts ont été défrichées. Caimi observe : « Lorsque les chaînes des Alpes et des Apennins n'étaient pas encore dépouillées de leur magnifique couronne de bois, la grêle de mai, qui désole aujourd'hui les fertiles plaines de Lombardie, était beaucoup moins fréquente ; mais depuis la prostration générale des forêt, ces tempêtes ravagent même les sols des montagnes dont les habitants les plus âgés connaissaient à peine ce fléau. [122] Les *paragrandini* , [123] que le savant vicaire de Rivolta conseilla d'ériger, avec des gerbes de paille dressées verticalement, sur une grande étendue. de pays cultivés, ne sont qu'une image liliputienne des vastes paragrandini, pins, mélèzes, sapins, que la nature avait plantés par millions sur les crêtes et les crêtes des Alpes et des Apennins. [124] "L'action électrique étant diminuée", dit Meguscher, "et la congélation rapide des vapeurs par captage de chaleur étant empêchée par l'influence des bois, il est rare que de la grêle ou des trombes marines se produisent, dans l'enceinte d'un grand forêt lorsqu'elle est assaillie par la tempête. [125] On a dit à Arthur Young que depuis la disparition des forêts qui couvraient les montagnes entre la Riviera et le comté de Montferrat, la grêle était devenue plus destructrice dans le district d'Acqui, [126] et il semble de bonne autorité qu'une semblable L'augmentation de la fréquence et de la violence des tempêtes de grêle dans les environs de Saluzzo et Mondovì, dans la partie inférieure de la Valteline et sur le territoire de Vérone et Vicence, doit probablement être attribuée à une cause similaire. [127]

### *Influence chimique de la forêt.*

Nous savons que l'air d'un appartement proche est sensiblement affecté par l'inspiration et l'expiration des gaz des plantes qui y poussent. Les mêmes opérations sont accomplies sur une échelle gigantesque par la forêt, et on a même supposé que l'absorption du carbone, par la végétation dense des périodes géologiques antérieures, occasionnait un changement permanent dans la constitution de l'atmosphère terrestre. [128] Aux effets ainsi produits, il faut ajouter ceux de la décomposition gazeuse ultime de la vaste masse végétale rejetée annuellement par les arbres, et de leurs troncs et branches lorsqu'ils deviennent la proie du temps. Mais la quantité de gaz ainsi extraits et restitués à l'atmosphère est infime, infinitésimale, pourrait-on presque dire, en comparaison de l'océan d'air d'où ils sont tirés et vers lequel ils retournent ; et bien que les exhalaisons des tourbières et autres terrains bas couverts de matières végétales en décomposition soient extrêmement nocives pour la santé humaine, cependant, en général, l'air de la forêt est à peine distinguable chimiquement de celui des plaines de sable, et nous pouvons aussi peu retraçons l'influence des bois dans l'analyse de l'atmosphère, car nous pouvons prouver que les ingrédients minéraux des sources terrestres affectent sensiblement la chimie de la mer. Je peux donc, à juste titre, écarter les influences chimiques, comme j'ai fait les influences électriques de la forêt, et les traiter toutes deux de la même manière, sinon comme des agents sans importance, du moins comme des quantités de valeur inconnue dans notre équation météorologique. [129] Nos recherches sur cette branche du sujet se limiteront donc aux influences thermométriques et hygrométriques des bois.

### *Influence de la Forêt, considérée comme Matière Inorganique, sur la Température.*

L'évaporation des fluides, ainsi que la condensation et l'expansion des vapeurs et des gaz, s'accompagnent de changements de température ; et la quantité d'humidité que l'air est capable de contenir, et, bien entendu, l'évaporation, montent et descendent avec le thermomètre. Les conditions hygroscopiques et thermoscopiques de l'atmosphère sont donc inséparablement liées en tant que grandeurs réciproquement dépendantes, et aucune ne peut être entièrement discutée sans tenir compte de l'autre. Mais la forêt, considérée comme une matière purement inorganique, et sans égard à ses processus vivants d'absorption et d'expiration d'eau et de gaz, a, comme absorbant, un radiateur et un conducteur de chaleur, et comme simple couverture du sol, un influence sur la température de l'air et de la terre, qui peut être considérée en soi.

### un. *Surface absorbante et émettrice.*

Une superficie donnée de terrain, telle qu'estimée par la règle quotidienne de mesure en yards ou en acres, présente toujours la même quantité apparente de surface absorbante, rayonnante et réfléchissante ; mais l'étendue réelle de cette surface est très variable, dépendant, comme elle le fait, de sa configuration, ainsi que de la masse et de la forme des objets fortuits qu'elle porte sur elle ; et, d'ailleurs, la véritable surface restant la même, son pouvoir d'absorption, de rayonnement, de réflexion et de conduction de la chaleur sera très affecté par sa consistance, sa plus ou moins humidité et sa couleur, ainsi que par son inclinaison du plan. et l'exposition. [130] Un acre de craie, roulé dur et lisse, aurait un grand pouvoir réfléchissant, mais son rayonnement serait beaucoup augmenté en la brisant en mottes, parce que la surface réellement exposée serait plus grande, bien que le contour du champ reste le même . même. L'aire d'un triangle étant égale à sa base multipliée par la moitié de la longueur d'une perpendiculaire descendant de son sommet, il s'ensuit que toute la surface des faces triangulaires d'une pyramide quadrangulaire, dont la perpendiculaire des côtés doit être deux fois la longueur de la base, aurait quatre fois la surface du sol qu'elle couvrait, et ajouterait au champ sur lequel elle se trouvait une surface capable de recevoir et d'émettre de la chaleur, bien que, en conséquence de l'obliquité et de la direction du plan, son absorption et sa capacité réelles l'émission de chaleur pourrait ne pas être aussi grande que celle d'une quantité supplémentaire de terrain plat contenant quatre fois la surface de sa base. Les inégalités moindres qui se produisent toujours à la surface de la terre ordinaire affectent de la même manière la quantité de surface agissant sur la température de l'atmosphère et sur laquelle elle agit, bien que la quantité de cette action et de cette réaction ne soit pas susceptible d'être mesurée.

Des effets analogues sont produits par d'autres objets, de quelque forme ou caractère que ce soit, debout ou couchés sur la terre, et aucun solide ne peut être placé sur un terrain plat, sans exposer lui-même une plus grande surface qu'il ne recouvre. Cela s'applique bien entendu aux arbres forestiers et à leurs feuilles, ainsi qu'à tous les légumes, ainsi qu'à d'autres organismes importants. Si nous supposons que quarante arbres soient plantés sur un acre, un étant situé au centre de chaque carré de deux tiges de côté, et poussant jusqu'à ce que leurs branches et leurs feuilles se rejoignent partout, il est évident que, lorsqu'ils sont en plein feuillage, les troncs , les branches et les feuilles présenteraient une quantité de surface thermoscopique bien supérieure à celle d'un acre de terre nue ; et en outre, les feuilles tombées, éparpillées sur le sol, augmenteraient quelque peu la somme totale. [131] D'autre part, les feuilles en croissance des arbres forment généralement une succession d'étages, ou, en gros, de couches, correspondant à la croissance animale des branches, et se superposant plus ou moins les unes aux autres. Cette disposition du feuillage interfère avec cette libre communication entre le soleil et le ciel au-dessus, et la surface des feuilles en dessous, dont dépendent la quantité de rayonnement et l'absorption de chaleur. De toutes ces considérations, il ressort que, bien que la surface thermoscopique effective d'une forêt en pleine feuille ne dépasse pas celle du sol nu dans la même proportion que sa superficie mesurée, la quantité réelle de surface capable de recevoir et d'émettre de la chaleur doit être plus grande dans le premier cas que dans le second. [132]

Il faut en outre rappeler que la forme et la texture d'une surface donnée sont des éléments importants pour déterminer son caractère thermoscopique. Les feuilles sont poreuses et laissent entrer plus ou moins librement l'air et la lumière dans leur substance ; ils sont généralement lisses et même vitrés sur une face ; ils sont ordinairement recouverts sur une ou deux faces de spicules, et ils présentent très-communément un ou plusieurs points acuminés dans leur contour, toutes circonstances qui tendent à augmenter leur pouvoir d'émettre de la chaleur par réflexion ou rayonnement. L'expérience directe sur des arbres en croissance est très difficile, et il n'est en aucun cas possible de distinguer dans quelle mesure une réduction de température produite par la végétation est due aux radiations et dans quelle mesure elle est due à l'expiration des fluides de la plante sous forme gazeuse ; car les deux processus se déroulent généralement ensemble. Mais l'effet frigorifique de la structure des feuilles est bien observé dans le dépôt de rosée et l'apparition de givre sur le feuillage des graminées et autres petits légumes, et sur d'autres objets de forme et de consistance similaires, lorsque la température de l'air à quelques mètres au-dessus n'a pas été ramené au point de rosée, encore moins à 32°, degré de froid nécessaire pour figer la rosée en gel. [133]

## b. *Les arbres comme conducteurs de chaleur.*

Il faut également tenir compte de l'action de la forêt comme conducteur de chaleur entre l'atmosphère et la terre. Dans les pays les plus importants d'Amérique et d'Europe, et surtout dans ceux qui ont le plus souffert de la destruction des forêts, les couches superficielles de la terre sont plus froides en hiver et plus chaudes en été que celles situées quelques pouces plus bas, et leur déplacement la température se rapproche de la moyenne atmosphérique des saisons respectives. Les racines des grands arbres pénètrent sous les couches superficielles et atteignent la terre à une température à peu près constante, correspondant à la moyenne de l'année entière. En tant que conducteurs, ils transmettent la chaleur de l'atmosphère à la terre lorsque la terre est plus froide que l'air, et la transmettent en sens inverse lorsque la température de la terre est supérieure à celle de l'atmosphère. Bien entendu, en tant que conducteurs, ils tendent à égaliser la température de la terre et de l'air.

### c. *Arbres en été et en hiver.*

Dans les pays où les questions que j'examine ont la plus grande importance pratique, une très grande proportion, sinon la majorité, des arbres sont à feuillage caduc, et leur surface rayonnante ainsi que leur surface d'ombrage sont bien plus grandes en été qu'en hiver. . Dans cette dernière saison, ils gênent peu la réception de la chaleur par le sol ou son rayonnement ; tandis que, dans le premier cas, ils interposent souvent une voûte complète entre le sol et le ciel, et interfèrent matériellement avec les deux processus.

### d. *Produits morts des arbres.*

Outre cette action diverse des arbres sur pied considérés comme matière inorganique, la forêt exerce, par la mue annuelle de son feuillage, une autre influence encore sur la température de la terre et, par conséquent, sur l'atmosphère qui repose sur elle. Si vous examinez la constitution du sol superficiel dans un bois primitif ou dans un bois vieux et intact, planté artificiellement, vous trouvez d'abord un dépôt de feuilles, de brindilles et de graines intactes, couchées en couches lâches à la surface ; puis des couches plus compactes des mêmes matériaux commencent à se développer et, à mesure que l'on descend, des stades de décomposition de plus en plus avancés ; puis une masse de moisissure noire, dans laquelle les traces de structure organique ne se découvrent guère que par l'examen microscopique ; puis une couche de sol minéral, plus ou moins mêlée de matières végétales entraînées par l'eau, ou résultant de la pourriture des racines ; et, enfin, la terre inorganique ou la roche elle-même. Sans ce dépôt des produits morts des arbres, cette dernière serait la couche superficielle, et comme ses pouvoirs d'absorption, de rayonnement et de conduction de la chaleur différaient essentiellement de ceux des couches dont elle a été recouverte par les déjections des arbres. forêt, elle agirait sur la température de l'atmosphère, et serait influencée par elle, d'une manière très différente des feuilles et de la moisissure qui reposent sur elle. Les feuilles, encore entières ou partiellement décomposées, sont des conducteurs de chaleur très indifférents et, par conséquent, bien qu'elles diminuent l'influence réchauffante du soleil d'été sur le sol situé en dessous d'elles, elles empêchent en revanche la sortie de chaleur de ce sol. En hiver, et par conséquent dans les climats froids, même lorsque le sol n'est pas recouvert d'un manteau protecteur de neige, la terre ne gèle pas aussi profondément dans le bois qu'en plein champ.

### e. *Les arbres comme abri pour le sol sous le vent.*

L'action de la forêt, considérée simplement comme un abri mécanique pour les terrains situés sous le vent, semblerait être une influence d'un caractère trop restreint pour mériter beaucoup d'attention ; mais de nombreux faits concourent à montrer qu'il s'agit d'un élément important du climat local, et qu'il constitue souvent un moyen de défense précieux contre la propagation des effluves miasmatiques, bien que, dans ce dernier cas, il puisse exercer une action chimique aussi bien que mécanique. agence. Dans le rapport d'un comité nommé en 1836 pour examiner un article du code forestier de France, Arago observe : « Si un rideau de forêt sur les côtes de Normandie et de Bretagne était détruit, ces deux provinces deviendraient accessibles aux vents de l'ouest, aux douces brises de la mer. D'où une diminution du froid de l'hiver. Si une forêt semblable était défrichée sur la frontière orientale de la France, le vent glaciaire d'est prévaudrait avec plus de force, et les hivers deviendraient plus sévère. Ainsi, l'enlèvement d'une ceinture de bois produirait des effets opposés dans les deux régions. [134]

Cette opinion est confirmée par une observation du Dr Dwight, qui remarque, à propos des bois de la Nouvelle-Angleterre : « Un autre effet de la suppression de la forêt sera le libre passage des vents, et parmi eux des vents du sud, sur le Ceci, je pense, est un fait de plus en plus important dans ma propre mémoire. À mesure que la culture du pays s'est étendue plus au nord, les vents du sud ont atteint des distances plus éloignées de l'océan et ont transmis fréquemment leur chaleur. et à des degrés tels qu'il y a quarante ans, ils étaient très peu connus dans les mêmes endroits. Ce fait contribue également à allonger l'été et à raccourcir la moitié de l'hiver de l'année. [135]

On pense en Italie que le défrichement des Apennins a affecté très sensiblement le climat de la vallée du Pô. On affirme dans Le Alpi che cingono l'Italia que : « Par suite de l'abattage des bois des Apennins, le sirocco prévaut grandement sur la rive droite du Pô, dans le territoire du Parmesan et dans une partie de la Lombardie ; elle nuit aux récoltes et aux vignes, et ruine quelquefois les récoltes de la saison. A la même cause beaucoup attribuent les changements météorologiques dans l'enceinte de Modène et de Reggio. Dans les communes de ces districts, où autrefois les toits de paille résistaient à la force des vents. les vents, les tuiles suffisent à peine ; dans d'autres, où les tuiles faisaient office de toits, les grandes dalles de pierre sont désormais inefficaces ; et dans beaucoup de communes voisines, les raisins et les grains sont emportés par les souffles des vents du sud et du sud-ouest. »

D'autre part, selon la même autorité, la pinède de Porto, près de Ravenne, longue de 33 kilomètres et est l'une des plus anciennes pinèdes d'Italie, ayant été replantée avec des résineux après avoir été malheureusement coupée, a soulagé la ville du sirocco auquel elle était devenue exposée, et restitua dans une large mesure son ancien climat. [136]

L'abattage des bois sur la côte atlantique du Jutland a exposé le sol non seulement aux sables flottants, mais aussi aux vents marins violents, qui ont exercé un effet sensible sur la détérioration du climat de cette péninsule, qui n'a pas de montagnes pour servir à la fois de climat. une barrière contre la force des vents et un entrepôt d'humidité reçue par les précipitations ou condensée par les vapeurs atmosphériques. [137]

Il est évident que l'effet de la forêt, en tant qu'obstacle mécanique au passage du vent, s'étendrait sur une distance très considérable au-dessus de sa propre hauteur et protégerait ainsi, lorsqu'elle est debout, ou resterait ouverte lors de l'abattage, une surface beaucoup plus grande que pourrait à première vue être supposé. L'atmosphère, si mobile que soient ses particules, légère et élastique comme le sont ses masses, est néanmoins maintenue ensemble comme un tout continu par la gravitation de ses atomes et la pression qui en résulte les uns sur les autres, sinon par l'attraction entre eux, et donc , une obstruction qui empêche mécaniquement le mouvement d'une couche d'air donnée, retardera le passage des couches au-dessus et au-dessous d'elle. A cet effet, on peut souvent ajouter celui d'un courant ascendant provenant de la forêt elle-même, qui doit toujours exister lorsque l'atmosphère à l'intérieur du bois est plus chaude que la couche d'air au-dessus, et doit être presque constante dans le cas de vents froids. , de quelque provenance que ce soit, car l'air immobile de la forêt met du temps à prendre la température des colonnes et des courants en mouvement autour et au-dessus de lui. L'expérience a en effet montré que de simples rangées d'arbres, et même des obstacles beaucoup plus bas, sont d'un service essentiel pour défendre la végétation contre l'action du vent. Hardy propose de planter, en Algérie, des ceintures d'arbres distantes de cent mètres les unes des autres, comme abri dont l'expérience s'est avérée utile en France. [138] « Dans la vallée du Rhône, dit Becquerel, une simple haie de deux mètres de hauteur est une protection suffisante pour une distance de vingt-deux mètres. [139] L'abri mécanique agit sans doute principalement comme défense contre la force mécanique du vent, mais ses usages ne se limitent nullement à cet effet. Si le courant d'air auquel il résiste se déplace horizontalement, il empêcherait l'accès des souffles froids ou desséchants au sol sur une grande distance ; et si le vent descendait même selon un grand angle avec la surface, une étendue considérable de terrain serait néanmoins protégée par une forêt au vent de celle-ci. Si nous supposons que les arbres d'un bois ont une hauteur moyenne de vingt mètres seulement, ils affecteraient souvent avantageusement la température ou l'humidité d'une bande de terre de deux ou trois cents mètres de largeur, et sauveraient peut-être ainsi de la destruction des récoltes précieuses. [140]

Le retard local du printemps dont on se plaint tant en Italie, en France et en Suisse, et la fréquence accrue des gelées tardives à cette époque, semblent être attribuables à l'admission de vents froids à la surface, par l'abattage des forêts qui autrefois tous deux le cachaient comme par un mur et communiquaient la chaleur de leur sol à l'air et de la terre sous le vent. Caimi affirme que depuis la coupe des bois des Apennins, les vents froids détruisent ou rabougrissent la végétation, et que, par suite de « l'usurpation de l'hiver sur le domaine du printemps », la région du Mugello a perdu tous ses mûriers. , sauf les rares qui trouvent à l'abri des bâtiments une protection semblable à celle qu'offrait autrefois la forêt. [141]

«C'est prouvé», dit Clavé, «Études», p. 44, « que le département de l'Ardèche, qui ne contient plus aujourd'hui aucun bois considérable, a connu depuis trente ans un dérèglement climatique, dont les gelées tardives, autrefois inconnues dans le pays, sont un des effets les plus mélancoliques. été observé dans la plaine d'Alsace, à la suite de la dénudation de plusieurs des crêtes des Vosges.

Dussard, cité par Ribbe [142] , soutient que même le *mistral* , ou vent du nord-ouest, dont les souffles glacials sont si mortels pour la tendre végétation au printemps, « est l'enfant de l'homme, le résultat de ses dévastations ». « Sous le règne d'Auguste, continue-t-il, les forêts qui protégeaient les Cévennes furent abattues ou détruites par le feu en masse. Un vaste pays, autrefois couvert de bois impénétrables, puissants obstacles au mouvement et même à la formation des forêts. ouragans - fut brusquement dénudé, balayé, dépouillé, et peu après, un fléau jusqu'alors inconnu s'abattit sur le pays depuis Avignon jusqu'aux Bouches du Rhône, puis jusqu'à Marseille, puis étendit ses ravages, diminués en effet par une longue carrière qui avait a partiellement épuisé sa force, sur toute la frontière maritime. Le peuple considérait ce vent comme une malédiction envoyée de Dieu. Ils lui élevèrent des autels et offrèrent des sacrifices pour apaiser sa rage. Il semble cependant que ce fléau ait été moins destructeur qu'à l'heure actuelle, jusqu'à la fin du XVIe siècle, lorsque de nouveaux défrichements avaient fait disparaître la plupart des obstacles qui restaient à son passage. Jusqu'à cette époque, le vent du nord-ouest ne semble pas avoir atteint le maximum d'effet spécifique qui le caractérise désormais comme un phénomène local. De vastes contrées, dont la rigueur des saisons a désormais banni les récoltes précieuses, n'étaient pas alors exposées à la perte de leurs récoltes par les tempêtes, le froid ou la sécheresse. La détérioration a été rapide dans son évolution. Sous le Consulat, les défrichements avaient exercé un effet si nuisible sur le climat, que la culture de l'olivier avait reculé de plusieurs lieues, et depuis les hivers et les printemps de 1820 et 1836, cette branche de l'industrie rurale a été abandonnée dans un grand nombre de pays. de localités où elle était avantageusement poursuivie auparavant. L'oranger ne prospère plus que dans quelques points abrités de la côte, et il est menacé même à Ilyères, où le défrichement des collines proches de la ville s'est avéré très préjudiciable à cet arbre précieux.

Marchand nous informe que, depuis l'abattage des bois, les gelées printanières tardives sont plus fréquentes dans beaucoup de localités au nord des Alpes ; que les arbres fruitiers ne prospèrent plus et qu'il est difficile d'élever de jeunes arbres. [143]

### F. *Les arbres comme protection contre le paludisme.*

L'influence des forêts dans la prévention de la diffusion des vapeurs miasmatiques est un sujet d'observation moins familier et n'entre peut-être pas strictement dans le cadre de la présente enquête, mais son importance me justifiera de consacrer un peu d'espace à ce sujet. « On a observé (je cite encore Becquerel) que l'air humide, chargé de miasmes, en est privé en traversant la forêt. Rigaud de Lille a observé des localités en Italie où l'interposition d'un écran d'arbres préservait tout au-delà. alors que les terrains non protégés étaient sujets aux fièvres. [144] Peu de pays européens offrent sur ce point de meilleures possibilités d'observation que l'Italie, parce que dans ce royaume les localités exposées aux exhalaisons miasmatiques sont nombreuses, et que les ceintures d'arbres, sinon de forêts, sont si fréquentes que leur efficacité à cet égard peut être facilement testé. L'opinion selon laquelle les rangées d'arbres offrent une protection importante contre les influences du paludisme est très répandue parmi les Italiens les plus qualifiés par leur intelligence et leur expérience professionnelle pour juger sur ce sujet. Les commissaires chargés de rendre compte des mesures à adopter pour l'amélioration de la Maremme toscane conseillèrent de planter trois ou quatre rangées de peupliers, Populus alba, *dans* des directions telles qu'elles obstrueraient les courants d'air provenant des localités impaludées et intercepteraient ainsi un grande proportion des exhalaisons pernicieuses . Les expériences de Maury ont été répétées en Italie. De grandes plantations de tournesols ont été faites sur les dépôts alluviaux de l'Oglio, au-dessus de son entrée dans le lac d'Iseo, près de Pisogne, et on dit qu'elles ont eu des résultats favorables à la santé de l'Oglio. [146] En fait, les effets généralement bénéfiques d'un mur forestier ou d'un autre écran végétal, comme protection contre les exhalaisons nocives des marais ou d'autres sources de maladies situées au vent de ceux-ci, sont très communément admis .

On prétend que, dans ces cas, le feuillage des arbres et d'autres végétaux exerce un effet chimique aussi bien que mécanique sur l'atmosphère, et certains, qui admettent que les forêts puissent intercepter la circulation des effluves miasmatiques des sols marécageux, ou même en les rendant inoffensifs en les décomposant, ils soutiennent néanmoins qu'ils sont eux-mêmes des causes actives de la production du paludisme. Le sujet a été abondamment discuté en Italie et il y a des raisons de penser que, dans des circonstances particulières, l'influence de la forêt à cet égard peut être préjudiciable plutôt que salutaire, bien que cela ne semble pas être généralement le cas. [147] Il est, en tout cas, bien connu que les grands marécages de Virginie et des Carolines, dans des climats presque semblables à celui de l'Italie, sont sains même pour l'homme blanc, aussi longtemps que les forêts à l'intérieur et autour d'eux subsistent. mais deviennent très insalubres lorsque les bois sont abattus. [148]

### *La Forêt, en tant que Matière Inorganique, tend à atténuer les Extrêmes.*

La surface que présentent les arbres et les feuilles augmente la superficie générale de la terre exposée à l'absorption de la chaleur, et augmente la surface rayonnante et réfléchissante dans la même proportion. Il est impossible de mesurer la valeur relative de ces deux éléments, augmentation de la surface absorbante et augmentation de la surface émettrice, comme influences thermométriques, parce qu'ils s'exercent dans des conditions infiniment variées ; et il est également impossible de faire une estimation quantitative d'un effet partiel, et plus encore de l'effet total de la forêt, considérée comme matière morte, sur la température de l'atmosphère et de la partie de la surface terrestre sur laquelle elle agit. Mais il semble probable que sa plus grande influence à cet égard est due à son caractère d'écran ou d'obstacle mécanique à la transmission de la chaleur entre la terre et l'air ; et cela est également vrai de l'arbre sur pied et du feuillage mort qu'il dépose par couches successives à son pied.

L'action complexe des arbres et de leurs produits, comme absorbants morts, radiateurs, réflecteurs et conducteurs de chaleur, et comme intercepteurs de sa transmission, est si intimement liée à leurs effets sur l'humidité de l'air et de la terre, et à tous leurs effets. les processus vivants, qu'il est difficile de séparer la première de la seconde classe d'influences ; mais dans l'ensemble, la forêt doit jusqu'à présent être considérée comme tendant à atténuer les extrêmes et, par conséquent, comme un égaliseur de température.

## LES ARBRES COMME ORGANISMES.

### *Chaleur spécifique.*

Les arbres, considérés comme organismes, produisent en eux-mêmes ou dans l'air une certaine quantité de chaleur, en absorbant et en condensant la vapeur atmosphérique, et ils exercent une influence opposée en absorbant l'eau et en l'exhalant sous forme de vapeur ; mais il existe encore un autre moyen par lequel leurs processus vivants peuvent réchauffer l'air qui les entoure, indépendamment des effets thermométriques de condensation et d'évaporation. La chaleur vitale d'une douzaine de personnes fait monter la température d'une pièce. Si les arbres possèdent une température spécifique qui leur est propre, un pouvoir organique de générer de la chaleur, comme celui dont sont doués les animaux à sang chaud, quoique par un processus différent, un certain poids doit être attribué à cet élément, dans l'estimation. l'action de la forêt sur la température atmosphérique.

"L'observation montre", dit Meguscher, "que le bois d'un arbre vivant maintient une température de +12° ou 13° Cent. [= 54°, 56° Fahr.] lorsque la température de l'air s'élève à 3°, 7 °, et 8° [=37°, 46°, 47° F.] au-dessus de zéro, et que la chaleur interne de l'arbre ne monte et ne descend pas proportionnellement à celle de l'atmosphère, tant que celle-ci est au-dessous de 18 ° [= 67° Fahr.], celle de l'arbre est toujours la plus élevée ; mais si la température de l'air s'élève à 18°, celle des végétaux est la plus basse. Puisque donc les arbres maintiennent en toutes saisons une température constante. Avec une température moyenne de 12° [= 54° Fahr.], il est facile de comprendre pourquoi l'air en contact avec la forêt doit être plus chaud en hiver, plus frais en été, que dans les situations où il est privé de cette influence. [149]

Boussingault remarque : « Dans beaucoup de fleurs, on a observé une évolution de chaleur très considérable, à l'approche de la fécondation. Dans certains *arums* , la température s'élève jusqu'à 40° ou 50° Cent. [= 104° ou 122° Fahr.]. Il est très probable que ce phénomène est général et ne varie que dans l'intensité avec laquelle il se manifeste. [150]

Si l'on suppose que la fécondation des fleurs des arbres forestiers s'accompagne d'un dixième seulement de ce pouvoir calorifique, elles ne pourraient manquer d'exercer une influence importante sur la chaleur des couches atmosphériques en contact avec elles.

Dans un article sur la météorologie du professeur Henry, publié dans le rapport de l'Office des brevets des États-Unis pour 1857, p. 504, cet éminent physicien observe : « Comme déduction générale des principes chimiques et mécaniques, nous pensons qu'aucun changement de température ne se produit jamais là où les actions appartenant à l'un ou aux deux de ces principes ne sont pas présentes. fonctions sont dormantes, nous ne croyons pas qu'un arbre développe de la chaleur, ni que sa température intérieure diffère de son extérieur plus qu'il n'est protégé de l'air extérieur. Les expériences qui ont été faites sur ce point, nous pensons, ont été dirigées par une fausse analogie. Au cours de la circulation active de la sève et de la production de nouveaux tissus, des variations de température appartenant exclusivement à la plante peuvent être obsservées ; mais il est incompatible avec les principes généraux que la chaleur soit générée là où aucun changement n'est Prendre place."

Il ne fait aucun doute que l'humidité est dégagée par les arbres et évaporée lors des hivers extrêmement froids, et à moins qu'un nouveau liquide ne soit fourni par les racines, l'arbre serait épuisé de sa sève avant la fin de l'hiver. Mais ce n'est pas le cas et, bien que ce point soit contesté, des autorités respectables déclarent que « le bois abattu au plus profond de l'hiver est le plus lourd et le plus plein de sève ». [151] Un temps chaud en hiver, d'une durée trop courte pour affecter sensiblement la température du sol, stimule la libre circulation de la sève dans l'érable. Ainsi, au cours de la dernière semaine de décembre 1862 et de la première semaine de janvier 1863, du sucre fut fabriqué à partir de cet arbre, dans diverses parties de la Nouvelle-Angleterre. "Une seule branche d'arbre, admise dans une pièce chaude en hiver par une ouverture dans une fenêtre, ouvrait ses bourgeons et développait ses feuilles tandis que le reste de l'arbre, à l'air extérieur, restait dans son sommeil hivernal." [152] Les racines des arbres forestiers des climats tempérés restent, pour la plupart, dans un sol humide, à une température peu inférieure à la moyenne annuelle, pendant tout l'hiver ; et nous ne pouvons expliquer l'humidité ininterrompue de l'arbre, à moins de supposer que les racines fournissent une provision constante d'eau.

Atkinson décrit un ravin dans une vallée de Sibérie, qui était rempli de glace jusqu'à une profondeur de vingt-cinq pieds. Les peupliers poussaient dans cette glace, qui était dégelée à quelques pouces de la tige. Mais la surface du sol en dessous devait rester encore gelée, car les trous autour des arbres étaient pleins d'eau résultant de la fonte, et celle-ci se serait échappée en dessous si le sol avait été dégelé. Dans ce cas, même si les racines n'avaient pas dégelé l'épaisse couche de terre qui les recouvrait, les troncs ont dû faire fondre la glace à leur contact. Les arbres, observés par Atkinson, étaient en pleine feuille, mais il n'apparaît pas à quelle époque la glace autour de leurs tiges avait fondu.

D'après ces faits, et d'autres du même genre, il semblerait que « toutes les fonctions végétales ne soient » pas absolument « dormantes » en hiver et, par conséquent, que les arbres peuvent donner un peu de chaleur à *cette* saison. Mais, quoi qu'il en soit, la « circulation de la sève » commence très tôt au printemps, et la température de l'air en contact avec les arbres peut alors être suffisamment affectée par la chaleur dégagée dans les processus vitaux de la végétation, pour augmenter la moyenne thermométrique des pays boisés pour cette saison et, bien sûr, pour l'année. [153]

### *Influence totale de la forêt sur la température.*

Il n'a pas encore été possible de mesurer, de résumer et d'assimiler l'influence totale de la forêt, de ses processus et de ses produits, morts et vivants, sur la température, et les chercheurs diffèrent beaucoup dans leurs conclusions à ce sujet. Il semble probable que dans chaque cas particulier le résultat est, sinon déterminé, du moins tellement modifié par des conditions locales infiniment variées, qu'aucune formule générale n'est applicable à la question.

Dans le rapport auquel j'ai fait référence à la page 149, Gay-Lussac dit : « Nous n'avons pas encore, à mon avis, de preuve positive que la forêt ait, en elle-même, une influence réelle sur le climat d'un grand pays ou d'un pays particulier. En examinant de près les effets du défrichement, on trouverait peut-être que, loin d'être un mal, c'est un avantage ; mais ces questions sont si compliquées quand on les examine au point de vue climatologique, que la solution c'est très difficile, pour ne pas dire impossible.

Becquerel, au contraire, considère comme certain que dans les climats tropicaux la destruction des forêts s'accompagne d'une élévation de la température moyenne, et il croit très probable qu'elle ait le même effet dans les zones tempérées. Voici l'essentiel de ses remarques à ce sujet :

« Les forêts agissent comme causes frigorifiques de trois manières :

"1. Ils protègent le sol contre l'irradiation solaire et maintiennent une plus grande humidité.

" 2. Ils produisent une transpiration cutanée par les feuilles.

" 3° Ils multiplient, par l'expansion de leurs branches, les surfaces qui se refroidissent par rayonnement.

« Ces trois causes agissant avec plus ou moins de force, il faut, dans l'étude de la climatologie d'un pays, tenir compte de la proportion entre la superficie des forêts et la surface qui est dénudée d'arbres et couverte d'herbes et de graminées.

"On serait enclin à croire *a priori* , d'après les considérations qui précèdent, que le défrichement des bois, en élevant la température et en augmentant la sécheresse de l'air, devrait réagir sur le climat. Il ne fait aucun doute que, si le vaste Si le désert du Sahara devenait boisé au cours des âges, les sables cesseraient d'être chauffés autant qu'à l'époque actuelle, où la température moyenne est de vingt-neuf degrés [centigrades, = 85° Fahr.]. Dans ce cas, les courants ascendants d'air chaud cesseraient, ou seraient moins chauds, et ne contribueraient pas, en descendant sous nos latitudes, à adoucir le climat de l'Europe occidentale. Ainsi le dégagement d'un grand pays peut réagir sur les climats de régions plus ou moins éloigné de lui.

" Les observations de Boussingault ne laissent aucun doute sur ce point. Cet auteur a déterminé la température moyenne des points boisés et des points dégagés, sous la même latitude et à la même élévation au-dessus de la mer, dans des localités comprises entre le onzième degré du nord et le cinquième degré de latitude sud, c'est-à-dire dans la partie des tropiques la plus proche de l'équateur, et où le rayonnement tend puissamment pendant la nuit à abaisser la température sous un ciel sans nuages. [154]

Le résultat de ces observations, qui a été assez généralement adopté par les physiciens, est que la température moyenne des terres défrichées sous les tropiques semble être d'environ un degré centigrade, ou un peu moins de deux degrés Fahrenheit, au-dessus de celle de la forêt. À la page 147 du volume que nous venons de citer, Becquerel soutient que, dans la mesure où la même différence, et parfois une plus grande différence, se trouve en faveur de la pleine terre, aux points des tropiques si élevés qu'ils ont un climat tempéré ou même polaire, nous Nous devons conclure que les forêts d'Amérique du Nord exercent une influence réfrigérante tout aussi puissante. Mais les conditions du sol sont si différentes dans les deux régions comparées, que je crois qu'on ne peut pas, en toute confiance, raisonner de l'une à l'autre, et il est fort à désirer que des observations soient faites sur la température d'été et d'hiver. de l'air et du sol dans les profondeurs des forêts nord-américaines, avant qu'il ne soit trop tard. [155]


# INFLUENCE DES FORÊTS SUR L'HUMIDITÉ DE L'AIR ET DE LA TERRE.

### un. *Comme matière inorganique.*

L'influence la plus importante de la forêt sur le climat est sans doute celle qu'elle exerce sur l'humidité de l'air et de la terre, et cette action climatique elle l'exerce en partie comme une matière morte, en partie comme une matière vivante. Par son interposition comme rideau entre le ciel et la terre, il intercepte une grande proportion de la rosée et des averses plus légères, qui autrement humidifieraient la surface du sol, et la restitue à l'atmosphère par évaporation ; tandis que dans les pluies plus fortes, les grosses gouttes qui tombent sur les feuilles et les branches se brisent en gouttes plus petites, et par conséquent frappent le sol avec moins de force mécanique, ou peut-être même se dispersent en vapeur sans l'atteindre. [156] Comme écran, il empêche l'accès des rayons du soleil à la terre et, bien entendu, une élévation de température qui occasionnerait une grande augmentation de l'évaporation. En tant qu'obstruction mécanique, il empêche le passage des courants d'air sur le sol, ce qui, comme on le sait, est l'un des agents les plus efficaces pour favoriser l'évaporation et la réfrigération qui en résulte. [157] Dans la forêt, l'air est presque calme et ne se déplace que lorsque les changements locaux de température affectent la gravité spécifique de ses particules. C'est pourquoi il règne souvent un calme plat dans les bois, lorsqu'un souffle furieux fait rage en rase campagne à quelques mètres de distance. Plus la forêt est dense, par exemple lorsqu'elle est constituée d'arbres à feuilles épis ou lorsqu'elle est étroitement mêlée à eux, plus son effet est évident, et personne ne peut être

passé du champ au bois par temps froid et venteux. sans l'avoir remarqué.
[158]

La moisissure végétale, résultant de la décomposition des feuilles et du
bois, tapisse le sol d'une couverture spongieuse qui empêche l'évaporation de
la terre minérale en dessous, boit les pluies et les neiges fondantes qui
autrement couleraient rapidement à la surface et pourraient être transportées
vers la mer lointaine, puis libère lentement, par évaporation, infiltration et
percolation, l'humidité ainsi absorbée. Les racines, elles aussi, pénètrent bien
au-dessous du sol superficiel, conduisent l'eau le long de leur surface
jusqu'aux profondeurs inférieures qu'elles atteignent, et servent ainsi à
drainer les couches supérieures et à éliminer l'humidité hors de portée de
l'évaporation.

### b. *La forêt comme biologique.*

Tels sont les principaux modes par lesquels l'humidité de l'atmosphère
est affectée par la forêt considérée comme une matière sans vie. Examinons
comment ses processus organiques agissent sur cet élément météorologique.

L'observation la plus courante montre que le bois et l'écorce des arbres
vivants sont toujours plus ou moins imprégnés de liquides aqueux et autres,
dont l'un, la sève, est très abondant dans les arbres à feuillage caduc lorsque
les bourgeons commencent à gonfler et les feuilles à se développer. eux-
mêmes au printemps. L'écorce externe de la plupart des arbres a un caractère
liégeux, ne permettant pas l'absorption d'une grande quantité d'humidité de
l'atmosphère par ses pores, et nous pouvons difficilement supposer que les
bourgeons soient capables d'extraire de l'air une quantité beaucoup plus
grande. La conclusion évidente quant à la source d'où provient
l'extraordinaire quantité de sève en cette saison, est celle à laquelle nous
conduit la recherche scientifique, à savoir qu'elle est absorbée de la terre par
les racines, et de là distribuée dans toutes les parties de la terre. usine.
L'opinion populaire suppose en effet que tous les fluides végétaux, pendant
toute la période de croissance, sont ainsi puisés du sein de la terre, et que le
bois et les autres produits de l'arbre sont entièrement formés de matière tenue
en solution dans l'eau. extraite du sol par les racines. C'est une erreur, car non
seulement la matière solide de l'arbre, dans une certaine proportion sans
importance pour notre présente étude, est reçue de l'atmosphère sous forme
gazeuse, à travers les pores des feuilles et des jeunes pousses, mais l'eau à
l'état de vapeur est absorbée et contribue à la circulation par les mêmes
organes. Cependant, la quantité d'eau absorbée par les racines est infiniment plus
grande que celle absorbée par les feuilles, surtout à la saison où les sucs sont
les plus abondants et où, comme nous l'avons vu, les feuilles sont encore en
embryon. . La quantité d'eau ainsi reçue de l'air et de la terre, en une seule
année, par un bois même de cent acres, est très grande, bien que les

expériences manquent pour fournir les données nécessaires à une estimation même approximative de sa mesure ; car seules les conclusions les plus vagues peuvent être tirées des observations qui ont été faites sur l'imbibition et l'expiration de l'eau par les arbres et autres plantes élevés dans des conditions artificielles différentes de celles de la forêt naturelle. [160]

### *Mousses de bois et champignons.*

Outre l'eau puisée par les racines dans la terre et la vapeur absorbée par les feuilles dans l'air, les mousses des bois et les champignons, qui abondent dans toutes les forêts denses, absorbent une grande quantité d'humidité de l'atmosphère lorsqu'elle est chargée d'humidité. , et expirez à nouveau lorsque l'air est sec. Ces humbles organismes, qui jouent un rôle plus important dans la régulation de l'humidité de l'air que ne leur ont habituellement attribué les auteurs sur la forêt, périssent avec les arbres sur lesquels ils poussent ; mais, dans de nombreuses situations, la nature compense les mousses arborescentes des espèces terrestres, qui, sur les sols froids, surtout ceux exposés au nord, poussent en abondance aussi bien avant l'abattage des bois que lorsque la terre est défrichée et employée à des fins agricoles. pâturages ou déserts. Ces mousses remplissent une partie des fonctions appropriées au bois, et tout en rendant le sol des terres améliorées beaucoup moins propre à l'usage agricole, elles le préparent en même temps à la croissance d'une nouvelle récolte d'arbres, lorsque la l'infertilité qu'elles produisent aura poussé l'homme à l'abandonner et à la laisser retomber entre les mains de la nature. [161]

### *Flux de sève.*

La quantité de sève qui peut être extraite des arbres vivants ne fournit pas en effet une mesure de la quantité d'eau aspirée par leurs racines du sol, car on ne peut extraire d'un arbre toute son humidité, mais une donnée numérique qui peut aider l'imagination. se faire une idée générale de l'action puissante de la forêt comme absorbant l'humidité de la terre.

Le seul arbre forestier connu en Europe et en Amérique du Nord, dont la sève est suffisamment utilisée à des fins économiques pour que la quantité de son débit soit une question d'importance pratique et d'observation populaire, est l'érable à sucre, Acer saccharinum, de l' *Angleterre* . -Provinces et États américains. Au cours d'une seule « saison des sucres », qui dure ordinairement de vingt-cinq à trente jours, un érable à sucre de deux pieds de diamètre ne donnera pas moins de vingt gallons de sève, et quelquefois beaucoup plus. [162] Ce n'est cependant qu'une infime proportion de l'eau extraite de la terre par les racines pendant cette saison, où les feuilles encore peu développées peuvent à peine absorber une quantité appréciable de vapeur de l'atmosphère ; [163] car tout ce fluide s'écoule de deux ou trois incisions ou trous de tarière, si étroits qu'ils interceptent le courant de relativement peu de vaisseaux à sève, et d'ailleurs l'expérience montre que, si grande que soit la quantité retirée de la circulation, elle est relativement trop grande. petit pour affecter très sensiblement la croissance de l'arbre. [164] Le nombre de grands érables par acre n'est souvent pas inférieur à cinquante, [165] et bien sûr la quantité d'humidité extraite du sol par cet arbre seul se mesure en milliers de gallons par acre. Les vergers à sucre, comme on les appelle, contiennent aussi beaucoup de jeunes érables trop petits pour être entaillés, et de nombreux autres arbres, dont deux au moins, le bouleau noir, Betula lenta, et le bouleau jaune, Betula excelsa, tous deux très communs *dans* la *région* . même climat, sont bien plus abondants en sève que l'érable [166] — sont disséminés parmi les arbres à sucre ; car les forêts indigènes de l'Amérique du Nord sont remarquables par le mélange de leurs cultures.

La sève de l'érable et des autres arbres à feuilles caduques qui poussent dans le même climat, coule plus librement au début du printemps, et surtout par temps clair, lorsque les nuits sont glaciales et les journées chaudes ; car c'est alors que la fonte des neiges fournit à la terre l'humidité dans la plus juste proportion, et que le pouvoir absorbant des racines est stimulé à sa plus haute activité. [167]

Lorsque les bourgeons sont prêts à éclater et que les feuilles vertes commencent à se montrer sous leur couverture écailleuse, le sol est devenu plus sec, la soif des racines est étanche et l'écoulement de la sève d'elles vers la tige est considérablement diminué. [168]

### Absorption et expiration de l'humidité.

Les feuilles commencent alors le processus d'absorption et s'imprègnent à la fois de gaz non combinés et d'une quantité indéterminée mais peut-être considérable de vapeur d'eau provenant de l'atmosphère humide du printemps qui les baigne.

L'action organique de l'arbre, telle que décrite jusqu'ici, tend à dessécher l'air et la terre ; mais quand nous considérons quels volumes d'eau sont quotidiennement absorbés par un grand arbre, et quelle petite proportion du poids de ce fluide est constituée de matière qui entre dans de nouvelles combinaisons et devient une partie de la structure solide du végétal, ou un composant de ses produits feuillus, il est évident que l'humidité superflue doit d'une manière ou d'une autre être évacuée presque aussi rapidement qu'elle s'écoule dans l'arbre. [169] Au tout début de la végétation au printemps, une partie de ce liquide s'échappe certainement par les bourgeons, le feuillage naissant et les pores du barbillon, et la physiologie végétale nous apprend qu'il y a un courant de sève également vers les racines. comme d'eux. [170] Je ne sais pas si l'exsudation de l'eau dans la terre, à travers l'écorce ou aux extrémités de ces derniers organes, a été directement prouvée, mais les autres modes connus d'évacuation du surplus ne semblent pas suffisants pour disposer il est à l'époque presque dépourvue de feuilles, où il est le plus abondamment reçu, et il est donc difficile de croire que les racines ne drainent pas et n'inondent pas, dans une certaine mesure, les cours d'eau de leur tige. Plus tard dans la saison, les racines absorbent moins et les feuilles maintenant développées exhalent dans l'air une quantité d'humidité considérablement accrue. En tout état de cause, toute l'eau que l'arbre en croissance tire de l'atmosphère et du sol est restituée par transpiration ou exsudation, après avoir cédé à la plante la petite proportion de matière nécessaire à la croissance végétale qu'elle tenait en solution ou en suspension. [171] L'équilibre hygrométrique est alors rétabli, jusqu'à ceci : l'arbre rend encore l'humidité qu'il avait puisée dans la terre et dans l'air, bien qu'il ne la restitue pas chacun à chacun ; car la vapeur emportée par la transpiration dépasse de beaucoup la quantité d'eau absorbée par le feuillage de l'atmosphère, et la quantité, le cas échéant, ramenée au sol par les racines.

L'évaporation des jus de la plante, quel que soit le processus effectué, absorbe la chaleur atmosphérique et produit de la réfrigération. Cet effet n'est pas moins réel, quoique beaucoup moins sensible, en forêt que dans les prairies ou les pâturages, et l'on ne peut douter que la température locale n'en soit considérablement affectée. Mais l'évaporation qui refroidit l'air y diffuse en même temps un milieu qui résiste puissamment à la chaleur qui s'échappe de la terre par rayonnement. Les vapeurs ou nuages visibles, c'est bien connu, empêchent les gelées en obstruant le rayonnement, ou plutôt en réfléchissant la chaleur rayonnée par la terre, comme le ferait n'importe quel écran mécanique. D'un autre côté, les nuages interceptent également les rayons du soleil et empêchent sa chaleur d'atteindre la terre. Les vapeurs invisibles dégagées par les feuilles empêchent le passage de la chaleur réfléchie et rayonnée par la terre et par tous les objets terrestres, mais opposent beaucoup moins de résistance à la transmission de la chaleur solaire directe, et en effet les rayons du soleil semblent plus brûlants lorsqu'ils sont reçus à travers les feuilles. un air clair chargé d'humidité non condensée qu'après avoir traversé une atmosphère sèche. Par conséquent, la réduction de température par l'évaporation de l'humidité de la végétation, bien que sensible, est moindre qu'elle ne le serait si l'eau à l'état gazeux était aussi imperméable à la chaleur dégagée par le soleil qu'à celle émise par les objets terrestres.

L'hygroscopique de la moisissure végétale est bien supérieure à celle de n'importe quelle terre minérale et, par conséquent, le sol de la forêt absorbe plus d'humidité atmosphérique que le sol découvert. La condensation de la vapeur par absorption dégage de la chaleur, et élève par conséquent la température du sol qui l'absorbe. Von Babo trouva la température des terres sableuses ainsi élevée de 20° à 27° centigrades, soit une différence de près de treize degrés Fahrenheit, et celle des sols riches en humus de 20° à 31° centigrades, soit une différence de près de vingt degrés Fahrenheit. Fahrenheit. [172]

### *Équilibre des influences contradictoires.*

Nous avons montré que la forêt, considérée comme matière morte, tend à diminuer l'humidité de l'air, en empêchant les rayons du soleil d'atteindre le sol et d'évaporer l'eau qui tombe à la surface, et aussi en étendant sur la terre un manteau spongieux . qui aspire et retient l'humidité qu'elle reçoit de l'atmosphère, tandis qu'en même temps cette couverture agit en sens inverse en accumulant, dans un réservoir pas tout à fait inaccessible aux influences vaporisantes, l'eau de précipitation qui autrement pourrait s'enfoncer brusquement en profondeur. dans les entrailles de la terre, ou s'écoulent par des canaux superficiels vers d'autres régions climatiques. On voit maintenant que, en tant qu'organisme vivant, il tend, d'une part, à diminuer l'humidité de l'air en en absorbant l'humidité, et, d'autre part, à augmenter cette humidité en se déversant dans l'atmosphère, de manière forme vaporeuse, l'eau qu'elle puise par ses racines. Cette dernière opération abaisse en même temps la température de l'air au contact ou à proximité du bois, par la même loi que dans les autres cas de conversion de l'eau en vapeur.

Comme je l'ai dit à plusieurs reprises, nous ne pouvons mesurer la valeur d'aucun de ces éléments de perturbation climatique, d'élévation ou d'abaissement de la température, d'augmentation ou de diminution de l'humidité, ni de dire qu'au cours d'une saison, d'une année ou d'une année donnée, cycle fixe, aussi long ou court soit-il, ils s'équilibrent et se compensent. Ils sont parfois, mais certainement pas toujours, contemporains dans leur action, que leur tendance soit dans la même direction ou dans des directions opposées, et par conséquent leur influence est tantôt cumulative, tantôt contradictoire ; mais, dans l'ensemble, leur effet général semble être d'atténuer les extrêmes de chaleur et de froid atmosphériques, d'humidité et de sécheresse. Ils servent d'égaliseurs de température et d'humidité, et il est hautement probable que, par analogie avec la plupart des autres œuvres et opérations de la nature, ils rétablissent, à des périodes certaines ou incertaines, l'équilibre qui, soit en tant que masses sans vie, soit en tant qu'organismes vivants, ils peut avoir temporairement perturbé.

Par conséquent, lorsque l'homme a détruit ces harmoniseurs naturels des discordes climatiques, il a sacrifié un pouvoir conservateur important, bien qu'il soit loin d'être certain qu'il ait ainsi affecté la moyenne, même s'il a pu exagérer les extrêmes de température et d'humidité atmosphériques, ou, en d'autres termes, cela aurait pu augmenter la portée et allonger l'échelle de variation thermométrique et hygrométrique.

### *Influence de la forêt sur la température et les précipitations.*

En dehors de la question de la compensation, il ne semble pas probable que les forêts affectent sensiblement la quantité totale des précipitations, ni la moyenne générale de la température atmosphérique du globe, ni même qu'elles aient eu cette influence alors que leur étendue était infiniment plus grande qu'aujourd'hui. . Les eaux couvrent environ les trois quarts de la surface de la terre, [173] et si l'on déduit les zones gelées, les sommets et les crêtes des hautes montagnes et leurs pentes escarpées, le Sahara et autres grands déserts africains et asiatiques, et tous autres autres Dans certaines parties de la surface solide qui sont en permanence impropres à la croissance du bois, nous constaterons que probablement pas un dixième de la superficie totale de notre planète n'a jamais été, à aucun moment de l'époque géologique actuelle, couvert de forêts. En outre, la répartition des terres forestières, des déserts et des eaux est telle qu'elle réduit à une faible expression l'influence possible des premiers ; car les forêts sont, en grande proportion, situées dans des climats froids ou tempérés, où l'action du soleil est relativement faible, tant pour élever la température que pour favoriser l'évaporation ; tandis que, dans la zone torride, le désert et la mer, cette dernière présentant toujours une surface évaporable, sont extrêmement prépondérants. Il est, dans l'ensemble, peu probable qu'une si petite étendue de forêt, ainsi située, puisse produire une influence appréciable sur le climat *général* du globe, bien qu'elle puisse affecter sensiblement l'action locale de tous les éléments climatiques. La quantité annuelle totale de chaleur solaire absorbée et rayonnée par la Terre, ainsi que la somme de l'évaporation terrestre et des précipitations atmosphériques doivent être supposées constantes ; mais la distribution de la chaleur et de l'humidité est exposée à des perturbations dans le temps et dans les lieux, par une multitude de causes locales, parmi lesquelles la présence ou l'absence de forêt en est sans doute une.

Pour autant que nous puissions résumer les résultats généraux, il semblerait que, dans les pays de la zone tempérée encore principalement couverts de bois, les étés seraient plus frais, plus humides, plus courts, les hivers plus doux, plus secs, plus longs que dans les pays de la zone tempérée. les mêmes régions après la suppression de la forêt. Les rares preuves historiques dont nous disposons semblent pointer vers la même conclusion, bien qu'il existe des conflits de témoignages et d'opinions sur ce point, et quelques exceptions apparemment bien établies à des branches particulières de ce qui semble être le droit général.

L'un de ces phénomènes se produit à la fois dans des climats où le froid de l'hiver est suffisamment rigoureux pour geler le sol à une profondeur considérable, comme en Suède et dans les États du nord de l'Union américaine, et dans des zones plus douces, où la surface de la terre est exposée aux intempéries. vents froids de montagne, comme dans certaines régions d'Italie et de France ; car là, comme nous l'avons vu, on croit que l'hiver s'étend jusque dans les mois qui appartiennent au printemps, plus tard que dans les époques où la forêt couvrait la plus grande partie du terrain. [174] Plus d'une cause contribue sans doute à ce résultat ; mais dans le cas de la Suède et des États-Unis, l'explication la plus évidente du fait est à chercher dans la perte de l'abri que donne au sol l'épaisse couche de feuilles que la forêt y dépose et la neige que le sol y trouve. les bois protègent du vent ou de la fonte lors des brefs dégels de l'hiver. J'ai déjà remarqué que le sol nu gèle beaucoup plus profondément que celui qui est recouvert de lits de feuilles, et que lorsque la terre est recouverte d'une épaisse couche de neige, les couches gelées avant sa chute commencent à dégeler. Il n'est pas rare de trouver le sol dans les bois, où la neige s'étend à deux ou trois pieds d'épaisseur, entièrement exempt de gel, lorsque la température atmosphérique est depuis plusieurs semaines au-dessous du point de congélation, et pendant quelques jours même au-dessous du zéro du point de congélation. Fahrenheit. Lorsque le sol est défriché et mis en culture, les feuilles sont enfouies dans le sol et décomposées, et la neige, surtout sur les collines et les éminences, est emportée par le vent, ou peut-être à moitié dégelée, plusieurs fois au cours de l'hiver. L'eau de la fonte des neiges s'écoule dans les dépressions, et quand, après un jour ou deux de soleil chaud ou de pluie tiède, le froid revient, elle se transforme en glace, et les crêtes et les houles dénudées de la terre sont profondément gelées. [175] Il faut plusieurs jours de temps doux pour élever la température du sol dans cet état, et de l'air en contact avec lui, à celle de la terre dans les forêts de la même région climatique. Flore tresse déjà sa couronne sylvestre avant que les fleurs de maïs qui doivent orner la guirlande de Cérès ne se réveillent de leur sommeil hivernal ; et ce n'est pas une erreur populaire de croire que, là où l'homme a substitué ses récoltes artificielles à la récolte spontanée de la nature, le printemps retarde son arrivée.

Dans de nombreux cas, le changement apparent de la période des saisons est un phénomène purement local, probablement compensé par une température plus élevée les autres mois, sans réelle perturbation de l'équilibre thermométrique moyen. Nous pouvons facilement supposer qu'il existe des écarts partiels analogues par rapport à la loi générale de la précipitation ; et, sans insister sur le fait que la déforestation a diminué la somme totale de neige et de pluie, nous pouvons bien admettre qu'elle a diminué la quantité qui tombe annuellement dans des limites particulières. Diverses considérations théoriques rendent cela probable, l'argument le plus évident peut-être étant celui tiré du fait généralement admis, que la température estivale et même la température moyenne de la forêt sont inférieures à celles de la rase campagne à la même latitude. Si l'air dans un bois est plus froid que celui qui l'entoure, il doit réduire la température de la couche atmosphérique immédiatement au-dessus et, bien sûr, chaque fois qu'un courant saturé le traverse, il doit produire des précipitations qui tomberaient sur lui ou à proximité. .

Mais le sujet est si complexe et si difficile qu'il est plus prudent de le considérer comme un problème historique, ou du moins comme ce que les juristes appellent une question mixte de droit et de fait, plutôt que de tenter de le trancher sur des bases a *priori* . Malheureusement, les tendances sont contradictoires et parfois équivoques dans l'interprétation, mais je crois que la majorité des forestiers et des physiciens qui ont étudié la question sont d'avis que dans de nombreux cas, sinon dans tous, la destruction des bois a été suivie d'une diminution de la quantité annuelle de pluie et de rosée. En effet, il existe depuis longtemps une croyance populaire selon laquelle la végétation et la condensation et la chute de l'humidité atmosphérique sont réciproquement nécessaires l'une à l'autre, et même les poètes chantent

Le sable stérile de l'Afrique,
où rien ne peut pousser, parce qu'il ne pleut
pas,
et où aucune pluie ne peut tomber pour bénir
la terre,
parce que rien n'y pousse. [176]

Cependant, avant d'exposer les éléments de preuve sur la question générale et de citer les jugements des érudits à ce sujet, il convient de remarquer que la variété ou la fréquence comparative des inondations au cours des siècles antérieurs et ultérieurs n'est pas nécessairement, dans la plupart des cas pas probablement, justifiée. n'importe quel poids, comme preuve qu'il tombait plus ou moins de pluie autrefois qu'aujourd'hui ; parce que l'accumulation de l'eau dans le lit d'une rivière dépend beaucoup moins de la quantité de précipitation dans sa vallée que de la rapidité avec laquelle elle est conduite, sur ou sous la surface du sol, jusqu'à l'artère centrale qui draine le bassin. . Mais ce point sera abordé plus en détail dans un chapitre ultérieur.

Il y a une autre observation importante qui peut être introduite ici à juste titre. Il n'est pas universellement, ni même généralement vrai, que l'atmosphère renvoie son humidité à la source locale d'où elle la reçoit. L'air est constamment en mouvement,

——des tempêtes hurlantes parcourent la
main
De la mer à la terre, de la terre à la mer ; [177]

et, par conséquent, il est toujours probable que l'évaporation entraînée par l'atmosphère d'une rivière, d'une mer, d'une forêt ou d'une prairie donnée, sera évacuée par les précipitations, non pas au point où elle s'est élevée, ou à proximité de celui-ci, mais à une certaine distance. de miles, de lieues ou même de degrés. Les courants aériens sont invisibles et ne laissent derrière eux aucun repère pour enregistrer leur trace. Nous ne savons pas d'où ils viennent, ni où ils vont. Nous connaissons de mieux en mieux les lois du mouvement atmosphérique général, mais nous ne savons rien de l'origine et des limites, du début et de la fin de ce mouvement, tel qu'il se manifeste à un moment et dans un lieu particuliers. Nous ne pouvons dire où ni quand la vapeur, exhalée aujourd'hui du lac sur lequel nous flottons, se condensera et retombera ; s'il va se perdre dans un désert aride, rafraîchir les pâturages d'altitude, descendre dans la neige sur les hauteurs alpines, ou contribuer à gonfler un torrent lointain qui dévastera des kilomètres carrés de terres fertiles en maïs ; nous ne savons pas non plus si la pluie qui alimente nos ruisseaux est due à la transpiration d'une forêt voisine ou à l'évaporation d'une mer lointaine. S'il était donc prouvé que la quantité annuelle de pluie et de rosée est aujourd'hui aussi grande dans les plaines de Castille, par exemple, qu'elle l'était lorsqu'elles étaient couvertes par la forêt indigène, il ne s'ensuivrait en aucune façon que ces bois n'aient pas existé. n'augmentera pas la quantité de précipitations ailleurs.

Mais je reviens à la question. En commençant par les autorités les plus récentes, je cite un passage de Clavé. [178] Après avoir soutenu qu'on ne peut pas raisonner à partir des effets climatiques de la forêt dans les pays tropicaux et subtropicaux quant à son influence dans les latitudes tempérées, l'auteur poursuit : « L'action des forêts sur la pluie, conséquence de celle qu'elles exercice sur la température, est difficile à estimer sous nos climats, mais est très prononcé dans les pays chauds, et est établi par de nombreux exemples. M. Boussingault affirme que dans la région comprise entre la baie de Cupica et le golfe de Guayaquil, qui est couverte avec des forêts immenses, les pluies sont presque continuelles, et que la température moyenne de ce pays humide s'élève à peine jusqu'à vingt-six degrés (= 80° Fahr.). M. Blanqui, dans ses Voyages en Bulgarie, nous apprend qu'à Les pluies à Malte sont devenues si rares, depuis que les bois ont été défrichés pour faire place à la culture du coton, que lors de sa visite en octobre 1841, pas une goutte de pluie n'était tombée depuis trois ans.[179] Les terribles sécheresses qui désolent les îles du Cap-Vert doit également être attribuée à la destruction des forêts. Dans l'île de Sainte-Hélène, où la surface boisée s'est considérablement étendue en quelques années, on a observé que les pluies ont augmenté dans la même proportion. Il s'agit aujourd'hui du double de ce qu'il était pendant la résidence de Napoléon. En Egypte, les plantations récentes ont provoqué des pluies jusqu'alors quasiment inconnues."

Schacht [180] observe : « Dans les pays boisés, l'atmosphère est généralement humide, et la pluie et la rosée fertilisent le sol. De même que le paratonnerre extrait le fluide électrique du ciel orageux, ainsi la forêt attire à elle la pluie des nuages. qui, en tombant, ne le rafraîchit pas seul, mais étend ses bienfaits aux champs voisins. * * La forêt, présentant une surface d'évaporation considérable, donne à son propre sol et à tous les terrains adjacents une rosée abondante et vivifiante. Il est vrai qu'il y a moins de rosée sur un bois haut et épais que sur les prairies environnantes, qui, étant plus chauffées pendant le jour par l'influence de l'insolation, se refroidissent plus rapidement par le rayonnement. Le dépôt de rosée sur les champs voisins est en partie dû aux forêts elles-mêmes ; car les couches d'air denses et saturées qui planent au-dessus des bois descendent les soirs frais et calmes, comme des nuages, vers la vallée, et le matin, des perles de rosée scintillent sur les feuilles de l'herbe et les fleurs des champs. Les forêts, en un mot, exercent, à l'intérieur des continents, une influence comme celle de la mer sur le climat des îles et des côtes : toutes deux arrosent le sol et assurent ainsi sa fertilité. » Dans une note sur ce passage, citant comme Dans l' *Historia de la Conquista de las siete islas de Gran Canaria, de Juan de Abreu Galindo* , 1632, p. 47, il ajoute : « De vieux historiens racontent qu'un célèbre laurier de Ferro fournissait autrefois de l'eau potable aux habitants de l'île. L'eau coulait de son feuillage, sans interruption, goutte à goutte, et était recueillie dans des citernes. Chaque matin, la brise marine poussait un nuage vers l'arbre merveilleux, ce qui l'attirait vers son immense cime, où il se condensait sous une forme liquide.

Dans un numéro du *Missionary Herald* , publié à Boston, dont j'ai égaré la date, le révérend M. Van Lennep, bien connu comme observateur compétent , donne le récit remarquable suivant d'un fait similaire dont il a été témoin lors d'une excursion. à l'est de Tocat en Asie Mineure :

"Dans cette région, à quelque 3 000 pieds au-dessus de la mer, les arbres sont pour la plupart des chênes et atteignent une grande taille. J'ai remarqué une illustration de l'influence des arbres en général dans la collecte de l'humidité. Malgré le brouillard, d'une durée d'une semaine, le sol "La situation était partout parfaitement sèche. Les feuilles sèches du chêne, cependant, avaient accumulé l'eau, et les branches et les troncs des arbres étaient plus ou moins mouillés. Dans de nombreux cas, l'eau avait coulé le long du tronc et humidifié le sol autour des racines des arbres. En deux endroits, plusieurs arbres avaient fourni chacun un petit ruisseau d'eau, et ceux-ci, réunis, avaient couru sur la route, de sorte que les voyageurs devaient passer dans la boue, quoique, comme je l'ai dit, partout ailleurs le sol était parfaitement De plus, l'humidité recueillie n'était pas suffisante pour tomber directement des feuilles, mais dans tous les cas elle coulait le long des branches et du tronc jusqu'au sol. Plus loin nous trouvâmes un bosquet, et au pied de chaque arbre, au nord côté, il y avait un morceau de glace, l'eau ayant gelé en atteignant le sol. Il s'agit d'une illustration des plus frappantes de l'influence reconnue des arbres dans la collecte de l'humidité ; et on ne peut douter un seul instant que les régions desséchées qui commencent à

Sivas et s'étendent d'une part jusqu'au golfe Persique et d'autre part jusqu'à la mer Rouge, n'étaient autrefois un jardin fertile, regorgeant d'une population prospère, avant que les forêts qui couvraient les flancs des collines furent abattus, avant que le cèdre et le sapin ne soient déracinés sur les côtés du Liban.

"En descendant le côté nord du bassin versant, nous avons traversé le bosquet de noyers, de chênes et de mûriers noirs qui ombragent le village d'Oktab, dont les maisons, le bétail et les enfants roux étaient un signe de prospérité."

Coultas affirme ainsi : « L'océan, les vents et les bois peuvent être considérés comme les différentes parties d'un grand appareil distillatoire. La mer est la chaudière dans laquelle la vapeur est soulevée par la chaleur solaire, les vents sont les tubes de guidage qui transportent la vapeur. avec eux vers les forêts où règne une température plus basse. Cela condense naturellement la vapeur, et des averses de pluie sont ainsi distillées des masses nuageuses qui flottent dans l'atmosphère, par les bois au-dessous d'elles. [181]

Sir John FW Herschel énumère parmi « les influences défavorables à la pluie », « l'absence de végétation dans les climats chauds, et surtout d'arbres. C'est sans doute, continue-t-il, une des raisons de l'extrême aridité de l'Espagne. La haine d'un Espagnol envers un arbre est proverbiale : de nombreux districts de France ont été matériellement blessés par la dénudation (Comte de Lovelace sur le Climat, etc.), et, d'autre part, les pluies sont devenues plus fréquentes en Egypte depuis la culture plus vigoureuse. du palmier."

Hohenstein remarque : « En ce qui concerne la température dans la forêt, j'ai déjà observé qu'à certaines heures du jour et de l'année, elle est moindre qu'en plein champ. Ainsi les bois peuvent, le jour, en été, et vers la fin de l'hiver, tendent à augmenter la chute des pluies, mais il en est autrement dans les nuits d'été et au début de l'hiver, quand il y a une température plus élevée dans la forêt, ce qui n'est pas favorable à cet effet. Le bois est en outre, comme la montagne, un obstacle mécanique au mouvement des nuages de pluie, et, en les arrêtant dans leur course, il leur donne l'occasion de déposer leur eau. Ces considérations rendent probable que la forêt en augmente la quantité. de pluie ; mais ils n'établissent pas la certitude de cette conclusion, parce que nous n'avons aucune donnée numérique positive à produire sur la dépression de la température et l'humidité de l'air dans les bois. [182]

Barth présente le point de vue suivant sur le sujet : « Le sol de la forêt, ainsi que la couche atmosphérique qui la recouvre, restent humides après que les zones sans bois ont perdu leur humidité ; et l'air, chargé de l'humidité qui en est extraite, est généralement emportés par les vents avant de se déposer sous forme condensée sur la terre. Les arbres transpirent constamment par leurs feuilles une grande quantité d'humidité, qu'ils absorbent à nouveau en partie par les mêmes organes, tandis que la plus grande partie de leur réserve est pompée. Grâce à leurs racines largement ramifiées provenant de profondeurs considérables dans le sol, il se produit ainsi une évaporation constante qui maintient l'atmosphère de la forêt humide même lors de longues sécheresses, alors que toutes les autres sources d'humidité dans la forêt elle-même sont asséchées. * * * Il en faut peu. pour contraindre la couche d'air posée sur un bois à abandonner son humidité, qui ainsi, sous forme de pluie, de brouillard ou de rosée, est restituée à la forêt. * * * Les courants d'air chauds et humides qui viennent d'autres régions sont refroidis à mesure qu'ils s'approchent du bois par son atmosphère moins chauffée, et obligés de laisser tomber l'humidité dont ils sont chargés. Les bois contribuent au même effet en empêchant mécaniquement le mouvement du brouillard et des nuages de pluie, dont les particules sont ainsi accumulées et condensées en pluie. La forêt a donc un pouvoir plus grand que la pleine terre de retenir dans ses propres limites l'humidité déjà existante et de la conserver, et elle attire et recueille ce que le vent lui apporte d'ailleurs, et l'oblige à se déposer sous forme de pluie ou autre. précipitation. * * * En conséquence de ces rapports de la forêt à l'humidité, il s'ensuit que les régions boisées ont des pluies à la fois plus fréquentes et plus abondantes, et qu'elles sont en général plus humides que les régions sans bois ; car ce qui est vrai des bois eux-mêmes, à cet égard, est également vrai de leur voisinage sans arbres, qui, par suite de la mobilité facile de l'air et de ses changements constants, reçoit une part des caractéristiques de l'atmosphère forestière, de la fraîcheur et de la fraîcheur. humidité. * * * Quand les contrées dépouillées d'arbres ont été longtemps privées de pluie et de rosée, * * * et que l'herbe et les fruits des champs sont prêts à se dessécher, les terrains qui sont entourés de bois sont verts et florissants . La nuit, ils sont rafraîchis par la rosée, qui ne manque jamais dans l'air humide de la forêt, et, en temps opportun, ils sont arrosés par une averse bienfaisante ou par une brume qui roule lentement sur eux. » [183 ]

Asbjörnsen, après avoir avancé les arguments théoriques familiers sur ce point, ajoute : « Les territoires sans pluie du Pérou et de l'Afrique du Nord établissent cette conclusion, et de nombreux autres exemples montrent que les bois exercent une influence dans la production de pluie, et que la pluie manque là où elle manque ; car beaucoup de pays ont, par la destruction des forêts, été privés de pluie, d'humidité, de sources et de cours d'eau, nécessaires à la croissance des légumes. * * * Les récits de voyageurs montrent les conséquences déplorables de l'abattage des bois dans l'île de Trinidad, la Martinique, Saint-Domingue et, en fait, dans presque tout le groupe antillais. * * * En Palestine et dans bien d'autres régions d'Asie et d'Afrique du Nord, qui étaient dans l'Antiquité les greniers de l'Europe, fertiles et peuplés, des conséquences similaires ont eu lieu. Ces terres sont maintenant des déserts, et c'est la destruction des forêts seule qui a produit cette désolation. * * * Dans le sud de la France, de nombreux districts sont, pour la même cause, devenus des déserts stériles de pierre, et la culture de la vigne et l'olivier ont beaucoup souffert depuis la mise à nu des montagnes voisines. Depuis les vastes défrichements entre la Spree et l'Oder, les habitants se plaignent du fait que la récolte du trèfle est beaucoup moins productive qu'auparavant. En revanche, les exemples de l'influence bénéfique de la plantation et de la restauration des bois ne manquent pas. En Ecosse, où de nombreux kilomètres carrés ont été plantés d'arbres, cet effet a été manifeste, et des observations similaires ont été faites en plusieurs endroits du sud de la France. En Basse-Egypte, aussi bien au Caire que près d'Alexandrie, la pluie tombait rarement en quantité considérable - par exemple, pendant l'occupation française de l'Egypte, vers 1798, il ne plut pas pendant seize mois - mais depuis que Mehemet Aali et Ibrahim Pacha ont exécuté leurs vastes plantations (les premiers ayant planté à eux seuls plus de vingt millions d'oliviers et de figuiers, de peupliers, d'orangers, d'acacias, de platanes, etc.), il tombe maintenant beaucoup de pluie, surtout le long de la côte, dans les mois de novembre, décembre, et janvier ; et même au Caire, il pleut plus souvent et plus abondamment, de sorte que les véritables averses ne sont pas rares. » [184]

Babinet, dans une de ses conférences, [185] cite le fait supposé de l'augmentation des pluies en Egypte par suite de la plantation d'arbres, et remarque ainsi : « Il y a quelques années, il ne pleuvait jamais en Basse-Egypte. les vents du nord, qui y règnent presque exclusivement, passaient sans obstacle sur une surface dénuée de végétation. Les grains étaient conservés sur les toits d'Alexandrie, sans être couverts ni autrement protégés des altérations de l'atmosphère ; mais depuis la création des plantations, un obstacle s'est formé. Il a été créé qui retarde le courant d'air venant du nord. L'air ainsi contrôlé, s'accumule, se dilate, se refroidit et donne de la pluie. [186] Les forêts des Vosges et des Ardennes produisent les mêmes effets dans le nord-est de la France, et envoient de la pluie. Nous avons un grand fleuve, la Meuse, qui est aussi remarquable par son volume que par la petite étendue de son bassin. Quant au retard des courants atmosphériques et aux effets de ce retard, un de mes illustres collègues, M. Mignet , qui n'est pas moins un penseur profond qu'un écrivain éloquent, m'a suggéré que, pour produire de la pluie, une forêt valait aussi bien qu'une montagne, et cela est littéralement vrai.

Monestier-Savignat arrive à cette conclusion : « Les forêts, d'une part diminuent l'évaporation ; de l'autre, elles agissent sur l'atmosphère comme causes réfrigérantes. La seconde échelle de la balance prédomine sur l'autre, car il est établi que dans les pays boisés, elle il pleut plus souvent, et que, à quantité de pluie égale, ils sont plus humides. » [187]

Boussingault, dont les observations sur l'assèchement des lacs et des sources, suite à la destruction des bois, en Amérique tropicale, ont souvent été citées comme une preuve concluante que la quantité de pluie en était diminuée, après avoir examiné la question avec beaucoup de soin, remarque : "A mon avis, il est établi que de très grands défrichements doivent diminuer les chutes de pluie annuelles dans un pays;" et sur une page suivante, il conclut que, « en s'appuyant sur les faits météorologiques recueillis dans les régions équinoxiales, il y a des raisons de présumer que les défrichements diminuent la chute annuelle des pluies ». [188]

Le même auteur éminent propose des séries d'observations sur le niveau des lacs naturels, surtout sur ceux sans exutoire, comme moyen de déterminer l'augmentation ou la diminution des précipitations dans leurs bassins, et, bien entendu, de mesurer l'effet du défrichement lorsque de telles opérations avoir lieu au sein de ces bassins. Mais il faut remarquer que les lacs sans écoulement visible sont très rares, et d'ailleurs, là où il n'existe aucun conduit superficiel pour l'évacuation des eaux lacustres, on peut rarement ou jamais être sûr que la nature n'a pas prévu des canaux souterrains pour leur évacuation. En effet, quand on considère que la plupart des terres, et même quelques roches soumises à une forte pression hydrostatique, sont librement perméables à l'eau, et que les fissures sont fréquentes dans presque toutes les couches rocheuses, il est évident qu'on ne peut savoir dans quelle proportion l'abaissement du niveau d'un lac est à attribuer à l'infiltration, à la percolation ou à l'évaporation. [189] De plus, nous sommes, en général, aussi peu en mesure d'affirmer qu'un lac donné tire toute son eau de la chute des pluies dans son bassin géographique, ou qu'il reçoit toute l'eau qui tombe dans ce bassin sauf celle qui s'évapore de le sol, car il s'agit de montrer que toute son eau superflue est évacuée par des canaux visibles et par évaporation.

Supposons que les couches des montagnes des deux côtés d'un lac, à l'est et à l'ouest, soient inclinées dans la même direction, et que celles de la colline du côté est s'inclinent vers le lac, celles de celle du côté ouest s'inclinent vers lui. Dans ce cas, une grande proportion de la pluie qui tombe sur le versant est de la colline orientale peut se frayer un chemin entre les strates jusqu'au lac, et une proportion tout aussi importante des précipitations sur le versant est de la crête ouest peut s'échapper hors du lac. le bassin par des canaux similaires. Dans ce cas, le défrichement des pentes *extérieures* de l'une ou des deux montagnes, alors que les forêts des pentes *intérieures* resteraient intactes, pourrait affecter la quantité d'eau reçue par le lac, et il serait toujours impossible de savoir dans quelle mesure territoriale influence ainsi la quantité d'eau reçue par le lac. affectant le niveau d'un lac pourrait atteindre. Boussingault admet qu'un dégagement important *sous* un lac alpin, même à une distance considérable, pourrait affecter le niveau de ses eaux. Il ne nous dit pas comment cela produirait cette influence, mais, comme il ne dit rien du drainage souterrain naturel des eaux de surface, il faut présumer qu'il se réfère à la diminution supposée de la quantité de pluie due à l'enlèvement de la forêt. , qui pourrait se manifester en un point plus élevé que la cause qui l'a occasionné. L'élévation ou la baisse du niveau des lacs naturels ne peut donc pas être invoquée comme une preuve, encore moins comme une mesure d'une augmentation ou d'une diminution des chutes de pluie à l'intérieur de leurs bassins géographiques, résultant de l'abattage des bois qui couvraient eux; bien que de tels phénomènes fournissent des preuves présomptives très solides que l'approvisionnement en eau est d'une manière ou d'une autre augmenté ou diminué. L'approvisionnement provient, dans la plupart des cas, beaucoup moins des précipitations qui tombent directement à la surface des lacs, que des eaux qui coulent au-dessus ou au-dessous du sol autour d'eux, et qui, dans ce dernier cas, proviennent souvent de districts non compris. dans ce que la géographie superficielle considérerait comme appartenant aux bassins lacustres.

Il est, en somme, évident que la question ne peut guère être résolue que par la comparaison des observations pluviométriques faites à une station donnée avant et après la destruction des bois. Malheureusement, de telles observations sont rares et l'occasion de les faire disparaît rapidement, sauf dans la mesure où des séries inverses pourraient être recueillies dans des pays — la France, par exemple — où les plantations forestières sont actuellement en cours sur une grande échelle. échelle. La Smithsonian Institution de Washington est bien située pour attirer l'attention des observateurs du nouveau territoire des États-Unis sur ce sujet, et il faut espérer qu'elle ne manquera pas de profiter de ses installations à cette fin.

De nombreuses autres autorités pourraient être citées à l'appui de la proposition selon laquelle les forêts tendent, au moins sous certaines latitudes et à certaines saisons, à produire de la pluie ; mais bien que les arguments des partisans de cette doctrine soient très plausibles, pour ne pas dire convaincants, leurs opinions sont plutôt des conclusions *a priori* de lois météorologiques générales que des déductions de faits d'observation, et il est remarquable qu'il y ait si peu de preuves directes sur cette doctrine. l'objet.

En revanche, Foissac exprime l'opinion que les forêts n'ont aucune influence sur les précipitations, sinon celle de favoriser le dépôt de rosée dans leur voisinage, et il constate, comme fait d'expérience, que la plantation de gros légumes, et surtout d' arbres , est un moyen très efficace pour sécher les marécages, car les plantes puisent dans la terre une quantité d'eau supérieure à la chute de pluie annuelle moyenne. [190] Klöden, admettant que les rivières Oder et Elbe ont diminué en quantité d'eau, la première depuis 1778, la seconde depuis 1828, nie que la diminution de volume doive être attribuée à une diminution des précipitations par suite de la coupe des eaux. les forêts, et affirme, ce que confirment d'autres physiciens, que, pendant la même période, les relevés météorologiques dans diverses parties de l'Europe montrent plutôt une augmentation qu'une diminution des pluies. [191]

Les observations de Belgrand tendent à montrer, contrairement à l'opinion générale, qu'il pleut moins dans les contrées boisées que dans les contrées dénudées. Il compara les précipitations de l'année 1852, à Vézelay dans la vallée du Bouchat, et à Avallon dans la vallée de la Grenetière. Au premier de ces endroits, elle était de 881 millimètres, au dernier de 581 millimètres. Les deux villes ne sont pas distantes de plus de huit milles. Ils sont à la même altitude, et on affirme que la seule différence dans leurs conditions géographiques consiste dans les différentes proportions de forêts et de terres cultivées autour d'eux, le bassin du Bouchat étant entièrement nu, tandis que celui de la Grenetière est bien boisé. [192] Les observations dans les mêmes vallées, considérées en référence aux saisons, montrent les résultats pluviométriques suivants :

| POUR LA GRENETIÈRE. | | | |
|---|---|---|---|
| Février, | 1852, | 42.2 | millimètres de précipitations. |
| Novembre, | " | 23,8 | " " |
| Janvier, | 1853, | 35.4 | " " |
| | Total, | 106.4 | en trois mois froids. |
| | | | |
| Septembre, | 1851, | 27.1 | millimètres de précipitations. |
| Peut, | 1852, | 20.9 | " " |
| Juin, | " | 56.3 | " " |
| Juillet, | " | 22,8 | " " |
| Septembre, | " | 22,8 | " " |
| | Total, | 149,9 | en cinq mois chauds. |
| POUR LE BOUCHAT. | | | |
| Février, | 1852, | 51.3 | millimètres de précipitations. |

| | | | |
|---|---|---|---|
| Novembre, | " | 36,6 | " " |
| Janvier, | 1853, | 92,0 | " " |
| | Total, | 179,9 | en trois mois froids. |
| | | | |
| Septembre, | 1851, | 43,8 | millimètres de précipitations. |
| Peut, | 1852, | 13.2 | " " |
| Juin, | " | 55,5 | " " |
| Juillet, | " | 19.5 | " " |
| Septembre, | " | 26,5 | " " |
| | Total, | 158,5 | en cinq mois chauds. |

Ces observations, pour autant qu'elles soient, semblent montrer qu'il tombe plus de pluie dans les pays dégagés que dans les pays boisés, mais ce résultat est si contraire à ce qui a été généralement accepté comme conclusion théorique, qu'une expérience plus approfondie est nécessaire pour déterminer la question.

Becquerel — dont le traité sur les effets climatiques de la destruction de la forêt est la discussion générale la plus complète que je connaisse sur ce sujet — n'examine pas ce point particulier, et comme, dans le résumé des résultats de ses investigations, il n'attribue pas Si l'on attribue à la forêt toute influence sur les précipitations, on présume qu'il rejette la doctrine de son importance en tant qu'agent produisant la chute de la pluie.

L'effet de la forêt sur les précipitations n'est donc pas entièrement exempt de doute, et nous ne pouvons affirmer positivement que la quantité annuelle totale de pluie est diminuée ou augmentée par la destruction des bois, bien que les considérations théoriques et la balance des témoignages soient fortement sont favorables à l'opinion selon laquelle il pleut davantage dans les pays boisés que dans les pays ouverts. Une conclusion importante, au moins, sur l'influence météorologique des forêts est certaine et incontestée : la proposition selon laquelle, dans leurs propres limites et près de leurs propres frontières, elles maintiennent dans l'atmosphère un degré d'humidité plus uniforme qu'on ne l'observe. dans des terrains dégagés. On ne peut guère douter qu'elles favorisent la fréquence des averses et, si elles n'augmentent pas la quantité des précipitations, elles en égalisent la répartition à travers les différentes saisons.

### Influence de la forêt sur l'humidité du sol.

Je me suis limité jusqu'ici à l'influence de la forêt sur les conditions météorologiques, sujet, comme on l'a vu, plein de difficultés et d'incertitudes. Ses effets comparatifs sur la température, l'humidité, la texture et la consistance, la configuration et la répartition des moisissures ou des sols arables et, très souvent, des couches minérales situées au-dessous, et sur la permanence et la régularité des sources et des grands cours d'eau superficiels, sont beaucoup moins contestables, mais aussi plus faciles à estimer, et beaucoup plus importantes que sa valeur éventuelle en tant que cause d'équilibre ou de perturbation strictement climatique.

L'action de la forêt sur la terre est principalement mécanique, mais le processus organique de captage de l'eau par ses racines affecte la quantité de ce fluide contenu dans la terre végétale et dans les couches minérales proches de la surface, et, par conséquent, la consistance. du sol. En traitant des effets des arbres sur l'humidité de l'atmosphère, j'ai dit que la forêt, en interposant un couvert entre le ciel et le sol, et en recouvrant la surface d'un épais manteau de feuilles mortes, obstruait à la fois l'insolation et empêchait le rayonnement de la chaleur de la terre. Ces influences vont loin pour s'équilibrer ; mais des observations familières montrent qu'en été, le sol forestier n'est pas porté à une température aussi élevée que les terrains découverts exposés à l'irradiation. Pour cette raison, et en raison de la résistance mécanique qu'oppose le lit de feuilles mortes à l'évacuation de l'humidité, on doit s'attendre à ce que, sauf après des pluies récentes, les couches superficielles du sol boisé soient plus humides que celles des terrains défrichés. Ceci est conforme à l'expérience. Le sol de la forêt est toujours humide, sauf dans les sécheresses les plus extrêmes, et il est extrêmement rare qu'un bois primitif souffre du manque d'humidité. Dans quelle mesure cette accumulation d'eau affecte l'état des terrains voisins par infiltration latérale, nous ne le savons pas, mais nous verrons, dans un chapitre ultérieur, que l'eau est transportée sur de grandes distances par ce processus, et nous pouvons donc en déduire que l'influence en question est importante.

### Influence de la forêt sur le débit des sources.

Il est bien établi que la protection qu'offre la forêt contre les fuites d'humidité de son sol, assure la permanence et la régularité des sources naturelles, non seulement dans les limites du bois, mais à quelque distance au-delà de ses limites, et contribue ainsi à l'apport d'un élément essentiel à la vie végétale et animale. A mesure que les forêts sont détruites, les sources qui jaillissaient des bois et, par conséquent, les grands cours d'eau qu'elles alimentaient, diminuaient en nombre et en volume. Ce fait est si familier dans tous les États américains et dans les provinces britanniques, qu'il y a peu de vieux résidents de l'intérieur de ces districts qui ne soient pas en mesure de témoigner de sa véracité par une observation personnelle. Mes propres souvenirs me suggèrent de nombreux exemples de ce genre, et je me souviens d'un cas où une petite source de montagne, qui avait disparu peu après le défrichement du terrain où elle prenait sa source, a été récupérée il y a environ dix ou douze ans, en laissant simplement les buissons et de jeunes arbres poussaient sur une butte rocheuse, ne dépassant pas un demi-acre de superficie, immédiatement au-dessus, et a depuis continué à couler sans interruption. Les hautes terres des États atlantiques regorgeaient autrefois de sources et de ruisseaux, mais dans de nombreuses régions des États qui ont été défrichées pendant plus d'une génération ou deux, les pâturages des collines souffrent aujourd'hui gravement de la sécheresse et, pendant les saisons sèches, ne fournissent plus ni eau ni eau. herbe pour le bétail.

Foissac cite en effet de Pline aîné ( *Nat. Hist.* , xxxi, c. 30) un passage affirmant que l'abattage des bois donne naissance à des sources qui n'existaient pas auparavant car l'eau du sol était absorbée par les arbres. ; et le même météorologue déclare, comme je l'ai observé en traitant de l'effet de la forêt sur l'humidité atmosphérique, que la plantation d'arbres tend à assécher les terrains marécageux, parce que les racines absorbent plus d'eau qu'il n'en tombe de l'air. Mais la déclaration de Pline repose sur une autorité très douteuse, et Foissac ne cite aucune preuve à l'appui de sa propre proposition. [193] Dans les États américains, on observe toujours que le défrichement des sols non seulement fait disparaître les sources courantes, mais assèche les mares stagnantes et les sols spongieux des bas terrains. Les premières routes de ces États longeaient les crêtes, lorsque cela était possible, parce que seule la terre y était assez sèche pour permettre leur construction, et, pour la même raison, les cabanes des premiers colons étaient perchées sur les collines. À mesure que les forêts ont été de temps en temps supprimées et que la face de la terre a été ouverte à l'air et au soleil, l'humidité s'est évaporée et les routes et les habitations humaines ont été déplacées des collines sombres vers les vallées abritées. C'est l'une des améliorations les plus agréables parmi les nombreuses améliorations dont les générations ultérieures ont été témoins à l'intérieur de la Nouvelle-Angleterre et dans les autres États du Nord.

Presque tous les traités sur l'économie forestière apportent de nombreux faits à l'appui de la doctrine selon laquelle le défrichement des bois tend à diminuer le débit des sources et l'humidité du sol, et il peut sembler inutile d'apporter de nouvelles preuves sur ce point. . [194] Mais le sujet est d'une trop grande importance pratique et d'un trop grand intérêt philosophique pour être traité sommairement ; et il faut surtout remarquer qu'il existe au moins un cas, celui de certains sols meubles qui, une fois déboisés, absorbent et transmettent très rapidement aux couches inférieures l'eau qu'ils reçoivent de l'atmosphère, comme le soutient Vallès [195]. — où l'enlèvement de la forêt peut augmenter le débit des sources aux niveaux inférieurs, en exposant à la pluie et à la neige fondue une surface plus absorbante et en même temps moins rétentrice que sa couverture originale. Dans de telles circonstances, l'eau des précipitations, qui s'écoulait autrefois sans pénétrer à travers les couches superficielles des feuilles du sol - comme cela arrive parfois lors de très fortes averses - ou était absorbée par la terre végétale et retenue jusqu'à son évaporation. , pourrait descendre à travers une terre poreuse jusqu'à rencontrer une couche imperméable, puis être conduit le long de celle-ci, jusqu'à ce que finalement, à l'affleurement de cette couche, il éclate du flanc d'une colline comme une source courante. Mais de tels cas sont sans doute trop rares pour constituer une exception fréquente ou importante à la loi générale, car ce n'est que dans des circonstances très rares que l'eau de pluie s'écoule à la surface du sol forestier au lieu de s'y enfoncer, et c'est très rarement le cas. qu'un sol tel qu'on vient de le supposer est recouvert d'une couche de terre végétale assez épaisse pour retenir, jusqu'à son évaporation, toute la pluie qui tombe sur lui, sans communiquer d'eau aux couches situées au-dessous.

Si l'on considère le point en discussion comme une pure question de fait, à déterminer par des preuves positives et non par des arguments, les observations de Boussingault sont, tant par les circonstances qu'elles détaillent, que par le poids de l'autorité à accorder à la témoignage, parmi les plus importants jamais enregistrés. Ils sont incorporés dans la quatrième section du vingtième chapitre de son *Économie rurale* , et j'y ai déjà fait référence à la page 191 dans un autre but. L'intérêt de la question me justifiera de donner, selon les propres mots de Boussingault, les faits et quelques-unes des remarques dont il en accompagne le détail : « Dans bien des localités, observe-t-il, [196] « on a pensé que , depuis un certain nombre d'années, on a perçu une diminution sensible du volume d'eau des cours d'eau utilisés comme force motrice ; sur d'autres points, il y a lieu de croire que les rivières sont devenues moins profondes et que l'étendue croissante de la ceinture des rivières des cailloux le long de leurs berges semblent prouver la perte d'une partie de leurs eaux, et enfin des sources abondantes se sont presque taries. Ces observations ont été faites principalement dans des vallées bornées par de hautes montagnes, et on croit avoir remarqué que ces La diminution des eaux a immédiatement suivi l'époque où les habitants ont commencé à détruire sans ménagement les bois qui s'étendaient sur la surface du pays.

« Ces faits indiqueraient que, là où des défrichements ont été faits, il pleut moins qu'autrefois, et c'est l'opinion généralement reçue. * * * Mais si les faits que j'ai exposés ont été établis, on a observé, en même temps, , que, depuis le défrichement des montagnes, les rivières et les torrents, qui semblaient avoir perdu une partie de leur eau, grossissent quelquefois brusquement, et cela, quelquefois, à un degré qui cause de grands désastres . On a observé que des sources presque épuisées éclataient avec impétuosité, et peu après se tarissaient de nouveau. Ces dernières observations, on le conçoit facilement, nous avertissent de ne pas admettre à la hâte l'opinion commune selon laquelle l'abattage des bois diminue la quantité de pluie ; car non seulement il est très possible que la quantité de pluie n'ait pas changé, mais que le volume moyen de l'eau courante soit resté le même, malgré l'apparence de sécheresse présentée par les rivières et les sources, à certaines époques. de l'année. La seule différence serait peut-être que l'écoulement d'une même quantité d'eau deviendrait plus irrégulier en raison du défrichement. Par exemple : si l'étiage du Rhône pendant une partie de l'année était exactement compensé par un nombre suffisant de crues, il s'ensuivrait que ce fleuve apporterait à la Méditerranée le même volume d'eau qu'il transportait autrefois vers cette mer. époques, avant l'époque où les pays voisins de sa source étaient dépouillés de leurs bois, et où, probablement, sa profondeur moyenne n'était pas sujette à des variations aussi grandes qu'aujourd'hui. S'il en était ainsi, les forêts auraient cette valeur, celle de réguler, d'économiser en quelque sorte le drainage des eaux de pluie.

« Si les cours d'eau deviennent réellement plus rares à mesure que les défrichements s'étendent, il s'ensuit soit que les pluies sont moins abondantes, soit que l'évaporation est grandement favorisée par une surface qui n'est plus protégée par les arbres contre les rayons du soleil et du vent. Ces deux causes, agissant dans le même sens, doivent souvent être cumulatives dans leurs effets, et avant d'essayer de fixer la valeur de chacune, il convient de rechercher si c'est un fait établi que les eaux courantes diminuent à la surface d'un pays. dans lequel se poursuit un défrichement étendu ; en un mot, examiner si un fait apparent n'a pas été pris pour un fait réel. Et c'est là que réside le point pratique de la question ; car s'il est une fois établi que le défrichement diminue le volume des cours d'eau , il est moins important de savoir à quelle cause spéciale est dû cet effet. * * * Je n'attacherai de valeur qu'aux faits qui se sont déroulés sous les yeux de l'homme, comme c'est l'influence de ses travaux sur l'état météorologique de l'homme. l'ambiance que je propose d'estimer. Ce que je vais détailler a été observé particulièrement en Amérique, mais je m'efforcerai d'établir que ce que je crois être vrai de l'Amérique le serait également pour n'importe quel autre continent.

« Une des parties les plus intéressantes du Venezuela est sans doute la vallée d'Aragua. Située à peu de distance de la côte et dotée, de par son élévation, de climats variés et d'un sol d'une fertilité sans exemple, son agriculture embrasse à la fois les cultures adaptées aux régions tropicales et à l'Europe. Le blé réussit bien sur les hauteurs de Victoria. Limitée au nord par la chaîne côtière, au sud par un système de montagnes reliées aux Llanos, la vallée est fermée à l'est et l'ouest par des lignes de collines qui le ferment complètement. Par suite de cette configuration singulière, les rivières qui naissent en son sein, n'ayant aucun débouché sur l'océan, forment, par leur union, le beau lac de Tacarigua ou Valencia. Ce lac, selon à Humboldt, est plus grande que celle de Neufchâtel ; elle est à une altitude de 439 mètres [= 1,460 pieds anglais] au-dessus de la mer, et sa plus grande longueur n'excède pas deux lieues et demie [= sept milles anglais].

"Lors de la visite de Humboldt dans la vallée d'Aragua, les habitants furent frappés par la diminution progressive que le lac subissait depuis trente ans. En effet, en comparant les descriptions données par les historiens avec son état réel, en tenant même largement compte par exagération, il était facile de voir que le niveau était considérablement abaissé. Les faits parlaient d'eux-mêmes. Oviedo, qui, vers la fin du XVIe siècle, avait souvent parcouru la vallée d'Aragua, dit positivement que la Nouvelle-Valence fut fondée, en 1555, à une demi-lieue du lac de Tacarigua ; en 1800, Humboldt fonda cette ville à 5 260 mètres [= 3 ⅓ English miles] du rivage.

« L'aspect du sol en a fourni de nouvelles preuves. Beaucoup de buttes de la plaine conservent le nom d'îles, qu'elles portaient plus justement lorsqu'elles étaient entourées d'eau. Le sol mis à nu par le retrait du lac fut converti en d'admirables plantations de coton. , bananes et canne à sucre; et les bâtiments érigés près du lac montraient l'affaissement des eaux d'année en année. En 1796, de nouvelles îles firent leur apparition. Un point militaire important, une forteresse construite en 1740 sur l'île de Cabrera, fut tantôt sur une péninsule, et enfin sur deux îles granitiques, celles de Cura et de Cabo Blanco, Humboldt observa parmi les arbustes, à quelques mètres au-dessus de l'eau, du sable fin rempli d'hélicites.

« Ces faits clairs et positifs suggéraient de nombreuses explications, toutes supposant un écoulement souterrain, qui permettait le rejet de l'eau dans l'océan. Humboldt écarta ces hypothèses, et, après un examen attentif de la localité, le distingué voyageur n'hésita pas à attribuer la diminution des eaux du lac aux nombreux défrichements qui avaient été faits dans la vallée d'Aragua depuis un demi-siècle.

« En 1800, la vallée d'Aragua possédait une population aussi dense que celle d'aucune des régions les plus peuplées de France. * * * Telle était la condition prospère de ce beau pays lorsque Humboldt occupa l'Hacienda de Cura.

" Vingt-deux ans plus tard, j'ai exploré la vallée d'Aragua, fixant ma résidence dans la petite ville de Maracay. Depuis quelques années auparavant, les habitants avaient constaté que les eaux du lac ne se retiraient plus, mais, au contraire, Les terres, peu auparavant occupées par des plantations, étaient submergées. Les îles de Nuevas Aparecidas, apparues au-dessus de la surface en 1796, étaient redevenues des hauts-fonds dangereux pour la navigation. Cabrera, langue de terre du côté nord de la mer. La vallée, était si étroite que la moindre montée des eaux l'inondait complètement. Un vent du nord prolongé suffisait pour inonder la route entre Maracay et New Valencia. Les craintes que les habitants des rives avaient si longtemps nourries furent renversées. ceux qui avaient expliqué la diminution du lac par la supposition de canaux souterrains étaient soupçonnés de les obstruer, pour donner raison.

"Au cours des vingt-deux années qui s'étaient écoulées, d'importants événements politiques s'étaient produits. Le Venezuela n'appartenait plus à l'Espagne. La paisible vallée d'Aragua avait été le théâtre de luttes sanglantes, et une guerre d'extermination avait désolé ces terres souriantes et décimé leurs habitants. Au premier cri de l'indépendance, un grand nombre d'esclaves trouvèrent leur liberté en s'enrôlant sous les bannières de la nouvelle république : les grandes plantations furent abandonnées, et la forêt, qui sous les tropiques empiète si rapidement, eut bientôt repris une grande proportion. du sol que l'homme en avait arraché au prix de plus d'un siècle de labeur constant et pénible.

« A l'époque de la prospérité croissante de la vallée d'Aragua, les principaux affluents du lac étaient détournés pour servir à l'irrigation, et les rivières étaient à sec pendant plus de six mois de l'année. A l'époque de ma visite, leur les eaux, inutilisées, coulaient librement. »

Boussingault poursuit en déclarant que deux lacs près d'Ubate en Nouvelle-Grenade, à une altitude de 2 562 mètres (= 8 500 pieds anglais), où règne une température constante de 14° à 16° centigrades [= 57°, 61° Fahrenheit], avaient n'en formait qu'un, un siècle avant sa visite ; que les eaux se retiraient peu à peu, et les plantations s'étendaient sur le lit abandonné ; que, par enquête auprès d'anciens chasseurs et par examen des registres paroissiaux, il a constaté que de vastes défrichements avaient été faits et étaient toujours en cours.

Il constata aussi que la longueur du lac de Fuquené, dans la même vallée, avait été réduite, en deux siècles, de dix lieues à une lieue et demie, et sa largeur de trois lieues à une. A l'époque précédente, le bois était abondant, et les montagnes voisines étaient couvertes, jusqu'à une certaine hauteur, de chênes américains, de lauriers et d'autres arbres d'espèces indigènes ; mais au moment de sa visite, les montagnes avaient été presque entièrement dépouillées de leur bois, principalement pour fournir du combustible aux salines. Notre auteur ajoute que d'autres cas, semblables à ceux déjà détaillés, pourraient être cités, et il montre ensuite, par plusieurs exemples, que les eaux d'autres lacs dans les mêmes régions, où les vallées avaient toujours été dénuées de bois, ou où les forêts n'avaient pas été bouleversées, n'avaient subi aucun changement de niveau.

Boussingault soutient en outre que les lacs de Suisse ont subi une baisse de niveau depuis la destruction trop répandue des bois, et arrive à la conclusion générale que, « dans les pays où de grands défrichements ont été faits, il y a eu très probablement une diminution du niveau des lacs. les eaux vives qui coulent à la surface du sol. » Il appuie encore cette conclusion par deux exemples : l'un, où une belle source, au pied d'une montagne boisée de l'île de l'Ascension, tarit lorsque la montagne fut défrichée, mais réapparut lorsque le bois fut replanté ; l'autre à Marmato, dans la province de Popayan, où les cours d'eau employés à l'entraînement des machines furent beaucoup diminués en volume, dans les deux ans qui suivirent le défrichement des hauteurs d'où ils s'approvisionnaient. Ce dernier cas est intéressant, car, bien que les pluviomètres, établis dès que la diminution des eaux commençait à exciter l'alarme, indiquaient une chute de pluie plus importante pour la deuxième année d'observation que pour la première, il n'y avait cependant pas d'augmentation appréciable des précipitations. le débit des ruisseaux du moulin. De ces cas, l'éminent physicien déduit que des défrichements locaux très restreints peuvent diminuer et même supprimer les sources et les ruisseaux, sans aucune réduction de la quantité totale de pluie.

On aura remarqué que ces observations, à l'exception des deux derniers cas, ne portent pas directement sur la question de la diminution des sources par les défrichements, mais elles la déduisent logiquement de l'affaissement des réservoirs naturels que les sources une fois remplies. Toutefois, les preuves positives ne manquent pas à ce sujet.

Marschand cite les exemples suivants : « Avant l'abattage des bois, depuis quelques années, dans la vallée de la Soulce, la Combe-ès-Mounin et la Petite Vallée, la Sorne fournissait une alimentation en eau régulière et suffisante pour les sidérurgie d'Unterwyl, qui n'était presque pas affectée par la sécheresse ni par les fortes pluies. La Sorne est devenue aujourd'hui un torrent, chaque averse occasionne une crue, et après quelques jours de beau temps, le courant tombe si bas qu'il a fallu changer les roues hydrauliques, parce que celles de l'ancienne construction ne sont plus capables d'entraîner les machines, et enfin introduire une machine à vapeur pour éviter l'arrêt des travaux par manque d'eau.

"Lorsque l'usine de Saint-Ursanne fut établie, la rivière qui lui fournissait l'énergie était abondante, connue et éprouvée depuis longtemps, et avait, de temps immémorial, suffi aux machines d'une usine précédente. Par la suite, les bois proches de ses sources furent coupés. En conséquence, l'approvisionnement en eau a diminué, l'usine a eu besoin d'eau pendant la moitié de l'année et a finalement été obligée de s'arrêter complètement.

« La source de Combefoulat, dans la commune de Seleate, était connue comme une des meilleures du pays ; elle était remarquablement abondante et suffisante, malgré les plus sévères sécheresses, pour alimenter toutes les fontaines de la ville ; mais, comme dès que des forêts considérables furent abattues dans la Combe-de-pré Martin et dans la vallée de Combefoulat, la fameuse source qui coule au-dessous de ces bois est devenue un simple fil d'eau et disparaît complètement dans les temps de sécheresse.

"La source de Varieux, qui alimentait autrefois le château de Pruntrut, a perdu plus de la moitié de son eau après le défrichement de Varieux et de Rongeoles. Ces bois ont été replantés, les jeunes arbres poussent bien, et avec les bois, les eaux du le printemps augmente.

"La Source aux Chiens entre Pruntrut et Bressancourt a entièrement disparu depuis que les forêts environnantes ont été mises en culture.

"La Source du Loup, sur la commune de Soubey, fournit un exemple remarquable de l'influence des bois sur les fontaines. Il y a quelques années cette source n'existait pas. A l'endroit où elle prend sa source aujourd'hui, un petit filet d'eau a été observé après de très longues pluies, mais le ruisseau a disparu avec la pluie. L'endroit est au milieu d'un pâturage très escarpé incliné vers le sud. Il y a quatre-vingts ans, le propriétaire du terrain, s'apercevant que de jeunes sapins poussaient dans la partie supérieure du elle, résolue à les laisser croître, et ils formèrent bientôt un bosquet florissant. Dès qu'ils furent bien développés, une belle source apparut à la place d'un ruisseau occasionnel, et fournissait une eau abondante dans les plus longues sécheresses. Pendant quarante ou cinquante ans, cette source était considérée comme la meilleure du Clos du Doubs. Depuis quelques années, le bosquet a été abattu et le sol est redevenu pâturage. La source a disparu avec le bois, et est maintenant aussi sèche qu'il y a quatre-vingt-dix ans. " [197]

"L'influence de la forêt sur les sources", dit Hummel, "est démontrée de manière frappante par un exemple à Heilbronn. Les bois sur les collines entourant la ville sont coupés en succession régulière tous les vingt ans. À mesure que les coupes annuelles approchent d'un certain point, le les sources donnent moins d'eau, certaines n'en donnent pas du tout ; mais à mesure que les jeunes pousses poussent, elles deviennent de plus en plus librement, et finissent par bouillonner à nouveau dans toute leur abondance originelle. [198]

Piper déclare le cas suivant : « À environ 800 mètres de ma résidence, il y a un étang sur lequel se trouvent des moulins depuis longtemps, remontant, je crois, aux premiers établissements de la ville. Jusqu'à ce qu'au bout de vingt ou trente ans, l'approvisionnement en eau ait commencé à manquer. L'étang doit son existence à un ruisseau qui prend sa source dans les collines qui s'étendent à quelques kilomètres au sud. Durant la période mentionnée, ces collines, qui étaient recouverts d'une forêt dense, ont été presque entièrement dépouillés d'arbres ; et à la grande surprise et à la perte des propriétaires de moulins, l'eau de l'étang a manqué, sauf pendant la saison des crues crues ; et, ce dont on n'avait jamais entendu parler auparavant, le ruisseau lui-même a été entièrement à sec. Au cours des dix dernières années, une nouvelle croissance de bois a poussé sur la plupart des terres autrefois occupées par l'ancienne forêt, et maintenant l'eau coule toute l'année, malgré les grandes sécheresses des dernières années. ans, remontant à 1856. »

Le Dr Piper cite dans une lettre de William C. Bryant les remarques suivantes : « Il est courant d'observer que nos étés deviennent plus secs et nos cours d'eau plus petits. Prenons le Cuyahoga comme illustration. Il y a cinquante ans, de grandes barges chargées de marchandises partaient le long de cette rivière, et l'un des navires engagés dans la bataille du lac Érié, dans laquelle le vaillant Perry fut victorieux, fut construit à Old Portage, à six milles au nord d'Albion, et flotta jusqu'au lac. Au stade ordinaire de l'eau, un canot ou un skiff peuvent difficilement descendre le cours d'eau. De nombreux bateaux pesant cinquante tonnes ont été construits et chargés dans les Tuscarawas, à New Portage, et ont navigué jusqu'à la Nouvelle-Orléans sans se briser en vrac. Maintenant, la rivière " New Portage n'offre guère d'approvisionnement en eau pour le canal. La même chose peut être dite des autres cours d'eau : ils s'assèchent. Et pour la même cause - la destruction de nos forêts - nos étés sont de plus en plus secs et nos hivers plus froids. " [199]

Aucun observateur n'a étudié avec plus de soin l'influence de la forêt sur l'écoulement des eaux, ni raisonné avec plus d'habileté sur les phénomènes constatés que Cantegril. Les faits présentés dans le cas suivant, communiqué par lui à l' *Ami des Sciences* en décembre 1859, sont aussi concluants qu'un seul exemple peut l'être :

« Sur le territoire de la commune de Labruguière, est une forêt de 1.834 hectares, connue sous le nom de Forêt de Montaut, et appartenant à cette commune. Elle s'étend le long du versant nord de la Montagne Noire. le sol est granitique, l'altitude maximale est de 1 243 mètres [4 140 pieds] et l'inclinaison varie entre 15 et 60 à 100.

« Un petit courant d'eau, le ruisseau de Caunan, prend sa source dans cette forêt, et reçoit les eaux des deux tiers de sa surface. A l'extrémité inférieure du bois et sur le ruisseau se trouvent plusieurs fulleries, chacune exigeant une force de huit chevaux-vapeur pour entraîner les roues hydrauliques qui actionnent les tamponneurs. La commune de Labruguière était depuis longtemps célèbre pour son opposition aux lois forestières. Les intrusions et les abus du droit de pâturage avaient transformé le bois en un immense déchet, ainsi que cette vaste propriété suffisait à peine maintenant à payer les dépenses de sa protection et à fournir aux habitants une maigre provision de combustible. Tandis que la forêt était ainsi ruinée et le sol ainsi mis à nu, l'eau, après chaque pluie abondante, faisait un L'éruption dans la vallée entraîna une grande quantité de cailloux qui obstruent encore le courant du Caunan. La violence des crues fut parfois telle qu'on fut obligé d'arrêter les machines pendant quelque temps. Au cours de l'été, un autre inconvénient se fit sentir. Si le temps sec durait un peu plus longtemps que d'habitude, l'approvisionnement en eau devenait insignifiant. Chaque foulerie ne pouvait pour la plupart employer qu'un seul groupe d'estampeurs, et il n'était pas rare de voir les travaux entièrement suspendus.

« Après 1840, l'autorité municipale réussit à éclairer la population sur ses véritables intérêts. Protégée par une surveillance plus vigilante, aidée par une replantation bien conduite, la forêt n'a cessé de s'améliorer jusqu'à nos jours. forêt, la condition des manufactures est devenue de moins en moins précaire, et l'action de l'eau est complètement modifiée. Par exemple, il n'y a plus d'inondations soudaines et violentes qui obligent à arrêter les machines. dans le débit jusqu'à six ou huit heures après le début de la pluie ; les crues suivent une progression régulière jusqu'à atteindre leur maximum, et diminuent de la même manière. Enfin les fulleries ne sont plus obligées de suspendre les travaux en été ; les eaux est toujours suffisamment abondant pour permettre l'emploi de deux séries de tampons au moins, et souvent même de trois.

« Cet exemple est remarquable en ce sens que, toutes autres circonstances étant restées les mêmes, les changements dans l'action du cours d'eau ne peuvent être attribués qu'à la restauration de la forêt, changements qui peuvent se résumer ainsi : diminution des eaux de crue. pendant les pluies – augmentation des livraisons aux autres saisons.

### *La forêt en hiver.*

Pour bien apprécier l'importance de la forêt comme appareil naturel d'accumulation de l'eau qui tombe en surface et de la transmettre aux couches sous-jacentes, il faut comparer l'état et les propriétés de son sol avec celles des terres défrichées et cultivées, et examiner les par conséquent une action différente de ces sols aux différentes saisons de l'année. La disparité entre eux est la plus grande dans les climats où, comme dans les États d'Amérique du Nord et dans le nord de l'Europe, les terrains découverts gèlent et restent imperméables à l'eau pendant une partie considérable de l'hiver ; cependant, même dans les climats où la terre ne gèle pas du tout, les bois ont encore une influence importante du même caractère. La différence est encore plus grande dans les pays qui ont des saisons humides et sèches régulières, les pluies étant très fréquentes dans la première période, tandis que dans la seconde elles ne surviennent presque pas. Ces pays se trouvent principalement sous les tropiques ou à proximité, mais ils ne manquent pas de latitudes plus élevées ; car une grande partie de la Turquie asiatique et même européenne est presque entièrement privée de pluies d'été. Dans les principales régions occupées par la culture européenne, et là seules où les questions discutées dans ce volume sont reconnues comme ayant, à l'heure actuelle, une quelconque importance pratique, la pluie tombe en toutes saisons, et c'est sur ces régions que, sur ce point ainsi que sur d'autres, je limite principalement mon attention.

L'influence de la forêt sur les eaux de la terre a été plus étudiée en France que dans toute autre partie du monde civilisé, parce que ce pays a, dans les temps récents, le plus gravement souffert de la destruction des bois. Mais dans les provinces méridionales de cet empire, où les maux résultant de cette cause se font le plus sentir, les hivers ne sont pas accompagnés de beaucoup de gel, tandis que, dans le nord de l'Europe, où les hivers sont assez rigoureux pour geler le sol jusqu'à la profondeur de quelques centimètres, voire quelques pieds, une atmosphère humide et des pluies estivales fréquentes empêchent le tarissement des sources observé aux latitudes méridionales lorsque les bois ont disparu. Pour ces raisons, le caractère spécifique de la forêt, réservoir hivernal d'humidité dans les pays à atmosphère froide et sèche, n'a pas retenu autant d'attention en France et en Europe du Nord qu'il le mérite aux Etats-Unis, où un climat excessif rend cette fonction des bois est plus importante.

Dans la Nouvelle-Angleterre, si irrégulier que soit le climat, les premières neiges automnales tombent généralement avant que le sol ne soit complètement gelé, ou lorsque le gel s'étend au maximum jusqu'à une profondeur de quelques centimètres seulement. Dans les bois, surtout ceux situés sur les crêtes élevées qui assurent l'irrigation naturelle du sol et alimentent les fontaines et les ruisseaux pérennes, le sol reste couvert de neige pendant l'hiver ; car les arbres protègent la neige du vent de la surface générale dans les dépressions, et de nouvelles accessions sont reçues avant que la couverture déposée par la première chute ne soit fondue. La neige est d'une couleur défavorable au rayonnement, mais, même lorsqu'elle est d'une épaisseur considérable, elle n'est pas totalement imperméable aux rayons du soleil, et pour cette raison, ainsi qu'à la chaleur des couches inférieures, la croûte gelée, s'il s'en forme, il dégèle bientôt et ne retombe plus au-dessous du point de congélation pendant l'hiver.

La neige en contact avec la terre commence alors à fondre, plus ou moins rapidement, selon la température relative de la terre et de l'air, tandis que l'eau résultant de sa dissolution est absorbée par la moisissure végétale et entraînée par infiltration ainsi vite que la neige et les couches de feuilles en contact avec elle semblent souvent relativement sèches, alors qu'en fait la surface inférieure de la première est dans un état de dégel perpétuel. Sans doute une certaine proportion de la neige est restituée à l'atmosphère par évaporation directe, mais dans les bois elle est partiellement protégée de l'action du soleil, et comme très peu d'eau s'écoule en hiver par les cours d'eau superficiels, sauf dans de rares cas. En cas de dégel soudain, il ne fait aucun doute que la plus grande partie de la neige déposée dans la forêt fond lentement et est absorbée par la terre.

La quantité de neige qui tombe dans les forêts étendues, loin de la rase campagne, a rarement été déterminée par observation directe, car il existe peu de stations météorologiques dans de telles situations. Dans les États frontaliers du nord-est de l'Union américaine, le sol des forêts profondes est couvert de neige pendant quatre ou cinq mois, et la proportion de l'eau qui tombe sous forme de neige ne dépasse pas un cinquième des précipitations totales de l'année. [200] Quoique, dans les terrains découverts, la neige et la glace s'évaporent avec une grande rapidité par temps clair, même lorsque le thermomètre est bien au-dessous du point de congélation, la surface de la neige dans les bois n'indique pas une grande perte de cette manière. De très petits dépôts de flocons de neige restent non évaporés dans la forêt, car plusieurs jours après que la neige tombée en même temps dans le champ défriché a disparu sans qu'un dégel ne la fasse fondre ni un vent assez puissant pour l'emporter. Même dénudés de leurs feuilles, les arbres d'un bois gênent, dans une mesure importante, à la fois l'action directe des rayons du soleil sur la neige et le mouvement des vents desséchants et dégelants.

Le Dr Piper rapporte les observations suivantes : « Un corps de neige, d'un pied de profondeur et de seize pieds carrés, était protégé du vent par une clôture en planches serrées d'environ cinq pieds de haut, tandis qu'un autre corps de neige, beaucoup plus abrité du vent. soleil que le premier, six pieds de profondeur et environ seize pieds carrés, était entièrement exposé au vent. Lorsque le dégel se produisit, qui dura environ quinze jours, la plus grande masse de neige fut entièrement dissoute en moins d'une semaine, tandis que le corps plus petit n'avait pas entièrement disparu à la fin de la deuxième semaine.

"Des quantités égales de neige étaient placées dans des récipients de même nature et de même capacité, la température de l'air étant de soixante-dix degrés. Dans un cas, un courant d'air constant passait au-dessus du récipient ouvert, tandis que l'autre était protégé par un La neige dans le premier a été dissoute en seize minutes, tandis que dans le second il restait une petite proportion non dégelée au bout de quatre-vingt-cinq minutes. [201]

La neige dans les bois est protégée de la même manière, mais pas littéralement dans la même mesure que par la clôture dans l'un de ces cas et par la couverture dans l'autre. Une petite partie des précipitations hivernales est donc perdue par évaporation et, à mesure qu'elles fondent lentement au fond, elles sont absorbées par la terre, et une très petite quantité d'eau s'écoule de la surface. L'immense importance de la forêt, en tant que réservoir de ce stock d'humidité, apparaît clairement si l'on considère qu'une grande partie des pluies d'été s'écoule soit dans les vallées et les rivières, parce qu'elles tombent plus vite que le sol ne peut les absorber, soit dans les vallées et les rivières, parce qu'elles tombent plus vite que le sol ne peut les absorber ; ou, si elle est absorbée par les couches superficielles chaudes, elle s'évapore sans s'enfoncer assez profondément pour atteindre les puits et les sources, qui, bien entendu, dépendent beaucoup des pluies et des neiges hivernales pour leur approvisionnement total. Cette observation, bien que particulièrement vraie pour les terrains défrichés et cultivés, n'est pas totalement inapplicable à la forêt, surtout lorsque, comme c'est trop souvent le cas en Europe, le sous-bois et les feuilles pourries sont enlevés.

L'effet général de la forêt dans les climats froids est d'assimiler l'état hivernal du sol à celui des régions boisées sous des ciels plus doux ; et c'est une circonstance qu'il convient de noter qu'en Europe du Sud, où la nature a refusé à la terre un chaud vêtement d'hiver de neige floconneuse, elle a, par une de ces compensations dont son empire est si riche, revêtu les flancs des collines de les pins parasols, les ilex, les chênes-lièges et autres arbres à feuillage persistant, dont les feuilles persistantes offrent au sol une protection analogue à celle que lui confère la neige dans les climats plus septentrionaux.

L'eau absorbée par le sol en hiver coule jusqu'à rencontrer une couche plus ou moins imperméable ou saturée, puis, par des conduits invisibles, se fraye lentement un chemin jusqu'aux canaux des sources, ou suinte du sol en gouttes qui s'unissent. dans les ruisseaux, et ainsi tout est transporté vers les plus grands ruisseaux, et par eux finalement vers la mer. L'eau, en s'infiltrant à travers les couches végétales et minérales, acquiert leur température et est chimiquement affectée par leur action, mais elle transporte très peu de matières en suspension mécanique.

Le processus que j'ai décrit est lent, et l'apport d'humidité provenant de la neige, augmenté par les pluies des saisons suivantes, maintient le sol forestier, là où la surface est plane ou modérément inclinée, dans un état de saturation pendant toute la durée du processus. presque toute l'année. Les rivières alimentées par des sources et ombragées par des bois sont relativement uniformes en volume, en température et en composition chimique. Leurs rives sont peu abrasées et leurs cours ne sont pas très obstrués par les chutes de bois, ni par la terre et le gravier emportés par les hautes terres. Leurs canaux ne sont sujets qu'à des changements lents et graduels, et ils n'entraînent vers les lacs et la mer aucune accumulation de sable ou de limon pour remplir leurs exutoires et, en élevant leurs lits, pour les forcer à s'étendre sur les terrains bas proches. leur bouche. [202]

Dans cet état de choses, les tendances destructrices de toutes sortes sont arrêtées ou compensées, et les arbres, les oiseaux, les bêtes et les poissons trouvent une uniformité constante de conditions très favorable à leur coexistence régulière et harmonieuse.

## *Conséquences générales de la destruction de la forêt.*

Avec la disparition de la forêt, tout change. À une saison, la terre se sépare de sa chaleur par rayonnement vers un ciel ouvert ; à une autre, elle reçoit une chaleur immodérée provenant des rayons non obstrués du soleil. Le climat devient alors excessif, et le sol est tour à tour desséché par les ferveurs de l'été et brûlé par les rigueurs de l'hiver. Des vents froids balayent sans résistance sa surface, emportent la neige qui la protégeait du gel et assèchent sa maigre humidité. Les précipitations deviennent aussi régulières que la température ; les neiges fondantes et les pluies printanières, qui ne sont plus absorbées par une terre végétale meuble et absorbante, se précipitent sur la surface gelée et se déversent dans les vallées vers la mer, au lieu de remplir un lit de terre absorbante et d'accumuler une réserve d'humidité pour se nourrir. sources pérennes. Le sol est dépouillé de sa couverture de feuilles, brisé et ameubli par la charrue, privé des radicelles fibreuses qui le maintenaient ensemble, séché et pulvérisé par le soleil et le vent, et enfin épuisé par de nouvelles combinaisons. La face de la terre n'est plus une éponge, mais un amas de poussière, et les flots que les eaux du ciel déversent sur elle se précipitent rapidement le long de ses pentes, entraînant en suspension d'immenses quantités de particules terreuses qui augmentent le pouvoir abrasif et la force mécanique. du courant, et, augmentés par le sable et le gravier des berges qui s'effondrent, remplissent les lits des ruisseaux, les détournent vers de nouveaux canaux et obstruent leurs débouchés. Les ruisseaux, privés de leur ancienne régularité d'approvisionnement et privés de l'ombre protectrice des bois, sont chauffés, évaporés et ainsi réduits dans leurs courants d'été, mais gonflés en torrents déchaînés en automne et au printemps. De ces causes, il y a une dégradation constante des hautes terres, et une élévation conséquente des lits des cours d'eau et des lacs par le dépôt des matières minérales et végétales entraînées par les eaux. Les canaux des grands fleuves deviennent impraticables, leurs estuaires sont obstrués et les ports qui abritaient autrefois de grandes marines sont entourés de dangereux bancs de sable. La terre, dépouillé de sa glebe végétale, devient de moins en moins productive et, par conséquent, moins capable de se protéger en tissant un nouveau réseau de racines pour lier ses particules entre elles, un nouveau tapis de gazon pour la protéger du vent et du soleil et pluie décapante. Petit à petit, il devient complètement stérile. Le lessivage du sol des montagnes laisse à nu des crêtes de roche stérile, et la riche moisissure organique qui les recouvrait, maintenant balayée dans les basses terres humides, favorise une luxuriance de végétation aquatique qui engendre la fièvre et des formes plus insidieuses de maladies mortelles. , par sa décomposition, et ainsi la terre est rendue impropre à l'habitation de l'homme. [203]

A la vérité générale de ce triste tableau, il existe de nombreuses exceptions, même dans les pays aux climats excessifs. Certaines d'entre elles sont dues à des conditions favorables de surface, de structure géologique et de répartition des pluies ; dans beaucoup d'autres, les conséquences néfastes de l'imprévoyance de l'homme n'ont pas encore été éprouvées, uniquement parce qu'un temps suffisant ne s'est pas écoulé, depuis l'abattage de la forêt, pour leur permettre de se développer. Mais la vengeance de la nature pour la violation de ses harmonies, quoique lente, est certaine, et la détérioration graduelle du sol et du climat dans des régions aussi exceptionnelles est aussi certainement le résultat de la destruction des bois que tout effet naturel qui en suit la cause. .

Dans le vaste fouillis de grossièretés que l'ambition encyclopédique du Pline aîné et sa crédulité prompte ont rassemblées, nous rencontrons quelques observations judicieuses. Parmi celles-ci, il faut compter la remarque avec laquelle il accompagne sa déclaration extraordinaire concernant la prévention des sources par la croissance des arbres forestiers, bien que, comme c'est son habitude chez lui, sa philosophie soit fausse. "Des torrents destructeurs se forment généralement lorsque les collines sont dépouillées des arbres qui autrefois confisquaient et absorbaient les pluies." L'absorption dont il est question ici n'est pas celle du sol, mais celle des racines qui, supposait Pline, buvaient l'eau pour nourrir la croissance des arbres.

Bien que cet effet néfaste particulier d'un défrichement trop étendu ait été remarqué si tôt, la leçon semble avoir été vite oubliée. La législation du Moyen Âge en Europe est pleine de dispositions absurdes concernant les forêts, que les souverains tantôt détruisaient parce qu'elles fournissaient une retraite aux rebelles et aux voleurs, tantôt les protégeaient parce qu'elles étaient nécessaires à l'élevage des cerfs et des sangliers pour la chasse, et tantôt les épargnaient. une vision plus éclairée de la garantie d'un approvisionnement en bois et en combustible pour les générations futures. [204] Il était réservé aux époques ultérieures d'apprécier leur importance géographique, et ce n'est que très récemment, seulement dans quelques pays européens, que l'abattage trop général des bois a été reconnu comme la plus destructrice parmi les nombreuses causes. de la détérioration physique de la terre.

### *État de la forêt et littérature dans différents pays.*

La littérature sur la forêt, qui en Angleterre et en Amérique n'est pas encore suffisamment étendue pour être connue comme une branche particulière de la littérature, compte ses milliers de volumes en Allemagne, en Italie et en France. C'est peut-être dans ce dernier pays que les relations des bois avec le drainage régulier du sol, et surtout avec la permanence de la configuration naturelle de la surface terrestre, ont été le plus étudiées. D'un autre côté, c'est en Allemagne que les aspects purement économiques de la sylviculture ont été exposés de la manière la plus satisfaisante et que cet art a été discuté avec le plus de philosophie et pratiqué avec le plus d'habileté et de succès.

L'éminence des hydrographes théoriciens italiens et la grande capacité des ingénieurs hydrauliques italiens sont bien connues, mais l'importance géographique spécifique des bois n'a pas été aussi clairement reconnue en Italie que dans les États limitrophes au nord et à l'ouest. Il est vrai que la face de la nature a été aussi complètement révolutionnée par l'homme, et que l'action des torrents a créé dans ce pays une dévastation aussi vaste et aussi désespérée qu'en France ; mais dans l'Empire français, la désolation produite par le défrichement des forêts est plus récente, [205] s'est produite plus soudainement, et suscite par conséquent un intérêt plus vif et plus général qu'en Italie, où l'opinion publique ne relie pas si facilement l'effet avec sa véritable cause. L'Italie aussi, par habitude ancienne, emploie peu de bois dans la construction architecturale ; depuis des générations, elle n'a entretenu aucune marine militaire ou commerciale suffisamment grande pour nécessiter des quantités exhaustives de bois, [206] et la douceur de son climat exige peu de bois comme combustible. Outre ces circonstances, il faut se rappeler que les sciences d'observation ne sont devenues des connaissances d'application pratique qu'après que le mal était déjà en grande partie fait et même oublié dans l'Italie alpine, tandis que ses maux commençaient à peine à se faire sentir sensiblement en France lorsque les prétentions de la philosophie naturelle en tant qu'étude libérale ont été reconnues pour la première fois dans l'Europe moderne. L'ancienne situation politique de la péninsule italienne aurait effectivement empêché l'adoption d'un système général d'économie forestière, même si l'on aurait pu comprendre clairement l'importance d'une sage gestion de ce grand intérêt public. Les bois qui contrôlaient et régulaient le débit des sources fluviales se trouvaient très souvent dans une juridiction, les plaines devant être irriguées, ou inondées par les crues et désolées par les torrents, dans une autre. Le concert d'action sur un tel sujet entre une multitude de petites souverainetés jalouses était évidemment impossible, et seule l'union de tous les États italiens sous un seul gouvernement peut rendre pratique l'établissement de tels arrangements pour la conservation et la restauration des forêts et de la la régulation du débit des eaux qui est nécessaire au plein développement des ressources encore inépuisées de cette plus belle des terres, et même au maintien permanent de l'état actuel de sa géographie physique.

La dénudation des Apennins centraux et méridionaux et de la pente italienne des Alpes occidentales a commencé à une période d'une antiquité inconnue, mais elle ne semble pas avoir été poussée à une longueur très dangereuse jusqu'à ce que les conquêtes étrangères et le commerce étendu de Rome créent un la demande de bois pour la construction de navires et de matériel militaire a considérablement augmenté. Les Alpes orientales, les Apennins occidentaux et les Alpes maritimes ont conservé leurs forêts bien plus tard ; mais même ici, le manque de bois et les dommages causés aux plaines et à la navigation des rivières par les sédiments apportés par les torrents, ont conduit à une législation pour la protection des forêts, par la République de Venise au XVe siècle, par celle de Gênes dès le XVIIe au moins ; et Marschand déclare que ce dernier gouvernement a voté des lois obligeant les propriétaires des terres de montagne à replanter les bois. Ces mesures ne semblent toutefois pas avoir été effectivement appliquées. Il est très courant en Italie d'attribuer à l'occupation française sous le premier Empire tous les perfectionnements et tous les abus des temps récents, selon les sympathies politiques des individus ; et on dit souvent que les Français ont prosterné toutes les forêts qui ont disparu en un siècle. [207] Mais, quoi qu'il en soit, aucun système énergique de répression ou de restauration n'a été adopté par aucun des États italiens après la chute de l'Empire, et les impôts sur la propriété forestière dans certains d'entre eux étaient si onéreux que les municipalités rurales proposaient parfois de céder leurs bois communs au Gouvernement, sans autre compensation que la remise des taxes imposées sur les terres forestières. [208] Dans de telles circonstances, les forêts seraient bientôt déboisées, et là où les facilités de transport et une bonne demande de bois ont augmenté les incitations à l'abattre, comme sur les bords de la Méditerranée, la destruction de la forêt et tous les maux qui en découlent. y assister se sont déroulés à un rythme très alarmant. On a même calculé que les quatre dixièmes de la superficie des provinces ligures ont été emportés ou rendus impropres à la culture par l'abattage des bois. [209]

Le climat humide et froid de l'Angleterre nécessite l'entretien des feux domestiques pendant une grande partie de l'année. Les dispositifs destinés à économiser le carburant ont été introduits plus tard dans ce pays que sur le continent. Le sol, comme le ciel, était en général chargé d'humidité ; son état naturel était défavorable aux routes communes, et le transport par terre d'un matériau aussi lourd que le charbon, depuis les comtés éloignés où il était seul extrait au Moyen Âge, était coûteux et difficile. Pour toutes ces raisons, la consommation de bois fut importante, et les craintes de l'épuisement des forêts furent suscitées de bonne heure. La législation là-bas, comme ailleurs, s'est révélée inefficace pour les protéger, et de nombreux auteurs du XVIe siècle expriment à cet égard des craintes de graves conséquences dues au gaspillage économique du peuple. Harrison, dans son curieux chapitre "Of Woods and Marishes" de la compilation de Holinshed, se plaint du déclin rapide des forêts et ajoute : "Mais j'ose affirmer que si les bois se dégradent si vite au cours des cent prochaines années, Grâce, comme ils ont fait et sont prêts à faire en cela, * * * il est à craindre que le fennie bote, genêt, gazon, fiel, bruyère, sapin, freine, hennisse, lingue, meure, saccage, drapeaux, paille Le carex, le roseau, le jonc et aussi *le seacole* seront de bonnes marchandises dans la ville de Londres, où quelques-uns d'entre eux ont maintenant obtenu un passage et ont pris leurs possessions dans les salons des plus grands marchands. Je voudrais ne pas vivre plus longtemps que de voir quatre choses dans ce pays réformé, à savoir : le manque de discipline dans l'Église ; propriétaire : la tenue des foires et des marchés le dimanche doit être abolie et renvoyée aux mercredis : et cet homme chaque année, dans n'importe quelle partie du sol champêtre, possède quarante acres de terre, et au-delà, après ce taux, soit par acte libre, copie hold, ou fee farme, pourrait planter un acre de bois, ou semer le même avec du mât d'oke, du hasell, du hêtre, et des provisions suffisantes devraient être faites pour qu'il puisse être chéri et conservé. Mais je crains de vivre alors trop longtemps, et si longtemps, que je me lasse soit du monde, soit du monde de moi. » [210] « Silva » d'Evelyn, dont la première édition parut en 1664, a rendu un service extrêmement important à la cause des forêts, et il n'est pas douteux que les plantations ornementales dans lesquelles l'Angleterre surpasse de loin tous les autres pays, soient, dans une certaine mesure, le fruit de l'enthousiasme d'Evelyn. La plantation et l'entretien d'arbres isolés ont, jusqu'à récemment, été mieux compris que la sylviculture, l'ensemencement et l'entretien de la forêt. Mais cette dernière branche de l'amélioration rurale est maintenant pratiquée sur une échelle très considérable, bien que, autant que je sache, pas par le gouvernement national.

### *L'influence de la forêt sur les inondations.*

Outre la question climatique, dont j'ai déjà suffisamment parlé, et les inconvénients évidents d'un approvisionnement insuffisant en charbon de bois, en combustible et en bois pour la construction architecturale et navale et pour les mille autres usages auxquels le bois est appliqué dans l'économie rurale et domestique. , et dans les divers processus industriels de la vie civilisée, l'attention des forestiers et des économistes publics français a été spécialement attirée sur trois points, à savoir : l'influence des forêts sur la permanence et le débit régulier des sources ou fontaines naturelles ; sur les inondations par débordement des rivières ; et sur l'abrasion du sol et le transport de terre, de gravier, de cailloux et même de masses considérables de roches, des niveaux supérieurs aux niveaux inférieurs, par les torrents. Il existe cependant, liés à ce sujet général, plusieurs autres sujets d'intérêt mineur ou strictement local, ou de caractère plus incertain, dont j'aurai l'occasion de parler plus en détail ci-après.

Le premier de ces trois sujets principaux, l'influence des bois sur les sources et autres eaux vives, a déjà été examiné ; et si les faits énoncés dans cette discussion sont bien établis et que les conclusions que j'en ai tirées sont logiquement valables, il semblerait s'ensuivre, comme corollaire nécessaire, que l'action de la forêt est tout aussi importante pour diminuer la fréquence et la violence. des crues des rivières, comme pour assurer la permanence et l'égalité des fontaines naturelles ; car toute cause qui favorise l'absorption et l'accumulation de l'eau de précipitation par les couches superficielles du sol, pour être lentement rejetée par infiltration et percolation, doit, en empêchant l'écoulement rapide des eaux de surface dans les canaux naturels de drainage, tendre pour arrêter la crue soudaine des rivières, et par conséquent le débordement de leurs rives, qui constitue ce qu'on appelle l'inondation. La résistance mécanique qu'offrent également les troncs d'arbres et les sous-bois à l'écoulement de l'eau à la surface, tend également à retarder sensiblement la rapidité de sa descente dans les pentes, et à détourner et diviser les cours d'eau qui peuvent déjà s'être accumulés à partir de fils plus petits. de l'eau. [211]

Les inondations sont produites par l'incapacité des canaux naturels des rivières à évacuer les eaux de leurs bassins aussi vite que ces eaux s'y jettent. Conformément à l'économie habituelle de la nature, nous devrions présumer qu'elle avait partout pourvu aux moyens d'évacuer, sans perturbation de ses arrangements généraux ni destruction anormale de ses produits, les précipitations qu'elle répand sur la surface de la terre. L'observation confirme cette présomption, du moins dans les pays auxquels je limite mes recherches ; car, autant que nous connaissons les conditions primitives des régions occupées par l'homme au cours de la période historique, il semble que le débordement des berges des rivières ait été beaucoup moins fréquent et destructeur qu'aujourd'hui, ou, du moins, que les rivières sont montées et tombèrent moins brusquement avant que l'homme n'ait levé les freins naturels au drainage trop rapide des bassins d'où prennent leurs affluents. Les berges des rivières et des petits ruisseaux des colonies nord-américaines étaient autrefois peu abrasées par les courants. Même aujourd'hui, les arbres descendent presque jusqu'au bord de l'eau le long des rivières, dans les plus grandes forêts des États-Unis, et la surface des cours d'eau ne semble pas sujette à de grands changements de niveau ou de rapidité du courant. Une circonstance presque concluante quant à la régularité du débit des rivières forestières est qu'elles ne forment pas de grands dépôts sédimentaires, à leurs points de déversement dans des lacs ou des cours d'eau plus importants, ces accumulations commençant, ou du moins avançant beaucoup plus rapidement, après les vallées. sont effacés.

Dans le nord des États-Unis, bien que des inondations soient parfois produites au plus fort de l'été par de fortes pluies, on constatera généralement que la montée des eaux la plus rapide et, bien entendu, les « crues crues » les plus destructrices, telles qu'elles sont appelés en Amérique, sont produits par la dissolution soudaine de la neige avant le dégel du sol au printemps. Il arrive fréquemment qu'un puissant dégel se produise après une longue période de gel, et que la neige qui s'était accumulée pendant des mois soit dissoute et emportée en quelques heures. Lorsque la neige est épaisse, elle, selon une expression populaire, « enlève le givre du sol » dans les bois et, si elle reste assez longtemps, dans les champs aussi. Mais les neiges les plus abondantes tombent généralement après le milieu de l'hiver et sont suivies de pluies chaudes ou de soleil, qui dissolvent la neige sur le terrain défriché avant qu'elle n'ait eu le temps d'agir sur le sol gelé en dessous. Dans ce cas, la neige des bois est absorbée, à mesure qu'elle fond, par le sol qu'elle a protégé du gel, et ne contribue pas matériellement à gonfler le courant des rivières. Si le temps doux, dans lequel se produisent habituellement les grandes tempêtes de neige, ne persiste pas et ne se transforme pas en un dégel régulier, il est presque sûr qu'il sera suivi de vents soufflants, et l'inégalité avec laquelle ils répartissent la neige laisse les crêtes relativement nues, tandis que les dépressions. sont souvent remplis de congères atteignant plusieurs pieds de hauteur. Les collines deviennent gelées à une grande profondeur ; les dégels partiels suivants font fondre la neige superficielle, et l'eau coule dans les sillons des champs labourés et dans d'autres creux artificiels et naturels, puis gèle souvent en glace solide. Dans cet état de choses, presque toute la surface du terrain défriché est imperméable à l'eau, et, à cause de l'absence d'arbres et de la douceur générale du sol, elle offre peu de résistance mécanique aux courants superficiels. Si, dans ces circonstances, un temps chaud accompagné de pluie se produit, la pluie et la neige fondue sont rapidement précipitées vers le fond des vallées et rassemblées en torrents déchaînés.

Il faut en outre considérer que, bien que les sols labourés plus légers absorbent facilement une grande quantité d'eau, les prairies et toutes les terres lourdes et tenaces l'absorbent en quantités beaucoup plus petites et moins rapides que la terre végétale du sol. forêt. Les pâturages, les prairies et les sols argileux pris ensemble prédominent largement sur les champs sablonneux labourés, dans tous les grands districts agricoles, et donc, même si, dans le cas que nous supposons, les terrains découverts ont eu des chances d'avoir été dégelés avant la fonte des eaux . la neige qui la recouvre est déjà saturée d'humidité, ou le devient très vite, et, bien entendu, ne peut pas soulager la pression en absorbant davantage d'eau. La conséquence est que la face du pays est soudainement inondée d'une quantité de neige fondue et de pluie équivalente à une chute de six ou huit pouces de cette dernière, ou même davantage. Celui-ci s'écoule librement jusqu'aux rivières, souvent encore liées par d'épaisses glaces, et ainsi se produisent des inondations d'un caractère terriblement dévastateur. La glace éclate sous la pression hydrostatique d'en bas, ou est violemment déchirée par le courant, et est balayée par le courant impétueux, en grandes masses et avec une fureur irrésistible, contre les berges, les ponts, les barrages et les moulins érigés à proximité. L'écorce des arbres le long des rivières est souvent abrasée, à une hauteur de plusieurs pieds au-dessus du niveau de l'eau ordinaire, par des gâteaux de glace flottante, qui sont finalement échoués par la crue en retrait sur les prairies ou les labourages, pour retarder, par leur refroidissement. influence, l'avènement du printemps tardif.

La surface d'une forêt, dans son état naturel, ne peut jamais déverser de tels déluges d'eau que ceux provenant d'un sol cultivé. L'humus, ou moisissure végétale, est capable d'absorber près de deux fois son propre poids en eau. Le sol d'une forêt de feuillus est composé d'humus, plus ou moins non mélangé, jusqu'à une profondeur de plusieurs pouces, parfois même de pieds, et cette couche est ordinairement capable d'absorber toute l'eau pouvant résulter de la neige qui, à un moment donné. le temps le couvre. Mais la terre végétale ne cesse pas d'absorber l'eau lorsqu'elle devient saturée, car elle cède alors une partie de son humidité à la terre minérale en dessous, et est ainsi prête à recevoir un nouvel apport ; et, de plus, le lit de feuilles non encore moisies absorbe et retient une proportion très considérable d'eau de neige, ainsi que de pluie.

Dans les climats chauds de l'Europe méridionale, comme je l'ai déjà dit, les fonctions de la forêt, en ce qui concerne l'évacuation des eaux de précipitation, sont essentiellement les mêmes en toutes saisons et sont analogues à celles qu'elle remplit en toute saison. le nord des États-Unis en été. Ainsi, dans les premiers pays, les crues hivernales n'ont pas les caractéristiques qui les caractérisent dans les seconds, et l'influence conservatrice des bois en hiver n'est pas non plus aussi importante, bien qu'elle soit également incontestable.

Si les crues estivales aux États-Unis entraînent moins de dégâts pécuniaires que celles de la Loire et d'autres fleuves de France, du Pô et de ses affluents en Italie, de l'Emme et de ses torrents frères qui dévastent les vallées de Suisse, c'est en partie parce que les rives des rivières américaines ne sont pas encore bordées de villes, leurs rivages et les fonds qui les bordent ne sont pas encore couverts d'améliorations dont le coût se compte par millions, et, par conséquent, une moindre quantité de propriétés est exposée aux dommages par inondation. Mais l'exemption relative du peuple américain des terribles calamités que le débordement des rivières a provoquées sur certaines des plus belles parties du vieux monde doit, dans une plus grande mesure encore, être attribuée au fait que, malgré tous nos efforts irréfléchis , Par imprévoyance, nous n'avons pas encore mis à nu toutes les sources de nos cours d'eau, nous n'avons pas encore renversé toutes les barrières que la nature a érigées pour retenir ses propres énergies destructrices. Soyons sages à temps et profitons des erreurs de nos frères aînés !

L'influence de la forêt dans la prévention des inondations a été très généralement reconnue, à la fois comme déduction théorique et comme fait d'observation ; mais Belgrand et son commentateur Vallès ont déduit un résultat inverse de divers faits d'expérience et de considérations scientifiques. Ils prétendent que le drainage superficiel est plus régulier dans les terrains défrichés que dans les terrains boisés, et que le défrichement diminue plutôt qu'il n'augmente l'intensité des inondations. Aucune de ces conclusions n'est justifiée par leurs données ou leur raisonnement, et elles reposent en partie sur des faits qui, correctement interprétés, ne sont pas incompatibles avec les opinions reçues sur ces sujets, en partie sur des hypothèses qui sont contredites par l'expérience. Deux de ces dernières sont, premièrement, que les feuilles mortes dans la forêt constituent une couverture imperméable du sol sur laquelle s'écoule, et non à travers, l'eau des pluies et des neiges fondantes, et deuxièmement, que les racines des arbres pénètrent et étouffent. les fissures des roches, de manière à empêcher le passage de l'eau à travers les canaux que la nature a prévus pour sa descente vers les couches inférieures.

Quant au premier d'entre eux, nous pouvons faire appel à des faits familiers, connus personnellement de tout homme familiarisé avec les opérations de la nature sylvestre. J'ai sous les yeux une lettre d'un observateur avisé et expérimenté, contenant ce paragraphe : "Je pense que l'eau de pluie ne coule jamais, sauf en quantités très minimes, sur les feuilles des bois en été ou en automne. L'eau ne coule que sur elles." au printemps, lorsqu'ils sont pressés doucement et de manière compacte, état dans lequel ils ne restent que jusqu'à ce qu'ils soient secs, lorsque le retrait et l'action du vent rendent bientôt la surface rugueuse de manière à arrêter efficacement, par absorption, tout écoulement d'eau. ". J'ai observé que lorsqu'un gel soudain succède à un dégel à la fin de l'hiver, après que la neige a en grande partie disparu, l'eau dans et entre les couches de feuilles gèle parfois en une croûte solide, qui permet à l'eau de s'écouler dessus. Mais cela ne se produit que dans les dépressions et à une très petite échelle ; et la glace ainsi formée est si vite dissoute qu'aucun effet sensible n'est produit sur l'évacuation de l'eau de la surface générale.

Quant à l'influence des racines sur le drainage, je crois qu'il n'est pas douteux qu'elles, indépendamment de leur action absorbante, le favorisent mécaniquement. Non-seulement l'eau du sol les suit vers le bas, [212] mais leur croissance tend puissamment à élargir les crevasses de la roche dans lesquelles ils pénètrent ; et comme les fissures des roches sont des orifices longitudinaux et non de simples orifices circulaires, chaque ligne de largeur supplémentaire gagnée par la croissance des racines à l'intérieur de celles-ci augmente la superficie de la crevasse proportionnellement à sa longueur. Par conséquent, l'élargissement d'une fissure jusqu'à un pouce pourrait donner un drainage supplémentaire égal à un pied carré de tube ouvert.

Les observations et les raisonnements de Belgrand et Vallès, même si leurs conclusions n'ont pas été acceptées par beaucoup, sont très importants à un certain point de vue. Ces auteurs insistent beaucoup sur la nécessité de prendre en compte, dans l'estimation des relations entre précipitations et évaporation, le prélèvement d'eau de surface et les courants de surface, par absorption et infiltration, élément certes d'une grande valeur, mais jusqu'ici très négligé par les études météorologiques. des chercheurs, qui ont très souvent raisonné comme si la surface de la terre était soit imperméable à l'eau, soit déjà saturée d'eau ; alors qu'en fait, c'est une éponge, qui s'imprègne toujours de l'humidité et la restitue toujours, non seulement par évaporation, mais par infiltration et percolation.

Les effets destructeurs des inondations, considérées simplement comme une puissance mécanique par laquelle la vie est mise en danger, les récoltes détruites et les constructions artificielles de l'homme renversées, sont très terribles. Jusqu'à présent, cependant, le déluge est un mal temporaire et en aucun cas irréparable, car si ses ravages s'arrêtent là, les puissances prolifiques de la nature et l'industrie de l'homme restaureront bientôt ce qui avait été perdu, et la face de la terre ne sera plus visible. porte les traces du déluge qui l'avait submergé. Les inondations ont même leurs compensations. Les structures qu'ils détruisent sont remplacées par des constructions meilleures et plus sûres, et s'ils balayent une récolte de maïs, il n'est pas rare qu'ils laissent derrière eux, à mesure qu'ils s'affaissent, un dépôt fertilisant qui enrichit le champ épuisé pendant une succession de saisons. [213] Si donc l'écoulement trop rapide des eaux superficielles ne provoquait d'autre mal que de produire, une fois tous les dix ans en moyenne, une inondation qui devait détruire la récolte des basses terres le long des rivières, le dommage serait trop insignifiante et d'un caractère trop passager pour justifier les inconvénients et les dépenses impliqués dans les mesures que les juges les plus compétents dans de nombreuses parties de l'Europe estiment que les gouvernements respectifs devraient prendre pour y éviter.

### *Action destructrice des torrents.*

Mais les grands dégâts, irréparables, épouvantables qui ont déjà résulté et menacent de résulter à une échelle encore plus étendue par la suite, d'un drainage superficiel trop rapide, sont d'un caractère proprement géographique et consistent principalement en érosion, déplacement et transport. des couches superficielles, végétales et minérales, des téguments, pour ainsi dire, dont la nature a revêtu la charpente du globe. Il est difficile de donner par description une idée de la désolation des régions les plus exposées aux ravages des torrents et des inondations ; et les milliers de personnes qui, en ces jours de voyage, sont entraînées par la vapeur à proximité ou même à travers les théâtres de ces calamités, n'ont que de rares et imparfaites occasions d'observer les causes destructrices en action. Plus rarement encore, ils peuvent comparer le passé avec l'état actuel des provinces en question, et retracer les progrès de leur conversion de collines couvertes de forêts, de pâturages luxuriants, de champs de maïs et de vignobles abondants bien arrosés par des sources et des ruisseaux fertilisants, à des terres chauves. des crêtes de montagnes, des pentes rocheuses et des talus escarpés sillonnés de profonds ravins aux lits tantôt asséchés, tantôt remplis de torrents de boue fluide et de graviers se précipitant pour se répandre sur la plaine, et condamnant à une stérilité éternelle les champs autrefois productifs. En parcourant de telles scènes, il est difficile de résister à l'impression que la nature a prononcé la malédiction d'une stérilité et d'une désolation perpétuelles sur ces déserts sublimes mais effrayants, difficile de croire qu'ils étaient autrefois, et pourraient l'être encore, sans la folie de l'homme. tous les avantages naturels que la Providence a accordés aux climats les plus favorisés. Mais les preuves historiques sont concluantes quant aux changements destructeurs provoqués par l'action de l'homme sur les flancs des Alpes, des Apennins, des Pyrénées et d'autres chaînes de montagnes d'Europe centrale et méridionale, et les progrès de la détérioration physique ont été si rapides que, dans certaines localités, une seule génération a été témoin du début et de la fin de la triste révolution.

Il est certain qu'une désolation, comme celle qui a submergé de nombreuses régions autrefois belles et fertiles de l'Europe, attend une partie importante du territoire des États-Unis et d'autres pays relativement nouveaux sur lesquels la civilisation européenne étend maintenant son emprise, à moins que des mesures promptes sont prises pour contrôler l'action des causes destructrices déjà en action. Il est vain d'espérer que la législation puisse faire quoi que ce soit d'efficace pour arrêter les progrès du mal dans ces pays, sauf dans la mesure où l'État est encore propriétaire de vastes forêts. Les forêts passées entre des mains privées seront partout gérées, malgré les restrictions légales, selon les mêmes principes économiques que les autres possessions, et tout propriétaire, en règle générale, abattra ses bois, à moins qu'il ne croit que ce sera pour son propre bien. intérêt pécuniaire pour les préserver. Rares sont les nouvelles provinces que les trois derniers siècles ont placées sous le contrôle de la race européenne, toléreraient une quelconque ingérence du pouvoir législatif dans ce qu'elles considèrent comme le plus sacré des droits civils, le droit, à savoir, de tout homme. faire ce qu'il veut des siens. Dans le Vieux Monde, même en France, dont les habitants, parmi toutes les nations européennes, aiment le plus être gouvernés et sont le moins gênés par la supervision bureaucratique, la loi s'est révélée impuissante à empêcher la destruction ou le gaspillage des forêts privées ; et dans beaucoup de départements montagneux de ce pays, l'homme est en ce moment si rapidement en train de dévaster la face de la terre, qu'on nourrit les craintes les plus sérieuses, non seulement du dépeuplement de ces districts, mais d'énormes dégâts dans les provinces. qui leur sont contigus. [214] Les seules dispositions légales dont on puisse espérer quelque chose sont celles qui font que le propriétaire foncier a un avantage privé à épargner les arbres de son terrain et à favoriser la croissance des jeunes bois . On pourrait faire quelque chose en exemptant de taxation les forêts sur pied et en imposant des taxes sur le bois abattu pour le chauffage ou le bois d'œuvre, par exemple sous la forme de primes ou de distinctions honorifiques pour une gestion judicieuse des bois. Il serait difficile d'inciter les gouvernements, généraux ou locaux, à consacrer les crédits nécessaires à de telles fins, mais il ne fait aucun doute que ce serait en fin de compte une saine économie.

Dans les pays où existent des municipalités dotées d'un esprit public intelligent, l'achat et le contrôle des forêts par de telles sociétés s'avéreraient souvent avantageux ; et dans certaines provinces du nord de la Lombardie, l'expérience a montré que de telles opérations peuvent être menées avec un grand bénéfice pour tous les intérêts liés à la bonne gestion des bois. En Suisse, au contraire, sauf dans quelques rares cas où les bois ont été conservés pour se défendre contre les avalanches, les forêts des communes n'ont produit que peu d'avantages pour l'intérêt public et ont très généralement dépéri. Les droits de pâturage, partout destructeurs pour les arbres, combinés à la tolérance des intrusions, ont tellement réduit leur valeur que, trop souvent, il ne reste plus rien qui mérite d'être protégé. Dans le canton du Tessin, les paysans ont très souvent voté la vente des bois municipaux et le partage des bénéfices entre les corporations. Les sommes parfois considérables ainsi perçues sont dilapidées en réjouissances sauvages, et le sacrifice des forêts n'apporte même pas un bénéfice momentané aux propriétaires. [215]

Il est évidemment de la plus haute importance que le public, et en particulier les propriétaires fonciers, soient sensibilisés aux dangers auxquels le défrichement aveugle des bois peut exposer non seulement les générations futures, mais le sol lui-même. Heureusement, certains États américains, ainsi que les gouvernements de nombreuses colonies européennes, conservent encore la propriété de vastes étendues de forêts primitives. L'État de New York, par exemple, possède, dans ses comtés du nord-est, une vaste étendue de territoire dans lequel les bûcherons n'ont établi leur camp qu'ici et là, et où la forêt, bien qu'entrecoupée d'établissements permanents, a dépouillé une partie de ses propriétés. les plus belles pinèdes, et souvent ravagées par des incendies dévastateurs, couvrent encore la plus grande partie de la surface. A travers ce territoire, les sols sont généralement pauvres, et même les nouvelles clairières ont peu de la luxuriance des récoltes qui les distingue ailleurs. La valeur des terres destinées à l'agriculture est donc très faible, et peu d'achats sont effectués dans un autre but que celui de dépouiller le sol de son bois. Il a souvent été proposé que l'État déclare les forêts restantes propriété inaliénable du Commonwealth, mais je crois que le motif de cette suggestion trouve son origine plutôt dans une vision poétique qu'économique du sujet. Ces deux catégories de considérations ont une réelle valeur. Il est souhaitable qu'une grande région facilement accessible du sol américain reste, autant que possible, dans son état primitif, à la fois un musée pour l'instruction de l'étudiant, un jardin pour la récréation de l'amant de la nature et un asile où les arbres indigènes et les humbles plantes qui aiment l'ombre, les poissons, les oiseaux et les bêtes à quatre pattes peuvent habiter et perpétuer leur espèce, dans la jouissance d'une protection aussi imparfaite que les lois d'un peuple jaloux de retenue peuvent leur offrir. La perte immédiate pour le trésor public résultant de l'adoption de cette politique serait insignifiante, car ces terres sont vendues à bas prix. La forêt seule, gérée économiquement, produirait bientôt, sans dommage, et même avec le bénéfice de sa permanence et de sa croissance, un revenu régulier supérieur à la valeur actuelle de la redevance.

Les avantages collatéraux de la préservation de ces forêts seraient bien plus importants. La nature a élevé ces montagnes et les a revêtues de bois élevés, afin qu'elles puissent servir de réservoir pour approvisionner en eaux pérennes les mille rivières et ruisseaux alimentés par les pluies et les neiges des Adirondacks, et de écran pour les plaines fertiles des Adirondacks. les comtés du centre contre les souffles glacials du vent du nord, qui ne rencontrent aucune autre barrière dans leur balayage depuis le pôle arctique. Le climat du nord de l'État de New York présente encore aujourd'hui des températures extrêmes plus importantes que celui du sud de la France. Le froid prolongé de l'hiver est beaucoup plus intense, les courtes chaleurs de l'été non moins féroces qu'en Provence, et c'est pourquoi la préservation de toutes les influences qui tendent à maintenir un équilibre de température et d'humidité est d'une importance capitale. L'abattage des bois des Adirondacks entraînerait en fin de compte pour le nord et le centre de l'État de New York des conséquences similaires à celles qui ont résulté de la mise à nu des pentes sud et ouest des Alpes françaises et des contreforts, crêtes et sommets détachés devant elles.

Il est vrai que les maux à craindre du défrichement des montagnes de New York peuvent être moindres que ceux qu'une cause similaire a produits dans le sud de la France, où l'intensité de son action a été augmentée par l'inclinaison des montagnes. déclivités, et par la constitution géologique particulière de la terre. La dégradation du sol n'est peut-être pas également favorisée par une combinaison des mêmes circonstances dans aucun des États américains de l'Atlantique, mais ils ont néanmoins des pentes rapides et des sols suffisamment meubles et friables pour rendre certaine une désolation généralisée, si la destruction ultérieure des bois n'est pas bientôt arrêté. Les effets du défrichement sont déjà perceptibles dans la région relativement intacte dont je parle. Les rivières qui y prennent leur source coulent avec des courants diminués pendant les saisons sèches et avec des volumes d'eau accrus après de fortes pluies. Ils entraînent des quantités de sédiments bien plus considérables, et les obstacles croissants à la navigation de l'Hudson, qui s'étendent le long du chenal à mesure que les champs empiètent sur la forêt, font craindre de graves dommages au commerce . des villes importantes situées sur les eaux supérieures de ce fleuve, à moins que des mesures ne soient prises pour empêcher l'expansion des « améliorations » qui ont déjà été réalisées au-delà des exigences d'une sage économie.

J'ai exposé d'une manière générale la nature des maux en question et les processus par lesquels ils se produisent ; mais je ferai mieux comprendre leur caractère précis et leur ampleur en présentant quelques détails descriptifs et statistiques de faits réels. J'ai choisi à cet effet la partie sud-est de la France, non pas parce que ce territoire a souffert plus durement que d'autres, mais parce que sa détérioration est relativement récente et a été observée et décrite par des observateurs très compétents et dignes de confiance, dont les rapports sont plus facilement accessibles. que ceux publiés dans d'autres pays. [216]

Les provinces du Dauphiné, d'Avignon et de Provence comprennent un territoire de quatorze ou quinze mille milles carrés, limité au nord-ouest par l'Isère, au nord-est et à l'est par les Alpes, au sud par la Méditerranée, à l'ouest par le Rhône, et s'étendant de 42° à environ 45° de latitude nord. La surface est généralement vallonnée, voire montagneuse, et plusieurs sommets du Dauphiné s'élèvent au-dessus de la limite des neiges perpétuelles. Le climat, comparé à celui des États-Unis à la même latitude, est extrêmement doux. Il tombe peu de neige, sauf sur les chaînes de montagnes les plus élevées, les gelées sont légères et les étés longs, comme on pourrait en effet le déduire d'après la végétation ; car dans les régions cultivées, la vigne et le figuier fleurissent partout, l'olivier prospère jusqu'à 43½° au nord, et sur la côte poussent l'oranger, le citron et le dattier. Les arbres forestiers sont également de type méridional, des pins parasols, diverses espèces de chênes verts et de nombreux autres arbres et arbustes au feuillage feuillu persistant qui caractérisent le paysage.

La pente rapide des montagnes exposait naturellement ces provinces aux dégâts des torrents, et les Romains diminuaient leurs effets nuisibles en érigeant, dans le lit des ravins, des barrières de rochers lâchement empilés, qui permettaient à l'eau de s'échapper lentement, mais la contraignaient. déposer au-dessus des digues la terre et les graviers dont il était chargé. [217] Plus tard, les croisés rapportèrent de Palestine, avec beaucoup d'autres connaissances acquises auprès des musulmans plus sages, l'art de sécuriser les flancs des collines et de les rendre productifs par le terrassement et l'irrigation. Les forêts qui couvraient les montagnes assuraient un débit abondant de sources, et le processus de défrichement du sol se fit si lentement que, pendant des siècles, ni le manque de bois et de combustible, ni les autres maux qui vont être décrits, ne se firent sérieusement sentir. En effet, pendant tout le Moyen Âge, ces provinces étaient bien boisées et réputées pour la fertilité et l'abondance, non seulement des basses terres, mais des collines.

Tel était l'état des choses à la fin du quinzième siècle. Les statistiques du XVIIe montrent que, tandis qu'il y avait eu un accroissement de prospérité et de population en Basse-Provence, ainsi que dans les parties correspondantes des deux autres provinces que j'ai mentionnées, il y avait eu une diminution alarmante tant de la richesse que de la richesse. population de la Haute Provence et du Dauphiné, bien que, par le défrichement des forêts, une grande étendue de labourages et de pâturages ait été ajoutée au sol avant d'être réduite à la culture. On constata en effet que la violence accrue des torrents avait emporté ou enseveli dans le sable et le gravier plus de terrain que n'en avaient gagné les défrichements ; et les impôts calculés par les incendies ou les habitations subirent plusieurs réductions successives à la suite de l'abandon graduel des terres gaspillées par ses occupants affamés. La croissance des grandes villes sur et à proximité du Rhône et de la côte, leur progrès dans le commerce et l'industrie, et par conséquent la demande accrue de produits agricoles, auraient dû naturellement augmenter la population rurale et la valeur de leurs terres ; mais le délabrement physique des hautes terres était tel que des étendues considérables furent entièrement désertées, et en Haute Provence, les incendies qui comptaient 897 en 1471, furent réduits à 747 en 1699, à 728 en 1733 et à 635 en 1776.

Je tire ces faits de *La Provence au point de vue des Bois, des Torrents et des Inondations* , de Charles de Ribbe, une des plus hautes autorités, et j'y ajoute d'autres détails de la même source.

"Commune de Barles, 1707 : Deux collines se sont reliées par des éboulements, et ont formé un lac qui recouvre la meilleure partie du sol. 1746 : De nouveaux éboulis ont enseveli vingt maisons composant un village dont il ne reste aucune trace ; plus de un tiers du territoire avait disparu.

"Monans, 1724 : Déserté par ses habitants et non plus cultivé.

"Gueydan, 1760 : Il ressort des archives que les meilleurs terrains ont été balayés depuis 1756, et que des ravins occupent leur place.

"Digne, 1762 : La rivière Bléone a détruit la partie la plus précieuse du territoire.

"Malmaison, 1768 : Les habitants ont émigré, tous leurs champs ayant été perdus."

Dans le cas de la commune de Saint-Laurent du Var, il paraît qu'après des défrichements dans les Alpes, succédés par d'autres dans les bois communs de la ville, les crues du torrent Var sont devenues plus redoutables, et ont déjà emporté beaucoup de choses. terres dès 1708. « Le défrichement se poursuivit et d'autres terres furent emportées en 1761. En 1762, après une autre inondation destructrice, de nombreux habitants émigrèrent et en 1765, la moitié du territoire fut dévastée.

" En 1766, l'assesseur Serraire disait à l'Assemblée : " Quant aux dégâts causés par les ruisseaux et les torrents, on ne peut nier leur étendue. La Haute Provence est en danger d'une destruction totale, et les eaux qui la ravagent menacent aussi la ruine des terrains les plus précieux de la plaine en contrebas. Des villages ont été presque submergés par des torrents qui autrefois n'avaient même pas de noms, et de grandes villes sont sur le point d'être détruites pour la même cause.

En 1776, le vicomte Puget rapportait ainsi : « Le simple aspect de la Haute Provence est de nature à épouvanter le magistrat patriote. On n'y voit que de hautes montagnes, des vallées profondes aux flancs escarpés, des rivières aux larges lits et peu d'eau, des torrents impétueux qui, en crues, s'étendent. gaspillent les terres cultivées sur leurs berges et font rouler d'énormes rochers le long de leurs canaux ; des coteaux escarpés et desséchés, tristes conséquences d'un défrichement aveugle ; des villages dont les habitants, ne trouvant plus de moyens de subsistance, émigrent de jour en jour ; des maisons délabrées en cabanes, et seulement un misérable reste de population. »

" Dans un document de l'année 1771, les ravages des torrents étaient comparés aux effets d'un tremblement de terre, la moitié des terres de nombreuses communes semblant avoir été englouties.

« Nos montagnes, disaient les administrateurs de la province des Basses-Alpes en 1792, ne présentent qu'une surface de tuf pierreux ; les défrichements se poursuivent et les petits ruisseaux deviennent des torrents. Beaucoup de communes ont perdu leurs récoltes, leurs les troupeaux et leurs maisons par les inondations. L'emportement des montagnes doit être attribué aux clairières et à la pratique de les incendier.

Ces plaintes, on le verra, sont toutes antérieures à la Révolution, mais la désolation qu'elles décrivent a progressé depuis à pas encore plus rapides.

Surell, dont le précieux ouvrage, *Étude sur les Torrents des Hautes Alpes* , publié en 1841, présente le tableau le plus épouvantable des désolations du torrent et, en même temps, les études les plus minutieuses de l'histoire et du caractère essentiel de ce grand maléfique - en parlant de la vallée du Dévoluy, à la page 152, dit : « Tout concourt à montrer qu'elle était autrefois boisée. Dans ses tourbières se trouvent des troncs d'arbres enfouis, monuments de son ancienne végétation. Dans la charpente de vieilles maisons , on voit d'énormes bois qu'on ne trouve plus dans la région. De nombreuses localités, aujourd'hui complètement nues, conservent encore le nom de « bois », et l'une d'elles s'appelle, dans les anciens actes, Comba nigra [Forêt *Noire* ou dell], en raison de ses bois denses.Ces preuves et bien d'autres confirment les traditions locales qui sont unanimes sur ce point.

" Là, comme partout dans les Hautes-Alpes, les défrichements commencèrent sur les flancs des montagnes, et s'étendirent progressivement dans les vallées puis jusqu'aux plus hauts sommets accessibles. Puis suivit la Révolution, qui provoqua la destruction du reste des arbres. qui avait jusqu'à présent échappé à la hache du bûcheron.

Dans une note à ce passage, l'écrivain dit : « Plusieurs personnes m'ont raconté qu'ils avaient perdu des troupeaux de moutons, par égarement, dans les forêts du Mont Auroux, qui couvraient les flancs de la montagne depuis La Cluse jusqu'à Agnères. Ces déclivités sont désormais aussi nues que la paume de la main. »

Le sol des montagnes escarpées étant autrefois dépourvu d'arbres et les sous-bois détruits par le pâturage des bovins à cornes, des moutons et des chèvres, chaque dépression devient un cours d'eau. "Chaque tempête", dit Surell, page 153, "donne naissance à un nouveau torrent. On en montre des exemples qui, bien que n'ayant pas encore trois ans, ont ravagé les plus beaux champs de leurs vallées, et des villages entiers ont échappé de peu. étant entraîné dans des ravins formés au cours de quelques heures. Parfois la crue se déverse en nappe sur la surface, sans ravin ni même lit, et ruine de vastes terrains, qui sont abandonnés à jamais.

Je ne peux pas suivre Surell dans sa description et sa classification des torrents, et je dois renvoyer le lecteur à son ouvrage instructif pour un exposé complet de la théorie du sujet. Mais pour montrer quelle concentration d'énergies destructrices peut être réalisée par l'abattage des bois qui recouvrent et soutiennent les flancs des abîmes des montagnes, je cite sa description d'une vallée descendant du col Isoard, qu'il appelle « un type complet d'un bassin de réception, c'est-à-dire d'une gorge qui sert de point commun d'accumulation et de rejet aux eaux de plusieurs torrents latéraux. « L'aspect du canal monstrueux, dit-il, est effrayant. Dans une distance de moins de trois kilomètres [= un mile et sept huitièmes anglais], plus de soixante torrents jettent dans les profondeurs de la gorge les débris arrachés de son deux flancs. Le plus petit de ces torrents secondaires, transféré dans une vallée fertile, suffirait à la ruiner.

L'éminent économiste politique Blanqui, dans un mémoire lu devant l'Académie des sciences morales et politiques le 25 novembre 1843, s'exprime ainsi : « Si importantes que soient les causes de l'appauvrissement déjà décrites, elles ne peuvent être comparées aux conséquences qui ont suivi des deux maux invétérés des provinces alpines de France, l'extension des défrichements et les ravages des torrents.* * Le résultat le plus important de cette destruction est celui-ci : que le capital agricole, ou plutôt le sol lui-même, qui, de plus en plus, est chaque jour emporté par les eaux, est totalement perdu. Des signes d'un dénuement sans précédent sont visibles dans toute la zone montagneuse, et les solitudes de ces districts prennent un caractère indescriptible de stérilité et de désolation. La destruction progressive de le bois a, en mille localités, annihilé à la fois les sources et le combustible. Entre Grenoble et Briançon, dans la vallée de la Romanche, bien des villages sont si dépourvus de bois qu'ils en sont réduits à cuire leur pain au soleil. de la bouse de vache séchée, et même cela, ils ne peuvent se permettre de le faire qu'une fois par an. Ce pain devient si dur qu'on ne peut le couper qu'avec une hache, et j'ai moi-même vu une miche de pain en septembre, au pétrissage de laquelle j'avais assisté en janvier précédent.

" Quiconque a visité la vallée de la Barcelonette, celles d'Embrun et de Verdun, et cette Arabia Petræa du département des Hautes Alpes, appelé Dévoluy, sait qu'il n'y a pas de temps à perdre, que dans cinquante ans à compter de cette date la France sera être séparé de la Savoie, comme l'Egypte de la Syrie, par un désert. [218]

Il convient de noter spécialement que le district dont il est question ici, bien qu'aujourd'hui parmi les plus désespérément désolés de France, était très productif même jusqu'à une période aussi tardive que le début de la Révolution française. Arthur Young, écrivant en 1789, dit : « Autour de la Barcelonette et dans les parties les plus élevées des montagnes, les pâturages des collines nourrissent un million de moutons, en plus de grands troupeaux d'autres bovins ; » et il ajoute : « Avec un tel sol et dans un tel climat, il ne faut pas supposer un pays aride parce qu'il est montagneux. Les vallées que j'ai visitées sont en général belles. [219] Il attribue le même caractère aux provinces du Dauphiné, de Provence et d'Auvergne, et, bien qu'il ait visité, avec l'œil d'un observateur attentif et exercé, plusieurs des scènes ravagées depuis par la désolation sauvage décrite par Blanqui, le La Durance et une partie du cours de la Loire sont les seuls cours d'eau qu'il mentionne comme causant de graves dommages par leurs crues. Les ravages des torrents avaient en effet commencé, comme nous l'avons vu, plus tôt dans quelques autres localités, mais nous sommes autorisés à en déduire qu'ils étaient, à l'époque de Young, d'une portée trop limitée et relativement trop insignifiantes pour qu'il soit nécessaire de les signaler dans un délai raisonnable. vue générale des provinces où l'on a maintenant ruiné une si grande proportion du sol.

Mais je reprends mes citations.

"Je n'exagère pas", assure Blanqui. "Quand j'aurai fini mon excursion et désigné les localités par leurs noms, il s'élèvera, j'en suis sûr, plus d'une voix des lieux eux-mêmes, pour attester de l'exactitude rigoureuse de ce tableau de leur misère. Je n'ai jamais vu d'équivalent. même dans les villages kabyles de la province de Constantine ; car là-bas on peut voyager à cheval, et on trouve de l'herbe au printemps, alors que dans plus de cinquante communes des Alpes il n'y a absolument rien.

« Le ciel alpin clair et brillant d'Embrun, de Gap, de Barcelonette et de Digne, qui pendant des mois est sans nuage, produit des sécheresses interrompues seulement par des pluies diluviennes comme celles des tropiques. L'abus du droit de pâturage et les coupes des bois ont dépouillé le sol de toutes ses herbes et de tous ses arbres, et le soleil brûlant le cuit jusqu'à lui donner la consistance du porphyre. Humidifié par la pluie, n'ayant ni support ni cohésion, il roule jusqu'aux vallées. , tantôt en flots ressemblant à des laves noires, jaunes ou rougeâtres, tantôt en ruisseaux de cailloux et même d'énormes blocs de pierre, qui se déversent avec un rugissement effroyable et présentent dans leur course rapide les mouvements les plus convulsifs. éminence un de ces paysages sillonnés de tant de ravins, il ne présente que des images de désolation et de mort. De vastes dépôts de cailloux de silex, de plusieurs pieds d'épaisseur, qui ont roulé et se sont répandus au loin dans la plaine, entourent de grands arbres, ensevelissent jusqu'à leurs pieds. sommets, et s'élèvent au-dessus d'eux, ne laissant plus au laboureur une lueur d'espoir. On ne peut imaginer spectacle plus triste que les profondes fissures des flancs des montagnes, qui semblent avoir éclaté en éruption pour couvrir les plaines de leurs ruines. Ces gorges, sous l'influence du soleil qui craque et frémit jusqu'à fragmenter les rochers mêmes, et de la pluie qui les entraîne, pénètrent de plus en plus profondément au cœur de la montagne, tandis que les lits des torrents qui en sortent sont parfois érodés. soulevés de plusieurs pieds, en une seule année, par les débris, pour qu'ils atteignent le niveau des ponts, qui, bien entendu, sont ensuite emportés. Les lits des torrents sont reconnaissables de loin, car ils sortent des montagnes, et ils s'étendent sur les terrains bas, en expansions en forme d'éventail, comme un manteau de pierre, parfois large de dix mille pieds, s'élevant haut au centre. et se courbant vers la circonférence jusqu'à ce que leurs bords inférieurs rejoignent la plaine.

" Tel est leur aspect par temps sec. Mais aucune langue ne peut donner une description adéquate de leurs dévastations dans une de ces crues soudaines qui ne ressemblent, dans presque aucun de leurs phénomènes, à l'action de l'eau ordinaire des rivières. Ce ne sont plus maintenant des ruisseaux débordants. mais des mers réelles, s'écroulant en cataractes, et roulant devant elles des blocs de pierre, qui sont projetés en avant par le choc des vagues comme des boulets lancés par l'explosion de la poudre à canon. Quelquefois des crêtes de cailloux sont enfoncées lorsque le torrent transporteur ne s'élève pas assez haut pour se montrer, et alors le mouvement s'accompagne d'un rugissement plus fort que le fracas du tonnerre. Un vent furieux précède l'eau impétueuse et annonce son approche. Puis vient une violente éruption, suivie d'un flot de vagues boueuses, et au bout de quelques heures tout revient au morne silence qui, aux périodes de repos, marque ces demeures de désolation.

« Ceci n'est qu'une esquisse imparfaite de ce fléau des Alpes. Ses dévastations s'accroissent avec les progrès du défrichement et transforment chaque jour une partie de nos départements frontières en déserts arides.

"La malheureuse passion du défrichement s'est manifestée au début de la Révolution française et s'est beaucoup accrue sous la pression du besoin immédiat. Elle a maintenant atteint un point extrême et doit être rapidement maîtrisée, sinon le dernier habitant sera contraint de se retirer. quand le dernier arbre tombe.

"Les éléments de destruction augmentent en violence. On pourrait mentionner les rivières dont le lit a été surélevé de dix pieds en une seule année. La dévastation avance selon une progression géométrique à mesure que les pentes les plus élevées sont dépouillées de leurs bois, et "la ruine d'en haut" pour reprendre les mots d'un paysan, « contribue à accélérer la désolation en bas ».

« Les Alpes de Provence présentent un aspect terrible. Dans le climat plus égalitaire du nord de la France, on ne peut se faire une idée de ces gorges desséchées des montagnes où l'on ne trouve même pas un buisson pour abriter un oiseau, où, tout au plus, le voyageur voit en été, ici et là, une lavande fanée, où toutes les sources sont taries, et où règne un silence de mort, à peine troublé par le bourdonnement d'un insecte. Mais si un orage éclate, des masses d'eau jaillissent tout à coup de la montagne. les hauteurs dans les golfes brisés, dévastés sans irrigation, inondés sans rafraîchir le sol, ils débordent dans leur descente rapide et le laissent encore plus brûlé qu'il ne l'était par manque d'humidité. L'homme se retire enfin de l'effrayant désert, et j'ai, le cette saison, je n'ai trouvé âme qui vive dans les districts où je me souviens avoir bénéficié de l'hospitalité il y a trente ans.

En 1853, dix ans après la date des mémoires de Blanqui, M. de Bonville, préfet des Basses-Alpes, adressait au Gouvernement un rapport dans lequel figurent les passages suivants :

« Il est certain que la moisissure productive des Alpes, balayée par la violence croissante de cette malédiction des montagnes, les torrents, diminue chaque jour avec une rapidité effrayante. Toutes nos Alpes sont entièrement ou en grande proportion dépourvues de bois. Leur sol, brûlé par le soleil de Provence, découpé par les sabots des moutons qui, ne trouvant pas en surface l'herbe dont ils ont besoin pour leur subsistance, grattent le sol à la recherche de racines pour satisfaire leur faim, est périodiquement lavé et emportés par la fonte des neiges et les tempêtes estivales.

"Je ne m'étendrai pas sur les effets des torrents. Depuis soixante ans ils ont été trop souvent dépeints pour nécessiter d'être discutés davantage, mais il importe de montrer que leurs ravages étendent chaque jour davantage l'étendue des ravages. Le lit de la Durance , qui dépasse maintenant en certains endroits 2 000 mètres [environ 6 600 pieds, ou un mille et quart] de largeur, et, en temps ordinaire, a un courant d'eau de moins de 10 mètres [environ 33 pieds] de largeur, montre quelque chose de la [220] Là où, il y a dix ans, on voyait encore des bois et des terres cultivées, il n'y a plus aujourd'hui qu'un vaste torrent : il n'est pas une HYPERLINK "https://gutenberg.org/files/37957/37957-h/37957-h.htm" \l "Footnote_220_220" de nos montagnes qui n'ait au moins un torrent, et de nouveaux il y en a qui se forment quotidiennement.

« Une preuve indirecte de la diminution du sol se trouve dans le dépeuplement du pays. En 1852, je rapportais au Conseil général que, d'après le recensement de cette année-là, la population du département des Basses-Alpes avait pas moins de 5 000 âmes sont tombées au cours des cinq années entre 1846 et 1851.

« A moins que des mesures promptes et énergiques ne soient prises, il est facile de fixer l'époque où les Alpes françaises ne seront plus qu'un désert. L'intervalle entre 1851 et 1856 montrera une nouvelle diminution de la population. En 1862, le ministère annoncera une diminution continue et continue de la population. réduction progressive du nombre d'acres consacrés à l'agriculture ; chaque année aggravera le mal, et, dans un demi-siècle, la France comptera plus de ruines, et un département de moins.

Le temps a vérifié les prédictions de De Bonville. Les recensements ultérieurs montrent une diminution progressive de la population des départements des Basses-Alpes, de l'Isère, de la Drôme, de l'Ariège, des Hautes et Basses Pyrénées, de la Lozère, des Ardennes, du Doubs, des Vosges, et enfin , dans toutes les provinces autrefois remarquables par leurs forêts. Cette diminution ne doit pas être attribuée à une passion pour l'émigration étrangère, comme en Irlande et dans certaines parties de l'Allemagne et de l'Italie ; il s'agit simplement d'un transfert de population d'une partie de l'empire à une autre, depuis des sols que la folie humaine a rendus inhabitables, en les privant impitoyablement de leurs avantages et de leurs sécurités naturels, vers des provinces où la face de la terre a été façonnée par la nature comme n'avoir pas besoin de telles garanties, et où, par conséquent, elle conserve ses contours malgré l'imprévoyance inutile de l'homme. [221]

Aussi colorées que paraissent ces images, elles ne sont pas exagérées, même si le touriste pressé à travers le sud de la France et le nord de l'Italie, trouvant peu de choses dans ses expériences sur les grands chemins pour les justifier, pourrait les supposer ainsi. Les lignes de communication par train de locomotives et par diligences mènent généralement sur des terrains plus sûrs, et ce n'est que lorsqu'elles gravissent les cols alpins et traversent les chaînes de montagnes que des scènes ressemblant quelque peu à celles qui viennent d'être décrites tombent sous l'œil du voyageur ordinaire. Mais l'extension de la sphère de dévastation, par la dégradation des montagnes et le transport de leurs débris, produit des effets analogues sur les crêtes inférieures des Alpes et sur les plaines qui les bordent ; et même aujourd'hui, il ne faut qu'une heure de départ de quelques grandes voies pour atteindre des lieux où le génie de la destruction se délecte aussi sauvagement que du plus effrayant des abîmes que Blanqui a peints. [222]

Il y a un effet de l'action des torrents que peu de voyageurs sur le continent sont assez insouciants pour franchir sans s'en apercevoir. Je parle de l'élévation des lits des ruisseaux de montagne par suite du dépôt des débris dont ils sont chargés. Pour empêcher l'épandage de sable et de gravier sur les champs et le débordement déluge des eaux déchaînées, les ruisseaux sont confinés par des murs et des talus, qui s'élèvent progressivement de plus en plus haut à mesure que le lit du torrent s'élève, de sorte que, pour atteindre une rivière, vous remontez des champs à côté ; et quelquefois le niveau ordinaire du ruisseau est au-dessus des rues et même des toits des villes qu'il traverse. [223]

Le voyageur qui visite les profondeurs d'un ravin alpin, observe la longueur et la largeur de la gorge ainsi que la grande hauteur et la solidité apparente des parois escarpées qui la bordent, et calcule la masse de roche nécessaire pour combler le vide, peut difficilement croire que l'humble ruisseau qui coule à ses pieds a été le principal agent de cette formidable érosion. Une observation plus attentive lui apprendra souvent que le rocher apparemment ininterrompu qui surplombe la vallée est plein de fissures et de fissures, et en réalité dans un tel état de désintégration que chaque gel doit en faire tomber des tonnes. S'il calcule la superficie du bassin qui trouve ici son seul écoulement, il s'apercevra qu'un dégel soudain des dépôts de neige de l'hiver, ou un de ces terribles écoulements de pluie si communs dans les Alpes, doit provoquer un déluge assez puissant. pour balayer les plus grandes masses de gravier et de roche. [224] La simple mesure du contenu cubique de la butte semi-circulaire qu'il a escaladée avant d'entrer dans la gorge, dont la structure et la composition montrent de manière concluante qu'elle a dû être emportée par cette dernière par l'action torrentielle, rendra souvent compte de manière satisfaisante pour l'élimination de la plupart des matières qui remplissaient autrefois le ravin.

Il faut en outre se rappeler que chaque centimètre du mouvement violent des roches est accompagné d'une commotion écrasante, ou, du moins, d'une grande abrasion, et qu'en suivant le dépôt le long du cours des eaux qui le transportent, vous trouvez les pierres s'arrondissent peu à peu en forme et diminuent en grosseur jusqu'à passer successivement en gravier, en sable, en limon impalpable.

Je ne prétends pas que toutes les vallées rocheuses des Alpes aient été produites par l'action de torrents résultant de la destruction des forêts. Tous les canaux les plus grands et la plupart des canaux plus petits par lesquels cette chaîne est drainée doivent leur origine à des causes plus élevées. Ce sont des fissures primitives, attribuables à des bouleversements ou à d'autres convulsions géologiques, élargies et escarpées, et souvent même polies, pour ainsi dire, par l'action des glaciers au cours de la période glaciaire, et dont la forme n'a que peu changé par l'eau courante au cours des époques ultérieures. . [225]

Dans ces vallées de formation ancienne, qui s'étendent jusqu'au cœur même des montagnes, les cours d'eau, quoique rapides, ont perdu leur véritable caractère torrentiel, si toutefois ils l'ont jamais eu. Leurs lits sont devenus à peu près constants, et leurs parois ne s'effondrent plus et ne tombent plus dans les eaux qui lavent leurs bases. Les ravins torrentiels dont j'ai parlé sont d'une époque plus récente et appartiennent plus exactement à ce qu'on peut appeler la croûte des Alpes, composée de roches meubles, de gravier et de terre, répandues à la surface du massif. grandes pentes de la crête centrale et accumulées en épaisseur entre leurs solides contreforts. Mais c'est sur cette croûte que réside l'alpiniste. Ici se trouvent ses forêts, ici ses pâturages, et les ravages du torrent détruisent à la fois son monde et le transforment en une source de désolation écrasante pour les plaines en contrebas.

### *Pouvoir de transport des rivières.*

Un exemple que j'ai observé en 1857 servira à montrer quelque chose de la puissance érodante et transportante des cours d'eau qui, à cet égard, tombent incalculablement au-dessous des torrents des Alpes. Lors d'une crue de l'Ottaquechee, une petite rivière qui traverse Woodstock, Vermont, un barrage sur ce ruisseau a éclaté, et les sédiments dont l'étang était rempli, estimés après une mesure minutieuse à 13 000 mètres cubes, ont été emportés par le courant. Entre ce barrage et les eaux étales d'un autre, à quatre milles plus bas, le lit du ruisseau, qui est composé de cailloux entrecoupés en quelques endroits de pierres plus grosses, a environ soixante-cinq pieds de largeur, quoique, à basse eau, la largeur du courant est considérablement moindre. Le sable et le gravier fin étaient répartis uniformément et uniformément sur le lit sur une largeur de cinquante-cinq à soixante pieds, et sur une distance d'environ deux milles, sauf à deux ou trois rapides intermédiaires, remplissaient tous les interstices entre les pierres. les recouvrant jusqu'à une profondeur de neuf ou dix pouces, de manière à présenter un canal concave régulièrement formé, bordé de sable, et réduisant la profondeur de l'eau, en certains endroits, de cinq ou six pieds à quinze ou dix-huit pouces. En observant ce dépôt après que la rivière se soit affaissée et soit devenue si nette qu'on pouvait voir le fond, j'ai supposé que la prochaine crue produirait une érosion extraordinaire des berges et des changements permanents dans le lit du ruisseau, par suite de l'élévation de la rivière. le lit et le remplissage des espaces entre les pierres à travers lesquels coulait autrefois beaucoup d'eau ; mais aucun résultat de ce type n'a suivi. La crue printanière de l'année suivante a entièrement emporté le sable déposé par son prédécesseur, l'a transporté vers les étangs et les cours d'eau calmes en contrebas et a laissé le lit de la rivière presque exactement dans son état antérieur, bien que, bien sûr, avec un léger déplacement des cailloux que produit toute crue dans les canaux de ces cours d'eau. L'étang, bien que souvent vidé auparavant par la rupture du barrage, n'était alors pas perturbé depuis environ vingt-cinq ans, et son contenu était presque entièrement constitué de sable, la rapidité du courant des crues étant telle qu'il ne laissait tomber que peu de choses légères. sédiments, même au-dessus d'une obstruction comme un barrage. La quantité que j'ai mentionnée est évidemment dans une proportion très peu considérable à l'érosion totale du ruisseau pendant cette période, parce que le lavage des berges est principalement constitué de terre fine plutôt que de sable, et une fois l'étang rempli, ou à peu près, même cette matière ne pouvait plus y être déposée. Le fait de l'enlèvement complet du dépôt que j'ai décrit entre les deux barrages en une seule crue montre que, malgré une obstruction considérable due à la rugosité du lit, de grandes quantités de sable peuvent être absorbées et emportées par des cours d'eau de faible intensité. rapidité d'inclinaison; car toute la descente du lit de la rivière entre les deux barrages, soit une distance de quatre milles, n'est que de soixante pieds, ou quinze pieds par mille.

### *Le Pô et ses gisements.*

Le courant du fleuve Pô, sur une distance considérable après que son volume d'eau soit par ailleurs suffisant pour une navigation continue, est trop rapide à cet effet jusqu'à proximité de Plaisance, où sa vitesse devient trop réduite pour transporter de grandes quantités de matière minérale, sauf dans un état de division infime. Ses affluents méridionaux apportent des Apennins une grande quantité de terres fines provenant de diverses formations géologiques, tandis que ses affluents alpins à l'ouest du Tessin sont chargés principalement de roches broyées en sable ou en graviers. [226] Le lit de la rivière a été quelque peu élevé par les dépôts dans son chenal, mais en aucun cas au-dessus du niveau des plaines adjacentes, comme on l'a si souvent représenté. Les digues, qui confinent le courant aux hautes eaux, augmentent en même temps sa vitesse et l'obligent à emporter la majeure partie de ses sédiments vers l'Adriatique. Il n'a donc soulevé ni son propre canal ni ses rives alluviales, comme il l'aurait fait s'il était resté libre. Mais comme la surface des eaux en crue est de six à quinze pieds au-dessus du niveau général de ses rives, le Pô ne peut, à cette époque, recevoir aucun apport de terre provenant du lavage des champs de Lombardie, et il n'y a aucun apport de terre provenant du lavage des champs de Lombardie. Je ne doute pas qu'une grande partie des sédiments qu'il dépose aujourd'hui à son embouchure descend des Alpes sous forme de roche, bien que réduit par l'action de broyage des eaux, lors de son passage vers la mer, à l'état de sable fin, et souvent de limon. . [227]

Nous savons peu de choses sur l'histoire du Pô, ni sur la géographie de la côte près de son point d'entrée dans l'Adriatique, à une époque plus de vingt siècles avant la nôtre. On peut encore moins dire quelle proportion des plaines de la Lombardie avait été formée par son action, combinée à d'autres causes, avant que l'homme n'accélère ses opérations de nivellement en abattant les premiers bois des montagnes d'où proviennent ses eaux. Mais nous savons que depuis la conquête romaine de l'Italie du Nord, ses dépôts se sont élevés à une quantité qui, si elle était recimentée en roche, se recombinait en gravier, terre commune et terre végétale, et restituait les situations où l'éruption ou le bouleversement les avait initialement placés, ou la végétation qui le déposerait comblerait des centaines de ravins profonds dans les Alpes et les Apennins, modifierait le plan et le profil de leurs chaînes, et donnerait à leurs faces respectivement sud et nord un aspect géographique très différent de celui qu'elles présentent aujourd'hui. Ravenne, à quarante milles au sud de l'embouchure principale du Pô, était bâtie comme Venise, dans une lagune, et l'Adriatique baignait encore ses murailles au commencement de l'ère chrétienne. La boue du Pô a rempli la lagune, et Ravenne est désormais à quatre milles de la mer. La ville d'Adria, située entre le Pô et l'Adige, à une distance d'environ quatre ou cinq milles de chacun, était autrefois un port assez célèbre pour avoir donné son nom à la mer Adriatique, et elle était encore un port maritime dans le époque d'Auguste. L'action combinée des deux rivières a tellement avancé la ligne de côte que l'Adria se trouve maintenant à environ quatorze milles à l'intérieur des terres, et, en d'autres endroits, les dépôts faits dans la même période par ces cours d'eau et d'autres voisins ont une largeur de vingt milles.

Nous ne savons pas quelle proportion de la terre dont ils sont chargés ces rivières se sont déversées dans les eaux profondes au cours des deux mille dernières années, mais comme elles transportent encore d'énormes quantités, le nord de l'Adriatique semble avoir rapidement fondu et comme de longues îles, composées en grande partie de dépôts fluviatiles, se sont formées en face de leurs embouchures, elles devaient évidemment être très grandes. Les crues du Pô ne se produisent qu'une ou quelquefois deux fois par an. [228] À d'autres moments, ses eaux sont relativement limpides et semblent contenir peu de boue ou de sable fin en suspension mécanique ; mais aux hautes eaux, il contient une grande proportion de matières solides, et selon Lombardini, il transporte annuellement jusqu'aux rivages de l'Adriatique pas moins de 42,760,000 mètres cubes, soit très près de 55,000,000 yards cubes, qui entraînent la côte jusqu'à la mer. à raison de plus de 200 pieds par an. [229] La profondeur du dépôt annuel est indiquée à dix-huit centimètres, ou plutôt à plus de sept pouces, et il couvrirait une superficie d'au moins quatre-vingt-dix milles carrés avec une couche de cette épaisseur. L'Adige apporte également chaque année à l'Adriatique plusieurs millions de mètres cubes de détritus alpins, et les apports de la Brenta provenant de la même source sont loin d'être négligeables. L'Adriatique, cependant, ne reçoit qu'une petite proportion du sol et des roches emportés par les torrents du versant italien des Alpes et de la pente nord des Apennins. Presque tous les débris ainsi retirés de la face sud des Alpes entre le Mont Rose et les sources de l'Adda - une longueur de ligne de partage des eaux d'au moins cent cinquante milles - sont arrêtés par les eaux calmes des lacs Majeur et de Côme. , et quelques réservoirs lacustres plus petits, et n'atteint jamais la mer. Le Pô n'est pas continuellement remblayé sauf pour la moitié inférieure de son cours. Au-dessus de Plaisance, il s'étend et dépose des sédiments sur une large surface, et l'eau qui en est extraite pour l'irrigation des points inférieurs, ainsi que ses inondations dans les ruptures occasionnelles de ses berges, entraînent sur le sol adjacent une grande quantité de vase. .

Si l'on ajoute aux dépôts annuels estimés du Pô à son embouchure, les terres et les sables transportés à la mer par l'Adige, la Brenta et d'autres cours d'eau de moindre importance, la prodigieuse masse de détritus charriée dans le Lac Majeur par la Tosa, le Maggia et le Tessin, dans le lac de Côme par la Maira et l'Adda, dans le lac de Garde par ses affluents, et les amas plus vastes encore de cailloux, de graviers et de terre déposés en permanence par les torrents près de leurs points d'éruption depuis gorges de montagne, ou réparties sur de vastes plaines à des niveaux inférieurs, nous pouvons supposer avec certitude que nous disposons d'un total d'au moins quatre fois la quantité transportée vers l'Adriatique par le Pô, soit 220 000 000 de mètres cubes de matière solide, extraits chaque année de les Alpes italiennes et les Apennins, et chassés de leur domaine par la force de l'eau courante. [230]

Le rythme actuel des dépôts à l'embouchure du Pô s'est maintenu depuis l'an 1600, l'avancée précédente de la côte, après l'an 1200, n'ayant été que d'un tiers plus rapide. La grande augmentation de l'érosion et du transport est attribuée par Lombardini principalement à la destruction des forêts du bassin de ce fleuve et des vallées de ses affluents, depuis le début du dix-septième siècle. [231] Nous n'avons aucune donnée pour montrer le taux de dépôt au cours d'un siècle donné avant l'an 1200, et il variait sans doute selon les progrès de la population et l'extension conséquente du défrichement et de la culture. La puissance de transport des torrents est la plus grande peu de temps après leur formation, parce qu'à ce moment-là leurs points de débit sont plus bas et, bien entendu, leur pente générale et leur vitesse sont plus rapides qu'après des années d'érosion en haut et de dépôt en bas qui ont fait baisser le courant. les lits de leurs vallées montagneuses et élevèrent les canaux de leur cours inférieur. Leur action érosive est également la plus puissante à la même période, à la fois parce que leur force mécanique est alors la plus grande et parce que la terre meuble et les pierres du sol forestier fraîchement défriché sont plus facilement enlevées. De nombreuses vallées alpines à l'ouest du Tessin, par exemple celle de la Dora Baltea, ont été presque entièrement déboisées à l'époque de l'Empire romain, d'autres au Moyen Âge et, bien entendu, il a dû y en avoir eu à différentes époques. périodes antérieures à l'an 1200, époques où l'érosion et le transport de matières solides des Alpes et des Apennins étaient aussi importants que depuis l'an 1600.

Dans l'ensemble, nous ne nous tromperions pas beaucoup si nous supposons que, pendant une période d'au moins deux mille ans, les parois du bassin du Pô, le versant italien des Alpes et les pentes nord et nord-est des Apennins — ont envoyé annuellement dans l'Adriatique, les lacs et les plaines, pas moins de 150 000 000 de mètres cubes de terre et de roche désintégrée. Nous disposons donc d'un total de 300 000 000 000 de mètres cubes de tels matériaux, ce qui, en accordant à la surface de la montagne en question une superficie de 50 000 000 000 de mètres carrés, couvrirait le tout jusqu'à une profondeur de six mètres. [232] Il y a de très grandes portions de cette zone où, comme nous le savons d'après les vestiges anciens - routes, ponts, etc. - d'autres témoignages directs et de considérations géologiques, très peu de dégradation a eu lieu en vingt siècles, et c'est pourquoi la quantité à attribuer aux localités où les causes destructrices ont été les plus actives est augmentée en proportion.

Si cette vaste masse de roches et de terres pulvérisées était restituée aux localités d'où elle provient, elle n'effacerait certainement pas les vallées et les gorges creusées par de grandes causes géologiques, mais elle réduirait la longueur et diminuerait la profondeur des ravins de formation ultérieure. , modifient l'inclinaison de leurs murs, recouvrent de terre de nombreuses crêtes de montagnes dénudées, changent essentiellement la ligne de jonction entre plaine et montagne et reportent une longue partie de la côte Adriatique à plusieurs milles à l'ouest. [233]

Il ne faut en effet pas supposer que toute la dégradation des montagnes soit due à la destruction des forêts, que les flancs de chaque vallée alpine d'Europe centrale, au-dessous de la limite des neiges, étaient autrefois recouverts de terre et verdoyants de bois, mais il n'y a pas beaucoup de cas particuliers où l'on puisse, avec certitude, ou même avec une forte probabilité, affirmer le contraire.

Nous ne pouvons mesurer la part que l'action humaine a eue dans l'augmentation de l'intensité des causes de dégradation des montagnes, mais nous savons que le défrichement des bois a, dans certains cas, produit en l'espace de deux ou trois générations des effets aussi dévastateurs que ceux généralement attribués aux catastrophes naturelles. convulsions géologiques, et a ravagé la face de la terre de manière plus désespérée que si elle avait été ensevelie par un courant de lave ou une pluie de sable volcanique. Désormais, des torrents se forment chaque année dans les Alpes. La tradition, les documents écrits et les analogies concourent à établir la croyance que la ruine de la plupart des vallées aujourd'hui désolées de ces montagnes doit être attribuée à la même cause, et des descriptions authentiques de la force irrésistible du torrent montrent que, aidé par le gel et la chaleur, il suffit à niveler le Mont Blanc et le Mont Rose eux-mêmes, à moins que de nouveaux bouleversements ne maintiennent leur élévation.

On a prétendu que toutes les rivières qui prennent leur source dans les montagnes avaient leur origine dans des torrents. Celles-ci, dit-on, ont abaissé les sommets par érosion graduelle, et, avec les matériaux ainsi retirés, ont formé des bancs dans la mer qui battaient autrefois contre les falaises ; puis, par dépôts successifs, ils les élevèrent peu à peu au-dessus de la surface, et finalement les élargirent en de larges plaines traversées par des ruisseaux au courant doux. Si l'on pouvait remonter aux périodes géologiques antérieures, on trouverait cette théorie souvent vérifiée, et l'on ne peut manquer de voir que les torrents continuent à l'heure actuelle, abaissant encore plus bas les crêtes des Alpes et des Apennins, élevant encore plus haut les montagnes. plaines de Lombardie et de Provence, étendant la côte encore plus loin dans l'Adriatique et la Méditerranée, réduisant l'inclinaison de leurs propres lits et la rapidité de leur écoulement, et tendant ainsi à devenir fluviales.

Il y a des cas où les torrents cessent de faire leurs ravages sur eux-mêmes, par suite de quelque changement dans l'état du bassin d'où ils prennent leur source, ou de la face de la montagne à un niveau plus élevé, tandis que la plaine ou la mer en contrebas reste sensiblement la même . état comme avant. Si un torrent prend sa source dans une petite vallée contenant peu de terre et de roches désagrégées ou meubles, il peut, au cours d'un certain temps, emporter tous les matériaux transportables, et si la vallée se retrouve alors avec des murs solides, il cessera de fournir des débris qui seront emportés par les crues. Si, dans cet état de choses, un nouveau canal se forme à une élévation au-dessus du fond de la vallée, il peut détourner une partie, voire la totalité, de l'eau de pluie et de la neige fondue qui autrement s'y seraient déversées, et le Le torrent autrefois furieux tombe désormais au rang d'un humble et inoffensif ruisseau. « En parcourant ce département, dit Surell, on voit souvent, au débouché d'une gorge, une butte aplatie, au contour en éventail et aux pentes régulières ; c'est le lit de déjection d'un ancien torrent. Il faut parfois étude longue et minutieuse pour déceler la forme primitive, masquée qu'elle est par des bosquets d'arbres, par des champs cultivés et souvent par des maisons, mais, examinée de près et sous différents points de vue, sa figure caractéristique apparaît manifestement et sa véritable nature. L'histoire ne peut pas se tromper. Le long de la butte coule un ruisseau, sortant du ravin, et arrosant tranquillement les champs. C'était à l'origine un torrent, et au fond on découvre son bassin de montagne. De tels torrents éteints, si je puis utiliser l' expression , sont nombreux." [234]

Sans l'intervention de l'homme et des animaux domestiques, ces dernières révolutions bienfaisantes se produiraient plus fréquemment et se dérouleraient plus rapidement. Les nouvelles montagnes escarpées, les buttes de débris, les plaines élevées par les sables et les graviers étalés sur elles, les rivages fraîchement formés par les dépôts fluviatiles, se revêtiraient d'arbustes et d'arbres, l'intensité des causes de dégradation serait diminuée, et la nature retrouverait ainsi son ancien équilibre. Mais ces processus, dans des circonstances ordinaires, exigent non pas des années, des générations, mais des siècles ; [235] et l'homme, qui trouve encore aujourd'hui à peine de la place pour respirer sur ce vaste globe, ne peut pas se retirer du Vieux Monde vers un continent encore inconnu et attendre que la lente action de telles causes remplace, par une nouvelle création, l'Eden qu'il a créé. a gaspillé.

### *Toboggans de montagne.*

J'ai dit que les régions montagneuses des États atlantiques de l'Union américaine sont exposées à des ravages similaires, et je puis ajouter qu'il y a, dans certains cas, des raisons de craindre pour la même cause des calamités encore plus épouvantables que celles que j'ai déjà connues. décrit. Le glissement de terrain dans le Notch of the White Mountains, par lequel la famille Willey a perdu la vie, est un exemple du genre auquel je fais référence, bien que je ne sois pas en mesure de dire que dans ce cas particulier, le glissement de terre et de roche a été produit par la dénudation de la surface. Cela peut avoir été causé par cette cause, ou par la construction de la route traversant le Notch, dont les fouilles ont peut-être traversé les contreforts qui soutenaient les couches en pente au-dessus.

Sans parler de la chute de la terre lorsque les racines qui la maintenaient ensemble, et le lit de feuilles et de moisissures qui la protégeaient à la fois du gel désintégrant et de l'inondation soudaine et de la dissolution par de fortes averses, ont disparu, il est facile de voir que, dans un climat aux hivers rigoureux, l'enlèvement de la forêt et, par conséquent, du sol qu'elle avait contribué à former, pouvait provoquer le déplacement et l'effondrement de grandes masses de roches. Les bois, les terres végétales et le sol qui les recouvre protègent les roches qu'ils recouvrent de l'action directe de la chaleur et du froid, ainsi que de l'expansion et de la contraction qui les accompagnent. La plupart des rochers, bien que recouverts de terre, contiennent une quantité considérable d'eau. [236] Un fragment de roche imprégné d'humidité se fissure et se fend, s'il est jeté dans un fourneau, et parfois avec une forte détonation ; et c'est une observation familière que le feu, en brûlant sur des terres nouvellement défrichées, brise et parfois pulvérise presque les pierres. Cet effet est dû en partie à la dilatation inégale de la pierre, en partie à l'action de la chaleur sur l'eau qu'elle contient dans ses pores. Le soleil, soudain introduit sur une roche recouverte de terre humide depuis des siècles, produit de la même manière plus ou moins une désintégration, et la pierre est également exposée à des influences chimiques dont elle était auparavant à l'abri. Mais dans le climat des États-Unis comme dans celui des Alpes, le gel est un agent encore plus puissant pour briser les masses montagneuses. Le sol qui protège le calcaire et le grès, l'ardoise et le granit de l'influence du soleil, empêche également l'eau qui s'infiltre dans leurs crevasses et entre leurs strates de geler dans les hivers les plus rigoureux, et l'humidité descend, sous forme liquide. forme, jusqu'à ce qu'il s'échappe dans les sources, ou passe par de profonds canaux souterrains. Mais lorsque les crêtes sont mises à nu, l'eau des pluies automnales remplit les pores, les veines, les fissures et les lignes de séparation les plus infimes des roches, puis gèle soudainement et éclate en morceaux d'énormes blocs apparemment solides de pierre d'adamantine. [237] Là où les strates sont inclinées selon un angle considérable, le gel d'une mince pellicule d'eau sur une vaste zone interstratale pourrait provoquer un glissement qui devrait couvrir des kilomètres de ses ruines ; et des résultats similaires pourraient être produits par la simple pression hydrostatique d'une colonne d'eau, admise par l'enlèvement de la couche de terre à s'écouler dans une crevasse plus rapidement qu'elle ne pourrait s'échapper par les orifices situés en dessous.

Des éboulements de terre ou plutôt de montagnes, à côté desquels la catastrophe qui a enseveli la famille Willey dans le New Hampshire n'était qu'une pincée de poussière, se sont souvent produits dans les Alpes suisses italiennes et françaises. L'éboulement qui a submergé et recouvert jusqu'à soixante-dix pieds de profondeur la ville de Plurs dans la vallée de la Maira, dans la nuit du 4 septembre 1618, n'épargnant pas âme d'une population de 2.430 habitants, est un L'une des plus mémorables de ces catastrophes, et la chute du Rossberg ou Rufiberg, qui détruisit la petite ville de Goldau en Suisse et 450 de ses habitants, le 2 septembre 1806, est presque également célébrée. En 1771, selon Wessely, le sommet du Piz, près d'Alleghe dans la province de Belluno, glissa dans le lit de la Cordevole, un affluent de la Piave, détruisant dans sa chute trois hameaux et soixante vies. Les décombres ont rempli la vallée sur une distance de près de deux milles et, en retenant les eaux de la Cordevole, ont formé un lac d'environ trois milles de long et cent cinquante pieds de profondeur, qui subsiste encore, quoique réduit à la moitié de son état originel. longueur par l'usure de son exutoire. [238]

Le 14 février 1855, la colline de Belmonte, un peu au-dessous de la paroisse de San Stefano, en Toscane, glissa dans la vallée du Tibre, qui inonda alors le village jusqu'à une profondeur de cinquante pieds, et fut finalement drainée. par un tunnel. La masse de débris aurait été d'environ 3 500 pieds de long, 1 000 de large et pas moins de 600 de haut. [239]

De tels déplacements de terres et de couches rocheuses atteignent l'ampleur des convulsions géologiques, mais ils sont si rares dans les pays encore couverts par la forêt primitive, si fréquents là où les montagnes ont été dépouillées de leur couverture originelle, et, dans bien des cas, si facilement explicable par le trempage de terres incohérentes par la pluie, ou par la libre entrée de l'eau entre les couches de roches - deux phénomènes qu'une couche de végétation aurait empêché - que nous sommes en droit de les attribuer pour la plupart à la même cause. comme ce à quoi sont principalement dus les effets destructeurs des torrents de montagne, c'est-à-dire l'abattage des bois.

Dans presque tous les cas de ce genre dont les circonstances sont connues, la cause immédiate du glissement a été soit un tremblement de terre, soit l'imbibition d'eau en grande quantité par la terre nue, soit son introduction entre ou sous des couches solides. Si l'eau s'insinue entre les strates, elle crée une surface de glissement, ou elle peut, par son expansion lors du gel, séparer des lits de roche, qui étaient auparavant presque continus, suffisamment largement pour permettre à la gravitation de la masse dominante de vaincre la résistance. apporté par les inégalités de face et par le frottement ; s'il se fraye un chemin sous une terre dure ou une roche reposant sur de l'argile ou autre litière ayant des propriétés similaires, il convertit la couche de support en une boue semi-fluide, qui n'oppose aucun obstacle au glissement des couches supérieures.

La partie supérieure de la montagne qui ensevelit Goldau était composée d'un conglomérat dur mais cassant, appelé *nagelflue* , reposant sur une argile onctueuse et s'inclinant rapidement vers le village. Il restait beaucoup de terre sur le rocher, en masses irrégulières, mais les bois avaient été abattus et l'eau avait libre accès à la surface et aux crevasses que le soleil et le gel avaient déjà creusées dans le rocher, et bien sûr à la boue visqueuse. strate en dessous. Tout l'été de 1806 avait été très humide, et un déluge de pluie presque incessant était tombé la veille de la catastrophe, ainsi que celle de sa survenue. Toutes les conditions étaient alors favorables au glissement de la roche, et, obéissant aux lois de la gravitation, elle se précipitait dans la vallée dès que son adhésion à la terre sous elle était détruite par la conversion de celle-ci en un liquide visqueux. pâte. La masse tombée mesurait entre deux milles et demi et trois milles de longueur sur mille pieds de largeur, et on estime que son épaisseur moyenne était d'environ cent pieds. La partie la plus élevée de la montagne s'élevait à plus de trois mille pieds au-dessus du village, et l'élan acquis par les rochers et la terre dans leur descente emportait d'énormes blocs de pierre très loin sur le versant opposé du Rigi.

Le Piz, qui tombait dans la Cordevole, reposait sur une couche calcaire fortement inclinée, avec une mince couche de marne calcaire intermédiaire, qui, par une longue exposition au gel et à l'infiltration de l'eau, avait perdu sa consistance primitive et était devenue une roche meuble. et glissante au lieu d'un lit cohésif et tenace.

### Protection contre les chutes de pierres et les avalanches d'arbres.

Les forêts jouent souvent un rôle précieux en empêchant la chute des roches, par simple résistance mécanique. Les arbres, ainsi que la végétation herbacée, poussent dans les Alpes sur des pentes d'une inclinaison surprenante, et le voyageur voit à la fois de l'herbe luxuriante et des bois florissants sur des pentes sur lesquelles le sol, dans l'air sec des régions inférieures, s'effondrerait et s'effondrerait. le poids de ses propres particules. Lorsque des roches meubles se trouvent dispersées à la face de ces pentes, elles sont maintenues en place par les troncs des arbres, et il est très courant d'observer une pierre qui pèse des centaines de livres, peut-être même des tonnes, appuyée contre un arbre qui s'est arrêté. sa progression au moment même où elle commençait à descendre vers un niveau inférieur. Lorsqu'une forêt dans une telle position est coupée, ces blocs perdent leur support, et une seule saison humide suffit non seulement à mettre à nu la surface d'une étendue considérable de roche, mais à recouvrir de terre et de pierres plusieurs acres de sol fertile en contrebas. [240]

En Suisse et dans d'autres pays enneigés et montagneux, les forêts rendent un service très important en empêchant la formation et la chute d'avalanches destructrices, et dans de nombreuses régions des Alpes exposées à cette catastrophe, les forêts sont protégées, bien que trop souvent de manière inefficace, par la loi. Aucune forêt, en effet, ne pourrait arrêter une grosse avalanche une fois en mouvement, mais la résistance mécanique offerte par les arbres empêche leur formation, tant en faisant obstacle au vent, qui donne à la neige sèche du Staub-Lawine, ou avalanche de poussière, *sa* première impulsion, et en vérifiant la disposition de la neige humide à se rassembler dans ce qu'on appelle le *Rutsch-Lawine* , ou avalanche glissante. Marschand raconte que, le tout premier hiver après l'abattage des arbres sur la partie supérieure d'une pente entre Saanen et Gsteig où la neige n'avait jamais été connue pour glisser, une avalanche s'est formée dans la clairière, a dévalé la montagne et a renversé et emportait avec lui une forêt jusqu'alors intacte représentant près d'un million de pieds cubes de bois. [241] Une fois le sentier ouvert sur les flancs de la montagne, le mal est presque irrémédiable. La neige emporte quelquefois la terre de la surface du rocher, ou, si l'on laisse le sol, de nouveaux éboulements chaque hiver détruisent les jeunes plantations, et la restauration du bois devient impossible. La piste s'élargit à chaque nouvelle avalanche. Les habitations et leurs occupants sont ensevelis sous la neige, ou emportés par la masse précipitée, ou par les souffles furieux qu'elle provoque par le déplacement de l'air ; les routes et les ponts sont détruits ; des rivières bouchées, qui grossissent jusqu'à déborder de la vallée d'en haut, puis, brisant leur barrière de neige, inondent les champs d'en bas avec toutes les horreurs d'une inondation hivernale. [242]

### *Principales causes de la destruction de la forêt.*

Les besoins de l'agriculture sont la cause la plus connue de la destruction des forêts dans les pays nouveaux ; car non seulement une population croissante exige des acres supplémentaires pour cultiver les légumes qui la nourrissent ainsi que ses animaux domestiques, mais l'agriculture négligée du colon frontalier épuise bientôt la luxuriance de ses premiers champs et l'oblige à emmener ses dieux domestiques dans un endroit plus frais. sol. Les nombreux arts dont le bois est le matériau sont également de plus en plus nombreux. Les demandes du marché proche et lointain pour ce produit excitent la cupidité du forestier robuste, et quelques années de cette industrie sauvage dont Springer "La vie forestière et les arbres forestiers" dépeint si clairement les dangers et les triomphes, suffisent pour voler les vallons les plus inaccessibles de leurs plus beaux ornements. La valeur du bois augmente avec ses dimensions dans une proportion presque géométrique, et les arbres les plus hauts, les plus vigoureux et les plus symétriques sont les premiers sacrifiés. C'est une circonstance heureuse pour le reste du bois ; car le bûcheron impatient se contente d'abattre quelques-uns des meilleurs arbres, puis se dépêche de prendre sa dîme sur les bosquets encore vierges.

Les facilités sans précédent pour la navigation intérieure, offertes par les nombreux fleuves des possessions coloniales britanniques actuelles et anciennes en Amérique du Nord, se sont révélées très fatales aux forêts de ce continent. Québec est devenue un centre d'un commerce de bois qui, par la majeure partie de ses matériaux et, par conséquent, par le tonnage nécessaire à son transport, rivalise avec le commerce des plus grandes villes européennes. D'immenses radeaux sont recueillis à Québec des grands Lacs, de l'Outaouais et de tous les autres affluents qui s'unissent pour gonfler le courant du Saint-Laurent et l'aider à lutter contre ses puissantes marées. [243] Des navires d'une charge autrefois inimaginable ont été construits pour transporter le bois vers les marchés d'Europe, et pendant les mois d'été, le Saint-Laurent est presque aussi rempli de navires que la Tamise. [244]

Dernièrement, Chicago, dans l'Illinois, a été l'un des plus grands dépôts de bois et de céréales des États-Unis, et elle reçoit et distribue des contributions de toutes les forêts des États baignées par le lac Michigan, ainsi que de quelques points plus éloignés.

Les opérations du bûcheron comportent d'autres dangers pour les bois que la perte des arbres qu'il a abattus. Les clairières étroites autour de ses *baraques* [245] forment des ouvertures qui laissent entrer le vent, et occasionnent ainsi parfois le renversement de milliers d'arbres, dont la chute endigue de petits ruisseaux et crée des tourbières par l'épandage des eaux, tandis que les arbres en décomposition les troncs facilitent la multiplication des insectes qui se reproduisent dans le bois mort, et sont, pour certains, nuisibles aux arbres vivants. Cependant, la fuite et la propagation des feux de camp sont la plus dévastatrice de toutes les causes de destruction qui trouvent leur origine dans les opérations des bûcherons. La proportion d'arbres aptes à des usages industriels est faible dans tous les bois primitifs. Ceux-là seuls tombent sous la hache du forestier, mais le feu détruit sans discernement tous les âges et toutes les espèces d'arbres. [246] Alors que, sans trop de préjudice pour les jeunes pousses, la forêt indigène supportera plusieurs « coupes » en une génération, car la valeur croissante du bois d'œuvre met en service, tous les quatre ou cinq ans, une qualité de bois qui avait été auparavant rejeté comme invendable - un incendie peut rendre improductive la pente d'une montagne pendant un siècle. [247]

### *Arbres forestiers américains.*

Les forêts restantes des États du Nord et du Canada ne possèdent plus les pins puissants qui rivalisaient presque avec le gigantesque séquoia de Californie ; et la croissance des plus grands arbres forestiers est si lente, une fois qu'ils ont atteint une certaine taille, que si chaque pin et chaque chêne étaient épargnés pendant deux siècles, les plus grands arbres actuellement debout n'atteindraient pas la taille des centaines enregistrées comme ayant été coupés dans un délai de deux siècles. deux ou trois générations. [248] Le Dr Williams, qui a écrit il y a environ soixante ans, déclare ce qui suit comme étant les dimensions des « arbres considérés comme les plus grands de leur espèce dans cette partie de l'Amérique » [Vermont], qualifiant son récit par la remarque que son les mesures « ne désignent pas le plus grand que la nature ait produit de leur espèce particulière, mais le plus grand que l'on puisse trouver dans la plupart de nos villes ».

|  | Diamètre | | | Hauteur. |
|---|---|---|---|---|
| Pin, | 6 | pieds, | | 247 pieds. |

| | | | | | |
|---|---|---|---|---|---|
| Érable, | 5 | " | 9 | pouces, | |
| Bois de bouton, | 5 | " | 6 | " | |
| Orme, | 5 | " | | | |
| Ciguë, | 4 | " | 9 | " | — De 100 à 200 pieds. |
| Chêne, | 4 | " | | | |
| Tilleul, | 4 | " | | | |
| Cendre, | 4 | " | | | |
| Bouleau, | 4 | " | | | |

Il ajoute une note disant qu'un pin blanc a été coupé à Dunstable, New Hampshire, en 1736, dont le diamètre était de sept pieds et huit pouces. Le Dr Dwight dit qu'un pin tombé dans le Connecticut mesurait deux cent quarante-sept pieds de hauteur, et ajoute : "Il y a quelques années, de tels arbres étaient en grand nombre le long des parties nord de la rivière Connecticut." Dans une autre lettre, il parle du pin blanc comme ayant « souvent six pieds de diamètre et deux cent cinquante pieds de hauteur », et déclare qu'un pin avait été coupé à Lancaster, New Hampshire, qui mesurait deux cent soixante-quatre pieds. pieds. Emerson écrivait en 1846 : « Il y a cinquante ans, plusieurs arbres poussant sur des terres plutôt sèches à Blandford, Massachusetts, mesuraient, après avoir été abattus, deux cent vingt-trois pieds. Tous ces arbres sont surpassés par un pin abattu à Hanover, New York. Hampshire, il y a environ cent ans, et décrit comme mesurant deux cent soixante-quatorze pieds ·

Ces descriptions, on le remarquera, s'appliquent à des arbres coupés depuis soixante à cent ans. Les personnes que l'observation a rendues familières avec le caractère actuel de la forêt américaine seront frappées de la petitesse du diamètre que le Dr Williams et le Dr Dwight attribuent à des arbres d'une hauteur aussi extraordinaire. Les individus des diverses espèces mentionnées dans le tableau du Dr Williams se trouvent désormais à peine dans le même climat, dépassant la moitié ou au plus les deux tiers de la hauteur qu'il leur assigne ; mais, sauf dans le cas du chêne et du pin, le diamètre indiqué par lui ne serait pas considéré comme très extraordinaire chez des arbres beaucoup moins hauts, actuellement debout. Même dans les espèces que j'ai exceptées, ces diamètres, avec la moitié de la hauteur de celui du Dr Williams, pourraient peut-être être mis en parallèle à l'heure actuelle ; et beaucoup d'ormes, transplantés à un diamètre de six pouces, à la mémoire de personnes encore vivantes, mesurent six et quelquefois même sept pieds de diamètre. Il y a deux raisons à ce changement dans la croissance des arbres forestiers : la première est que la grande valeur commerciale du pin et du chêne a causé la destruction de tous les meilleurs spécimens, c'est-à-dire les plus hauts et les plus droits, des deux ; l'autre, que l'éclaircie des bois par la hache du bûcheron a permis l'accès de la lumière, de la chaleur et de l'air à des arbres de valeur plus humble et de stature inférieure, qui ont survécu à leurs frères plus imposants. Ceux-ci, par conséquent, ont pu étendre leurs couronnes et gonfler leurs tiges à un degré impossible tant qu'ils étaient éclipsés et étouffés par les chênes et les pins seigneuriaux. Alors que le forestier de la Nouvelle-Angleterre doit chercher longtemps avant de trouver un pin

digne d'être le mât
d'un grand amiral,

les hêtres, les ormes et les bouleaux, aussi robustes que les plus puissants de leurs ancêtres, ne sont toujours pas rares. [250]

Un autre mal, parfois d'une ampleur grave, qui accompagne les opérations des bûcherons, est le dommage causé aux berges des rivières par la pratique du flottage. Je ne fais pas ici allusion aux radeaux qui, étant sous le contrôle de ceux qui les naviguent, peuvent être guidés de manière à éviter d'endommager le rivage, mais aux mâts, rondins et autres pièces de bois confiées individuellement aux cours d'eau, pour être transportés par leurs courants vers les étangs des scieries ou vers des endroits pratiques pour les collecter dans des radeaux. Les bûcherons transportent généralement le bois jusqu'aux rives des rivières en hiver, et lorsque les crues printanières gonflent les ruisseaux et brisent la glace, ils roulent les bûches dans l'eau, les laissant flotter jusqu'à leur destination. Si le cours d'eau de transport est trop petit pour fournir un canal suffisant pour cette navigation grossière, on l'endigue quelquefois, et le bois est recueilli dans l'étang ainsi formé au-dessus du barrage. Lorsque l'étang est plein, une écluse est ouverte, ou le barrage explose ou se brise soudainement, et toute la masse de bois au-dessus est précipitée vers le bas avec le flot roulant. Ces deux manières de procéder exposent à l'abrasion les rives des rivières utilisées comme canaux de flottation, [251] et dans certains États américains, il a été jugé nécessaire de protéger, par une législation spéciale, les terres à travers lesquelles elles coulent de l'eau. blessures graves parfois subies à cause des pratiques que j'ai décrites. [252]

### *Causes particulières de la destruction des bois européens.*

Les causes du gaspillage forestier énumérées jusqu'à présent sont plus ou moins communes aux deux continents ; mais en Europe, de vastes forêts ont, à différentes époques, été délibérément détruites par le feu ou par la hache, parce qu'elles offraient une retraite aux ennemis, aux voleurs et aux hors-la-loi, et on dit que cette pratique a été utilisée dans les provinces méditerranéennes de la France comme récemment comme à l'époque de Napoléon Ier. [253] La législation sévère et même sanguinaire, par laquelle certains des gouvernements de l'Europe médiévale, ainsi que des âges antérieurs, protégeaient les bois, était dictée par l'amour de la chasse, ou du peur d'une pénurie de combustible et de bois. Les lois de presque tous les États européens garantissent plus ou moins adéquatement la permanence de la forêt ; et je crois que l'Espagne est le seul pays d'Europe qui n'a pas pris de dispositions publiques pour la protection et la restauration des bois - le seul pays dont le peuple fait systématiquement la guerre au jardin de Dieu. [254]

### *Forêts royales et lois sur le gibier.*

Les auteurs français que j'ai cités, ainsi que beaucoup d'autres écrivains de la même nation, considèrent que la Révolution française a donné une nouvelle impulsion à des causes destructrices qui menaçaient déjà l'extermination totale des bois. [255] La croisade générale contre les forêts, qui accompagna cet événement important, doit être attribuée, dans une large mesure, à des ressentiments politiques. Les codes forestiers des rois médiévaux et les « coutumes » locales de la féodalité contenaient de nombreuses dispositions sévères et même inhumaines, adoptées plutôt pour la préservation du gibier que pour une vision éclairée des fonctions les plus importantes des bois. Ordericus Vitalis nous apprend que Guillaume le Conquérant détruisit soixante paroisses et chassa leurs habitants, afin de transformer leurs terres en forêt, [256] pour être réservées comme terrain de chasse pour lui et sa postérité, et qu'il punit de la mort, la mise à mort d'un cerf, d'un sanglier ou même d'un lièvre. Son successeur, William Rufus, d'après l' *Histoire des Ducs de Normandie et des Rois d'Angleterre*, p. 67, "chassait un jour dans une forêt nouvelle, qu'il avait fait former à partir de dix-huit paroisses qu'il avait détruites, lorsque, par hasard, il fut tué par une flèche avec laquelle Tyreus de Rois [Sir Walter Tyrell] pensait Il tua une bête, mais manqua la bête et tua le roi qui était au-delà d'elle. Et dans cette même forêt, son frère Richard courut si fort contre un arbre qu'il en mourut. Et les hommes disaient communément que ces choses étaient dues à ils avaient ainsi dévasté et pris lesdites paroisses.

Ces actes barbares, comme l'observe Bonnemère, [257] n'étaient que le transfert des coutumes des rois de France, de leurs vassaux, et même de gentilshommes inférieurs, vers l'Angleterre conquise. « La mort d'un lièvre, dit notre auteur, était une affaire de pendaison, le meurtre d'un pluvier un crime capital. La mort était infligée à ceux qui tendaient des filets pour les pigeons ; les misérables qui avaient tendu un arc sur un cerf devaient être punis. attaché vivant à l'animal ; et parmi les seigneurs, c'était une excuse valable pour avoir tué du gibier en terrain interdit, qu'ils visaient un serf. Les seigneurs féodaux appliquaient ces codes avec une rigueur implacable et prenaient souvent la loi en main. Au temps de Louis IX, selon Guillaume de Nangis, « trois enfants nobles, nés en Flandre, qui séjournaient à l'abbaye de Saint-Nicolas-au-Bois, pour apprendre la langue de France, sortirent dans la forêt du l'abbaye, avec leurs arcs et leurs flèches à pointe de fer, pour les chasser en tirant des lièvres, poursuivirent le gibier, qu'ils avaient commencé dans le bois de l'abbaye, dans la forêt d'Enguerrand, seigneur de Coucy, et furent emmenés par les sergents qui a gardé le bois. Quand le malheureux et impitoyable Sir Enguerrand l'a su, il a fait pendre aussitôt les enfants sans aucune manière de procès. [258] L'affaire étant portée à la connaissance du bon roi Louis, Sir Enguerrand fut cité à comparaître et, finalement, après bien des changements féodaux et des plaidoyers dilatoires, traduit en justice devant Louis lui-même et un conseil spécial. Malgré l'opposition des autres seigneurs, qui, il va sans dire, n'épargnèrent aucun effort pour sauver un pair, probablement pas plus criminel qu'eux, le roi était très enclin à infliger la peine de mort au fier baron. « S'il croyait, dit-il, que Notre-Seigneur se contenterait aussi bien de la pendaison que du pardon, il pendrait sir Enguerrand malgré tous ses barons ; mais les intérêts nobles et cléricaux prédominaient malheureusement. Le roi fut persuadé d'infliger un châtiment plus doux, et le meurtrier fut condamné à payer dix mille livres en pièces et à « bâtir pour les âmes des trois enfants deux chapelles où la messe serait dite chaque jour ». [259] L'espoir d'abréger le terme purgatoire des jeunes gens, par les rites religieux à célébrer dans les chapelles, était sans doute la considération qui opérait le plus puissamment dans l'esprit du roi ; et l'Europe a perdu un grand exemple au nom de la masse.

La désolation et le dépeuplement, résultant de l'extension de la forêt et de l'application des lois sur la chasse, incitèrent plusieurs rois de France à consentir à un certain relâchement de la sévérité de ces dernières. François Ier, cependant, en relança les dispositions barbares, et, selon Bonnemère, même un aussi bon monarque qu'Henri IV les refit et « signa la sentence de mort contre les paysans coupables d'avoir défendu leurs champs contre la dévastation des bêtes sauvages ». « Une amende de vingt livres, continue-t-il, était infligée à quiconque tirait sur des pigeons qui, alors, fondaient par milliers sur les champs nouvellement semés et en dévoraient les graines. Mais considérons encore cela comme un progrès. , car nous avons vu que le meurtre d'un pigeon avait été un crime capital. [260]

Non seulement la moindre infraction au domaine forestier, la coupe d'un aiguillon à bœufs par exemple, était sévèrement punie, mais le gibier restait sacré lorsqu'il s'éloignait de son territoire natal et ravageait les champs des paysans. Un troupeau de cerfs ou de sangliers consommait ou foulait souvent une récolte de blé, seul espoir de l'année pour toute une famille ; et le simple fait de chasser ces animaux de ces coûteux pâturages attira une terrible vengeance sur le chef du paysan, qui s'était efforcé de sauver le pain de ses enfants de leur voracité. « De tout temps, dit Paul Louis Courier, parlant au nom des paysans de Chambord, dans le Simple Discours, le gibier nous a fait la guerre. Paris a été bloqué huit cents ans par les cerfs, et ses environs , maintenant si riche, si fertile, ne donnait pas assez de pain pour nourrir les gardes-chasse. » [261]

Dans l'esprit populaire, la forêt était associée à tous les abus de la féodalité, et les maux que la paysannerie avait souffert de la législation qui la protégeait ainsi que le gibier qu'elle abritait, les rendait aveugles aux dégâts physiques encore plus graves que sa destruction allait entraîner. sur eux. N'étant plus protégées par la loi, les forêts de la couronne et celles des grands seigneurs furent attaquées avec une fureur implacable, pillées sans scrupules et dévastées sans raison, et même les droits de propriété sur les petits bois privés n'étaient plus respectés. [262] Diverses théories absurdes, dont certaines n'ont même pas encore été détruites, ont été propagées concernant les avantages économiques de la conversion de la forêt en pâturages et en terres labourées, ses effets néfastes sur le climat, la santé, la facilité des communications internes, etc. Ainsi, le souvenir ressentiment des torts associés à la forêt, l'ignorance populaire et la cupidité de spéculateurs assez rusés pour tirer profit de ces circonstances, se sont combinés pour hâter le sacrifice des bois restants, et un gaspillage a été produit qui a duré des centaines d'années et des millions. du trésor sera difficilement réparé.

### *Petites plantes forestières et vitalité des semences.*

Une autre fonction des bois, à laquelle j'ai à peine fait allusion, mérite une attention plus complète que celle qui peut lui être accordée dans un traité dont la portée est purement économique. La forêt est l'habitat naturel d'un grand nombre de plantes plus humbles, à la croissance et à la perpétuation desquelles son ombre, son humidité et sa terre végétale paraissent être des nécessités indispensables. [263] Nous ne pouvons pas affirmer avec certitude que l'abattage des bois dans une province végétale donnée entraînerait l'extinction définitive des plantes plus petites qui ne se trouvent que dans leur enceinte. Certains d'entre eux, bien que ne se propageant pas naturellement en pleine terre, pourraient peut-être germer et croître sous une stimulation et une protection artificielles, et finalement devenir assez robustes pour maintenir une existence indépendante dans des circonstances très différentes de celles qui semblent actuellement essentielles à leur vie.

En outre, bien que les récits sur la croissance de graines, qui sont restées pendant des siècles dans la sécheresse cendrée des catacombes égyptiennes, doivent être reçus avec beaucoup de prudence, ou, plus probablement, être complètement rejetés, leur vitalité semble presque impérissable tandis que ils restent dans les situations où la nature les dépose. Lorsqu'une forêt assez ancienne pour avoir été témoin des mystères des druides est abattue, des arbres d'autres espèces poussent à sa place ; et lorsqu'ils tombent à leur tour sous la hache, parfois même aussitôt qu'ils ont étendu leur ombre protectrice sur la surface, les germes que leurs prédécesseurs avaient répandus des années, peut-être des siècles auparavant, germent, et en temps voulu, si non étouffé par d'autres arbres appartenant à un stade ultérieur dans l'ordre de succession naturelle, restaurer à nouveau le bois d'origine. Dans ces cas, les graines de la nouvelle récolte peuvent souvent avoir été apportées par le vent, par des oiseaux, par des quadrupèdes ou par d'autres causes ; mais, dans bien des cas, cette explication n'est pas probable.

Lorsqu'un terrain nouvellement défriché est brûlé aux États-Unis, les cendres sont à peine froides qu'elles sont recouvertes d'une récolte d'herbe à feu, une grande plante herbacée, très rarement vue pousser dans d'autres circonstances, et souvent introuvable à distance. à plusieurs kilomètres de la clairière. Ses graines, qu'elles soient le fruit d'une végétation ancienne ou nouvellement semées par les vents ou les oiseaux, nécessitent soit une accélération par une chaleur qui élève jusqu'à un certain point élevé la température de la couche où elles sont enfouies, soit un pabulum spécial fourni uniquement par le combustion des restes végétaux qui recouvrent le sol des bois. Les terres remontées des puits ou autres fouilles produisent bientôt une récolte de plantes souvent très différentes de celles de la flore locale.

Moritz Wagner, cité par Wittwer [264] , remarque dans sa description du mont Ararat : « Un phénomène singulier sur lequel mon guide a attiré mon attention est l'apparition de plusieurs plantes sur les tas de terre laissés par la dernière catastrophe [un tremblement de terre] , qui ne poussent nulle part ailleurs sur la montagne et n'ont jamais été observées dans cette région auparavant. Les graines de ces plantes ont probablement été apportées par des oiseaux et trouvées dans le sol meuble et argileux restant des ruisseaux de boue, conditions de croissance qui l'autre sol de la montagne les a refusés. C'est assez probable, mais il ne l'est guère moins que la boue coulante les ait amenés sous l'influence de l'air et du soleil, des profondeurs où une convulsion précédente les avait ensevelis des siècles auparavant. Les graines de petites plantes sylvestres, trop enfouies par les couches successives du feuillage forestier et les moisissures résultant de leur décomposition pour être atteintes par la charrue lorsque les arbres auront disparu et la terre mise en culture, pourront, si une postérité plus sage replante le bois qui ont abrité leurs tiges parentales, germent et grandissent, après être restés pendant des générations dans un état d'animation suspendue.

Darwin dit : « Dans le Staffordshire, sur le domaine d'un parent, où j'avais de nombreux moyens d'investigation, il y avait une vaste lande extrêmement stérile, qui n'avait jamais été touchée par la main de l'homme, mais plusieurs centaines d'acres exactement de la même nature. la nature avait été enclosée vingt-cinq ans auparavant et plantée de sapins sylvestres. Le changement dans la végétation indigène de la partie plantée de la lande était des plus remarquables, plus qu'on ne le voit généralement en passant d'un sol tout à fait différent à un autre ; non seulement le Un nombre proportionnel de plantes de bruyère a été entièrement modifié, mais *douze espèces* de plantes (sans compter les graminées et les carex) ont prospéré dans la plantation et ne pouvaient pas être trouvées sur la bruyère. [265] Si l'auteur nous avait appris que ces douze plantes appartenaient à une espèce dont les graines entrent dans la nourriture des oiseaux apparus avec le jeune bois, nous pourrions facilement expliquer leur présence dans le sol ; mais il dit distinctement que les oiseaux étaient d'espèces insectivores, et il semble donc plus probable que les graines aient été déposées lorsqu'une ancienne forêt protégeait la croissance des plantes qui les portaient, et qu'elles reprennent une nouvelle vie lorsqu'un retour de des conditions favorables les ont réveillés d'un sommeil de plusieurs siècles. Darwin dit en effet que la bruyère « n'avait jamais été touchée par la main de l'homme ». Peut-être pas, une fois qu'elle est devenue une lande ; mais quelle preuve y a-t-il pour contrôler la présomption générale que cette lande était précédée d'une forêt, à l'ombre de laquelle les légumes qui ont laissé tomber les graines en question auraient pu pousser ? [266]

Bien que, par conséquent, la destruction d'un bois et la récupération du sol à des fins agricoles supposent la mort de sa plus petite flore dépendante, ces révolutions n'excluent pas la possibilité de sa résurrection. D'un point de vue pratique, cependant, il faut admettre que lorsque le bûcheron abat un arbre, il sacrifie la colonie d'espèces plus humbles qui avaient végété sous sa protection. Certaines plantes ligneuses sont connues pour posséder des propriétés médicinales précieuses, et l'expérience pourrait montrer que leur nombre est plus grand que nous ne le supposons actuellement. Peu d'entre eux, cependant, ont une autre valeur économique que celle de fournir un mince pâturage au bétail autorisé à errer dans les bois ; et même ce petit avantage est bien plus que compensé par les dommages causés aux jeunes arbres par les animaux brouteurs. Dans l'ensemble, l'importance de cette classe de légumes, comme remède ou comme aliment, n'est pas de nature à fournir un argument populaire très convaincant en faveur de la conservation de la forêt comme moyen nécessaire à leur perpétuation. Des agents curatifs plus puissants peuvent fournir leur place dans la *matière médicale* , et un acre de prairie fournit plus de nourriture pour le bétail qu'une étendue de cent acres de forêt. Mais celui dont les sympathies pour la nature lui ont appris à sentir qu'il existe une communion entre toutes les créatures de Dieu ; aimer mieux le minerai brillant que le lingot terne, l'argent iodé et le cuivre rouge cristallisé mieux que les shillings et les pièces de monnaie forgées à partir d'eux par la ruse du monnayeur ; un chêne vénérable que le tonneau d'eaude-vie dont les douves sont fendues de son bois de cœur ; un lit d'anémones, d'hépaticas ou de violettes des bois que les poireaux et les oignons qu'il peut faire pousser sur le sol qu'ils ont enrichi et dans l'air qu'ils ont parfumé, celui qui a joui de cette formation spéciale du cœur et de l'intellect qui ne peut s'acquérir que dans les sanctuaires intacts de la nature, « où l'homme est lointain, mais Dieu est proche », n'affirmera pas témérairement son droit d'extirper une tribu de légumes inoffensifs, à peine parce que leurs produits ne lui chatouillent pas le palais ni ne remplissent ses poches ; et son regret devant la diminution de la superficie de la solitude forestière sera augmenté par la réflexion que les nourrissons de la forêt périssent avec les pins, les chênes et les hêtres qui les abritaient. [267]

Bien que, comme je l'ai dit, les oiseaux ne fréquentent pas les profondeurs du bois, une très grande proportion d'entre eux construisent leurs nids dans les arbres et trouvent dans leur feuillage et leurs branches un refuge sûr contre les intempéries des saisons · et la poursuite des reptiles et des quadrupèdes qui s'en nourrissent. Les lisières des forêts sont bruyantes de chants ; et quand le matin gris appelle les créatures rampantes de la terre hors de leurs cellules nocturnes, il appelle des bois voisins des légions de leurs ennemis ailés, qui fondent sur les champs pour sauver les récoltes de l'homme en dévorant le ver destructeur et en surprenant les retardataires. scarabée dans sa retraite tardive vers la couverture sombre où il se cache pendant les heures de la journée.

Les insectes les plus nuisibles à l'industrie rurale ne se multiplient pas dans les bois ou à proximité. Le criquet, qui ravage l'Orient avec ses armées voraces, se reproduit dans de vastes plaines ouvertes qui laissent entrer toute la chaleur du soleil pour hâter l'éclosion des œufs, ne recueillent aucune humidité pour les détruire et n'abritent aucun oiseau pour se nourrir des larves. . [269] Ce n'est que depuis l'abattage des forêts d'Asie Mineure et de Cyrène que les criquets sont devenus si terriblement destructeurs dans ces pays ; et la sauterelle, qui menace maintenant de devenir un ravageur presque aussi grave pour l'agriculture de certains sols de l'Amérique du Nord, se reproduit en nombres gravement nuisibles seulement là où une grande partie de la surface est dépourvue de bois.

### *Utilité de la Forêt.*

Dans la plupart des régions de l'Europe, les forêts sont déjà si près de disparaître que la simple protection de celles qui existent actuellement n'est en aucun cas un remède adéquat aux maux résultant de leur manque ; et d'ailleurs, comme je l'ai déjà dit, une expérience abondante a montré qu'aucune législation ne peut assurer la permanence de la forêt entre des mains privées. Des individus éclairés dans la plupart des États européens, des gouvernements dans d'autres, ont réalisé des plantations très étendues, [270] et la France s'est maintenant mise énergiquement au travail pour restaurer les bois dans les provinces du sud, et ainsi empêcher le dépeuplement et le gaspillage complets avec lesquels cela autrefois un sol fertile et un climat délicieux sont menacés.

Les objectifs de la restauration de la forêt sont aussi multiples que les motifs qui ont conduit à sa destruction et que les maux que cette destruction a occasionnés. On espère que la plantation des montagnes diminuera la fréquence et la violence des inondations des rivières, empêchera la formation de torrents, atténuera les températures extrêmes, l'humidité et les précipitations atmosphériques, restaurera les sources, les ruisseaux et les sources d'irrigation asséchés, abriter les champs des vents glacials et desséchants, empêcher la propagation des effluves miasmatiques et, enfin, fournir une réserve inépuisable et auto-renouvelable d'un matériau indispensable à tant de fins de confort domestique, à l'exercice réussi de tout art de la paix. , toute énergie destructrice de guerre. [271]

Mais notre énumération des utilisations des arbres n'est pas encore complète. Outre l'influence de la forêt, dans les chaînes de montagnes, comme moyen d'empêcher le creusement des ravins et les accumulations d'eau qui les remplissent, les arbres remplissent une fonction précieuse, dans les positions basses, comme barrières contre la propagation des inondations et de l'eau. le matériel qu'ils transportent avec eux ; mais cela sera examiné plus à juste titre dans le chapitre sur les eaux ; et une autre utilisation très importante des arbres, celle de fixer des dunes de sable mobiles et de les remettre en culture rentable, sera signalée dans le chapitre sur les sables.

La vaste expansion des chemins de fer, des industries manufacturières et des arts mécaniques, des armements militaires, et surtout des flottes et marines commerciales de la chrétienté au cours du siècle actuel, a considérablement augmenté la demande de bois, [272] et, sans les progrès de la métallurgie, qui ont facilité la substitution du fer à ce matériau, les vingt-cinq dernières années auraient presque privé l'Europe de ses seuls arbres restants adaptés à de tels usages. [273] Les seuls noyers abattus en Europe dans les deux ans pour fournir des fusils aux armées américaines formeraient une forêt d'une étendue non négligeable. [274]

### *Les forêts d'Europe.*

Mirabeau estimait les forêts de France en 1750 à dix-sept millions d'hectares ; en 1860, ils furent réduits à huit millions [19,769,000 acres]. Cela représenterait 82 000 hectares [202 600 acres] par an. Troy, du précieux pamphlet *Étude sur le reboisement des montagnes* dont je tire ces détails statistiques, suppose que la déclaration de Mirabeau a peut-être été extravagante, mais il reste néanmoins certain que le gaspillage a été énorme ; car on sait que dans certains départements, celui de l'Ariège, par exemple, les défrichements se sont poursuivis depuis un demi-siècle au rythme de trois mille acres par an, [275] et que dans toutes les parties de l'empire des arbres ont été abattus. plus vite qu'ils n'ont grandi. La superficie totale de la France, sans compter la Savoie, est d'environ cent trente et un millions d'acres. L'étendue de la forêt supposée par Mirabeau serait d'environ trente-deux pour cent. de l'ensemble du territoire. [276] Dans un pays et un climat où les influences conservatrices de la forêt sont aussi nécessaires qu'en France, les arbres doivent couvrir une grande surface et être groupés en grandes masses, afin de remplir au mieux les diverses fonctions qui leur sont assignées. par nature. La consommation de bois augmente rapidement dans cet empire, et une grande partie de son territoire est montagneux, stérile et d'une nature ou d'une situation telle qu'il peut être consacré avec plus de profit à la croissance du bois qu'à toute utilisation agricole. Il est donc évident que la proportion de forêt en 1750, même si l'on considère l'estimation large de Mirabeau, n'était pas très grande pour un entretien permanent, bien que sans doute la répartition était si inégale qu'il eût été judicieux d'abattre les bois et de défricher les terres en 1750. certaines provinces, alors que de grandes forêts auraient dû être plantées dans d'autres. [277] Durant la période en question, la France n'a ni exporté de bois manufacturés ni de bois brut, et n'a pas non plus tiré d'importants avantages collatéraux d'aucune sorte de la destruction de ses forêts. Elle est par conséquent appauvrie et infirme à la mesure de la différence entre ce qu'elle possède réellement de surface boisée et ce qu'elle aurait dû conserver.

L'Italie et l'Espagne sont plus dépourvues d'arbres que la France, et même la Russie, que nous considérons habituellement comme un pays essentiellement forestier, commence à souffrir sérieusement du manque de bois. Jourdier, cité par Clavé, observe : « Au lieu d'un vaste territoire aux forêts immenses, que l'on s'attend à rencontrer, on ne voit que des bosquets épars, éclaircis par le vent ou par la hache du moujik, des terres rasées et plus ou *moins* récemment Il n'y a probablement pas une seule région de Russie qui n'ait à déplorer les ravages de l'homme ou du feu, ces deux grands ennemis de la sylviculture moscovite. Cela est si vrai que les hommes lucides prévoient déjà une crise qui devenir terrible, à moins que la découverte de grands gisements d'un nouveau combustible, comme le charbon de mine ou l'anthracite, n'en diminue les maux. [278]

L'Allemagne, par la nature de sa surface et de son climat, et par l'attention que tous les États allemands ont longtemps portée à la sylviculture, est, prise dans son ensemble, dans une bien meilleure situation à cet égard que ses voisins plus méridionaux ; mais dans les provinces alpines de Bavière et d'Autriche, la même imprévoyance qui caractérise l'économie rurale des régions correspondantes de Suisse, d'Italie et de France, produit des effets à peine moins désastreux. Comme exemple de la rareté du combustible dans certaines parties du territoire de la Bavière, où, il n'y a pas si longtemps, le bois abondait, je puis mentionner le fait que l'eau des sources salées est, dans certains cas, transportée jusqu'à une distance de soixante milles. , dans des tuyaux en fer, pour atteindre une réserve de combustible pour le faire bouillir. [279]

## Forêts des États-Unis et du Canada.

Les vastes forêts des États-Unis et du Canada ne peuvent pas résister longtemps aux habitudes imprévoyantes des forestiers et à la demande croissante de bois d'œuvre. D'après le recensement de l'ancien pays de 1860, qui ne donne que les résultats du "bois scié et raboté", le bois de charpente et pour une grande variété d'usages mécaniques étant complètement omis, la valeur du premier matériau préparé pour le marché dans le Les États-Unis coûtaient, en 1850, 58 521 976 $ ; en 1860, 95 912 286 $. Il est peu probable que la quantité de bois non scié ait augmenté dans les mêmes proportions, parce que relativement peu est exportée dans ces conditions, et parce que la maçonnerie remplace rapidement la charpenterie dans la construction et que la pierre, la brique et le fer sont utilisés à la place du bois. plus largement qu'il y a dix ans. Cependant, une quantité beaucoup plus grande de bois non scié a dû être commercialisée en 1860 qu'en 1850. Il faut en outre admettre que le prix du bois a augmenté considérablement entre ces dates, et par conséquent que l'augmentation de la quantité ne doit pas être mesurée par l'augmentation du prix du bois. valeur pécuniaire. Peut-être cette hausse des prix suffira-t-elle même à faire toute la différence entre la valeur du "bois scié et raboté" produit au cours des dix années en question par les six États de la Nouvelle-Angleterre (21 pour cent) et les six États du Centre. 15 pour cent.); mais la quantité produite par les États de l'Ouest et ceux du Sud avait doublé, et celle revenue des États et territoires du Pacifique avait triplé en valeur dans le même intervalle, de sorte qu'il y avait certainement, dans ces États, une forte augmentation de la quantité réelle. préparé pour la vente.

Je doute fort qu'un quelconque des États américains, à l'exception peut-être de l'Oregon, possède, à l'heure actuelle, plus de terres boisées qu'il ne devrait en conserver de façon permanente , même si, sans aucun doute, une répartition différente des forêts dans chacun d'entre eux pourrait être hautement recommandée. avantageux. C'est un grand malheur pour l'Union américaine que les gouvernements des États aient si généralement cédé leur domaine originel à des citoyens privés. Il est vrai que la propriété publique n'est pas suffisamment respectée aux États-Unis ; et il est également vrai que, dans la mémoire de presque tous les hommes d'âge mûr, le bois avait si peu de valeur dans ce pays, que les propriétaires de forêts privées se soumirent, presque sans se plaindre, à ce qui serait considéré ailleurs comme des infractions très graves. sur eux. [280] Dans de telles circonstances, il est difficile de protéger la forêt, qu'elle appartienne à l'État ou à des particuliers. Les propriétés de ce genre seraient sujettes à de nombreux pillages, ainsi qu'à de fréquents dommages causés par le feu. La destruction provoquée par ces causes diminuerait en effet considérablement, mais n'annihilerait pas complètement les influences climatiques et géographiques de la forêt, ni ne diminuerait de manière ruineuse sa valeur en tant que source régulière d'approvisionnement en combustible et en bois. Pour prévenir les maux sur lesquels j'ai si longtemps insisté, le peuple américain doit se tourner vers la diffusion d'informations générales sur ce sujet et vers son intérêt personnel éclairé, pour lequel il se distingue, et non vers l'action de ses autorités locales ou générales. les législatures. Même en France, le gouvernement a progressé à un rythme trop lent et hésitant, et les mesures préventives ne compensent pas encore les causes destructrices. Les remarques judicieuses de Troie sur ce point pourraient bien s'appliquer à d'autres pays que la France, à d'autres mesures de politique publique que la préservation des bois. « Agir doucement, dit-il, c'est commettre la plus dangereuse, la plus impardonnable des imprudences ; cela diminue le prestige de l'autorité ; cela fournit un triomphe aux ricaneurs et aux incrédules ; cela renforce l'opposition et encourage la résistance ; cela ruine l'administration, aux yeux du peuple, affaiblit son pouvoir et déprime son courage." [281]

## *L'économie de la forêt.*

La législation des États européens sur la sylviculture et la pratique de cet art se divisent en deux grandes branches : la conservation des forêts existantes et la création de nouvelles. En raison de la longue action des causes déjà exposées, ce que l'on entend en Amérique et dans d'autres pays nouveaux par la « forêt primitive » n'existe plus dans les territoires qui furent les sièges de l'ancienne civilisation et de l'empire, sauf sur une petite échelle, et dans des vallons éloignés et presque inaccessibles, hors de portée de l'observation ordinaire. En effet, les bois européens les plus anciens sont indigènes, c'est-à-dire issus de graines auto-semées ou de racines d'arbres abattus pour les besoins de l'homme ; mais leur croissance a été contrôlée, de diverses manières, par l'homme et par les animaux domestiques, et ils présentent toujours un caractère et une disposition plus ou moins artificiels. Ces forêts, tout comme les forêts plantées, qui, bien que nombreuses, sont de date récente en Europe, exigent, aussi bien pour leur protection que pour leur croissance, un traitement différent à certains égards de celui qui serait adapté au caractère et aux besoins des forêts. le bois vierge.

Sur cette dernière branche du sujet, l'expérience et l'observation n'ont pas encore rassemblé un stock de faits suffisant pour servir à la construction d'un système complet de sylviculture ; mais la gestion de la forêt telle qu'elle existe en France — les différentes zones et climats de ce pays présentent de nombreux points d'analogie avec ceux des États-Unis et de certaines colonies britanniques — a été soigneusement étudiée, et plusieurs manuels de pratique ont été publiés. préparé pour les forestiers de cet empire. Je crois que le meilleur d'entre eux est le *Cours Élémentaire de Culture des Bois créé à l'École Forestière de Nancy, par M. Lorentz, complété, et publié par A. Parade* , avec un supplément sous le titre de *Cours d'Aménagement des Forêts. , par Henri Nanquette* . Les *Études sur l'Économie Forestière, par Jules Clavé* , que j'ai souvent citées, présentent un grand nombre de vues intéressantes sur ce sujet, et méritent bien d'être traduites à l'usage du lecteur anglais et américain ; mais il n'est pas conçu comme un guide pratique et il ne prétend pas être suffisamment précis dans ses détails pour atteindre cet objectif. Malgré la différence de conditions entre la forêt aborigène et la forêt aménagée, l'observateur judicieux qui vise à préserver la première tirera beaucoup d'enseignement des traités que j'ai cités, et je crois qu'il sera convaincu que plus tôt un bois naturel sera amené. Dans un état artificiellement régulé, mieux ce sera pour tous les intérêts multipliés qui dépendent de la sage administration de cette branche de l'économie publique. [282]

Une considération portant sur ce sujet a reçu moins d'attention qu'elle n'en mérite, parce que la plupart des personnes intéressées par de telles questions n'ont pas l'occasion de faire la comparaison dont je parle. Je veux parler de la grande supériorité générale du bois cultivé sur celui de la croissance strictement spontanée. Je dis supériorité *générale* , car il y a des exceptions à la règle. Le pin blanc, *Pinus strobus* , par exemple, et d'autres arbres de caractère et d'usages semblables, nécessitent, pour leur parfaite croissance, une densité de végétation forestière autour d'eux, qui les protège d'une trop grande agitation du vent et de la persistance du vent. branches latérales qui remplissent le bois de nœuds. Un pin qui a poussé dans ces conditions possède une tige haute et droite, admirablement adaptée aux mâts et aux espars, et, en même temps, son bois est presque entièrement exempt de nœuds, est de structure annulaire régulière, de texture douce et uniforme. et, par conséquent, supérieur à presque tous les autres bois de menuiserie. Si, alors qu'un grand pin est épargné, les feuillus ou d'autres arbres plus petits qui l'entourent sont abattus, le balancement de l'arbre sous l'action du vent produit mécaniquement des séparations entre les couches de croissance annuelle et diminue considérablement la valeur de la forêt. Charpente.

Le même défaut s'observe souvent chez les pins qui, par quelque accident de croissance, ont largement dépassé leurs congénères de la forêt vierge. Le pin blanc , qui pousse dans les champs ou dans les clairières ouvertes des bois, est totalement différent du véritable arbre forestier, tant par l'aspect général que par la qualité du bois. Sa tige est beaucoup plus courte, son sommet moins effilé, son feuillage plus dense et plus enclin à se rassembler en touffes, ses branches plus nombreuses et de plus grand diamètre, son bois montre beaucoup plus distinctement les divisions de la croissance annuelle, est de grain plus grossier, plus dur et plus difficile à travailler dans les joints à onglet. Entremêlés aux pins les plus précieux des forêts américaines, on rencontre de nombreux arbres du caractère que je viens de décrire. Les bûcherons les appellent « gaules » et les considèrent généralement comme étant d'espèces différentes du vrai pin blanc, mais les botanistes sont incapables d'établir une distinction entre eux, et comme ils s'accordent à presque tous égards avec les arbres cultivés en pleine terre à partir de sources connues. jeunes plants de pin blanc, je crois que leur caractère particulier est dû à des circonstances défavorables au début de leur croissance. Le pin fait donc exception à la règle générale de l'infériorité de la forêt par rapport à l'arbre de pleine terre. Le chêne de pâturage et le hêtre de pâturage, au contraire, sont bien connus pour produire un bois bien meilleur que ceux cultivés dans les bois, et il y a peu d'arbres auxquels cette remarque ne s'applique pas également. [283]

Un autre avantage de la forêt artificiellement aménagée est qu'elle permet un nivellement du sol tel qu'il favorise la rétention ou l'évacuation de l'eau à volonté, tandis que les facilités qu'elle offre pour sélectionner et dûment proportionner, ainsi que convenablement espacer, les arbres qui composent, sont trop évidents pour exiger d'être plus que suggérés. En procédant à ces opérations, il faut avoir un œil attentif aux exigences de la nature et se rappeler qu'un bois n'est pas un assemblage arbitraire d'arbres devant être choisis et disposés selon le caprice de son propriétaire. « Une forêt, dit Clavé, n'est pas, comme on le croit souvent, un simple ensemble d'arbres se succédant dans une longue perspective, sans lien d'union, et capables de s'isoler les uns des autres ; c'est au contraire un ensemble, dont les différentes parties sont interdépendantes les unes des autres, et qui constitue, pour ainsi dire, une véritable individualité. Chaque forêt a un caractère spécial, déterminé par la forme de la surface sur laquelle elle pousse, les espèces d'arbres qui la composent. , et la manière dont ils sont regroupés. [284]

### Comparaison des arbres européens et américains.

Les bois d'Amérique du Nord se distinguent remarquablement de ceux d'Europe par la plus grande variété d'espèces qu'ils contiennent. Selon Clavé, il n'existe en « France et dans la majeure partie de l'Europe » qu'une vingtaine d'arbres forestiers, dont cinq ou six à feuilles épineuses et résineuses, le reste à feuilles larges. » [285] Notre auteur cependant sans doute signifie genres, bien qu'il utilise le mot *espèces* . Rossmässler énumère cinquante-sept espèces d'arbres forestiers que l'on trouve en Allemagne, mais certaines d'entre elles sont de simples arbustes, d'autres sont des arbres fruitiers et proprement jardiniers, et d'autres encore ne sont que des variétés d'espèces familières. Le précieux manuel de Parade en décrit à peu près le même nombre, dont deux d'origine américaine, le criquet *Robinia pseudacacia* et le pin de Weymouth ou pin blanc, *Pinus strobus* , et le cèdre du Liban d'Asie, bien qu'il soit indigène en Algérie. Nous pouvons donc affirmer avec certitude que l'Europe ne possède pas plus de quarante ou cinquante arbres d'une valeur économique telle qu'elle mérite les soins particuliers du forestier, tandis que le chêne à lui seul ne compte pas moins de trente espèces aux États-Unis · et certains autres genres nord-américains sont presque également diversifiés. [287]

Peu d'arbres européens, hormis ceux à fruits comestibles, ont été naturalisés aux États-Unis, alors que la flore forestière américaine a largement contribué à celle de l'Europe. C'est un très mauvais goût qui a conduit à substituer l'orme d'Amérique, le moins pittoresque, à l'orme d'Amérique, gracieux et majestueux, dans certains terrains publics des États-Unis. D'un autre côté, le sorbier d'Europe, dont la beauté et la santé sont supérieures aux nôtres, le marronnier d'Inde et l'abele, ou peuplier argenté, sont des ajouts précieux aux arbres ornementaux de l'Amérique du Nord. L'arve suisse ou zirbelkiefer, *Pinus cembra* , qui donne une graine comestible bien parfumée et fournit un excellent bois pour la sculpture, le pin parasol qui porte aussi une graine agréable au goût, et qui, par la couleur de son feuillage et la belle forme de sa couronne en forme de dôme, compte parmi les arbres les plus élégants, le bouleau blanc d'Europe centrale, avec ses branches pendantes rivalisant presque avec celles du saule pleureur en longueur, en souplesse et en grâce de chute, et, surtout, le "cyprès funéraire », pourrait être introduit aux États-Unis avec un grand avantage pour le paysage. Le hêtre et le châtaignier européens fournissent un bois de bien meilleure qualité que celui de leurs congénères américains. Le fruit de la châtaigne européenne, bien que de saveur inférieure à celle de l'Amérique, est plus gros et constitue un article important dans l'alimentation des paysans français et italiens. Le noyer d'Europe, bien qu'il n'égale pas certaines espèces américaines par la beauté de sa croissance ou de son bois, ni par d'autres par la résistance et l'élasticité de ses fibres, est précieux pour son bois et son huile. [288] Le pin maritime, qui s'est révélé d'une si immense utilité pour fixer les sables dérivants en France, est peut-être mieux adapté à cet usage que n'importe lequel des pins du Nouveau Monde, et il est d'une grande importance pour sa térébenthine, sa résine. , et du goudron. L'épicéea, ou sapin commun, *Abies picea* , *Abies excelsa* , *Picea excelsa* , abondante dans les montagnes de France et dans les pays limitrophes, est connue pour son produit, la poix de Bourgogne, et, comme elle s'épanouit dans une plus grande variété de sols et de climats que presque n'importe quel autre arbre à feuilles en épi, cela pourrait valoir la peine d'être transplanté. [289] Le chêne-liège a été introduit aux États-Unis, je crois, et prospérerait sans aucun doute dans la partie sud de l'Union. [290]

Dans le noyer, le châtaignier, le chêne-liège, le mûrier, l'olivier, l'oranger, le citronnier, le figuier et la multitude d'autres arbres qui, par leurs fruits ou par d'autres produits, rapportent un revenu annuel, la nature a a fourni à l'Europe du Sud une compensation partielle pour la perte de la forêt indigène.

Il est vrai que ces arbres, plantés comme la plupart d'entre eux à des distances telles qu'ils permettent la culture ou la croissance de l'herbe parmi eux, ne sont qu'un substitut insuffisant au bois épais et ombragé ; mais ils remplissent dans une certaine mesure les mêmes fonctions d'absorption et de transpiration, ils ombragent la surface du sol, ils servent à briser la force du vent, et sur de nombreuses pentes abruptes, de nombreux flancs de collines sombres et stériles, le châtaignier lie le sol ainsi que ses racines, et évite que des tonnes de terre et de gravier ne s'abattent sur les champs et les jardins. Les arbres fruitiers ne manquent certainement pas au nord des Alpes. Le pommier, le poirier et le pruneau sont importants pour l'économie de l'homme et de la nature, mais ils sont beaucoup moins nombreux en Suisse et dans le nord de la France que les arbres que j'ai mentionnés dans le sud de l'Europe, à la fois parce qu'ils sont en général moins nombreux. rémunératrice, et parce que le climat, dans les latitudes plus élevées, ne permet pas la libre introduction d'arbres d'ombrage sur les terrains occupés à des fins agricoles. [291]

La multitude d'espèces, mélangées comme elles le sont dans leur croissance spontanée, donne au paysage forestier américain un aspect varié que l'on ne voit pas souvent dans les bois d'Europe, et les teintes magnifiques, que la nature répète depuis le dauphin mourant pour peindre la feuille qui tombe des arbres. les érables, les chênes et les frênes d'Amérique habillent les flancs des collines et bordent les cours d'eau d'une splendeur de feuillage arc-en-ciel, inégalée par les groupements les plus brillants de la flore tropicale. Il faut cependant admettre que les pentes septentrionales et méridionales des Alpes présentent une approximation plus proche de cette coloration riche et variée de la végétation automnale que la plupart des voyageurs américains en Europe ne sont prêts à l'admettre ; et, en outre, les petits arbustes à feuilles caduques qui tapissent souvent les clairières forestières de ces montagnes sont teints d'une lueur rougeâtre et orange qui, dans le paysage lointain, ne remplace pas l'écarlate, le pourpre, l'or et l'ambre des forêts transatlantiques. .

Aucun arbre à feuilles persistantes américain que je connaisse ne ressemble suffisamment au pin parasol pour être un objet de comparaison équitable avec lui. [292] Un cèdre, très commun au-dessus des Highlands sur l'Hudson, ressemble extrêmement au cyprès, droit, élancé, à ramifications dressées et comprimées, et emplumé jusqu'au sol, mais son feuillage n'est ni si sombre ni si dense, l'arbre n'atteint pas la hauteur majestueuse du cyprès, ni la souplesse souple de cet arbre. Par la forme, le peuplier de Lombardie ressemble presque à ce dernier, mais c'est presque une profanation de comparer les deux, surtout lorsqu'ils sont agités par le vent ; car dans de telles circonstances, l'un est le plus majestueux, l'autre le plus disgracieux, ou, si je peux appliquer une telle expression à autre chose qu'une affectation humaine du mouvement, le plus maladroit des arbres. Le peuplier tremble devant le souffle, voltige, se débat sauvagement, ébouriffe son feuillage, tâtonne avec ses faibles branches et siffle comme dans une passion impuissante. Le cyprès rassemble ses branches encore plus près de sa tige, salue la tempête plutôt qu'une humble obéissance, se plie au vent avec une élasticité qui vous assure de son prompt retour à son attitude royale, et envoie de ses épais folioles un murmure comme le rugissement de l'océan lointain.

Le cyprès et le pin parasol ne sont pas de simples types conventionnels du paysage italien. Ce sont des éléments essentiels dans un domaine de beauté rurale qui ne peut être vu à sa perfection que dans le bassin de la Méditerranée, et ils sont aussi caractéristiques de cette classe de paysages que le palmier dattier l'est des oasis du désert. Il y a cependant cette différence : un seul cyprès ou un seul pin suffit souvent à répandre la beauté sur une vaste étendue ; le palmier est un arbre social, et sa beauté n'est pas tant celle de l'individu que celle du groupe. La fréquence du cyprès et du pin, combinée au fait que les autres arbres de l'Europe du Sud qui intéressent le plus un étranger du Nord, l'oranger et le citronnier, le chêne-liège, l'ilex, le myrte et le laurier, sont conifères – explique en grande partie la beauté des paysages hivernaux de l'Italie. En effet, ce n'est qu'en hiver qu'un touriste qui se cantonne aux voitures à roues et aux grandes routes peut acquérir une idée de la face de la terre et se faire une image géographique appropriée de ce pays. À d'autres saisons, non seulement de hauts murs, mais des haies également imperméables, et maintenant, malheureusement, des acacias abondamment plantés le long des voies ferrées, limitent si complètement la vue, que l'arche d'un tunnel ou un bonnet de nuit sur les yeux du voyageur, est il n'y a guère d'obstacle plus efficace à la satisfaction de sa curiosité. [293]


### *Sylviculture.*

L'art, ou, comme l'appellent les forestiers continentaux, la science de la sylviculture a été si peu étudié en Angleterre et en Amérique, que sa nomenclature n'a pas été introduite dans le vocabulaire anglais, et je ne pourrai pas décrire ses processus avec des techniques techniques. propriété du langage, sans emprunter occasionnellement un mot à la littérature forestière de France et d'Allemagne. Une discussion approfondie des méthodes de sylviculture serait en effet déplacée dans un ouvrage comme le présent, mais le manque presque total de moyens d'information facilement accessibles sur le sujet, dans les pays anglophones, me justifiera de le présenter. avec un peu plus de détails qu'il ne serait autrement pertinent.

Les deux méthodes les plus connues sont celles que l'on distingue sous le nom de traitement *du taillis , du taillis ou du taillis,* [294] et de la *futaie ,* pour laquelle je ne trouve pas d'équivalent anglais, mais que l'on peut appeler à juste titre le système *de pleine croissance* . Un *taillis* , bosquet ou taillis, est un bois composé de pousses issues des racines d'arbres préalablement coupés pour le chauffage et le bois d'œuvre. Les pousses sont éclaircies de temps en temps, et finalement coupées, soit après un nombre d'années fixé, soit après que les jeunes arbres ont atteint une certaine dimension, leurs racines étant alors laissées émettre une nouvelle descendance comme auparavant. C'est le mode de gestion le moins coûteux, et par conséquent le meilleur partout où le prix du travail et du capital est dans une proportion élevée avec celui de la terre et du bois ; mais c'est essentiellement une économie de gaspillage. Si la forêt est, en premier lieu, complètement défrichée, comme c'est le cas le plus pratique dans la pratique, les jeunes pousses n'ont ni l'ombre ni la protection contre le vent si importantes pour la croissance de la forêt, et leur progression est relativement lente, tandis que, à en même temps, les touffes épaisses qu'ils forment étouffent les plants qui auraient pu germer à proximité d'eux. Si des animaux domestiques de quelque espèce sont autorisés à errer dans le bois, ils broutent les bourgeons terminaux et les branches tendres, rabougrissant ainsi, s'ils ne tuent pas, les jeunes arbres et les privant de toute beauté et de toute vigueur de croissance. Les conifères, une fois coupés, ne repoussent plus, et le caractère mixte de la forêt, — à bien des égards un avantage important, sinon une condition indispensable de la croissance — est perdu [296] De plus, aucun grand bois, quelle qu'en soit l'espèce, ne peut être cultivé selon cette méthode, parce que les arbres qui poussent à partir de souches en décomposition et de leurs racines mourantes deviennent creux ou autrement malades avant d'acquérir leurs pleines dimensions. Une objection plus fatale encore est que les racines des arbres ne portent pas plus de deux ou trois, ou tout au plus quatre boutures de leurs pousses avant que leur vitalité ne soit épuisée, et le bois ne peut alors être restauré qu'en replantant entièrement. La période de coupe des taillis varie en Europe de quinze à quarante ans, selon le sol, les espèces et la rapidité de croissance.

Dans le système *futaie* , ou système de pleine croissance, les arbres sont autorisés à rester debout tant qu'ils continuent de croître sainement et vigoureusement. Il s'agit d'une période plus courte qu'on ne le supposerait à première vue, si l'on considère l'âge avancé et les grandes dimensions auxquelles, dans des circonstances favorables, atteignent de nombreux arbres forestiers dans les climats tempérés. Mais, comme le sait tout observateur familier de la forêt naturelle, il s'agit de cas exceptionnels, tout comme le sont les cas de grande longévité ou de stature gigantesque chez les hommes. D'habiles physiologistes végétaux ont soutenu que l'arbre, comme la plupart des reptiles, n'a pas de limite naturelle de vie ni de croissance, et que la seule raison pour laquelle nos chênes et nos pins n'atteignent pas l'âge de vingt siècles et la hauteur de cent toises, c'est que, dans la multitude d'accidents auxquels ils sont exposés, les chances qu'ils atteignent une telle durée d'années et de telles dimensions de croissance sont d'un million contre une contre eux. Mais une autre explication de ce fait est possible. Chez les arbres affectés par une cause de mort externe indétectable, la pourriture commence au niveau des branches les plus hautes, qui semblent se flétrir et mourir faute de nourriture. La force mystérieuse par laquelle la sève est transportée depuis les racines jusqu'aux rameaux les plus extrêmes ne peut être conçue comme étant d'une puissance illimitée, et il est probable qu'elle diffère selon les différentes espèces, de sorte que, s'il suffit d'élever le fluide à la hauteur de cinq cents pieds dans le séquoia, il ne pourra peut-être pas le porter au-delà de cent cinquante pieds dans le chêne. La limite peut également être différente selon les arbres de la même espèce, non pas à cause d'une organisation défectueuse chez ceux de croissance inférieure, mais à cause de conditions plus ou moins favorables de sol, de nourriture et d'exposition. Chaque fois qu'un arbre atteint la limite au-delà de laquelle ses fluides circulants ne peuvent s'élever, nous pouvons supposer que la décadence commence et que la mort s'ensuit, des mêmes causes qui entraînent les mêmes résultats chez les animaux de taille limitée, telles que, par exemple, l'interruption des fonctions essentielles à la vie, par suite du colmatage des conduits par des matières assimilables au stade de la croissance, mais ne le sont plus lorsque l'accroissement a cessé.

Dans les bois naturels, nous observons que, parmi les myriades d'arbres qui poussent sur un kilomètre carré, il y a plusieurs géants végétaux, cependant la grande majorité d'entre eux commencent à dépérir bien avant d'avoir atteint leur taille maximale, et cela Cela semble être encore plus vrai pour la forêt artificielle. En France, selon Clavé, « les chênes, dans un sol convenable, peuvent subsister, sans présenter aucun signe de décadence, pendant deux ou trois cents ans ; les pins dépassent à peine cent vingt ans, et les bois tendres ou blancs [bois *blancs*], dans les sols humides, languissent et meurent avant d'atteindre la cinquantième année. [297] Ces âges sont certainement inférieurs à la moyenne de ceux des arbres forestiers américains, et sont largement dépassés dans de très nombreux exemples bien attestés d'arbres isolés en Europe.

L'ancienne manière de traiter la futaie, appelée système des jardins, consistait à couper les arbres individuellement à mesure qu'ils arrivaient à maturité, mais, dans les forêts les mieux réglées, cette pratique a été abandonnée au profit de la méthode allemande, qui embrasse non seulement la sécurisation des forêts. le plus grand profit immédiat, mais la replantation de la forêt et le soin des jeunes pousses. Ceci s'effectue, dans le cas d'une forêt, qu'elle soit naturelle ou artificielle, qui doit faire l'objet d'une gestion régulière, par trois opérations. La première consiste à abattre environ un tiers du bois, de manière à laisser des espaces propices à la croissance des jeunes arbres. Les deux tiers restants servent à replanter les terrains vacants, par ensemencement naturel, ce qu'ils ne manquent que rarement ou jamais. Les plants sont surveillés, éclaircis lorsqu'ils sont trop denses, les plants mal formés et malades, ainsi que ceux de valeur inférieure, et les arbustes et épines qui autrement pourraient les étouffer ou les ombrager de trop près, sont arrachés. Lorsqu'ils ont atteint une force et un développement de feuillage suffisants pour supporter ou pour avoir besoin de plus de lumière et d'air, la deuxième étape est franchie, en enlevant une proportion appropriée des vieux arbres qui avaient été épargnés lors de la première coupe ; et quand, enfin, ils sont assez endurcis pour supporter le gel et le soleil sans autre protection que celle qu'ils se donnent mutuellement, le reste de la forêt primitive est abattu, et le bois se compose désormais entièrement d'arbres jeunes et vigoureux. Ce résultat est obtenu après une vingtaine d'années. Ensuite, à des moments opportuns, les plants en mauvaise santé et ceux blessés par le vent ou d'autres accidents sont enlevés et, dans certains cas, la croissance du reste est favorisée par l'irrigation ou par des applications de fertilisants. [298] Lorsque la forêt approche de sa maturité, les processus originaux déjà décrits se répètent ; et comme, dans différentes parties d'une forêt étendue, elles auraient lieu dans des zones différentes, cela permettrait indéfiniment une récolte annuelle de bois de chauffage et de bois d'œuvre.

Les devoirs du forestier ne s'arrêtent pas là. Il arrive parfois que les clairières laissées par l'abattage des arbres plus âgés ne soient pas suffisamment ensemencées, ou que les espèces, ou *essences* , comme les Français les appellent curieusement, ne soient pas proportionnées à la nouvelle récolte. Dans ce cas, les graines doivent être semées artificiellement ou de jeunes arbres plantés dans les espaces libres.

Une des règles les plus importantes dans l'administration forestière est l'exclusion absolue des quadrupèdes domestiques de tout bois qui n'est pas destiné à être défriché. Aucune croissance de jeunes arbres n'est possible là où le bétail est admis au pâturage à n'importe quelle saison de l'année, bien qu'ils soient sans aucun doute plus destructeurs lorsque les arbres sont en feuilles. [299]

Il est souvent nécessaire de prendre des mesures pour protéger les jeunes arbres contre le lapin, la taupe et autres rongeurs quadrupèdes, et les plus âgés contre les dégâts causés par les larves d'insectes éclos à la surface ou dans les tissus de l'écorce. ou même dans le bois lui-même. Le risque bien plus grand de dommages causés par cette cause aux forêts artificielles qu'aux forêts naturelles est peut-être le seul point sur lequel la supériorité de la première sur la seconde n'est pas aussi marquée que celle d'un légume domestiqué sur son représentant sauvage. Mais la meilleure qualité du bois et la croissance beaucoup plus rapide de la forêt dressée et réglée sont d'abondantes compensations aux pertes ainsi occasionnées, et les progrès de la science entomologique suggéreront peut-être de nouveaux moyens de prévenir les ravages des insectes. Jusqu'à présent, cependant, la collecte et la destruction des œufs, par des moyens simples mais coûteux, se sont révélées le seul remède efficace. [300]

Il est courant en Europe d'autoriser l'enlèvement des feuilles mortes, des fragments d'écorce et des branches dont le sol forestier est recouvert, et parfois de couper les rameaux inférieurs des conifères. Les feuilles et les brindilles sont principalement utilisées comme litière pour le bétail, et enfin comme fumier, l'écorce et les branches tombées par le vent comme combustible. Par un long usage, parfois par octroi exprès, ce privilège est devenu un droit acquis de la population au voisinage de nombreuses forêts publiques et même de grandes forêts privées ; mais c'est généralement considéré comme un mal grave. Enlever les feuilles et les brindilles tombées, c'est retirer une grande partie du pabulum dont l'arbre était destiné à se nourrir. Les petites branches et les feuilles sont les parties de l'arbre qui produisent la plus grande proportion de cendres lors de la combustion et, bien sûr, elles fournissent une grande quantité de nutriments aux jeunes pousses. « Un pied cube de brindilles, dit Vaupell, donne quatre fois plus de cendres qu'un pied cube de bois de tige. * * Pour chaque cent poids de feuilles séchées emportées dans une forêt de hêtres, nous sacrifions cent soixante pieds cubes. de bois. Les feuilles et les mousses sont un substitut, non seulement au fumier, mais au labour. L'acide carbonique dégagé par les feuilles en décomposition, lorsqu'il est absorbé par l'eau, sert à dissoudre les constituants minéraux du sol et est particulièrement actif en désintégrant le feldspath et l'argile issue de sa décomposition. * * * Les feuilles appartiennent au sol. Sans elles, il ne peut conserver sa fertilité et ne peut pas fournir de nourriture au hêtre. Les arbres languissent, produisent des graines incapables de germer, et le spontané l'auto-ensemencement, qui est un élément indispensable dans les meilleurs systèmes de sylviculture, échoue complètement sur un sol dénudé et appauvri. [301]

Outre ces maux, l'effeuillage enlève au sol ce caractère spongieux qui lui donne une valeur si immense comme réservoir d'humidité et comme régulateur du débit des sources ; et enfin, elle expose les racines superficielles à l'influence desséchante du soleil et du vent, aux dommages mécaniques accidentels causés par le pas des animaux ou des hommes et, dans les climats froids, aux effets destructeurs du gel.

L'élagage et l'élagage annuels des arbres pour le chauffage, si courants en Europe, sont fatals aux utilisations supérieures de la forêt, mais là où de petits bosquets sont créés, ou des rangées d'arbres plantées, dans le seul but d'assurer un approvisionnement en bois de chauffage, ou pour servir de support à la vigne, c'est souvent très avantageux. Les saules, et beaucoup d'autres arbres, supportent des tiges pendant une longue série d'années sans diminution apparente de la croissance des branches, et bien qu'il soit certain qu'un arbre sans tiges, ou, pour employer un vieux mot anglais, un arbre à cuscute, est en général un objet mélancolique, cependant il faut admettre que l'aspect de certaines espèces, le criquet américain *Robinia pseudacacia* , par exemple, lorsqu'elles sont jeunes, est amélioré par ce procédé. [302]

J'ai parlé des besoins de l'agriculture comme d'une cause principale de la destruction de la forêt, et du bétail domestique comme particulièrement nuisible à la croissance des jeunes arbres. Mais ces animaux affectent la forêt, indirectement, d'une manière encore plus importante, parce que l'étendue des terres défrichées nécessaires à l'usage agricole dépend dans une large mesure du nombre et de l'espèce du bétail élevé. Nous avons vu, dans un chapitre précédent, qu'aux États-Unis, les quadrupèdes domestiques s'élèvent à plus de cent millions, soit trois fois le nombre de la population humaine de l'Union. Dans beaucoup d'États occidentaux, les porcs subsistent plus ou moins de glands, de noix et d'autres produits des bois, et les prairies, ou prairies naturelles de la vallée du Mississippi, fournissent une grande quantité de nourriture pour les animaux, ainsi que pour les animaux. homme. À ces exceptions près, toute cette vaste armée de quadrupèdes se nourrit entièrement d'herbe, de céréales, de légumineuses et de racines cultivées sur la terre récupérée sur la forêt par les colons européens. Il est vrai que la chair des quadrupèdes domestiques entre en grande partie dans l'alimentation du peuple américain et réduit considérablement la quantité de nutriments végétaux qu'ils consommeraient autrement, de sorte qu'une plus petite quantité de produits agricoles est nécessaire pour l'alimentation humaine immédiate, et Bien entendu, pour la croissance de ce produit, il faut moins de terrain défriché que s'il n'existait pas d'animaux domestiques. Mais la chair du cheval, de l'âne et du mulet n'est pas consommée par l'homme, et le mouton est élevé plutôt pour sa toison que pour sa nourriture. En outre, le sol nécessaire pour produire l'herbe et les grains consommés pour élever et engraisser un quadrupède au pâturage, fournirait une quantité de nourriture bien plus grande, si elle était consacrée à la culture du pain, que celle fournie par sa chair ; et, dans l'ensemble, quels que soient les avantages que l'on puisse retirer de l'élevage du bétail domestique, il est clair que les terres défrichées consacrées à leur subsistance dans la partie primitivement boisée des États-Unis, après déduction d'une quantité suffisante pour produire une quantité d'aliments, égal à leur chair, dépasse encore largement celui cultivé pour les légumes, directement consommés par les habitants des mêmes régions ; ou, pour exprimer une idée à peu près équivalente, en d'autres termes, la prairie et le pâturage, pris ensemble, dépassent de loin la terre labourée. [303]

Dans les pays fertiles, comme les États-Unis, la demande étrangère d'aliments animaux et végétaux, de coton et de tabac élargit considérablement la sphère des opérations agricoles et, bien entendu, incite à de nouveaux empiètements sur la forêt. Le commerce de ces articles constitue donc en Amérique une cause particulière de destruction des bois, qui n'existe pas dans les nombreux États du vieux monde qui tirent de pays lointains la matière première de leur industrie mécanique et importent de nombreux articles. de nourriture végétale ou de luxe que leurs propres climats ne peuvent produire avantageusement.

La croissance de la végétation arboricole est si lente que, même si celui qui enterre un gland peut espérer le voir pousser jusqu'à ressembler en miniature à l'arbre majestueux qui fera de l'ombre à ses lointains descendants, la vie la plus longue n'embrasse guère le moment des semailles et de la récolte des graines. une forêt. Le planteur d'un bois doit être animé par des motifs plus élevés que ceux d'un investissement dont les bénéfices consistent en un gain pécuniaire direct pour lui-même ou même pour sa postérité ; car si, dans de rares cas, une forêt artificielle peut, en deux ou trois générations, faire plus que rembourser son coût initial, néanmoins, en général, la valeur de son bois ne rendra pas le capital dépensé et les intérêts courus. [304] Mais quand on considère les immenses avantages collatéraux tirés de la présence, les maux terribles résultant nécessairement de la destruction de la forêt, tant la conservation des bois existants, que l'extension bien plus coûteuse de ceux-ci là où ils ont été indûment réduits, sont parmi les devoirs les plus évidents que cette époque doit à ceux qui viendront après elle. Cette obligation incombe particulièrement aux Américains. Aucun peuple civilisé ne profite autant qu'eux des efforts et des sacrifices de ses prédécesseurs immédiats ; aucune génération n'a jamais semé avec autant de libéralité et, dans sa propre personne, n'a récolté un retour aussi maigre que les pionniers de la vie sociale anglo-américaine. Nous ne pouvons rembourser notre dette envers nos nobles ancêtres qu'avec une même magnanimité, par un même souci d'oubli de soi pour les intérêts moraux et matériels de notre propre postérité.

### *Instabilité de la vie américaine.*

Toutes les institutions humaines, les arrangements associatifs, les modes de vie ont leurs imperfections caractéristiques. Notre défaut naturel, peut-être nécessaire, est leur instabilité, leur manque de fixité, non seulement dans la forme, mais même dans l'esprit. Le visage de la nature physique aux États-Unis partage cette fluctuation incessante, et le paysage est aussi variable que les habitudes de la population. Il est temps d'atténuer quelque peu l'amour infatigable du changement qui nous caractérise et fait de nous un peuple presque nomade plutôt que sédentaire. [305] Nous avons désormais suffisamment abattu les forêts partout, et dans de nombreux districts, beaucoup trop. Restaurons cet élément unique de la vie matérielle à ses proportions normales, et imaginons des moyens pour maintenir la permanence de ses relations avec les champs, les prairies et les pâturages, avec la pluie et les rosées du ciel, avec les sources et les ruisseaux avec dont il arrose la terre. L'établissement d'un rapport à peu près fixe entre les deux distinctions les plus largement caractérisées de superficie rurale, les terres boisées et les terres labourées, impliquerait une certaine persistance de caractère dans toutes les branches de l'industrie, dans toutes les occupations et dans toutes les habitudes de vie, qui dépendent ou sont immédiatement lié à l'un ou l'autre, sans impliquer une rigidité qui devrait exclure une flexibilité d'adaptation aux nombreux changements de circonstances extérieures que la sagesse humaine ne peut ni empêcher ni prévoir, et qui nous aiderait ainsi à devenir, de manière plus catégorique, une communauté bien ordonnée et stable, et, de manière non moins visible, un peuple de progrès.

NOTE sur le mot *bassin versant*, omis à la p. 257.—Sir John FW Herschel ( *Physical Geography* , 137, et ailleurs) épelle ce mot *water-sched* , parce qu'il le considère comme une traduction, ou plutôt une adoption de l'allemand "Wasser-scheide, séparation des eaux, non de l'eau". *hangar* , pente *sur laquelle* coulent les eaux. " Du point de vue de l'étymologie historique, il est probable que le mot en question a été suggéré à ceux qui l'ont utilisé pour la première fois par l'Allemand *Wasserscheide* ; mais l'orthographe *water-sched*, proposée par Herschel, est répréhensible, à la fois parce que *sch* est une combinaison de lettres totalement inconnues de l'orthographe anglaise moderne et ne représentant proprement aucun son reconnu dans l'orthoepie anglaise, et pour la meilleure raison encore que *watershed* , dans le sens de *division-of-the-waters* , a une étymologie anglaise légitime.

Le terme anglo-saxon *sceadan* signifiait à la fois séparer ou diviser, et ombrager ou abriter. C'est la racine des verbes anglais *to shed* et *to shade* , et dans le premier sens, c'est l'équivalent AS du verbe allemand *scheiden* .

*Shed* en vieil anglais avait le sens *de séparer* ou *de distinguer*. Il est ainsi utilisé dans La *Chouette et le Rossignol* , v. 197. Palsgrave ( *Lesclarcissement, etc.* , p. 717) définit *Je verse* , je pars les choses en désordre ; et le mot signifie toujours *diviser* dans plusieurs dialectes locaux anglais. Par conséquent, *watershed* , la division ou la séparation des eaux, est un bon anglais tant dans le sens que dans l'orthographe.

# CHAPITRE IV.

## LES EAUX.

TERRES ARTIFICIELLEMENT GAGNÉES DES EAUX : *a*, EXCLUSION DE LA MER PAR DIKING ; *b*, DRAINAGE DES LACS ET MARAIS ; *c*, INFLUENCE GÉOGRAPHIQUE DE TELLES OPÉRATIONS — ABAISSE DES LACS — LACS DE MONTAGNE — EFFETS CLIMATIQUES DES LACS ET MARAIS DRAINANTS — EFFETS GÉOGRAPHIQUES ET CLIMATIQUES DES AQUEDUCS, RÉSERVOIRS ET CANAUX — SURFACE ET SOUS-DRAINAGE, ET LEURS EFFETS CLIMATIQUES ET GÉOGRAPHIQUES — L'IRRIGATION ET SON CLIMATIQUE ET EFFETS GÉOGRAPHIQUES.

INUNDATIONS ET TORRENTS : *a*, REMBLAIS DE RIVIÈRE ; *b*, INONDATIONS DE L'ARDÈCHE ; *c*, FORCE D'ÉCRASEMENT DES TORRENTS ; *d*, INUNDATIONS DE 1856 EN FRANCE ; *e*, RECOURS CONTRE LES INUNDATIONS — CONSÉQUENCES SI LE NIL AVAIT ÉTÉ CONFINÉ PAR DES DIGUES LATÉRALES.

AMÉLIORATIONS DANS LE VAL DI CHIANA — AMÉLIORATIONS DANS LA MAREMME TOSCANE — OBSTRUCTION DES BOUCHES DES RIVIÈRES — EAUX SOUTERRAINES — PUITS ARTÉSIENS — SOURCES ARTIFICIELLES — ÉCONOMISATION DES PRÉCIPITATIONS.

### *Terre artificiellement gagnée sur les eaux.*

L'homme, comme nous l'avons vu, a fait beaucoup pour révolutionner la surface solide du globe et pour changer la répartition et les proportions, sinon le caractère essentiel, des organismes qui habitent la terre et même les eaux. Outre l'influence ainsi exercée sur la vie qui peuple la mer, son action sur la terre a entraîné un certain nombre d'empiétements indirects sur la juridiction territoriale de l'océan. Dans la mesure où il a accru l'érosion des eaux courantes par la destruction de la forêt, il a favorisé le dépôt de matières solides dans la mer, réduisant ainsi sa profondeur, avançant le littoral et diminuant l'étendue couverte par les eaux. Il est allé plus loin et a envahi le royaume de l'océan en construisant à l'intérieur de ses frontières des quais, des jetées, des phares, des brise-lames, des forteresses et d'autres installations pour ses opérations commerciales et militaires ; et dans certains pays, il a sauvé de façon permanente du débordement des marées, et même du lit même des profondeurs, des étendues de terrain suffisamment étendues pour constituer des ajouts précieux à son domaine agricole. La quantité de sol tirée de la mer par ces différents modes d'acquisition est, en effet, trop peu considérable pour former un élément appréciable dans la comparaison de la proportion générale entre les deux grandes formes de surface terrestre, la terre et l'eau ; mais les résultats de telles opérations, considérés dans leurs aspects physiques et moraux, sont suffisamment importants pour leur donner droit à une attention particulière dans toute vision globale des relations entre l'homme et la nature.

Il y a des cas, comme sur les rives occidentales de la Baltique, où, par suite de l'élévation séculaire de la côte, la mer semble se retirer ; d'autres, où, du lent affaissement du terrain, il semble avancer. Ces mouvements dépendent de causes géologiques totalement hors de notre portée, et l'homme ne peut ni les avancer ni les retarder. Il existe également des cas où des effets apparents similaires sont produits par les courants océaniques locaux, par le dépôt ou l'érosion des rivières, par l'action des marées ou par l'influence du vent sur les vagues et le sable des plages. Un courant régulier peut dériver des terres et des algues en suspension le long d'une côte jusqu'à ce qu'elles soient capturées par un tourbillon et finalement déposées hors de portée de toute perturbation ultérieure, ou il peut creuser le fond de la mer et miner les promontoires et les promontoires ; un fleuve puissant, lorsque le vent change la direction de son écoulement à son embouchure, peut emporter les rivages et les bancs de sable à un endroit pour déposer leurs matériaux à un autre ; la marée ou les vagues, agitées à des profondeurs inhabituelles par le vent, peuvent progressivement user la ligne de côte, ou bien elles peuvent former des hauts-fonds et des dunes côtières en déposant le sable qu'elles ont enroulé du fond de l'océan. Ces derniers modes d'action tardent à produire des effets suffisamment importants pour être remarqués dans la géographie générale, ou même pour être visibles dans les représentations du trait de côte tracées sur les cartes ordinaires ; mais ils forment néanmoins des traits remarquables dans la topographie locale, et ils entraînent des conséquences d'une grande importance pour les intérêts matériels et moraux des hommes.

Les forces qui produisent ces résultats sont toutes soumises dans une mesure considérable au contrôle, ou plutôt à la direction et à la résistance, de la puissance humaine, et c'est en les guidant et en les combattant que l'homme a réalisé certaines de ses conquêtes les plus remarquables et les plus honorables sur la nature. Les triomphes en question, ou ce que nous appelons généralement les améliorations portuaires et côtières, que nous évaluions leur valeur par l'argent et le travail dépensés pour eux, ou par leur rapport avec les intérêts du commerce et des arts de la civilisation, doivent prendre un rang très élevé. parmi les grandes œuvres de l'homme, et elles prennent rapidement une ampleur dépassant largement leur ancienne importance relative. L'expansion du commerce et de la marine militaire, et surtout l'introduction de navires plus lourds et plus profonds, ont imposé aux ingénieurs des tâches d'un caractère qui, il y a un siècle, aurait été prononcé et, en fait, aurait été impraticable; mais la nécessité a stimulé une ingéniosité qui a trouvé les moyens de les exécuter et qui laisse présager de plus grandes performances encore dans le temps à venir.

Les hommes ont cessé d'admirer la puissance qui a entassé la grande pyramide pour satisfaire l'orgueil d'un despote avec un sépulcre géant ; car de nombreux grands ports, de nombreuses lignes de communication internes importantes dans le monde civilisé, exposent maintenant des œuvres qui dépassent les plus vastes vestiges de l'art architectural ancien en masse et en poids de matière, exigent l'exercice d'une habileté constructive bien plus grande et impliquent un travail beaucoup plus lourd. des dépenses pécuniaires supérieures à celles qui seraient désormais nécessaires pour la construction du tombeau de Khéops. On estime que la grande pyramide, dont le contenu solide une fois achevé était d'environ 3 000 000 de mètres cubes, pourrait être érigée pour un million de livres sterling. Le brise-lames de Cherbourg, fondé dans des eaux agitées de soixante pieds de profondeur, à une distance moyenne de plus de deux milles du rivage, contient le double de la masse de la pyramide, et de nombreux chemins de fer relativement sans importance ont été construits à un coût deux fois supérieur. maintenant, construisons ce magnifique monument. En effet, bien que l'homme, détaché de la terre solide, soit presque impuissant à lutter contre la mer, il en devient vite invincible tant que son pied reste planté sur le rivage, ou même au fond de l'océan onduleux ; et bien que sur certains champs de bataille entre les eaux et la terre, il soit obligé de céder lentement son terrain, il recule pourtant toujours face à l'ennemi, et pourra enfin dire à la mer : « Tu viendras jusqu'ici et pas plus loin. , et ici tes vagues fières resteront !"

La description des travaux d'aménagement portuaire et côtier qui n'ont qu'une valeur économique et non une véritable importance géographique, n'entre pas dans le cadre du présent volume, et en traitant de cette branche de mon sujet, je me limiterai à ceux qui sont destinés soit à conquérir de nouveaux territoires en excluant les eaux des terrains qu'ils avaient recouverts de manière permanente ou occasionnelle, soit à résister à de nouveaux empiètements de la mer sur les terres.

### un. *Exclusion de la mer par digue.*

L'assèchement des marais du Lincolnshire en Angleterre, qui a converti environ 400 000 acres de marais, d'étangs et de plaines balayées par les marées en terres labourées et en pâturages, est un travail, ou plutôt une série de travaux, de grande ampleur, et il présente de nombreux avantages économiques. et, en effet, une importance géographique non négligeable. Ses plans et ses méthodes ont été, au moins en partie, empruntés à l'exemple d'améliorations similaires en Hollande, et ils sont, en difficulté et en étendue, inférieurs aux travaux exécutés dans le même but sur la côte opposée de la mer du Nord, par les Néerlandais. Ingénieurs frisiques et bas allemands.

L'espace que je peux consacrer à de telles opérations sera mieux employé à décrire ces dernières, et je me contenterai de la simple déclaration que j'ai déjà faite de la quantité de terres sans valeur et même pestilentielles qui ont été rendues à la fois productives et salubres dans le Lincolnshire, par endiguer la mer et les rivières qui traversent les marais de ce pays.

La prédominance presque continue des vents d'ouest sur les deux côtes de l'océan allemand provoque un jeu constant des courants de cette mer vers l'est , et à la fois pour cette raison et à cause de la plus grande violence des tempêtes venant de la première partie, les côtes anglaises sont beaucoup moins exposées à l'invasion des vagues que celles des Pays-Bas et des provinces qui leur sont contiguës au nord. Les vieilles chroniques néerlandaises sont remplies des récits les plus saisissants des dégâts causés par les irruptions de l'océan, dues aux vents d'ouest ou aux marées extraordinairement hautes, parfois bien avant qu'une étendue considérable de côtes ne soit endiguée. On recense plusieurs centaines de ces terribles inondations, et dans un très grand nombre d'entre elles, la perte de vies humaines est estimée à cent mille. Il est impossible de douter qu'il y ait une énorme exagération dans ces chiffres ; car, malgré toute la hardiesse téméraire dont font preuve les hommes en bravant les dangers et les privations attachés par la nature à leur lieu de naissance, il est inconcevable qu'une population aussi dense que suppose une telle destruction massive de la vie puisse trouver les moyens de subsistance, ou se contenter d'habiter. , sur un territoire sujet, une douzaine de fois par siècle, à des ravages aussi effroyables. Il ne fait cependant aucun doute que les basses côtes continentales de l'océan allemand ont très souvent subi d'immenses dégâts du fait des inondations par la mer, et il est donc naturel que les divers arts de résistance aux empiètements de l'océan et, enfin, la guerre d'agression sur son domaine et la conquête permanente de son territoire auraient dû être étudiées plus tôt et poussées à une plus haute perfection dans ces derniers pays qu'en Angleterre, qui avait beaucoup moins à perdre ou à gagner par les incursions ou la guerre. retrait des eaux.

En effet, bien que le confinement des rivières en crue par des digues artificielles soit très ancien, je ne sache pas que la défense ou l'acquisition de terres contre la mer par des digues ait jamais été pratiquée à grande échelle jusqu'à ce qu'elle soit systématiquement entreprise par les Néerlandais, quelques siècles après. le début de l'ère chrétienne. Le silence des historiens romains laisse fortement présumer que cet art était inconnu des habitants des Pays-Bas au moment de l'invasion romaine, et la description que fait Pline l'Ancien du mode de vie le long de la côte, aujourd'hui endiguée depuis longtemps, s'applique précisément aux habitudes des gens qui vivent sur les îles basses et les plaines du continent situées en dehors de la chaîne de digues et totalement non protégées par des remblais d'aucune sorte.

On a supposé, non sans probabilité, que les chaussées construites par les Romains à travers les marais des Pays-Bas, dans leurs campagnes contre les tribus germaniques, donnaient aux indigènes un premier aperçu de l'utilité qui pourrait découler de constructions similaires appliquées à un but différent. [306] Si tel est le cas, c'est l'un des cas les plus intéressants parmi les nombreux cas dans lesquels les arts et l'ingénierie de guerre ont été modifiés de manière à promouvoir éminemment les bienfaits de la paix, compensant ainsi dans une certaine mesure les torts et les conséquences. souffrances qu'ils ont infligées à l'humanité. [307] On pense que les Lowlanders ont sécurisé certaines îles de la côte et de la baie par des digues annulaires et ont remblayé certains canaux d'eau douce, dès le huitième ou le neuvième siècle ; mais il ne semble pas que des digues maritimes, suffisamment importantes pour être remarquées dans les documents historiques, aient été construites sur le continent avant le XIIIe siècle. La pratique consistant à drainer les eaux accumulées à l'intérieur des terres, qu'elles soient douces ou salées, dans le but de mettre en culture les terres qu'elles couvrent, est d'origine plus tardive et n'aurait été adoptée qu'après le milieu du XVe siècle. [308]

La superficie totale gagnée par l'agriculture des Pays-Bas par l'endiguement de la mer et le drainage des baies et des lacs peu profonds est estimée par Staring à trois cent cinquante-cinq mille hectares ou hectares, soit huit cent soixante-dix-sept *mille* . deux cent quarante acres, soit le dixième de la superficie du royaume. [309] Dans de très nombreux cas, les digues ont été partiellement, dans certaines localités particulièrement exposées, totalement détruites par la violence de la mer, et les terres asséchées ont été de nouveau inondées. Dans certains cas, le sol ainsi péniblement conquis sur l'océan a été entièrement perdu ; dans d'autres, elle a été récupérée en réparant ou en reconstruisant les digues et en pompant l'eau. En outre, le poids des digues les enfonce graduellement dans le sol meuble, et cette perte d'élévation doit être compensée par une élévation de la surface, tandis que le fardeau accru ainsi ajouté tend à les enfoncer encore plus bas. « Tetens déclare, dit Kohl, qu'en certains endroits les digues se sont graduellement enfoncées jusqu'à une profondeur de soixante ou même de cent pieds. [310] Pour ces raisons, les processus de construction de digues ont été presque partout répétés encore et encore, et ainsi la dépense totale d'argent et de travail pour les ouvrages en question est beaucoup plus grande que ne le laisserait croire une estimation du coût réel de endiguement d'une étendue donnée de terre côtière et drainage d'une zone donnée de surface d'eau. [311]

D'autre part, par l'érosion du littoral, la dérive des dunes de sable vers l'intérieur et l'inondation des marais et des marais par les incursions de la mer, tous causés, ou du moins fortement aggravés, par l'imprévoyance humaine, les Pays-Bas ont Depuis le début de l'ère chrétienne, les peuples ont perdu une superficie de terre bien plus grande que celle qu'ils ont gagnée grâce aux digues et au drainage. Staring désespère de la possibilité de calculer la perte due aux deux premières causes de destruction mentionnées, mais il estime que pas moins de six cent quarante mille réserves, soit un million cinq cent quatre-vingt-un mille acres, de tourbières et de marais ont été détruites. ont été emportés, ou plutôt privés de leur surface végétale et recouverts par les eaux, et trente-sept mille digues, soit quatre-vingt-onze mille quatre cents acres de terres récupérées, ont été perdues par la destruction des digues qui les protégeaient. [312] La valeur moyenne des terres gagnées sur la mer est estimée à environ dix-neuf livres sterling, ou quatre-vingt-dix dollars, l'acre ; tandis que les marais et les marais perdus ne valaient pas plus d'une vingt-cinquième partie du même prix. Le sol enfoui par le déplacement des dunes semble avoir été presque entièrement de ce dernier caractère et, dans l'ensemble, il ne fait aucun doute que le sol ajouté par l'industrie humaine au territoire des Pays-Bas, au cours de la période historique, a grandement dépasse en valeur pécuniaire celle qui est devenue la proie des flots à la même époque.

Sur la plupart des côtes basses et abruptes, comme celles des Pays-Bas, les courants maritimes changent constamment, par suite de la variabilité des vents et du déplacement des bancs de sable, que les courants eux-mêmes forment et maintenant déplacent. Ainsi, tandis qu'à un endroit la mer avance vers la terre et exige de grands efforts pour empêcher l'affaissement et l'emportement des digues, elle se creuse à un autre endroit par ses propres dépôts et expose, à marée basse, une ceinture de mer s'élargissant progressivement. sables et limons. Les terres côtières sélectionnées pour les endiguements se trouvent toujours aux endroits où la mer dépose des terres productives. L'Eider, l'Elbe, la Weser, l'Ems, le Rhin, la Meuse et l'Escaut charrient de grandes quantités de terre fine. La prédominance des vents d'ouest empêche les eaux d'emporter ces matériaux loin de la côte, et ils se déposent finalement vers le nord ou vers le sud à partir de l'embouchure des rivières qui les apportent, selon la dérive variable des courants.

Le processus de dépôt naturel qui prépare la côte à l'endiguement est ainsi décrit par Staring : « Tous les sols déposés par la mer sont composés des mêmes constituants. Vient d'abord une couche de sable, avec des coquilles marines, ou des coquilles de mollusques vivant dans S'il y a des marées et, bien sûr, des courants qui coulent et qui descendent, la boue ne tombe sur le sable qu'après que celui-ci a été élevé au-dessus de la laisse de basse mer, car alors seulement, au passage de la crue au reflux, L'eau est-elle encore assez pour former un dépôt d'un matériau aussi léger. Là où la boue se trouve à de plus grandes profondeurs, comme, par exemple, dans une grande proportion de l'Ij, c'est une preuve qu'à ce point il n'y a jamais eu de marée considérable. flux ou autre courant. * * * Les puissants courants de marée, qui coulent et descendent deux fois par jour, entraînent du sable avec eux. Ils creusent le fond à un moment donné, le soulèvent à un autre, et les bancs de sable dans le courant se déplacent continuellement. dès qu'un rivage s'élève au-dessus de la laisse des basses eaux, des drapeaux et des roseaux s'y établissent. La résistance mécanique de ces plantes arrête le retrait des hautes eaux et favorise le dépôt des terres en suspension, et la formation des terres s'opère avec une rapidité surprenante. Lorsqu'il atteint le niveau des hautes eaux, il se couvre bientôt d'herbes et devient ce qu'on appelle *schor* en Zélande, *kwelder* en Frise. Ces terrains constituent le fondement ou le point de départ du processus d'endiguement. Une fois qu'ils sont élevés au niveau de la marée montante, la boue ne s'y dépose plus, sauf par des marées extraordinairement hautes. Leur élévation ultérieure est donc très lente, et il est rarement avantageux de retarder plus longtemps l'opération de diguement. » [313]

La formation de nouvelles rives au bord de la mer se poursuit constamment en des points favorables au dépôt de sable et de terre, et c'est pourquoi l'occasion se présente continuellement de clôturer de nouvelles terres en dehors de celles déjà endiguées. La côte avance rapidement vers la mer, et chaque le nouveau remblai augmente la sécurité des anciennes enceintes. La province de Zélande se compose d'îles baignées par la mer sur leurs côtes occidentales et séparées par les nombreux canaux par lesquels l'Escaut et quelques autres rivières se frayent un chemin vers l'océan. Au XIIe siècle, ces îles étaient beaucoup plus petites et plus nombreuses qu'aujourd'hui. Ils ont été graduellement agrandis et, dans plusieurs cas, enfin reliés par l'extension de leur système de digues. Walcheren est formé de dix îlots réunis en un seul vers la fin du XIVe siècle. Au milieu du quinzième siècle, Goeree et Overflakkee étaient constituées d'îles séparées, contenant en tout environ dix mille acres ; au moyen de plus de soixante avancées successives des digues, elles ont été amenées à composer une seule île, dont la superficie n'est pas inférieure à soixante mille acres. [314]

Aux Pays-Bas, que le premier Napoléon qualifiait de gisement du Rhin et, par conséquent, selon le droit naturel, propriété légitime de celui qui contrôlait les sources de ce grand fleuve, et sur les rives adjacentes du Frisic, du Bas-Allemagne et du Danemark. et les îles, les digues maritimes et fluviales ont été construites à une échelle plus grande et plus imposante que dans tout autre pays. C'est là que toute l'économie de l'art a été étudiée de la manière la plus approfondie, et la littérature sur le sujet est très étendue. Pour mon objectif actuel, qui s'intéresse aux résultats plutôt qu'aux processus, il n'est pas utile de se référer à des traités professionnels, et je me contenterai de présenter les informations qui peuvent être recueillies dans des ouvrages de caractère plus populaire. [315]

Les couches supérieures des basses terres sur et près de la côte sont, comme nous l'avons vu, principalement composées de terre apportée par les grands fleuves que j'ai mentionnés, et soit directement déposée par eux sur les sables du fond, soit emportée vers la mer. par leurs courants, puis, après une exposition plus ou moins longue à l'action chimique et mécanique de l'eau salée et des courants marins, restaurée à nouveau sur la terre par le débordement des marées et l'affaissement des eaux dans lesquelles elle était suspendue. À une époque très reculée, les plaines côtières étaient, en de nombreux points, soulevées si haut par les dépôts alluviaux ou de marée successifs qu'elles se trouvaient au-dessus du niveau des hautes eaux ordinaires, mais elles étaient encore sujettes à des inondations occasionnelles dues aux crues des rivières et à l'eau de mer. aussi, lorsque des vents d'ouest violents ou prolongés le poussaient vers la terre. L'extraordinaire fertilité de ce sol et sa sécurité comme refuge contre la violence hostile attiraient vers lui une population considérable, tandis que son manque de protection contre les inondations l'exposait aux dévastations dont les chroniqueurs du moyen âge ont laissé des tableaux si colorés. Les premières habitations permanentes sur les plaines côtières ont été érigées sur des monticules artificiels, et de nombreuses habitations précaires similaires existent encore sur les îles sans murailles et sur les rivages au-delà de la chaîne de digues. Les digues fluviales, qui, comme on le sait familièrement, ont été utilisées depuis la plus haute antiquité dans de nombreux pays où les digues de mer sont inconnues, furent probablement les premiers ouvrages de ce genre construits aux Pays-Bas, et lorsque deux cours d'eau douce voisins eurent été endigué, la prochaine étape du processus consisterait naturellement à relier les murs de la rivière entre eux par une digue transversale ou une chaussée surélevée, qui servirait à sécuriser le terrain intermédiaire à la fois contre les remous des crues fluviales et contre les débordements de la mer. Mais les véritables digues marines les plus anciennes décrites dans les documents historiques sont celles qui enferment les îles dans les estuaires des grands fleuves, et il n'est pas impossible que le double caractère qu'elles possèdent, de sécurité contre les inondations maritimes et de rempart militaire, ait conduit à leur construction. adoption sur ces îles avant que des constructions similaires n'aient été tentées sur le continent.

En certains points de la côte, divers dispositifs, tels que des jetées, des pieux et, en fait, des obstacles de toutes sortes au reflux du courant, sont employés pour faciliter le dépôt de la vase, avant qu'une clôture régulière ne soit commencée. Cependant, la première étape consiste généralement à construire des remblais bas et bon marché, s'étendant à partir d'une digue plus ancienne ou d'un terrain élevé, autour de la parcelle plate destinée à être sécurisée. On les appelle digues d'été ( *sommer-deich*, pl. *sommer-deiche*, allemand ; *zomerkaai*, *zomerkade*, pl. *zomerkaaie*, *zomerkaden*, néerlandais). Ils sont érigés lorsqu'une étendue de terrain suffisante pour rembourser le coût a été suffisamment élevée pour être recouverte d'une végétation grossière propre au pâturage. Ils servent à la fois à protéger le sol contre les débordements provoqués par les marées de crue ordinaires des temps doux, et à retenir la vase déposée par les très hautes eaux, qui autrement serait en partie emportée par le reflux en retraite. L'élévation du sol se fait ensuite lentement ; mais lorsqu'elle a enfin été suffisamment enrichie et élevée assez haut pour justifier les dépenses nécessaires, des digues permanentes sont construites par lesquelles l'eau est exclue en toutes saisons. Ces remblais sont construits avec du sable provenant des dunes côtières ou des bancs de sable, et avec de la terre provenant du continent ou des replats extérieurs aux digues, liés et renforcés par des fascines, et munis d'écluses, généralement fondées sur pilotis et de construction très coûteuse. pour le drainage en cas de basses eaux. La pente extérieure des digues maritimes est douce, l'expérience ayant montré que cette forme est la moins exposée aux dommages causés à la fois par les vagues et par les glaces flottantes, et les digues les plus modernes ont une inclinaison encore plus modérée de l'escarpement vers la mer que les plus anciennes. . [316] Cependant, le sommet de la digue, sur les trois ou quatre derniers pieds de sa hauteur, est beaucoup plus raide, étant destiné plutôt à une protection contre les embruns que contre les vagues, et la pente intérieure est toujours relativement abrupte.

La hauteur et l'épaisseur des digues varient selon l'élévation du terrain qu'elles entourent, la montée des marées, la direction des vents dominants et d'autres causes spéciales d'exposition, mais on peut dire qu'elles sont en général surélevées. de quinze à vingt pieds au-dessus de la ligne des hautes eaux ordinaire. Les pentes des digues fluviales sont protégées par des plantations de saules ou d'arbustes ou d'herbes semi-aquatiques robustes, mais comme ceux-ci ne poussent pas sur des berges exposées à l'eau salée, les digues maritimes doivent être recouvertes de pierres, de fascines ou de tout autre *revêtement* . [317] Sur les côtes du Schleswig et du Holstein, où les habitants disposent de moins de capitaux, ils défendent leurs digues contre les glaces et les vagues par une couche de paille torsadée ou de roseaux, qu'il faut renouveler aussi souvent qu'une fois, quelquefois deux fois. une année. Les habitants de ces côtes appellent la chaîne de digues « la frontière d'or », nom qu'elle mérite bien, soit qu'on suppose qu'il se réfère à son coût énorme, ou, comme c'est plus probable, à son immense valeur comme protection de leurs champs. et leurs coins du feu.

Lorsque les appartements éloignés sont entourés de nouveaux remblais, les anciennes digues intérieures sont laissées en place, à la fois comme sécurité supplémentaire contre les vagues et parce que leur suppression serait coûteuse. Ils servent aussi de routes ou de chaussées, usage pour lequel les remblais les plus proches de la mer sont rarement employés, parce que l'ensemble de la structure pourrait être mis en danger par la rupture du gazon par les roues et les sabots des chevaux. Là où des rangées successives de digues ont été ainsi construites, on observe que le terrain défendu par les remblais les plus anciens est plus bas que celui qu'embrassent les enceintes plus récentes, et cette dépression de niveau a été attribuée à un affaissement général de la côte dû à des causes géologiques. ; mais la meilleure opinion semble être que cela est dû, dans la plupart des cas, simplement à la consolidation et au tassement de la terre, dû à un assèchement plus efficace, au poids des digues, au piétinement des hommes et du bétail, et au mouvement des lourds chariots qui emportent les récoltes. [318] Malgré ce lent affaissement, la plupart des terres entourées de digues se trouvent encore au-dessus de la laisse des basses eaux et peuvent donc être entièrement ou partiellement débarrassées de l'eau de pluie et de celle reçue par infiltration des terres plus élevées, par des écluses ouvertes. au reflux de la marée. A cet effet, le terrain est soigneusement creusé et l'on profite de chaque occasion favorable pour évacuer l'eau par les écluses. Mais le sol ne peut être efficacement drainé par ce moyen, à moins qu'il ne soit élevé de quatre ou cinq pieds au moins au-dessus du niveau de la marée descendante, parce que les fossés n'auraient pas autrement une descente suffisante pour évacuer l'eau dans le court intervalle. entre flux et reflux, et parce que l'humidité du sous-sol saturé monte toujours par attraction capillaire. Par conséquent, chaque fois que le sol est descendu au-dessous du niveau que j'ai mentionné, et dans les cas où sa surface n'a jamais été élevée au-dessus, des pompes, actionnées par le vent ou par quelque autre force mécanique, doivent être très fréquemment employées pour maintenir la terre suffisamment sèche. pour le pâturage et la culture. [319]

### b. *Assèchement des lacs et des marais.*

La substitution des machines à vapeur à l'action faible et incertaine des moulins à vent pour actionner les pompes, a beaucoup facilité l'évacuation de l'eau des polders et l'assèchement des lacs, des marais et des baies peu profondes, et a ainsi donné une telle impulsion à ces entreprises. que pas moins de cent dix mille acres furent retirés des eaux et ajoutés au domaine agricole des Pays-Bas, entre 1815 et 1858. La plus importante de ces entreprises fut l'assèchement du lac de Haarlem, et à cet effet certains des moteurs hydrauliques les plus puissants jamais construits ont été conçus et exécutés. [320] L'origine de ce lac est inconnue. Certains géographes supposent qu'il fait partie d'un ancien lit du Rhin, dont le canal, comme il y a de bonnes raisons de le croire, a subi de grands changements depuis l'invasion romaine des Pays-Bas ; d'autres pensent qu'il formait autrefois un chenal maritime intérieur, séparé de la mer par une chaîne d'îles basses, que le sable emporté par les marées a depuis relié au continent et transformé en une ligne continue de côte. Les meilleures autorités, cependant, trouvent des preuves géologiques que la surface occupée par le lac était à l'origine une étendue marécageuse contenant dans ses limites peu de terre solide, mais de nombreux étangs et criques, et beaucoup de tourbières flottantes et fixes.

En conséquence de la coupe du gazon pour le combustible et de la destruction des quelques arbres et arbustes qui retenaient le sol meuble avec leurs racines, les étangs sont censés s'être progressivement étendus, jusqu'à ce que l'action du vent sur leur surface élargie ait donné leurs vagues étaient assez fortes pour vaincre la résistance des faibles barrières qui les séparaient, et pour les unir toutes en un seul lac. La tradition populaire, il est vrai, attribue la formation du lac de Haarlem à une seule irruption de la mer, à une époque reculée, et la relie à l'une ou l'autre des inondations destructrices dont les chroniques néerlandaises décrivent tant ; mais sur une carte de l'année 1531, une chaîne de quatre eaux plus petites occupe presque le terrain recouvert ensuite par le lac de Haarlem, et elles ont plus probablement été unies par des empiètements graduels résultant des pratiques imprévoyantes mentionnées ci-dessus, bien que sans aucun doute le la consommation a peut-être été accélérée par les inondations et par la négligence d'entretenir les digues, ou leur destruction intentionnelle, au cours des longues guerres du XVIe siècle.

Le lac de Haarlem était une étendue d'eau d'une longueur non loin de quinze milles et d'une largeur maximale de sept milles, située entre les villes d'Amsterdam et de Leyde, parallèle à la côte de Hollande, à une distance d'environ cinq milles de la mer. et couvrant une superficie d'environ 45 000 acres. Par l'Ij, elle communiquait avec le Zuiderzee, la Méditerranée des Pays-Bas, et sa surface était peu au-dessus de l'élévation moyenne de celle de la mer. Ainsi, chaque fois que les eaux du Zuiderzee étaient sollicitées par de forts vents du nord-ouest, celles du lac de Haarlem étaient soulevées proportionnellement et poussées vers le sud, tandis que les vents du sud tendaient à créer un écoulement dans la direction opposée. Les rives du lac étaient partout basses, et bien qu'au cours des quatre-vingts années entre 1767 et 1848 plus de 350 000 £ ou 1 700 000 $ aient été dépensées pour contrôler ses empiètements, il brisait souvent ses barrières et produisait des inondations destructrices. Le 29 novembre 1836, un vent du sud apporta ses eaux jusqu'aux portes d'Amsterdam, et le 26 décembre de la même année, dans un coup de vent du nord-ouest, elles firent déborder vingt mille acres de terre à l'extrémité sud de la ville. lac et a inondé une partie de la ville de Leyde. La profondeur de l'eau ne dépassait en général pas quatorze pieds, mais le fond était un limon ou une vase semi-fluide qui participait à l'agitation des vagues et ajoutait considérablement à leur force mécanique. On craignait sérieusement que le lac ne forme une jonction avec les eaux intérieures du Legmeer et du Mijdrecht, n'engloutisse une vaste étendue de terres précieuses et ne mette finalement en danger la sécurité d'une grande partie des terres que l'industrie hollandaise avait conquise au cours de cette période. au cours des siècles depuis l'océan.

Pour cette raison, et en vue de l'augmentation importante que le fond du lac apporterait au sol cultivable de l'État, il fut résolu de le drainer, et les mesures préliminaires à cet effet furent commencées en 1840. Les premières L'opération consistait à entourer tout le lac d'un canal circulaire et d'une digue, afin de couper la communication avec l'Ij et d'exclure l'eau des ruisseaux et des marais qui s'y déversaient du côté de la terre. La digue était composée de différents matériaux, selon les moyens d'approvisionnement en différents points, tels que du sable des dunes côtières, de la terre et du gazon extraits de la ligne du canal périphérique, et du gazon flottant, [321] les fascines étant partout utilisées pour lier et compacter la masse ensemble. Cette opération fut achevée en 1848, et trois pompes à vapeur furent alors employées pendant cinq ans pour évacuer l'eau. L'ensemble de l'entreprise fut mené aux frais de l'État et, en 1853, les terres récupérées furent mises en vente à son profit. Jusqu'en 1858, quarante-deux mille acres avaient été vendus à près de seize livres sterling ou soixante-dix-sept dollars l'acre, ce qui équivalait au total à 661 000 £ sterling ou 3 200 000 $. Les terres invendues étaient évaluées à plus de 6 000 £, soit près de 30 000 $, et comme le coût total était de 764 500 £, soit environ 3 700 000 $, la perte directe pour l'État, sans compter les intérêts sur le capital dépensé, peut être estimée à 100 000 £ ou quelque chose de moins. plus de 500 000 $.

Dans un pays comme les États-Unis, dont l'étendue est presque illimitée et le territoire peu peuplé, une telle dépense pour un tel objet serait une mauvaise économie. Mais la Hollande a un domaine étroit, de grandes ressources pécuniaires, une population excessivement peuplée, et par conséquent un besoin d'espace et de possibilités accrus pour l'exercice de l'industrie. Dans de telles circonstances, et surtout face à une exposition à des dangers si redoutables, la sagesse de la mesure ne fait aucun doute . Il a déjà fourni un logement et un emploi à plus de cinq mille citoyens, et a fourni un investissement rentable pour un capital d'au moins 400 000 livres sterling ou 2 000 000 $, qui a été dépensé en améliorations en plus de l'argent d'achat du sol ; et la plus grande partie de cette somme, ainsi que des frais de drainage, a été payée en compensation du travail. L'excédent des dépenses gouvernementales sur les recettes, s'il était employé à la construction de navires de guerre ou de fortifications, n'aurait que peu ajouté à la force militaire du royaume ; mais l'augmentation du territoire, la multiplication des habitations et des foyers que le peuple a intérêt à défendre, et l'augmentation des ressources agricoles, constituent un rempart plus solide contre l'invasion étrangère qu'un navire de ligne ou qu'une forteresse armée de cent canons.

L'influence des ouvrages que j'ai remarqués, et d'autres de caractère similaire, sur les intérêts sociaux et moraux aussi bien que sur les intérêts purement économiques du peuple des Pays-Bas, m'a incité à les décrire plus en détail que le but général de on peut penser que ce volume justifie; mais si nous les considérons simplement d'un point de vue géographique, nous constaterons qu'elles revêtent une importance non négligeable en tant que modifications de l'état naturel de la surface terrestre. Il y a de bonnes raisons de croire qu'avant l'établissement d'une race partiellement civilisée sur le territoire actuellement occupé par les communautés hollandaises, frisiques et bas-allemandes, les terrains non exposés aux inondations étaient envahis par des bois denses, que les basses terres situées entre ces forêts et la Les côtes de la mer étaient des marais, recouverts et partiellement solidifiés par un épais tapis de plantes tourbeuses et d'arbustes entrecoupés d'arbres, et que même les dunes de sable du rivage étaient protégées par une végétation qui, dans une large mesure, empêchait la dérive et le déplacement des eaux. eux.

Les causes actuelles de l'érosion fluviale et côtière existaient effectivement à l'époque en question ; mais certains d'entre eux devaient avoir agi avec moins d'intensité, il existait de fortes protections naturelles contre l'influence des courants marins et d'eau douce, et les tendances contradictoires étaient parvenues à un état d'équilibre approximatif, qui ne permettait que des changements lents et progressifs dans la face. de nature. La destruction des forêts autour des sources et le long des vallées des rivières par l'homme leur a donné un caractère plus torrentiel. L'abattage des arbres et la disparition des arbustes des marais par le bétail domestique ont privé la surface de cohésion et de consistance, et la coupe de tourbe pour le combustible y a ouvert des cavités qui, se remplissant aussitôt d'eau, se sont rapidement étendues. par abrasion de leurs frontières, et finalement élargi en étangs, lacs et golfes, comme le lac de Haarlem et la partie nord du Zuiderzee. La coupe du bois et le dépastage des herbes sur les dunes de sable les ont transformés de solides remparts contre l'océan en accumulations de poussière que chaque brise marine poussait plus loin vers la terre, enfouissant peut-être un sol fertile et obstruant les cours d'eau d'un côté . , et exposer la côte à l'érosion marine d'autre part.

### c. *Influence géographique de ces opérations.*

Les changements que l'action humaine a produits en vingt siècles aux Pays-Bas et dans les provinces voisines n'ont certainement pas une moindre importance géographique, considérés simplement comme une question directe de perte et de gain de territoire. Ils ont aussi sans aucun doute eu certaines conséquences climatiques, ils ont exercé une grande influence sur la vie animale et végétale spontanée de cette région, et ils n'ont pas pu manquer de produire des effets sur les courants de marée et autres courants océaniques, dont la portée peut être très grande. extensif. La force du raz-de-marée, la hauteur à laquelle il s'élève, la direction de ses courants et, en fait, tous les phénomènes qui le caractérisent, ainsi que tous les effets qu'il produit, dépendent autant de la configuration de la côte. il lave, et la profondeur de l'eau et la forme du fond près du rivage, selon l'attraction qui l'occasionne. Chacune des conditions terrestres qui affectent le caractère des courants de marée et autres courants marins a été très sensiblement modifiée par les opérations que j'ai décrites, et sur cette côte au moins, l'homme a agi sur la géographie physique de la mer presque aussi puissamment que sur celui du terrain.

### *Abaissement des lacs.*

Les travaux hydrauliques des Pays-Bas et des États voisins sont d'une telle ampleur qu'ils jettent complètement dans l'ombre tous les autres arrangements artificiels connus pour défendre la terre contre les empiètements des rivières et de la mer, et pour récupérer le domaine de l'agriculture. et un sol de civilisation longtemps recouvert par les eaux. Mais bien que la récupération et la protection des terres inondées par la mer semblent être un art entièrement d'origine néerlandaise, nous avons de nombreuses preuves que, dans les temps anciens aussi bien que dans les temps relativement modernes, de grandes entreprises de caractère plus ou moins analogue ont été entreprises avec succès. , tant en Europe intérieure que dans les pays moins connus de l'Est.

L'un des plus connus est le tunnel qui sert à évacuer les eaux excédentaires du lac d'Albano, à environ quatorze milles de Rome. Ce lac, d'un circuit d'environ six milles, occupe l'un des cratères d'une chaîne volcanique éteinte, et la surface de ses eaux est à environ neuf cents pieds au-dessus de la mer. Il est alimenté par des ruisseaux et des sources souterraines prenant leur source dans le Mont Alban, ou Monte Cavo, le sommet le plus élevé du groupe volcanique que nous venons de mentionner, et qui s'élève à une hauteur d'environ trois mille pieds. À l'heure actuelle, le lac n'a aucun exutoire naturel découvrable, mais on ne sait pas si l'eau s'est jamais élevée à une hauteur telle qu'elle s'écoulait régulièrement sur le rebord du cratère. Il semble qu'à la première période dont nous ayons des monuments authentiques, son niveau était généralement maintenu par évaporation, ou par rejet par des canaux souterrains, considérablement en dessous du bord du bassin qui l'entourait, mais en l'an 397 avant JC, L' eau , soit à cause de l'obstruction de ces canaux, soit à la suite d'un approvisionnement accru provenant de sources inconnues, s'est élevé à une hauteur telle qu'il a débordé du bord du cratère et a menacé d'inonder le pays en contrebas en éclatant à travers ses murs. Pour parer à ce danger, un tunnel d'évacuation de l'eau fut percé à un niveau bien au-dessous de la hauteur à laquelle elle était montée. Cette galerie, taillée entièrement au ciseau à travers le roc sur une distance de six mille pieds, soit près d'un mille et un septième, est encore en si bon état qu'elle peut remplir sa fonction première. Le fait que cet ouvrage était contemporain du siège de Véies a donné aux anciens annalistes l'occasion de relier les deux événements, mais les critiques modernes sont enclins à rejeter le récit de Tite-Live sur la question, comme l'une des nombreuses fables improbables qui défigurent les pages de l'ouvrage. cet historien. Ceci est cependant répété par Cicéron et par Dionysins d'Halicarnasse, et il n'est en aucun cas impossible qu'à une époque où les prêtres et les devins monopolisaient à la fois les arts de la magie naturelle et le peu qui existait encore de science physique, le gouvernement de Rome, avec leur aide, profita à la fois de la superstition et de l'ardeur militaire de ses citoyens pour obtenir leur approbation d'une entreprise que des arguments plus solides n'auraient pas pu les faire approuver.

Plus remarquable encore est le tunnel creusé par l'empereur Claude pour drainer le lac Fucinus, aujourd'hui lac de Celano, en territoire napolitain, à environ cinquante milles à l'est de Rome. Ce lac, autant que son histoire soit connue, a varié considérablement dans ses dimensions à différentes époques, selon le caractère des saisons. Il n'a pas d'exutoire visible, mais était à l'origine soit drainé par des conduits souterrains naturels, soit maintenu dans certaines limites extrêmes par évaporation. Dans les années où l'humidité est rare, elle s'est répandue sur le sol adjacent et a détruit les récoltes ; pendant les saisons sèches, il reculait et provoquait des maladies épidémiques par des exhalaisons venimeuses provenant de la décomposition des matières végétales et animales sur son lit exposé. Jules César avait proposé la construction d'un tunnel pour drainer le lac, mais l'entreprise ne fut réellement entreprise que sous le règne de Claude, lorsque, après un échec momentané, dû à des erreurs de nivellement des ingénieurs, comme on le prétendait alors, ou Comme cela apparaît maintenant avec certitude, à la suite de fraudes commises par les entrepreneurs dans l'exécution des travaux, les travaux furent au moins partiellement achevés. De cette construction imparfaite, elle fut bientôt hors de réparation, mais fut restaurée par Hadrien, et semble avoir répondu à son projet pendant quelques siècles. Dans la barbarie qui suivit la chute de l'empire, celui-ci tomba de nouveau en décadence, et bien que de nombreuses tentatives aient été faites pour le réparer au cours du Moyen Âge, aucun succès tolérable ne semble avoir accompagné aucun de ces efforts, jusqu'à la génération actuelle.

Depuis quelques années, les travaux sont en cours pour restaurer, ou plutôt agrandir et reconstruire cet ancien tunnel, sur une échelle de grandeur qui fait un honneur infini à la libéralité et à l'esprit public des projecteurs, et avec une ingéniosité de conception et une habileté constructive qui reflètent le plus grand honneur à la capacité professionnelle des ingénieurs qui ont planifié les travaux et dirigé leur exécution. La longueur de ce tunnel est de 18,634 pieds, soit plutôt plus de trois milles et demi. Bien sûr, c'est l'une des galeries souterraines les plus longues jamais exécutées en Europe, et elle offre de nombreux détails curieux dans sa conception originale qui ne peuvent être décrits ici. La différence entre les niveaux les plus élevés et les plus bas connus de la surface du lac s'élève à au moins quarante pieds, et la différence de superficie couverte à ces niveaux respectifs n'est pas beaucoup moins de huit mille acres. Le tunnel réduira l'eau à un point beaucoup plus bas, et on estime que, y compris les terres occasionnellement inondées, pas moins de quarante mille acres de sol aussi fertile qu'en Italie seront récupérés du lac et protégés en permanence de l'inondation par ses eaux.

De nombreuses entreprises similaires ont été conçues et exécutées à l'époque moderne, à la fois dans le but de récupérer des terres recouvertes d'eau et pour des raisons sanitaires. [322] Ils s'accompagnent parfois de maux tout à fait inattendus, comme, par exemple, dans le cas de Barton Pond, dans le Vermont, et dans celui du lac Storsjö, en Suède, déjà mentionnés dans une page précédente. Une autre conséquence encore moins évidente du prélèvement des eaux a parfois été observée dans ces opérations. La force hydrostatique avec laquelle l'eau, en vertu de sa densité, appuie contre les berges qui la confinent, a tendance à les soutenir lorsque leur composition et leur texture ne sont pas de nature à les exposer au ramollissement et à la dissolution par l'infiltration de l'eau. eau. Si donc la pente des berges est considérable, ou si la terre qui les compose repose sur une couche lisse et glissante inclinée vers le lit du lac, elles sont susceptibles de tomber ou de glisser en avant lorsque l'appui mécanique de l'eau est supprimée, et cela se produit parfois à une échelle considérable. Il y a quelques années, la surface du lac de Lungern, dans le canton d'Unterwald, en Suisse, a été abaissée en creusant un tunnel d'environ un quart de mile de long à travers l'étroite crête, appelée Kaiserstuhl, qui forme une barrière au niveau de la rivière. extrémité nord du bassin. Lorsque l'eau a été puisée, les berges, qui sont abruptes, craquelées et ont éclaté, plusieurs hectares de terrain ont glissé aussi bas que l'eau s'est retirée, et même le village tout entier de Lungern a été considéré comme en grand danger.

D'autres inconvénients très graves ont souvent résulté de l'usure naturelle ou, bien plus fréquemment, de la destruction imprudente des barrières qui confinent les lacs de montagne. Dans leur état naturel, de tels bassins servent à la fois à recevoir et à retenir les roches et autres détritus charriés par les torrents qui s'y déversent, et à arrêter l'élan des eaux tumultueuses en les arrêtant momentanément ; mais si les exutoires sont abaissés de manière à drainer les réservoirs, les torrents continuent leur écoulement rapide à travers l'ancien lit des bassins, et entraînent avec eux le sable et les graviers dont ils sont chargés, au lieu de déposer leur fardeau comme auparavant dans les bassins. les eaux calmes des lacs.

### *Lacs de montagne.*

C'est une opinion commune en Amérique que les prairies, fonds ou *intervalles de rivières*, comme on les appelle communément, sont généralement les lits d'anciens lacs qui ont brisé leurs barrières et laissé à leur place des courants courants. Le Dr Dwight a démontré il y a de nombreuses années que cela est très loin d'être universellement vrai ; mais il ne fait aucun doute que les lacs de montagne étaient beaucoup plus fréquents dans la géographie primitive que dans la géographie moderne, et il en existe encore de nombreuses chaînes dans des régions où l'homme a encore peu bouleversé les caractéristiques originelles de la terre. Dans les longues vallées de la chaîne des Adirondacks, dans le nord de l'État de New York, et dans les régions montagneuses du Maine, on trouve parfois huit, dix, voire davantage, lacs et lacs se succédant, chacun se jetant dans le bassin inférieur le plus proche, et ainsi de suite. dans une rivière considérable. Lorsque les pentes des montagnes qui alimentent ces bassins seront dépouillées de leurs bois, le gonflement accru des lacs brisera leurs barrières, leurs eaux ruisseleront, et les vallées présenteront des successions de plaines traversées par des rivières, au lieu de chaînes. de lacs reliés par des canaux naturels.

Un état de choses semblable semble avoir existé dans la géographie antique de la France. « La nature, dit Lavergne, n'a pas creusé sur les flancs de nos Alpes des réservoirs aussi magnifiques que ceux de la Lombardie ; elle avait cependant construit des lacs plus petits, mais plus nombreux, que la négligence de l'homme a laissé disparaître. Gasparin, frère de l'illustre agriculteur, démontrait il y a plus de trente ans, dans un article original, qu'il existait autrefois de nombreuses digues naturelles dans les vallées montagneuses emportées par les eaux. Il proposa de les reconstruire et de les multiplier. Une suggestion intéressante est réapparue plusieurs fois depuis, mais s'est heurtée à une forte opposition de la part d'habiles ingénieurs. Il serait néanmoins bon de tenter l'expérience de créer des lacs artificiels qui se rempliraient de l'eau de la fonte des neiges et des pluies déluges, pour être dessinés. en période de sécheresse. Si ce plan a des opposants compétents, il a aussi des défenseurs chaleureux. L'expérience seule peut trancher la question. [323]


### *Effets climatiques du drainage des lacs et des marais.*

L'assèchement des lacs, des marais et d'autres accumulations superficielles d'humidité réduit la surface de l'eau d'un pays et, bien sûr, son évaporation. Les lacs aussi, situés en hauteur, perdent une partie de leur eau par infiltration et alimentent ainsi d'autres lacs, sources et ruisseaux à des niveaux inférieurs. Il est donc évident que le drainage de ces eaux, s'il est réalisé sur une grande échelle, doit affecter à la fois l'humidité et la température de l'atmosphère, ainsi que l'approvisionnement permanent en eau de vastes régions. [324]

### *Effets géographiques et climatiques des aqueducs, réservoirs et canaux.*

De nombreux processus d'amélioration interne, tels que les aqueducs pour l'approvisionnement des grandes villes, les tranchées et les remblais de chemin de fer, etc., détournent l'eau de ses canaux naturels et affectent sa distribution et son écoulement final. La collecte des eaux d'une région considérable dans des réservoirs, pour être ensuite évacuées au moyen d'aqueducs, comme, par exemple, dans la forêt de Belgrade, près de Constantinople, prive les terrains primitivement arrosés par les sources et les ruisseaux de l'humidité nécessaire. , et les réduit à la stérilité. Des effets similaires ont dû résulter de la construction des nombreux aqueducs qui approvisionnaient la Rome antique en eau en si grande abondance. D'un autre côté, la filtration de l'eau à travers les berges ou les parois d'un aqueduc porté en hauteur sur un terrain bas, endommage souvent le sol adjacent et est préjudiciable à la santé de la population voisine ; et on a observé en Suisse que des fièvres ont été produites par la stagnation de l'eau dans les excavations d'où l'on avait tiré de la terre pour former des remblais pour les chemins de fer.

Si nous considérons seulement l'influence des améliorations physiques sur la vie civilisée, nous attribuerons peut-être aux canaux navigables une plus grande importance, ou du moins une influence plus diversifiée, qu'à tous les autres ouvrages de l'homme destinés à contrôler les eaux de la terre et à affectent leur répartition. Ils unissent entre elles des régions éloignées par des liens sociaux, par l'intermédiaire du commerce qu'ils favorisent ; ils facilitent le transport des provisions et des machines militaires, ainsi que d'autres matériels lourds liés à l'exercice des fonctions gouvernementales ; ils encouragent l'industrie en donnant une valeur marchande aux matières premières et aux objets d'élaboration artificielle qui autrement n'auraient aucune valeur en raison du coût du transport ; ils fournissent de leurs eaux excédentaires des moyens d'irrigation et de force mécanique ; et, de bien d'autres manières, ils contribuent grandement à faire progresser la prospérité et la civilisation des nations. Ils ne sont pas non plus totalement sans importance géographique. Ils drainent quelquefois les terres en évacuant des eaux qui autrement stagneraient à la surface, et d'autre part, comme les aqueducs, ils rendent les sols voisins froids et humides par la percolation de l'eau à travers leurs remblais ; [325] ils endiment, contrôlent et détournent le cours des courants naturels, et les délivrent en des points opposés ou éloignés de leurs débouchés primitifs ; ils ont souvent besoin de vastes réservoirs pour les alimenter, retenant ainsi tout au long de l'année des accumulations d'eau - qui autrement s'écouleraient ou s'évaporeraient pendant la saison sèche - et élargiraient ainsi la surface évaporable du pays ; et nous avons déjà vu qu'ils échangent la flore et la faune de provinces largement séparées par la nature. Tous ces modes d'action influencent certes le climat et le caractère de la surface terrestre, même si nos moyens d'observation ne sont pas encore suffisamment perfectionnés pour permettre d'apprécier et de mesurer leurs effets.

### Effets climatiques et géographiques du drainage de surface et souterrain.

J'ai commencé ce chapitre par une description des digues et autres ouvrages hydrauliques des ingénieurs néerlandais, parce que les résultats géographiques de telles opérations sont plus évidents et plus faciles à mesurer, quoique certainement pas plus importants, que ceux des travaux plus anciens et plus largement diffusés. modes de résistance ou de direction de l'écoulement des eaux, qui ont été pratiqués depuis la plus haute antiquité à l'intérieur de tous les pays civilisés. Le drainage et l'irrigation sont habituellement considérés comme des processus purement agricoles, ayant peu ou pas de rapport avec la géographie technique ; mais nous constaterons qu'ils exercent une influence puissante sur le sol, le climat et la vie animale et végétale, et peuvent donc à juste titre prétendre être considérés comme des éléments géographiques.

### Surface et sous-drainage et leurs effets.

Le drainage superficiel est une nécessité sur toutes les terres nouvellement conquises sur la forêt. La face du sol dans les bois n'est jamais assez régulièrement inclinée pour permettre à l'eau de s'écouler librement dessus. Il y a, même sur les flancs des collines, de nombreuses petites crêtes et dépressions, appartenant en partie à la distribution originelle du sol, et en partie causées par des irrégularités dans la croissance et le dépôt de la matière végétale. Ceux-ci, dans l'agriculture de la nature, servent de barrages et de réservoirs pour recueillir une plus grande quantité d'humidité que celle que la terre spongieuse peut immédiatement absorber. En outre, la moisissure végétale est, même dans les circonstances les plus favorables, lente à se débarrasser de l'humidité qu'elle a accumulée sous la protection des bois, et l'infiltration des forêts voisines contribue à maintenir le sol des petites clairières trop humide pour l'avantageux. culture de cultures artificielles. Pour ces raisons, le drainage superficiel a dû commencer avec l'agriculture elle-même, et il n'y a probablement aucune région cultivée, on pourrait presque dire aucun champ, qui ne soit pourvu d'aménagements artificiels destinés à faciliter l'évacuation de l'eau superficielle et à évacuer ainsi l'humidité qui , dans l'état naturel de la terre, aurait été absorbé par le sol.

Les effets bénéfiques du drainage de surface, la nécessité d'étendre les champs à mesure que la population augmentait, et les inconvénients résultant de la présence de marais dans des régions autrement améliorées, ont dû suggérer, très tôt dans l'industrie humaine, l'opportunité de convertir les tourbières et les marécages en la terre ferme en puisant leurs eaux ; et peu de temps après l'introduction de cette pratique, on commença à acquérir davantage de territoires agricoles en abaissant le débouché des petits étangs et des lacs et en ajoutant le terrain qu'ils couvraient au domaine du laboureur.

Tous ces processus appartiennent à la civilisation naissante des périodes antéhistoriques, mais la construction de canaux souterrains pour l'élimination des eaux infiltrées marque les époques et les pays se distinguant par un grand progrès dans la théorie et la pratique agricoles, une grande accumulation de capital pécuniaire et une densité de population qui crée une demande immédiate et un prix élevé pour tous les produits de l'industrie rurale. Un sous-drainage serait également très avantageux dans les climats humides et frais, où l'évaporation est lente, et sur les sols où l'inclinaison naturelle de la surface ne favorise pas un écoulement très rapide des eaux de surface. Toutes les conditions requises pour rendre ce mode d'amélioration rurale, sinon absolument nécessaire, du moins en apparence rentable, existent en Grande-Bretagne, et il est donc très naturel que les fermiers riches et intelligents d'Angleterre aient poussé cette pratique plus loin. et en récoltèrent un revenu pécuniaire plus abondant que ceux de tout autre pays.

Outre les drainages superficiels et souterrains, il existe une autre méthode d'évacuation des eaux de surface superflues, qui est cependant rarement pratiquée, car les conditions nécessaires à leur utilisation ne sont pas fréquentes. Chaque fois qu'une couche tenace de rétention d'eau repose sur un lit meuble et graveleux, situé de manière à permettre un écoulement libre de l'eau depuis ou à travers lui au moyen de l'affleurement du lit à un niveau inférieur, ou de conduits profonds menant vers des points de rejet éloignés, les eaux superficielles peuvent être évacuées en leur ouvrant un passage à travers la couche imperméable dans la couche perméable. Ainsi, d'après Bischof, dès le temps du roi René, dans la première moitié du XVe siècle, la plaine de Paluns, près de Marseille, était asséchée par forage, et Wittwer nous apprend que le drainage s'effectue à Munich en conduisant l'eau superflue dans de grandes excavations, d'où elle s'infiltre dans une couche inférieure de galets et de graviers située un peu au-dessus du niveau de la rivière Isar. [326] Ainsi à Washington, dans la partie occidentale de la ville, qui s'élève au-dessus des rivières Potomac et Rock Creek, de nombreuses maisons sont dotées de puits secs pour drainer leurs caves et leurs fondations. Ceux-ci s'étendent à travers une terre dure et tenace jusqu'à une profondeur de trente ou quarante pieds, lorsqu'ils rencontrent une couche de gravier à travers laquelle l'eau passe facilement.

Cette pratique a été largement employée à Paris, non seulement pour emporter les eaux de surface ordinaires, mais pour évacuer les fluides offensants et délétères des établissements chimiques et manufacturiers. Un puits de ce genre recevait, au cours de l'hiver 1832-1833, vingt mille gallons par jour d'eau sale provenant d'une féculerie, et le même procédé était largement utilisé dans d'autres usines. L'appréhension de dommages aux puits et sources communs et artésiens a conduit à une enquête à ce sujet, pour le compte des autorités municipales, par Girard et Parent Duchatelet, dans la dernière année. Le rapport de ces messieurs, publié dans les *Annales des Ponts et Chaussées* de 1833, deuxième semestre, est plein de faits curieux et instructifs sur la position et la répartition des eaux souterraines sous et près de Paris ; mais il suffit de dire que le rapport arrivait à la conclusion que, par suite de l'immobilité absolue de ces eaux, et de la quantité relativement faible de fluide nocif à leur apporter, il n'y avait aucun danger de diffusion de ce dernier. s'ils y sont déversés. Ce résultat n'étonnera pas ceux qui savent que, dans un autre ouvrage, Duchatelet entretient des opinions analogues sur l'effet du rejet des égouts de la ville dans la Seine sur les eaux de cette rivière. Il estime que la quantité de matière qu'ils délivrent est si infime, comparée au volume d'eau de la Seine, qu'elle ne peut pas l'affecter à un degré sensible. Je conseillerais cependant aux buveurs d'eau déterminés vivant à Paris d'adopter ses conclusions, sans étudier ses faits et ses arguments ; car il est fort possible qu'il convertisse ses lecteurs à une foi opposée à la sienne, et qu'ils finissent par se mettre d'accord avec le poète qui considérait l'eau comme une « boisson ignoble ».

### *Effets climatiques et géographiques du drainage de surface.*

Lorsque nous retirons l'eau de la surface, nous en diminuons l'évaporation, et, bien entendu, la réfrigération qui accompagne toute évaporation est diminuée en proportion. C'est pourquoi un drainage superficiel devrait s'accompagner d'une élévation de la température atmosphérique et, dans les pays froids, on pourrait s'attendre à ce qu'il diminue la fréquence des gelées. En conséquence, c'est un fait d'expérience que, toutes choses étant égales par ailleurs, les sols secs et l'air en contact avec eux sont sensiblement plus chauds pendant la saison de végétation, lorsque l'évaporation est la plus rapide, que les terres humides et la couche atmosphérique reposant sur eux. eux. L'observation instrumentale sur ce point particulier n'a pas encore été entreprise à très grande échelle, mais nous disposons néanmoins de données thermométriques suffisantes pour justifier la conclusion générale, et l'influence du drainage dans la diminution de la fréquence des gelées semble être encore mieux établie qu'une observation directe. augmentation de la température atmosphérique. Les hautes terres escarpées et sèches de la chaîne des Montagnes Vertes de la Nouvelle-Angleterre échappent souvent aux gelées lorsque la récolte de maïs indien sur des terrains plus humides, cinq cents ou même mille pieds plus bas, est détruite ou gravement endommagée par celles-ci. Le voisinage d'un marais est certes exposé aux gelées de la fin du printemps et du début de l'automne, mais elles ne sont plus à craindre une fois le marais asséché, et cela est particulièrement observable dans les climats très froids, comme par exemple en Laponie. [327]

En Angleterre, les drains souterrains ne sont généralement pas posés en dessous de la portée des variations quotidiennes de température, ou en dessous d'un point à partir duquel l'humidité pourrait être amenée à la surface par attraction capillaire et évaporée par la chaleur du soleil. Par conséquent, comme les drains de surface, ils retirent de l'action solaire locale une grande partie de l'humidité qui autrement serait vaporisée par elle, et, en même temps, en séchant le sol au-dessus d'eux, ils augmentent son hygroscopique effective, et il absorbe par conséquent de l'atmosphère. une plus grande quantité d'eau que lorsque, faute de sous-drainage, le sous-sol était toujours humide, sinon saturé. Les drains souterrains contribuent donc à la sécheresse aussi bien qu'à la chaleur de l'atmosphère, et comme les sols secs sont plus facilement chauffés par les rayons du soleil que les sols humides, ils tendent également à élever la moyenne, et surtout les températures d'été. température du sol.

En ce qui concerne l'amélioration immédiate du sol et du climat et l'augmentation de l'abondance des récoltes, le système anglais de drainage superficiel et souterrain a pleinement justifié les éloges de ses partisans ; mais son adoption massive semble avoir été accompagnée de conséquences tout à fait imprévues et indésirables, très analogues à celles que j'ai décrites comme résultant du défrichement des forêts. Les drains souterrains évacuent très rapidement l'eau absorbée par le sol à partir des précipitations et par infiltration des sources voisines ou d'autres sources d'approvisionnement. Par conséquent, dans les saisons humides, ou après de fortes pluies, une rivière bordée de terrains artificiellement drainés reçoit en quelques heures, de conduites superficielles et souterraines, un apport d'eau qui, dans l'état naturel de la terre, ne lui serait parvenue que par petits versements après avoir infiltré des sentiers cachés pendant des semaines, voire des mois, et aurait fourni des contributions pérennes et relativement régulières, au lieu de déluges gonflés, à son canal. Ainsi, lorsque l'impatience humaine substitue imprudemment des dispositifs artificiels à action rapide aux méthodes lentes par lesquelles la nature draine la surface et les couches superficielles d'un bassin fluvial, l'équilibre originel est perturbé, les eaux du ciel ne sont plus emmagasinées dans la terre pour être progressivement restitués, mais sont précipités hors du domaine de l'homme avec une hâte inutile ; et tandis que les inondations de la rivière sont soudaines et désastreuses, son courant, lorsque les canalisations sont à sec, se réduit à un ruisseau, il cesse de fournir la puissance nécessaire pour entraîner les machines pour lesquelles il était autrefois amplement suffisant, et à peine même les eaux. les troupeaux qui paissent sur sa marge. [328]

## L'irrigation et ses effets climatiques et géographiques.

Nous savons peu de choses sur l'histoire des civilisations éteintes qui ont précédé la culture des âges classiques, et aucune nation, dans les temps modernes, n'est sortie spontanément de la barbarie et n'a créé pour elle-même les arts de la vie sociale. [329] Les améliorations des races sauvages dont nous pouvons retracer distinctement l'histoire sont empruntées et imitatives, et nos théories sur l'origine et le développement naturel de l'art industriel sont conjecturales. Bien entendu, l'ancienneté relative de certaines branches de l'industrie humaine dépend dans une large mesure des caractéristiques naturelles du sol, du climat et de la vie végétale et animale spontanée des différents pays ; et tandis que l'influence géographique de l'homme s'exercerait, dans des circonstances données, dans une direction, elle agirait, dans des conditions différentes, dans une direction opposée ou divergente. J'ai donné quelques raisons de penser que, dans les climats sur lesquels notre attention s'est principalement portée, la première intervention de l'homme dans la disposition naturelle et l'écoulement des eaux a été le drainage de la surface. Mais si l'on devait juger des seuls vestiges existants, on devrait probablement conclure que l'irrigation est plus ancienne que le drainage ; car, dans les régions considérées par la tradition générale comme le berceau du genre humain, nous trouvons des traces de canaux évidemment construits dans ce but à une époque bien antérieure aux âges dont nous avons des souvenirs écrits. Il existe, dans l'ancienne Arménie, de vastes régions qui étaient déjà abandonnées à la désolation dès les premières époques historiques, mais qui, dans une antiquité encore plus reculée, avaient été irriguées par un système de canaux compliqué et très artificiel, dont les lignes peuvent encore être tracées. suivi; et il y a, dans tous les hauts plateaux où naissent les sources de l'Euphrate, en Perse, en Egypte, en Inde et en Chine, des ouvrages de ce genre qui doivent avoir existé avant que l'homme ait commencé à écrire ses propres annales.

Dans les pays chauds, comme la plupart de ceux que nous venons de mentionner, les effets que j'ai décrits comme résultant habituellement du défrichement des forêts se produiraient très bientôt. Dans de tels climats, les pluies ont tendance à être périodiques ; ils sont également violents, et pour ces raisons le sol serait desséché en été et susceptible de se laver en hiver. Dans ces pays, la nécessité de l'irrigation a donc dû bientôt se faire sentir, et son introduction dans les régions montagneuses comme l'Arménie a dû être immédiatement suivie d'un système de terrasses, ou du moins d'escarpement des flancs des collines. En effet, les pâturages et les prairies peuvent être irrigués même lorsque la surface est à la fois abrupte et irrégulière, comme on peut l'observer en abondance sur le versant suisse aussi bien que sur le versant piémontais des Alpes ; mais dans les climats secs, les terres labourées et les jardins situés sur des terrains vallonnés nécessitent des terrasses, à la fois pour soutenir le sol et pour administrer l'eau par irrigation, et il ne faut pas oublier que le terrassement, en soi, même sans dispositions spéciales pour contrôler la distribution de l'eau, empêche ou du moins contrôle l'écoulement de l'eau de pluie, et lui laisse le temps de s'enfoncer dans le sol au lieu de s'écouler à la surface.

Il y a peu de choses dans l'agriculture continentale qui surprennent autant les observateurs anglais ou américains que la mesure dans laquelle l'irrigation est employée dans l'agriculture, et cela aussi sur des sols et à une température où leur propre expérience les aurait amenés à le supposer. serait préjudiciable à la végétation plutôt que bénéfique. Les étés dans le nord de l'Italie, bien que plus longs, ne sont très souvent pas plus chauds qu'en Nouvelle-Angleterre ; et dans les années ordinaires, les pluies d'été sont aussi fréquentes et aussi abondantes dans le premier pays que dans le second. Pourtant, dans le Piémont et en Lombardie, l'irrigation est pratiquée sur presque toutes les cultures, tandis qu'en Nouvelle-Angleterre, elle n'est jamais employée dans l'agriculture, ni même à aucune fin, sauf dans les jardins potagers et peut-être, dans de rares cas, dans quelque autre petite branche. de l'industrie agricole. [330]

Les étés en Égypte, en Syrie, en Asie Mineure et même en Roumélie sont presque sans pluie. Dans de tels climats, la nécessité de l'irrigation est évidente, et la perte des anciens moyens de la fournir explique facilement la diminution de la fertilité de la plupart des pays en question. [331] La surface de la Palestine, par exemple, est composée, dans une grande mesure, de collines calcaires arrondies, autrefois sans doute couvertes de forêts. Ceux-ci furent partiellement supprimés avant la conquête juive. [332] Lorsque le sol commença à souffrir de la sécheresse, des réservoirs pour retenir les eaux de l'hiver furent creusés dans le roc près du sommet des collines, et les pentes furent aménagées en terrasses. Tant que les citernes étaient en bon état et les terrasses entretenues, la fertilité de la Palestine était inégalée, mais lorsque le mauvais gouvernement et les guerres étrangères et intestines provoquèrent la négligence ou la destruction de ces ouvrages, dont les traces apparaissent encore à chaque instant aux yeux du voyageur. - lorsque les réservoirs furent brisés et les murs des terrasses tombés, il n'y avait plus d'eau pour l'irrigation en été, les pluies de l'hiver emportèrent bientôt la majeure partie de la mince couche de terre sur les rochers, et la Palestine fut réduite presque à l'état d'un désert.

Le cours des événements a été le même en Idumée. Le voyageur observateur découvre partout autour de Pétra, surtout s'il entre dans la ville par la route de Wadi Ksheibeh, des traces très étendues d'anciennes cultures, et sur les crêtes voisines se trouvent les ruines de nombreuses citernes évidemment construites pour fournir une réserve d'eau pour l'irrigation. [333] Dans les âges primitifs, les précipitations de l'hiver dans ces pays montagneux étaient, en grande partie, retenues pendant un certain temps dans le sol superficiel, d'abord par la moisissure végétale des forêts, puis par les arrangements artificiels que j'ai décrits. L'eau absorbée par la terre était en partie absorbée par évaporation directe, en partie absorbée par la végétation et en partie entraînée par infiltration vers les couches sous-jacentes qui la restituaient dans des sources situées à des niveaux inférieurs, d'où une fertilité du sol et un état de l'atmosphère. étaient suffisamment entretenues pour admettre la population dense qui habitait autrefois ces déserts aujourd'hui arides. À l'heure actuelle, l'eau de pluie s'écoule immédiatement de la surface et est entraînée vers la mer ou est bue par les sables des oueds, et les flancs des collines qui regorgeaient autrefois d'abondance sont dénués de végétation et brûlés par les vents brûlants. du désert.

En Europe du Sud, dans l'Empire turc et dans beaucoup d'autres pays, une très grande proportion de la surface est, sinon absolument inondée, du moins complètement humidifiée par l'irrigation, un grand nombre de fois au cours de chaque saison, et cela particulièrement dans les périodes où le temps serait autrement très sec, et où aussi la puissance du soleil et la capacité de l'air à absorber l'humidité sont les plus grandes. Il est donc évident que la quantité d'évaporation de la terre dans ces pays et, bien entendu, l'humidité et la température du sol et de l'atmosphère en contact avec lui, doivent être fortement affectées par la pratique de l'irrigation. La superficie cultivable de l'Égypte, ou l'espace accessible à la culture, entre désert et désert, s'étend sur plus de sept mille milles carrés. Une grande partie de la surface, bien qu'elle ne soit pas hors de portée de l'irrigation, est trop élevée pour être arrosée économiquement, et l'irrigation et la culture sont donc limitées à une superficie de cinq ou six mille milles carrés, dont presque la totalité est régulièrement et constamment arrosée. lorsqu'ils ne sont pas couverts par l'inondation, sauf dans le court intervalle entre la récolte et la montée des eaux. Ainsi, pendant près de la moitié de l'année, l'irrigation ajoute cinq ou six mille milles carrés, soit plus d'un degré équatorial carré, à la surface évaporable de la vallée du Nil, ou, en d'autres termes, plus que décuple la superficie d'où une quantité appréciable d'eau s'écoule. une certaine quantité d'humidité serait autrement évaporée ; car une fois que le Nil s'est retiré sur ses rives, ses eaux ne couvrent en aucun cas le dixième de l'espace que nous venons de mentionner. [334] Les canaux d'eau douce actuellement construits, en relation avec les travaux du canal de Suez, non seulement restaureront les champs abandonnés depuis longtemps à l'est du Nil, mais ajouteront au sol arable de l'Égypte des centaines de kilomètres carrés de désert nouvellement reconquis. , et ainsi accroître encore davantage les effets climatiques de l'irrigation. [335]

Le Nil ne reçoit pas un seul affluent dans son cours à travers l'Egypte ; il n'y a pas même une seule source vivante dans tout le pays, [336] et, à l'exception d'une étroite bande de côte, où l'on dit que les précipitations annuelles s'élèvent à six pouces, la pluie tombe sur le territoire du pays. Les pharaons n'ont pas deux pouces dans l'année. Le sous-sol de toute la vallée est imprégné d'humidité par infiltration du Nil, et l'eau peut partout se trouver à quelques pieds de profondeur. Si l'irrigation était suspendue et si l'Egypte était abandonnée, comme dans ce cas elle doit l'être, aux opérations de la nature, il n'est pas douteux que les arbres, dont les racines pénètrent profondément, s'établiraient avec le temps sur le sol désert, rempliraient la vallée de la verdure, et peut-être enfin tempérer le climat, et même faire tomber du ciel des pluies abondantes. [337] Mais l'effet immédiat de l'arrêt de l'irrigation serait, d'abord, une immense réduction de l'évaporation de la vallée pendant la saison sèche, et ensuite une sécheresse et une chaleur considérablement accrues de l'atmosphère. Même le vent du nord presque constant, dont la force serait accrue par suite de ces changements, ne réduirait guère la température de l'étroite fente entre les montagnes brûlantes qui encerclent le canal du Nil, de sorte qu'une seule année transformerait le climat . transformer les sols les plus fertiles en déserts les plus arides, et rendre inhabitable un territoire que l'irrigation rend capable de soutenir une population aussi dense qu'il n'en a jamais existé dans aucune partie du monde. [338] Si l'homme a trouvé la vallée du Nil une forêt, ou un désert tel que je viens de le décrire, nous ne le savons pas historiquement. Dans les deux cas, il n'a pas simplement transformé une nature sauvage en jardin, mais il a incontestablement provoqué un changement climatique considérable. [339]

Les champs d'Egypte sont plus régulièrement arrosés que ceux de tout autre pays riverain de la Méditerranée, à l'exception des rizières d'Italie et peut-être des *marcites* ou prairies d'hiver de Lombardie ; mais l'irrigation est plus ou moins employée dans presque tout le bassin de cette mer, et elle s'accompagne partout d'effets qui, bien que moindres en degré, sont d'un caractère analogue à ceux qui en résultent en Egypte. En général, on peut dire que le sol n'est nulle part arrosé artificiellement, sauf lorsqu'il est si sec que peu d'humidité s'en évapore, et, par conséquent, chaque acre de terre irriguée ajoute d'autant à la surface évaporable du pays. Lorsque l'approvisionnement en eau est illimité, il est permis, après avoir rempli son office sur un champ, de se déverser dans les égouts, les canaux ou les rivières. Mais dans la plupart des régions où l'irrigation est régulièrement employée, il est nécessaire d'économiser l'eau ; après avoir parcouru ou traversé une parcelle de terrain, on la conduit à une autre ; il n'en est retiré en aucun point des canaux plus qu'il n'en a absorbé ou évaporé par le sol qu'il irrigue, et par conséquent il n'est remis en circulation liquide que par infiltration ou précipitation. Nous sommes donc sûrs de dire que l'humidité évaporée de tout sol artificiellement arrosé est augmentée d'une quantité qui est dans une grande proportion par rapport à la quantité totale distribuée sur celui-ci ; car la plus grande partie même de ce qui est absorbé par la terre est immédiatement restituée soit par les végétaux, soit par évaporation.

Il n'est pas facile de déterminer avec précision ni l'étendue de la surface ainsi arrosée, ni la quantité d'eau fournie, dans un pays donné, parce que ces quantités varient avec le caractère de la saison ; mais il n'y a pas beaucoup de régions de l'Europe méridionale où la gestion des installations d'irrigation ne soit pas l'une des branches les plus importantes du travail agricole. L'éminent ingénieur Lombardini décrit le système d'irrigation de la Lombardie comme « chaque jour en été, diffusant sur 550 000 hectares de terrain 45 000 000 de mètres cubes d'eau, ce qui est égal au volume total de la Seine, lors d'une crue ordinaire, ou d'une crue. de trois mètres au-dessus de l'hydromètre au pont de La Tournelle à Paris. [340] Niel évalue la quantité de terres irriguées dans l'ancien royaume de Sardaigne, y compris la Savoie, en 1856, à 240 000 hectares, soit pas moins de 600 000 acres. Cela représente environ les quatre treizièmes de la terre cultivable du royaume. Selon le même auteur, les terres irriguées en France ne dépassaient pas 100 000 hectares, soit 247 000 acres, tandis que celles de Lombardie s'élevaient à 450 000 hectares, soit plus de 1 100 000 acres. [341] Dans ces trois États seulement, il y avait donc plus de trois mille milles carrés de terres artificiellement arrosées, et si l'on ajoute les sols irrigués du reste de l'Italie, des îles de la Méditerranée, de la péninsule espagnole, de la Turquie en En Europe et en Asie Mineure, en Syrie, en Egypte et dans le reste de l'Afrique du Nord, nous verrons que l'irrigation augmente la surface évaporable du bassin méditerranéen dans une proportion non négligeable par rapport à la superficie naturellement recouverte d'eau en son sein. Autant qu'on puisse s'en assurer, la quantité d'eau appliquée aux terres irriguées n'est guère inférieure aux précipitations totales pendant la saison de croissance des légumes, et en général elle dépasse de beaucoup cette quantité. Dans les terrains en herbe et en culture en plein champ, elle varie de 27 ou 28 à 60 pouces, tandis que dans les cultures plus petites, labourées à la main, elle est parfois portée jusqu'à 300 pouces. [342] Les rizières et la *marcite* de Lombardie ne sont pas incluses dans ces estimations de la quantité d'eau épandue. Des arrangements sont conclus et de nouveaux projets proposés pour une immense augmentation des terres fertilisées par l'irrigation en France et en Italie, et il y a tout lieu de croire que le sol artificiellement arrosé de ce dernier pays sera doublé, celui de la France quadruplé, avant la fin de ce siècle. Il ne fait aucun doute que, par ces opérations, l'homme exerce une influence puissante sur le sol, sur la vie végétale et animale et sur le climat, et donc que dans ce domaine, comme dans bien d'autres domaines industriels, il est véritablement un agent géographique. [343] La quantité d'eau artificiellement retirée des cours d'eau pour l'irrigation est telle qu'elle affecte très sensiblement leur volume, et c'est donc un élément important dans la géographie des rivières. Des ruisseaux au courant non négligeable sont souvent entièrement détournés de leurs canaux naturels pour alimenter les canaux, et toute leur masse d'eau est complètement absorbée, de sorte qu'elle n'atteint la rivière qu'elle alimente naturellement que dans la mesure où elle y est transportée. par infiltration. L'irrigation diminue donc la capacité des grands fleuves des pays chauds en coupant leurs sources d'approvisionnement ainsi qu'en captant directement l'eau de leurs canaux. Nous venons de voir que le système d'irrigation en Lombardie prive le Pô d'une quantité d'eau égale au débit total de la Seine en crue ordinaire, ou, en d'autres termes, de l'équivalent d'un affluent navigable sur des centaines de milles par des bateaux. d'un fardeau considérable. Les nouveaux canaux commencés et projetés augmenteront considérablement la perte. L'eau nécessaire à l'irrigation en Egypte est moindre que ne le laisserait supposer la rapidité excessive de l'évaporation dans ce climat aride ; car le sol est complètement saturé pendant l'inondation, et l'infiltration du Nil continue de fournir une quantité considérable d'humidité pendant la saison la plus sèche. Linant Bey a calculé que vingt-neuf mètres cubes par jour suffisaient pour irriguer un hectare dans le Delta. [344] Cela équivaut à une chute de pluie de deux millimètres et neuf dixièmes par jour, ou, si l'on suppose que l'eau est appliquée pendant cent cinquante jours pendant la saison sèche, à une précipitation totale de 435 millimètres, soit environ dix-sept pouces et un tiers. En prenant la superficie du sol réellement cultivé en Égypte à l'estimation basse de 3 600 000 acres, et la quantité moyenne d'eau appliquée quotidiennement en Haute et en Basse Égypte à douze centièmes de pouce de profondeur, nous avons un captage de 61 000 000 de mètres cubes, ce qui — le débit quotidien moyen du Nil étant en chiffres ronds de 320 000 000 de yards cubes — représente près d'un cinquième de la quantité moyenne d'eau apportée à la Méditerranée par ce fleuve.

L'irrigation, telle qu'elle est employée à certaines fins spéciales en Europe et en Amérique, produit des effets climatiques très préjudiciables. Je pense en particulier à la culture du riz dans les États esclavagistes de l'Union américaine et en Italie. Le climat des États du Sud n'est pas nécessairement malsain pour l'homme blanc, mais il ne peut guère dormir une seule nuit au voisinage des rizières sans être atteint d'une fièvre dangereuse. [345] Le voisinage des rizières est moins pestilentiel en Lombardie et dans le Piémont qu'en Caroline du Sud et en Géorgie, mais encore très insalubre tant pour l'homme que pour la bête. "Non seulement la population diminue là où l'on cultive le riz", dit Escourrou Milliago, "mais même les troupeaux sont attaqués par le typhus. Dans les rizières, le sol est divisé en compartiments s'élevant progressivement jusqu'au niveau du canal d'irrigation, afin que l'eau, après avoir parcouru un champ, puisse être entraînée dans un autre, et qu'ainsi un seul courant serve à plusieurs compartiments, le champ le plus bas étant bien entendu encore plus haut que le fossé qui enfin les draine ainsi que le champ. Cette disposition donne une certaine force de pression hydrostatique à l'eau avec laquelle le riz est irrigué, et l'infiltration de ces champs est censée s'étendre à travers les terrains voisins, parfois jusqu'à une distance d'au moins un myriamètre, ou six anglais. miles, et d'être destructeur pour les récoltes et même les arbres atteints par elle. La terre ainsi affectée ne peut plus être utilisée à d'autres fins que la culture du riz, et lorsqu'elle est préparée pour cette culture, elle propage encore plus les maux dont elle avait elle-même souffert. et, bien sûr, les méfaits s'aggravent. » [346]

Le voyageur attentif en Egypte et en Nubie ne peut manquer de remarquer de nombreuses localités, généralement peu étendues, où le sol est rendu infertile par un excès de matière saline dans sa composition. Dans de nombreux cas, peut-être dans tous, ces endroits arides se situent un peu au-dessus du niveau habituellement inondé par les inondations du Nil, et pourtant ils présentent des traces d'anciennes cultures. Des observations récentes en Inde, dont je trouve un compte rendu d'une réunion de la Société asiatique à l'Athénée du 20 décembre 1862, n° 1834, suggèrent une explication possible de ce fait. Lors de cette réunion, le professeur Medlicott a lu un essai sur « l'efflorescence saline appelée « Reh » et « Kuller » », qui envahit progressivement bon nombre des régions les plus fertiles du nord et de l'ouest de l'Inde et les transforme en déserts stériles. Il se compose principalement de sulfate de soude (sels de Glauber), avec des proportions variables de sel commun. M. Medlicott déclare que « ces sels (qui, en petites quantités sont favorables à la fertilité du sol) sont le résultat graduel de la concentration par évaporation des eaux des rivières et des canaux, qui les contiennent en quantités très infimes, et avec lesquelles les terres sont soit irrigué ou parfois débordé." Les inondations des rivières dans les pays chauds n'ont généralement lieu qu'une fois par an et, bien que les berges restent submergées pendant des jours ou même des semaines, l'eau à cette période, provenant principalement des pluies et des neiges, doit être moins fortement chargée en matière minérale. que dans les étages inférieurs, et d'ailleurs il est toujours en mouvement. L'eau d'irrigation, au contraire, est appliquée pendant plusieurs mois de suite, elle est puisée dans les rivières aux saisons où leur proportion de sels est la plus grande, et soit elle s'enfonce dans le sol superficiel, entraînant avec elle les substances salines qu'elle contient. tient en solution, ou s'évapore de la surface, les laissant dessus. L'irrigation doit donc apporter au sol plus de sels que l'inondation naturelle. Les terres stérilisées d'Egypte et de Nubie situées au-dessus de la portée des inondations, comme je l'ai dit, nous pouvons supposer qu'elles ont été cultivées pour la première fois dans cette antiquité reculée lorsque la vallée du Nil reçut ses premiers habitants. Ils doivent avoir été irrigués artificiellement dès le début ; ils peuvent avoir été cultivés plusieurs siècles avant que le sol à un niveau inférieur ne soit envahi par l'homme, et il est donc naturel qu'ils soient plus fortement imprégnés de matière saline que les champs qui sont exposés chaque année, pendant quelques semaines, à l'action. d'eau courante si presque pure qu'elle serait plus susceptible de dissoudre les sels que de les déposer.

## INUNDATIONS ET TORRENTS.

En signalant dans un chapitre précédent les maux qui ont résulté de la destruction trop étendue des forêts, j'ai insisté assez longuement sur la violence accrue des inondations des rivières, et surtout sur les ravages des torrents, dans les pays imprudemment privés de leurs bois. et j'ai parlé de la replantation des forêts comme du seul moyen efficace d'empêcher la répétition fréquente d'inondations désastreuses. Il existe de nombreuses régions où, à cause de la perte des sols superficiels, de considérations financières et d'autres causes, la restauration des bois n'est pas, dans les circonstances actuelles, à espérer. Même lorsque cette mesure est réalisable et en cours d'exécution, un grand nombre d'années doivent s'écouler avant que l'action des causes destructrices en question puisse être stoppée ou peut-être même sensiblement atténuée par elle. En outre, laissant de côté les objections soulevées par Belgrand et ses partisans aux opinions généralement reçues sur l'influence bénéfique de la forêt en matière d'inondations fluviales, car personne ne conteste son importance pour empêcher la formation et limiter les ravages des torrents de montagne : les inondations se produiront toujours les années de précipitations excessives, que la surface du sol soit généralement défrichée ou généralement boisée.

L'amélioration physique à cet égard ne peut donc pas se limiter à des mesures préventives, mais, dans les pays sujets aux dommages dus aux inondations, des moyens doivent être trouvés pour éviter les dangers et diminuer les dommages auxquels la vie humaine et tous les travaux de l'industrie humaine seront occasionnellement exposés. , malgré tous les efforts déployés pour diminuer la fréquence de leur récidive en agissant directement sur les causes qui les produisent. Comme tout pays civilisé est, dans une certaine mesure, sujet aux inondations causées par le débordement des rivières, le mal est familier et n'a pas besoin d'être décrit de manière générale. En discutant cette branche du sujet, je peux donc me limiter principalement aux moyens qui ont été ou peuvent être employés pour résister à la force et limiter les ravages des inondations, qui, laissées sans aucune retenue, non seulement infligeraient d'immenses dommages au intérêts matériels de l'homme, mais produisent des révolutions géographiques d'une ampleur non négligeable.

### un. *Remblais de rivière.*

La méthode la plus évidente et sans doute la plus ancienne pour empêcher les eaux fluviales de s'échapper de leurs canaux naturels et le débordement des champs et des villes par leur extension, est celle d'élever des digues le long de leur cours. La nécessité de tels remblais vient habituellement de l'élévation graduelle du lit des cours d'eau courants, par suite du dépôt de terre et de gravier dont ils se chargent dans les hautes eaux ; et, comme nous l'avons vu, cette élévation s'accélère rapidement lorsque les hautes terres situées autour des cours supérieurs des rivières sont débarrassées de leurs forêts. Lorsqu'une rivière est remblayée en un point donné et que, par conséquent, l'eau de ses crues, qui autrement se répandrait sur une vaste surface, est confinée dans des limites étroites, la vitesse du courant et sa puissance de transport sont augmentées, et sa charge est augmentée. de sable et de gravier se dépose en quelque point plus bas, où la rapidité de son écoulement est freinée par une diminution de l'inclinaison du lit, par un canal plus large, ou enfin par un bassin lacustre ou marin qui reçoit ses eaux. Partout où il laisse tomber des matériaux solides, son canal s'élève en conséquence, et la pente de tout le lit entre la tête du remblai et l'étendue du cours d'eau est réduite. Ainsi le courant, d'abord accéléré par le confinement, est ensuite freiné par la résistance mécanique de la matière déposée et par la diminution de l'inclinaison de son canal, puis recommence à laisser tomber la terre qu'il tient en suspension et à relever son lit. à l'endroit où son débordement avait été auparavant empêché par un remblai. Il faut maintenant élever la berge en proportion, et ces processus se répéteraient indéfiniment, si la nature n'avait pas apporté un remède par des inondations qui balayent les gisements récents, rompent les liens du fleuve et submergent le pays voisin d'une désolation définitive, ou détourner le courant vers un nouveau canal, destiné à devenir, à son tour, le théâtre d'une lutte similaire entre l'homme et les eaux.

Peu de fleuves, comme le Nil, compensent largement, par les propriétés fertilisantes de leur eau et de leur vase, les dégâts qu'ils peuvent causer en cas d'inondations, et, par conséquent, rares sont ceux dont les crues ne soient pas un objet de crainte, rares dont les empiètements sur leur les banques ne sont pas une source constante d'inquiétude et de dépenses pour les propriétaires des terres qu'elles traversent. Les digues fluviales, destinées à limiter la propagation des courants aux hautes eaux, sont d'une grande antiquité dans l'Est, et celles du Pô et de ses affluents ont été commencées avant que nous ayons des annales physiques ou politiques dignes de confiance des provinces limitrophes. Dès les premiers âges, les ingénieurs hydrauliques italiens se sont tenus au premier rang de leur profession, et la littérature italienne sur cette branche de l'amélioration des matériaux est extrêmement volumineuse. Mais les pays pour lesquels j'écris n'ont pas de fleuves comme le Pô, pas de plaines comme celles de Lombardie, et les dangers auxquels sont exposés les habitants des rives des fleuves anglais et américains sont plus analogues à ceux qui menacent le sol et la population des pays du continent. vallées et plaines de France, qu'aux périls et aux pertes du Lombard. Les écrits des hydrographes italiens, bien que riches en instruction professionnelle, sont également moins accessibles aux étrangers et moins adaptés à l'usage populaire que ceux des ingénieurs français. [347] Pour ces raisons, je tirerai principalement mes citations des autorités françaises, bien que je fasse occasionnellement allusion à des écrivains italiens sur les crues du Tibre, de l'Arno et de quelques autres cours d'eau italiens qui ressemblent beaucoup à ceux des rivières d'Angleterre et les États Unis.

## b. *Inondations de l'Ardèche.*

Les crues des ruisseaux de montagne présentent un plus grand danger immédiat pour la vie et la propriété que celles des rivières au débit moins rapide, parce que leurs courants sont plus impétueux et qu'elles montent plus soudainement et avec moins d'avertissement préalable. En même temps, leurs ravages sont confinés dans des limites plus étroites, les eaux se retirent plus tôt dans leur lit habituel, et le danger est plus vite passé que dans le cas d'inondations de grands fleuves. L'Ardèche, qui a donné son nom à un département de France, draine un bassin de 600 238 acres, soit un peu moins de neuf cent trente-huit milles carrés. Sa source la plus éloignée est à environ soixante-quinze milles, en ligne droite, de sa jonction avec le Rhône, et prend sa source à une altitude de quatre mille pieds au-dessus de ce point. Au cours le plus bas de la rivière, le lit du Chassezac, son affluent le plus grand et le plus long, est en de nombreux endroits complètement asséché en surface - l'eau ne suffisant qu'à alimenter les canaux souterrains d'infiltration - et l'Ardèche elle-même est presque partout. guéable, même en aval de l'embouchure du Chassezac. Mais dans les crues, la rivière s'est parfois élevée de plus de soixante pieds au Pont d'Arc, arc naturel de corde de deux cents pieds, qui enjambe le ruisseau au-dessous de sa jonction avec tous ses affluents importants. Au plus fort de l'inondation de 1827, la quantité d'eau passant par ce point, après déduction de trente pour cent. pour les matériaux transportés par le courant et pour l'irrégularité de l'écoulement, était estimé à 8 845 mètres cubes à la seconde, et entre midi le 10 septembre de la même année et dix heures le lendemain matin, l'eau s'écoulait par le passage. en question s'élevait à plus de 450 000 000 de verges cubes. Cette quantité, répartie également dans tout le bassin de la rivière, couvrirait toute sa superficie jusqu'à une profondeur de plus de cinq pouces.

L'Ardèche monte si brusquement que, lors de l'inondation de 1846, les femmes qui faisaient leur lessive dans le lit de la rivière n'eurent pas le temps de sauver leur linge et s'en sortirent de justesse, mais elles s'enfuirent aussitôt en entendant le rugissement de l'eau qui approchait. inondation. Ses eaux et celles de ses affluents tombent presque aussi rapidement, car en moins de vingt-quatre heures après que la pluie a cessé dans les Cévennes, où elle monte, l'Ardèche rentre dans son lit ordinaire, même à sa jonction avec le Rhône. Lors de la crue de 1772, l'eau de la Beaume de Ruoms, sur la Beaume, affluent de l'Ardèche, monta de trente-cinq pieds au-dessus des basses eaux, mais le ruisseau fut de nouveau guéable le soir du même jour. L'inondation de 1827 fut à cet égard exceptionnelle, car elle dura trois jours, pendant lesquels l'Ardèche déversa dans le Rhône 1 305 000 000 de mètres cubes d'eau.

Le Nil déverse dans la mer 101 000 pieds cubes ou 3 741 mètres cubes par seconde, en moyenne sur toute l'année. [348] Cela équivaut à 323 222 400 verges cubes par jour. Ainsi, en un seul jour de crue, l'Ardèche, rivière trop insignifiante pour être connue sauf dans la topographie locale de la France, a contribué au Rhône une fois et demie, et pendant trois jours consécutifs une fois et un tiers, autant que le débit moyen du Nil pendant les mêmes périodes, bien que le bassin de ce dernier fleuve contienne 500,000 milles carrés de surface, soit plus de cinq cents fois plus que celui du premier.

Les précipitations annuelles moyennes dans le bassin de l'Ardèche ne sont pas plus élevées que dans de nombreuses autres régions d'Europe, mais des quantités de pluie excessives tombent fréquemment dans cette vallée en automne. Le 9 octobre 1827, il ne tomba pas à Joyeuse, sur la Beaume, pas moins de trente et un pouces entre trois heures du matin et minuit. De tels faits expliquent l'extraordinaire soudaineté et la violence des crues de l'Ardèche, et les bassins de plusieurs autres affluents du Rhône présentent des phénomènes météorologiques non moins remarquables. [349] L'inondation du 10 septembre 1857 fut accompagnée d'un ouragan terrible, qui passa le long du versant oriental des hauteurs où prennent leur source l'Ardèche et plusieurs autres affluents occidentaux du Rhône. Le vent déchirait tous les arbres sur son passage, et les torrents impétueux emportaient leurs troncs vers les plus gros ruisseaux, qui les transportaient de nouveau jusqu'au Rhône sur des radeaux tels qu'on eût presque traversé ce fleuve en marchant de tronc en tronc. [350] Le Rhône est donc naturellement sujet à de grandes et soudaines inondations, et la même remarque peut s'appliquer à la plupart des principaux fleuves de France, parce que le caractère géographique de tous est à peu près le même.

La hauteur et la violence des inondations de la plupart des grands fleuves sont déterminées par le degré de coïncidence dans le temps des crues des différents affluents. Si tous les affluents du Rhône déversaient à la fois dans son lit leurs plus fortes crues annuelles, si une douzaine de Nils se déversaient dans son lit au même instant, ses eaux monteraient à une hauteur et se précipiteraient avec un élan qui entraînerait la Méditerranée, toute la population de ses rives, et tous les ouvrages que l'homme a érigés sur les plaines qui la bordent. Mais une telle coïncidence ne pourra jamais se produire. Les affluents de cette rivière coulent dans des directions très différentes, et certains d'entre eux sont gonflés principalement par la fonte des neiges autour de leurs sources, d'autres presque exclusivement par de fortes pluies. Lorsqu'un vent humide du sud-est souffle sur la vallée de l'Ardèche, son humidité se condense et se précipite en déluge sur les montagnes qui abritent le cours supérieur de ce ruisseau, produisant ainsi une crue, tandis qu'un bassin voisin, dont l'axe est transversal. ou obliquement à celui de l'Ardèche, n'est pas du tout concerné. [351]

Il est facile de voir que les dégâts occasionnés par les crues que j'ai décrites doivent être presque incalculables, et ils ne se limitent en aucun cas aux effets produits par le débordement et la force mécanique des courants superficiels. En traitant des dévastations des torrents dans un chapitre précédent, je me suis borné principalement à l'érosion des surfaces et au transport des matières minérales par eux vers les terres plus basses. L'action générale des torrents, comme on le montre ici, tend à l'élévation finale de leurs lits par le dépôt de terre, de gravier et de pierre qu'ils transportent ; mais jusqu'à ce qu'ils aient ainsi élevé leurs débouchés de manière à diminuer sensiblement l'inclinaison de leurs canaux - et parfois lorsque des crues extraordinaires donnent aux torrents assez d'élan pour balayer les accumulations qu'ils ont eux-mêmes entassés - le courant rapide de leurs courants, aidé par l'abrasion des roches ondulantes et du gravier creuse leurs lits toujours plus profondément, et par conséquent non seulement ils minent leurs berges, mais ils sapent fréquemment les fondations les plus solides que l'art de l'homme puisse construire pour soutenir les ponts et les ouvrages hydrauliques. [352]

Lors de l'inondation de 1857, l'Ardèche détruit un pont de pierre près de La Beaume, construit environ quatre-vingts ans auparavant. La résistance des piles, qui étaient érigées sur pilotis, le canal étant à cet endroit en gravier, produisit un courant de tourbillon qui emporta le lit de la rivière au-dessus d'elles, et la fondation, ainsi privée d'appui latéral, céda sous le poids. du pont, et les pieux et les piles sont tombés en amont.

Par une curieuse loi de compensation, le cours d'eau qui, en crue, creuse des cavités dans son lit, les remplit souvent dès que la vitesse diminuée du courant lui permet de laisser tomber les sables et les graviers dont il est chargé. de sorte que lorsque les eaux reprennent leur lit habituel, le fond ne montre aucun signe d'avoir été troublé. Lors d'une crue de l'Escontay, un affluent du Rhône, en 1846, des pieux enfoncés de seize pieds dans son lit de gravier pour la fondation d'une jetée furent arrachés et emportés, et pourtant, lorsque le fleuve fut tombé au niveau des basses eaux , le fond paraissait alors avoir été surélevé plus haut qu'il ne l'était avant la crue, par de nouveaux dépôts de sable et de gravier, tandis que les pierres taillées de la jetée à moitié construite se trouvaient enfouies à une grande profondeur, dans l'excavation que le l'eau avait d'abord été emportée. Le gravier avec lequel les rivières rétablissent ainsi le niveau de leur lit provient principalement de l'écrasement des roches charriées par les torrents des montagnes, et les effets destructeurs des inondations sont immensément diminués par cette réduction des grosses pierres en minuscules fragments. Si les blocs précipités des falaises étaient transportés sans interruption jusqu'aux canaux des grands fleuves, la force mécanique de leur mouvement serait irrésistible. Ils renverseraient les barrières les plus solides, s'étendraient sur une surface aussi large que le cours des eaux, et transformeraient les vallées les plus riantes en scènes de la plus sauvage désolation.

### c. *Force écrasante des torrents.*

Il y a peu d'opérations de la nature dont l'effet semble plus disproportionné à la cause que dans le broyage de roches dans le canal des eaux rapides. Les roches ignées sont généralement si dures qu'elles peuvent être travaillées avec beaucoup de difficulté, et elles supportent le poids d'énormes superstructures sans céder à la pression ; mais ils sont pour le torrent comme le blé pour la meule. Les ruisseaux qui dévalent l'escarpement sud des Alpes méditerranéennes le long de la Riviera di Ponente, près de Gênes, ont des cours courts, et une marche rapide de quelques heures ou même moins vous emmène de la plage de la mer jusqu'à la source de beaucoup d'entre eux. . Dans leurs crues les plus fortes, ils amènent des masses arrondies de serpentine jusqu'à la mer, mais aux hautes eaux ordinaires, leur cours inférieur n'est chargé que de particules finement divisées de cette roche. Ainsi, tandis que, près de leurs sources, leurs canaux sont remplis de cailloux et de fragments anguleux, mêlés d'un peu de gravier, les proportions sont inversées près de leurs embouchures, et, juste au-dessus des points où leurs exutoires sont en partie obstrués par les galets roulants des eaux. plage, leurs lits sont composés de sable et de gravier à l'exclusion presque totale des galets. La plus grande profondeur du bassin de l'Ardèche est de soixante-quinze milles, mais la plupart de ses affluents ont un cours beaucoup plus court. « Ces affluents, dit Mardigny, jettent dans le lit de l'Ardèche d'énormes blocs de roche, que cette rivière, à son tour, entraîne et broie à marée haute, de sorte que son courant ne roule à son confluent que des graviers. avec le Rhône." [353]

Guglielmini soutenait que le gravier et le sable des lits des cours d'eau étaient issus de la trituration des roches par l'action des courants, et en déduisait que cette action était généralement suffisante pour réduire la roche dure en sable lors de son passage de la source à l'exutoire. des rivières. Frisi a contesté cette opinion et a soutenu que le sable de rivière était d'origine plus ancienne, et il a déduit d'expériences sur des pierres artificiellement broyées que la commotion, le frottement et l'attrition de la roche dans le canal des eaux courantes étaient insuffisantes pour sa fragmentation, bien qu'il ait admis que ces mêmes causes pourraient réduire le sable siliceux en une fine poudre susceptible d'être transportée à la mer par les courants. [354] Les expériences de Frisi ont été tentées sur des galets de rivière arrondis et polis, et ne prouvent rien en ce qui concerne l'action des torrents sur les rochers irréguliers, plus ou moins altérés, et souvent fissurés et brisés, qui reposent dans le sol au sommet des montagnes. vallées. La fureur des eaux et du vent qui les accompagnent dans les crues des torrents alpins français est telle, que de gros blocs de pierre sont projetés hors du lit du ruisseau à une hauteur de douze ou treize pieds. L'impulsion de masses poussées avec tant de force renverse la maçonnerie la plus solide, et leur choc ne peut manquer d'être accompagné de l'écrasement des roches elles-mêmes. [355]

## d. *Inondations de 1856 en France.*

Le mois de mai 1856 fut remarquable par des pluies violentes et presque ininterrompues, et la plupart des bassins fluviaux de France furent inondés à une hauteur extraordinaire. Dans les vallées de la Loire et ses affluents, environ un million d'hectares, comprenant de nombreuses villes et villages, furent ensevelis sous les eaux, et le montant des dommages matériels fut presque incalculable. [356] La crue ne fut pas moins destructrice dans la vallée du Rhône, et en effet une invasion d'une armée ennemie ne pouvait guère être plus désastreuse pour les habitants des plaines que ne l'était ce terrible déluge. Il y avait eu une crue de cette dernière rivière en 1840, qui, par la hauteur et la quantité d'eau, était presque aussi remarquable que celle de 1856, mais elle eut lieu au mois de novembre, lorsque toutes les récoltes furent moissonnées. et le préjudice qu'elle infligeait aux agriculteurs était donc d'un caractère moins grave et moins immédiat que les conséquences de l'inondation de 1856. [357]

Au cours des quinze années écoulées entre ces deux grandes inondations, la population et les aménagements ruraux des vallées fluviales avaient beaucoup augmenté, les routes communes, les ponts et les voies ferrées avaient été multipliés et étendus, des lignes télégraphiques avaient été construites, qui toutes participaient au réseau général. la ruine, et par conséquent des intérêts plus grands et plus diversifiés furent affectés par la catastrophe de 1856 que par toute autre calamité de ce genre. La grande crue de 1840 avait excité l'attention et éveillé la sympathie du peuple français, et le sujet fut investi d'un intérêt nouveau par le caractère encore plus redoutable des inondations de 1856. On sentait que ces fléaux avaient cessé d'être une affaire. d'intérêt purement local, car, bien qu'ils portaient le plus grand préjudice à ceux dont les maisons et les champs étaient situés à proximité immédiate des eaux en crue, ils détruisaient fréquemment des récoltes suffisamment précieuses pour être une question d'intérêt national, mettaient en danger la sécurité personnelle des habitants. population de centres politiques importants, interrompit pendant des jours, voire des semaines, les communications sur les grandes voies de circulation et de voyage, coupant ainsi pour ainsi dire tout le sud-ouest de la France du reste de l'empire, et menaça finalement de produire de grands et permanents changements géographiques. On considérait que le bien-être de l'ensemble du Commonwealth était impliqué dans la prévention de la répétition et dans la limitation de l'ampleur de telles dévastations. Le gouvernement a encouragé les recherches scientifiques sur les phénomènes et leurs lois. Leurs causes, leur histoire, leurs conséquences immédiates et lointaines, et les garanties possibles à employer contre elles, ont été soigneusement étudiées par les physiciens les plus éminents, ainsi que par les ingénieurs théoriques et pratiques les plus habiles de France. De nombreux faits inobservés jusqu'ici ont été rassemblés, de nombreuses hypothèses nouvelles suggérées et de nombreux plans, plus ou moins originaux dans leur caractère, ont été conçus pour combattre le mal ; mais jusqu'à présent, les juges les plus compétents ne sont pas bien d'accord sur le mode, ni même sur la possibilité, d'appliquer un remède.

### e. *Remèdes contre les inondations.*

Peut-être qu'aucun point n'a été plus important dans les discussions que l'influence de la forêt dans l'égalisation et la régulation du débit des eaux de précipitation. Comme nous l'avons déjà vu, les opinions sont encore quelque peu partagées à ce sujet, mais l'action conservatrice des bois à cet égard a été généralement reconnue par le public français, et le gouvernement de l'empire a fait de ce principe la base d'une législation importante. pour la protection des forêts existantes et pour la formation de nouvelles. Le défrichement des bois, ainsi que l'organisation et les fonctions d'une police chargée de leur protection, sont réglés par une loi du 18 juin 1859, et des dispositions ont été prises pour favoriser la restauration des bois privés par une loi adoptée le 28 juillet. 1860. La première de ces lois fut votée par le corps législatif par 246 voix contre 4, la seconde avec une seule voix négative. L'influence du gouvernement, dans un pays où le trône est aussi puissant qu'en France, représenterait une large majorité, mais si l'on considère que les deux lois, la première surtout, interfèrent très sensiblement avec les droits du domaine privé, L'unanimité presque totale avec laquelle elles ont été adoptées est la preuve d'une conviction populaire très générale, que la protection et l'extension des forêts sont une mesure plus propre que toute autre à freiner la violence, sinon à empêcher la répétition, d'inondations destructrices. La loi du 28 juillet 1860 prévoyait 10 millions de francs, destinés à être dépensés, à raison de 1 000 000 de francs par an, pour exécuter ou aider à la replantation des bois. On estime que cette affectation garantira la création d'une nouvelle forêt sur une superficie d'environ 250 000 acres, soit un onzième partie du sol où la restauration de la forêt est jugée réalisable et, en même temps, particulièrement importante comme garantie contre les maux attribués dans une large mesure à sa destruction.

Les dispositions des lois en question sont préventives plutôt que réparatrices ; mais on peut s'attendre à ce qu'elles produisent un effet immédiat, surtout si elles sont accompagnées de certaines autres mesures dont la suggestion a été favorablement accueillie. La forte répugnance des montagnards à l'égard de l'application d'un système qui les prive d'une partie de leurs pâturages — car l'exclusion absolue des animaux domestiques est indispensable au maintien d'une forêt existante et à la formation d'une nouvelle — est la plus redoutable des raisons. obstacle à l'exécution des lois de 1859-'60. On propose de compenser cette perte par un système peu coûteux d'irrigation des pâturages inférieurs, consistant simplement à tracer des sillons horizontaux le long des flancs des collines, transformant ainsi l'escarpement des collines en une succession de petites terrasses qui, une fois engazonnées. , sont très permanents. L'expérience aurait démontré que ce simple procédé suffit à retenir l'eau des pluies, des neiges et des petites sources et ruisseaux, assez longtemps pour l'irrigation du sol, augmentant ainsi son produit herbager dans une proportion quintuplée, et que il arrête en partie l'écoulement trop rapide des eaux de surface dans les vallées et, par conséquent, évite dans une certaine mesure l'une des causes les plus importantes d'inondations. [358] Il est évident que, si de tels résultats sont produits par cette méthode, son introduction à grande échelle doit également avoir les mêmes effets climatiques que les autres systèmes d'irrigation.

Quels que soient les avantages ultimes qu'il y aurait à recouvrir de bois une grande partie du territoire français, ou à façonner sa surface de manière à empêcher un écoulement trop rapide de l'eau sur lui, les résultats que l'on peut obtenir par de tels procédés peuvent être réalisés de manière simple. mesure adéquate seulement après une longue succession d'années. D'autres mesures doivent être prises, à la fois pour la sécurité immédiate des vies et des biens de la génération actuelle, et pour prévenir des maux encore plus grands et plus lointains qui sont inévitables à moins que les moyens de les éviter ne soient trouvés avant qu'il ne soit toujours trop tard. La répétition fréquente d'inondations comme celles de 1856, pendant une vingtaine d'années, dans les bassins du Rhône et de la Loire, avec les seules garanties actuelles contre elles, dépeuplerait presque les vallées de ces fleuves et y produirait des révolutions physiques. , qui, comme les révolutions dans le monde politique, ne pourra jamais être amenée à « reculer ».

Les inondations destructrices sont rarement, voire jamais, produites par des précipitations dans les limites de la vallée principale, mais presque uniformément par des dégels soudains ou des pluies excessives sur les chaînes de montagnes d'où les affluents prennent leur source. Il est donc clair que toutes mesures qui freineraient l'écoulement des eaux de surface dans les canaux des affluents, ou qui retarderaient l'arrivée de ces eaux dans le cours d'eau principal par ses affluents, diminueraient dans la même proportion les dangers et les maux . d'inondation par les grands fleuves. La rétention des eaux de surface sur ou dans le sol ne peut guère être réalisée que par les méthodes déjà mentionnées, la replantation des forêts et le sillonnage ou le terrassement. Le courant des ruisseaux de montagne peut être contrôlé par diverses méthodes, parmi lesquelles la plus connue et la plus évidente est l'érection de barrières ou de barrages à travers leurs canaux, à des points propices à la formation de réservoirs suffisamment grands pour retenir les eaux superflues des grandes pluies et des dégels. Outre l'utilité de tels bassins pour prévenir les inondations, leur construction est recommandée par des considérations très fortes, telles que les effets météorologiques de l'augmentation de la surface évaporable, la fourniture d'un approvisionnement constant en eau pour les besoins agricoles et mécaniques et, enfin, leur Ces étangs sont très appréciés comme étangs pour la reproduction et l'élevage de poissons et, peut-être, pour la culture de légumes aquatiques.

Les objections à l'adoption générale du système de réservoirs sont les suivantes : les dépenses liées à leur construction et à leur entretien ; la réduction des superficies cultivables en fonction de la superficie qu'elles doivent couvrir ; l'interruption qu'ils occasionneraient à la libre communication ; la probabilité qu'ils seraient bientôt remplis de sédiments, et l'évidence que, remplis de terre ou même d'eau, ils ne rempliraient plus leur fonction principale ; le grand danger auquel ils exposeraient le pays en dessous d'eux en cas d'éclatement de leurs barrières ; les conséquences fâcheuses qu'ils occasionneraient en prolongeant le flux des inondations à mesure qu'ils diminueraient leur hauteur ; les effets préjudiciables qu'ils sont censés produire sur la salubrité des districts voisins ; et enfin, la prétendue impossibilité de construire des bassins artificiels ayant une capacité suffisante pour prévenir, ou dans une mesure considérable pour atténuer, les maux contre lesquels ils sont censés se prémunir.

Le dernier argument se réduit plus facilement que les autres à une question numérique. Les précipitations annuelles moyennes et extrêmes de tous les bassins où l'on se proposerait sérieusement de construire de tels ouvrages sont déjà connues approximativement par les tables météorologiques, et la quantité d'eau délivrée par les plus grandes crues qui se soient produites de mémoire d'homme, peut être grossièrement estimés à partir de leurs traces visibles. A partir de ces éléments, ou à partir d'observations enregistrées, peut être calculée la capacité des réservoirs nécessaires. Prenons le cas de l'Ardèche. Lors de l'inondation de 1857, ce fleuve a déversé dans le Rhône 1 305 000 000 de mètres cubes d'eau en trois jours. Si nous supposons que la moitié de cette quantité aurait pu s'écouler dans son canal sans inconvénient, nous aurons environ 650 000 000 de mètres cubes à approvisionner en réservoirs. L'Ardèche et son principal affluent, le Chassezac, ont ensemble environ douze affluents considérables s'élevant près de la crête des montagnes qui délimitent le bassin. Si des réservoirs de capacité égale étaient construits sur chacun d'eux, chaque réservoir devrait pouvoir contenir 54 000 000 de mètres cubes, ou, en d'autres termes , devrait être égal à un lac de 3 000 mètres de long, 1 000 mètres de large et 18 mètres de profondeur, et en outre , pour rendre un service efficace, il fallait que les réservoirs fussent tous vides au début des pluies qui provoquèrent l'inondation.

Jusqu'ici, j'ai supposé que le gonflement des eaux était uniforme dans tout le bassin ; mais tel ne fut nullement le cas lors de l'inondation de 1857, car la crue du Chassezac, aussi grande que l'Ardèche proprement dite, ne dépassa pas les limites des crues ordinaires, et le dangereux excès provenait uniquement du cours supérieur de l'Ardèche. dernier flux. C'est pourquoi des réservoirs d'une capacité double de la capacité que j'ai supposée auraient été nécessaires sur les affluents de cette rivière, pour prévenir les effets néfastes de l'inondation. Il est évident que la construction de réservoirs d'une telle ampleur dans un tel but est financièrement, sinon physiquement, impraticable, et si l'on prend en compte un point que je viens de suggérer, à savoir que les réservoirs doivent être vides à tout moment de la période appréhendée. et, bien entendu, leur utilité étant limitée presque uniquement au seul but de prévenir les inondations, l'inapplicabilité totale d'une telle mesure dans ce cas particulier devient encore plus manifeste.

Un autre fait non moins concluant est que les vallées de tous les affluents de l'Ardèche descendent si rapidement et ont si peu d'expansion latérale, qu'il est tout à fait impossible d'y construire de grands réservoirs. En fait, les ingénieurs n'ont trouvé que deux points dans tout le bassin qui conviennent à cet effet, et les réservoirs admissibles à ces fins n'auraient qu'une capacité totale d'environ 70 000 000 de mètres cubes, soit moins d'un neuvième de ce que je suppose être nécessaire. Le cas de l'Ardèche est sans doute extrême, tant par le caractère topographique de son bassin que par son exposition à des pluies excessives ; mais toutes les inondations destructrices sont aussi, en un certain sens, des cas extrêmes, et celui de l'Ardèche sert à montrer que la construction de réservoirs ne doit en aucun cas être considérée comme une panacée universelle contre les inondations.

En revanche, cette mesure ne doit pas non plus être rejetée sommairement. La nature l'a adopté sur une grande échelle, sur les deux flancs des Alpes, et sur une plus petite, sur ceux des Adirondacks et des chaînes inférieures, et dans ce cas comme dans bien d'autres cas, ses procédés peuvent souvent être imités avec avantage. La validité des autres objections au système en discussion dépend de la topographie, de la géologie et du climat particulier des régions où l'on se propose d'établir de tels réservoirs. De nombreux cours d'eau des hautes terres présentent de nombreux points sur lesquels aucune de ces objections, sauf celles de dépenses et de dangers liés à la rupture des barrages, ne pourrait avoir d'application. Les réservoirs peuvent être construits de manière à retenir toutes les précipitations des dégels et des pluies les plus fortes, ne laissant que la quantité ordinaire s'écouler le long du canal ; ils peuvent être élevés à une hauteur telle qu'ils n'obstruent que partiellement le drainage superficiel ; ou bien ils peuvent être pourvus d'écluses au moyen desquelles tout leur contenu peut être déversé pendant la saison sèche et une culture d'été peut être cultivée sur le sol qu'ils couvrent en cas de crues eaux. L'opportunité de leur emploi et le mode de construction dépendent des conditions locales et aucune règle d'application universelle ne peut être établie à ce sujet.

Il est remarquable que des nations que nous, dans le faux orgueil de notre civilisation moderne, considérons si généralement comme à peine moins que barbares, aient longtemps précédé l'Europe chrétienne dans l'emploi systématique de grands bassins artificiels pour les divers objectifs qu'ils sont censés servir. Les anciens Péruviens construisirent de fortes murailles, d'excellente facture, à travers les canaux des sources montagneuses de ruisseaux importants, et les Arabes exécutèrent d'immenses ouvrages de description similaire, tant dans la grande péninsule arabique que dans toutes les provinces d'Espagne qui eurent la chance tomber sous leur emprise. Les Espagnols des XVe et XVIe siècles, qui, sur bien des points de la véritable civilisation et de la culture, étaient bien inférieurs aux races qu'ils avaient soumises, détruisirent sans raison ces nobles monuments de sagesse sociale et politique, ou les laissèrent périr, parce qu'ils étaient trop ignorants pour en apprécier la valeur, ou trop peu habiles en tant qu'ingénieurs pratiques pour pouvoir les entretenir, et certains de leurs territoires les plus importants furent bientôt réduits à la stérilité et à la pauvreté.

Une autre méthode pour prévenir ou diminuer les maux d'inondation par les torrents et les rivières de montagne, analogue à celle employée pour l'assèchement des lacs, consiste à détourner de manière permanente ou occasionnelle leurs eaux excédentaires, ou la totalité de leurs courants, de leurs cours naturels, par des tunnels ou des canaux ouverts traversent leurs berges. La nature, dans de nombreux cas, recourt à un processus similaire. La plupart des grands fleuves se divisent en plusieurs bras dans leur cours inférieur et se jettent dans la mer par différentes embouchures. Il existe également des cas où des rivières envoient des branches latérales pour transporter une partie de leurs eaux dans le lit d'autres cours d'eau. [360] Le plus remarquable d'entre eux est la jonction de l'Amazone et de l'Orénoque par le canal naturel du Cassiquiare et du Rio Negro. En Inde, le Cambodge et le Menam sont reliés par l'Anam ; le Saluen et l'Irawaddi par le Panlaun. Il existe des exemples similaires, quoique à une échelle beaucoup plus réduite, en Europe. Les rivières Torneå et Calix en Laponie communiquent par le Tarando, et en Westphalie, l'Else, bras de la Haase, se jette dans la Weser.

Le changement du lit des rivières par l'érosion graduelle de leurs berges est familier à tous, mais les exemples d'abandon soudain d'un canal primitif ne manquent pas du tout. A une époque d'une antiquité inconnue, l'Ardèche perça un tunnel de 200 pieds de large et 100 de haut, à travers un rocher, et y envoya tout son courant, désertant son ancien lit, qui se combla peu à peu, mais son cours restait traçable. Lors de la grande inondation de 1827, le tunnel s'est avéré insuffisant pour l'évacuation de l'eau, et la rivière a éclaté à travers les obstacles qui avaient maintenant obstrué son ancien canal et a repris son cours primitif. [361]

Ce sont probablement des faits de ce genre qui ont suggéré aux ingénieurs anciens la possibilité de telles opérations artificielles, et il existe de nombreux exemples d'exécution de travaux à cet effet dans des époques très reculées. Le Bahr Jusef, le grand cours d'eau qui alimente le Fayoum en eau du Nil, a été supposé, par certains auteurs, être un canal naturel ; mais lui et le Bahr el Wady sont presque certainement des canaux artificiels construits pour arroser ce bassin, réguler le niveau du lac Moeris et peut-être aussi diminuer les dangers résultant des inondations excessives du Nil, en servant de déversoirs. d'évacuer une partie de ses eaux excédentaires. On pense que plusieurs des sept anciennes bouches du Nil sont des canaux artificiels, et Hérodote affirme même que le roi Ménès a détourné tout le cours de ce fleuve du côté libyen vers le côté arabe de la vallée. Il y a des traces d'un ancien lit de rivière le long des montagnes occidentales, qui donnent une certaine crédibilité à cette affirmation. Mais il est bien plus probable que les travaux de Ménès furent destinés plutôt à empêcher un changement naturel plutôt qu'à produire un changement artificiel dans le lit du fleuve.

Deux des cascades les plus célèbres d'Europe, celles du Teverone à Tivoli et du Velino à Terni, doivent, sinon leur existence, du moins leur position et leur caractère, au détournement de leurs eaux de leurs lits naturels vers de nouveaux canaux. afin d'éviter les maux produits par leurs fréquentes inondations. Des œuvres remarquables du même genre ont été exécutées en Suisse, dans des temps très récents. Jusqu'en 1714, la Kander, qui draine plusieurs grandes vallées alpines, coulait, sur une distance considérable, parallèlement au lac de Thoune, et quelques kilomètres au-dessous de la ville de ce nom se jetait dans l'Aar. Il inondait fréquemment les plaines situées le long de la partie inférieure de son cours et il était décidé de le détourner vers le lac de Thoune. À cette fin, deux tunnels parallèles ont été creusés dans la roche intermédiaire et la rivière s'y est transformée. La violence du courant a fait éclater le toit des tunnels et, en très peu de temps, a usé le nouveau canal sur pas moins de cent pieds, et a même approfondi l'ancien lit d'au moins cinquante pieds, sur une distance de deux ou trois milles au-dessus du tunnel. Le lac avait deux cents pieds de profondeur à l'endroit où la rivière y était conduite, mais les graviers et les sables charriés par le Kander ont formé à son embouchure un delta contenant plus de cent acres, qui avance encore au rythme de plusieurs mètres par an. La Linth, qui autrefois déversait ses eaux directement dans le lac de Zurich et produisait souvent des inondations très destructrices, a été transformée en Wallensee il y a environ quarante ans, et dans les deux cas, une grande quantité de terres précieuses a été sauvée des inondations et de la destruction. insalubrité.

En Suisse, les inondations les plus terribles résultent souvent de l'endiguement de vallées profondes par des glissements de glace ou par l'avancée progressive des glaciers, et de l'accumulation de grandes masses d'eau au-dessus des obstructions. La glace est finalement dissoute par la chaleur de l'été ou par l'écoulement des eaux chaudes, et lorsqu'elle éclate, le lac formé au-dessus se vide presque en un instant, et tout le dessous est emporté jusqu'à une destruction certaine. En 1595, environ cent cinquante vies et une grande quantité de biens furent perdus par l'éruption d'un lac formé par la descente d'un glacier dans la vallée de la Drance, et une calamité similaire dévasta une étendue considérable de sol dans la vallée de la Drance. année 1818. A cette dernière occasion, la barrière de glace et de neige avait 3,000 pieds de long, 600 d'épaisseur et 400 de haut, et le lac qui s'était formé au-dessus d'elle ne contenait pas moins de 800,000,000 pieds cubes. Un tunnel a été creusé à travers la glace et environ 300 000 000 de pieds cubes d'eau ont été aspirés en toute sécurité, mais le dégel des parois du tunnel l'a rapidement élargi et avant que le lac ne soit à moitié vidé, la barrière a cédé et les 500 000 000 de pieds cubes restants ont été creusés. des pieds cubes d'eau ont été évacués en une demi-heure. La répétition de ces inondations a depuis été empêchée en dirigeant des courants d'eau, réchauffés par le soleil, sur la glace du lit de la vallée, et en la faisant fondre ainsi avant qu'elle ne s'accumule en masse suffisante pour menacer un danger sérieux.

Dans les cas de détournement de cours d'eau mentionnés ci-dessus, d'importants changements géographiques ont été directement produits par ces opérations. Grâce au processus plus rare d'assèchement des lacs glaciaires, les éruptions naturelles d'eau, qui auraient provoqué des changements non moins importants dans la face de la terre, ont été empêchées par l'action humaine.

Le principal moyen utilisé jusqu'ici pour se défendre contre les inondations des rivières a été la construction de digues le long des rives des cours d'eau, parallèles au chenal et généralement séparées les unes des autres par une distance à peine supérieure à la largeur naturelle du lit. [362] Si de tels murs sont assez hauts pour confiner l'eau et assez solides pour résister à sa pression, ils garantissent les terres situées derrière eux contre tous les maux de l'inondation, à l'exception de ceux résultant de l'infiltration ; mais de tels remparts coûtent énormément cher en construction et en entretien, et, comme nous l'avons déjà vu, le remplissage du lit de la rivière dans son cours inférieur, par du sable et du gravier, implique la nécessité d'engager occasionnellement de nouvelles dépenses pour augmenter le débit. hauteur des berges. [363] Ils comportent également certains inconvénients collatéraux.

Ils privent la terre des dépôts fertilisants des eaux, puissants réparateurs naturels des sols épuisés par les cultures ; ils accélèrent la rapidité et la puissance de transport du courant à haute mer en le confinant dans un chenal plus étroit, et il transporte par conséquent vers la mer la matière terreuse qu'il tient en suspension, et obstrue les ports avec un dépôt sur lequel il se serait autrement répandu. une large surface ; ils gênent les routes et la commodité de la navigation fluviale, et aucun coût ni aucun soin ne peuvent les garantir d'une rupture occasionnelle, dans le cas de laquelle le ruissellement des eaux à travers la brèche est plus destructeur que l'écoulement naturel de la plus haute inondation. [364]

Pour ces raisons, de nombreux ingénieurs expérimentés sont d'avis que le système des digues longitudinales devrait être abandonné, ou, lorsque cela ne peut être fait sans impliquer un trop grand sacrifice des constructions existantes, leur élévation devrait être considérablement réduite, de manière à ne présenter aucun ils devraient empêcher la propagation latérale des crues extraordinaires, et ils devraient être pourvus d'écluses pour laisser entrer l'eau sans violence chaque fois qu'ils risquent de déborder. Là où les digues n'ont pas été érigées et où leur hauteur a été réduite, il est proposé de construire, à des intervalles convenables, des remblais transversaux de hauteur modérée s'étendant des rives de la rivière à travers les plaines jusqu'aux collines qui les limitent. Ces mesures, prétendent-ils, diminueront la violence des inondations en permettant aux eaux de s'étendre sur une plus grande surface et en retardant ainsi le débit des courants fluviaux, et assureront en même temps le dépôt de vase fertilisant sur toutes les eaux. le sol recouvert par l'inondation.

Rozet, ingénieur français éminent, a proposé une méthode pour diminuer les ravages des inondations, qui vise à combiner les avantages de tous les autres systèmes, et en même temps à parer aux objections auxquelles ils sont tous plus ou moins sujets. [365] Le plan de Rozet est recommandé par sa simplicité et son bon marché ainsi que par sa facilité et sa rapidité d'exécution, et est considéré avec faveur par beaucoup de personnes très compétentes pour juger en pareille matière. Il propose de commencer par les amphithéâtres dans lesquels s'élèvent si souvent les torrents de montagne, en couvrant leurs pentes et en remplissant leurs lits de blocs de roche meubles, et en construisant à leur sortie et en d'autres points étroits du lit des torrents, des barrières perméables. du même matériau entassé en désordre, selon la méthode employée par les anciens Romains dans leurs provinces du nord dans un but similaire. De cette façon, suppose-t-il, la rapidité du courant serait freinée et la quantité de cailloux et de graviers transportés diminuerait considérablement.

Lorsque le ruisseau aura atteint la partie de son cours où il est bordé par un sol cultivable et digne de protection, il propose de placer le long d'un ou des deux côtés du ruisseau, selon les circonstances, une ligne de blocs cubiques de pierre ou piliers de maçonnerie de trois ou quatre pieds de haut et de large, et distants d'environ onze mètres les uns des autres. L'espace entre les deux lignes, ou entre une ligne et la berge haute opposée, serait bien entendu déterminé par l'observation de la largeur du courant d'eau rapide en cas de crues élevées. Comme mesure auxiliaire, de petits fossés et talus, ou des murets de galets, devraient être construits à partir de la ligne de blocs traversant le terrain à protéger, presque à angle droit par rapport au courant, mais légèrement inclinés vers le bas, et à des distances convenables de chacun . autre. Rozet pense que l'intervalle approprié serait de 300 mètres, et il est évident que, s'il a raison dans son principe principal, des haies, des rangées d'arbres, ou même des clôtures communes, répondraient dans de nombreux cas aussi bien que des talus et des tranchées ou des barrières. murs bas. Les blocs ou piliers de pierre, prétend-il, freineraient les courants latéraux de manière à les obliger à laisser tomber tous leurs cailloux et graviers dans le canal principal, où ils seraient roulés jusqu'à être réduits en sable ou en limon, et le canal transversal. des obstructions retiendraient l'eau sur le sol assez longtemps pour assurer le dépôt de sa vase fertilisante. De nombreux faits sont cités à l'appui des vues de l'auteur, et j'imagine qu'il y a peu d'habitants des districts ruraux dont la propre observation ne fournira pas un témoignage confirmant leur bien-fondé. [366]

Le dépôt de limon par les rivières sur les plaines situées le long de leurs rives contribue non seulement grandement à la fertilité du sol ainsi inondé, mais il sert un objectif encore plus important dans l'économie générale de la nature. Tous les cours d'eau commencent par creuser des canaux pour eux-mêmes ou par approfondir les dépressions naturelles dans lesquelles ils coulent ; [367] mais à mesure que leurs débouchés s'élèvent par la matière solide transportée par leurs courants, leur vitesse diminue, ils déposent du gravier et du sable à des points de plus en plus élevés, et s'élèvent ainsi enfin, dans la partie moyenne et inférieure de l'eau. leur parcours, les lits qu'ils avaient préalablement creusés. [368] L'élévation des canaux est compensée en partie par l'élévation simultanée de leurs rives et des plaines qui leur sont voisines, du dépôt des particules plus fines de terre et de terre végétale descendues des montagnes, sans lesquelles l'élévation des terrains bas qui bordent toutes les rivières seraient, comme elles le sont souvent, de simples marécages.

Tous les aménagements qui tendent à entraver ce processus d'élévation des plaines adjacentes au canal, qu'ils consistent en des digues qui confinent les eaux et, en même temps, augmentent la vitesse du courant, ou en d'autres moyens pour produire ce dernier En effet, elle interférait avec l'économie réparatrice de la nature et, en dernière occasion, avec la formation de marais où, laissée à elle-même, elle aurait accumulé des réserves inépuisables du sol le plus riche et les aurait étalées dans des plaines au-dessus de la portée des crues ordinaires. [369]

## *Conséquences si le Nil avait été endigué.*

Si un système de digues latérales continues, comme celles du Pô, avait été adopté en Égypte dans les premières dynasties, lorsque le pouvoir et la volonté d'entreprendre les entreprises matérielles les plus prodigieuses étaient si éminemment caractéristiques du gouvernement de ce pays, et que la Les eaux de crue annuelle étant par conséquent empêchées d'inonder les terres, il est concevable que la productivité de la petite superficie de sol cultivable de la vallée du Nil ait pu être longtemps entretenue par l'irrigation artificielle et l'épandage de fumier. Mais la nature se serait finalement rebellée, et des siècles avant notre ère, le puissant fleuve aurait brisé les chaînes par lesquelles l'homme impuissant s'était vainement efforcé de lier ses crues grandissantes, les champs fertiles de l'Égypte auraient été transformés en marais humides, et alors, peut-être, dans un futur lointain, lorsque l'expulsion de l'homme aurait permis le rétablissement progressif de l'équilibre primitif, serait-elle à nouveau transformée en jardins luxuriants et en labourages. Heureusement, la « sagesse de l'Égypte » a enseigné de meilleures choses à ses enfants. Ils invitèrent et accueillirent, et non repoussèrent, les étreintes gluantes de Nilus, et ses faveurs furent, depuis la plus haute antiquité, la plus grande bénédiction matérielle jamais accordée à un peuple. [370]

La vallée du Pô n'a probablement pas été cultivée ni habitée aussi longtemps que celle du Nil, mais des digues ont été utilisées sur son cours inférieur depuis au moins deux mille ans, et pendant de nombreux siècles, elles ont été reliées en une chaîne continue. J'ai signalé dans un chapitre précédent les effets produits sur la géographie de l'Adriatique par le dépôt de sédiments fluviaux dans la mer aux embouchures du Pô, de l'Adige et de la Brenta. Si ces fleuves avaient été laissés libres, comme le Nil, et laissés répandre à volonté leurs eaux boueuses, selon les lois de la nature, la vase qu'ils ont transportée jusqu'à la côte se serait répandue principalement dans les plaines de Lombardie. Leurs rives se seraient élevées aussi vite que leurs lits, la ligne de côte ne se serait pas étendue aussi loin dans l'Adriatique et, le courant des cours d'eau étant par conséquent plus court, l'inclinaison de leur chenal et la rapidité de leur écoulement n'auraient pas été aussi fortes. été tellement diminué. Si l'homme avait épargné une proportion raisonnable des forêts des Alpes et n'avait pas tenté de contrôler le drainage naturel de la surface, le Pô ressemblerait au Nil dans toutes ses caractéristiques essentielles et, malgré la différence de climat, serait peut-être considéré comme comme l'ami et l'allié, et non l'ennemi et l'envahisseur, de la population qui habite ses rives. [371]

Le Nil est plus grand que tous les fleuves de Lombardie réunis, [372] il draine un bassin vingt fois plus étendu, ses rives ont été occupées par l'homme probablement deux fois plus longtemps. Mais son caractère géographique n'a pas beaucoup changé au cours de toute la période de l'histoire connue et, bien que ses débouchés aient quelque peu fluctué en nombre et en position, ses empiètements historiquement connus sur la mer sont insignifiants comparés à ceux du Pô et des cours d'eau voisins. Les dépôts du Nil sont naturellement plus considérables en Haute qu'en Basse-Egypte. On constate qu'ils ont élevé le sol à Thèbes d'environ sept pieds au cours des dix-sept cents dernières années, et dans le Delta l'élévation a été certainement plus de la moitié de celle-ci.

Nous n'excéderons donc pas la vérité si nous supposons que la surface annuellement inondée de l'Égypte a été élevée en moyenne de dix pieds au cours des cinq mille dernières années, soit deux fois et demie la période pendant laquelle l'histoire du Pô nous est connu. [373]

Nous pouvons estimer la superficie actuellement cultivée de l'Égypte à environ 5 500 milles carrés. Comme je l'ai calculé dans une note de la page 372, cette superficie n'est pas plus de la moitié moins étendue que sous les dynasties des Pharaons et des Ptolémées ; car, bien que, par suite de l'élévation du lit du fleuve, les inondations aient maintenant une étendue *naturelle plus large* , l'industrie des anciens Égyptiens conduisait l'eau du Nil sur une grande étendue de sol qu'elle n'atteint pas aujourd'hui. Nous pouvons donc adopter une moyenne entre les deux quantités, et nous nous rapprocherons probablement de la vérité si nous prenons le nombre commode de 7,920 milles terrestres carrés comme mesure moyenne des terres inondées au cours de la période historique. En prenant le dépôt sur cette surface à dix pieds, les sédiments fluviaux laissés tomber sur le sol égyptien au cours des cinquante derniers siècles s'élèveraient à quinze milles cubes.

Si le Nil avait été remblayé, comme le Pô, tous ces dépôts, à l'exception de ceux contenus dans l'eau détournée par les canaux ou autrement tirée du fleuve pour l'irrigation et à d'autres fins, auraient été transportés vers la mer. [374] Cela aurait été une quantité considérable ; car le Nil retient la terre en suspension même en période d'étiage, une proportion beaucoup plus grande pendant la crue, et l'irrigation doit avoir été pratiquée pendant toute l'année. La quantité précise qui aurait été ainsi répartie sur le sol est une question de conjecture, mais trois milles cubes sont certainement une estimation libérale. Cela laisserait douze milles cubes comme quantité que les digues auraient obligé le Nil à transporter vers la Méditerranée, en plus de ce qu'il a effectivement déposé dans cette mer. La Méditerranée est peu profonde sur quelques milles au large, le long de toute la côte du delta, et les grandes baies ou lagunes situées à l'intérieur de la côte, qui communiquent à la fois avec le fleuve et la mer, ont peu de profondeur d'eau. Ces lagunes auraient été comblées par les dépôts fluviaux, et il y aurait encore eu suffisamment de surplus de terre pour étendre le delta jusque loin dans la Méditerranée. [375]

## *Gisements des rivières toscanes.*

L'Arno et tous les fleuves qui prennent leur source sur les versants occidentaux et les contreforts des Apennins charrient d'immenses quantités de boue jusqu'à la Méditerranée. Il ne fait aucun doute que le volume de terre ainsi transporté est bien plus grand qu'il ne l'aurait été si le sol situé autour du cours supérieur de ces rivières avait continué à être protégé du lavage par les forêts ; et il ne fait pas de doute non plus que la quantité rejetée vers la mer par les rivières de l'Italie occidentale est considérablement augmentée par les digues artificielles, parce qu'elles sont ainsi empêchées de répandre sur la surface la matière sédimentaire dont elles sont chargées. La côte occidentale de la Toscane s'est avancée de quelques kilomètres vers la mer en quelques siècles seulement. Le lit de la mer, sur une longue distance, a été surélevé, et bien sûr l'élévation relative de la terre au-dessus a diminué ; les ports ont été remplis et détruits ; de longues lignes de dunes côtières se sont formées, et la diminution de l'inclinaison du lit des rivières près de leurs embouchures a fait déborder leurs eaux et les a converties en marais pestilentiels. L'étendue territoriale de l'Italie occidentale a ainsi été considérablement augmentée, mais la quantité de sol habitable et cultivable par l'homme a été diminuée dans une proportion encore plus grande. La côte de l'ancienne Étrurie était remplie de grandes villes commerciales et leurs environs ruraux étaient occupés par une population nombreuse et prospère. Mais la Toscane maritime a longtemps été l'une des régions les plus insalubres de la chrétienté ; le fameux marché de Populonia n'a pas d'habitant ; la côte est presque absolument dépeuplée, et les fièvres paludéennes ont étendu leurs ravages jusque loin dans l'intérieur.

Ces résultats ne doivent certainement pas être entièrement attribués à l'action humaine. Elles sont, dans une large mesure, dues à des causes géologiques sur lesquelles l'homme n'a aucun contrôle. Le sol d'une grande partie de la Toscane devient pâteux, presque fluide même, dès qu'il est humidifié, et lorsqu'il est complètement saturé d'eau, il coule comme une rivière. Un tel sol ne serait pas complètement protégé par les bois et, en effet, il serait maintenant difficile de le confiner assez longtemps pour lui permettre de se couvrir de végétation forestière. Néanmoins, il était certainement autrefois principalement boisé, et les rivières qui le traversent devaient alors être beaucoup moins chargées de matière terreuse qu'aujourd'hui, et elles devaient avoir emporté dans la mer une plus petite proportion de leurs sédiments lorsqu'elles étaient libres de se déposer. sur leurs rives que depuis qu'ils sont confinés par des digues. [376]

Il est vrai, en général, que l'intervention de l'homme a semblé jusqu'ici assurer l'épuisement final, la ruine et la désolation de chaque province de la nature qu'il a réduite à sa domination. Attila ne faisait que donner une expression énergique et pittoresque aux tendances de l'action humaine, telles qu'elles se personnifient en lui-même, lorsqu'il disait que « nulle herbe ne poussait là où avaient foulé les sabots de son cheval ». Les cas sont rares où une seconde civilisation a prospéré sur les ruines d'une culture ancienne, et des terres autrefois rendues inhabitables par les actes humains ou la négligence ont généralement été abandonnées à jamais comme irrécupérables. Comme je l'ai déjà fait remarquer, la question est d'une immense importance de savoir dans quelle mesure il est possible de restaurer le jardin que nous avons gaspillé, et c'est un problème sur lequel l'expérience jette peu de lumière, car peu de tentatives délibérées ont encore été faites pour le restaurer. travail de régénération physique, à une échelle suffisamment grande pour justifier des conclusions générales dans n'importe quelle classe de cas.

Les vallées et les rivages de la Toscane constituent cependant une exception frappante à cette remarque. Le succès avec lequel la direction humaine a rendu les opérations de la nature elle-même disponibles pour restaurer ses harmonies perturbées, dans le Val di Chiana et la Maremme toscane, est l'une des réalisations les plus nobles, sinon les plus brillantes, de l'ingénierie moderne et, considérée comme dans toutes ses relations avec la grande question dont je viens de parler, elle est, à titre d'exemple, plus importante pour les intérêts généraux de l'humanité que le plus fier ouvrage d'amélioration intérieure que les moyens mécaniques aient jamais construit. Les opérations dans le Val di Chiana ont consisté principalement à réguler l'écoulement des eaux de surface dans et à travers celui-ci, de manière à les obliger à déposer leurs matières sédimentaires au gré des ingénieurs, et ainsi à soulever des terrains rendus insalubres et impropres à l'exploitation. utilisation agricole par eau stagnante; les améliorations dans la Maremme ont porté à la fois sur cette méthode d'élévation du niveau du sol et sur la prévention du mélange de l'eau salée avec l'eau douce dans les marais côtiers et les baies peu profondes, cause très active du développement des influences paludiques. [377]

### *Améliorations dans le Val di Chiana.*

Sur vingt milles ou plus, après que les sources les plus éloignées de l'Arno se soient réunies pour former un ruisseau considérable, cette rivière coule vers le sud-est jusqu'aux environs d'Arezzo. Ici, elle tourne vers le nord-ouest et suit cette direction jusqu'à proximité de sa jonction avec le Sieve, à quelques milles au-dessus de Florence, d'où sa direction générale est vers l'ouest jusqu'à la mer. Depuis le coude d'Arezzo, une dépression appelée Val di Chiana s'étend vers le sud-est jusqu'à ce qu'elle débouche dans la vallée de la Paglia, affluent du Tibre, et relie ainsi le bassin de ce dernier fleuve à celui de l'Arno. Au Moyen Âge et jusqu'au XVIIIe siècle, le Val di Chiana fut souvent inondé et dévasté par les torrents qui se déversaient des hauts plateaux, transportant avec leurs courants de grandes quantités de bave, stagnant à sa surface et la transformant peu à peu en un district marécageux et insalubre, dont la population et la productivité furent finalement très fortement réduites. En fait, elle était devenue si désolée que même l'hirondelle l'avait abandonnée. [378]

Le lit de l'Arno près d'Arezzo et celui de la Paglia à l'extrémité sud du Val di Chiana ne différaient pas beaucoup en niveau. L'inclinaison générale de la vallée était donc faible ; il ne semble pas avoir jamais été divisé en versants opposés par une véritable ligne de partage des eaux, et la position du sommet semble avoir changé selon la quantité variable et le lieu de dépôt des sédiments apportés par les ruisseaux latéraux qui s'y déversaient. La longueur de son principal canal de drainage, et même la direction de son écoulement en un point donné, fluctuaient donc. C'est pourquoi de nombreuses divergences d'opinions ont existé à différentes époques sur le cours normal de ce cours d'eau et, par conséquent, sur la question de savoir s'il devait être considéré comme un affluent proprement dit du Tibre ou de l'Arno.

Le lit de cette dernière rivière, au coude, a été érodé jusqu'à une profondeur de trente ou quarante pieds, et cela, apparemment, à une époque peu éloignée. S'il était élevé à ce qui est évidemment sa hauteur originelle, le courant de l'Arno serait tellement au-dessus de celui de la Paglia qu'il permettrait un écoulement régulier de son canal à ce dernier, à travers le Val di Chiana, pourvu que le lit soit La vallée était restée au niveau que les fouilles prouvent qu'elle avait il y a quelques siècles, avant d'être soulevée par les gisements dont j'ai parlé. Ces faits, ainsi que les témoignages d'anciens géographes qui n'admettent guère d'autre explication, prouveraient que toutes les eaux du Haut Arno se déversaient originellement par le Val di Chiana dans le Tibre, et qu'une partie d'entre elles continuaient encore à couler. couler, au moins occasionnellement, dans cette direction jusqu'à l'époque de l'empire romain, et peut-être pendant quelque temps plus tard. La dépression du lit de l'Arno et le rehaussement de celui de la vallée par les dépôts des torrents latéraux et de l'Arno lui-même, finirent par couper le bras du fleuve qui avait coulé jusqu'au Tibre, et toutes ses eaux furent transformé en son canal actuel, bien que le drainage principal du Val di Chiana semble avoir été orienté vers le sud-est jusqu'à une période relativement récente.

Au seizième siècle, l'élévation du lit de la vallée était devenue si considérable, qu'en 1551, en un point situé à environ dix milles au sud de l'Arno, on trouva qu'il n'était pas à moins de cent trente pieds au-dessus de cette rivière ; puis suivit un niveau de dix milles, puis une descente continue jusqu'à la Paglia. Le long de la partie plane de la vallée se trouvait un chenal praticable et des lacs, parfois d'un mille ou même de deux milles de largeur, s'étaient formés en divers points plus au sud. A cette époque, le drainage du niveau sommital aurait pu facilement être déterminé dans les deux sens, et les descentes opposées de la vallée auraient pu culminer à l'extrémité nord ou sud du niveau. Dans le premier cas, la ligne de partage des eaux aurait été à dix milles au sud de l'Arno ; dans ce dernier, vingt milles, et la division n'aurait pas été très inégale.

Divers projets furent suggérés à cette époque pour extraire les eaux stagnantes, ainsi que pour le futur drainage régulier de la vallée, et de petites opérations à ces fins furent entreprises avec un succès partiel ; mais on craignait que le rejet des eaux accumulées dans le Tibre ne produise une inondation dangereuse, tandis que le détournement du drainage dans l'Arno n'augmentait la violence des crues auxquelles ce fleuve était très sujet, et aucune mesure décisive ne fut prise. . En 1606, un ingénieur dont le nom n'a pas été conservé proposa, comme seule méthode d'amélioration possible, de percer un tunnel à travers les collines délimitant la vallée à l'ouest pour acheminer ses eaux jusqu'à l'Ombrone, mais les dépenses et autres objections empêchèrent l'adoption de ce projet. [379] Les craintes du gouvernement romain pour la sécurité de la vallée du Tibre l'avaient incité à construire des barrières sur la partie du canal qui se trouvait sur son territoire, et ces obstructions, bien que non spécifiquement destinées à cet effet, favorisaient naturellement le dépôt de sédiments et l'élévation du lit de la vallée dans leur voisinage. L'effet de cette mesure et de l'action spontanée continue des torrents fut que le versant nord, qui en 1551 avait commencé à la distance de dix milles de l'Arno, se trouva en 1605 commencer à près de trente milles au sud de cette rivière. , et en 1645, il avait été déplacé environ six milles plus loin dans la même direction. [380]

Au XVIIe siècle, les gouvernements toscan et pontifical consultèrent Galilée, Torricelli, Castelli, Cassini, Viviani et d'autres philosophes et ingénieurs distingués, sur la possibilité de récupérer la vallée par un drainage artificiel régulier. La plupart de ces physiciens éminents étaient d'avis que la mesure était impraticable, mais pas tout à fait pour les mêmes raisons ; mais ils semblent avoir été d'accord pour penser que l'ouverture de tels canaux, dans un sens ou dans l'autre, qui donneraient au courant un écoulement suffisamment rapide pour drainer convenablement les terres, augmenterait dangereusement les inondations du fleuve, qu'il s'agisse du Tibre ou de l'Arno. dans lequel les eaux devraient être transformées. L'amélioration générale de la vallée fut abandonnée depuis longtemps, et les eaux purent se répandre et stagner jusqu'à ce qu'elles soient emportées par drainage partiel, infiltration et évaporation. Torricelli avait soutenu que la pente d'une grande partie de la vallée était trop petite pour permettre son drainage par les méthodes ordinaires, et qu'aucune profondeur ni largeur de canal praticables ne suffiraient à cet effet. On ne pourrait l'assécher, pensait-il, qu'en transformant sa surface en plan incliné, et il suggérait que cela pourrait être réalisé en contrôlant le débit des nombreux torrents qui s'y déversent, de manière à les forcer à déposer leurs sédiments à le plaisir de l'ingénieur, et, par conséquent, d'élever le niveau de la zone sur laquelle il doit être répandu. [381] Ce plan n'a pas rencontré une acceptation générale immédiate, mais il a été rapidement adopté à des fins locales en certains points de la partie sud de la vallée, et il a progressivement gagné en faveur du public et a été étendu en application jusqu'à son triomphe final cent ans. des années plus tard.

Cependant, malgré ces succès encourageants, la crainte d'un danger pour la vallée de l'Arno et du Tibre et la difficulté d'un accord entre la Toscane et Rome, frontière entre laquelle les États franchissaient le Val di Chiana non loin de la moitié du chemin, entre les deux rivières - et de concilier d'autres intérêts contradictoires - a empêché la reprise des projets de drainage général de la vallée jusqu'après le milieu du XVIIIe siècle. Entre-temps, la science de l'hydraulique était devenue mieux comprise, et l'établissement de la loi naturelle selon laquelle la vitesse d'un courant d'eau, et bien entendu la quantité proportionnelle qu'il déverse dans un temps donné, augmentent en augmentant sa vitesse. massive, avait diminué, sinon dissipé, la crainte d'exposer les rives de l'Arno à un plus grand danger d'inondations en y drainant le Val di Chiana.

La suggestion de Torricelli fut finalement adoptée comme base d'un vaste système d'amélioration, et il fut décidé de continuer et d'étendre l'inversion du courant originel des eaux, et de les transformer en Arno à partir d'un point aussi éloigné au sud. comme cela devrait être jugé réalisable. La conduite des travaux a été confiée à une succession d'ingénieurs compétents qui, pendant de longues années, ont été sous la direction générale du célèbre philosophe et homme d'État Fossombroni, et le succès a pleinement justifié les attentes des partisans les plus optimistes du projet. schème. Le plan d'amélioration comprenait deux branches : l'une, l'élimination de certains obstacles dans le lit de l'Arno, et, par conséquent, l'abaissement ultérieur du lit de cette rivière, en certains endroits, en vue d'augmenter la rapidité de son débit. actuel; l'autre, le remplissage graduel des étangs et des marécages, et l'élévation des terrains inférieurs du Val di Chiana, en dirigeant vers des points convenables le débit des ruisseaux qui s'y déversent, et en confinant là leurs eaux par des barrages temporaires jusqu'à ce que les sédiments étaient déposés là où ils étaient nécessaires. Le résultat économique de ces opérations a été qu'en 1835, une superficie de plus de quatre cent cinquante milles carrés d'étangs, de marais et de terrains bas et humides avait été convertie en un sol fertile, sain et bien drainé, et, par conséquent, , que tant de territoire a été ajouté au domaine agricole de la Toscane.

Mais, dans notre vision actuelle du sujet, la révolution géographique qui s'est accomplie est encore plus intéressante. L'influence climatique de l'élévation et du drainage du sol a dû être considérable, bien que je ne sache pas qu'une augmentation ou une diminution de la température moyenne ou des précipitations dans la vallée ait été établie par l'observation météorologique. Il y a cependant dans l'amélioration de l'état sanitaire du Val di Chiana, autrefois extrêmement insalubre, une preuve satisfaisante d'un changement climatique bénéfique. Les fièvres, qui non seulement décimèrent la population des basses terres, mais infestèrent les collines voisines, ont cessé leurs ravages et ne sont plus fréquentes aujourd'hui que dans les autres parties de la Toscane. L'effet strictement topographique des opérations en question, outre la conversion des marais en surface sèche, a été l'inversion de l'inclinaison de la vallée sur une distance de trente-cinq milles, de sorte que cette grande plaine qui, dans un laps de temps relativement court, , incliné et drainant ses eaux vers le sud, s'incline maintenant et envoie son drainage vers le nord. Le renversement des courants de la vallée a ajouté à l'Arno un nouvel affluent égal au plus grand de ses anciens affluents, et une circonstance des plus importantes liée à ce dernier fait est que l'augmentation du volume de ses eaux a accéléré leur vitesse. dans une proportion encore plus grande, et, au lieu d'augmenter le danger dû à ses inondations, il a presque entièrement éliminé cette source d'appréhension. Entre le début du XVe siècle et l'année 1761, trente et une crues destructrices de l'Arno sont enregistrées ; entre 1761, lorsque les principaux cours d'eau du Val di Chiana furent détournés vers cette rivière, et 1835, pas un seul. [382]

### *Améliorations dans la Maremme toscane.*

Dans les améliorations de la Maremme toscane, des difficultés plus redoutables ont été rencontrées. Le territoire à conquérir était plus étendu ; les lieux de retraite salubres des ouvriers et des inspecteurs étaient plus éloignés ; les cours des rivières à contrôler étaient plus longs et leur inclinaison naturelle moins rapide ; quelques-uns, s'élevant dans les régions boisées, transportaient relativement peu de matière terreuse, [383] et surtout,

Un exemple semblable est observé dans l'Anapus près de Syracuse, qui, au-dessous de la jonction de ses deux branches, est plus étroit, quoique plus rapide que l'une ou l'autre, et de tels cas ne sont en aucun cas rares. L'effet immédiat de la confluence de deux rivières sur le courant en aval dépend des circonstances locales, et spécialement de l'angle d'incidence. Si les deux coïncident presque en direction, de manière à inclure un petit angle, le courant conjoint aura une vitesse plus grande que le confluent plus lent, peut-être même que l'un ou l'autre. Si les deux rivières coulent transversalement, plus encore si elles coulent dans des directions plus ou moins opposées, la vitesse du bras principal sera retardée tant au-dessus qu'au-dessous de la jonction, et aux hautes eaux, elle pourra même faire reculer le courant de l'affluent. .

D'un autre côté, le détournement d'un bras considérable d'une rivière retarde sa vitesse au-dessous du point de séparation, et ici commence immédiatement un dépôt de terre dans son lit, qui a tendance à transformer tout le cours d'eau en un nouveau lit. « La théorie et l'autorité de tous les auteurs hydrographiques se combinent pour montrer que les lits des rivières subissent une élévation du lit au-dessous d'un canal de dérivation. » — Lettre de FOSSOMBRONI, dans SALVAGNOLI, *Raccolta di Documenti*, p. 32. Voir les premières autorités et discussions sur le principe énoncé dans le texte, dans FRISI, *Del modo di regolare i Fiumi ei Torrenti*, libro iii, capit. je. la côte, qui est un dépôt récent des eaux, est peu élevée au-dessus de la mer, et admet dans ses lagons et à l'embouchure de ses rivières des crues d'eau salée à chaque vent d'ouest, à chaque marée montante. [384]

La côte occidentale de la Toscane n'est pas censée avoir été une région insalubre avant la conquête de l'Étrurie par les Romains, mais elle l'est certainement devenue quelques siècles après cet événement. C'était une conséquence naturelle de la négligence ou de la destruction gratuite des améliorations publiques, et en particulier des travaux hydrauliques dans lesquels les Étrusques étaient si habiles, et de l'abattage des forêts des hautes terres, pour satisfaire la demande de bois à Rome pour l'usage domestique et industriel. , et à des fins militaires. Après la chute de l'empire romain, les incursions des barbares, puis la féodalité, la domination étrangère, les guerres intestines et les tyrannies temporelles et spirituelles, aggravèrent encore plus cruellement les maux moraux et physiques que la Toscane et les autres États italiens étaient condamnés à souffrir. , et dont ils n'ont bénéficié que de brefs répits pendant toute la période de l'histoire moderne. La Maremme était déjà proverbialement malsaine au temps de Dante, qui le mentionne dans plusieurs passages familiers, et les petits tyrans de ses frontières envoyaient souvent les criminels dans des lieux de détention sur son territoire, comme mode d'exécution lent mais certain. L'ignorance des causes de l'insalubrité, et souvent l'ingérence des droits privés, [385] empêchèrent l'adoption de mesures pour la supprimer, et l'importance politique et commerciale croissante des grandes villes dans les localités plus saines absorba l'attention du gouvernement, et priva la Maremme de sa juste part dans les systèmes d'amélioration physique qui furent adoptés avec succès dans l'intérieur et le nord de l'Italie.

Avant de tenter sérieusement de drainer ou de combler les marais de la Maremme, diverses autres expériences sanitaires furent tentées. On croyait généralement que l'insalubrité de la province était la conséquence, non la cause, de son dépeuplement, et que, si elle était autrefois densément peuplée, les opérations ordinaires de l'agriculture, et surtout l'entretien de nombreux incendies domestiques, la restaureraient. à son ancienne salubrité. [386] Conformément à ces vues, des colons furent invités de diverses parties de l'Italie, de Grèce et, après l'avènement des princes lorrains, de ce pays également, et colonisèrent la Maremme. Pour les étrangers venus de sols et de ciels si différents de ceux des marais toscans, le climat était plus funeste que pour les habitants des régions voisines, dont les constitutions étaient devenues en quelque sorte insensibles aux influences locales, ou qui du moins savaient mieux comment garde-toi contre eux. La conséquence très naturelle fut que l'expérience échoua totalement et produisit les effets désirés, et s'accompagna d'un grand sacrifice de vies humaines et d'une lourde perte pour le trésor de l'État.

Le territoire connu sous le nom de Maremme toscane, *ora maritima* ou Maremme — car le pluriel est le plus généralement utilisé — se trouve sur et à proximité de la côte ouest de la Toscane et comprend environ 1 900 milles carrés anglais, dont 500 milles carrés, soit 320 000 acres. , sont des plaines et des marais comprenant 45 500 acres de surface d'eau, et environ 290 000 acres sont des forêts. L'un des sommets des montagnes, celui du mont Amiata, culmine à 6 280 pieds. Les montagnes de la Maremme sont saines, les collines inférieures le sont beaucoup moins, car le paludisme se fait sentir en certains points à une hauteur de 1,000 pieds, et les plaines, à l'exception de quelques localités favorablement situées sur le littoral, sont dans un état de santé favorable. pestilentiel à haut degré. La population fixe est d'environ 80 000 habitants, dont un sixième vit dans les plaines en hiver et environ un dixième en été. Neuf ou dix mille ouvriers descendent des montagnes de la Maremme et des provinces voisines dans la plaine, pendant la dernière saison, pour cultiver et récolter les récoltes.

Sur ce petit nombre d'habitants et d'étrangers, 35 619 étaient assez malades pour nécessiter un traitement médical entre le 1er juin 1840 et le 1er juin 1841, et plus de la moitié des cas étaient des maladies intermittentes, malignes, gastriques ou fièvre catarrhale. Très peu d'ouvriers agricoles échappaient à la fièvre, même si la maladie ne se manifestait toujours qu'à leur retour dans les montagnes. Dans la province de Grosseto, qui englobe presque toute la Maremme, la mortalité annuelle était de 3,92 pour cent. la durée moyenne de la vie mais 23,18 ans, soit 75 pour cent. des décès concernaient des personnes travaillant dans l'agriculture.

Le comblement des basses terres et la séparation partielle des eaux de la mer et de la terre, en cours depuis l'année 1827, commençaient alors à montrer des effets très marqués sur l'état sanitaire de la population. Dans l'année terminée le 1er juin 1842, le nombre des malades fut réduit de plus de 2,000 et les cas de fièvre de plus de 4,000. L'année suivante, les cas de fièvre tombèrent à 10 500, et celle se terminant le 1er juin 1844 à 9 200. Les événements politiques de 1848 et des années précédentes et suivantes ont occasionné la suspension des travaux d'amélioration de la Maremme, mais ils ont repris après la révolution de 1859 et sont maintenant en cours avec succès.

J'ai parlé avec quelque détail des améliorations du Val di Chiana et de la Maremme toscane, à cause de leur grande importance relative et parce que leur histoire est bien connue ; mais des opérations semblables ont été exécutées sur le territoire de Pise et sur les côtes du duché de Lucques. Dans ce dernier cas, elles se limitaient principalement à empêcher le mélange de l'eau douce avec celle de la mer. En 1741, des écluses furent construites à cet effet et, l'année suivante, les fièvres, longtemps auparavant destructrices pour la population côtière, disparurent complètement. En 1768 et 1769, les ouvrages étant tombés en ruine, les fièvres revinrent sous une forme très maligne, mais la reconstruction des portes rendit à nouveau la salubrité du rivage. Des faits similaires se sont répétés en 1784 et 1785, puis de 1804 à 1821. Cette expérience longue et répétée a enfin fait comprendre au peuple la nécessité d'une attention vigilante aux écluses, qui sont maintenant constamment entretenues. La santé de la côte est ininterrompue, et Viareggio, la capitale du district, est maintenant très fréquentée pour ses bains de mer et sa salubrité générale, à une époque où autrefois elle était à juste titre évitée comme le séjour de la maladie et de la mort. [387]

Il y a maintenant cent ans que les améliorations ont commencé dans le Val di Chiana, et celles de la Maremme sont en activité plus ou moins continue depuis plus d'une génération. Ils ont, comme nous l'avons vu, produit d'importants changements géographiques dans la surface de la terre et dans le débit de rivières considérables, et leurs effets n'ont pas été moins évidents en empêchant d'autres changements, d'un caractère délétère, qui auraient infailliblement eu lieu. s'ils n'avaient pas été arrêtés par les améliorations en question. On a déjà dit que, pour empêcher le débordement de la vallée du Tibre en y drainant librement le Val di Chiana, les autorités papales, bien avant le début des travaux toscans, construisirent de fortes barrières près de l'extrémité sud du Tibre. la vallée, qui retenait les eaux de la saison humide jusqu'à ce qu'elles puissent être progressivement évacuées dans la Paglia. Ils déposèrent donc la plupart de leurs sédiments dans le Val di Chiana et charrièrent relativement peu de terre jusqu'au Tibre. Les cours d'eau latéraux apportant les plus grandes quantités de matière sédimentaire au Val di Chiana se déversaient à l'origine dans cette vallée près de son extrémité nord ; et le changement de leurs canaux et de leurs débouchés vers le sud, de manière à surélever cette partie de la vallée par leurs dépôts et à inverser ainsi son drainage, fut l'une des principales étapes du processus d'amélioration.

Nous avons vu que l'extrémité nord du Val di Chiana, près de l'Arno, avait été élevée par un dépôt spontané de sédiments à une hauteur telle qu'elle interposait un obstacle suffisant à tout écoulement dans cette direction. Si donc le barrage romain n'avait pas été érigé, ou les travaux du gouvernement toscan entrepris, la terre entière, qui a été arrêtée par ces travaux et employée à élever le lit et à inverser la pente de la vallée, aurait été transporté jusqu'au Tibre et de là dans la mer. Le dépôt ainsi créé aurait, bien entendu, contribué à accroître l'avancée du rivage à l'embouchure de cette rivière, qui se fait depuis longtemps au rythme de trois mètres et neuf dixièmes (douze pieds et neuf pouces) par an. . [388] Il est évident qu'une quantité de terre, suffisante pour opérer les immenses changements que j'ai décrits dans une large vallée de plus de trente milles de long, si elle était déposée à l'embouchure du Tibre, aurait modifié très considérablement le contour de la côte. , et n'ont exercé aucune influence sans importance sur le débit de cette rivière, en élevant son point de décharge et en allongeant son canal.

Les sédiments entraînés dans les marais de la Maremme ne sont pas inférieurs à 12 000 000 de mètres cubes par an. La fuite de cette quantité dans la mer, qui est maintenant presque entièrement empêchée, serait suffisante pour avancer la ligne de côte de quatorze mètres par an, sur une distance de quarante milles, en calculant la profondeur moyenne de la mer près du rivage à douze mètres. Il est vrai que dans ce cas, comme dans celui d'autres rivières, la matière sédimentaire ne serait pas répartie également le long du rivage et qu'une grande partie serait entraînée dans les eaux profondes, ou peut-être transportée par les courants vers des côtes lointaines. . Les effets immédiats du dépôt ne seraient donc pas aussi palpables qu'ils le paraissent sous cette forme numérique, mais ils seraient également certains et se manifesteraient infailliblement, d'abord peut-être à un point éloigné, et ensuite à ou près du point. émissaires des rivières qui les ont produits.

### *Obstruction des embouchures des rivières.*

Les embouchures d'une grande partie des cours d'eau connus de l'ancienne navigation intérieure sont déjà obstruées par des bancs de sable ou des dépôts fluviatiles, et les abords maritimes des ports fluviaux fréquentés par les navires de Phénicie et de Carthage, de Grèce et de Rome sont encaissés à une distance considérable. à la mer. L'inclinaison de presque tous les lits de rivières connus a été considérablement réduite au cours de la période historique, et seul un grand volume d'eau ou une rapidité d'écoulement exceptionnelle permettent désormais à quelques grands cours d'eau comme l'Amazone, la Plata, le Gange et, dans une moindre mesure, le

Mississippi, à transporter ses propres gisements assez loin dans les eaux profondes pour empêcher la formation d'obstacles sérieux à la navigation. Mais la dégradation de leurs rives et le transport de matières terrestres vers la mer par leurs courants remplissent peu à peu les estuaires, même de ces puissantes crues, et à moins que le mal menacé ne soit évité par l'action des forces géologiques ou par des moyens artificiels. des appareils plus efficaces que les machines de dragage, la destruction de tous les ports du monde qui reçoivent un fleuve considérable doit inévitablement avoir lieu à une date très rapprochée.

Ce résultat aurait peut-être eu lieu dans un avenir incalculablement lointain, si l'homme n'était pas venu habiter la terre dès que les forces naturelles qui avaient formé sa surface étaient arrivées à un équilibre si approximatif que son existence sur le globe était possible ; mais l'effet général de ses opérations industrielles a été de l'accélérer énormément. Les rivières, dans les pays plantés par la nature de forêts et jamais habités par l'homme, emploient le peu de terre et de graviers qu'elles transportent principalement à élever leur propre lit et à former des plaines dans leurs bassins. [389] Dans leur cours supérieur, là où le courant est le plus rapide, ils sont le plus lourdement chargés de matières grossières roulées ou en suspension, et celles-ci, lors des crues, ils les déposent sur leurs rivages dans les vallées montagneuses où ils s'élèvent ; dans leur cours moyen, une terre plus légère s'étend au fond de leurs bassins qui s'élargissent et forme des plaines d'étendue modérée ; le limon fin qui flotte plus loin se dépose sur une zone encore plus vaste ou, s'il est transporté vers la mer, est en grande partie rapidement emporté au loin par les courants marins et finalement rejeté dans les eaux profondes. L'« amélioration » du sol par l'homme augmente l'érosion de sa surface ; ses dispositions pour confiner l'étalement latéral des eaux dans les crues obligent les rivières à transporter jusqu'à leurs embouchures les terres dérivées de cette érosion même dans leur cours supérieur ; et, par conséquent, les sédiments qu'ils déposent à leurs exutoires sont non seulement beaucoup plus nombreux, mais composés de matières plus lourdes, qui coulent plus facilement au fond de la mer et sont moins facilement entraînées par les courants marins.

Le mouvement des marées de l'océan, les courants marins profonds et l'agitation des eaux intérieures par le vent soulèvent les sables répandus sur le fond par les cours d'eau diluviennes ou envoyés par les torrents de montagne, et les rejettent sur la terre ferme ou les déposent. dans les baies et les coins abrités de la côte, car le courant est plus fort que la marée descendante, l'affluent que la vague refluente. Il n'est pas au pouvoir de l'homme de résister par aucun des moyens actuellement disponibles ; mais, comme nous l'avons vu, quelque chose peut être fait pour empêcher la dégradation des hauteurs et pour diminuer la quantité de terre qui est annuellement extraite des montagnes, des plateaux et des berges des rivières, pour élever le fond de la mer. .

Cette dernière cause d'obstruction du port, bien qu'elle soit un agent actif, est néanmoins, dans de nombreux cas, la moins puissante des deux. La terre suspendue dans le cours inférieur des courants fluviatiles est plus légère que le sable marin, l'eau des rivières plus légère que l'eau de mer, et par conséquent, si un cours d'eau terrestre entre dans la mer avec un volume considérable, son eau coule sur celle de la mer et porte son poids. il s'en mêle jusqu'à ce qu'il le laisse tomber loin du rivage ou, comme c'est le plus souvent le cas, qu'il se mêle à un courant marin et transporte ses sédiments vers un point de dépôt éloigné. La terre extraite des embouchures du Nil est en partie emportée par les vagues qui rejettent le sable marin sur la plage, et déposée dans les eaux profondes, en partie dérivée par le courant qui balaie l'est et le nord le long des côtes de l'Égypte et Syrie, jusqu'à ce qu'elle trouve un lieu de repos dans l'angle nord-est de la Méditerranée. [390] Ainsi la terre ameublie par le soc grossier de la charrue abyssinienne, et lavée par la pluie des collines d'Ethiopie que l'homme a dépouillé de leurs forêts protectrices, contribue à relever les plaines d'Egypte, à combler les canaux maritimes qui conduisent à l'océan. ville construite par Alexandre près de l'embouchure du Nil, et pour remplir les ports rendus célèbres par le commerce phénicien.


### *Eaux souterraines.*

J'ai souvent fait allusion à une branche de la géographie, dont l'importance n'est que récemment suffisamment reconnue : les eaux souterraines de la terre considérées comme des réservoirs stationnaires, comme des courants fluides et comme des fluides filtrants. La terre absorbe l'humidité par absorption directe de l'atmosphère, par dépôt de rosée, par pluie et neige, par percolation des rivières et autres plans d'eau superficiels, et parfois par les courants s'écoulant dans des grottes ou des ouvertures visibles plus petites. [391] Une partie de cette humidité est exhalée à nouveau par le sol, une partie est absorbée par des croissances organiques et par des composés inorganiques, une partie est déversée à la surface par des sources et soit immédiatement évaporée, soit transportée vers de plus grands ruisseaux et vers la mer, une partie s'écoule par des cours souterrains dans le lit des rivières d'eau douce [392] ou de l'océan, et quelques restes, bien que même ici ne soient pas dans un repos éternel et immobile, pour remplir les cavités profondes et les canaux souterrains. [393] Dans tous les cas, les vapeurs aqueuses de l'air sont la source ultime d'approvisionnement, et toutes ces réserves cachées sont de nouveau renvoyées dans l'atmosphère par évaporation.

La proportion de l'eau de précipitation absorbée par évaporation directe de la surface du sol semble avoir été généralement exagérée, ne tenant pas suffisamment compte de l'humidité transportée vers le bas ou dans une direction latérale, par infiltration ou par des crevasses dans les couches rocheuses supérieures. ou des couches terreuses. Selon Wittwer, Mariotte a constaté que seul un sixième des précipitations dans le bassin de la Seine était déversé dans la mer par ce fleuve, « de sorte qu'il en restait cinq sixièmes pour l'évaporation et la consommation par le monde organique ». [394]

Le lieutenant Maury, dont la réputation scientifique, quoique déchue, n'est pas tout à fait descendue au niveau de son patriotisme, estime la quantité annuelle de précipitations dans la vallée du Mississippi à 620 milles cubes, le déversement de ce fleuve dans la mer à 107 milles cubes. , et conclut que "cela laisserait 513 milles cubes d'eau s'évaporer chaque année de ce bassin fluvial". [395] Dans ces calculs et d'autres semblables, l'eau transportée dans la terre par des capillaires et des conduits plus grands est totalement perdue de vue, et aucune considération n'est accordée à l'approvisionnement des sources, des puits communs et artésiens et des rivières souterraines. comme celles des grandes grottes du Kentucky, qui peuvent jaillir dans les courants d'eau douce au fond de la mer des Caraïbes, ou émerger à la lumière du jour dans la lointaine péninsule de Floride.

Les progrès de la science géologique résolument moderne ont corrigé ces vues erronées, parce que les observations sur lesquelles elle repose ont démontré non seulement l'existence, mais le mouvement de l'eau dans presque toutes les formations géologiques, ont rassemblé des preuves de la présence de grands réservoirs. à plus ou moins profondeur sous des surfaces de presque tous les caractères, et ont étudié la logique des phénomènes qui les accompagnent. La répartition de ces eaux a été minutieusement étudiée en ce qui concerne un grand nombre de localités, et bien que le mode réel de leur transmission verticale et horizontale soit encore entouré de beaucoup de doutes, les lois qui déterminent leur agrégation sont si bien comprises que, lorsque la géologie d'une région donnée étant connue, il n'est pas difficile de déterminer à quelle profondeur l'eau sera atteinte par le foreur et jusqu'à quelle hauteur elle s'élèvera.

Les mêmes principes ont été appliqués avec succès à la découverte de petites collections souterraines ou de courants d'eau, et certaines personnes ont acquis, grâce à une connaissance modérée de la structure superficielle de la terre combinée à une longue pratique, une habileté dans le choix des endroits favorables pour la découverte de petites collections souterraines ou de courants d'eau. creuser des puits, ce qui semble aux observateurs ordinaires un peu moins que miraculeux. L'abbé Paramelle, ecclésiastique français qui s'est consacré pendant quelques années à ce sujet et a été largement employé comme chercheur, affirme, dans son ouvrage sur les

Fontaines, qu'en trente-quatre ans il avait signalé plus de dix mille sources souterraines, et bien que ses spéculations géologiques fussent souvent erronées, les plus hautes autorités scientifiques d'Europe ont témoigné de la grande valeur pratique de ses méthodes et de la certitude presque infaillible de ses prédictions. [396]

Babinet cite un proverbe français : « Les pluies d'été ne mouillent rien » et l'explique comme signifiant que l'eau de ces pluies est « presque totalement absorbée par évaporation ». « Les pluies d'été, ajoute-t-il, si abondantes qu'elles soient, ne pénètrent pas dans le sol à plus de 15 ou 20 centimètres de profondeur. En été, le pouvoir d'évaporation de la chaleur est cinq à six fois plus grand qu'en hiver. , et ce pouvoir est exercé par une atmosphère capable de contenir cinq fois plus de vapeur qu'en hiver. "Une couche de neige qui empêche l'évaporation [du sol] fait filtrer presque toute l'eau qui la compose dans la terre et forme une réserve pour les sources, les puits et les rivières qui ne pourraient être alimentés par aucune quantité de pluie estivale. ". "Cette dernière, utile à la végétation comme la rosée, ne pénètre pas dans le sol et n'accumule pas de réserve pour alimenter les sources et être amenée par elles à l'air libre." [397] Cette conclusion, si applicable qu'elle puisse être au climat et au sol de la France, est trop largement formulée pour être acceptée comme une vérité générale, et dans les pays où les précipitations sont faibles pendant les mois d'hiver, l'observation familière montre que la quantité de l'eau produite par les puits profonds et les sources naturelles ne dépend pas moins des pluies de l'été que de celles du reste de l'année, et, par conséquent, qu'une grande partie des précipitations de cette saison doit se diriger vers des couches trop profondes pour perdre de l'eau. par évaporation.

L'approvisionnement des réservoirs et des courants souterrains, ainsi que des sources, provient sans aucun doute principalement de l'infiltration, et doit donc être affecté par tous les changements de la surface naturelle qui accélèrent ou retardent le drainage du sol, ou qui favorisent ou obstruent. l'évaporation de celui-ci. Il a suffisamment ressorti de ce qui précède que le drainage spontané des terrains défrichés est plus rapide que celui de la forêt, et par conséquent que l'abattage des bois, ainsi que l'assèchement des marécages, privent les eaux souterraines d'apports. qui autrement leur serait transmis par infiltration. Le même effet est produit par les dispositifs artificiels pour sécher le sol, soit par des fossés ouverts, soit par des tuyaux ou des canaux souterrains, et à mesure que la sphère de ces opérations s'étend, l'effet de ces opérations ne peut manquer de se faire sentir de plus en plus sensiblement dans la diminution de l'approvisionnement en eau fournie par les puits et les sources courantes. [398]

Il est sans aucun doute vrai que les sols meubles, dépouillés de végétation et brisés par la charrue ou d'autres procédés de culture, peuvent, jusqu'à ce qu'ils soient à nouveau tapissés d'herbes ou d'autres plantes, absorber plus d'eau de pluie et de neige que lorsqu'ils étaient recouverts par une végétation naturelle ; mais il est vrai aussi que l'évaporation de ces sols est augmentée dans une proportion encore plus grande. La pluie pénètre à peine sous le gazon, mais s'écoule à la surface ; et après les plus fortes averses, un champ labouré sera souvent séché par évaporation avant que l'eau puisse être évacuée par infiltration, tandis que le sol d'un bosquet voisin restera à moitié saturé pendant des semaines entières. Les sols sableux reposent fréquemment sur un sous-sol tenace, à une profondeur modérée, comme on le voit habituellement dans les plaines de pins des États-Unis, où les mares d'eau de pluie s'accumulent dans de légères dépressions à la surface de la terre, dont la couche supérieure est aussi poreuse. comme une éponge. En terrain découvert, ces mares sont très vite asséchées par le soleil et le vent ; dans les bois, ils restent non évaporés assez longtemps pour que l'eau se diffuse latéralement jusqu'à ce qu'elle trouve dans le sous-sol des crevasses par lesquelles elle peut s'échapper, ou des pentes qu'elle peut suivre jusqu'à leur affleurement ou descendre le long d'elles jusqu'aux couches inférieures.

La facilité avec laquelle l'eau non obstruée par des couches imperméables se diffuse à travers la terre dans toutes les directions, et, par conséquent, l'importance de maintenir l'approvisionnement des réservoirs souterrains, trouvent une illustration familière dans l'effet de paver le sol autour des tiges de vigne. et des arbres. La surface de la terre autour du tronc d'un arbre peut être rendue parfaitement imperméable à l'eau, par des dalles et du ciment, sur une distance supérieure à la largeur des racines ; et pourtant l'arbre ne souffrira pas du manque d'humidité, sauf lors de sécheresses assez graves pour affecter l'approvisionnement des puits profonds et des sources. Les arbres forestiers et fruitiers poussent bien dans les villes où les rues et les cours sont étroitement pavées et où même l'accès latéral de l'eau aux racines est plus ou moins obstrué par des caves profondes et des murs de fondation. Les veines et les nappes d'eau profondes, alimentées par infiltration par le haut, envoient l'humidité par attraction capillaire, et le revêtement empêche le sol situé en dessous de perdre son humidité par évaporation. Ainsi, les arbres cultivés en ville trouvent suffisamment d'humidité pour leurs racines et, bien qu'en proie à la fumée et à la poussière, conservent souvent leur fraîcheur tandis que ceux plantés en plein champ, où le soleil et le vent assèchent le sol plus vite que les fontaines souterraines ne peuvent l'arroser, sont en train de dépérir à cause de la sécheresse. Sans le secours de conduits artificiels ni de porteurs d'eau, la Tamise et la Seine rafraîchissent les arbres d'ornement qui ombragent les rues de Londres et de Paris, et sous la moisissure chaude et puante de l'Egypte, le Nil envoie des courants jusqu'à l'extrême frontière de son territoire. vallée. [399]


### *Puits artésiens.*

L'existence des puits artésiens dépend de celle des réservoirs et des rivières souterrains, et l'approvisionnement fourni par les forages est réglé par l'abondance de ces sources. Les eaux de la terre proviennent, dans bien des cas, de courants superficiels qu'on voit se déverser dans des gouffres ouverts, pour ainsi dire, expressément pour leur réception ; et dans d'autres où aucune ouverture dans la croûte terrestre n'a été détectée, leur existence est prouvée par le fait que des puits artésiens remontent parfois de grandes profondeurs des graines, des feuilles et même des poissons vivants, qui ont dû être transportés par de grands canaux. assez pour admettre un flux considérable. Mais en général, les nappes et les courants d'eau atteints par les forages profonds semblent être principalement dus à une infiltration depuis les hautes terres où l'eau est d'abord collectée dans des réservoirs superficiels ou souterrains. Au moyen de canaux conformes au pendage des couches, ces réservoirs communiquent avec les bassins inférieurs et exercent sur eux une pression de fluide suffisante pour faire remonter une colonne à la surface, chaque fois qu'un orifice est ouvert. [400] L'eau fournie par un puits artésien provient donc souvent de sources éloignées et peut être totalement insensible aux changements géographiques ou météorologiques dans son voisinage immédiat, tandis que les mêmes changements peuvent tout à fait assécher les puits communs et les sources qui sont alimentés. seulement par l'infiltration locale de leurs propres bassins étroits.

Dans la plupart des cas, les puits artésiens ont été forés à des fins purement économiques ou industrielles, par exemple pour obtenir de l'eau de bonne qualité pour un usage domestique ou pour faire fonctionner des machines légères, pour atteindre des sources salines ou d'autres sources minérales, et récemment, en Amérique, pour ouvrir des fontaines de pétrole. ou de l'huile de roche. Les effets géographiques et géologiques d'une telle extraction de fluides des entrailles de la terre sont trop lointains et incertains pour être remarqués ici ; [401] mais les puits artésiens ont récemment été employés en Algérie dans un but qui a encore aujourd'hui une importance substantielle et qui pourrait acquérir par la suite une très grande importance géographique. De nombreux voyageurs anciens et récents en Orient, parmi lesquels Shaw mérite une mention spéciale, ont observé que le désert libyen, bordant les rives cultivées de la Méditerranée, semblait en de nombreux endroits reposer sur un lac souterrain à une distance accessible. en dessous de la surface. On dit vaguement que les Maures ont *creusé* des puits artésiens jusqu'à ce réservoir, pour obtenir de l'eau pour l'usage domestique et l'irrigation, mais je ne trouve de tels puits décrits par aucun voyageur digne de confiance, et l'étonnement et l'incrédulité universels avec lesquels les tribus indigènes considéraient la situation. Les opérations des ingénieurs français envoyés dans le désert à cet effet, sont une preuve suffisante que ce mode d'atteindre les eaux souterraines était nouveau pour eux. Ils connaissaient pourtant l'existence de l'eau sous les sables et savaient adroitement creuser des puits, puits carrés bordés d'une armature de tiges de palmiers, jusqu'au niveau de la nappe. Les puits ainsi construits, bien qu'ils ne soient pas techniquement des puits artésiens, répondent au même objectif ; car l'eau monte à la surface et coule dessus comme d'une source. [402]

Ces puits, cependant, sont trop peu nombreux et trop peu nombreux pour servir à d'autres fins que les puits domestiques des autres pays, et ce n'est que récemment que la transformation du désert en terres cultivables par ce moyen a été sérieusement tentée. Le gouvernement français a foré en quelques années un grand nombre de puits artésiens dans le désert algérien et les cheikhs indigènes commencent à en profiter. Chaque puits devient le noyau d'un habitat proportionné à l'approvisionnement en eau, et avant la fin des années 1860, plusieurs tribus nomades avaient abandonné leur vie errante, s'étaient établies autour des puits et avaient planté plus de 30 000 palmiers, en plus d'autres plantes vivaces. légumes. [403] L'eau se trouve à une faible profondeur, généralement de 100 à 200 pieds, et bien que contenant une trop grande proportion de matières minérales pour être acceptable pour un palais européen, elle répond bien à l'irrigation et ne se révèle pas malsaine pour l'eau. indigènes.

L'utilisation la plus évidente des puits artésiens dans le désert à l'heure actuelle est celle de créer des stations pour l'établissement de postes militaires et de lieux d'étape pour les voyageurs du désert ; mais si l'approvisionnement en eau s'avère suffisant pour l'extension indéfinie du système, il est probablement destiné à produire une transformation géographique plus grande que celle jamais réalisée par aucun projet d'amélioration humaine. Le contraste le plus frappant des paysages que la nature rapproche dans le temps ou dans l'espace est celui entre la verdure des tropiques, ou d'un été nordique, et le voile neigeux d'un hiver sans feuilles. À côté de cela, dans l'étonnante nouveauté de l'effet, il faut classer la transition soudaine de l'oasis ombragée et verdoyante du désert à l'océan nu et brûlant de sable et de roches aux couleurs festives qui l'entoure. [404] Le croyant le plus optimiste au progrès humain indéfini ne s'attend guère à ce que la ruse de l'homme accomplisse l'accomplissement universel de la prophétie, « le désert fleurira comme la rose », dans son sens littéral ; mais des géographes sobres ont considéré que la conversion future des plaines sablonneuses de l'Afrique du Nord en jardins fertiles, au moyen de puits artésiens, n'était pas une attente improbable. Ils sont allés plus loin et ont soutenu que, si le sol était couvert de champs et de forêts, la végétation attirerait l'humidité du ciel libyen, et que les averses qui tombent aujourd'hui sur la mer ou qui inondent si souvent l'Europe du Sud d'inondations destructrices , se condenserait en partie sur les déserts arides de l'Afrique, et donnerait ainsi, sans autre aide de l'homme, l'abondance à des régions que la nature semble avoir condamnées à une désolation perpétuelle.

Une spéculation tout aussi audacieuse, fondée sur le fait bien connu, que la température de la terre et de ses eaux internes augmente à mesure que l'on descend sous la surface, a suggéré que les puits artésiens pourraient fournir de la chaleur à des fins industrielles et domestiques, pour les serres. la culture, et même pour l'amélioration locale du climat. Le succès avec lequel le comte Lardarello a employé les sources chaudes naturelles pour l'évaporation de l'eau chargée d'acide boracique, et d'autres applications heureuses de la chaleur des sources thermales, donnent quelque apparence à ce dernier projet ; mais toutes deux doivent, pour le moment, être classées parmi les vagues possibilités de la science, et non considérées comme de futurs triomphes probables de l'homme sur la nature.

### *Sources artificielles.*

Un projet plus plausible et invitant est celui de la création de sources pérennes en récupérant l'eau de pluie et de neige, en la stockant dans des réservoirs artificiels de terre et en la filtrant à travers des strates purificatrices, en analogie avec les opérations de la nature. Le sagace Palissy, partant de la théorie selon laquelle toutes les sources proviennent principalement des précipitations, et raisonnant justement sur l'accumulation et le mouvement de l'eau dans la terre, se proposa de réduire la théorie à la pratique et d'imiter les processus naturels par lesquels la pluie est absorbée par la terre. la terre et redistribué dans les fontaines courantes. "Quand j'eus longuement et diligemment considéré la cause de la source des fontaines naturelles et les endroits où elles ont l'habitude de jaillir", dit-il, "j'ai enfin clairement compris qu'elles procèdent et ne sont engendrées que par le Et c'est cela, voyez-vous, qui m'a poussé à entreprendre la collecte de l'eau de pluie à la manière de la nature, et le plus fidèlement à sa mode que je peux, et je suis bien assuré qu'en suivant les Formulaire du Créateur Suprême des fontaines, je peux créer des sources dont l'eau sera aussi bonne, pure et claire que celle d'une eau naturelle. [405] Palissy discute longuement et avec beaucoup d'habileté du sujet de l'origine des sources, s'attardant spécialement sur l'infiltration, et, entre autres choses, explique ainsi la fréquence des sources dans les régions montagneuses : « Après avoir bien réfléchi à cela, tu peux clairement voyez la raison pour laquelle il y a plus de sources et de ruisseaux qui sortent des montagnes que du reste de la terre, ce qui n'est dû à aucune autre cause que le fait que les rochers et les montagnes retiennent l'eau des pluies comme des vases d'airain. tombant sur lesdites montagnes, descendent continuellement à travers la terre et à travers les crevasses, et ne s'arrêtent pas jusqu'à ce qu'ils trouvent un endroit dont le fond est recouvert de pierre ou de rochers serrés et épais ; et ils reposent sur ce fond jusqu'à ce qu'ils trouvent un canal ou une autre manière d'issue. , puis ils s'écoulent en sources, en ruisseaux ou en rivières, selon la grandeur des réservoirs et de leurs débouchés. [406]

Après un exposé complet de sa théorie, Palissy décrit sa méthode de création de sources, qui est sensiblement la même que celle récemment proposée par Babinet, dans les termes suivants : « Choisissez un terrain contenant quatre ou cinq acres, avec un sol sablonneux. , et avec une pente douce pour déterminer l'écoulement de l'eau. Le long de sa ligne supérieure, creuser une tranchée de cinq ou six pieds de profondeur et six pieds de largeur. Niveler le fond de la tranchée, et la rendre imperméable par du pavage, par du macadamisation, par du bitume, ou, plus simplement et à moindre coût, par une couche d'argile. A côté de cette tranchée, creusez-en une autre, et jetez-en la terre dans la première, et ainsi de suite jusqu'à ce que vous ayez rendu le sous-sol de toute la parcelle imperméable à la pluie. Construisez un mur le long de la ligne inférieure avec une ouverture au milieu pour l'eau, et plantez des fruits ou d'autres arbres bas sur l'ensemble, pour ombrager le sol et arrêter les courants d'air qui favorisent l'évaporation. Cela vous donnera infailliblement une bonne source qui coulera sans interruption et pourvoira aux besoins de tout un hameau ou d'un grand château. [407] Babinet déclare que la quantité totale de précipitations sur un réservoir de la région proposée, dans le climat de Paris, serait d'environ 13,000 yards cubes, dont pas plus de la moitié, pense-t-il, serait perdue, et, bien entendu, , l'autre moitié resterait disponible pour alimenter le printemps. Je doute fort que cette attente se réalise dans la pratique, dans toute son étendue ; car si Babinet a raison de supposer que les pluies d'été sont entièrement évaporées, les pluies d'hiver, étant bien moindres, suffiraient à peine à maintenir la terre saturée et à dégager un si grand excédent.

La méthode de Palissy, cependant, comme je l'ai dit, semblable en principe à celle de Babinet, serait moins coûteuse à exécuter et, en même temps, plus efficace. Il propose la construction de réceptacles filtrants relativement petits, dans lesquels il conduirait la pluie tombant sur une vaste zone de colline rocheuse ou sur un autre terrain en pente qui n'absorbe pas facilement l'eau. Ce processus serait, selon toute probabilité, un moyen très efficace et peu coûteux d'économiser les précipitations atmosphériques et de contraindre la pluie et la neige à former à volonté des fontaines pérennes.

### Économiser les précipitations.

Les méthodes suggérées par Palissy et par Babinet sont d'application limitée et ne visent qu'à fournir une quantité d'eau suffisante pour l'usage domestique de petits villages ou de grands établissements privés. Dumas a proposé un système beaucoup plus étendu pour recueillir et retenir toutes les précipitations dans des vallées considérables, et les stocker dans des réservoirs, d'où elles doivent être puisées pour des usages domestiques et mécaniques, pour l'irrigation, et, en un mot, pour tous les usages nécessaires à la vie. à laquelle l'eau des sources naturelles et des ruisseaux est applicable. Son plan consiste à drainer à la fois la surface et le sous-sol, au moyen de conduits de construction différente selon les circonstances locales, mais pour l'essentiel semblables à ceux employés dans l'agriculture améliorée, en collectant l'eau dans un canal central, en assurant son bon filtrage, en vérifiant son écoulement rapide par des barrières en des points convenables, et finalement réception du tout dans de spacieux réservoirs couverts, d'où il peut être déchargé avec un débit constant ou à des intervalles selon la convenance. [408]

Il n'y a aucun doute raisonnable qu'il est possible d'utiliser très largement ces divers dispositifs destinés à économiser et à fournir de l'eau, et l'opportunité d'y recourir est presque purement une question économique. Il ne semble y avoir aucune raison sérieuse d'en craindre des maux collatéraux, et en fait tous, à l'exception des puits artésiens, ne sont que des méthodes indirectes de retour aux arrangements originels de la nature, ou, en d'autres termes, de rétablissement de la circulation fluide des eaux. le globe; car lorsque la terre était couverte de forêts, des sources éternelles jaillissaient du pied de chaque colline, des ruisseaux coulaient dans le lit de chaque vallée. La récupération partielle des fontaines et des ruisseaux qui arrosaient autrefois abondamment le monde agricole semble réalisable par de tels moyens, même sans replantation générale des forêts ; et le coût d'une année de guerre, s'il était judicieusement dépensé dans une combinaison des deux méthodes d'amélioration, assurerait, à presque tous les pays épuisés par l'homme, une amélioration du climat, une fertilité rénovée du sol et une amélioration physique générale, qui pourrait presque être qualifié de nouvelle création.

# CHAPITRE V

## LES SABLES.

ORIGINE DU SABLE—SABLE MAINTENANT TRANSPORTÉ VERS LA MER—LES SABLES D'ÉGYPTE ET LE DÉSERT ADJACENT—LE CANAL DE SUEZ——LES SABLES D'ÉGYPTE—DUNES CÔTIÈRES ET PLAINES DE SABLE—BANCS DE SABLE—DUNES SUR LA CÔTE D'AMÉRIQUE—DUNES DE L'OUEST EUROPE — FORMATION DES DUNES — CARACTÈRE DU SABLE DES DUNES — STRUCTURE INTÉRIEURE DES DUNES — FORME DES DUNES — IMPORTANCE GÉOLOGIQUE DES DUNES — DUNES INTÉRIEURES — ÂGE, CARACTÈRE ET PERMANENCE DES DUNES — UTILISATION DES DUNES COMME BARRIÈRE CONTRE LA MER — EMPIEDEMENTS DE LA MER —LE LIIMFJORD—EMPIEMENTEMENTS DE LA MER—DÉRIVE DES SABLES DES DUNES—DUNES DE GASCONE—DUNES DU DANEMARK—DUNES DE PRUSSE—FORMATION ARTIFICIELLE DE DUNES—ARBRES ADAPTÉS AUX PLANTATIONS DE DUNE— ÉTENDUE DES DUNES EN EUROPE—VIGNOBLES DE DUNE DU CAP-BRETON—ENLÈVEMENT DES DUNES — PLAINES SABLEUSES INTÉRIEURES — LANDES DE GASCONE — CAMPINE BELGE — SABLES ET STEPPES DE L'EUROPE DE L'EST — AVANTAGES DE LA RÉCUPÉRATION DES DUNES — TRAVAUX D'AMÉLIORATION GOUVERNEMENTAUX.

### *Origine du sable.*

Le sable, que l'on trouve dans les lits ou les strates au fond de la mer ou dans les canaux des rivières, ainsi que dans les dépôts étendus sur ou sous la surface de la terre ferme, semble être constitué essentiellement de détritus de roches. On ne sait pas toujours clairement par quel moyen la roche solide a été réduite à l'état granulaire ; car il existe des lits de sable quartzeux où la forme angulaire et acérée des particules rend très improbable qu'elles aient été formées par abrasion et attrition graduelles, et où la supposition d'une force mécanique écrasante semble également inadmissible. Dans le sable commun, les grains de quartz sont les plus nombreux ; mais ceci n'est pas une preuve que les roches dont provenaient ces particules étaient entièrement, ou même principalement, de caractère quartzeux ; car, dans beaucoup de roches composites, comme par exemple dans le groupe granitique, le mica, le felspath et la hornblende sont plus facilement décomposés par l'action chimique, ou désintégrés, fragmentés et réduits à un état impalpable par la force mécanique, que le quartz. . Par conséquent, lors de la destruction de telles roches, le quartz survivrait aux autres ingrédients et resterait sans mélange, lorsqu'ils auraient été décomposés et entrés dans de nouvelles combinaisons chimiques, ou bien réduits en boue et emportés par les courants d'eau.

La densité plus ou moins grande des différents constituants de la roche aide sans doute à les séparer en masses distinctes une fois désintégrées, bien qu'il existe des lits de sable veinés et stratifiés où la différence entre les couches supérieures et inférieures, à cet égard, est trop légère. être supposé capable d'effectuer une séparation complète. [409] Dans les cas où la roche a été réduite en fragments sableux par la chaleur ou par d'obscures forces chimiques et autres forces moléculaires, les lits de sable peuvent rester intacts et représenter, dans la série de strates géologiques, les formations solides dont ils sont issus. Les grandes masses de sable non trouvées sur place ont été transportées et accumulées par l'eau ou par le vent, le premier étant généralement considéré comme le plus important de ces agents ; car les vastes dépôts du Sahara, des déserts de Perse et de celui de Gobi sont communément supposés avoir été balayés ou distribués par les courants marins, et avoir été élevés au-dessus de l'océan par les mêmes moyens que d'autres couches soulevées. .

Les influences météorologiques et mécaniques sont encore actives dans la réduction des roches à l'état fragmentaire ; mais la quantité de sable transportée aujourd'hui vers la mer semble relativement peu considérable, parce que, sans parler de l'absence d'action diluvienne, le nombre des torrents se jetant directement dans la mer est bien moindre qu'il ne l'était aux époques antérieures. La formation de plaines alluviales dans les baies maritimes, par les matières sédimentaires descendues des montagnes, a allongé le cours de ces cours d'eau et les a convertis très généralement en rivières, ou plutôt en affluents de rivières beaucoup plus jeunes qu'eux. Le comblement des estuaires a tellement réduit la pente de toutes les grandes et de nombreuses petites rivières et, par conséquent, a tellement freiné le courant de ce que les Allemands appellent leur Unterlauf, *ou* cours inférieur, qu'ils sont beaucoup moins capables de transporter des matériaux lourds que les Allemands. à des époques antérieures. La vase déposée par les rivières à leur jonction avec la mer se révèle généralement composée de matériaux trop finement broyés et trop légers pour être appelés sable, et on peut abondamment démontrer que les bancs de sable à la sortie des grands cours d'eau sont dus aux marées. non d'origine fluviatile, ou, dans les lacs et les mers sans marée, résultat de l'action concurrente des vagues et du vent.

Les grands dépôts de sable doivent donc en général être considérés comme étant de formation ancienne et non récente, et de nombreux géologues éminents les attribuent à l'action diluvienne. Staring a discuté cette question de manière très approfondie, en faisant particulièrement référence aux sables de la mer du Nord, au Zuiderzee et aux baies et canaux de la côte hollandaise. [410] Sa conclusion générale est que les rivières des Pays-Bas « déplacent le sable uniquement par un déplacement très lent des bancs de sable et ne l'entraînent pas avec elles comme matériau en suspension ou flottant ». Il considère que les sables de l'océan allemand sont un produit de la « grande dérive nord-allemande », déposés là où ils se trouvent maintenant avant le début de la période géologique actuelle, et il maintient des opinions similaires en ce qui concerne les sables rejetés par la Méditerranée. aux embouchures du Nil et sur la côte de Barbarie. [411]

## *Le sable est désormais transporté vers la mer.*

Il existe cependant des cas où les ruisseaux de montagne apportent encore à la mer des quantités peut-être relativement petites, mais certainement absolument importantes, de roches désintégrées. [412] La quantité de sable et de gravier charriée dans la Méditerranée par les torrents des Alpes maritimes, des Apennins ligures, des îles de Corse, de Sardaigne et de Sicile, et des montagnes de Calabre, est apparemment grande. En termes de masse, il est possible, sinon probable, que l'Europe, même en excluant les rives de l'Adriatique et du Pont-Euxin, ait apporté au bassin de la Méditerranée autant de matériaux rocheux, plus ou moins fragmentés, que ceux rejetés par les eaux. sur les côtes d'Afrique et de Syrie. Une grande partie de cette matière est rejetée par les vagues sur les côtes européennes de cette mer. Les ports de Luni, Albenga, San Remo et Savona à l'ouest de Gênes, et de Porto Fino de l'autre côté, se remplissent, et la côte près de Carrara et Massa aurait avancé sur la mer jusqu'à une distance de 475 pieds. dans trente-trois ans. [413] En outre, nous n'avons aucune preuve de l'existence de courants d'eau profonde en Méditerranée, suffisamment étendus et suffisamment forts pour transporter du sable quartzeux à travers la mer. On peut ajouter qu'une grande partie de la roche dont sont issus les sables torrentiels du sud de l'Europe contient peu de quartz, et par conséquent le caractère général de ces sables est tel qu'ils doivent être décomposés ou réduits en une vase impalpable, longtemps avant de pouvoir être emporté vers la côte africaine.

Les torrents d'Europe ne fournissent donc pas actuellement la matière qui compose les sables des plages de l'Afrique du Nord, et il est également certain que ces sables ne sont pas charriés par les rivières de ce dernier continent. Ils appartiennent à une période géologique reculée et ont été accumulés par des causes que nous ne pouvons pas attribuer actuellement. Le vent ne soulève pas l'eau à de grandes profondeurs avec une force suffisante pour troubler le fond, [414] et le sable jeté sur la côte en question doit provenir d'une étroite bande de mer. Il faudra donc qu'il s'épuise avec le temps, et que la formation de nouveaux bancs de sable et de nouvelles dunes sur les rives méridionales de la Méditerranée cessera enfin, faute de matériel. [415]

Mais même dans les cas où les accumulations de sable dans de vastes déserts semblent être de formation marine, ou plutôt d'agrégation, et avoir été amenées à leur position actuelle par un soulèvement, elles ne sont pas entièrement composées de matériaux collectés ou distribués par les courants d'eau. la mer; car, dans toutes ces régions, ils continuent à recevoir quelques petites contributions de la désintégration des roches qui sont sous-jacentes ou qui affleurent à travers les dépôts superficiels. Dans certains cas aussi, comme en Afrique du Nord, la masse s'ajoute constamment à la prédominance des vents marins, qui transportent ou, pour parler plus précisément, roulent le sable de plage le plus fin sur des distances considérables vers l'intérieur. Mais c'est un processus très lent, et les exagérations des voyageurs ont répandu beaucoup d'erreurs populaires sur ce sujet.

### *Sables d'Egypte.*

Dans l'étroite vallée du Nil, qui, au-dessus de sa bifurcation près du Caire, est, dans toute l'Egypte et la Nubie, généralement délimitée par des falaises abruptes, partout où se trouve un ravin ou autre dépression considérable dans la paroi rocheuse, on voit ce qui semble être un ruisseau de le sable du désert s'est déversé, et les observateurs communs ont donc conclu que la vallée entière risque d'être ensevelie sous une couche de sol stérile. Les anciens Égyptiens l'avaient compris et érigèrent des murs, souvent en briques crues, à l'embouchure des gorges et des vallées latérales, pour contrôler l'écoulement des ruisseaux de sable. Au cours des époques ultérieures, ces murs sont pour la plupart tombés en ruine et aucune mesure préventive contre de tels empiètements n'est aujourd'hui prise. Mais l'étendue des dégâts causés au sol égyptien et le danger futur provenant de cette source ont été largement surestimés. Le sable sur les bords du Nil n'est ni soulevé si haut par le vent, ni transporté par ce moyen en masses aussi grandes, comme on le croit généralement ; et de ce qui est effectivement soulevé ou roulé et finalement déposé par les courants d'air, une proportion considérable est soit calcaire, et par conséquent facilement décomposable, soit à l'état de poussière très fine, et ainsi, dans aucun des cas, nuisible à l'environnement. sol. Il existe en effet, tant en Afrique qu'en Arabie, des étendues considérables de sable fin et siliceux, qui peuvent être emportées au loin par des vents violents, mais ce sont des cas exceptionnels, et en général la progression du sable du désert se fait par un mouvement de roulement le long de la côte. surface. [416] Il est si peu soulevé, et si peu considérable est la quantité qui reste encore sur les frontières de l'Égypte, qu'un mur de quatre ou cinq pieds de haut suffit pendant des siècles pour arrêter ses empiètements. Cela saute aux yeux de tout observateur qui préfère le vrai au merveilleux ; mais la vieille fable de l'écrasement des caravanes par les redoutables simoom — que même les Arabes ne répètent plus, s'ils en sont les auteurs — est si profondément enracinée dans l'imagination de la chrétienté que la plupart des voyageurs du désert, du La classe touristique pense qu'ils décevront les lecteurs de leurs journaux s'ils ne racontent pas les détails de leur évasion après avoir été enterrés vivants par une tempête de sable, et la demande populaire d'une « sensation » doit être satisfaite en conséquence. [417]

Une autre circonstance est à considérer pour apprécier le danger auquel sont exposées les terres arables de l'Egypte. Le vent dominant dans la vallée du Nil et ses bords vient du nord, et l'on peut dire sans exagération que le vent du nord souffle pendant les trois quarts de l'année. [418] L'effet des vents qui soufflent sur la vallée est de chasser les sables du plateau désertique qui la borde, dans une direction parallèle à l'axe de la vallée, et non transversalement à celui-ci ; et s'il courait en ligne droite, le vent du nord n'y emporterait pas de sable du désert. Il y a cependant à la fois des courbes et des angles dans son parcours, et par conséquent, partout où sa direction s'écarte de celle du vent, il peut recevoir des amas de sable provenant de la plaine désertique qu'il traverse. Mais, au cours des âges, les vents ont, dans une large mesure, mis à nu les points saillants de leurs anciens dépôts, et il ne reste plus de grandes accumulations dans des situations d'où un vent du nord ou du sud les emporterait dans la vallée. [419]

### Le canal de Suez.

Ces considérations s'appliquent avec la même force au prétendu danger d'obstruction du canal de Suez par la dérive des sables du désert. Les vents qui traversent l'isthme viennent presque uniformément du nord, et ils l'ont balayé des sables volants depuis longtemps. Les traces de l'ancien canal entre la mer Rouge et le Nil se suivent facilement sur une distance considérable depuis Suez. Si les dérives sur l'isthme avaient été aussi formidables que certains l'ont craint et que d'autres l'ont espéré, ces traces auraient été effacées et le lac Timsah et les lacs Amers se seraient remplis il y a plusieurs siècles. Les quelques particules poussées par les rares vents d'est et d'ouest vers la ligne du canal seraient facilement arrêtées par des plantations ou d'autres méthodes simples, ou éliminées par dragage. Les véritables dangers et difficultés de cette magnifique entreprise — et ils sont grands — résident dans la nature des sols à enlever pour former la ligne, et surtout dans l'accumulation sans cesse croissante de sable marin au terminus sud par les marées de la mer Rouge, et au nord, par l'action des vents. Les deux mers sont peu profondes à des kilomètres du rivage, et le creusement et l'entretien de chenaux profonds et de ports spacieux avec des entrées faciles et sûres, dans de telles localités, est sans aucun doute l'un des problèmes les plus difficiles qui soient proposés aux ingénieurs modernes pour une solution pratique.

## *Sables d'Egypte.*

Le sable que laisse tomber en Egypte le vent du nord ne vient pas du désert, mais d'une source bien différente : la mer. Des quantités considérables de sable sont rejetées par la Méditerranée, au niveau et entre les embouchures du Nil, et même le long de presque toute la côte sud de cette mer, et dérivent vers l'intérieur sur des distances variables selon la force du vent et l'abondance. et la qualité du matériel. Le sable ainsi transporté contribue à l'élévation graduelle du delta, ainsi que des rives et du lit du fleuve lui-même. Mais à mesure que le lit du ruisseau s'élève, la hauteur de l'eau dans les inondations annuelles augmente également, et à mesure que l'inclinaison du canal diminue, la rapidité du courant est freinée et le dépôt de la vase il est tenu en suspension par conséquent promu. Ainsi les vents et l'eau, se déplaçant dans des directions contraires, s'unissent pour produire un effet commun.

Le sable, soufflé sur le Delta et les terres cultivées en amont du cours d'eau pendant l'inondation, est recouvert ou mélangé à la terre fertile apportée par le fleuve, et il n'en résulte aucun dommage grave. Celui qui s'est répandu sur le même terrain après que l'eau s'est apaisée et pendant la courte période où le sol n'est pas remué par la culture ni recouvert par l'inondation, forme une mince pellicule sur la surface dans la mesure où elle s'étend et sert à diviser et à distinguer. les couches successives de bave déposées par les inondations annuelles. Les particules emportées par le vent sur la plage sont entraînées vers l'avant, par un mouvement de saut, ou roulées le long de la surface, jusqu'à ce qu'elles soient arrêtées par l'arrêt temporaire du vent, par la végétation ou par quelque autre obstacle, et elles peuvent , au fil du temps, s'accumulent en grandes masses, sous le vent des projections rocheuses, des bâtiments ou d'autres barrières qui brisent la force du vent.

C'est dans ces faits que nous trouvons la véritable explication des amoncellements de sable qui ont enseveli à moitié le Sphinx et tant d'autres monuments antiques dans cette partie de l'Egypte. Ces dérives, comme je l'ai dit, ne viennent pas principalement du désert, mais de la mer ; et, comme on peut le supposer d'après la distance qu'ils ont parcourue, ils ont mis longtemps à se rassembler. Alors que l'Égypte était un royaume grand et florissant, des mesures furent prises pour protéger son territoire contre l'empiétement du sable, que ce soit du désert ou de la mer ; mais les conquérants étrangers, qui détruisirent un si grand nombre de ses monuments religieux, n'épargnèrent pas ses travaux publics, et le processus de dégradation physique commença sans doute dès l'invasion perse. La nécessité urgente, qui a forcé toutes les tyrannies successives de l'Egypte d'entretenir quelques-uns des canaux et autres aménagements d'irrigation, ne s'est pas fait sentir pour l'avancement des sables ; car leur progrès était si lent qu'il était à peine perceptible au cours d'un seul règne, et une longue expérience a montré que, par l'effet naturel des inondations, le sol cultivable de la vallée s'étend, dans son ensemble, sur le domaine. du désert, sans reculer devant lui.

Les oasis du désert libyen, comme celles de nombreux déserts asiatiques, ne disposent pas de telles garanties. Les sables empiètent rapidement sur eux et menacent bientôt de les engloutir, à moins que l'homme n'ait recours à des puits artésiens et à des plantations, ou à quelque autre moyen efficace pour arrêter l'avancée de ce redoutable ennemi, à temps pour sauver ces îles désertes de l'invasion. destruction définitive.

Les accumulations de sable sont, dans certains cas, bénéfiques comme protection contre les ravages de la mer ; mais, en général, le voisinage, et spécialement le déplacement des masses de cette matière, sont destructeurs pour l'industrie humaine, et c'est pourquoi, dans les pays civilisés, des mesures sont prises pour empêcher sa propagation. Cependant, cela ne peut être fait que là où la population est nombreuse et éclairée, et où la valeur du sol, ou des constructions artificielles et des améliorations qui y sont apportées, est considérable. C'est pourquoi, dans les déserts d'Afrique et d'Asie, et dans les terres habitées qui les bordent, on ne prend généralement aucune peine pour arrêter les congères, et une fois les champs, les maisons, les sources ou les canaux d'irrigation couverts ou obstrués. , le quartier est abandonné sans lutte et livré à une désolation perpétuelle. [420]

### *Dunes de sable et plaines de sable.*

Deux formes de dépôt de sable sont particulièrement importantes dans la géographie européenne et américaine. L'une est celle d'une dune ou d'une butte mouvante sur la côte, l'autre celle d'une plaine aride à l'intérieur. Les dunes côtières sont composées de sable emporté par les vagues des profondeurs de la mer et entassé en collines et en crêtes par les vents. Le sable dont de nombreuses plaines sont couvertes semble parfois avoir été déposé sur elles alors qu'elles étaient encore submergées, parfois avoir été dérivé de la côte de la mer et dispersé sur elles par les courants de vent, parfois avoir été emporté sur elles par le courant. eau. Dans ces derniers cas, le dépôt, bien qu'en soi considérable, est relativement étroit en étendue et irrégulièrement distribué, tandis que, dans le premier, il est souvent uniformément réparti sur une très large surface. Dans tous les grands corps, de quelque sorte que ce soit, les grains siliceux sont le constituant principal, quoique, lorsqu'ils ne résultent pas de la désintégration d'une roche siliceuse et restent encore en place, ils sont généralement accompagnés d'un mélange plus ou moins important d'autres particules minérales et de restes animaux et végétaux, [421] et leur consistance est, en outre, généralement quelque peu modifiée par les conditions toujours variables de température et d'humidité auxquelles ils ont été exposés depuis leur dépôt. A moins que la proportion de ces derniers ingrédients ne soit assez grande pour créer une certaine adhésivité dans la masse, auquel cas on ne peut plus proprement l'appeler sable, elle est stérile et, si elle n'est pas chargée d'eau, partiellement agglutinée par le fer, la chaux. , ou autre ciment, ou confiné par les alluvions reposant sur lui, il est très enclin à dériver, chaque fois que, par hasard, le réseau végétal qui, dans la plupart des cas, le recouvre légèrement et en même temps le confine, est rompu.

L'industrie humaine a non seulement réparé les dunes volantes, mais, en mélangeant de l'argile et d'autres terres tenaces avec la couche superficielle de vastes plaines sablonneuses, et par l'application de substances fertilisantes, elle les a rendues abondamment productives de vie végétale. Ces derniers processus appartiennent à l'agriculture et non à la géographie et ne sont donc pas abordés dans le cadre du présent sujet. Mais les étapes préliminaires, par lesquelles des étendues de sable stérile et meubles se transforment en collines et en plaines boisées, et finalement, par l'accumulation de moisissures végétales, en terres arables, constituent une conquête de la nature qui précède l'agriculture – une révolution géographique – et, par conséquent, l'explication des moyens par lesquels le changement a été effectué appartient proprement à l'histoire de l'influence de l'homme sur les grands traits de la géographie physique. Je procède ensuite à l'examen de la structure des dunes et à la description de la guerre que mène l'homme contre les dunes, s'efforçant d'une part de les entretenir et même de les étendre, comme une barrière naturelle contre les empiètements de la mer, et, d'autre part. d'autre part, pour contrôler leurs propensions à se déplacer et à l'errance, et les empêcher de pénétrer dans les champs qu'il a plantés et dans les habitations dans lesquelles il habite.

### *Dunes de la côte.*

Les dunes côtières sont des crêtes oblongues ou des collines rondes, formées par l'action du vent sur les sables soulevés par les vagues sur les plages des mers et parfois des lacs d'eau douce. Sur la plupart des côtes, l'apport de sable nécessaire à la formation des dunes provient des raz de marée. Le courant de la marée est plus rapide, et par conséquent sa puissance de transport plus grande que celle du reflux ; l'impulsion acquise par les particules lourdes en roulant avec l'eau, tend à les entraîner même au-delà du courant des vagues ; et au retournement de la marée, l'eau est dans un état de repos assez long pour lui permettre de laisser tomber une grande partie des matières solides qu'elle tient en suspension. Ainsi, sur toutes les côtes basses et baignées par les marées des mers à fonds sableux, il existe plusieurs conditions favorables à la formation de dépôts de sable le long de la laisse des hautes eaux. [422] Si les vents terrestres sont plus fréquents, plus longs ou plus forts que les vents marins, les sables laissés par la vague en retraite seront constamment rejetés dans l'eau ; mais si les courants d'air dominants vont dans la direction opposée, les sables seront bientôt emportés hors de portée des vagues les plus hautes et transportés continuellement de plus en plus loin à l'intérieur de la terre, à moins qu'ils ne soient obstrués par des terrains élevés, de la végétation ou d'autres choses. obstacles.

La marée, bien qu'habituelle, n'est en aucun cas une condition nécessaire aux accumulations de sable à partir desquelles se forment les dunes. La Baltique et la Méditerranée sont des mers presque sans marée, mais il y a des dunes sur les côtes russes et prussiennes de la Baltique, ainsi qu'à l'embouchure du Nil et sur de nombreux autres points des rives de la Méditerranée. Les vastes hauts-fonds de cette dernière mer, connus des anciens sous le nom de Grande et Petite Syrte, sont d'origine marine. Ils se remplissent encore de sable, apportés de plus grandes profondeurs, ou parfois dérivés de la côte en petites quantités, et seront probablement convertis, dans l'avenir, en terres arides couvertes de collines de sable. Il existe également de vastes chaînes de dunes sur les rives orientales de la Caspienne et à l'extrémité sud ou plutôt sud-est du lac Michigan. [423] Il ne fait aucun doute que ce dernier lac s'étendait autrefois beaucoup plus loin dans cette direction, mais sa partie sud s'est progressivement rétrécie et a finalement été transformée en terre solide, par suite de la prédominance des vents du nord-ouest. Ceux-ci soufflent sur le lac une grande partie de l'année et créent une série de courants vers le sud, qui entraînent le sable du lit du lac et le rejettent sur le rivage. Le sable est emporté de la plage de Michigan City par chaque vent venant de ce côté, et, après un violent coup de vent de quelques heures, des crêtes de sable peuvent être observées sur le côté nord des clôtures, comme les couronnes de neige déposées par un courant dérivant. vent en hiver. Certaines particules sont entraînées par des vents contraires, mais la plupart se logent sur ou derrière les dunes, ou dans le sol humide proche du lac, ou sont empêtrées dans les végétaux, et tendent en permanence à élever le niveau. Des effets similaires sont produits par des vents marins constants, et des dunes se forment généralement sur toutes les côtes basses où de tels vents prédominent, que ce soit dans les eaux sans marée ou dans les eaux à marée.

Jobard décrit ainsi le *mode opératoire* , en temps ordinaire, aux embouchures du Nil, où la marée est à peine perceptible : « Lorsqu'une vague déferle, elle dépose une ligne presque imperceptible de sable fin. La vague suivante apporte aussi son apport, " et pousse la ligne précédente un peu plus haut. Dès que les particules sont assez hors de portée de l'eau, elles sont séchées par la chaleur du soleil brûlant, et immédiatement saisies par le vent et roulées ou emportées plus loin à l'intérieur des terres. Le gravier est non pas projeté par les vagues, mais roulant d'avant en arrière jusqu'à ce qu'il soit usé à l'état de sable fin, lorsqu'il est à son tour jeté sur la terre et emporté par le vent. [424] Cette description s'applique uniquement à l'action quotidienne commune du vent et de l'eau ; mais justement en proportion de la force croissante du vent et des vagues, il y a une augmentation de la quantité de sable et de la grandeur des particules entraînées par celui-ci hors de la plage, et, bien entendu, chaque tempête qui se produit vers la terre augmente. la direction ajoute sensiblement à l'accumulation sur le rivage.

### *Bancs de sable.*

Bien que les dunes proprement dites ne se trouvent que sur la terre ferme et au-dessus de la laisse des hautes eaux ordinaires, et doivent leur élévation et leur structure à l'action du vent, cependant, sur de nombreuses côtes en plateau, des accumulations de sable ressemblant beaucoup à des dunes se forment sous l'eau à quelque distance du rivage par les oscillations des vagues, et sont bien connus sous le nom de bancs de sable. Ce sont généralement plutôt des crêtes que des bancs, d'inclinaison modérée et avec la pente la plus raide vers la mer ; et leur forme ne diffère de celle des dunes qu'en ce qu'elle est plus basse et plus continue. Sur la côte occidentale de l'île d'Amrum, par exemple, il y a trois rangées de ces rives, dont les sommets sont éloignés l'un de l'autre de quelques milles peut-être ; de sorte que, y compris la largeur des rives elles-mêmes, les espaces qui les séparent et la largeur de la zone de dunes sur la terre, la ceinture de sables mouvants sur cette côte n'a probablement pas moins de huit milles de largeur.

Dans des circonstances ordinaires, les bancs de sable roulent toujours vers la terre et constituent le dépôt dont provient le matériau des dunes. Les dunes, en fait, ne sont que des bancs de sable aquatique transférés sur la terre ferme. Les lois de leur formation sont étroitement analogues, parce que l'action des deux fluides, par lesquels ils sont respectivement accumulés et construits, est très similaire lorsqu'ils s'exercent sur des particules libres de matière solide. Il semblerait, en effet, que les mouvements lents et relativement réguliers de l'eau lourde et inélastique devraient affecter ces particules très différemment des impulsions soudaines et intermittentes de l'air léger et élastique. Mais la vitesse des courants de vent leur confère une force mécanique voisine de celle des vagues plus lentes, et, si difficile qu'il soit d'expliquer tous les phénomènes qui caractérisent la structure des dunes, l'observation a prouvé qu'elle est à peu près identique à celle des dunes. de bancs de sable submergés. Les différences de forme sont généralement attribuables au plus grand nombre et à la plus grande variété d'accidents de surface du sol sur lequel les dunes de la terre sont construites, ainsi qu'aux changements plus fréquents et à une plus grande variété de directions dans la course du vent. .

### *Dunes sur la côte américaine.*

Sur la côte atlantique des États-Unis, la prédominance des vents d'ouest ou du large est défavorable à la formation de dunes, et, bien que les courants marins déposent de grandes quantités de sable, sous forme de bancs, sur cette côte, ses rivages sont proportionnellement plus exempt de dunes que d'autres, de moindre étendue. Il existe cependant des exceptions très importantes. L'action de la marée jette beaucoup de sable sur certains points de la côte de la Nouvelle-Angleterre, ainsi que sur les plages de Long Island et sur d'autres côtes plus méridionales, et c'est ici que se forment des dunes ressemblant à celles de l'Europe. Il existe également de vastes chaînes de dunes sur la côte Pacifique des États-Unis et, à San Francisco, elles bordent certaines rues de la ville.

Les dunes de l'Amérique sont bien plus anciennes que sa civilisation, et le sol qu'elles menacent ou protègent a, en général, trop peu de valeur pour justifier de grandes dépenses en mesures destinées à arrêter leur progression ou à empêcher leur destruction. Aussi grandes que soient leur étendue et leur importance géographique, ils n'ont pas, à l'heure actuelle, de relations assez intimes avec la vie humaine pour en faire des objets d'un intérêt particulier au point de vue que je prends, et je ne sais pas si les lois leur formation et leur mouvement ont fait l'objet d'une enquête originale de la part de tout observateur américain.

### Dunes d'Europe occidentale.

Sur la côte occidentale de l'Europe, au contraire, les ravages occasionnés par le mouvement des dunes de sable, et les conséquences graves résultant souvent de leur destruction, ont longtemps retenu l'attention sérieuse des gouvernements et des hommes de science, et pendant près d'un an. siècle, des efforts persévérants et systématiques ont été déployés pour les soumettre au contrôle humain. Le sujet a été soigneusement étudié au Danemark et dans les duchés limitrophes, en Prusse occidentale, aux Pays-Bas et en France ; et les expériences visant à arrêter la dérive des dunes et à les protéger, ainsi que les terres qu'elles abritent, des empiètements de la mer, ont abouti à l'adoption d'un système d'amélioration des côtes sensiblement le même dans tous ces pays. . Les sables, comme les forêts, ont maintenant leur littérature spéciale, et les volumes et mémoires qui les décrivent ainsi que les procédés employés pour les maîtriser sont pleins d'intérêt scientifique et d'enseignement pratique. [425]

### Formation de dunes.

Les lois qui régissent la formation des dunes sont essentiellement celles-là. Nous avons vu que, dans certaines conditions, le sable s'accumule au-dessus de la laisse des hautes eaux, sur les rives basses des mers et des lacs. Tant que le sable reste mouillé par les embruns ou par l'attraction capillaire, il n'est pas dérangé par les courants d'air, mais dès que les vagues se retirent suffisamment pour lui permettre de sécher, il devient le sport du vent et est poussé vers le haut. la plage en pente douce jusqu'à ce qu'elle soit arrêtée par des pierres, des légumes ou d'autres obstacles, et ainsi se forme une accumulation qui constitue la fondation d'une dune. Quelle que soit la légère élévation ainsi créée, il sert à arrêter ou à retarder la progression des grains de sable qui sont poussés contre sa face côté rivage, et à protéger de l'influence ultérieure du vent les particules qui sont emportées au-delà de lui ou roulées sur sa crête. , et tombe derrière lui. Si le rivage au-dessus de la ligne de plage était parfaitement plat et droit, l'herbe ou les buissons dessus d'égale hauteur, le sable soulevé par les vagues uniforme en taille et en poids de particules ainsi qu'en répartition, et si l'action du vent étaient stables et régulières, une berge continue se formerait, partout identique en hauteur et en section transversale. Mais de telles conditions constantes n'existent nulle part. Les berges sont courbes, brisées, d'élévation inégale ; ils sont tantôt nus, tantôt recouverts de légumes de structure et de dimensions différentes ; le sable rejeté est variable en quantité et en caractère ; et les vents sont changeants, en rafales, tourbillonnaires et soufflent souvent dans des courants très étroits. De toutes ces causes, au lieu de collines uniformes, s'élèvent des rangées irrégulières de tas de sable, et ceux-ci, comme on peut s'y attendre naturellement, sont de forme pyramidale, ou plutôt conique, et reliés au fond par des crêtes plus ou moins continues de la même forme. matériel.

Sur une côte en retrait, les dunes n'atteindront pas une aussi grande hauteur que sur des rivages plus sûrs, parce qu'elles sont minées et emportées avant d'avoir eu le temps d'atteindre leur plus grande dimension. Ainsi, tandis que dans les points abrités du sud-ouest de la France, il y a des dunes de trois cents pieds ou plus de hauteur, celles des îles Frisiques et des parties exposées de la côte du Schleswig-Holstein n'ont que de vingt à cent pieds. Sur les côtes occidentales de l'Afrique, on dit qu'ils atteignent parfois une altitude de six cents pieds. C'est l'un des rares points connus des géographes où les sables du désert avancent vers la mer, et ici ils s'élèvent à la plus haute altitude à laquelle les grains de sable peuvent être transportés par le vent.

Les buttes, une fois déposées, sont maintenues ensemble et maintenues en forme, en partie par la simple gravité, et en partie par la légère cohésion de la chaux, de l'argile et de la matière organique mélangée au sable ; et on observe que, par attraction capillaire, évaporation des couches inférieures et rétention de l'eau de pluie, ils sont toujours humides un peu au-dessous de la surface. [426] Par accumulations successives, ils s'élèvent graduellement jusqu'à la hauteur de trente, cinquante, soixante ou cent pieds, et parfois même beaucoup plus haut. Les vents forts, au lieu d'augmenter leur élévation, balayent les particules libres de leur surface, et celles-ci, avec d'autres soufflées sur ou entre elles, construisent une deuxième rangée de dunes, et ainsi de suite selon le caractère du vent, l'approvisionnement en dunes. et la consistance du sable et la face du pays. De cette manière se forme une ceinture de dunes de sable, irrégulièrement dispersées et variant beaucoup en hauteur et en dimensions, et parfois sur plusieurs kilomètres en largeur. Sur l'île de Sylt, dans la mer d'Allemagne, où se trouvent plusieurs rangées, la largeur de la ceinture est d'un demi-mille à un mille. Il existe des chaînes semblables sur la côte de Hollande, qui dépassent deux milles de largeur, tandis qu'aux embouchures du Nil, elles forment une zone d'au moins dix milles de largeur. La base de certaines dunes du delta du Nil est atteinte par le fleuve lors des inondations annuelles, et l'infiltration de l'eau, qui contient de la chaux, a transformé les couches inférieures en un calcaire siliceux, ou plutôt en un grès calcaire. et a ainsi fourni l'occasion d'étudier la structure de cette roche dans une localité où son origine et son mode d'agrégation et de solidification sont connus.

### *Caractère de Dune Sand.*

« Le sable des dunes, dit Staring, est constitué de grains de quartz bien arrondis, plus ou moins colorés par le fer, et souvent mêlés à des fragments de coquillages, certes petits, mais encore visibles à l'œil nu. [427] Ces fragments sont pas des constituants constants du sable des dunes. On les trouve parfois au sommet même des buttes, comme à Overveen ; dans la Dune du Roi, près d'Egmond, ils forment un gros gravier calcaire très largement réparti dans le sable, tandis que les dunes intérieures entre Haarlem et Warmond n'en laisse aucune trace. On ne sait pas encore si la présence ou l'absence de ces fragments est déterminée par la période de formation des dunes, ou si elle dépend d'une différence dans le processus par lequel les différentes dunes se sont accumulées. Les coquillages terrestres, tels que les escargots, par exemple, se trouvent en abondance à la surface des dunes, et de nombreux fragments de coquillages à l'intérieur des buttes peuvent provenir de la même source. [428]

JG Kohl a quelques réflexions poétiques sur l'origine et le caractère des sables des dunes, qui méritent d'être citées :

"Le sable était composé de quartz transparent pur. Je ne pouvais observer ce sable sans la plus grande admiration. S'il est le produit des vagues, brisant et écrasant les silex et les fragments de quartz les uns contre les autres, c'est un résultat qui pourrait être apporté Nous n'avons pas besoin de nous élever jusqu'aux étoiles, vers leurs grandeurs, leurs distances et leurs nombres incalculables, pour éprouver le vertige de l'étonnement. Ici, sur terre, dans le simple sable, nous trouvons assez de miracles. Pensez au nombre de grains de sable contenus dans une seule dune, puis à toutes les dunes de cette côte très étendue, sans parler des innombrables grains des déserts d'Arabie, d'Afrique et de Prusse, cela suffit à lui seul pour accablez une imagination réfléchie : combien de temps, combien de fois les vagues ont-elles dû monter et descendre pour réduire en poudre ces vastes amas !

"Pendant tout le temps que je passais sur cette côte, j'avais toujours du sable dans les doigts, je le frottais et le roulais, l'examinais de tous côtés, tenant un petit grain brillant sur le bout de mon doigt, et me demandant comment , dans ses coins, ses angles, toute sa configuration, il pourrait très probablement avoir une histoire plus longue que celle de la vieille nation allemande - peut-être plus longue que celle du genre humain. Où était le cristal de quartz original, dont ceci est un fragment , formé pour la première fois ? À quoi était-il autrefois fixé ? Quelle puissance l'a détaché ? Comment a-t-il été battu de plus en plus petit par les vagues ? Ils l'ont balancé, pendant des éons, çà et là sur la plage, l'ont roulé de haut en bas, forcé il a fait des milliers et des milliers de voyages quotidiens pendant des millions et des millions de jours. Puis le vent l'a emporté et l'a utilisé pour construire une dune ; il est resté là pendant des siècles, entassé avec ses congénères, protégeant les marais et chéri par les habitants, jusqu'à ce que, repris par la mer qui le poursuivait, il retombe à nouveau dans l'eau, pour y recommencer la danse sans fin - et de nouveau pour être emporté par le vent - et de nouveau pour trouver le repos dans les dunes, une protection et une bénédiction pour la côte. Il y a quelque chose de mystérieux dans un tel grain de sable, et j'ai fini par imaginer une petite étincelle immortelle liée à chacun, présidant à son destin et partageant ses vicissitudes. Pourrions-nous armer nos yeux d'un microscope, puis plonger, comme un sparling, dans une de ces dunes, l'amas, qui n'est en fait qu'un amas d'innombrables petits blocs de cristal, nous apparaîtrait comme l'édifice le plus merveilleux de la terre. Les rayons du soleil traverseraient, avec un pouvoir éclairant, à travers tous ces petits corps cristallins. Nous devrions voir comment chaque grain de sable est formé, par quelles multiples petites facettes il est délimité, nous devrions même découvrir qu'il est lui-même composé de nombreuses particules distinctes. " [429 ]

Des concrétions de sable se forment au sein des dunes et surtout dans les dépressions qui les séparent. Ceux-ci sont parfois si étendus et imperméables qu'ils retiennent une réserve d'eau suffisante pour alimenter des sources pérennes et former de petits étangs permanents, et ils constituent un grand obstacle à la pénétration des racines, et par conséquent à la croissance des arbres plantés ou en germination. à partir de graines auto-semées, sur les dunes. [430]


### *Structure intérieure des dunes.*

La structure intérieure des dunes, la disposition de leurs particules, n'est pas, comme on pourrait s'y attendre, celle d'un amas inorganisé et confus, mais elles présentent une forte tendance à la stratification. C'est un point d'un grand intérêt géologique, car il indique que le grès doit peut-être son caractère stratifié à l'action du vent ainsi qu'à celle de l'eau. L'origine et le caractère particulier de ces couches sont dus à des causes diverses. Un vent et un courant du sud-ouest peuvent déposer sur une dune une strate d'une couleur et d'une composition minérale données, et un vent et un courant du nord-ouest peuvent lui succéder, apportant avec eux des particules de teinte, de constitution et d'origine différentes.

De plus, si nous supposons qu'une violente tempête parsème la plage de grains de sable très différents en ampleur et en densité spécifique, et que, une fois le sable sec, elle soit suivie d'une légère brise, il est évident que seules les particules les plus légères seront emportées. et porté jusqu'aux dunes. Si, après un certain temps, le vent se rafraîchit, des grains plus lourds seront transportés et déposés sur les premiers, et un vent ultérieur encore plus fort enroulera des grains encore plus gros. Chacun de ces dépôts formera une strate. Si l'on suppose que la tempête est suivie, une fois le sable sec, non d'une légère brise, mais d'un vent assez puissant pour soulever en même temps des particules de grandeurs et de poids très divers, les plus lourdes se logeront souvent sur la dune tandis que le briquet sera transporté plus loin. Cela produirait une couche de sable grossier, et le même effet pourrait résulter du soufflage des particules légères hors d'une couche mélangée, tandis que les plus lourdes resteraient intactes. [431] Une autre cause encore de stratification peut être trouvée dans l'interposition occasionnelle d'une mince couche de feuilles ou d'autres restes végétaux entre des dépôts successifs, et j'imagine que cela est plus fréquent qu'on ne le suppose généralement.

Les tourbillons de vents violents entre les collines doivent également occasionner des perturbations et des réarrangements des couches de sable, et il semble possible que l'épaisseur irrégulière et les étranges contorsions des couches de grès de Pétra soient dues à une de ces causes. Une curieuse observation du professeur Forchhammer suggère une explication d'une autre particularité dans la structure du grès du mont Seir. Il décrit les dunes du Jutland, composées de sable quartzeux jaune mélangé à du fer titanien noir. Lorsque le vent souffle sur la surface des dunes, il sillonne le sable d'une alternance de crêtes et de dépressions, d'ondulations, en un mot, comme celles de l'eau. Les houles, les crêtes séparant le système d'ondulations de sable, sont composées de grains légers de quartz, tandis que le fer plus lourd roule dans les dépressions intermédiaires, et ainsi toute la surface de la dune apparaît comme recouverte d'un fin réseau noir.

### *Forme de dunes.*

Le côté mer des dunes, étant plus exposé aux caprices du vent, est de forme plus irrégulière que le côté sous le vent ou côté terre, où la disposition des particules est affectée par moins d'influences perturbatrices et conflictuelles. Par conséquent, la stratification du versant au vent est quelque peu confuse, tandis que le sable du côté sous le vent se trouve disposé en lits plus réguliers, inclinés vers la terre, et avec les plus grosses particules plus bas, là où leur plus grand poids les porterait naturellement. Le côté sous le vent des dunes, étant ainsi formé de sable déposé selon les lois de la gravité, est très uniforme dans sa pente, qui, selon Forchhammer, varie peu d'un angle de 30° avec l'horizon, tandis que le côté le plus exposé et Le côté météorologique irrégulier se trouve à une inclinaison de 5° à 10°. Cependant, lorsque la rangée extérieure de dunes est formée si près de la ligne de flottaison qu'elle est exposée à l'action immédiate des vagues, elle est minée et la face de la colline est très escarpée et parfois presque perpendiculaire.

### *Importance géologique des dunes.*

Ces observations, et d'autres faits qu'une étude plus attentive sur place permettrait de déceler, pourraient fournir le moyen de déterminer des questions intéressantes et importantes concernant les formations géologiques dans des localités très différentes de celles où se dressent aujourd'hui des dunes. Par exemple, Studer suppose que les dunes de sable dérivantes du désert africain étaient à l'origine des dunes côtières et qu'elles ont été transportées jusqu'à leur position actuelle loin à l'intérieur, par le mouvement de roulis et de déplacement sous le vent auquel sont soumises toutes les dunes non couvertes de végétation. sujet. La dérive générale actuelle des sables de ce désert semble être vers le sud-ouest et l'ouest, les vents dominants soufflant du nord-est et de l'est ; mais on a douté que les hauts-fonds de la côte occidentale de l'Afrique du Nord et les sables de cette côte dérivent du fond de l'Atlantique, de la manière habituelle, ou, par un processus inverse, de ceux du Sahara. Cette dernière hypothèse, comme nous l'avons déjà fait remarquer, est probablement la vérité, bien que les observations manquent pour trancher la question. Il n'y a rien de violemment improbable dans la supposition qu'ils aient pu être d'abord rejetés par la Méditerranée sur sa côte libyenne, puis soufflés [vers] le sud et l'ouest sur le vaste espace qu'ils couvrent aujourd'hui. Mais quels qu'aient été leur origine et leur mouvement, ils ne peuvent manquer d'avoir laissé sur leur route quelques monuments de grès pour marquer leur marche, tels que, par exemple, ceux que nous avons vus se forment avec le sable des dunes à l'embouchure du Nil ; et il est concevable que le caractère des sables flottants eux-mêmes, et des conglomérats et grès à la formation desquels ils ont contribué, pourrait fournir des preuves satisfaisantes quant à leur origine, leur point de départ et la route qu'ils ont empruntée jusqu'ici. la mer. [433]

Si le sable des dunes côtières est, comme le décrit Staring, composé principalement de grains de quartzeux bien arrondis, de fragments de coquilles et d'autres ingrédients constants, il serait souvent reconnaissable comme sable côtier, dans son état agglutiné de grès. La texture de cette roche varie depuis une finesse de grain presque imperceptible jusqu'à une grande grossièreté, et offre de bonnes facilités pour l'observation microscopique de sa structure. Il y a des grès, comme par exemple ceux qu'on emploie pour les meules, où le grain, comme on l'appelle, est d'une extrême netteté ; d'autres où les angles des grains sont si obtus qu'ils n'agissent presque pas sur les métaux durs. Les premiers peuvent être composés de grains de roche, désintégrés à la vérité, et recementés ensemble, mais peu roulés en attendant ; le second, constitué de sables longtemps lavés par la mer et entraînés par les vents de terre. Il y a, en effet, tellement de ressemblance entre les effets des vents violents et ceux de l'eau qui roule sur les corps légers, qu'il serait difficile de les distinguer ; mais après <sup>tout</sup>, il n'est pas probable que le grès, composé de grains rejetés par la mer salée et longtemps ballottés par les vents, serait identique dans sa structure à celui formé de fragments de roche écrasés par la force mécanique, ou désintégré par la chaleur, et de nouveau agglutiné sans grande exposition à l'action de l'eau en mouvement. [435]

### *Dunes intérieures.*

J'ai rencontré quelques observations indiquant une différence structurelle entre les dunes intérieures et côtières, qui pourrait peut-être être reconnue dans les grès formés respectivement à partir de ces deux espèces de dunes. Dans le grand désert américain, entre les Andes et le Pacifique, Meyen a découvert des amas de sable d'une forme falciforme parfaite. [436] Ils mesuraient de sept à quinze pieds de haut, la corde de leur arc mesurant de vingt à soixante-dix pas. La pente de la face convexe est décrite comme très faible, celle de la face concave pouvant atteindre 70° ou 80°, et leurs surfaces étaient ondulées. Aucune dune plus petite n'a été observée, ni en voie de formation. Le côté concave faisait uniformément face au nord-ouest, sauf vers le centre du désert, où, sur une distance de cent ou deux cents pas, ils s'ouvraient graduellement vers l'ouest, puis reprenaient graduellement leur première position.

Pöppig attribue une forme falciforme aux dunes mobiles, conique aux dunes fixes, ou *medanos* , du même désert. « Les médanos, observe-t-il, sont des élévations de sable en forme de collines, les unes ayant une base ferme, les autres une base meuble. Les premières [ces dernières], qui sont toujours en forme de croissant, mesurent de dix à vingt pieds de haut et ont une crête aiguë. Le côté intérieur est perpendiculaire et le côté extérieur ou avant forme un angle avec une forte inclinaison vers le bas. Lorsqu'ils sont poussés par des vents violents, les médanos passent rapidement au-dessus des plaines. Les plus petits et les plus légers se déplacent rapidement vers l'avant, avant le plus grand. mais ceux-ci ne tardent pas à les rattraper et à les écraser, tandis qu'eux-mêmes sont frémis par la collision. Ces médanos prennent toutes sortes de figures extraordinaires, et se déplacent parfois le long de la plaine en rangées formant les labyrinthes les plus compliqués. * * Une plaine semble souvent recouverte avec une rangée de médanos, et quelques jours après, il est de nouveau rendu à son aspect plat et uniforme.

« Les médanos à bases immobiles se forment sur les blocs de rochers qui sont disséminés dans la plaine. Le sable est poussé contre eux par le vent, et dès qu'il atteint le point culminant, il descend de l'autre côté jusqu'à ce que celui-ci soit également couverte ; ainsi s'élève progressivement une colline de forme conique. Des chaînes entières de buttes aux crêtes aiguës se forment de la même manière. * * * Sur leurs pentes sud se trouvent de vastes masses de sable, dérivées là par les vents de midi. La pente nord , bien que pas plus raide que le sud, n'est que peu recouvert de sable. Si une chaîne de collines quelque peu éloignée de la mer s'étend dans une ligne parallèle aux Andes, c'est-à-dire du SSE au NNW, la pente ouest est presque entièrement exempte de sable, car il est poussé vers la plaine en contrebas par le vent du sud-est, qui alterne constamment avec le vent du sud. [437]

Il est difficile de concilier cette description avec celle de Meyen, mais si l'on veut se fier à l'exactitude de l'un ou l'autre observateur, la formation des dunes en question doit être régie par des lois très différentes de celles qui déterminent la structure des dunes côtières. . Le capitaine Gilliss, de la marine américaine, a constaté que les dunes du désert péruvien étaient généralement en forme de croissant, comme décrit par Meyen, et qu'une structure similaire caractériserait les dunes intérieures du Llano Estacado et d'autres plateaux de l'Amérique du Nord. désert, bien que ces derniers soient d'une plus grande hauteur et d'autres dimensions que celles décrites par Meyen. Il n'existe pas d'explication très évidente à cette différence de forme entre les dunes maritimes et intérieures, et le sujet mérite d'être approfondi. [438]

## *Âge, caractère et permanence des dunes.*

L'origine de la plupart des grandes lignes de dunes remonte au-delà de toute l'histoire. Il y a sur de nombreuses côtes plusieurs chaînes distinctes de collines de sable qui semblent être d'âges très différents et avoir été formées dans des conditions relatives différentes de terre et d'eau. [439] Dans certains cas, depuis la formation des collines les plus anciennes, il y a eu un bouleversement du trait de côte, qui s'est transformé en dunes intérieures, tandis que des rangées plus jeunes se sont formées sur la nouvelle plage mise à nu par l'élévation du fond marin. . Notre connaissance du mode de leur première accumulation provient de l'observation de l'action du vent et de l'eau dans les rares cas où, avec ou sans l'aide de l'homme, de nouvelles dunes côtières se sont accumulées, et de l'influence du vent seul dans l'élévation des dunes. de nouveaux tas de sable se forment à l'intérieur des terres de la côte, lorsque les rangées extérieures sont détruites par la mer, ainsi que lorsque la surface engazonnée des sables anciens a été brisée et que les couches sous-jacentes ont été mises à l'air libre.

Il est très intéressant de savoir dans quelle mesure la nudité de la plupart des dunes doit être attribuée à l'imprévoyance et à l'indiscrétion de l'homme. Il existe, dans l'Ouest de la France, de vastes chaînes de dunes couvertes de forêts anciennes et denses, tandis que les dunes récemment formées entre elles et la mer sont dénuées de végétation et avancent rapidement sur les dunes boisées, qu'elles menacent d'enfouir sous leurs pieds. les dérives. Entre les anciennes dunes et les nouvelles, il n'y a aucune différence décelable de matériau ou de structure ; mais les dunes modernes sont nues et mouvantes, les anciennes, recouvertes de végétation et fixes. On a supposé que des méthodes artificielles de confinement et de plantation étaient employées par les habitants primitifs de la Gaule ; et Laval, basant ses calculs sur la vitesse de déplacement annuel des dunes mouvantes, assigne le cinquième siècle de l'ère chrétienne comme la période où ces processus furent abandonnés. [440]

Il n'existe aucune preuve historique que les Gaulois connaissaient les méthodes artificielles de fixation des sables de la côte, et nous avons peu de raisons de supposer qu'ils étaient suffisamment avancés en civilisation pour pouvoir recourir à de tels procédés, surtout à une époque où les terres n'aurait pu avoir qu'une valeur modérée.

Dans d'autres pays, les dunes se sont spontanément recouvertes de forêts, et la rapidité avec laquelle leur surface est recouverte par diverses espèces de plantes sableuses, et enfin par des arbres, dont l'homme, le bétail et les animaux fouisseurs en sont exclus, rend très probable que ils se protégeraient, en règle générale, s'ils étaient laissés à l'action tranquille des causes naturelles. Les dunes de la Frische Nehrung, sur la côte de Prusse, étaient autrefois boisées jusqu'au bord de l'eau, et ce n'est qu'au siècle dernier qu'à la suite de la destruction de leurs forêts, elles sont devenues des sables mouvants. [441] Il y a tout lieu de croire que les dunes des Pays-Bas étaient recouvertes d'arbres jusqu'après l'invasion romaine. Les anciens géographes, en décrivant ces pays, parlent de vastes forêts s'étendant jusqu'au bord de la mer ; mais les dunes côtières dérivantes sont mentionnées pour la première fois par les chroniqueurs du Moyen Âge et, autant que nous le savons, elles ont pris un caractère destructeur par suite de l'imprévoyance de l'homme. [442] L'histoire des dunes du Michigan, autant que j'ai pu l'apprendre de ma propre observation ou de celle d'autrui, est la même. Il y a trente ans, lorsque cette région était à peine habitée, elle était généralement couverte d'une épaisse végétation d'arbres, principalement de pins et de sous-bois, et il y avait peu d'apparence de sape et de lavage du côté du lac, ou de déplacement des sables, sauf où les arbres avaient été coupés ou arrachés par les racines. [443]

La nature, tout en construisant des dunes pour protéger le littoral, veille, avec le même conservatisme, à la préservation des dunes elles-mêmes ; de sorte que, sans l'intervention de l'homme, ces collines ne seraient peut-être pas absolument perpétuelles, mais très durables en durée et très lentement modifiées en forme ou en position. Une fois recouvertes d'arbres, d'arbustes et de végétations herbacées adaptées à de telles localités, les dunes ne subissent aucun changement apparent, à l'exception d'un lent affaissement occasionnel de l'étage extérieur et d'une destruction accidentelle par l'exposition de l'intérieur, due à l'enfouissement d'animaux, ou le retournement des arbres avec leurs racines, et toutes ces causes de déplacement sont beaucoup moins destructrices lorsqu'un couvert végétal existe au voisinage immédiat de la brèche.

Avant l'occupation des côtes par l'homme civilisé et donc destructeur, les dunes, dans tous les points où elles ont été observées, semblent avoir été protégées sur leur arrière par des forêts, qui servaient à briser la force des vents dans les deux sens, [ 444 ] et de s'être spontanément revêtus d'une croissance dense des diverses plantes, herbes, arbustes et arbres que la nature a assignés à de tels sols. On observe en Europe que les dunes, bien que désormais dépourvues de l'abri d'un pays forestier derrière elles, commencent à se protéger dès que les intrus humains sont exclus et que les animaux en pâturage leur sont interdits d'accès. Les plantes herbacées et arborescentes poussent presque immédiatement, d'abord dans les dépressions, puis à la surface des dunes. Chaque graine qui germe lie une certaine quantité de sable par ses racines, ombrage un peu de sol avec ses feuilles et fournit nourriture et abri à des pousses encore plus jeunes ou plus petites. Une succession de très rares saisons favorables suffit à lier toute la surface par un réseau végétal, et le pouvoir de résistance que possèdent les dunes elles-mêmes et la protection qu'elles offrent aux champs situés derrière elles sont justement proportionnés à l'abondance et à l'abondance. densité des plantes qu'ils abritent.

La croissance de la couverture végétale peut, bien entendu, être considérablement accélérée par une plantation judicieuse et des soins attentifs, et ce type d'amélioration est maintenant pratiqué sur une vaste échelle, partout où la valeur de la terre est considérable et la population dense. En général, les dunes de la côte de la mer d'Allemagne, malgré la grande quantité de terres souvent fertiles qu'elles couvrent et les maux qui résultent de leur mouvement, sont, dans l'ensemble, un agent protecteur et bénéfique, et leur entretien est essentiel. un objet de sollicitude auprès des gouvernements et des populations des rivages qu'ils protègent. [445]

### *Utilisation des dunes comme barrière contre la mer.*

Bien que la mer rejette de grandes quantités de sable sur les rivages plats sous le vent, il existe, comme nous l'avons vu, de nombreux cas où elle empiète continuellement sur ces mêmes rivages et les emporte. Partout dans la mer du Nord peu profonde, là où l'agitation des vagues s'étend jusqu'au fond, des bancs se forment et roulent vers l'est. C'est pourquoi le sable marin a tendance à s'accumuler sur les côtes du Schleswig-Holstein et du Jutland, et s'il n'y avait pas d'influences contradictoires, la côte s'étendrait rapidement vers l'ouest. Mais les mêmes vagues qui emportent le sable jusqu'à la côte minent la plage qu'elles recouvrent et dégradent encore plus rapidement le rivage aux endroits où il est trop élevé pour recevoir une protection partielle par la formation de dunes. Les terres du littoral sont généralement composées de particules plus fines, plus légères et plus transportables par l'eau que le sable marin. Alors que les vagues soulevées par un fort vent d'ouest peuvent s'enrouler et déposer le long de la plage des milliers de tonnes de sable, ces mêmes vagues peuvent engloutir une quantité encore plus grande de terre fine du rivage. Cette terre, avec une partie du sable, est emportée par les courants vers le nord et vers le sud, et laissée tomber en d'autres points de la côte, ou emportée complètement, hors de portée des causes qui pourraient la ramener à son ancienne position. .

Bien que la côte orientale de l'océan Germanique s'avance ici et là dans la mer, elle recule en général devant elle, et sans la protection que lui confèrent des dispositions naturelles secondées par l'art et l'industrie de l'homme, des provinces entières seraient bientôt détruites. englouti par les eaux. Cette protection consiste en une chaîne presque ininterrompue de bancs de sable et de dunes, s'étendant depuis le point le plus septentrional du Jutland jusqu'à l'Elbe, sur une distance d'au moins trois cents milles, et depuis l'Elbe encore, bien qu'avec des interruptions plus fréquentes et plus larges. jusqu'aux frontières atlantiques de la France et de l'Espagne. [446] Tant que les dunes sont entretenues par la nature ou par l'art humain, elles servent, comme tout autre remblai ou digue, de protection partielle ou complète contre les empiètements de la mer ; et d'autre part, lorsque leurs dérives ne sont pas arrêtées par des processus naturels ou par l'industrie humaine, ils deviennent une cause de destruction aussi certaine, sinon aussi soudaine, que l'océan lui-même dont ils retardent la progression.

### *Empiétements de la mer.*

La progression de la mer vers l'est sur les côtes danoises et néerlandaises et sur certaines rives de l'Atlantique dépend dans une large mesure de la structure géologique locale, de la force et de la direction des marées et autres courants marins, du volume et de la rapidité des rivières côtières, sur les contingences du temps et sur d'autres circonstances variables, qu'aucun taux général ne peut lui être attribué.

A Agger, près de l'extrémité ouest du Liimfjord, dans le Jutland, la côte fut emportée, entre les années 1815 et 1839, à raison de plus de dix-huit pieds par an. L'avancée de la mer semble avoir été quelque peu moins rapide depuis un siècle ; mais de 1840 à 1857, elle gagna sur le terrain pas moins de trente pieds par an. Sur d'autres points de la côte du Jutland, la perte est moindre, mais la mer empiète généralement sur toute la ligne de la côte. [447]

## *Le Liimfjord.*

L'irruption de la mer dans la lagune d'eau douce du Liimfjord dans le Jutland, en 1825 - l'un des empiètements les plus remarquables de l'océan des temps modernes - est expressément attribuée à la « mauvaise gestion des dunes » sur l'étroit cou de terre qui séparait le fjord depuis la mer du Nord. Autrefois, la mer avait balayé l'isthme et même fait irruption, mais le canal avait été comblé, tantôt par des moyens artificiels, tantôt par l'opération de causes naturelles, et dans toutes ces occasions des effets très semblables se produisaient. à ceux résultant de la formation du nouveau canal en 1825, qui reste toujours ouvert. [448] Au cours d'époques historiques relativement récentes, le Liimfjord a ainsi été plusieurs fois alternativement rempli d'eau douce et d'eau salée, et l'homme a produit, en négligeant les dunes, ou du moins aurait pu empêcher en les entretenant, des changements identiques à ceux que sont généralement attribuées à l'action de grandes causes géologiques, et on suppose parfois qu'elles ont nécessité de longues périodes de temps pour leur accomplissement.

« Cette brèche, dit Forchhammer, qui transforma le Liimfjord en détroit et la partie nord du Jutland en île, provoqua des changements remarquables. Le premier et le plus frappant phénomène fut la destruction soudaine de presque tous les poissons d'eau douce auparavant habitant cette lagune, qui était célèbre pour ses pêcheries abondantes. Des millions de poissons d'eau douce ont été jetés à terre, en partie morts et en partie mourants, et ont été emportés par la population. Quelques-uns seulement ont survécu et fréquentent encore les rivages à l'embouchure. L'anguille, cependant, s'est peu à peu adaptée au changement des circonstances, et se retrouve dans toutes les parties du fjord, tandis que pour tous les autres poissons d'eau douce, l'eau salée de l'océan semble avoir été fatale. Il est plus que probable que le sable entraîné par l'irruption recouvre, en de nombreux endroits, une couche de poissons morts, et a ainsi préparé la voie à une strate pétrifiée semblable à celles observées dans tant de formations plus anciennes.

« Comme il semble être une loi de la nature que les animaux dont la vie s'éteint subitement alors qu'ils étaient encore en pleine vigueur, sont les plus susceptibles d'être conservés par pétrification, nous trouvons ici une des conditions favorables à la formation d'une telle couche pétrifiée. Le fond du Liimfjord était couvert d'une végétation vigoureuse de plantes aquatiques, appartenant à la fois à l'eau douce et à l'eau salée, en particulier *Zostera marina* . Cette végétation a totalement disparu après l'irruption et, dans certains cas, a été ensevelie par le sable ; et ici encore une fois, nous avons un phénomène familier souvent observé dans les couches anciennes - l'indication d'une formation donnée par une espèce végétale particulière - et lorsque les couches déposées au moment de la brèche seront accessibles par soulèvement, la période d'éruption sera marquée par un strate de *Zostera* , et probablement par des impressions de poissons d'eau douce.

"Il est très remarquable que la *marina Zostera* , une plante marine, ait été détruite même là où aucun sable n'a été déposé. Cela était probablement dû au changement soudain de l'eau saumâtre à l'eau salée. * * Il est bien établi que le Liimfjord communiquait avec le L'océan Germanique à une époque antérieure. A cette époque appartiennent les fonds profonds de coquilles d'huîtres et de *Cardium edule* , que l'on trouve encore au fond du fjord. Et maintenant, après un intervalle de siècles, pendant lequel la lagune ne contenait plus d'eau salée. coquillages, il produit à nouveau un grand nombre de *Mytilus edulis* . Pourrait-on obtenir une partie profonde du fond, on trouverait des lits d' *Ostrea edulis* et *de Cardium edule* , puis une couche de *Zostera marina* avec des poissons d'eau douce, et enfin un lit de *Mytilus edulis* . Si, avec le temps, le nouveau canal devait être fermé, les ruisseaux rempliraient à nouveau la lagune d'eau douce, les poissons et les crustacés d'eau douce réapparaîtraient, et nous aurions ainsi une alternance répétée d'habitants organiques de la mer et les eaux de la terre.

"Ces événements n'ont été accompagnés que d'un changement relativement insignifiant de la surface terrestre, tandis que les formations dans le lit de cette mer intérieure ont été totalement révolutionnées dans leur caractère." [449]

### *Côtes du Schleswig-Holstein, de la Hollande et de la France.*

Sur les îles de la côte du Schleswig-Holstein, l'avancée de la mer a été plus nette et plus rapide. Vers le début du siècle dernier, les dunes qui protégeaient la côte occidentale de l'île de Sylt commencèrent à rouler vers l'est, et la mer les suivit de près en se retirant. En 1757, l'église de Rantum, village de cette île, fut obligée d'être démolie à cause de l'avancée des dunes ; en 1791, ces collines avaient dépassé son emplacement, les vagues en avaient englouti les fondations, et la mer gagnait si vite, que, cinquante ans plus tard, l'endroit où elles se trouvaient était à sept cents pieds du rivage. [450]

Le monument géologique le plus important de la côte hollandaise est la Huis te Britten, *Arx Britannica* , une forteresse construite par les Romains, à l'époque de Caligula, sur le continent près de l'embouchure du Rhin. A la fin du XVIIe siècle, la mer s'était avancée de seize cents pas au-delà. Les anciens annalistes hollandais rapportent, avec beaucoup de précision numérique, les fréquents empiètements de la mer sur de nombreuses parties de la côte néerlandaise. Mais bien que le fait général d'une avancée de l'océan sur la terre soit établi sans contestation, la précision des mesures qui ont été données est sujette à caution. Staring, cependant, qui trouve l'érosion de la côte très exagérée par les géographes populaires, admet une perte de plus d'un million et demi d'acres, principalement des marécages sans valeur ; [Et] il est certain que sans la résistance de l'homme, sans l'érection de digues et la protection des dunes, il ne resterait plus de la Hollande que le nom. Comme nous l'avons déjà vu, la question reste controversée parmi les géologues : la côte hollandaise s'affaisse-t-elle aujourd'hui, et depuis des siècles ? Je crois que la plupart des enquêteurs soutiennent l'affirmative ; et s'il en est ainsi, l'avancée de la mer sur la terre est en partie due à cette cause. Mais le taux d'affaissement est en tout cas très faible, et c'est pourquoi les empiètements de l'océan sur la côte doivent être principalement attribués à l'érosion et au transport du sol par les vagues et les courants marins.

La mer avance rapidement sur plusieurs points de la côte occidentale de la France, et des causes inconnues ont donné une nouvelle impulsion à ses ravages depuis le commencement de ce siècle. Entre 1830 et 1842, la pointe de Grave, du côté nord de la Gironde, recula de cent quatre-vingts mètres, soit une cinquantaine de pieds par an ; depuis cette dernière année jusqu'en 1846, le taux fut augmenté jusqu'à plus de trois fois cette quantité, et la perte au cours de ces quatre années fut supérieure à six cents pieds. Tous les bâtiments de l'extrémité de la presqu'île ont été démolis et reconstruits plus loin vers la terre, et le phare de la Grave occupe désormais sa troisième position. La mer attaqua également la base de la péninsule, et la pointe de Grave et les côtes adjacentes sont depuis vingt ans le théâtre d'une des luttes les plus obstinément disputées entre l'homme et l'océan enregistrées dans les annales de l'ingénierie moderne.

On ne peut en effet affirmer que la puissance humaine soit capable d'arrêter complètement les incursions des vagues sur les côtes sablonneuses, en plantant la plage et en revêtant de bois les dunes. Au contraire, tant en Hollande que sur les côtes françaises, il s'est avéré nécessaire de protéger les dunes elles-mêmes par des pilotis, des piles et des digues en lourde maçonnerie. Mais l'expérience a amplement montré que les processus mentionnés réussissent parfaitement à empêcher le mouvement des dunes et la dérive de leurs sables sur les terres cultivées situées derrière elles ; et qu'en même temps les plantations retardent beaucoup la progression des eaux vers la terre. [452]

### *Dérive des sables des dunes.*

Outre leur importance comme barrière contre les incursions de l'océan, les dunes sont utiles en protégeant les terres cultivées derrière elles de la violence du vent marin, des embruns salés et des dérives de sable de plage qui autrement les submergeraient. Mais les dunes elles-mêmes, à moins que leurs sables superficiels ne soient maintenus humides et confinés par la croissance des plantes, ou du moins par une croûte de terre végétale, roulent constamment vers l'intérieur ; et ainsi, tandis que, d'un côté, ils mettent à nu les traces d'anciennes habitations humaines ou d'autres témoignages de la vie sociale de l'homme primitif, de l'autre, ils ensevelissent des champs, des maisons, des églises et transforment des quartiers peuplés en déserts et en déserts. des déserts déserts.

Ils sont particulièrement destructeurs lorsque, par accident, une cavité y est ouverte à une profondeur considérable, permettant ainsi au vent d'accéder à l'intérieur, où le sable est ainsi d'abord séché, puis creusé et dispersé au loin sur le sol voisin. La dune est maintenant une réserve de sable, et non plus un rempart contre elle, et les méfaits de cette source semblent plus difficiles à résister que ceux de presque n'importe quelle autre dérive, parce que l'apport de matériaux, sous la commande du vent, est plus abondant et plus abondant. concentré que dans ses dépôts originels minces et répandus sur la plage. L'enfouissement des conies dans les dunes est ainsi souvent une cause de leur destruction et de graves dommages aux champs situés derrière eux. Les dérives, et même les dunes à l'intérieur des terres, résultent parfois de la rupture de la surface de dépôts de sable plus plats, loin dans la portée des dunes côtières. Ainsi nous apprenons de Staring, qu'une des plus hautes dunes intérieures de la Frise doit son origine à l'ouverture du sable flottant par l'arrachage d'un grand chêne. [453]

Si grands que soient les ravages produits par l'empiétement de la mer sur les côtes occidentales de l'Europe continentale, ils ont été dans une certaine mesure compensés par des dépôts marins spontanés sur d'autres points de la côte, et nous avons vu dans un chapitre précédent que l'industrie de l'homme a conquis un vaste territoire au sein de l'océan. Ces derniers triomphes ne sont pas d'origine récente, et les victoires naissantes qui les ont préparés remontent peut-être à dix siècles. Entre-temps, les dunes avaient été abandonnées à l'action des lois de la nature, ou plutôt libérées, par l'imprudence humaine, des chaînes avec lesquelles la nature les liait, et il y a à peine trois générations que l'homme a tenté pour la première fois d'arrêter leur mouvements destructeurs. À mesure qu'ils avançaient, il céda et recula sans résistance devant eux, et ils ont enseveli sous leurs vagues sablonneuses plusieurs centaines de kilomètres carrés de champs de maïs, de vignes et de forêts luxuriants.

### *Dunes de Gascogne.*

Sur la côte ouest de la France, une ceinture de dunes, dont la largeur varie d'un quart de mille à cinq milles, s'étend de l'Adour à l'estuaire de la Gironde, et couvre une superficie de trois cent soixante-quinze milles carrés. Lorsqu'ils ne sont pas fixés par des pousses végétales, ils avancent vers l'est à une vitesse moyenne d'environ une tige, ou seize pieds et demi, par an. Nous ne savons pas historiquement quand ils ont commencé à dériver, mais si nous supposons que leur mouvement a toujours été le même qu'à l'heure actuelle, ils auraient traversé l'espace compris entre la côte de la mer et leur limite orientale et auraient couvert la vaste zone mentionnée ci-dessus. , dans quatorze cents ans. Nous savons, d'après les documents écrits, qu'ils ont enseveli de vastes champs et forêts et des villages prospères, et modifié le cours des rivières, et que les particules plus légères emportées par les vents, même lorsqu'elles n'étaient pas transportées en quantités suffisantes pour former des dunes, ont rendu stériles de nombreuses terres autrefois fertiles. [454] Ils ont également obstrué de manière préjudiciable le drainage naturel des districts maritimes en obstruant le lit des ruisseaux et en formant des lacs et des marécages pestilentiels d'une étendue non négligeable. En effet, ils enrobent si complètement la côte, qu'entre la Gironde et le village de Mimizan, distance de cent milles, il n'y a que deux débouchés pour l'évacuation de toutes les eaux qui coulent de la terre à la mer ; et le front oriental des dunes est bordé par une succession de mares stagnantes, dont certaines mesurent plus de six milles de longueur et de largeur. [455]

### *Les dunes du Danemark et de Prusse.*

Dans le petit royaume du Danemark, comprenant les duchés de Schleswig et de Holstein, les dunes couvrent une superficie de plus de deux cent soixante milles carrés. La largeur de la chaîne est très variée, et dans certains endroits elle ne consiste qu'en une seule rangée de dunes, tandis qu'en d'autres elle a plus de six milles de largeur. Le taux général de déplacement vers l'est des dunes dérivantes est de trois à vingt-quatre pieds par an. Si l'on adopte la moyenne de treize pieds et demi pour le mouvement annuel, les dunes ont parcouru la partie la plus large de la ceinture depuis environ deux mille cinq cents ans. Les données historiques manquent sur l'époque de la formation de ces dunes et du début de leur dérive ; mais il existe des preuves enregistrées qu'ils ont enfoui une vaste étendue de terres précieuses en trois ou quatre siècles, et une preuve supplémentaire est trouvée dans le fait que le mouvement des sables découvre constamment des ruines d'édifices anciens et d'autres preuves d'occupation humaine. à des endroits éloignés des limites actuelles du désert inhabitable. Andresen estime la profondeur moyenne du sable déposé sur cette zone à trente pieds, ce qui donnerait un mille cube et demi pour la quantité totale. [456]

La dérive des dunes sur la côte prussienne a commencé il y a à peine cent ans. La Frische Nehrung est séparée du continent par la Frische Haff, et il n'y a qu'une étroite bande de terres arables le long de ses frontières orientales. C'est pourquoi ses sables ondulants ont recouvert une étendue relativement petite de terre ferme, mais les champs et les villages ont été ensevelis et de précieuses forêts ont été dévastées. La ligne côtière lâche a dérivé sur les chaînes intérieures qui, comme nous l'avons remarqué dans la description de ces dunes sur une page précédente, étaient protégées par une surface de composition différente, et le sable a ainsi été élevé à une hauteur qu'il ne pouvait pas atteindre. ont atteint un terrain plat. Cette élévation lui a permis d'avancer et de submerger des bois qui, dans une plaine, auraient arrêté sa progression, et, dans un cas, une forêt de plusieurs centaines d'acres de grands pins a été détruite par les congères entre 1804 et 1827.

## Contrôle des dunes par l'homme.

Il existe trois manières principales par lesquelles l'industrie humaine s'exerce sur les dunes. Premièrement, leur création, aux points où, à cause de changements dans les courants ou d'autres causes, de nouveaux empiètements sur la mer sont menacés ; deuxièmement, leur entretien et leur protection là où ils se sont formés naturellement ; et troisièmement, la suppression des rangées intérieures où la ceinture est si large qu'il n'y a aucun danger à craindre de les perdre.

## Formation artificielle de dunes.

En décrivant la formation naturelle des dunes, on a dit qu'elles commençaient par une accumulation de sable autour de quelque végétation ou autre obstruction accidentelle à la dérive des particules. Une haute falaise perpendiculaire, qui amortit complètement le vent, empêche toute accumulation de sable ; mais, jusqu'à un certain point, plus l'obstacle est haut et large, plus le sable s'accumulera devant lui, et plus celui qui tombe derrière lui sera protégé de la dérive plus loin. Cette observation familière a appris aux habitants du littoral qu'un mur artificiel ou une digue donnera, dans de nombreuses situations, naissance à une large ceinture de dunes. Ainsi, une digue ou un mur de sable, de trois ou quatre milles de longueur, jeté en 1610 à travers le Koegras, un plat baigné par les marées entre le Zuiderzee et la mer du Nord, a occasionné la formation de rangées de dunes d'un mille de largeur, et ainsi excluait complètement la mer du Koegras. Une digue semblable, appelée Zijperzeedijk, a produit au cours de deux siècles une autre ceinture à peine moins étendue.

Il y a quelques années, la mer menaçait de traverser l'île d'Ameland et, par son empiètement sur le côté sud et le soulèvement du sable d'un plat bas qui reliait les deux parties supérieures de l'île, elle avait rendu tel progrès, que lors de fortes tempêtes, les vagues roulaient parfois complètement à travers l'isthme. La construction d'un brise-lames et d'une digue de sable a déjà freiné l'avancée de la mer, et un grand nombre de dunes se sont formées, dont la croissance rapide promet une sécurité future totale contre le vent et les vagues. Des effets similaires ont été produits par l'érection de clôtures en planches et même de simples écrans de grillages et de roseaux. [457]

## *Protection des dunes.*

Les dunes de Hollande sont quelquefois protégées du fracas des vagues par un *revêtement* de pierre ou par des pieux ; et les courants latéraux de hautes eaux, qui emportent leur base, sont parfois contrôlés par des murs transversaux allant du pied des dunes jusqu'à la laisse de basse mer ; mais les grandes dépenses de telles constructions ont empêché leur adoption sur une grande échelle. [458] Les principaux moyens invoqués pour protéger les dunes sont la plantation de leurs surfaces et l'exclusion des animaux fouisseurs et brouteurs. Il y a des graminées, des plantes rampantes et des arbustes à croissance spontanée qui prospèrent dans le sable meuble et, s'ils sont protégés, s'étendent sur des étendues considérables et finissent par transformer leur face en un sol capable de cultiver, ou, du moins, de produire des arbres forestiers. . Krause dénombre cent soixante et onze plantes originaires des sables côtiers de Prusse, et les observations d'Andresen dans le Jutland portent le nombre de ces légumes à deux cent trente-quatre.

Certaines de ces plantes, notamment l' *Arundo Arenaria* ou *Arenasa* , ou *Psamma* ou *Psammophila Arenaria* — Klittetag, ou Hjelme en danois, helm en néerlandais, Dünenhalm, Sandschilf, ou Hügelrohr en allemand, gourbet en français et marram en anglais — sont exclusivement confinées aux sols sableux et ne prospère que dans une atmosphère saline. [459] L'arundo atteint une hauteur d'environ vingt-quatre pouces, mais envoie ses fortes racines avec leurs nombreuses radicelles à une distance de quarante ou cinquante pieds. Il a la propriété particulière de se nourrir mieux dans le sol le plus meuble, et une pluie de sable semble le rafraîchir, tandis que la pluie ravive les plantes assoiffées de la terre commune. Ses racines relient les dunes et ses feuilles protègent leur surface. Lorsque le sable cesse de dériver, l'arundo meurt, ses racines en décomposition fertilisant le sable et la décomposition de ses feuilles formant dessus une couche de terre végétale. Suit ensuite une succession d'autres plantes qui s'adaptent progressivement aux collines de sable, par croissance et pourriture, pour la plantation forestière, pour le pâturage et parfois pour un usage agricole ordinaire.

Mais la protection et la transformation progressive des dunes ne sont pas le seul service rendu par cette plante précieuse. Ses feuilles sont un aliment nutritif pour les moutons et les bovins, ses graines pour la volaille ; [460] Les cordages et les ficelles des filets sont fabriqués à partir de ses fibres, c'est un bon matériau pour le chaume et ses racines séchées fournissent un excellent combustible. Ces qualités utiles sont malheureusement trop souvent préjudiciables à son développement. Les paysans le nourrissent avec leur bétail, le coupent pour en faire des cordes ou le déterrent pour en faire du combustible, et il s'est avéré nécessaire de recourir à une législation sévère pour les empêcher de se ruiner en sacrifiant ainsi par imprudence leur protection la plus efficace contre la dérive des sables. [461]

En 1539, un décret de Christian III, roi du Danemark, imposa une amende aux personnes reconnues coupables d'avoir détruit certaines espèces de plantes sableuses sur la côte ouest du Jutland. Cette ordonnance fut renouvelée et rendue plus complète en 1558, et en 1569 les habitants de plusieurs districts furent tenus, par rescrit royal, de faire de leur mieux pour contrôler les dérives de sable, sans toutefois indiquer les mesures spécifiques à adopter à cet effet. Diverses lois interdisant de dépouiller les dunes de leur végétation furent promulguées au siècle suivant, mais aucune mesure active ne fut prise pour asservir les bancs de sable avant 1779, lorsqu'un système préliminaire d'opération à cet effet fut adopté. Cela ne consistait guère plus que la plantation de l' *Arundo Arenaria* et d'autres plantes des sables, et l'exclusion des animaux destructeurs de ces légumes. [462] Dix ans plus tard, les plantations d'arbres forestiers, qui se sont révélées depuis lors un moyen si précieux pour fixer les dunes et les rendre productives, ont été commencées et se sont poursuivies depuis lors. [463] Durant cette dernière période, Brémontier, sans aucune connaissance de ce qui se faisait au Danemark, expérimenta la culture des arbres forestiers sur les dunes de Gascogne, et mit au point un système qui, avec quelques améliorations dans les détails, est encore largement poursuivie sur ces côtes. L'exemple du Danemark fut bientôt suivi dans le royaume voisin de Prusse et aux Pays-Bas ; et, comme nous le verrons plus tard, ces améliorations ont été partout couronnées du succès le plus flatteur.

Sous l'administration de Reventlov, un peu avant la fin du siècle dernier, le gouvernement danois organisa un système régulier d'amélioration de l'économie des dunes. Ils ont été plantés d'arundo et d'autres légumes aux habitudes similaires, protégés contre les intrus et enfin en partie recouverts d'arbres forestiers. Grâce à ces moyens, de nombreuses terres incultes ont été transformées en terres arables, une grande quantité de bois de valeur a été obtenue et l'expansion des congères, qui menaçaient de dévaster toute la péninsule du Jutland, a été considérablement arrêtée.

En France, les opérations de fixation et de remise en état des dunes, commencées sous la direction de Brémontier à peu près à la même époque qu'au Danemark, et qui sont, dans le principe et dans beaucoup de détails, semblables à celles employées dans ce dernier royaume, ont a été menée à une bien plus grande échelle et avec plus de succès que dans tout autre pays. Cela est dû en partie à un climat plus favorable à la croissance d'arbres forestiers convenables que celui de l'Europe du Nord, et en partie à la libéralité du gouvernement, qui, ayant des intérêts fonciers plus importants à protéger, a mis des moyens plus importants à la disposition du gouvernement. des ingénieurs que le Danemark et la Prusse ont trouvé commode de s'approprier à cet effet. La superficie des dunes déjà protégées de la dérive et plantées par les procédés inventés par Brémontier et perfectionnés par ses successeurs, est d'environ 100,000 acres. [464] Cette quantité de sol productif a donc été ajoutée aux ressources de la France, et une quantité encore plus grande de terres précieuses a été ainsi sauvée de la destruction par ailleurs certaine dont elle était menacée par l'avancée des collines de sable. .

Les améliorations des dunes de la côte de Prusse occidentale ont commencé en 1795, sous la direction de Sören Björn, originaire du Danemark, et, à l'exception des dix années entre 1807 et 1817, elles se sont poursuivies depuis lors. Les méthodes ne diffèrent pas essentiellement de celles employées au Danemark et en France, bien qu'elles soient modifiées par les circonstances locales et, en ce qui concerne les arbres sélectionnés pour la plantation, par le climat. En 1850, entre l'embouchure de la Vistule et Kahlberg, 6 300 acres, dont environ 1 900 acres plantés de pins et de bouleaux, avaient été protégés de la dérive ; entre Kahlberg et la limite orientale de la Prusse occidentale, 8 000 acres ; et d'importantes opérations préliminaires avaient été entreprises pour abattre les dunes de la côte ouest. [465]

### *Arbres adaptés aux plantations de dunes.*

L'arbre qui s'est avéré le plus prospère sur les dunes de la côte française, et en même temps qui confine le plus fermement le sable et rapporte les plus grandes recettes pécuniaires, est le pin maritime, *Pinus maritima* , une espèce précieuse à la fois pour son bois et pour ses produits résineux. Il est toujours cultivé à partir de graines, et les jeunes pousses nécessitent d'être protégées pendant plusieurs saisons, par les branches d'autres arbres, plantées en rangées, ou étalées en surface et tuteurées, par la croissance de l'Arundo Arenaria et d'autres petits *sables* . plantes, ou par des haies caronculées. La plage, d'où vient le sable, a été généralement plantée d'arundo, parce que le pin ne prospère pas si près de la mer ; mais on pense qu'une espèce de tamaris réussira probablement encore mieux à cette latitude que l'arundo. L'ombre et la protection offertes par la cime ramifiée de ce pin sont favorables à la croissance des arbres à feuilles caduques et, encore jeunes, des arbustes et des plantes plus petites, qui contribuent plus rapidement à la formation de moisissures végétales et ainsi, lorsque le une fois le pin pris racine, la récupération des déchets est considérée comme effectivement assurée.

En France, le pin maritime est planté aussi bien sur les sables de l'intérieur que sur les dunes du littoral maritime, et avec autant d'avantages. Cet arbre ressemble au pitch pin des États sud-américains par ses habitudes et est appliqué aux mêmes usages. L'extraction de la térébenthine commence vers l'âge d'environ vingt ans, ou lorsqu'elle a atteint un diamètre de neuf à douze pouces. Des incisions sont pratiquées de haut en bas du tronc, jusqu'à une profondeur d'environ un demi-pouce dans le bois, et il est insisté sur le fait que si pas plus de deux fentes de ce type sont pratiquées, l'arbre n'est pas sensiblement blessé par le processus. La croissance, en effet, est quelque peu freinée, mais le bois devient supérieur à celui des arbres dont on n'extrait pas la térébenthine. Ainsi traité, le pin continue de prospérer jusqu'à l'âge de cent ou cent vingt ans, et jusqu'à cet âge les arbres sur un hectare donnent annuellement 350 kilogrammes d'essence de térébenthine et 280 kilogrammes de résine, valant ensemble 110 francs. . Les frais d'extraction et de distillation sont calculés à 44 francs, et il reste un bénéfice net de 66 francs par hectare, soit plus de cinq dollars par acre. [466] Ceci ne tient pas compte de la valeur du bois, une fois finalement coupé, qui, bien entendu, s'élève à une somme très considérable.

Au Danemark, où le climat est beaucoup plus froid, les conifères plus rustiques, ainsi que le bouleau et d'autres arbres du nord, se révèlent plus utiles que le pin maritime, et il est douteux que cet arbre soit capable de résister à l'hiver sur les dunes du Massachusetts. Il est probable que le pin rigide des États du Nord, en association avec certains chênes, bouleaux et peupliers d'Amérique, et en particulier le robinier ou criquet, se révélerait très approprié pour être employé sur les dunes de Cape Cod et de Long Island. L'Ailanthus, qui est désormais connu comme un arbre qui aime le sable, pourrait peut-être remplir une meilleure fonction que n'importe lequel d'entre eux.

### *Étendue des dunes en Europe.*

Les dunes du Danemark, comme nous l'avons vu, couvrent une superficie de deux cent soixante milles carrés, ou cent soixante-six mille acres ; ceux de la côte prussienne sont vaguement estimés entre quatre-vingt-cinq et cent dix mille acres ; ceux de Hollande à cent quarante mille acres ; [467] ceux de Gascogne à environ trois cent mille acres. [468] Je ne trouve aucune estimation de leur étendue dans les autres provinces de France, dans les duchés de Schleswig et Holstein, ou dans les provinces baltes de Russie, mais il est probable que la totalité des terres dunaires sur les rives orientales de la l'Atlantique et la Baltique ne représentent pas beaucoup moins d'un million d'acres. [469] Ce vaste dépôt de sable marin s'étend le long de la côte sur une distance de plusieurs centaines de milles, et depuis la destruction des forêts qui le recouvraient, jusqu'à l'année 1789, toute la ligne roulait vers l'intérieur et enfouissait le sol. en dessous, ou rendre les champs improductifs à cause du sable qui en dérive. En même temps, à mesure que les dunes se déplaçaient vers l'est, l'océan suivait de près leur retraite et engloutissait le sol qu'ils avaient recouvert, aussi vite que leur mouvement le laissait nu.

La plantation des dunes a complètement empêché les sables superficiels de souffler sur le sol sous le vent des plantations, et bien qu'elle n'ait pas, dans tous les cas, arrêté les empiètements de la mer, elle a tellement retardé la rapidité de leur progression, que les côtes sablonneuses, autrefois couvertes de forêts, peuvent être considérées comme substantiellement sûres, à condition que des mesures appropriées soient prises pour la protection des bois.

### *Vignobles de dunes du Cap Breton.*

Dans les environs du Cap-Breton, en France, un procédé particulier est employé avec succès, à la fois pour empêcher la dérive des dunes et pour rendre les sables eux-mêmes immédiatement productifs ; mais cette méthode n'est applicable que dans des cas exceptionnels de climat et d'exposition favorables. Elle consiste à planter des vignes sur les dunes et à les protéger par des haies de genêts, *Erica scoparia* , disposées de manière à former des rectangles d'environ trente pieds sur quarante. Les vignes plantées dans ces enclos s'épanouissent admirablement et les raisins qu'elles produisent sont parmi les meilleurs cultivés en France. Les dunes sont si loin d'être un sol défavorable à la vigne, que le sable frais de la mer y est régulièrement employé comme engrais, en alternant une saison sur deux avec le fumier ordinaire. La quantité de sable ainsi appliquée tous les deux ans élève la surface du vignoble d'environ quatre à cinq pouces. Les vignes sont coupées chaque année à trois ou quatre sarments, et le soulèvement du sol recouvre rapidement les vieux ceps. Aussi vite qu'enfouies, elles envoient de nouvelles racines près de la surface, et ainsi le vignoble se renouvelle constamment et a toujours une apparence jeune, même s'il peut être déjà planté depuis quelques générations. Il est certain que cette pratique est suivie depuis deux siècles et constitue l'une des plus anciennes tentatives bien authentifiées de l'homme pour résister et vaincre les dunes. [470]

### *Suppression des dunes.*

L'élimination artificielle des dunes, qui n'est plus nécessaire comme protection, ne semble avoir été pratiquée sur une grande échelle qu'aux Pays-Bas, où les nombreux canaux fournissent un moyen aisé et économique de transport du sable, et où la construction et l'entretien Les digues maritimes et fluviales, les chaussées et autres remblais et remblais créent une grande demande pour ce matériau. Le sable est également employé en Hollande, en grande quantité, pour améliorer la consistance de l'argile dure qui borde ou sous-tend les dépôts diluviaux, et pour former un sol artificiel pour la croissance de certains légumes de jardin et d'ornement. Lorsque les dunes sont enlevées, le terrain qu'elles couvraient est restitué au domaine de l'industrie ; et la quantité de terre récupérée aux Pays-Bas par l'enlèvement des sables stériles qui l'encombraient, s'élève à des centaines et peut-être des milliers d'acres. [471]

## *Plaines de sable intérieures.*

Les plaines sablonneuses intérieures d'Europe sont soit dérivées de la dérive de dunes ou d'autres sables de plage, soit constituées de dépôts diluviaux. Comme nous l'avons vu, lorsqu'une fois l'intérieur d'une dune est ouvert au vent, son contenu est bientôt dispersé au loin sur le pays adjacent, et les sables des plages, non plus contrôlés par le rempart que la nature avait contraint de construire. contre leurs propres empiétements, sont également transportés à des distances considérables de la côte. Peu de régions ont autant souffert de cette cause, proportionnellement à leur étendue, que la péninsule du Jutland. Tant que les bois dont la nature avait planté les dunes danoises furent épargnés, ils semblent avoir été stationnaires, et nous n'avons aucune preuve historique, antérieure au seizième siècle, qu'ils soient devenus nuisibles d'une manière ou d'une autre. Dès cette époque, on constate fréquemment des invasions de terrains cultivés par les sables ; et les fouilles mettent constamment au jour des preuves d'habitation humaine et d'industrie agricole, dans les temps anciens, sur des sols aujourd'hui enfouis sous les profondes dérives des dunes et des plages de la côte maritime. [472]

De vastes étendues de plaines précieuses aux Pays-Bas et en France ont été recouvertes de la même manière d'une couche de sable suffisamment profonde pour les rendre stériles, et elles ne peuvent être remises en culture que par des procédés analogues à ceux employés pour fixer et améliorer le sol. dunes. [473] Des plaines de sable diluvial ont également été récupérées par ces méthodes dans le duché d'Autriche, entre Vienne et la crête de Semmering, dans le Jutland et dans le grand pays champêtre de l'Allemagne du Nord, en particulier le Mark Brandenburg, où les forêts artificielles peuvent se propager avec une grande facilité et où, par conséquent, cette branche d'industrie a été développée sur une grande échelle et avec des résultats très bénéfiques, tant en ce qui concerne l'approvisionnement en produits forestiers que la préparation du sol pour l'usage agricole.

En règle générale, les sables de l'intérieur des terres sont plus meubles, plus secs et plus sujets à la dérive que ceux du littoral, où l'atmosphère humide et saline de l'océan les maintient toujours plus ou moins humides et cohérents. Aucune dune côtière n'est aussi mobile que les médanos du Pérou décrits dans un passage cité de Pöppig dans une page précédente, ou que les collines de sable de Pologne, qui semblent toutes deux mieux mériter l'appellation de vagues de sable que celles du Sahara ou de l'océan Indien. le désert d'Arabie. Les sables de la vallée du Bas Euphrate, eux-mêmes probablement d'origine sous-marine et non issus de dunes, avancent vers le nord-ouest avec une rapidité qui semble fabuleuse si on les compare au lent mouvement des dunes de Gascogne et des côtes de Basse-Allemagne. . Loftus, parlant de Niliyya, une vieille ville arabe située à quelques kilomètres à l'est des ruines de Babylone, dit qu'« en 1848, le sable commença à s'accumuler autour d'elle, et en six ans, le désert, dans un rayon de six milles, était couverte de petits dômes ondulants, tandis que les ruines de la ville étaient si enfouies qu'il est maintenant impossible de retracer leur forme ou leur étendue originale. [474] Loftus considère cette inondation de sable comme « l'avant-garde de ces vastes dérives qui, avançant du sud-est, menacent éventuellement de submerger Babylone et Bagdad ».

Une observation de Layard, citée par Loftus, me paraît fournir une explication possible de cette irruption. Il "passa par deux ou trois endroits où le sable, sortant de la terre comme de l'eau, est appelé 'Aioun-er-rummal', sources de sable". Ces « sources » ne sont très probablement que des apports de sable provenant de l'ancien sous-sol, où la croûte protectrice de dépôts aquatiques et de terres végétales a été percée, comme dans le cas de la dérive née du renversement d'un chêne mentionné sur un page précédente. Lorsque la vallée de l'Euphrate était régulièrement irriguée et cultivée, les sables sous-jacents étaient liés par l'humidité, la vase alluviale et la végétation ; mais maintenant que toute amélioration est négligée et que la surface, n'étant plus arrosée, est devenue desséchée, poudreuse et nue, une simple fissure accidentelle dans la couche superficielle pourrait bientôt être agrandie en une large ouverture, qui laisserait suffisamment de sable pour submerger une province.

### *Les Landes de Gascogne.*

La plaine sablonneuse la plus remarquable de France se trouve à l'extrémité sud-ouest de l'empire et est généralement connue sous le nom de Landes ou landes de Gascogne. Clavé le décrit ainsi : « Composé de sable pur, reposant sur une couche imperméable appelée *alios* , le sol des Landes fut, pendant des siècles, considéré comme impropre à la culture. Desséché l'été, noyé l'hiver, il ne produisait que des fougères, des joncs, et bruyères et pâturages à peine fournis pour quelques troupeaux à moitié affamés. Pour couronner ses misères, cette plaine était continuellement menacée par les empiètements des dunes. De vastes crêtes de sable, soulevées par les vagues, sur une distance de plus de cinquante lieues. le long de la côte, et continuellement renouvelés, furent poussés vers l'intérieur par le vent d'ouest, et, en roulant sur la plaine, ils ensevelirent le sol et les hameaux, vainquirent toute résistance et avancèrent avec une régularité effrayante. destruction, lorsque Brémontier inventa sa méthode de fixation des dunes par des plantations de pins maritimes." [475]

Bien que les Landes aient été presque abandonnées depuis des siècles, elles portent de nombreuses traces d'anciennes cultures et de prospérité, et c'est principalement par l'empiétement des sables qu'elles sont devenues réduites à leur état actuel de désolation. La destruction des villes côtières et des ports, qui fournissaient des marchés aux produits des plaines, la construction de barrages sur les rivières et l'obstruction des petits canaux de drainage naturel par l'avancée des dunes, furent sans doute des causes très influentes ; et si nous ajoutons la dérive du sable marin sur le sol, nous avons au moins une explication partielle du déclin de l'agriculture et de la diminution de la population de ces immenses déchets. Lorsque les dunes furent une fois arrêtées, et que le sol à l'est d'elles fut jugé à l'abri de leur invasion, des expériences d'amélioration agricole, par drainage et plantation, furent commencées, et elles ont été accompagnées d'un tel signal. succès, que la récupération complète de l'un des déchets les plus tristes et les plus étendus d'Europe peut être considérée à la fois comme un événement probable et proche. [476]

## *La Campine belge.*

Dans la partie nord de la Belgique, et s'étendant au-delà des frontières de la Hollande, se trouve une autre plaine de bruyères très similaire, appelée la Campine. Il s'agit d'une vaste étendue de sable, entrecoupée de marais et de dunes intérieures, et, jusqu'à récemment, considérée comme totalement inculte. Des sommes énormes ont été dépensées pour le récupérer par le drainage et d'autres procédés agricoles familiers, mais sans résultats du tout proportionnels au capital investi. En 1849, la partie non aménagée de la Campine était estimée à un peu moins de trois cent cinquante mille acres. L'exemple de la France a incité à expérimenter la plantation d'arbres, notamment de pins maritimes, sur ces déchets arides, et les résultats ont été tels qu'ils ont montré que ses sables pouvaient à la fois être fixés et rendus productifs, non seulement sans perte, mais avec avantage pécuniaire positif. [477]

## *Sables et steppes d'Europe de l'Est.*

Il existe encore des déchets de sable non soumis dans de nombreuses régions de l'intérieur de l'Europe, inconnus des touristes ou même des géographes. « Olkuez et Schiewier en Pologne, dit Naumann, se trouvent dans de véritables déserts de sable, et une plaine de sable sans limites s'étend autour d'Ozenstockau, sur laquelle ne poussent ni arbres ni arbustes. Par vent violent, cette plaine ressemble à une mer ondulante, et le les dunes s'élèvent et disparaissent comme les vagues de l'océan. Les tas de déchets des mines d'Olkuez sont recouverts de sable jusqu'à quatre brasses de profondeur. [478] Aucune tentative n'a encore été faite pour soumettre les sables de la Pologne, mais lorsque la paix et la prospérité seront rétablies dans ce malheureux pays, il n'y a aucun doute raisonnable que les mesures, qui se sont révélées si efficaces sur des formations similaires en Allemagne, pourront être employé avec avantage dans les déserts polonais.

Il y a des congères de sable dans certaines parties des steppes de Russie, mais en général le sol de ces vastes plaines est d'une composition différente, quoique très variée, et est couvert de végétation. Les steppes, cependant, présentent de nombreux points d'analogie avec les plaines sablonneuses de l'Allemagne du Nord, et si elles sont un jour aptes à une occupation civilisée, ce sera par le même moyen, c'est-à-dire en plantant des forêts. On se demande si les steppes ont jamais été boisées. Ils étaient certainement dépourvus de végétation forestière à une époque très reculée ; car Hérodote décrit le pays des Scythes entre l'Ister et le Tanaïs comme dépourvu de bois, à l'exception de la petite province de Xylæa entre le Dniepr et le golfe de Perekop. On sait qu'ils ont été occupés par une importante population nomade et pastorale jusqu'au XVIe siècle, bien que ces tribus soient aujourd'hui très réduites en nombre. Les habitudes de ces races ne sont guère moins destructrices pour la forêt que celles de la vie civilisée. Les tribus pastorales n'utilisent pas beaucoup de bois comme combustible ou pour la construction, mais elles brûlent les forêts avec insouciance ou imprudence, et leur bétail freine efficacement la croissance des jeunes arbres partout où s'étend leur aire de répartition.

À l'heure actuelle, les vents furieux qui soufflent sur les plaines, les sécheresses de l'été, les droits et abus des pâturages, constituent des obstacles très redoutables à l'emploi de mesures qui ont donné de si précieux résultats sur les déserts de sable de France et d'Allemagne. . Le Gouvernement russe a cependant tenté de boiser les steppes, et il existe des plantations florissantes dans les environs d'Odessa, où le sol est particulièrement meuble et sablonneux. [479] L'arbre le mieux adapté à cette localité et, comme il y a de bonnes raisons de le supposer, au sable des plaines en général, est l' *Ailanthus glandulosa* , ou arbre à vernis du Japon. [480] Le succès remarquable qui a couronné les expériences avec l'ailanthus à Odessa stimulera sans aucun doute des essais similaires ailleurs, et il ne semble pas improbable que l'arundo et le pin maritime, qui ont fixé tant de milliers d'acres de terrains dérivants. sables d'Europe occidentale, seront, au moins en partie, remplacés par le tamaris et l'arbre à vernis.

### *Avantages de la récupération des sables.*

Si nous considérons la quantité de terres incultes qui ont été rendues productives par la plantation de collines et de plaines de sable, et l'étendue du sol fertile, le nombre de villages et d'autres améliorations humaines, et la valeur des ports, que le même processus a sauvé d'être enseveli sous les dunes ondulantes, et enfin englouti à jamais par les invasions de la mer, nous serons enclins à ranger Brémontier et Reventlov parmi les plus grands bienfaiteurs de leur race. A l'exception des digues des Pays-Bas, leurs travaux sont les premières tentatives délibérées et directes de l'homme pour devenir, à grande échelle, une puissance géographique, pour restaurer les équilibres naturels que les générations précédentes avaient perturbés et pour expier, par des actes. guidé par la prévision et un objectif bien établi, pour le gaspillage qu'une imprévoyance irréfléchie avait créé.

### *Travaux gouvernementaux.*

Il existe une différence politique importante entre ces derniers ouvrages et le système de digues des côtes néerlandaises et allemandes. Les digues étaient à l'origine, et dans les temps modernes ont été très généralement, des entreprises privées, entreprises dans le seul but d'ajouter une certaine quantité de terre cultivable aux anciennes possessions de leur propriétaire, ou parfois de l'État. En bref, à quelques exceptions près, ils n'ont été qu'un simple investissement pécuniaire, un mode d'acquisition de terres qui n'est pas économiquement différent de l'achat. La plantation des dunes, au contraire, a toujours été un travail public, exécuté non dans l'espoir de tirer un pourcentage direct et régulier des revenus de la dépense, mais dicté par des vues plus élevées de l'économie d'État, par les mêmes principes gouvernementaux : en fait, qui animent toutes les républiques en repoussant l'invasion des armées hostiles, ou en réparant les dommages que les forces d'invasion ont pu infliger aux intérêts généraux du peuple. La restauration des forêts du sud de la France, telle qu'elle est actuellement entreprise par le gouvernement de cet empire, est une mesure du même caractère élevé que la réparation des dunes. Dans les temps anciens, les forêts étaient formées ou protégées simplement pour l'abri qu'elles offraient au gibier ou pour le bois qu'elles produisaient ; mais la législation récente de la France et de quelques autres pays continentaux sur ce sujet vise des objectifs plus lointains aussi bien que plus nobles, et ce sont parmi les actes publics qui encouragent le plus fortement l'espoir que les dirigeants de la chrétienté parviennent à mieux se comporter. comprendre les véritables devoirs et intérêts d'un gouvernement civilisé.

# CHAPITRE VI.

## CHANGEMENTS GÉOGRAPHIQUES PROJETÉS OU POSSIBLES PAR L'HOMME.

COUPE DES ISTHMES MARINS—CANAL DE SUEZ—CANAL À TRAVERS L'ISTHME DE DARIEN—CANAUX VERS LA MER MORTE—CANAUX MARITIMES EN GRÈCE—CANAL DE SAROS—CANAL DE CAP COD—DÉVIATION DU NIL—CHANGEMENTS DANS LA CASPIENNE—AMÉLIORATION DE L'HYDROGRAPHIE NORD-AMÉRICAINE— DÉRIVATION DU RHIN — DRAINAGE DU ZUIDERZEE — EAUX DU KARST — EAUX SOUTERRAINES DE GRÈCE — SOL SOUS LA ROCHE — RECOUVREMENT DES ROCHES DE TERRE — OUUES D'ARABIE PETRÆA — EFFETS ACCESSOIRES DE L'ACTION HUMAINE — RÉSISTANCE AUX GRANDES FORCES NATURELLES — EFFETS DE L'EXPLOITATION MINIÈRE — ESPY'S THÉORIES—SÉDIMENTS DE RIVIÈRE—RIEN DE PETIT DANS LA NATURE.

### *Découpe des isthmes marins.*

Outre les grandes entreprises de transformation physique dont j'ai déjà parlé, d'autres travaux d'amélioration ou de changement intérieur ont été projetés dans les temps anciens et modernes, dont l'exécution produirait des révolutions considérables et, dans certains cas, extrêmement importantes dans le monde. face de la terre. Certains des schémas auxquels je fais référence sont évidemment chimériques ; d'autres sont difficiles, certes, mais on ne peut pas dire qu'elles soient impraticables, bien que découragées par la crainte des conséquences désastreuses de la perturbation des arrangements naturels ou artificiels existants ; et il y en a d'autres encore, dont la réalisation est finalement certaine, bien que pour le moment interdite par des considérations économiques.

Lorsque l'on considère le nombre de cols ou d'isthmes étroits qui séparent les golfes et les baies de la mer les uns des autres, ou de l'océan principal, et que l'on prend en compte le temps, le coût et les risques de navigation qui seraient économisés en créant des canaux pour relier de telles eaux, et évitant ainsi la nécessité de doubler de longs caps et promontoires, ou même des continents, il semble étrange qu'une plus grande partie de l'entreprise et de l'argent qui ont été si généreusement dépensés pour former des rivières artificielles pour la navigation intérieure n'ait pas été consacrée à la construction. des canaux maritimes. De nombreux projets de ce genre ont été projetés dans les temps anciens et récents, et quelques coupures insignifiantes entre les eaux marines ont été effectivement réalisées, mais aucun ouvrage de ce genre, possédant une réelle importance géographique ou même commerciale, n'a encore été réalisé.

Ces entreprises se heurtent à des difficultés et sont sujettes à des objections qui ne sont pas évidentes à première vue. La nature garde bien les chaînes par lesquelles elle relie les promontoires aux continents et lie les continents entre eux. Les isthmes sont généralement composés de roches adamantines ou de sables mouvants, ces derniers étant les matériaux les plus réfractaires à traiter. Dans tous ces travaux, il est nécessaire de procéder à des excavations profondes au-dessous de la laisse des basses eaux, ce qui est toujours une question de grande difficulté ; les dimensions des canaux pour les navires de mer doivent être beaucoup plus grandes que celles des canaux de navigation intérieure ; la hauteur des mâts ou des conduits de fumée de cette classe de navires rendrait souvent le pontage impossible, et ainsi un canal maritime pourrait obstruer une communication plus importante que celle qu'il était censé favoriser ; la sécurisation des entrées des canaux marins et la construction de ports à leurs extrémités seraient en général difficiles et coûteuses, et les ports et le canal qui les relie seraient extrêmement susceptibles d'être remplis par les dépôts apportés de la mer et du rivage. En plus de tout cela, il existe, dans de nombreux cas, une incertitude alarmante quant aux effets de la réunion des eaux que la nature a séparées. Un nouveau canal peut détourner de forts courants d'un parcours sûr et provoquer ainsi une érosion destructrice de rivages autrement sécurisés, ou favoriser le transport de sable ou de vase pour bloquer des ports importants, ou encore fournir à un ennemi puissant des installations dangereuses pour des opérations hostiles le long de la côte. côte.

La nature se moque parfois de la ruse et de la puissance de l'homme en exécutant spontanément, à son profit, des œuvres qu'il répugne à entreprendre, et auxquelles elle résisterait à l'exécution par lui avec une obstination invincible. Un banc de sable dangereux, que toutes les machines du monde ne pourraient pas draguer en une génération, peut être emporté en une nuit par une forte crue d'une rivière, ou par un courant poussé par un vent violent venant d'une région inhabituelle, et un passage à peine navigable par les bateaux de pêche peut être ainsi converti en un chenal commode pour le plus grand navire qui flotte sur l'océan. Dans le remarquable golfe du Liimfjord, dans le Jutland, la nature a donné un exemple singulier d'un canal qu'elle ouvre alternativement comme détroit marin et, en se fermant à nouveau, se transforme en lagune d'eau douce. Le Liimfjord était sans doute à l'origine un chenal ouvert de l'Atlantique à la Baltique entre deux îles, mais les sables rejetés par la mer bloquaient l'entrée ouest et construisaient un mur de dunes pour la fermer plus solidement. Cette digue naturelle, comme nous l'avons vu, a été plus d'une fois percée, et il est peut-être au pouvoir de l'homme, soit de maintenir en permanence la barrière, soit de l'enlever et de maintenir un chenal navigable constamment ouvert. Si le Liimfjord devenait un détroit ouvert, le lavage du sable marin à travers celui-ci obstruerait peut-être certaines des ceintures et petits chenaux aujourd'hui importants pour la navigation de la Baltique, et l'introduction directe d'un courant de marée pourrait produire des effets très perceptibles sur le hydrographie du Cattegat.

## *Le canal de Suez.*

Si le canal de Suez – l'amélioration physique la plus grande et la plus véritablement cosmopolite jamais entreprise par l'homme – réussit, il affectera considérablement les bassins de la Méditerranée et de la mer Rouge, quoique d'une manière différente, et probablement à un degré moindre que celui de la mer Rouge. le détournement du courant du Nil de l'un vers l'autre, auquel je ferai allusion tout à l'heure, suffirait. Il est en effet concevable que si un chenal libre était une fois ouvert d'une mer à l'autre, la coïncidence d'une marée haute et d'un fort vent du sud pourrait produire une force hydraulique qui transformerait le canal étroit en un détroit ouvert. Dans un tel cas, il est impossible d'évaluer, ni même de prévoir, les conséquences qui pourraient résulter du mélange sans obstacle des courants entrants et descendants de la mer Rouge avec les eaux presque sans marée de la Méditerranée. Il ne fait cependant aucun doute qu'ils présenteraient un caractère des plus importants en ce qui concerne les caractéristiques simplement géographiques et la vie organique des deux. Mais le faible fond des deux mers aux extrémités du canal, l'action des marées de l'une et des courants de l'autre, et la nature de l'isthme intermédiaire, rendent la survenue d'un tel cataclysme au plus haut degré improbable. L'obstruction du canal par le sable marin à ses deux extrémités est un danger bien plus difficile à prévenir et à éviter qu'une irruption des eaux de l'une ou l'autre mer.

Il n'y a donc aucune raison de s'attendre à un changement des lignes côtières ou des canaux navigables naturels comme conséquence directe de l'ouverture du canal de Suez, mais cela produira sans aucun doute des révolutions très intéressantes dans la population animale et végétale des deux pays. bassins. La Méditerranée, à quelques exceptions locales près, comme les baies de Calabre et la côte de Sicile si pittoresquement décrites par Quatrefages [481] , est relativement pauvre en végétation marine, en coquillages et en poissons. La rareté du poisson dans certains de ses golfes est proverbiale, et vous pouvez scruter de longues étendues de plage sur ses rives nord, après chaque vent du sud pendant tout un hiver, sans trouver une douzaine de coquillages pour récompenser votre recherche. Mais quiconque n'a pas regardé les mers tropicales ou subtropicales ne peut concevoir l'incroyable richesse de la mer Rouge en matière de vie organique. Son fond est tapissé ou pavé de plantes marines, de zoophytes et de coquillages, tandis que ses eaux regorgent de formes de vie en mouvement infiniment variées.

La plupart de ses végétaux et de ses animaux sont sans aucun doute confinés par les lois de leur organisation à des températures plus chaudes que celles de la Méditerranée, mais parmi eux il doit y en avoir beaucoup, dont l'habitat est d'une plus grande étendue, beaucoup dont les capacités d'accommodation seraient leur permettre de s'acclimater à une mer plus froide.

Nous pouvons supposer que la faune et la flore aquatiques, moins nombreuses, de la Méditerranée sont également capables de s'adapter au climat, et par conséquent, lorsque le canal sera ouvert, il y aura un échange de population organique qui n'est pas encore commune aux deux mers. Les espèces destructrices ainsi nouvellement introduites peuvent diminuer le nombre de leurs propres proies dans l'un ou l'autre bassin et, d'un autre côté, l'augmentation de l'offre de nourriture appropriée peut grandement multiplier l'abondance des autres, et en même temps ajouter une contribution importante à la aliment de l'homme dans les pays riverains de la Méditerranée.

Un élément collatéral de ce grand projet mérite d'être souligné car son importance géographique n'est pas négligeable. Je fais référence au ou aux conduits construits du Nil à l'isthme, principalement pour fournir de l'eau douce aux ouvriers du grand canal, et finalement pour servir d'aqueducs à la ville de Suez, et pour l'irrigation et la remise en état d'une grande étendue. de sol désertique. À l'époque florissante de l'empire égyptien, les eaux du Nil étaient transportées vers des régions importantes à l'est du fleuve. Plus tard, la majeure partie de ce territoire est retombé dans un désert, à cause de la dégradation des canaux qui le fertilisaient autrefois. Il n'y a aucune difficulté à restaurer les anciens canaux, ou à en construire de nouveaux, et à arroser ainsi non seulement tout le sol que la sagesse des Pharaons avait amélioré, mais aussi une quantité considérable de terres supplémentaires. Des centaines de kilomètres carrés de sable aride seraient ainsi convertis en champs de verdure pérenne, et la géographie de la Basse-Égypte s'en trouverait sensiblement modifiée. Si le canal réussit, des villes considérables se développperont à la fois aux deux extrémités du canal et aux points intermédiaires, toutes dépendant de l'entretien des aqueducs du Nil, à la fois pour l'eau et pour l'irrigation des champs voisins qui doivent approvisionner. eux avec du pain. Des intérêts importants seront ainsi créés, qui assureront la permanence des ouvrages hydrauliques et des changements géographiques qu'ils produisent, et Suez, ou Port-Saïd, ou la ville du lac Timsah, pourront devenir la capitale du gouvernement qui a été si longtemps occupé. établi de longue date au Caire.


*Canal traversant l'isthme de Darien.*

Le projet de canalisation le plus colossal jamais proposé, que l'on considère les difficultés physiques de son exécution, la grandeur et l'importance des eaux qu'on propose de réunir, ou la distance qui serait économisée en navigation, est celui d'un chenal entre le golfe de Le Mexique et le Pacifique, à travers l'isthme de Darien. Je ne parle pas ici d'un canal à écluses, passant par le lac du Nicaragua ou par toute autre route, car un tel ouvrage ne différerait pas essentiellement des autres canaux et ne posséderait guère de caractère géographique, mais d'une coupure à ciel ouvert entre les deux. mers. Il n'a nullement été démontré que la construction d'un tel canal soit possible, et, s'il était ouvert, il est très probable que des bancs de sable s'accumuleraient aux deux entrées, de manière à obstruer tout courant puissant qui le traverserait. Mais si nous supposons que l'œuvre soit effectivement accomplie, il y aurait, en premier lieu, un mélange de la vie animale et végétale des deux grands océans tel que j'ai dit qu'il pourrait probablement résulter de l'ouverture du canal de Suez. entre deux bassins beaucoup plus petits. En outre, si le canal n'était pas obstrué par des bancs de sable, il pourrait tôt ou tard être considérablement élargi et approfondi par l'action mécanique du courant qui le traverse et par des conséquences qui ne seraient pas inférieures en ampleur à toute révolution physique qui aurait eu lieu. depuis que l'homme est apparu sur la terre, pourrait en résulter.

Quelles seraient ces conséquences sont, dans une large mesure, une pure conjecture, et il y a beaucoup de place pour l'exercice de l'imagination sur le sujet ; mais, comme l'ont suggéré plus d'un géographe, il existe un résultat possible qui jette dans l'ombre tous les autres effets imaginables d'un tel travail. Je fais référence aux changements dans le cours des deux grands fleuves océaniques, le Gulf Stream et le courant correspondant du côté Pacifique de l'isthme. Les eaux chaudes que le Gulf Stream transporte vers les hautes latitudes puis s'étalent, comme une main élargie, le long des côtes orientales de l'Atlantique, dégagent, en se refroidissant, suffisamment de chaleur pour élever de plusieurs degrés la température moyenne de l'Europe occidentale. En fait, le Gulf Stream est la principale cause de la supériorité du climat de l'Europe occidentale sur ceux de l'Amérique de l'Est et de l'Asie de l'Est aux latitudes correspondantes. Toutes les conditions météorologiques de la première région sont dans une large mesure réglées par lui, et c'est donc le plus grand et le plus bénéfique de tous les phénomènes purement géographiques. Nous ne connaissons pas encore assez les lois qui régissent les mouvements de ce puissant flot de chaleur et de vie pour pouvoir dire si son courant serait sensiblement affecté par la rupture de l'isthme de Darien ; mais à mesure qu'il pénètre et contourne le golfe du Mexique, il est possible que la suppression de la résistance de la terre qui forme la rive ouest de cette mer permette au courant de conserver sa direction originale vers l'ouest et de se joindre au courant tropical. courant du Pacifique.

L'effet d'un tel changement serait une baisse immédiate de la température moyenne de l'Europe occidentale au niveau de celle de l'Amérique orientale, et peut-être que le climat du premier continent pourrait devenir aussi excessif que celui du second, ou même un nouveau climat. période glaciaire" soit occasionnée par le retrait d'une source de chaleur aussi importante des zones septentrionales. Il en résulterait l'extinction d'une grande multitude de plantes et d'animaux terrestres et marins, et une révolution totale dans l'économie domestique et rurale de la vie humaine dans tous les pays d'où le Nouveau Monde a reçu sa population civilisée. On peut imaginer d'autres conséquences à peine moins effrayantes ; mais toute cette spéculation est trop morne, lointaine et improbable pour mériter de s'y livrer longtemps ·

### *Canaux vers la mer Morte.*

Le projet du capitaine Allen d'ouvrir une nouvelle route vers l'Inde par des coupures entre la Méditerranée et la mer Morte, et entre la mer Morte et la mer Rouge, présente de nombreuses considérations intéressantes. [483] Les observations hypsométriques de Bertou, Roth et autres rendent hautement probable, sinon certain, que la ligne de partage des eaux du Wadi-el-Araba entre la mer Morte et la mer Rouge n'est pas à moins de trois cents pieds au-dessus du niveau de la mer. niveau moyen de cette dernière, et s'il en est ainsi, la réalisation d'un canal d'une mer à l'autre est tout à fait hors de question. Mais on pense que le niveau du sommet entre la Méditerranée et le Jourdain, près de Jezreel, se situe à peine, voire pas du tout, à plus de cent pieds au-dessus de la mer, et la distance est si courte que le creusement d'un canal à travers la crête de séparation ne suffirait pas. ne semble probablement en aucun cas une entreprise irréalisable. Même si nous n'avons donc aucune raison de croire qu'il soit possible d'ouvrir un canal navigable à l'est via la mer Morte, il ne fait guère de doute que le bassin de cette dernière pourrait être rendu accessible depuis la Méditerranée.

Le niveau de la mer Morte se situe à 1 316,7 pieds en dessous de celui de l'océan. Il est délimité à l'est et à l'ouest par des crêtes montagneuses s'élevant entre 2 000 et 4 000 pieds au-dessus de l'océan. Depuis son extrémité sud, une dépression appelée Wadi-el-Araba s'étend jusqu'au golfe d'Akaba, le bras oriental de la mer Rouge. Le Jourdain se jette à son extrémité nord, après avoir traversé le lac de Tibériade à une altitude de 663,4 pieds au-dessus de la mer Morte, ou 653,3 au-dessous de la Méditerranée, et draine une vallée considérable au nord du lac, ainsi que la plaine de Jéricho. , qui se situe entre le lac et la mer. Si les eaux de la Méditerranée étaient admises librement dans le bassin de la mer Morte, elles élèveraient sa surface jusqu'au niveau général de l'océan, et par conséquent inonderaient toutes les terres sèches situées au-dessous de ce niveau dans le bassin.

Je ne sais pas si des niveaux précis ont été relevés dans la vallée du Jourdain au-dessus du lac de Tibériade, et nos informations sont très vagues quant à l'hypsométrie de la partie nord du Wadi-el-Araba. Nous ne savons pas non plus où une courbe de niveau, tracée autour du bassin au niveau de la Méditerranée, frapperait ses frontières est et ouest. Nous ne pouvons donc pas calculer avec précision l'étendue des terres aujourd'hui sèches qui serait couverte par l'admission des eaux de la Méditerranée, ni la superficie de la mer intérieure qui serait ainsi créée. Mais sa longueur dépasserait certainement cent cinquante milles, et sa largeur moyenne, y compris ses golfes et ses baies, ne pourrait guère être inférieure à quinze, peut-être même à vingt. Elle couvrirait très peu de terrain actuellement occupé par l'homme civilisé ou même non civilisé, bien qu'une partie du sol qui serait submergée, par exemple celle arrosée par la fontaine d'Élisée et d'autres sources voisines, soit d'une grande fertilité et, sous un meilleur angle. un gouvernement et de meilleures institutions civiles, pourraient prendre de l'importance parce que, du fait de sa dépression, elle possède un climat très chaud et pourrait approvisionner l'Europe du Sud-Est en produits tropicaux plus facilement qu'ils ne peuvent être obtenus de toute autre source. Un tel canal et une telle mer n'auraient actuellement aucune importance commerciale, car ils ne donneraient accès à aucun nouveau marché ou source d'approvisionnement ; mais lorsque les vallées fertiles et les plaines désertes à l'est du Jourdain seront récupérées pour l'agriculture et la civilisation, ces eaux fourniront une voie de communication qui pourrait devenir le moyen d'un commerce très étendu.

Quels que puissent être les résultats économiques de l'ouverture et du remplissage du bassin de la Mer Morte, la création d'une nouvelle zone évaporable, ajoutant pas moins de 2 000 ou peut-être 3 000 milles carrés à la surface fluide actuelle de la Syrie, ne pourrait manquer de produire d'importants résultats météorologiques. effets. Le climat de la Syrie serait tempéré, ses précipitations et sa fertilité augmentées, la course de ses vents et l'état électrique de son atmosphère modifiés. La vie organique actuelle de la vallée s'éteindrait et de nombreuses tribus de plantes et d'animaux émigreraient de la Méditerranée vers la nouvelle demeure que l'art humain leur avait préparée. Il est possible aussi que l'ajout de 1 300 pieds, ou quarante atmosphères, de pression hydrostatique sur le fond du bassin puisse perturber l'équilibre entre les forces internes et externes de la croûte terrestre en ce point de configuration anormale. et produisent ainsi des convulsions géologiques dont l'intensité ne peut même pas être conjecturée.

### *Canaux maritimes en Grèce.*

Un canal maritime exécuté et un autre projeté dans l'Antiquité, dont ce dernier commence à nouveau à exciter l'attention, méritent quelque attention, quoique leur importance soit d'un caractère commercial plutôt que géographique. Le premier est l'entaille faite par Xerxès dans le rocher qui relie le promontoire du mont Athos au continent ; l'autre, un canal navigable traversant l'isthme de Corinthe. Malgré les témoignages d'Hérodote et de Thucydide, les Romains classaient le canal de Xerxès parmi les fables de la « Grèce mensongère », et pourtant ses traces sont aujourd'hui parfaitement distinctes sur toute son étendue, sauf en un seul point où : après qu'il fut devenu tellement étranglé qu'il n'était plus navigable, il fut probablement comblé pour faciliter la communication par terre entre le promontoire et le pays situé à l'arrière de celui-ci.

Si le royaume fantaisiste de Grèce devait un jour devenir une réalité sobre, échapper à sa tutelle et acquérir un statut moral et politique tel que ses propres capitalistes - qui préfèrent désormais s'établir et employer leurs fonds ailleurs que dans leur pays natal Si l'on a quelque confiance dans la permanence de ses institutions, un canal navigable sera sans doute ouvert entre les golfes de Lépante et d'Égine. L'annexion des îles Ioniennes à la Grèce ferait d'un tel ouvrage presque une nécessité politique, et non seulement fournirait de précieuses facilités pour les relations intérieures, mais deviendrait également une voie de communication importante entre le Levant et les pays riverains de l'Adriatique, ou conduisant leur commerce à travers cette mer.

Comme je l'ai dit, l'importance de ce dernier canal et d'un canal navigable entre le Mont Athos et le continent serait principalement commerciale, mais tous deux seraient des exemples frappants du contrôle de l'homme sur la nature dans un domaine où il a jusqu'à présent exercé une influence. fait peu pour interférer avec ses arrangements spontanés. S'ils étaient construits à une échelle telle qu'ils permettent le libre passage de l'eau à travers eux, dans les deux sens, selon que les vents dominants le poussent, ils exerceraient une certaine influence sur les courants côtiers, qui sont importants en tant qu'éléments hydrographiques. , et aussi comme produisant une abrasion des côtes et une dérive au fond des mers, et aurait donc droit à un rang plus élevé que simplement comme moyen de transit artificiel.

### Canal de Saros.

On a pensé qu'il était possible de creuser un canal à travers la péninsule de Gallipoli, depuis l'embouchure de la mer de Marmora jusqu'au golfe de Saros. On peut douter que les difficultés mécaniques d'un pareil ouvrage ne se révèlent pas insurmontables ; mais lorsque Constantinople aura recouvré le rang politique et commercial important qui lui appartient naturellement, la construction d'un tel canal sera recommandée par de fortes raisons d'opportunité militaire, ainsi que par les intérêts du commerce. Un canal ouvert à travers la péninsule détournerait une partie de l'eau qui coule actuellement dans les Dardanelles, diminuerait la rapidité de ce puissant courant, et éliminerait ainsi en partie les difficultés qui entravent la navigation du détroit. Cela réduirait considérablement la distance par voie d'eau entre Constantinople et la côte nord de l'Égée, et aurait l'avantage important d'obliger un ennemi à entretenir deux flottes de blocus au lieu d'une.

## Canal du Cap Cod.

L'ouverture d'une brèche navigable à travers l'étroit col qui sépare de l'Atlantique la partie sud de la baie de Cape Cod dans le Massachusetts a été suggérée depuis longtemps, et il y a peu d'améliorations côtières sur les côtes atlantiques des États-Unis qui soient recommandées par des considérations plus élevées. d'utilité. Cela épargnerait au cabotage le plus important des États-Unis la navigation longue et dangereuse autour de Cape Cod, offrirait une entrée nouvelle et plus sûre au port de Boston pour les navires en provenance des ports du Sud, assurerait un choix de passages, permettant ainsi les arrivées sur la côte et les départs. de là aux périodes où le vent et les intempéries pourraient autrement les empêcher, et fournir une communication interne des plus précieuses en cas de blocus de la côte par une puissance étrangère. Les difficultés de l'entreprise sont sans doute formidables, mais les dépenses d'entretien et l'incertitude des effets des courants traversant le nouveau détroit sont des objections encore plus sérieuses.

## Détournement du Nil.

Le projet de grand changement physique le plus remarquable, proposé ou menacé dans les temps anciens, est peut-être celui de détourner le Nil de son lit naturel et de transformer son courant en désert de Libye ou en mer Rouge. Les princes éthiopiens ou abyssins menacèrent plus d'une fois les sultans Memlouk de l'exécution de ce projet alarmant, et la crainte d'un mal aussi grave aurait engagé les musulmans à se concilier les rois abyssins par de grands présents et par quelques concessions aux rois abyssins. Chrétiens opprimés d'Egypte. [484] En effet, les historiens arabes affirment qu'au Xe siècle les Éthiopiens ont endigué le fleuve et, pendant une année entière, ont coupé ses eaux de l'Égypte. L'explication probable de cette histoire se trouve dans une saison de sécheresse extrême, comme il y en a parfois eu dans la vallée du Nil. Vers le début du XVIe siècle, Albuquerque le « Terrible » reprit le projet de transformer le Nil en mer Rouge, dans l'espoir de détruire le commerce de transit à travers l'Égypte par Kesseir. En 1525, l'empereur d'Abyssinie demanda au roi du Portugal de lui envoyer des ingénieurs à cet effet ; un successeur de ce prince menaça de tenter le projet vers 1700, et même jusqu'à l'occupation française de l'Egypte, la possibilité de chasser l'intrus par ce moyen fut suggérée en Angleterre.

On ne peut affirmer positivement que le détournement des eaux du Nil vers la mer Rouge soit impossible. Dans la chaîne de montagnes qui sépare les deux vallées, Brown trouva une profonde dépression ou oued, s'étendant de l'une à l'autre, sans grande élévation au-dessus du lit de la rivière. Le désert libyen est tellement plus haut que le Nil au-dessous de la jonction des deux bras principaux à Khartoum, qu'il n'y a aucune raison de croire qu'un nouveau canal pour leurs eaux réunies puisse être trouvé dans cette direction ; mais le Bahr-el-Abiad traverse, s'il ne prend pas sa source, un grand plateau, et certains de ses affluents sont censés communiquer, pendant la saison des pluies, avec des bras de grands fleuves coulant dans une tout autre direction. Il est donc probable qu'une partie au moins des eaux de ce grand bras du Nil, et peut-être une quantité dont le captage se ferait sensiblement sentir en Égypte, pourrait être envoyée vers l'Atlantique par le Niger, perdu dans les lacs intérieurs. de l'Afrique centrale, ou employé pour fertiliser les déchets de sable libyens.

En admettant la possibilité de transformer tout le fleuve en mer Rouge, considérons l'effet probable de ce changement. La première et la plus évidente est la destruction totale de la fertilité de la Moyenne et de la Basse-Égypte, la conversion de cette partie de la vallée en désert et l'extinction de sa civilisation imparfaite, voire l'extirpation absolue de ses habitants. C'est le malheur menacé par les princes abyssins et le féroce guerrier portugais, et redouté par les sultans d'Egypte. Au-delà de ces conséquences immédiates et palpables, aucune des parties n'a alors regardé ; mais une zone géographique beaucoup plus vaste et des intérêts humains bien plus étendus et variés seraient affectés par cette mesure. L'expansion du Nil lors des inondations annuelles couvre, pendant plusieurs semaines, plusieurs milliers de kilomètres carrés d'eau, et à d'autres saisons de l'année, il imprègne la même zone, voire une plus grande, d'humidité par infiltration. L'extraction d'une si grande surface évaporable des rives méridionales de la Méditerranée ne pourrait que produire des effets importants sur de nombreux phénomènes météorologiques, et l'humidité, la température, les conditions électriques et les courants atmosphériques de l'Afrique du Nord-Est pourraient être modifiés à un degré tel que affecterait sensiblement le climat de l'Europe.

La Méditerranée, privée des apports du Nil, aurait besoin d'un apport d'eau plus important, et bien sûr d'un courant plus fort, en provenance de l'Atlantique à travers le détroit de Gibraltar ; la proportion de sel qu'elle contient serait augmentée, et la vie animale au moins de ses frontières méridionales serait par conséquent modifiée ; le courant qui serpente le long de ses rives sud, est et nord-est serait diminué en force et en volume, s'il n'était pas complètement détruit, et son bassin et ses ports ne seraient plus encaissés par de nouveaux dépôts provenant des hautes terres de l'Afrique intérieure.

Dans la mer Rouge, beaucoup plus petite, des effets plus immédiatement perceptibles, sinon plus importants, seraient produits. Les dépôts de vase réduiraient sa profondeur et peut-être, au cours des âges, la diviseraient en une mer intérieure et une mer ouverte ; ses eaux seraient plus ou moins rafraîchies, et sa faune et sa flore marines immensément riches changeraient de caractère et de proportion et, près de l'embouchure du fleuve, seraient peut-être même complètement détruites ; ses canaux navigables seraient altérés et souvent assez obstrués ; le flux de ses marées serait modifié par les nouvelles conditions géographiques ; les sédiments du fleuve formeraient de nouvelles lignes de côtes et de nouvelles plaines, qui seraient couvertes de végétation, et produiraient probablement ainsi des changements climatiques sensibles.

## *Changements dans la Caspienne.*

Le Gouvernement russe a envisagé d'établir une communication fluviale presque directe entre la mer Caspienne et la mer d'Azoff, en partie par des canaux naturels et en partie par des canaux artificiels, et il existe maintenant des canaux navigables entre le Don et la Volga ; mais ces ouvrages, bien que ne manquant pas d'intérêt commercial et politique, n'ont aucune importance géographique. Il est cependant très possible de produire des changements géographiques appréciables dans le bassin de la Caspienne par le détournement des grands fleuves qui coulent de la Russie centrale. La surface de la Caspienne est à quatre-vingt-trois pieds au-dessous du niveau de la mer d'Azoff, et sa dépression a été expliquée par l'hypothèse que l'évaporation dépasse l'apport dérivé, directement et indirectement, des précipitations, bien que des physiciens compétents soutiennent maintenant que le le naufrage de cette mer est dû à un affaissement de son fond dû à des causes géologiques. A Tsaritsine, le Don, qui se jette dans la mer d'Azoff, et la Volga, qui se jette dans la Caspienne, se rapprochent à moins de dix milles. Près de ce point, au moyen de canaux ouverts ou souterrains, le Don pourrait être transformé en Volga, ou la Volga en Don. Si nous supposons que la totalité ou une grande partie des eaux du Don soient ainsi détournées de leur écoulement naturel et envoyées vers la Caspienne, l'équilibre entre l'évaporation de cette mer et son approvisionnement en eau pourrait être rétabli, ou son niveau même élevé au-dessus de ses anciennes limites. Si la Volga était transformée en mer d'Azoff, la mer Caspienne serait réduite en dimensions jusqu'à ce que l'équilibre entre perte et gain soit rétabli, et elle occuperait une superficie beaucoup plus petite qu'aujourd'hui. De tels changements dans la proportion de surface solide et fluide auraient des effets climatiques sur le territoire qui se jette dans la Caspienne, et d'autre part, l'introduction d'une plus grande quantité d'eau douce dans la mer d'Azoff rendrait ce golfe moins salin. , affectent le caractère et le nombre de ses poissons, et ne sont peut-être pas totalement sans influence sensible sur les eaux de la mer Noire.

Nous ne connaissons pas encore assez la géographie de l'Afrique centrale ou de l'intérieur de l'Amérique du Sud pour conjecturer quelles révolutions hydrographiques pourraient s'y opérer ; mais du fait que de nombreux fleuves importants dans les deux continents drainent de vastes plateaux, d'inclinaison très modérée, il y a lieu de supposer que des changements importants dans le cours des rivières pourraient se produire. Notre connaissance du drainage de l'Amérique du Nord est beaucoup plus complète, et il est certain qu'il existe de nombreux points où le cours des grands fleuves, ou le débit de lacs considérables, pourraient être complètement détournés, ou du moins partiellement dirigés vers des canaux différents.

La surface du lac Érié est de 565 pieds au-dessus de celle de l'Hudson à Albany, et elle est si près du niveau de la grande plaine située à l'est de celui-ci, qu'il a été jugé possible d'approvisionner la section ouest du canal qui l'unit avec l'Hudson, avec l'eau du lac, ou plutôt du Niagara qui en sort. On pourrait donc construire un canal qui aspirerait dans la vallée du Genesee toute proportion désirable de l'eau naturellement rejetée par le Niagara. La plus grande profondeur d'eau jamais sondée dans le lac Érié n'est que de deux cent soixante-dix pieds, la profondeur moyenne étant de cent vingt. Des canaux ouverts parallèles au Niagara, ou directement vers le Genesee, pourraient être exécutés à une échelle qui exercerait une influence importante sur le drainage du lac, s'il y avait un motif adéquat pour une telle entreprise. Il serait encore plus facile de créer des débouchés supplémentaires pour les eaux du lac Supérieur au Saut Sainte-Marie, où la rivière qui draine le lac descend de vingt-deux pieds en un seul mille, et de produire ainsi des effets incalculables, tant sur ce lac que sur le lac Supérieur. sur la grande chaîne d'eaux intérieures qui communiquent avec elle.

Le niveau du sommet entre le lac Michigan et les Des Plaines, un affluent du Mississippi, n'est qu'à vingt-sept pieds au-dessus du lac, et la distance intermédiaire n'est que de très peu de milles. Il a souvent été proposé de creuser un canal ouvert à travers cette crête, et la faisabilité du projet ne fait aucun doute. Si cela était réalisé, bien qu'une telle coupe ne formerait pas, en elle-même, un canal navigable, une partie des eaux du lac Michigan serait versée dans le golfe du Mexique, au lieu de celle du Saint-Laurent, et le débit pourrait être réduit. de manière à maintenir l'Illinois et le Mississippi en crue à toutes les saisons de l'année. L'augmentation du volume de ces rivières augmenterait leur vitesse et leur pouvoir de transport, et par conséquent l'érosion de leurs berges et le dépôt de vase dans le golfe du Mexique, tandis que l'introduction d'une plus grande masse d'eau froide dans les lits des rivières ces rivières produiraient très probablement un effet considérable sur la vie animale qui les peuple. Le détournement des eaux du bassin commun des grands Lacs par un nouveau canal, dans une direction opposée à leur débit naturel, ne serait pas absolument sans influence sur le Saint-Laurent, quoique probablement l'effet serait trop faible pour être de quelque nature que ce soit. façon perceptible.

## *Détournement du Rhin.*

L'interférence des améliorations matérielles avec les droits acquis et les arrangements anciens est un obstacle plus redoutable dans les vieux pays que dans les nouveaux, aux entreprises impliquant quelque chose qui s'approche d'une révolution géographique. C'est pourquoi de tels projets rencontrent une opposition plus forte en Europe qu'en Amérique, et le nombre de changements probables dans la face de la nature sur le premier continent est proportionnellement moindre. J'ai remarqué quelques améliorations hydrauliques importantes déjà exécutées ou en cours en Europe, et je peux me référer à quelques autres envisagées ou suggérées. L'une d'elles est le détournement du Rhin de son canal actuel en aval de Ragatz, par une entaille à travers l'étroite crête près de Sargans, et le détournement conséquent de son courant dans le lac de Wallenstadt. Ce serait une entreprise extrêmement facile, car la crête n'est qu'à vingt pieds au-dessus du niveau du Rhin et à peine deux cents mètres de largeur. Il n'existe actuellement aucun motif valable pour ce détournement, mais il est facile de supposer qu'il pourrait devenir opportun dans un avenir proche. La navigation sur le lac de Constance prend rapidement de l'importance, et le rétrécissement de l'extrémité orientale de ce lac par les dépôts du Rhin peut nécessiter un remède qui ne peut être trouvé par aucun autre moyen aussi simple que le rejet de ce fleuve dans le lac de Wallenstadt. La navigation sur ce dernier lac n'est pas importante, et elle ne le deviendra jamais, parce que le caractère rocheux et escarpé de ses rives rend leur culture impossible. Il est d'une grande profondeur et son bassin est assez grand pour recevoir et retenir tous les sédiments que le Rhin y entraînerait pendant des milliers d'années.

## *Assèchement du Zuiderzee.*

J'ai évoqué l'assèchement du lac de Haarlem comme une opération d'un grand intérêt géographique aussi bien qu'économique et mécanique. Un projet beaucoup plus gigantesque, d'un caractère similaire, retient désormais l'attention des ingénieurs néerlandais. Il est proposé de drainer le grand bassin d'eau salée appelé Zuiderzee. Cette mer intérieure couvre une superficie d'au moins deux mille milles carrés, soit environ un million trois cent mille acres. On pense que la moitié du côté de la mer, ou la partie située au nord-ouest d'une ligne tracée d'Enkhuizen à Stavoren, a été transformée d'un marais en une baie ouverte depuis le cinquième siècle après Jésus-Christ, et ce changement est attribué, en partie sinon en totalité, à l'ingérence de l'homme dans l'ordre de la nature. Le Zuiderzee communique avec la mer par au moins six canaux considérables, séparés les uns des autres par des îles basses, et la marée monte dans le bassin jusqu'à la hauteur de trois pieds. Pour drainer le Zuiderzee, il faut d'abord fermer ces canaux et couper le passage du courant de marée à travers eux. Si cela est réalisé, les courants côtiers retrouveront à peu près les lignes qu'ils suivaient il y a quatorze ou quinze siècles, et il ne fait guère de doute qu'un effet appréciable sera ainsi produit sur tous les phénomènes de marée de cette côte, et, bien sûr. , sur la géographie maritime de la Hollande.

Une digue circulaire et un canal doivent ensuite être construits autour du côté terrestre du bassin, pour exclure et évacuer les cours d'eau douce qui s'y déversent maintenant. L'un d'eux, l'Ijssel, rivière considérable, a un cours de quatre-vingts milles, et est en fait l'un des débouchés du Rhin, quoique augmenté des eaux de plusieurs affluents indépendants. Ces préparations étant faites, et peut-être des digues transversales érigées à des endroits commodes pour diviser le golfe en parties plus petites, l'eau doit être pompée par des machines, sensiblement de la même manière que dans le cas du lac de Haarlem. Aucun calcul sûr ne peut être fait quant à la dépense de temps et d'argent nécessaire à l'exécution de cette formidable entreprise, mais je crois que sa faisabilité n'est pas niée par les juges compétents, bien que des doutes soient entretenus quant à son opportunité financière. Les résultats géographiques de cette amélioration seraient analogues à ceux de l'assèchement du lac de Haarlem, mais plusieurs fois multipliés en étendue, et ses effets météorologiques, bien que peut-être non perceptibles sur la côte, ne pourraient guère manquer d'être appréciables à l'intérieur du pays. Hollande.

### *Eaux du Karst.*

La structure singulière du Karst, le grand plateau calcaire situé au nord de Trieste, a suggéré certaines opérations d'ingénierie qui pourraient avoir des effets sensibles sur la géographie de la province. J'ai décrit ce plateau comme, bien qu'aujourd'hui dépourvu de forêts et presque de végétation, ayant été autrefois couvert de bois, et comme étant complètement nid d'abeilles par des grottes à travers lesquelles le drainage de cette région est conduit. Schmidl a passé des années à étudier la géographie souterraine et l'hydrographie de cette région singulière, et ses découvertes, ainsi que celles des chasseurs de cavernes antérieurs, ont conduit à diverses propositions d'amélioration physique d'un personnage nouveau. De nombreux cours d'eau souterrains du Karst sont sans issue visible et, dans certains cas au moins, ils envoient sans aucun doute leurs eaux, par des canaux profonds, vers l'Adriatique. [485] La ville de Trieste est très insuffisamment approvisionnée en eau douce. On a pensé qu'il était possible de pourvoir à ce besoin en creusant un tunnel à travers le mur du plateau, qui s'élève brusquement à l'arrière de la ville, jusqu'à rencontrer un ruisseau souterrain dont le courant peut être conduit jusqu'à la ville. Des projecteurs plus visionnaires sont allés plus loin et ont imaginé que l'on pourrait tirer parti des tunnels naturels sous le Karst pour le passage des routes, des voies ferrées et même des canaux navigables. Mais aussi chimériques que puissent paraître ces derniers projets, il y a tout lieu de croire que l'art pourrait profiter de ces galeries pour améliorer le drainage imparfait du pays champêtre bordé par le Karst, et que l'arrêt ou l'ouverture des canaux naturels pourrait modifier considérablement l'état des eaux. hydrographie d'une vaste région.

### Eaux souterraines de Grèce.

Certaines parties de la Grèce continentale ressemblent au Karst et aux plaines adjacentes car elles sont dotées d'un drainage souterrain naturel. Les eaux superflues s'écoulent dans des grottes calcaires appelées *catavothra* (καταβόθρα). Dans les temps anciens, les entrées du catavothra étaient agrandies ou partiellement fermées selon la commodité du drainage ou de l'irrigation, et il ne fait aucun doute que des mesures similaires pourraient être adoptées de nos jours, avec un grand avantage à la fois pour la salubrité et la productivité du des régions si drainées.


### Sol sous Rock.

Un des changements les plus singuliers de la surface naturelle opérés par l'homme est celui observé par Beechey et par Barth à Lîn Tefla et près de Gebel Genûnes, dans le district de Ben Gâsi, en Afrique du Nord. Dans cette région, la couche superficielle était à l'origine constituée d'une fine couche de roche recouvrant une couche de terre fertile. Cette roche a été brisée et, lorsqu'il n'était pas possible de l'utiliser dans des clôtures, des forteresses ou des habitations, elle a été entassée en tas élevés, et le sol, ainsi dépouillé de sa coquille pierreuse, a été utilisé à des fins agricoles. [486] Si nous nous souvenons que la poudre à canon était inconnue à l'époque où ces remarquables améliorations furent exécutées, et bien sûr que le rocher ne pouvait être brisé qu'avec le ciseau et le coin, nous devons en déduire que la terre avait à cette époque une très grande valeur pécuniaire. valeur et, bien sûr, que la province, bien qu'aujourd'hui épuisée et presque entièrement désertée par l'homme, avait autrefois une population dense.

### Couvrir le rocher avec de la terre.

Si l'homme a, dans certains cas, brisé la roche pour atteindre un sol productif en dessous, il a, dans de nombreux autres cas, recouvert de corniches nues et parfois de vastes surfaces de pierre solide, avec de la terre fertile, apportée d'une distance non négligeable. Sans parler du Campo Santo de Pise, rempli ou tout au moins enduit de terre de Terre Sainte, dans un tout autre but, on affirme que le jardin du monastère Sainte-Catherine du Mont Sinaï est composé de l'eau du Nil. boue, transportée à dos de chameaux depuis les rives de cette rivière. Parthey et des auteurs plus anciens affirment que toute la terre productive de l'île de Malte a été importée de Sicile. [487] L'exactitude des informations peut être remise en question dans les deux cas, mais des pratiques similaires, à plus petite échelle, sont observées quotidiennement dans de nombreuses régions du sud de l'Europe. Une grande partie du vin de Moselle est issue de raisins cultivés sur terre et transportés en haut des falaises sur les épaules des hommes. En Chine aussi, la roche a été artificiellement recouverte de terre dans une mesure qui donne à ces opérations une réelle importance géographique, et les récits de l'importation de terre à Malte et de la fertilisation des roches du mont Sinaï avec la vase du Nil, n'est peut-être pas totalement dénué de fondement.

### *Wadies d'Arabie, Petræa.*

Dans ce dernier cas, en effet, les sédiments fluviaux pourraient être très utiles comme engrais, mais ils ne pourraient guère être nécessaires comme sol ; car la croissance de la végétation dans les oueds de la péninsule du Sinaï montre que la roche désintégrée de ses montagnes n'a besoin que d'eau pour la stimuler jusqu'à une productivité considérable. Les oueds présentent, assez souvent, des gorges étroites, qui pourraient facilement être fermées, et ainsi des accumulations de terre et des réservoirs d'eau pour l'irriguer pourraient être formées, ce qui transformerait plusieurs kilomètres carrés de désert en jardins de dattiers et en champs de maïs florissants. Non loin de Wadi Feiran, sur la route la plus directe vers Wadi Esh-Sheikh, se trouve un passage très étroit appelé par les Arabes El Bueb (El Bab) ou La Porte, qui pourrait être solidement fermé à une hauteur très considérable, avec peu de visibilité. du travail ou des dépenses. Au-dessus de ce col se trouve une vaste étendue presque plate, contenant cent acres, peut-être beaucoup plus. Celui-ci est rempli jusqu'à un certain niveau régulier avec des dépôts apportés par les torrents avant que la Porte, ou Bueb, ne soit percée, et ils ont maintenant creusé un canal dans les dépôts jusqu'au lit de l'oued. Si un barrage était construit au col et des réservoirs construits pour retenir les pluies d'hiver, une grande partie de la vallée pourrait devenir cultivable.


### *Effets accidentels de l'action humaine.*

J'ai fait allusion à plusieurs reprises aux conséquences collatérales et non recherchées de l'action humaine comme étant souvent plus importantes que les résultats directs et souhaités. Il existe des cas où de telles conséquences fortuites ou, dans le langage populaire, accidentelles, bien que d'importance mineure en elles-mêmes, servent à illustrer des processus naturels ; d'autres, où, par l'ampleur et le caractère des traces matérielles qu'ils laissent derrière eux, ils prouvent que l'homme, aux stades primaires ou plus avancés de la vie sociale, a dû occuper certaines régions pendant une période plus longue que ne le suppose la chronologie populaire. . « Sur la côte du Jutland, dit Forchhammer, partout où un boulon d'épave ou tout autre fragment de fer se dépose dans le sable de la plage, les particules sont cimentées entre elles et forment une masse très solide autour du fer. Une formation remarquable on en a observé il y a quelques années lors de la construction de la digue du port d'Elsineur. Cette couche, qui dépassait rarement un pied d'épaisseur, reposait sur du sable commun de plage, et se retrouvait à diverses profondeurs, moins près du rivage, plus grandes. à quelque distance de là. Elle était composée de galets et de sable, et renfermait une grande quantité d'épingles et quelques monnaies du règne de Christian IV, entre le début et le milieu du XVIIe siècle. Çà et là, une couche de du cuivre métallique avait été déposé par action galvanique, et la présence de fer métallique complètement oxydé était souvent détectée. Une enquête entreprise par le conseiller Reinhard et moi-même, à l'instance de la Société des Sciences, rendit au plus haut degré probable que cette formation devait son origine aux déblais des rues de la ville, qui avaient été jetés sur la plage, et emportés et distribués par les vagues sur le fond du port. [488] Ces observations, ainsi que d'autres observations familières du même genre, montrent qu'un récif de grès, d'une ampleur non négligeable, pourrait provenir de l'échouage d'un navire transportant une cargaison de fer, [489] ou du rejet des déchets d'un établissement de travail. métaux dans l'eau courante qui pourrait les emporter vers la mer.

Parthey rapporte un exemple singulier de méfaits imprévus résultant d'une interférence avec les arrangements de la nature. Un propriétaire terrien de Malte possédait un plateau rocheux s'inclinant graduellement vers la mer et se terminant par un précipice de quarante à cinquante pieds de haut, par des ouvertures naturelles par lesquelles l'eau de mer coulait dans une grande grotte sous le rocher. Le propriétaire tenta d'établir des salines en surface et creusa des bassins peu profonds dans la roche pour l'évaporation de l'eau. Afin de remplir plus facilement les marais salants, il creusa un puits jusqu'à la grotte située en dessous, à travers lequel il puisait de l'eau à l'aide d'un treuil et de seaux. La spéculation s'est avérée un échec, car l'eau filtrait à travers le fond poreux des casseroles, laissant peu de sel derrière elle. Mais ce n'était qu'un petit mal, comparé aux autres conséquences destructrices qui ont suivi. Lorsque la mer était poussée dans la grotte par des vents violents d'ouest ou de nord-ouest, elle jetait un *jet d'eau* à travers le puits jusqu'à une hauteur de soixante pieds, dont les embruns se répandaient au loin sur les jardins voisins et détruisaient les récoltes. Le puits était maintenant fermé avec des pierres, mais les tempêtes de l'hiver suivant les rejetèrent à nouveau et répandirent les embruns salés sur les terres voisines comme auparavant. Des tentatives répétées furent faites pour boucher l'orifice, mais lors de la visite de Parthey, la mer avait fait irruption trois fois, et l'on craignait que le mal ne soit sans remède. [490]

J'ai mentionné l'étendue des tas d'huîtres et autres coquillages laissés par les Indiens d'Amérique sur la côte atlantique des États-Unis. Quelques-uns des dépotoirs de cuisine danois, qui leur ressemblent beaucoup, ont mille pieds de long, de cent cinquante à deux cents de large et de six à dix de haut. Ces amas ont une importance en tant que témoins géologiques, indépendamment de leur influence sur l'histoire humaine. Partout où la ligne de côte semble, d'après d'autres preuves, être restée inchangée en termes de contour et d'élévation depuis qu'ils ont été accumulés, ils se trouvent près de la mer, et à seulement dix pieds environ au-dessus de son niveau. Dans certains cas, elles se trouvent à une distance considérable de la plage, et dans ces cas, jusqu'à présent examinés, il existe des preuves que la côte a avancé par suite de soulèvements ou de dépôts fluviatiles ou marins. Là où ils font totalement défaut, la côte semble avoir sombré ou avoir été emportée par la mer. La constance de ces observations autorise les géologues à argumenter, là où d'autres preuves manquent, l'avancée de la terre ou de la mer respectivement, ou l'élévation ou la dépression de la première, à partir de la position ou de l'absence de ces amas seuls.

Tout voyageur en Italie connaît le Monte Testaccio, la montagne des tessons de poterie, à Rome ; mais ce gisement, si important qu'il soit, devient insignifiant lorsqu'on le compare aux masses de même origine situées dans le voisinage des villes plus anciennes. La poterie naufragée des anciennes villes de la Magna Græcia compose des strates d'une telle étendue et d'une telle épaisseur qu'elles ont reçu l'appellation de formation céramique. Le Nil, en changeant lentement son lit, expose sur ses rives des masses du même matériau, si vastes que la population du monde, pendant toute la période historique, semble avoir choisi cette vallée comme gisement général de ses vaisseaux brisés.

La fertilité communiquée aux rives du Nil par l'eau et la vase des inondations, est telle que les engrais sont peu employés. C'est pourquoi une grande partie des déchets domestiques, qui serviraient ailleurs à enrichir le sol, sont jetés dans des lieux vacants à proximité de la ville. S'amoncellent ainsi des collines de décombres qui étonnent le voyageur presque autant que les solides pyramides elles-mêmes. Les tas de cendres et autres ordures ménagères rassemblés aux frontières et dans les limites du Caire étaient si considérables, que leur enlèvement par Ibrahim Pacha a été considéré comme l'un des grands travaux de l'époque.

Le sol près des villes, dont les déblais sont répandus sur le sol comme fumier, est sensiblement élevé par eux et par d'autres effets de l'industrie humaine, et malgré tous les efforts pour éliminer les déchets, le niveau du sol sur lequel de grands La position de la ville est constamment élevée. Les rues actuelles de Rome sont vingt pieds au-dessus de celles de la ville antique. La voie Appienne entre Rome et Albano, lorsqu'elle fut dégagée il y a quelques années, fut trouvée enfouie sous quatre ou cinq pieds de profondeur, et les champs le long de la route étaient surélevés à peu près autant ou tout autant. Les sols de nombreuses églises en Italie, vieilles de six ou sept siècles à peine, sont aujourd'hui à trois ou quatre pieds au-dessous des rues adjacentes, bien qu'il soit prouvé par des fouilles qu'elles ont été construites à autant de pieds au-dessus d'elles.

### *Résistance aux grandes forces naturelles.*

J'ai souvent parlé des forces naturelles plus grandes et plus subtiles, et en particulier des agents géologiques, comme de pouvoirs dépassant la direction ou la résistance humaine. C'est sans doute vrai pour l'essentiel à l'heure actuelle, mais l'homme a montré qu'il n'est pas tout à fait impuissant à lutter même contre ces puissants serviteurs de la nature, et son action inconsciente aussi bien que son action délibérée peut, dans certains cas, avoir augmenté ou diminué l'intensité. de leurs énergies. C'est une croyance très ancienne que les tremblements de terre sont plus destructeurs dans les régions où la croûte terrestre est solide et homogène que là où elle est de structure plus lâche et plus interrompue. Aristote, Pline l'Ancien et Sénèque croyaient que non seulement les ravins et les grottes naturelles, mais aussi les carrières, les puits et autres excavations humaines, qui brisent la continuité des couches terrestres et facilitent l'échappement des vapeurs élastiques, ont une influence sensible en diminuant la violence et empêcher la propagation des ondes terrestres. Dans tous les pays sujets aux tremblements de terre, cette opinion est encore maintenue, et l'on affirme que, tant dans l'Antiquité que dans les temps modernes, les édifices protégés par des puits profonds au-dessous ou à proximité d'eux ont moins souffert des tremblements de terre que ceux dont les architectes ont négligé cette précaution. . [491]


Si la théorie communément admise sur la cause des tremblements de terre est vraie, c'est-à-dire celle qui les attribue à la force élastique des gaz accumulés ou générés dans les réservoirs souterrains, il est évident que des canaux de communication ouverts entre ces réservoirs et l'atmosphère pourraient servir de une décharge inoffensive de gaz qui autrement acquerraient une énergie destructrice. Le doute est de savoir si des fouilles artificielles pourront être réalisées suffisamment profondément pour atteindre le laboratoire où sont distillés les fluides élastiques. Il existe en de nombreux endroits de petites crevasses naturelles par lesquelles ces fluides s'échappent, et leur source se trouve parfois à une profondeur si modérée qu'ils pénètrent dans le sol superficiel et, pour ainsi dire, en transpirent sur une superficie considérable. Lorsque le foreur d'un puits artésien ordinaire pénètre dans une cavité de la terre, l'air emprisonné s'en échappe souvent avec une grande violence, et cela a été encore plus fréquemment observé dans les puits de pétrole minéral qui s'enfoncent. Dans ce dernier cas, l'évacuation d'un courant véhément de fluide inflammable se poursuit parfois pendant des heures et même des périodes plus longues. Ces faits semblent rendre non totalement improbable le bien-fondé de la croyance populaire selon laquelle les puits profonds sont efficaces pour atténuer la violence des tremblements de terre.

En général, les bâtiments légers en bois sont moins endommagés par les tremblements de terre que les structures plus solides en pierre ou en brique, et on suppose généralement que la puissance émise par l'onde terrestre est trop grande pour être combattue par un quelconque poids ou une quelconque solidité de la masse. que l'homme peut accumuler à la surface. Mais le fait que dans les pays sujets aux tremblements de terre, de nombreux palais, temples et autres monuments très grands et solidement construits ont survécu pendant des siècles, relativement indemnes, suggère un doute sur le bien-fondé de cette opinion. Le tremblement de terre du 1er novembre 1755, qui fut ressenti sur un douzième partie de la surface de la terre, fut probablement le plus violent dont nous ayons un récit clair et distinct, et il semble avoir exercé sa force la plus destructrice à Lisbonne. On a souvent remarqué comme un fait remarquable que l'Hôtel de la Monnaie, un édifice d'une grande solidité, n'a presque pas été affecté par le choc qui a brisé toutes les maisons et églises de la ville, et sa sortie de la ruine commune ne peut guère être expliquée sauf en supposant que son poids, sa compacité et la résistance de son matériau lui permettaient de résister à une agitation de la terre qui renversait toutes les structures les plus faibles. En revanche, une jetée en pierre du port de Lisbonne, sur laquelle des milliers de personnes s'étaient réfugiées, s'est effondrée avec ses fondations à une grande profondeur lors du même tremblement de terre ; et il est clair que là où existent des cavités souterraines, à des profondeurs modérées, l'érection de masses lourdes sur celles-ci tendrait à favoriser la rupture des couches qui les recouvrent.

Aucun physicien, je crois, n'a supposé que l'homme puisse empêcher l'éruption d'un volcan ou diminuer la quantité de roche fondue qu'il déverse des entrailles de la terre ; mais il n'est pas toujours impossible de détourner le cours même d'un grand courant de lave. "Les petits ruisseaux de lave près de Catane", dit Ferrare, en décrivant la grande éruption de 1669, "ont été détournés de leur cours en construisant des murs secs de pierre comme barrière contre eux. * * * Il a été proposé de détourner le courant principal. de Catane, et cinquante hommes, protégés par des peaux, furent envoyés avec des crochets et des barres de fer pour briser le flanc du ruisseau près de Belpasso. [492] Lorsque l'ouverture fut faite, de la lave fluide se déversa et coula rapidement vers Paterno ; mais les habitants de cet endroit, ne voulant pas sacrifier leur propre ville pour sauver Catane, se précipitèrent en armes et mirent fin à l'opération. [493] Lors de l'éruption du Vésuve en 1794, le vice-roi sauva d'une destruction imminente la ville de Portici et la précieuse collection d'antiquités alors déposée là mais transférée depuis à Naples, en employant plusieurs milliers d'hommes pour creuser un fossé au-dessus de la ville, par lequel le courant de lave était emporté dans une autre direction. [494]

### *Effets de l'exploitation minière.*

Les excavations faites par l'homme, à des fins minières ou autres, peuvent parfois occasionner des perturbations de la surface par l'affaissement des couches au-dessus d'elles, comme dans le cas de la mine de Fahlun, mais de tels accidents doivent toujours être d'une ampleur trop insignifiante pour mériter remarquer d'un point de vue géographique. De telles fouilles peuvent cependant interférer sensiblement avec le cours des eaux souterraines, et on a même supposé que l'extraction de grandes masses de minerai métallique de leurs gisements d'origine pourrait, au moins localement, affecter l'état magnétique et électrique de la croûte terrestre. à un degré raisonnable.

Les incendies accidentels dans les mines de charbon ou de lignite ont parfois des conséquences non seulement destructrices pour de grandes quantités de matériaux précieux, mais peuvent, directement ou indirectement, produire des résultats importants en géographie. Le charbon prend parfois feu aux lampes des mineurs ou à d'autres feux qu'ils utilisent, et, s'il est longtemps exposé à l'air dans des galeries désertes, il peut s'allumer spontanément. Dans des circonstances favorables, une couche de charbon brûle jusqu'à ce qu'elle soit épuisée, et une cavité peut être brûlée en quelques mois, que le travail humain n'a pas pu creuser pendant de nombreuses années. Wittwer nous apprend qu'une mine de charbon à Saint-Étienne en Dauphiné brûle depuis le quatorzième siècle, et qu'une mine près de Duttweiler, une autre près d'Epterode et une troisième à Zwickau brûlent depuis deux cents ans. De telles conflagrations non seulement produisent des cavités dans la terre, mais communiquent à la surface un degré de chaleur perceptible, et l'auteur que je viens de citer cite des cas où cette chaleur a été avantageusement employée pour forcer la végétation. [495]

### *Les théories d'Espy.*

La suggestion bien connue d'Espy selon laquelle il est possible de provoquer artificiellement de la pluie, en allumant de grands incendies, n'est pas susceptible d'être mise en pratique, mais les spéculations de ce météorologue compétent ne doivent pas, pour cette raison, être rejetées comme étant sans valeur. Ses travaux font preuve d'une grande industrie dans la collecte des faits, d'une grande ingéniosité dans leur traitement, d'une perspicacité remarquable dans les lois de la nature et d'une perception facile des analogies et des relations qui ne sont pas évidentes pour des esprits moins constitués philosophiquement. Ils ont incontestablement contribué de manière très essentielle au progrès de la science météorologique. La possibilité que la distribution et l'action de l'électricité puissent être considérablement modifiées par de longues lignes de chemin de fer et des fils télégraphiques est une pensée apparentée et repose en fait sur les mêmes fondements que la croyance en l'utilité des paratonnerres, mais une telle influence est trop obscur et trop petit pour avoir encore été détecté.

### Sédiment de rivière.

La manifestation de la chaleur interne de la Terre en un point donné est conditionnée par l'épaisseur de la croûte en ce point. Les dépôts des rivières ont tendance à augmenter cette épaisseur au niveau de leurs estuaires. Les sédiments des rivières au courant lent se déversant dans des mers peu profondes sont répandus sur une si grande surface que nous pouvons à peine imaginer un ou deux pieds de vase qu'ils laissent tomber sur une vaste zone en un siècle pour former un élément parmi les quantités même infinitésimales qui composent l'eau. termes des équations de la nature. Mais quelques rivières rapides, montagnes ondulantes de terre fine, se déversent dans des golfes ou des baies profondément creusés, et dans de tels cas le dépôt s'élève, au bout de quelques années, à une masse dont le transfert de la surface d'un grand bassin , et son accumulation en un seul point, peut être supposée produire d'autres effets que ceux mesurables par la ligne de sondage. Or, presque toutes les opérations de la vie rurale, comme je l'ai abondamment montré, augmentent la vulnérabilité du sol à l'érosion hydrique. Par conséquent, le défrichement de la vallée du Gange par l'homme a dû augmenter considérablement la quantité de terre transportée par ce fleuve jusqu'à la mer, et bien sûr avoir renforcé les effets, quels qu'ils soient, de l'épaississement de la croûte terrestre dans la région. Golfe du Bengale. Dans de tels cas, l'action humaine doit donc figurer parmi les influences géologiques.

### Rien de petit dans la nature.

C'est une maxime juridique que « la loi ne s'occupe pas des bagatelles », *de minimus non curat lex* ; mais dans le vocabulaire de la nature, petit et grand ne sont que des termes de comparaison ; elle ne connaît rien aux bagatelles, et ses lois sont aussi rigides lorsqu'il s'agit d'un atome que d'un continent ou d'une planète. Les opérations humaines mentionnées dans les derniers paragraphes agissent donc effectivement de la manière qui leur est attribuée, bien que nos facultés limitées soient actuellement, peut-être pour toujours, incapables d'évaluer leurs conséquences immédiates, et plus encore leurs conséquences ultimes  Mais notre incapacité à attribuer des valeurs définies à ces causes de perturbation des arrangements naturels n'est pas une raison pour ignorer l'existence de telles causes dans toute vision générale des relations entre l'homme et la nature, et nous ne sommes jamais fondés à supposer qu'une force est une force. insignifiant parce que sa mesure est inconnue, ou même parce qu'aucun effet physique ne peut désormais lui être attribué comme origine. L'ensemble des phénomènes doit précéder leur analyse, et chaque fait nouveau, illustrant l'action et la réaction entre l'humanité et le monde matériel qui l'entoure, est un pas de plus vers la détermination de la grande question de savoir si l'homme est de la nature ou au-dessus d'elle. .

# NOTES DE BAS DE PAGE :

[1] Au Moyen Âge, la féodalité et un christianisme nominal dont les corruptions avaient converti la plus bienfaisante des religions en la plus funeste des superstitions, perpétuèrent tous les abus de la tyrannie romaine et ajoutèrent de nouvelles oppressions et de nouvelles méthodes d'extorsion à celles inventées par despotismes plus anciens. Les fardeaux en question pesaient le plus lourdement sur les provinces qui avaient été colonisées le plus longtemps par la race latine, et ce sont les parties de l'Europe qui ont subi la plus grande dégradation physique. « La féodalité, dit Blanqui, était un concentré de fléaux. Le paysan, dépouillé de l'héritage de ses pères, devenait la propriété de maîtres inflexibles, ignorants, indolents ; il était obligé de parcourir cinquante lieues avec leurs charrettes chaque fois qu'ils en avaient besoin. Il travaillait pour eux trois jours par semaine, et leur cédait la moitié du produit de ses gains pendant les trois autres jours ; sans leur consentement, il ne pouvait changer de résidence ni se marier. Et pourquoi, en effet, voudrait-il se marier ? alors qu'il pouvait à peine épargner de quoi subvenir à ses besoins ? L'abbé Alcuin avait vingt mille esclaves, appelés *serfs* , qui étaient à jamais attachés au sol. C'est la grande cause du rapide dépeuplement observé au moyen âge, et de la prodigieuse multitude de des monastères qui surgirent de toutes parts. C'était sans doute un soulagement pour des hommes si misérables de trouver dans les cloîtres une retraite contre l'oppression ; mais le genre humain n'a jamais subi d'outrage plus cruel, l'industrie n'a jamais reçu de blessure mieux propre à replonger le monde. dans les ténèbres de l'antiquité la plus grossière. Il suffit de dire que la prédiction de la fin prochaine du monde, industrieusement répandue à cette époque par les moines rapaces, fut reçue sans terreur." — *Résumé de l'Histoire du Commerce* , p. 156.

L'abbaye de Saint-Germain-des-Prés, qui, du temps de Charlemagne, possédait un million d'acres, était, jusqu'à la Révolution, si riche encore, que les revenus personnels de l'abbé étaient de 300 000 livres. L'abbaye de Saint-Denis était presque aussi riche que celle de Saint-Germain-des-Prés. — LAVERGNE , *Économie Rurale de la France* , p. 104.

Paul Louis Courier cite de La Bruyère le tableau saisissant suivant de la condition de la paysannerie française de son temps : « On voit certains animaux sombres, livides, nus, hâlés, sauvages, mâles et femelles, disséminés dans le pays et attachés au sol. ", qu'ils enracinent et retournent avec une persévérance indomptable. Ils ont comme une voix articulée, et quand ils se lèvent, ils montrent un visage humain. Ce sont en fait des hommes; ils se glissent la nuit dans des tanières. , où ils vivent de pain noir, d'eau et de racines. Ils épargnent aux autres hommes le travail du labour, des semailles et de la récolte, et méritent donc une petite part du pain qu'ils ont cultivé. « Ce sont ses propres mots », ajoute Courier ; « il parle des paysans fortunés, de ceux qui avaient du travail et du pain, et ils étaient alors peu nombreux. » — *Pétition à la Chambre des Députés pour les Villageois que l'on empêche de danser.*

Arthur Young, qui voyagea en France de 1787 à 1789, donne, dans le vingt et unième chapitre de ses Voyages, un récit effrayant des fardeaux de la population rurale, même à cette époque tardive. Outre les impôts gouvernementaux réguliers et une multitude de lourdes amendes imposées pour des délits insignifiants, il énumère une trentaine de droits seigneuriaux, dont l'origine même et la nature des uns sont aujourd'hui inconnues, tandis que celles des autres, réclamées et appliquées par les ecclésiastiques aussi bien. comme par les seigneurs temporels, sont aussi répugnants pour l'humanité et la moralité, que les pires abus jamais pratiqués par le despotisme païen. La plupart de ces impôts, en effet, avaient été convertis en paiements en argent et étaient imposés aux paysans comme impôts pécuniaires au profit des prélats et des seigneurs laïcs, qui, en raison de leur noblesse, étaient exonérés d'impôts. Qui peut s'étonner de l'hostilité des classes plébéiennes françaises envers l'aristocratie au temps de la Révolution ?

[2] Le dépeuplement temporaire d'un sol épuisé peut être, dans certains cas, un avantage physique, bien que, comme les jachères en agriculture, un avantage chèrement acheté. Dans des circonstances favorables, le retrait de l'homme et de ses troupeaux permet à la terre de se recouvrir de forêts et de retrouver en quelques générations son ancienne productivité. Au Moyen Âge, les champs épuisés ont été dépeuplés, dans de nombreuses régions du continent, par les tyrannies civiles et ecclésiastiques, qui exigeaient la restitution de la moitié d'un pain déjà trop petit pour nourrir son producteur. Ainsi abandonnées, ces terres retombèrent souvent à l'état de forêt et, quelques siècles plus tard, furent remises en culture avec une fertilité rénovée.

[3] Le sujet du changement climatique, avec ou sans référence à l'action humaine en tant que cause, a été beaucoup discuté par Moreau de Jonnes, Dureau, de la Malle, Arago, Humboldt, Fuster, Gasparin, Becquerel et de nombreux autres auteurs dans Europe, et par Noah Webster, Forry, Drake et d'autres en Amérique. Fraas s'est efforcé de montrer, par l'histoire de la végétation en Grèce, non seulement que le défrichement et la culture ont affecté le climat, mais que le changement climatique a essentiellement modifié le caractère de la vie végétale. Voir son *Klima und Pflanzenwelt dans der Zeit* .

[4]

Dieux Almagt wenkte van den troon,
En schiep elk volk een land ter woon:Hier
vestte Zij een grondgebied,Dat Zij ons zelven
scheppen liet.

[5] Les mesures udométriques de Belgrand, rapportées dans les *Annales Forestières* de 1854, et discutées par Vallès au chap. vi de ses *Études sur les Inondations* , constituent la première série, et, à certains égards, la plus remarquable que je connaisse, d'observations persévérantes et systématiques portant directement et exclusivement sur l'influence de l'action humaine sur le climat, ou, pour parler plus exactement , sur les précipitations et le drainage naturel. Mais les conclusions de Belgrand et de Vallès, qui les adopte, n'ont pas été généralement acceptées par le monde scientifique, et elles semblent avoir été, au moins en partie, réfutées par les arguments d'Héricourt et les observations de Cantegril, Jeandel. , et Belland. Voir chapitre iii : *Les Bois* .

[6] Versets adressés par GC à Sir Walter Raleigh. — HAKLUYT , i, p. 668.

[7]

———J'ai troer, à Synets Sands er lagt i Öiet,
Mens dette kun er Redskab. Synet
strömmerFra Sjælens Dyb, et Öiets fine
NerverGaae ud fra Hjernens hemmelige
Værksted.
HENRIK HERTZ , *Datter de Kong René* , sc. ii.

Dans l'œil matériel, pensez-vous, la vue se loge
!
L' *œil* n'est qu'un organe. *La vue* jaillit
des profondeurs les plus intimes de l'âme. Le
fin nerf perceptif surgit de l'atelier mystérieux
du cerveau.

[8] L'adresse au tir, que ce soit avec des armes à feu ou avec d'autres armes à projectiles, dépend plus de l'entraînement de l'œil qu'on ne le suppose généralement, et j'ai souvent trouvé des tireurs particulièrement bons possédant une vision presque télescopique. Dans l'usage ordinaire du fusil, le canon sert de guide à l'œil, mais il y a des sportifs qui tirent avec le mais du fusil au niveau de la hanche. Dans ce cas, comme dans l'usage de la fronde, du lasso et des bolas, pour lancer le couteau (voir BABINET , *Lectures* , vii, p. 84), pour lancer le boomerang, le javelot ou une pierre, et pour l'emploi de la sarbacane et de l'arc, les mouvements de la main et du bras sont guidés par cette mystérieuse sympathie qui existe entre l'œil et les organes aveugles du corps.

Pour tirer sur les tortues de l'Amazonie et de ses affluents, les Indiens utilisent une flèche à laquelle est attachée une longue ficelle et un flotteur. Avé-Lallemant ( *Die Benutzung der Palmen am Amazonenström* , p. 32) décrit ainsi leur mode de visée : « Comme la flèche, si elle était dirigée directement vers la tortue flottante, la frapperait sous un petit angle, et jetterait un coup d'œil depuis sa position plate et humide. carcasse, les archers ont une méthode de tir particulière : ils sont capables de calculer exactement leur propre effort musculaire, la vitesse du courant, la distance et la taille de la tortue, et ils tirent la flèche directement en l'air, de sorte qu'elle tombe presque verticalement sur la carapace de la tortue et s'y colle." Des calculs analogues — si l'on peut à juste titre appeler ainsi de telles opérations physico-mentales — sont faits dans l'emploi d'autres missiles ; car aucun projectile ne vole en ligne droite vers sa cible. Mais l'entraînement exact de l'œil est à la base de chacun d'eux, et l'adresse au tir dépend presque entièrement de la puissance de cet organe, dont les muscles aveugles suivent implicitement les directions. Il n'est peut-être pas déplacé d'observer ici que notre mot anglais aim vient du latin æstimo, je calcule ou estime. Voir WEDGWOOD *Dictionary of English Etymology* , et la note de l'édition américaine, sous *Aim* .

Une autre preuve du contrôle des membres par l'œil a été observée dans les écoles pour sourds-muets et dans d'autres où les élèves apprennent d'abord à écrire sur de grandes ardoises ou sur des tableaux noirs. L'écriture est en gros caractères, les petites lettres mesurant un pouce ou plus de hauteur. Ils sont formés avec une craie ou un crayon en ardoise fermement saisi dans les doigts et par des mouvements appropriés du poignet, du coude et de l'épaule, et non des articulations des doigts. Néanmoins, lorsqu'une plume est mise dans la main d'un élève ainsi instruit, son écriture, bien que produite par un ensemble de muscles et de mouvements musculaires totalement différents, est de caractère identique à celle qu'il a pratiquée au tableau.

On s'est beaucoup demandé si les artistes des âges classiques possédaient une vue plus parfaite que ceux des temps modernes, ou si, en exécutant leurs minuscules mosaïques et leurs gravures de pierres précieuses, ils utilisaient des loupes. Des verres convexes ont été trouvés à Pompéi, mais ils sont trop grossièrement façonnés et trop imparfaitement polis pour avoir eu une quelconque utilité pratique à des fins optiques. Mais même si les artistes anciens pouvaient avoir une vision microscopique, leurs astronomes ne pouvaient pas avoir une vision télescopique ; car ils n'ont pas découvert les satellites de Jupiter, que l'on voit souvent à l'oeil nu à Oormeeah, en Perse, et quelquefois, comme je peux en témoigner par observation personnelle, au Caire.

Pour un récit très remarquable de la restauration d'une vision affaiblie par l'âge, grâce à une formation judicieuse, voir *Lessons in Life* , par TIMOTHY TITCOMB , leçon xi.

[9] *Antiquité de l'Homme* , p. 377.

[10] "L'un d'eux [les Indiens] s'est assis près de moi, et fabriqué à partir d'un fragment de quartz, avec un simple morceau d'os rond dont une

extrémité était hémisphérique, avec un petit pli (comme s'il était porté par un fil) d'un seizième de pouce de profondeur, une pointe de flèche très pointue et perçante, et telle qu'ils en utilisent sur toutes leurs flèches. L'habileté et la rapidité avec laquelle elle a été faite, sans coup, mais en cassant simplement le tranchant Les bords avec l'os plié par la force de ses mains - car le pli servait simplement à empêcher l'instrument de glisser, n'offrant aucun effet de levier - était remarquable. "- Reports *of Explorations and Surveys for Pacific Railroad*, vol. ii, 1855, *lieutenant.* BECKWITH'S *Rapport*, p. 43.

On a dit qu'on ne trouvait pas d'armes de pierre en Sicile, sauf dans certaines grottes à moitié remplies de squelettes d'animaux disparus. S'ils n'ont pas été trouvés sur cette île dans des localités plus facilement accessibles, je suppose que c'est parce que les yeux familiers avec de tels objets ne les ont pas recherchés. En janvier 1854, je ramassai une pointe de flèche en quartz dans un petit ravin ou sillon tout juste emporté par une forte pluie, dans un champ près du Simeto. Il est grossièrement façonné, mais son caractère artificiel et sa destination particulière sont sans équivoque.

[11] Il est probable qu'aucun légume cultivé n'offre une aussi bonne occasion d'étudier les lois de l'acclimatation des plantes que le maïs ou le maïs indien. Le maïs est cultivé depuis les tropiques jusqu'au moins au sud. 47° en Amérique du Nord-Est, et plus au nord en Europe. Tous les deux ou trois degrés de latitude, on découvre une nouvelle variété, avec de nouvelles adaptations climatiques, et la capacité de la plante à s'adapter aux nouvelles conditions de température et de saison semble presque illimitée. Nous pouvons facilement supposer qu'une variété de cette céréale, qui s'était acclimatée à des latitudes encore plus élevées, a été perdue, et dans ce cas, l'incapacité de produire une récolte à partir de graines apportées d'une certaine distance vers le sud ne prouverait pas que le climat a été modifié. devenir plus froid.

De nombreuses personnes aujourd'hui se souviennent que, lorsque la tomate commune fut introduite pour la première fois dans le nord de la Nouvelle-Angleterre, elle ne parvenait souvent pas à mûrir ; mais, au cours de très peu d'années, il s'est complètement adapté au climat, et maintenant non seulement ses fruits et ses graines mûrissent avec autant de certitude que n'importe quel légume cultivé, mais il se multiplie régulièrement par graines auto-semées. Les observations météorologiques ne montrent cependant aucune amélioration du climat estival dans ces États au cours de cette période. Voir *l' annexe*, n° 1.

Le maïs et la tomate, s'ils ne sont pas nouveaux pour l'usage humain, ne sont pas connus depuis longtemps de la civilisation et ont très probablement été récupérés et domestiqués à une période beaucoup plus récente que les plantes qui constituent les principales bases de l'agriculture en Europe et en

Asie. . Le grand pouvoir d'adaptation au climat qu'ils possèdent est-il dû à cette circonstance ? Il y a des raisons de supposer que le caractère du maïs a été sensiblement modifié par la culture en Amérique du Sud ; car, selon Pöppig, les épis de cette graine trouvés dans les anciennes tombes péruviennes appartiennent à des variétés inconnues aujourd'hui au Pérou. — *Voyages au Pérou* , chap. vii.

[12] La culture de la garance aurait été introduite en Europe par un Oriental en 1765, et elle aurait été plantée pour la première fois dans les environs d'Avignon. Bien entendu, il est cultivé dans cette région depuis moins d'un siècle ; mais sur les sols où il a été cultivé fréquemment, il perd déjà une grande partie de ses propriétés colorantes. — LAVERGNE , *Économie Rurale de la France* , pp. 259-291.

Je crois qu'il n'est pas douteux que la culture de la garance dans les environs d'Avignon soit d'introduction récente ; mais il ressort de Fuller et d'autres preuves que cette plante était cultivée en Europe avant le milieu du dix-septième siècle. La garance apportée de Perse en France peut être d'une espèce ou, du moins, d'une variété différente. « Il y a environ deux ans », dit Fuller, « la garance a été semée par Sir Nicholas Crispe à Debtford, et j'espère qu'elle aura un bon succès ; d'abord parce qu'elle pousse en Zélande sous la même latitude (sinon plus au nord ) . Deuxièmement, parce qu'elle pousse en Zélande sous la même *latitude* (sinon plus au nord) . *la garance sauvage* pousse ici en abondance ; et pourquoi ne peut-on pas *apprivoiser la garance* si *elle est cicurisée* par l'art. Enfin, parce que la garance aussi bonne que n'importe quelle autre a poussé il y a environ trente ans à Barn-Elms, dans le Surrey, bien qu'elle ait arrêté sans problème à cause d'une erreur dans le premier planteur. cela, qui, nous l'espérons maintenant, sera rectifié. "- FULLER , *Worthies of England* , ii, pp. 57, 58.

Peut-être que les maladies récentes de l'olivier, de la vigne et du ver à soie — la maladie la plus répandue dont l'insecte est supposé par certains être l'effet d'un début de pourriture du mûrier — pourraient être, en partie, dues à des changements produits dans l'environnement. caractère du sol par épuisement dû à un travail prolongé.

[13] Dans de nombreuses régions de la Nouvelle-Angleterre, il existe des étendues, s'étendant sur des kilomètres et présentant toutes les variétés de surface et d'exposition, qui ont été partiellement défrichées il y a soixante ou soixante-dix ans, et où peu ou pas de changement dans la proportion de terres cultivées, de pâturages , et la forêt a eu lieu depuis. Dans certains cas, ces étendues composent des bassins apparemment peu exposés à aucune influence locale en termes de percolation ou d'infiltration d'eau vers ou depuis les vallées voisines. Mais dans de telles situations, outre les perturbations accidentelles, le sol devient de plus en plus sec, d'année en

année, les sources disparaissent encore et les ruisseaux diminuent encore dans leur réserve d'eau estivale. Une explication probable en est à trouver dans le drainage rapide de la surface des terrains défrichés, qui empêche les réservoirs naturels souterrains, qu'il s'agisse de cavités ou de simples strates de terre absorbante, de se remplir. Combien de temps ce processus durera avant qu'un équilibre ne soit atteint, personne ne peut le dire. Cela peut être le cas pendant des années ; c'est peut-être le cas, pendant des siècles.

Livingstone expose des faits qui confortent l'hypothèse selon laquelle un dessèchement séculaire est toujours en cours en Afrique centrale. Lorsque les régions où la terre était de plus en plus sèche ont été débarrassées de leur bois, nous ne pouvons pas non plus savoir si les forêts y ont jamais poussé, mais le changement semble être en cours depuis longtemps. Il y a des raisons de soupçonner une révolution similaire en Arabie Petræa. Dans de nombreux oueds, et particulièrement dans les gorges entre Wadi Feiran et Wadi Esh Sheikh, il y a des berges usées qui montrent qu'à une époque pas très lointaine, les crues hivernales ont dû monter de cinquante pieds dans des canaux où la croissance des acacias et les tamaris et les témoignages des Arabes concourent à prouver qu'ils ne se sont pas élevés de six pieds dans la mémoire ou la tradition des habitants actuels. Il est peu probable qu'une partie considérable de la péninsule du Sinaï ait été boisée depuis sa première occupation par l'homme, et nous devons chercher la cause de sa sécheresse croissante ailleurs que dans la disparition de la forêt.

[14] Le sol des pays nouvellement conquis est généralement très favorable à la croissance des fruits du jardin et du verger, mais le devient généralement beaucoup moins en très peu d'années. Les prunes, de nombreuses variétés, étaient autrefois cultivées, avec une grande perfection et une grande abondance, dans de nombreuses régions de la Nouvelle-Angleterre où, à l'heure actuelle, elles peuvent à peine être cultivées ; et la pêche, qui, il y a une génération ou deux, réussissait admirablement dans la partie méridionale des mêmes États, a presque cessé d'y être cultivée. La disparition de ces fruits est en partie due aux ravages des insectes, qui les ont attaqués plus tard ; mais ce n'est évidemment pas la seule, ni même la principale cause de leur décadence. Dans ces cas, ce n'est pas à l'épuisement des acres particuliers sur lesquels ont poussé les arbres fruitiers qu'il faut attribuer leur dégénérescence, mais à un changement général dans l'état du sol ou de l'air ; car il est également impossible de les élever avec succès sur des terres absolument nouvelles, à proximité de terres où, il n'y a pas longtemps, ils portaient les plus beaux fruits.

Je me souviens avoir entendu, il y a de nombreuses années, l'un des premiers colons de l'État de l'Ohio, une personne très intelligente et très observatrice, que les pommiers qui y poussaient à partir de graines semées peu après le défrichement de la terre, portaient des fruits en moins de la moitié. le temps nécessaire pour faire germer ceux qui ont été élevés à partir de graines semées alors que la terre avait été cultivée pendant vingt ans.

Dans les tourbières du Danemark, on trouve en abondance des sapins d'Écosse et d'autres arbres qui ne poussent pas actuellement dans les mêmes localités. Chaque génération d'arbres laisse le sol dans un état différent de celui dans lequel elle l'a trouvé ; chaque arbre qui pousse dans un groupe d'arbres d'une autre espèce que la sienne, pousse sous des influences de lumière, d'ombre et d'atmosphère différentes de celles de ses prédécesseurs. Ainsi, la succession des cultures, qui se produit dans toutes les forêts naturelles, semble être due plutôt à des changements de conditions qu'à des changements de climat. Voir chapitre iii, *post* .

[15] La nomenclature de la météorologie est vague et parfois équivoque. Il n'y a pas si longtemps, on soupçonnait que les observateurs relevant d'une institution scientifique n'étaient pas d'accord dans leur compréhension du mode d'expression de la direction du vent prescrit par leurs instructions. On a constaté, après enquête, que beaucoup d'entre eux utilisaient les noms des points cardinaux pour indiquer la direction *d'* où soufflait le vent, tandis que d'autres les employaient pour signifier la direction *vers* laquelle se dirigeaient les courants atmosphériques. Dans certains cas, les observateurs n'étaient plus à la portée de l'enquête et, bien entendu, leurs tables de vent n'avaient aucune valeur.

*est* vient de l'ouest et coule vers l'est." *Géographie* , p. 229.

Il n'y a aucun fondement philologique à cette distinction, et elle trouve probablement son origine dans une confusion des terminaisons *-wardly* et *-erly* , qui sont toutes deux modernes. La racine de la première terminaison implique la direction *vers* laquelle le mouvement est *supposé* . Il correspond et est probablement allié au latin *versus* . La terminaison *-erly* est une corruption ou un adoucissement de *-ernly* , est pour oriental, et de nombreux auteurs du XVIIe siècle l'écrivent ainsi. Dans Hakluyt (i, p. 2), *est* s'applique au lieu, « limites *à l'est* », et signifie *est* . Dans un passage à Drayton, « vents *d'est* » doit signifier vents *d'* est ; mais le même auteur, en parlant de nations, utilise *nord* pour *nord* . Hakewell dit : "Le sonne ne peut pas aller plus *au sud* depuis nous, ni venir plus *au nord* vers nous." Holland, dans sa traduction de Pline, se référant à la lune a : « Quand elle est *vers le nord* » et « elle est allée *vers le sud* ». Richardson, à qui je dois les citations ci-dessus, cite un passage de Dampier où *l'ouest* est appliqué au vent, mais le contexte ne détermine pas la direction. Le seul exemple de terminaison intérieure *donné* par ce lexicographe vient de Donne, où cela signifie *vers* l'ouest.

Shakespeare, dans *Hamlet* (v. ii), utilise le vent *du nord* pour le vent *du* nord. Milton n'emploie aucune de ces terminaisons, et elles n'étaient pas non plus connues des Anglo-Saxons, qui avaient cependant des adjectifs de direction en *-an* ou *-en* , *-ern* et *-weard* , ce dernier désignant toujours le point *vers* lequel le mouvement est dirigé. supposé, les autres ce *dont* il procède.

Nous utilisons un vent *d'est* , *un vent d'est* et un vent *d'est* pour signifier la même chose. Les deux premières expressions sont anciennes et constantes dans leur sens ; la dernière est récente, superflue et équivoque. Voir *l' annexe* , n ° 2 .

[16] Je ne parle pas ici de la vaste région des prairies de la vallée du Mississippi, dont on ne peut pas vraiment dire qu'elle ait jamais été un champ de colonisation britannique ; mais des colonies originales et de leurs dépendances sur le territoire des États-Unis actuels et au Canada. Il est cependant vrai aussi bien des prairies de l'Ouest que des forêts de l'Est qu'elles sont parvenues à un état d'équilibre, quoique dans des conditions très différentes.

[17] Le grand incendie de Miramichi en 1825, probablement l'incendie le plus étendu et le plus terrible enregistré dans l'histoire authentique, étendit ses ravages sur près de six mille milles carrés, principalement des terres boisées, et fut d'une telle intensité qu'il semblait consumer le sol même. lui-même. Mais les pouvoirs de récupération de la nature sont si grands qu'en vingt-cinq ans, le sol fut à nouveau recouvert d'une épaisse couche d'arbres de belles dimensions, sauf là où la culture et le pâturage réduisaient la croissance forestière.

[18] La nomenclature anglaise de cette entité géographique ne semble pas bien établie. Nous avons *des tourbières* , *des marécages* , des *marais* , *des marécages* , *des landes* , *des tourbières* , des tourbières , *des bourbiers* , qui tous, bien que parfois plus ou moins précisément distingués, sont souvent utilisés de manière interchangeable, ou sont peut-être employés, chacun exclusivement, dans un domaine particulier . district. En Suède, où, surtout dans les provinces lapones, cette formation terr-aqueuse est très étendue et très importante, les noms de ses différentes espèces sont plus spécifiques dans leur application. La désignation générale de tous les sols envahis en permanence par l'eau est *Kärr* . L'aîné Læstadius divise les *Kärr* en deux genres : *Myror* (sing. *myra* ) et *Mossar* (sing. *mosse* ). « Les premiers, observe-t-il, sont herbeux et inondés d'eau pendant presque tout l'été ; les seconds sont couverts de mousses et toujours humides, mais très rarement débordés. » Il énumère les espèces suivantes de *Myra* , dont le caractère sera peut-être suffisamment compris par les termes latins dans lesquels il traduit les noms vernaculaires, à l'intention des étrangers peu familiers avec la langue et le sujet : 1. Hömyror, *paludes* graminosæ . 2. *Dy* , paludes profundæ. 3. *Flarkmyror* , ou proprement *kärr* , paludes limosæ. 4. *Fjällmyror* , paludes uliginosæ. 5. *Tufmyror* , paludes cæspitosæ. 6. *Rismyror* , paludes virgatæ. 7. *Starrängar* , prata irrigata, avec leurs subdivisions, *starrängar sec* ou *risängar* , *starrängar humide* et *fräkengropar* . 8. *Pölar*

, laeunæ. 9. *Gölar*, fossæ inundatæ. Les *Mossar*, paludes turfosæ, qui sont de grande étendue, n'ont que deux espèces : 1. *Torfmossar*, appelé aussi *Mossmyror* et *Snottermyror*, et 2. *Björnmossar*.

Les accumulations d'eau stagnante ou stagnante provenant des tourbières se distinguent en *Träsk*, stagna, et *Tjernar* ou *Tjärnar* (sing. *Tjern* ou *Tjärn*), stagnatiles. *Les Träsk* sont des bassins alimentés par des tourbières ou de l'eau qui en émane, et leurs fonds sont visqueux ; *Les Tjernar* sont de petits *Träsk* situés dans les limites de *Mossar*. — LL LÆSTADIUS, *om Möjligheten af Uppodlingar i Lappmarken*, pp. 23, 24.

[19] Bien que la quantité de tourbières dans la Nouvelle-Angleterre soit moindre que dans beaucoup d'autres régions de superficie égale, il existe néanmoins une étendue considérable de cette formation dans certains États du Nord-Est. Dana ( *Manual of Geology*, p. 614) déclare que la quantité de tourbe dans le Massachusetts est estimée à 120 000 000 de cordes, soit près de 569 000 000 de yards cubes, mais il ne donne ni la superficie ni la profondeur des dépôts. Quoi qu'il en soit, cependant, les tourbières ne couvrent qu'un faible pourcentage du territoire dans aucun des États du Nord, alors qu'on dit qu'un dixième de la superficie totale de l'Irlande est composé de tourbières, et qu'il existe encore de vastes étendues de marais non drainés dans Angleterre.

Les tourbières, indépendamment de leur importance géologique dans la mesure où elles expliquent l'origine de certains types de charbon minéral, ont une valeur actuelle en tant que réservoirs de combustible. Les lits de tourbe ont parfois une épaisseur de dix à douze mètres, ou même davantage. Une profondeur de dix mètres donnerait 48 000 mètres cubes à l'acre. La plus grande quantité de bois de chauffage produite par les forêts de la Nouvelle-Angleterre par acre est de 100 cordes solides, ou 474 yards cubes ; mais cela ne comprend que les troncs et les grosses branches. Si l'on ajoute les petites branches et brindilles, il est possible que, dans certains cas, 600 mètres cubes soient coupés sur un acre. Cela ne représente qu'un quatre-vingtième de la quantité de tourbe qu'on trouve parfois sur la même superficie. Il est vrai qu'un mètre de tourbe et un mètre de bois ne sont pas équivalents l'un à l'autre, mais le combustible d'un acre de tourbe profonde vaut bien plus que celui d'un acre de forêt de la meilleure qualité. En outre, le bois est périssable, et la quantité par acre ne peut pas être augmentée au-delà de la quantité que nous venons d'indiquer ; la tourbe est indestructible et les lits sont toujours en croissance.

[20] "Les plantes aquatiques ont une utilité pour élever le niveau des terrains marécageux, ce qui les rend très précieuses, et on peut très bien les appeler une fonction géologique. * * *

« L'ingénieur draine à grands frais les étangs en abaissant la surface de l'eau ; la nature atteint le même but, gratuitement, en élevant le niveau du sol sans abaisser celui de l'eau ; mais elle procède plus lentement. Landes, marais où ce remplissage naturel a une épaisseur de quatre mètres, et certains d'entre eux, d'abord plus bas que la mer, ont été ainsi surélevés et drainés pour faire pousser des cultures d'été, comme par exemple le maïs. "- BOITEL , *Mise en valeur des Terres pauvres* , p. 227.

Les tourbières du Danemark, dont l'examen par Steenstrup et Vaupell a présenté des résultats si curieux quant à la succession naturelle des arbres forestiers, semblent avoir subi ce processus graduel de dessèchement, et le bouleau, qui pousse librement dans des sols très humides, semble avoir subi ce processus graduel de dessèchement. , a contribué très efficacement, par ses dépôts annuels, à élever la surface au-dessus du niveau de l'eau, et à préparer ainsi le terrain pour le chêne. — VAUPELL , *Bögens Indvandring* , pp. 39, 40.

[21] Un examen attentif des tourbières du nord du Sjælland – qui sont si abondantes en bois fossile qu'en trente ans, elles ont donné plus d'un million d'arbres – montre que les arbres sont généralement tombés à cause de l'âge et non à cause du vent. On les trouve dans les dépressions sur les pentes desquelles ils ont poussé, et ils se situent avec le sommet le plus bas, tombant toujours vers le fond de la vallée. — VAUPELL , *Bögens Indvandring i de Danske Skove* , pp. 10, 14.

[22] L'insecte acridien, *Clitus pictus* , qui dépose ses œufs dans le criquet américain, *Robinia pseudacacia* , est l'un de ceux-là, et ses ravages ont été et sont encore les plus destructeurs pour cet arbre très précieux, si remarquable par sa rapidité de croissance. avec la résistance et la durabilité du bois. Cet insecte, je crois, n'est pas encore apparu en Europe, où, depuis l'emploi si général du *robinier* pour revêtir et protéger les talus et les escarpements des tranchées profondes des voies ferrées, il ferait des dégâts incalculables. Cependant, en tant que voyageur, je trouverais une compensation à ce mal dans la destruction de ces haies d'acacias, qui obstruent aussi complètement la vue sur des centaines de milles de voies ferrées françaises et italiennes, comme le font habituellement les murs des jardins de ces mêmes pays. routes. Voir *l'annexe* , n ° 4 .

[23] Dans les bois artificiels d'Europe, les insectes sont beaucoup plus nombreux et destructeurs pour les arbres que dans les forêts primitives d'Amérique, et la même remarque peut être faite pour les petits rongeurs, tels que les taupes, les souris et les écureuils. Dans les bois denses indigènes, le sol et l'air sont trop humides, la profondeur de l'ombre trop grande pour de nombreuses tribus de ces créatures, tandis qu'à proximité des prairies naturelles et autres terrains découverts, où les circonstances sont par ailleurs

plus favorables à leur existence et à leur multiplication, leur nombre est réduit par les oiseaux, les serpents, les renards et les petits quadrupèdes prédateurs. Dans les pays civilisés, ces ennemis naturels du ver, du coléoptère et de la taupe, sont persécutés, parfois presque exterminés, par l'homme, qui enlève aussi de ses plantations les arbres pourris ou tombés par le vent, les arbustes et les sous-bois, qui, dans un état de nature, fournissait nourriture et abri au foreur et au rongeur, et souvent aussi aux animaux qui s'en nourrissaient. C'est pourquoi on laisse croître les insectes et les quadrupèdes rongeurs, suite à l'expulsion des agents de police qui, dans le bois naturel, empêchent leur multiplication excessive, et ils deviennent destructeurs de la forêt, parce qu'ils sont poussés vers l'arbre vivant pour se nourrir et se couvrir. La forêt de Fontainebleau est presque entièrement dépourvue d'oiseaux, et certains auteurs attribuent leur absence au manque d'eau, qui, dans les sables assoiffés de ce bois, ne s'accumule pas en ruisseaux courants ; mais le manque de sous-bois est peut-être une raison également valable de leur rareté. Dans un bois à croissance spontanée, ordonné et gouverné par la nature, l'écureuil n'attaque pas les arbres, ou du moins le mal qu'il peut faire est trop insignifiant pour être perceptible, mais il est un redoutable ennemi de la plantation. « Les écureuils mordent les pommes des pins et consomment les graines qui pourraient servir à repeupler le bois ; ils font encore plus de mal en rongeant, près de la pousse principale, une bande d'écorce, et en ceignant ainsi souvent complètement l'arbre. les blessés doivent être abattus, car ils n'acquerraient jamais une croissance vigoureuse. L'écureuil est particulièrement destructeur du pin de Sologne, où il ronge l'écorce des arbres de vingt ou vingt-cinq ans. Mais même là, la nature apporte parfois une compensation, en faisant servir l'appétit de ce quadrupède à empêcher une production excessive de cônes porte-graines, qui tend à entraver la bonne croissance de la pousse principale. "Dans certaines pinèdes de Bretagne qui produisent des cônes en abondance au point d'étrangler le développement de la pousse directrice du pin maritime, on a observé que les pins sont plus vigoureux là où les écureuils sont les plus nombreux, résultat attribué à la répression. des cônes par ce rongeur."— BOITEL , *Mise en valeur des Terres pauvres* , p. 50. Voir *Annexe* , n ° 5 .

[24] La terrible destructivité de l'homme est remarquablement illustrée par la chasse aux grands mammifères et aux oiseaux pour des produits uniques, accompagnée du gaspillage total d'énormes quantités de chair et d'autres parties de l'animal, qui sont capables d'usages précieux. Le bétail sauvage d'Amérique du Sud est abattu par millions pour sa peau et ses cornes ; le buffle d' Amérique du Nord pour sa peau ou sa langue ; l'éléphant, le morse et le narval pour leurs défenses ; les cétacés et quelques autres animaux marins, pour leur huile et leurs os de baleine ; l'autruche et autres grands oiseaux, pour leur plumage. En quelques années, des moutons ont été tués dans la Nouvelle-Angleterre par troupeaux entiers, pour leur peau et leur suif uniquement, la chair étant jetée ; et on dit même que les corps des mêmes

quadrupèdes ont été utilisés en Australie comme combustible pour les fours à chaux. Quelle immense quantité de nourriture humaine, d'os et d'autres produits animaux précieux dans les arts est ainsi gaspillée de manière imprudente ! Dans presque tous ces cas, la partie qui constitue le motif de cette destruction massive et qui est seule sauvée, a essentiellement une valeur insignifiante comparée à ce qui est jeté. Les cornes et la peau d'un bœuf ne valent pas économiquement un dixième de la valeur de la carcasse entière.

L'un des plus grands bénéfices que l'on puisse attendre des progrès de la civilisation est que l'augmentation des moyens de communication permettra de transporter vers les lieux de consommation une grande quantité de matériaux précieux qui sont aujourd'hui gaspillés parce que le prix au marché le plus proche ne permet pas de payer le fret. Le bétail abattu en Amérique du Sud pour sa peau nourrirait des millions de personnes affamées dans le Vieux Monde, si leur chair pouvait être économiquement préservée et transportée à travers l'océan.

Nous commençons à apprendre une meilleure économie en traitant du monde inorganique. L'utilisation — ou, comme les Allemands l'appellent plus volontiers, la Verwerthung, la *valorisation* — des déchets des établissements métallurgiques, chimiques et manufacturiers, est l'un des résultats les plus importants de l'application de la science à des fins industrielles. Les produits accessoires provenant des laboratoires des chimistes industriels deviennent souvent plus précieux que ceux pour la préparation desquels ils ont été fabriqués. Les scories des raffineries d'argent, et même des fonderies de métaux plus grossiers, ont souvent rapporté à un second opérateur un meilleur rendement que celui que le premier avait tiré de l'exploitation du minerai naturel ; et l'économie du plomb emporté dans la fumée des fourneaux a, à elle seule, donné un gros profit sur le capital investi dans les travaux. Il y a quelques années, un officier d'une monnaie américaine a été accusé d'avoir détourné de l'or qui lui avait été confié à des fins de monnaie. Il a insisté, pour sa défense, sur le fait qu'une grande partie du métal était volatilisée et perdue lors du raffinage et de la fusion, et qu'en grattant les cheminées des fourneaux de fusion et les toits des maisons adjacentes, on a trouvé suffisamment d'or dans la suie pour représenter une quantité considérable d'or. une partie de la carence.

[25] C'est un fait intéressant et pas assez remarqué jusqu'ici, que la domestication du monde organique, dans la mesure où elle a encore été réalisée, appartient, non pas à l'état sauvage, mais à l'aube la plus précoce de la civilisation, la conquête de nature inorganique presque aussi exclusivement aux stades les plus avancés de la culture artificielle. Il est familièrement connu de tous ceux qui se sont occupés de la psychologie et des habitudes des races les plus grossières et des personnes dont l'intellect est imparfaitement développé dans la vie civilisée, que bien que ces humbles tribus et individus

sacrifient, sans scrupules, la vie des animaux inférieurs à la satisfaction de leurs appétits et la satisfaction de leurs autres besoins physiques, mais ils semblent néanmoins entretenir avec les animaux, et même avec la vie végétale, des sympathies beaucoup plus faiblement ressenties par les hommes civilisés. Les traditions populaires des peuples les plus simples reconnaissent une certaine communauté de nature entre l'homme, les animaux bruts et même les plantes ; et cela sert à expliquer pourquoi l'apologue ou la fable, qui attribue le pouvoir de la parole et la faculté de raisonner aux oiseaux, aux quadrupèdes, aux insectes, aux fleurs et aux arbres, est l'une des premières formes de composition littéraire.

Dans presque toutes les tribus sauvages, un quadrupède ou un oiseau particulier, bien que persécuté comme destructeur d'animaux domestiques ou chassé pour se nourrir, est considéré avec un respect particulier, on pourrait presque dire, de l'affection. Certaines nations autochtones d'Amérique du Nord célèbrent une fête propitiatoire aux mânes de la victime prévue avant de commencer la chasse à l'ours ; et les paysans norvégiens non seulement ont conservé un vieux proverbe qui attribue au même animal « *ti Mænds Styrke og tolv Mænds Vid* », la force de dix hommes et la ruse de douze hommes, mais ils lui rendent encore quelque chose du respect dont l'ancienne superstition l'investissait. lui. L'étudiant en littérature islandaise trouvera dans la saga de *Finnbogi hinn rami* une curieuse illustration de ce sentiment, dans le récit d'un dialogue entre un ours norvégien et un champion islandais - spectacle stupide de la part de Bruin et paroles chevaleresques de celui de Finnbogi — suivi d'un duel dans lequel celui-ci, qui avait jeté ses armes et ses armures pour que les combattants puissent se rencontrer sur un pied d'égalité, fut victorieux. L'ouvrage très intéressant de Drummond Hay sur le Maroc contient de nombreuses remarques amusantes sur un sentiment similaire qu'éprouvent les Maures à l'égard de l'ennemi redoutable de leurs troupeaux, le lion.

Cette sympathie nous aide à comprendre comment il se fait que la plupart, sinon la totalité, des animaux domestiques – si tant est qu'ils aient jamais existé à l'état sauvage – ont été appropriés, récupérés et dressés avant que les hommes ne soient rassemblés en communautés organisées et fixes, que presque tous les animaux esculents connus La plante avait acquis substantiellement son caractère artificiel actuel, et que les propriétés de presque tous les médicaments et poisons végétaux étaient connues à la période la plus reculée jusqu'à laquelle remontent les documents historiques. La nature a-t-elle conféré à l'homme primitif un instinct semblable à celui par lequel elle apprend à la brute à sélectionner les légumes nutritifs et à rejeter les légumes nuisibles mélangés sans discernement dans la forêt et les pâturages ?

Cet instinct, il faut l'avouer, est loin d'être infaillible, et, comme l'ont fait remarquer des centaines de fois les naturalistes, il est dans bien des cas, non une faculté originelle, mais une habitude acquise et transmise. C'est un fait familier aux personnes engagées dans l'élevage de moutons en Nouvelle-Angleterre — et je l'ai vu confirmé par des observations personnelles — que les moutons se sont élevés là où abonde le laurier commun, comme on l'appelle Kalmia angustifolia, et évitent presque toujours de brouter les *feuilles* . de cette plante, tandis que ceux amenés de régions où le laurier est inconnu et transformés en pâturages où il pousse, s'en nourrissent très souvent et en sont empoisonnés. On ne peut pas indûment remarquer ici un curieux instinct acquis et héréditaire, d'un caractère différent. Je veux parler de celui par lequel les chevaux élevés dans les provinces où les sables mouvants sont communs évitent leurs dangers ou s'en dégagent. Voir BRÉMONTIER , *Mémoire sur les Dunes, Annales des Ponts et Chaussées* , 1833 : *premier sémestre* , pp.

On dit communément en Nouvelle-Angleterre, et je crois avec raison, que les corbeaux de cette génération sont plus sages que leurs ancêtres. Les épouvantails qui étaient efficaces il y a cinquante ans ne sont plus respectés par les pilleurs du champ de blé, et de nouvelles terreurs doivent de temps en temps être inventées pour le protéger. Voir *l' annexe* , n ° 6 .

La civilisation a peu ajouté au nombre des espèces végétales ou animales cultivées dans nos champs ou élevées dans nos troupeaux, tandis qu'au contraire, l'asservissement des forces inorganiques et l'extension consécutive de l'emprise de l'homme sur les produits annuels de la la terre seulement, mais sa substance et ses ressorts d'action, sont presque entièrement l'ouvrage d'âges hautement raffinés et cultivés. L'emploi de l'élasticité du bois et de la corne, comme puissance de projectile dans l'arc, est presque universel parmi les sauvages les plus grossiers. L'application de l'air comprimé dans le même but, dans la sarbacane, est plus restreinte, et l'usage des forces mécaniques, du plan incliné, de la roue et de l'essieu, et même du coin et du levier, semble presque inconnu sauf à l'homme civilisé. J'ai moi-même vu des paysans européens pour qui l'une des applications les plus simples de ce dernier pouvoir était une révélation.

[26] La différence entre les relations de la vie sauvage et de la civilisation naissante avec la nature est bien visible dans cette partie de la vallée du Mississippi qui fut autrefois occupée par les constructeurs de monticules et plus tard par les tribus indiennes beaucoup moins développées. Lorsque les laboureurs des champs, qui devaient être cultivés pour nourrir la nombreuse population qui habitait autrefois ces régions, périrent ou furent chassés, le sol retomba à l'état forestier normal, et les sauvages qui succédèrent à la race la plus avancée intervinrent très fortement. peu, voire pas du tout, avec le cours ordinaire de la nature spontanée.

[27] Il existe une exception possible – mais seulement possible – dans le cas du bison d'Amérique. Voir note à ce sujet au chap. iii, *poste* .

[28] Quoi qu'on puisse penser de la modification des espèces organiques par la sélection naturelle, il n'y a certainement aucune preuve que les animaux aient exercé sur aucune forme de vie une influence analogue à celle de la domestication sur les plantes, les quadrupèdes et les oiseaux élevés artificiellement par l'homme ; et cela est aussi vrai pour les améliorations imprévues que pour les améliorations volontairement effectuées grâce à la sélection volontaire d'animaux reproducteurs.

[29] ——« Et l'on peut remarquer que, de même que le monde a traversé ces différentes étapes de lutte pour produire une chrétienté, de même, en se relâchant dans les entreprises qu'il a apprises, il tend vers le bas, par étapes inversées, vers la sauvagerie. et le gaspillage encore. Qu'un peuple abandonne sa lutte contre le mal moral, qu'il néglige l'injustice, l'ignorance, l'avidité qui peuvent prévaloir parmi lui, et qu'il se sépare de plus en plus de l'élément chrétien de sa civilisation ; et en refusant cette bataille Avec le péché, ils se mêleront inévitablement aux hommes. Les menaces de guerre et de révolution punissent leur infidélité, et si alors, au lieu de revenir sur leurs pas, ils cèdent de nouveau et sont chassés devant la tempête, les arts mêmes qu'ils avaient créés, les structures ils avaient élevé, les usages qu'ils avaient établis sont balayés : « ce jour-là même leurs pensées périssent ». La partie qu'ils avaient conquise sur la jeune terre sauvage est perdue ; et, faute de résister à l'homme, ils finissent par se mêler à la nature et sont poussés sous sa main toujours vivante. » – MARTINEAU *Sermon* , " *Le Bon Soldat de Jésus - Christ* " .

[30] La dépendance de l'homme à l'égard de l'aide de la nature spontanée, dans ses travaux matériels les plus ardus, est curieusement illustrée par le fait que l'une des difficultés les plus sérieuses que l'on puisse rencontrer dans l'exécution du projet gigantesque d'assèchement du Zuiderzee en Hollande, est celle de se procurer des broussailles pour les fascines à employer dans les remblais. Voir la brochure DE DIGGELEN , « *Groote Werken in Nederland* ».

[31] Lors de fortes tempêtes, la force des vagues lorsqu'elles frappent une digue est d'une tonne et demie à deux tonnes par pied carré, et Stevenson, dans un cas à Skerryvore, a trouvé cette force égale à trois tonnes par pied carré. pied.

Le front de mer du brise-lames de Cherbourg expose une superficie d'environ 2 500 000 pieds carrés. Par gros temps, les vagues battent contre toute cette face, bien qu'à la profondeur de vingt-deux mètres, qui est la hauteur du brise-lames, elles exercent une force motrice beaucoup moins violente qu'à la surface de la mer et près de celle-ci, parce que la force diminue en termes géométriques, à mesure que la distance sous la surface augmente en proportion arithmétique. Le choc des vagues est reçu plusieurs milliers de fois au cours de vingt-quatre heures, et par conséquent la somme des impulsions auxquelles le brise-lames résiste en un jour de tempête s'élève à plusieurs milliards de tonnes. Le brise-lames est entièrement une construction artificielle. Si donc l'homme pouvait accumuler et contrôler les forces auxquelles il est capable de résister efficacement, on pourrait dire qu'il est, physiquement parlant, tout-puissant.

[32] Certaines expériences bien connues montrent qu'il est tout à fait possible d'accumuler la chaleur solaire par un simple appareil, et d'obtenir ainsi une température qui pourrait être économiquement importante même dans le climat de la Suisse. Saussure, en recevant les rayons du soleil dans un nid de boîtes noircies au dedans et couvertes de verre, porta au point d'ébullition un thermomètre enfermé dans la boîte intérieure ; et sous le soleil plus puissant du cap de Bonne-Espérance, Sir John Herschel cuisinait les matériaux pour un dîner de famille par un procédé similaire, en n'utilisant cependant qu'une seule boîte, entourée de sable sec et couverte de deux verres. Pourquoi ne devrait-on pas recourir à une méthode aussi simple pour économiser le carburant en Italie, et même dans les climats plus septentrionaux ?

Le malheureux John Davidson rapporte dans son journal qu'il a économisé du carburant au Maroc en exposant sa bouilloire au soleil sur le toit de sa maison, où l'eau atteignait la température de cent quarante degrés et, bien sûr, n'avait besoin que de peu de feu. pour le porter à ébullition. Mais il s'agissait là de la chaleur directe et simple, et non de la chaleur accumulée du soleil.

[33] Dans les étapes successives du progrès social, les périodes les plus destructrices de l'action humaine sur la nature sont la condition pastorale et celle d'une civilisation stationnaire naissante ou, dans les pays nouvellement découverts de la géographie moderne, la condition coloniale, qui correspond à la ère des premières civilisations dans des terres plus anciennes. Dans les états culturels plus avancés, les influences conservatrices se font sentir ; et si les communautés hautement civilisées ne restaurent pas toujours les œuvres de la nature, elles emploient du moins une dépense moins inutile que leurs devanciers pour les consommer.

[34] Le caractère de la formation géologique est un élément de très grande importance pour déterminer l'ampleur de l'érosion produite par l'eau courante et, bien sûr, pour mesurer les conséquences du déboisement. Le sol des Alpes françaises cède très facilement à la force des courants, et les pentes des Apennins septentrionaux sont couvertes de terres qui deviennent elles-mêmes fluides lorsqu'elles sont saturées d'eau. L'érosion de ces surfaces est donc bien plus grande que sur beaucoup d'autres montagnes d' égale inclinaison. Ce point est pleinement pris en compte par les auteurs cités au chap. iii, *poste* .

[35] Les voyages du Dr Dwight, président du Yale College, qui incarnent les résultats de ses observations personnelles et de ses enquêtes auprès des premiers colons, lors de ses excursions de vacances dans les États du Nord de l'Union américaine, bien qu'ils présentent peu d'instruments. les mesures ou les résultats tabulés, sont précieux pour les pouvoirs d'observation qu'ils manifestent et pour le bon sens avec lequel de nombreux phénomènes naturels, comme par exemple la formation des prairies fluviales, appelées « intervalles », en Nouvelle-Angleterre, sont expliqués. . Ils présentent un tableau vrai et intéressant de conditions physiques, dont beaucoup ont depuis longtemps cessé d'exister sur le théâtre de ses recherches, et dont peu d'autres documents existent.

[36] La loi générale de la température est qu'elle diminue à mesure que nous montons. Mais, dans les régions montagneuses, la loi s'inverse par temps froid et calme, l'air froid descendant, en raison de sa plus grande gravité, dans les vallées. Toutefois, s'il y a suffisamment de vent pour produire une perturbation et un mélange de couches atmosphériques supérieures et inférieures, cette exception à la loi générale n'a pas lieu. Ces faits sont depuis longtemps familiers aux gens ordinaires de Suisse et de la Nouvelle-Angleterre, mais leur importance n'a pas été suffisamment prise en compte dans la discussion des observations météorologiques. La descente de l'air froid et la montée de l'air chaud affectent les températures relatives des collines et des vallées dans une bien plus grande mesure qu'on ne le suppose habituellement. Un homme que je connais bien a tenu un relevé thermométrique pendant près d'un demi-siècle, dans une ville de campagne de la Nouvelle-Angleterre, à une altitude d'au moins 1 500 pieds au-dessus de la mer. Durant ces années, son thermomètre ne descendit jamais au-dessous de 26° Fahrenheit, tandis qu'au chef-lieu du comté, situé dans un bassin mille pieds plus bas et distant de dix milles, ainsi qu'en d'autres points dans des positions similaires, le mercure gela plusieurs fois. fois dans la même période.

[37] Les enquêtes ferroviaires doivent être reçues avec une grande prudence lorsqu'il existe un motif pour les *cuisiner*. Les capitalistes hésitent à investir dans des routes à forte pente et, bien sûr, il est important de faire preuve de facilité en obtenant des fonds pour de nouveaux itinéraires. Les sociétés par actions n'ont pas d'âme ; leurs managers, en général, n'ont pas de conscience. On peut citer des cas où des ingénieurs et des directeurs de chemins de fer, ayant des pentes longues dépassant cent pieds par mille, ont régulièrement juré dans leurs rapports annuels, pendant des années de suite, qu'il n'y avait aucune pente sur leurs itinéraires dépassant la moitié de cette élévation . En fait, toute personne connaissant l'histoire de ces entreprises sait que dans leurs déclarations publiques, le mensonge est la règle et la vérité l'exception.

Ce que je m'apprête à remarquer n'est pas exactement pertinent à mon sujet ; mais il est difficile de « prendre la parole » dans la grande société de débats du monde, et lorsqu'un orateur qui a quelque chose à dire trouve un jour accès à l'oreille du public, il doit tirer le meilleur parti de cette opportunité, sans trop se demander si ses observations sont « en ordre ». Je ne ferai de mal à aucun honnête homme en m'efforçant, comme je l'ai souvent fait ailleurs, d'attirer l'attention des hommes réfléchis et consciencieux sur les dangers qui menacent les grands intérêts moraux et même politiques de la chrétienté, du fait du manque de scrupules des associations privées qui contrôlent actuellement les affaires monétaires et réglementent le transit des personnes et des propriétés dans presque tous les pays civilisés. Plus d'un État américain est littéralement gouverné par des sociétés sans principes, qui non seulement défient le pouvoir législatif, mais qui, trop souvent, ont même corrompu l'administration de la justice. Des maux similaires sont devenus presque également répandus en Angleterre et sur le continent ; et je crois que le déclin de la moralité commerciale, et même du sens de toutes les obligations plus élevées que celles de nature pécuniaire, des deux côtés de l'Atlantique, doit être davantage attribué à l'influence des banques par actions et des compagnies manufacturières et ferroviaires. En bref, au fonctionnement de ce qu'on appelle le principe de « l'action associée », qu'à toute autre cause de démoralisation.

L'apophtegme selon lequel « le monde est trop gouverné », bien que malheureusement trop vrai pour de nombreux pays – et peut-être, à certains égards, vrai pour tous – a fait beaucoup de mal lorsqu'il a été accepté de manière trop inconditionnelle comme un axiome politique. La crainte populaire d'être trop gouverné, et, je le crains, plus catégoriquement, la peur d'être trop imposé, a beaucoup à voir avec l'abandon général de certaines fonctions gouvernementales par les pouvoirs en place dans la plupart des États modernes. Il est théoriquement du devoir du gouvernement de fournir toutes ces installations publiques d'intercommunication et de commerce, qui sont essentielles à la prospérité des républiques civilisées, mais que les moyens individuels ne suffisent pas à fournir, et pour la bonne administration desquelles les garanties individuelles sont insuffisantes. C'est pourquoi les routes publiques, les canaux, les chemins de fer, les communications postales, les moyens d'échange, qu'ils soient métalliques ou représentatifs, les armées, les marines, étant toutes des questions dans lesquelles la nation dans son ensemble a un intérêt bien plus profond que ne peut avoir n'importe quelle association privée, devraient légitimement être construit et assuré uniquement par ce qui est la personnification visible et l'incarnation de la nation, à savoir son chef législatif. Sans doute l'organisation et la gestion de ces institutions par le gouvernement sont sujettes, comme toutes choses humaines, à de grands abus. La multiplication des espaces réservés publics, qu'ils impliquent, est un mal grave. Mais la corruption ainsi engendrée, aussi infecte soit-elle, ne frappe pas aussi profondément que la pourriture des entreprises privées ; et le rang, la position et le devoir officiels se sont, dans la pratique, révélés de meilleures garanties de fidélité et d'intégrité pécuniaire dans la conduite des intérêts en question, que les cautions des agents corporatifs privés, dont les esclaves échouent si souvent ou s'enfuient avant que leur principal ne soit détecté. .

De nombreux hommes d'État théoriques ont pensé que les associations volontaires à des fins strictement pécuniaires et industrielles, ainsi que pour la construction et le contrôle des travaux publics, pourraient fournir, dans les pays démocratiques, une compensation pour les avantages minimes et douteux, et en même temps assurer une exemption de l'impôt. les grands et certains maux des institutions aristocratiques. L'exemple des États américains montre que les sociétés privées, dont la règle d'action est l'intérêt de l'association et non la conscience de l'individu, bien que composées d'éléments ultra-démocratiques, peuvent devenir les plus dangereux ennemis de la liberté rationnelle, des intérêts moraux. du Commonwealth, à la pureté de la législation et de l'action judiciaire, et au caractère sacré des droits privés.

[38] Il est impossible de dire dans quelle mesure l'extraction d'eau de la terre par les plantes feuillues des champs et des jardins, telles que le maïs, la famille des courges, le chou, etc., est compensée par la condensation de la rosée, qui parfois s'en déverse dans un ruisseau, par l'expiration de la vapeur aqueuse de leurs feuilles, qui est directement absorbée par le sol, et par l'abri qu'ils offrent au sol contre le soleil et le vent, empêchant ainsi l'évaporation. Les agriculteurs américains disent souvent qu'une fois que les feuilles du maïs indien sont suffisamment grandes pour « ombrager le sol », il y a peu de risque que les plantes souffrent de sécheresse ; mais il est probable que la relative sécurité des champs contre ce mal est due en partie au fait qu'à cette période de croissance, les racines pénètrent jusqu'à une couche de sol constamment humide et en tirent l'humidité dont elles ont besoin. Il est souvent recommandé de remuer le sol entre les rangées de maïs avec une herse légère ou un cultivateur, pendant les saisons très sèches, pour prévenir les dommages causés par la sécheresse. Il semblerait en effet que l'ameublissement et le retournement de la surface de la terre pourraient aggraver le mal en favorisant l'évaporation du peu d'humidité restante ; mais cette pratique est fondée en partie sur la croyance que l'hygroscopique du sol en est augmentée à un tel degré qu'il gagne plus par absorption qu'il n'en perd par évaporation, et en partie sur la doctrine selon laquelle admettre de l'air aux radicelles, ou à au moins à la terre voisine, est de fournir directement des éléments de croissance végétale.

[39] Les planches de bois de vigne de l'ancienne grande porte de la cathédrale de Ravenne, qui mesuraient treize pieds de longueur sur un pied et quart de largeur, auraient été traditionnellement apportées de la mer Noire,

via Constantinople . , vers le XIe ou XIIe siècle. On ne trouve aujourd'hui aucune vigne de telles dimensions dans aucune autre partie de l'Orient, et, bien que j'aie pris quelques soins à ce sujet, je n'ai jamais trouvé en Syrie ou en Turquie un cep de vigne dépassant six pouces de diamètre, écorce exclue.

[40] Les Hommes du Nord qui, comme je pense que cela a été incontestablement établi par le professeur Rafn de Copenhague, ont visité la côte du Massachusetts vers l'an 1000, y ont trouvé des raisins qui y poussaient à profusion, et la vigne prospère encore en grande variété et en abondance dans le comtés du sud-est de cet État. Les townships voisins du rocher Dighton, que beaucoup supposent (avec lesquels je regrette cependant de ne pouvoir être d'accord) qu'ils portent une inscription scandinave, regorgent de vignes sauvages, et je n'ai jamais vu de région qui en produisit si librement. Je ne doute pas que la culture du raisin ne devienne bientôt l'une des branches les plus importantes de l'industrie rurale de cette région.

[41] *Les États-Unis d'Amérique en 1863* , p. 360. Par terres « améliorées », dans les rapports sur le recensement des États-Unis, on entend « les terres défrichées utilisées pour le pâturage, l'herbe ou le travail du sol, ou qui sont maintenant en jachère, liées ou appartenant à une ferme. » - *Instructions aux maréchaux et adjoints, Recensement de 1850* , annexe 4, §§ 2, 3.

[42] Le coton, bien que cultivé en Asie et en Afrique depuis la plus haute antiquité, et connu comme un produit rare et coûteux pour les Latins et les Grecs, n'était pas utilisé par eux dans une mesure considérable et n'entrait pas non plus dans leur commerce comme produit de base. article régulier d'importation. Les premiers voyageurs l'ont trouvé d'usage courant aux Antilles et dans les provinces colonisées pour la première fois par les Espagnols ; mais il fut introduit sur le territoire des États-Unis par des colons européens et ne prit aucune importance avant la Révolution. La graine de coton a été semée en Virginie dès 1621, mais n'a pas été cultivée dans un but lucratif pendant plus d'un siècle après. Le coton des îles maritimes a été cultivé pour la première fois sur la côte de Géorgie en 1786, la graine ayant été importée des Bahamas, où elle avait été introduite d'Anguilla. — BIGELOW, *Les États Unis en 1863* , p. 370.

[43] La canne à sucre a été introduite par les Arabes en Sicile et en Espagne dès le IXe siècle, et bien qu'elle soit aujourd'hui à peine cultivée dans ces localités, je ne vois aucune raison de douter que sa culture puisse être relancée avec avantage. . D'Espagne, il a été transporté jusqu'aux Antilles, bien que différentes variétés aient depuis été introduites dans ces îles à partir d'autres sources. Le thé est maintenant cultivé avec un certain succès au Brésil et promet de devenir une culture importante dans les États du sud de l'Union américaine. Le citron est, je pense, facilement reconnaissable, d'après la

description de Pline, comme le connaissaient les anciens, mais il ne semble pas satisfaisant qu'ils connaissaient l'orange.

[44] John Smith mentionne, dans son *Historie of Virginia* , 1624, que les pois et les haricots ont été cultivés par les indigènes avant l'arrivée des blancs, et il n'y a aucun doute, je crois, que la citrouille et plusieurs autres plantes cucurbitacées sont d'origine américaine; mais la plupart, sinon la totalité, des variétés de pois, de haricots et d'autres fruits à gousses cultivés aujourd'hui dans les jardins américains proviennent de graines européennes et étrangères. Voir *l' annexe* , n ° 8 .

[45] Il existe certains usages de la société polie qui sont intrinsèquement bas en eux-mêmes, et avilissants dans leur influence et leur tendance, et qu'aucune coutume ou mode ne peut rendre respectables ou dignes d'être suivis par des personnes qui se respectent. Il est essentiellement vulgaire de fumer ou de chiquer du tabac, et surtout de prendre du tabac à priser ; il ne convient pas à un gentleman de remplir les fonctions de son cocher ; il est indélicat chez une dame de porter dans la rue des jupes si longues qu'elle ne peut marcher sans les salir grossièrement. Non que toutes ces choses ne soient pas pratiquées par des personnes considérées à juste titre comme des messieurs et des dames ; mais les mêmes individus seraient et se sentiraient bien plus clairement des messieurs et des dames s'ils s'en abstenaient.

[46] Le nom *portogallo* , si généralement appliqué à l'orange en Italie, semble favoriser cette affirmation. L'orange était cependant connue en Europe avant la découverte du Cap de Bonne-Espérance et donc avant l'établissement de relations directes entre le Portugal et l'Orient.

Un correspondant de l' *Athenæum* , décrivant la villa nouvellement fouillée, qui a été nommée Villa de Livie, près de la Porta del Popolo à Rome, déclare que : « Les murs d'une des pièces sont, assez singulièrement, décorés de peintures de paysages, un bosquet de palmiers et *d'orangers* , avec des fruits et des oiseaux sur les branches - les couleurs sont toutes aussi fraîches et vives que si elles étaient peintes hier. L'écrivain remarque le caractère de cette décoration comme quelque chose de très inhabituel dans l'architecture romaine ; et si les arbres en question sont réellement des orangers et non des citronniers, cette circonstance peut jeter quelque doute sur l'antiquité du tableau. Si, en revanche, elle s'avère réellement ancienne, elle montre que l'orange était connue des peintres romains, voire des jardiniers. Le paysage représente peut-être un paysage oriental et non européen. Les accessoires du tableau détermineraient probablement cette question. — *Athenæum* , n° 1859, 13 juin 1863.

MÜLLER , *Das Buch der Pflanzenwelt* , p. 86, affirme qu'en 1802 l'ancêtre de tous les mûriers de France, planté en 1500, se trouvait encore dans un jardin du village d'Allan-Montélimart.

[47] Les légumes qui, autant que nous connaissons leur histoire, semblent avoir été le plus longtemps l'objet des soins humains, peuvent, par une industrie minutieuse, être amenés à pousser dans une grande variété de circonstances, et certains d'entre eux, la vigne par exemple, ils prospèrent presque aussi bien, lorsqu'ils sont plantés et entretenus, sur des sols de presque n'importe quel caractère géologique ; mais leurs graines ne végètent que dans un sol artificiellement préparé, elles ont peu de pouvoir auto-entretenu, et elles périssent bientôt lorsque la main nourricière de l'homme leur est retirée. En termes de gamme climatique, les plantes sauvages sont beaucoup plus limitées que les plantes domestiques, mais beaucoup moins en ce qui concerne l'état du sol dans lequel elles germent et poussent. Voir *l'annexe* , n ° 9 .

Le Dr Dwight fait remarquer que les graines des arbres forestiers américains ne végèteront pas lorsqu'elles sont déposées dans les prairies. C'est l'une des très rares erreurs d'observation personnelle que l'on trouve dans les écrits de cet auteur. Il y a des saisons, en effet, où peu de graines d'arbres germent dans les prairies et les pâturages, et les années favorables à une espèce ne sont pas toujours propices à une autre ; mais je ne connais aucun arbre forestier américain qui ne se propage facilement par graines dans les pelouses vertes les plus épaisses, si ses germes ne sont pas dérangés par l'homme ou les animaux.

[48] Il y a quelques années, j'ai fait une récolte de mauvaises herbes dans les champs de blé de Haute-Égypte et une autre dans les jardins du Bosphore. Presque toutes les plantes étaient identiques à celles qui poussent dans les mêmes conditions en Nouvelle-Angleterre. Je ne me souviens pas d'avoir vu en Amérique le pavot sauvage écarlate si commun dans les champs de céréales européens. J'ai cependant entendu dire qu'il avait récemment traversé l'Atlantique et je ne m'en plains pas. Grâce à nos abondantes récoltes de blé, nous pouvons très bien nous permettre de payer de temps en temps une miche de pain pour l'éclat joyeux de cette fleur brillante.

[49] Josselyn, qui a écrit environ cinquante ans après la fondation de la première colonie britannique en Nouvelle-Angleterre, dit que les colons de Plymouth avaient observé plus de vingt plantes anglaises surgir spontanément à proximité de leurs améliorations.

Chaque pays possède de nombreuses plantes qui ne sont pas utilisées par l'homme aujourd'hui, voire jamais, et ne sont donc pas propagées par lui à dessein, mais qui se regroupent autour de sa demeure et continuent à pousser de manière luxuriante sur les ruines de son habitation rurale après qu'il l'a abandonnée. L'emplacement d'une chaumière, dont les premières pierres ont été enlevées, peut souvent être reconnu, des années après, par les mauvaises herbes qui le recouvrent, bien qu'on n'en trouve aucune autre de la même espèce à des milles à la ronde.

« Le catholicisme médiéval, dit Vaupell, nous a apporté le sabot de cheval rouge, dont les boutons floraux brun rougeâtre jaillissent du sol lorsque la neige fond et sont suivis par les grandes feuilles, le lægekulsukker et la racine de serpent, qui ne poussent que *là* où étaient des couvents et autres habitations au Moyen Âge. "— *Bögens Indvandring i de Danske Skove*, pp. 1, 2.

[50] VAUPELL, *Bögens Indvandring et de Danske Skove*, p. 2.

Il est, je crois, presque certain que les Turcs ont infligé du tabac à la Hongrie, et il est probable qu'ils ont, dans une certaine mesure, compensé le préjudice en introduisant également du maïs, qui, ainsi que le tabac, a été revendiqué comme hongrois par les Magyars patriotes.

[52] Les accidents limitent parfois, voire favorisent, la propagation de légumes étrangers dans des pays qui leur sont nouveaux. Le peuplier de Lombardie est un arbre dioïque et se cultive très facilement par bouturage. Dans la plupart des pays où il a été introduit, les boutures ont été prélevées sur le mâle, et comme, par conséquent, seuls les mâles en sont issus, le peuplier ne produit pas de graines dans ces régions. C'est une circonstance heureuse, car autrement cet arbre, le plus sans valeur et le moins ornemental, se propagerait avec une rapidité qui en ferait une gêne pour l'agriculteur. Voir *l' annexe*, n ° 10.

[53] Les tempêtes, assez violentes pour détruire toutes les plantes cultivées, épargnent souvent celles à croissance spontanée. Au cours de cet été, j'ai vu dans le nord de l'Italie des vignes, des champs de maïs, des mûriers et des arbres fruitiers complètement dépouillés de leur feuillage par la grêle, tandis que les arbres forestiers disséminés dans les prairies, et les arbustes et ronces qui poussaient au bord des chemins, a traversé l'épreuve sans presque perdre un tract.

[54] La lance à sanglier est munie d'une barre transversale courte, pour permettre au chasseur de tenir à distance l'animal furieux après l'avoir transpercé.

[55] Certains botanistes pensent qu'une espèce de nénuphar représentée dans de nombreuses tombes égyptiennes a disparu, et le papyrus, qui devait autrefois être abondant en Égypte, ne se trouve plus maintenant que dans un très petit nombre de localités proches de l'embouchure du Nil. Il pousse très bien et mûrit ses graines dans les eaux de l'Anapus près de Syracuse, et je l'ai vu dans les étangs de jardin à Messine et à Malte. Il n'y a aucune raison apparente de croire qu'il ne pourrait pas être facilement cultivé en Egypte, dans une certaine mesure, s'il existait un motif spécial pour encourager sa croissance.

[56] Bien qu'on ne sache pas que l'homme ait extirpé aucun légume, les maladies mystérieuses qui, depuis vingt ans, ont si gravement affecté la pomme de terre, la vigne, l'orange, l'olivier et la soierie, que ce soit dans ce cas le mal réside dans le mûrier ou dans l'insecte, sont attribués par certains à une détérioration climatique produite par une destruction excessive des bois. Comme nous le verrons dans le chapitre suivant, un retard dans la période printanière a été observé dans de nombreuses localités du sud de l'Europe, ainsi qu'aux États-Unis. On a pensé que ce changement favorisait la multiplication des parasites obscurs qui causent les dommages aux légumes que nous venons de mentionner.

Babinet suppose que les parasites qui attaquent le raisin et la pomme de terre sont d'origine animale et non végétale, et il attribue leur multiplication à un engrais excessif et à une stimulation de la croissance des plantes sur lesquelles ils vivent. Ils sont maintenant généralement, sinon universellement, considérés comme végétaux, et s'ils le sont, la théorie de Babinet serait encore plus plausible que selon sa propre supposition. — *Études et Lectures*, ii, p. 269.

C'est un fait d'un certain intérêt pour l'économie agricole, que l'oïdium, si destructeur du raisin, n'a produit aucune perte pécuniaire pour les propriétaires de vignobles en France. « Le prix du vin, dit Lavergne, a quintuplé, et comme le produit du millésime n'a pas diminué dans les mêmes proportions, la crise a été, dans l'ensemble, plutôt avantageuse que préjudiciable au pays. » — Économie *Rurale de la France*, p. 263, 264.

La France produit un excédent considérable de vins destinés à l'exportation, et les ventes aux consommateurs étrangers sont la principale source de profit des vignerons français. Dans l'Italie du Nord, au contraire, qui exporte peu de vin, il n'y a pas eu d'augmentation du prix du vin qui puisse compenser la forte diminution du rendement de la vigne, et la perte de cette récolte se fait durement sentir. En revanche, en Sicile, qui exporte beaucoup de vin, les prix ont augmenté aussi rapidement qu'en France. Waltershausen nous apprend que dans les années 1838-1842, le vin rouge de l'Etna se vendait au prix d'un kreuzer et demi, soit un centime la bouteille, et parfois même aux deux tiers de ce prix, mais qu'à l'heure actuelle il commande cinq ou six fois plus.

La maladie de la vigne a frappé sévèrement les petits cultivateurs dont les vignobles ne fournissaient que des provisions pour l'usage domestique, mais la Sicile a reçu une compensation par l'immense augmentation qu'elle a occasionnée à la fois dans le produit et dans les bénéfices des mines de soufre. On applique de la farine de soufre sur la vigne comme remède contre la maladie, et l'opération est répétée deux à trois ou quatre fois, et même, dit-on, huit ou dix fois par saison. Il existe donc une grande demande de soufre dans tous les pays viticoles de l'Europe, et Waltershausen estime la consommation annuelle de ce minéral pour ce seul usage à 850 000 *centimes* , soit plus de quarante mille tonnes. Le prix du soufre a augmenté à peu près dans les mêmes proportions que celui du vin. — WALTERSHAUSEN , *Ueber den Sicilianischen Ackerbau* , pp. 19, 20.

[57] Certaines observations récentes du savant voyageur Wetzstein méritent une attention particulière. « Le sol du Haurân, remarque-t-il, produit, dans son état primitif, beaucoup de seigle sauvage, qui n'est pas connu comme plante cultivée en Syrie, et beaucoup d'orge et d'avoine sauvages. Ces céréales ressemblent précisément aux plantes cultivées correspondantes en Syrie. feuille, épi, taille et hauteur de la paille, mais leurs grains sont sensiblement plus plats et plus pauvres en farine. "— *Reisebericht über Haurân und die Trachonen* , p. 40.

[58] Cette remarque s'applique beaucoup moins aux arbres fruitiers qu'aux légumes du jardin et aux céréales. L'orange sauvage de Floride, bien qu'autrefois considérée comme indigène, est désormais généralement considérée par les botanistes comme une descendante de l'orange européenne introduite par les premiers colons. Le figuier et l'olivier poussent à l'état sauvage dans tous les pays où ces arbres sont cultivés. La figue sauvage diffère de la figue domestiquée par ses habitudes, sa saison de fructification et sa population d'insectes, mais je crois qu'elle ne se distingue pas spécifiquement de la figue de jardin, bien que je ne sache pas si elle est récupérable par la culture. L'olivier sauvage, si abondant dans la Maremme toscane, produit de bons fruits sans autre soin, lorsqu'il est éclairci et libéré de l'ombre des autres arbres, et se prête particulièrement au greffage. Voir SALVAGNOLI , *Mémoires sur la Maremme* , pp. 63-73. Voir *l' annexe* , n ° 12 .

FRAAS , *Klima und Pflanzenwelt in der Zeit* , pp. 35-38, donne, sous l'autorité de Link et d'autres auteurs botaniques, une liste des habitats naturels de la plupart des céréales et de nombreux fruits, ou du moins des localités où ces plantes sont cultivées. on dit qu'il est maintenant trouvé à l'état sauvage ; mais les données ne semblent pas reposer, en général, sur des preuves très fiables. Théoriquement, il ne fait guère de doute que toutes nos plantes cultivées sont des formes modifiées de végétation spontanée, mais le lien n'est pas historiquement démontré, et nous ne sommes pas non plus en mesure de dire que les originaux de certains légumes domestiqués ne sont peut-être pas aujourd'hui éteints et non représentés dans la culture actuelle. flore sauvage. Voir, à ce sujet, HUMBOLDT , *Ansichten der Natur* , i, pp. 208, 209. Les incidents suivants sont intéressants : « Un nègre esclave du grand Cortés fut le premier à semer du blé en Nouvelle-Espagne. Il en trouva trois grains. parmi le riz qui avait été apporté d'Espagne pour nourrir les soldats. Dans le monastère franciscain de Quito, j'ai vu le pot en terre qui contenait le premier blé semé là par frère Jodoco Rixi, de Gand. Il a été conservé comme relique.

Les Adams de la botanique et de la zoologie modernes ont été mis à rude
épreuve pour trouver des noms aux organismes multipliés que le Créateur
leur a présentés, « pour voir comment ils les appelleraient » ; et les naturalistes
et les philosophes ont fait preuve de beaucoup de courage moral en mettant
à néant les lois de la philologie en forgeant des mots grossiers pour exprimer
des idées scientifiques. Il serait fort souhaitable qu'un néologue audacieux
invente des équivalents techniques anglais pour les mots allemands *verwildert*
, run-wild et *veredelt*, améliorés par la culture.

[59] Si les os et autres reliques des quadrupèdes domestiques détruits par
la maladie ou abattus pour l'usage humain dans les pays civilisés pouvaient
être rassemblés dans de grands dépôts, comme des causes obscures ont
rassemblé ceux d'animaux disparus, ils formeraient bientôt des agrégations
qui pourraient presque être appelées montagnes. Il y avait aux États-Unis, en
1860, comme nous le verrons plus loin, près de cent deux millions de
chevaux, de bœufs noirs, de moutons et de porcs. Il existe un grand nombre
de ces mêmes animaux dans les provinces britanniques de l'Amérique et au
Mexique, et il existe de grands troupeaux de chevaux sauvages dans les plaines
et de chevaux apprivoisés parmi les tribus indiennes indépendantes de
l'Amérique du Nord. Il ne serait peut-être pas extravagant de supposer que
tout ce bétail peut représenter les deux tiers de celui des États-Unis, et nous
avons ainsi en Amérique du Nord un total de 170 000 000 de quadrupèdes
domestiques appartenant aux espèces introduites par la colonisation
européenne, sans compter les chiens. les chats et autres animaux domestiques
à quatre pattes et parasites, également d'origine étrangère.

Si nous accordons un demi-pied solide au squelette et aux autres parties
lentement destructibles de chaque animal, les restes de ces troupeaux
formeraient une masse cubique mesurant à peine quatre cent cinquante pieds
de côté, ou une pyramide égale en dimensions à celle de Chéops, et comme
la vie moyenne de ces animaux n'excède pas six ou sept ans, les accumulations
de leurs os, cornes, sabots et autres restes durables s'élèveraient à un volume
au moins quinze fois plus grand en un seul siècle. Il est vrai que la masse
réelle de matière solide, laissée par la décomposition des quadrupèdes
domestiques morts et ajoutée en permanence à la croûte terrestre, n'est pas
aussi grande que ce calcul le laisse croire. La plus grande proportion des
parties molles des animaux domestiques, et même des os, est bientôt
décomposée, par la consommation directe de l'homme et d'autres carnivores,
l'utilisation industrielle et l'emploi comme fumier, et entre dans de nouvelles
combinaisons dans lesquelles son origine animale est à peine visible. traçable;
il existe néanmoins un résidu annuel important qui, comme la matière
végétale pourrie, fait partie de la moisissure superficielle ; et en tout cas, la vie
brute change immensément la forme et le caractère des couches

superficielles, si elle n'augmente pas sensiblement la quantité de matière qui les compose.

Les restes de l'homme s'ajoutent également à la couche terreuse qui recouvre la face du globe. Les corps humains déposés dans les catacombes au cours des très très longues périodes de l'histoire égyptienne constitueraient peut-être un tas aussi important qu'une génération de quadrupèdes des États-Unis. Aux jours barbares des anciennes guerres musulmanes, les conquérants érigèrent de grandes pyramides de crânes humains. Le sol des cimetières des grandes villes d'Europe a parfois été soulevé de plusieurs pieds par le dépôt des morts pendant quelques générations. À l'Est, les Turcs et les Chrétiens enterrent les corps, mais à quelques mètres sous la surface. La tombe est respectée tant que la pierre tombale demeure, mais les sépultures des pauvres ignobles et de ceux dont le temps ou le hasard a enlevé les monuments sont ouvertes encore et encore pour recevoir de nouveaux occupants. C'est pourquoi le sol des cimetières orientaux est imprégné de reliques de l'humanité, sinon entièrement composé de celles-ci ; et un examen du sol de la partie inférieure du *Petit Champ des Morts* à Péra, à l'œil nu seulement, montre à l'observateur qu'il est constitué presque exclusivement d'ossements broyés de ses semblables.

[60] On affirme que les os de mammouths et de mastodontes, dans de nombreux cas, semblent avoir été écorchés ou coupés par des pointes de flèches en silex ou d'autres armes en pierre. Ces récits ont souvent été discrédités, car on a supposé que l'extinction de ces animaux était plus ancienne que l'existence de l'homme. Des découvertes récentes rendent très probable, sinon certaine, que cette conclusion ait été adoptée trop hâtivement. Lyell observe : « Ces histoires * * devront à l'avenir faire l'objet d'enquêtes plus approfondies, car nous ne pouvons guère douter que le mastodonte d'Amérique du Nord ait vécu jusqu'à une époque où le mammouth coexistait avec l'homme en Europe. » — Antiquity of Man, *p* . 354.

A la page 143 du volume que nous venons de citer, le même auteur très distingué remarque que l'homme « a sans doute joué son rôle en hâtant l'ère de l'extinction » des grands pachydermes et des bêtes de proie ; mais comme d'autres espèces contemporaines d'animaux, dont on ne peut supposer que l'homme ait disparu, ont également disparu, il soutient que la disparition des quadrupèdes en question ne peut être attribuée à la seule action humaine.

Sur ce point, on peut observer que, comme nous ne pouvons pas savoir quelles conditions physiques précises étaient nécessaires à l'existence d'un organisme éteint donné, nous ne pouvons pas dire dans quelle mesure ces conditions ont pu être modifiées par l'action de l'homme, et celui-ci peut donc avoir a influencé la vie de tels organismes d'une manière et dans une mesure dont nous ne pouvons pas nous faire une idée juste.

[61] Evelyn pensait que le dépâturage de l'herbe par le bétail était utile à sa croissance. "La morsure du bétail", remarque-t-il, "détend doucement les racines de l'herbe et la fait pousser fine et douce, et leur souffle et leur foulage eux-mêmes ainsi que le sol, et le confort de leur corps chaud, est sain et merveilleusement précieux." — *Terra, ou Discours philosophique de la Terre* , p. 36.

Dans une note sur ce passage, Hunter observe : « Les gentils fermiers considèrent le fait de coucher une bête sur le sol, pendant une nuit seulement, comme un labour suffisant pour l'année. Le souffle des quadrupèdes graminivores enrichit certainement les racines de l'herbe ; circonstance digne de l'attention du fermier philosophe. » — *Terra* , même page.

Le « paysan philosophe » d'aujourd'hui n'adoptera pas ces opinions sans réserve.

Le rat et la souris, bien que non volontairement transportés, sont passagers de tous les navires qui naviguent d'Europe vers un port étranger, et plusieurs espèces de ces quadrupèdes ont, par conséquent, beaucoup étendu leur aire de répartition et augmenté leur nombre dans les temps modernes . D'après une histoire d'Héliogabale racontée par Lampridius, *Hist. Août Scriptores* , éd. Casaubon, 1690, p. 110, il semblerait que les souris, au moins, n'étaient pas très communes dans la Rome antique. Parmi les caprices de cet empereur, on dit qu'il entreprit d'enquêter sur les statistiques de la population arachnoïdienne de la capitale, et que 10 000 livres d'araignées (ou toiles d'araignées, car aranea est équivoque) furent facilement collectées ; mais quand il organisa une exposition de souris, il trouva que dix mille souris était un très bon nombre. Je pense qu'on pourrait presque en trouver autant dans un seul palais de la Rome moderne. Les rats ne sont pas moins nombreux dans toutes les grandes villes, et à Paris, où leur peau sert à fabriquer des gants, et leur chair, murmure-t-on, dans des plats très complexes et équivoques, ils sont capturés par des légions. J'ai entendu parler d'un fabricant qui s'était engagé à acheter aux chasseurs de rats, à un prix élevé, toutes les peaux de rats qu'ils pouvaient fournir avant une certaine date, et qui avait échoué, au bout d'une semaine, faute de capital, lorsque le stock de fourrure avait été épuisé . courir jusqu'à 600 000.

[63] BIGELOW , *Les États Unis en* 1863, pp. 379, 380. Dans le même paragraphe ce volume indique le nombre d'animaux abattus aux États-Unis par les bouchers, en 1859, à 212 871 653. C'est une erreur de la presse. Le nombre se confond avec la valeur. Une référence aux tableaux du recensement montre que les animaux abattus cette année-là étaient estimés à 212.871.653 *dollars* ; le nombre de têtes n'est pas indiqué. Les chevaux

sauvages et les bovins à cornes des prairies ainsi que les chevaux des Indiens ne sont pas compris dans les déclarations.

[64] Sur ce nombre total, 2 240 000, soit près de neuf pour cent, sont signalés comme bœufs de trait. Cela frapperait dans une large mesure les agriculteurs européens, et particulièrement anglais ; mais cela s'explique par la différence entre un pays nouveau et un ancien, dans les conditions qui déterminent l'emploi du travail animal. Les bœufs sont très généralement utilisés aux États-Unis et au Canada pour transporter du bois et du bois de chauffage à travers et depuis les forêts ; pour labourer une terre encore pleine de roches, de souches et de racines ; pour ameublir le nouveau sol des prairies avec son solide tapis d'herbes indigènes, et pour le transport de lourdes charges sur les routes accidentées de l'intérieur. Dans tous ces cas, les obstacles fréquents au passage du bois, de la charrue et du traîneau ou charrette, sont une source de danger constant pour les animaux, les véhicules et le harnais, ainsi que pour le pas lent et régulier du bœuf. comporte beaucoup moins de risques que les mouvements rapides et brusques du cheval impatient. Il est surprenant de voir la sagacité avec laquelle le bœuf ennuyeux et maladroit, gêné comme il l'est par le joug rigide, l'instrument de traction le plus absurde jamais inventé par l'homme, se fraie un chemin, une fois dressé aux travaux forestiers, parmi les rochers et les racines. , et grimpe même sur les arbres tombés, non seulement se déplaçant en toute sécurité, mais tirant du bois sur un sol totalement impraticable pour le cheval léger et agile.

Les vaches, si constamment employées à la traite en Italie, ne sont jamais attelées ni utilisées autrement pour le travail en Amérique, sauf dans les États esclavagistes.

[65] « À environ cinq milles du camp, nous montâmes au sommet d'une haute colline, et sur une grande distance, chaque mille carré semblait abriter un troupeau de buffles. Leur nombre fut diversement estimé par les membres du groupe ; par certains jusqu'à un demi-million. Je ne pense pas qu'il soit exagéré de le fixer à 200 000. "- STEVENS *Rapport narratif et final. Rapports d'explorations et d'enquêtes pour le chemin de fer vers le Pacifique* , vol. XII, livre I, 1860.

Le lendemain, le groupe s'est retrouvé sur une « piste de bisons », où au moins 100 000 personnes auraient traversé un marécage.

[66] Le chasseur de Nouvelle-Angleterre le plus zélé et le plus prospère que j'aie personnellement connu, et qui a continué à s'adonner à sa passion préférée bien au-delà de l'âge qui met généralement fin aux exploits dans l'artisanat du bois, a déploré sur son lit de mort de ne pas avoir vécu assez longtemps pour porter le bilan de ses cerfs abattus au nombre de mille, qu'il avait fixé comme limite de son ambition. Il sut manier le fusil, pendant

soixante ans, à une époque où le gibier était encore presque aussi abondant que jamais, mais n'avait tué que neuf cent soixante de ces quadrupèdes, de toutes espèces. Les exploits de ce Nimrod ont été de loin dépassés par les chasseurs des prairies, mais je doute que, dans le territoire initialement boisé de l'Union, un seul tireur d'élite en ait abattu un plus grand nombre.

[67] *Erdkunde* , viii. *Asien, 1ère Abtheilung* , pp. 660, 758.

[68] Voir chapitre iii, *post* ; aussi HUMBOLDT , *Ansichten der Natur* , i, p. 71. Du caractère anatomique des os de l'urus, ou auerochs, trouvés parmi les reliques de la population lacustre de l'ancienne Suisse, et d'autres circonstances, on infère que cet animal avait été domestiqué par ce peuple ; et il est dit, je ne sais sur quelle autorité, dans *Le Alpi che cingono l'Italia* , qu'il avait également été apprivoisé par les Vénitiens. Voir LYELL , *Antiquity of Man* , pp. 24, 25, et ce dernier ouvrage, p. 489. C'est un fait très intéressant, car c'est, je crois, le seul cas connu d'extinction d'un quadrupède domestique, et l'extrême improbabilité d'un tel événement donne quelque appui à la théorie de l'identité du bœuf domestique. avec et sa descendance depuis l'urus.

[69] En soutenant l'existence récente du lion dans les pays cités dans le texte, les naturalistes ont peut-être accordé trop d'importance à la fréquence des représentations de cet animal dans des sculptures apparemment à caractère historique. Il ne suffit pas de prétendre, vingt siècles plus tard, que le lion et la licorne étaient communs en Grande-Bretagne à l'époque de la reine Victoria, car on les voit souvent « se battre pour la couronne » dans les sculptures et les peintures de cette période.

[70]

Dar nach sloger schiere, einen sage bat elch.
Starcher portait de la bière. mais un grimmen
schelch.
*XVIe Ausiure.*

Le témoignage du *Nibelungen-Lied* ne constitue pas une preuve concluante que ces quadrupèdes existaient en Allemagne au moment de la composition de ce poème. Cela prouve trop ; car, quelques lignes au-dessus de celles qui viennent d'être citées, Sigfrid aurait tué un lion, animal que le Teuton le plus patriote ne prétendra guère être un habitant de l'Allemagne médiévale.

[71] Le dindon sauvage se met facilement à l'eau et est capable de traverser à la nage des rivières d'une largeur très considérable. Pour me donner une idée de l'abondance passée de cet oiseau, un vieux monsieur très respectable qui faisait partie des premiers colons blancs de l'Ouest, m'a dit qu'il avait autrefois compté, en descendant la rive nord de la rivière Ohio, sur une distance de quatre milles, quatre-vingt-quatre dindes débarquèrent seules, ou tout au plus par paires, après avoir nagé du côté du Kentucky.

[72] On a observé que le nombre de pigeons ramiers augmentait également en Europe, lorsque l'on s'est efforcé d'exterminer le faucon. Les pigeons, qui migraient en bandes si nombreuses qu'ils mettaient des journées entières à passer un point donné, nuisaient sans doute au grain, mais probablement moins qu'on ne le suppose généralement ; car ils ne se limitaient pas exclusivement aux récoltes pour leur nourriture.

[73] Des pigeons ont été abattus près d'Albany, dans l'État de New York, il y a quelques années, avec du riz vert dans leurs récoltes, qu'on pensait avoir cultivé, quelques heures auparavant, à une distance de sept ou huit cents milles.

[74] Le professeur Treadwell, du Massachusetts, a découvert qu'un merle d'Amérique à moitié adulte en détention mangeait en un jour soixante-huit vers de terre, pesant ensemble près d'une fois et demie autant que l'oiseau lui-même, et qu'un autre était auparavant mort de faim avec une dose quotidienne. allocation de huit ou dix vers, soit environ vingt pour cent. de son propre poids. Le plus grand de ces nombres paraissait, autant qu'on pouvait en juger en observant les oiseaux parents de la même espèce, pendant qu'ils apportaient de la nourriture à leurs petits, être beaucoup plus grand que celui qui leur était fourni lorsqu'ils étaient nourris dans le nid ; car les vieux oiseaux ne revenaient pas avec des vers ou des insectes plus d'une fois toutes les dix minutes en moyenne. Si nous supposons que les parents chassent pour se nourrir douze heures par jour et qu'un nid contienne quatre petits, nous aurions soixante-douze vers, ou dix-huit vers chacun, comme approvisionnement quotidien du couvain. Il est assez probable qu'une partie de la nourriture recueillie par les parents soit plus nutritive que celle des vers de terre, et par conséquent qu'une plus petite quantité suffisait aux petits dans le nid que lorsqu'ils étaient élevés dans des conditions artificielles.

L'approvisionnement requis par les oiseaux en croissance n'est pas la mesure de leurs besoins une fois arrivés à maturité, et il n'est nullement certain qu'un grand effort musculaire augmente toujours la demande de nourriture, soit chez les animaux inférieurs, soit chez l'homme. Les membres du Club alpin anglais ne se distinguent pas par des appétits qui en feraient des invités indésirables pour les propriétaires suisses, et je pense que tout homme qui a eu la charge personnelle d'ouvriers des champs ou des chemins de fer a dû remarquer que les ouvriers qui ménagent le moins leurs forces ne sont pas les champions de trancheuses les plus vaillants. À l'époque où l'emprisonnement pour dettes était autorisé en Nouvelle-Angleterre, les personnes incarcérées dans les prisons de campagne ne bénéficiaient d'aucune allocation spécifique et étaient généralement nourries sans restriction. Je me suis souvent renseigné sur leur régime alimentaire et les geôliers m'ont assuré que leurs prisonniers, qui ne disposaient pas de travail ou d'autres moyens d'exercice, consommaient une quantité de nourriture considérablement plus importante que les travailleurs ordinaires à l'extérieur.

[75] J'espère que Michelet dispose d'une bonne autorité pour étayer cette affirmation, mais je ne suis pas en mesure de la confirmer.

[76] A propos du moineau, dont un seul couple, selon Michelet, p. 315, transporte au nid quatre mille trois cents chenilles ou coléoptères en une semaine — je tire du *Record*, journal religieux anglais, du 15 décembre 1862, l'article suivant communiqué à un journal de campagne par une personne qui signe lui-même : Un véritable ami de l'agriculteur :"

" *Crawley Sparrow Club*. — Le dîner annuel a eu lieu au George Inn mercredi dernier. Le premier prix a été décerné à M. I. Redford, Worth, qui en a détruit 1 467 au cours de la dernière année. M. Heayman a remporté le deuxième avec 1 448 détruits. . M. Stone, troisième, avec 982 apposés. Total détruit, 11 944. Vieux oiseaux, 8 663 ; jeunes idem, 722 ; œufs, 2 556. "

Ce trio de vaillants oiseleurs et leurs associés moins chanceux, ou plutôt moins malheureux, mais non moins coupables, ont sauvé par leurs prouesses, peut-être, une vingtaine de becs de grain de la dévoration du moineau vorace, mais chaque un des douze mille oiseaux éclos ou non, ainsi sacrifiés à la vanité puérile et aux préjugés ignorants, aurait économisé son boisseau de blé en s'attaquant aux insectes qui détruisent le grain. M. Redford, M. Heayman et M. Stone devraient verser la valeur du pain qu'ils ont gaspillé au fonds au profit des tisserands du Lancashire ; et il faut espérer que le prochain Byron fera la satire du moineau aussi sévèrement que le premier l'a fait le prince des pêcheurs, Walton, dans les vers bien connus :

"Le vieil homme pittoresque et cruel dans son
gosier
devrait avoir un hameçon et une petite truite
pour le tirer."

[77] SALVAGNOLI, *Mémoires sur la Maremme Toscane*, p. 143. La campagne autour de Naples est remplie de tours élancées de quinze à vingt pieds de haut, qui constituent une énigme pour les étrangers. Ce sont les postes des oiseleurs qui surveillent depuis eux les troupeaux de petits oiseaux et les chassent vers les filets en leur jetant des pierres. Voir *l' annexe*, n ° 14 .

Tschudi a rassemblé dans son petit ouvrage, *Ueber die Landwirthschaftliche Bedeutung der Vögel*, de nombreux faits intéressants concernant l'utilité des oiseaux et leur destruction gratuite en Italie et ailleurs. Non seulement le hibou, mais de nombreux autres oiseaux plus connus pour leurs habitudes prédatrices, sont utiles en détruisant un grand nombre de souris et de taupes. L'importance de ce dernier service devient frappante lorsqu'on sait que les terriers de la taupe sont parmi les causes les plus fréquentes de rupture des digues du Pô et, par conséquent, d'inondations qui s'étendent sous l'eau sur plusieurs milles carrés . *des Ponts et Chaussées* , 1847, 1re semestre, p. 150. Voir également VOGT , *Nützliche u. schädliche Thière* .

[78] Les oiseaux sauvages sont très tenaces dans leurs habitudes. L'extension de certaines branches de l'agriculture introduit de nouveaux oiseaux ; mais, sauf dans le cas de tels changements dans les conditions physiques, des espèces particulières semblent indissolublement attachées à des localités particulières. Les tribus migratrices suivent presque invariablement la même ligne de fuite précise dans leurs voyages annuels et s'établissent d'année en année dans les mêmes gîtes larvaires. La cigogne est un oiseau aux ailes puissantes qui parcourt de grandes distances pour se nourrir, mais établit très rarement de nouvelles colonies. Il est commun en Hollande, mais inconnu en Angleterre. Pas plus de cinq ou six couples de cigognes se reproduisent couramment dans les faubourgs de Constantinople, le long de la rive européenne de l'étroit Bosphore, tandis que, à la grande satisfaction des musulmans, qui sont à juste titre fiers de la partialité marquée d'un oiseau aussi orthodoxe, des dizaines de cigognes les cheminées des vrais croyants du côté asiatique sont couronnées de ses nids. Voir *l'application.* N°  15 .

[79] Ce ne sont pas seulement les oiseaux encore vierges et ceux qui allaitent qui sont exposés à la destruction par les intempéries. Des troupeaux entiers de tribus adultes et aux ailes fortes sont tués par la grêle. Les hivers rigoureux sont généralement suivis d'une diminution sensible du nombre d'oiseaux non migrateurs, et une tempête froide en été s'avère souvent fatale aux espèces les plus délicates. Le 10 juin 184, cinq ou six pouces de neige sont tombés dans le nord du Vermont. Le lendemain matin, j'ai trouvé un colibri tué par le froid et suspendu par ses griffes juste en dessous d'une planche à clin au mur d'un petit bâtiment en bois où il avait cherché refuge.

[80] LYELL , *Antiquité de l'Homme* , p. 409, observe : « Parmi les oiseaux, on estime que le nombre de ceux qui meurent chaque année est égal au nombre total par lequel l'espèce à laquelle ils appartiennent respectivement est, en moyenne, représentée de manière permanente. »

Un exemple remarquable de l'influence de circonstances nouvelles sur les oiseaux a été observé lors de l'établissement d'un phare à Cape Cod, il y a quelques années. Le lendemain du premier allumage des lampes, plus d'une centaine d'oiseaux morts de plusieurs espèces différentes, principalement des oiseaux aquatiques, ont été retrouvés au pied de la tour. Ils avaient été tués au cours de la nuit en volant contre l'épaisse vitre ou la grille de la lanterne. Voir *l' annexe* , n° 16 .

Les oiseaux migrateurs, que ce soit pour se protéger des aigles, des faucons et d'autres ennemis, ou pour une raison inconnue, effectuent une grande partie de leurs voyages annuels de nuit ; et on observe dans les Alpes qu'ils suivent les grands chemins dans leur passage à travers les montagnes. Cela s'explique en partie par le fait que la nourriture à la recherche de laquelle ils doivent parfois descendre se trouve principalement à proximité des routes. Ce n'est cependant pas entièrement pour fréquenter l'homme, ni pour profiter de ses travaux, que leur ligne de fuite se conforme aux sentiers qu'il a tracés, mais plutôt parce que les grands chemins passent par les dépressions naturelles de la chaîne. , et c'est pourquoi les oiseaux peuvent traverser le sommet par ces routes sans s'élever à une hauteur où, dans les saisons de migration, le froid serait excessif.

L'instinct qui guide les oiseaux migrateurs dans leur course n'est pas dans tous les cas infaillible, et il semble être perturbé par les changements dans l'état de la surface. Je connais un village de la Nouvelle-Angleterre, à la jonction de deux vallées, chacune drainée par un ruisseau de moulin, où les troupeaux d'oies sauvages qui passaient autrefois, chaque printemps et chaque automne, se perdaient très fréquemment, comme on disait communément : et j'ai souvent entendu leurs cris dans la nuit alors qu'ils volaient follement, perplexes quant à la bonne direction. Peut-être les lumières du village les ont-elles gênées, ou peut-être les changements constants de la physionomie du pays, dus aux défrichements alors en cours, ont introduit dans le paysage des éléments non conformes à la carte idéale transmise par la famille Anserine, et ont ainsi perturbé sa géographie traditionnelle. .

[81] Le grand tétras, ou tjäder, comme on l'appelle en Suède, est un oiseau aux habitudes singulières, et semble manquer de certains des instincts de protection qui protègent la plupart des autres oiseaux sauvages de la destruction. Le jeune Læstadius remarque fréquemment le tjäder, dans son récit très remarquable des Lapons suédois, ouvrage totalement inégalé comme tableau génial de la vie semi-barbare, et non inférieur en minutie de détail à la description par Schlatter des mœurs des Tartares de Nogai. ou encore au travail admirable et exhaustif de Lane sur les Égyptiens modernes. Le tjäder, bien que n'étant pas un oiseau de passage, est migrateur, ou plutôt errant à domicile, et semble entreprendre des voyages très inutiles et absurdes. « Lorsqu'il vole, dit Læstadius, il suit une route droite et la poursuit parfois tout à fait hors du pays. On dit que, par temps de brouillard, il s'envole parfois vers la mer et, lorsqu'il est fatigué, tombe dans le On observe donc que lorsqu'il vole vers l'ouest, vers les montagnes, il revient bientôt ; mais lorsqu'il se dirige vers l'est, il ne revient plus, et pendant longtemps il est très rare en Laponie. De là, il semblerait qu'il se détourne des montagnes chauves, lorsqu'il découvre qu'il s'est éloigné de sa patrie, la forêt ; mais lorsqu'il se trouve au-dessus de la Baltique, où il ne peut se poser pour se reposer et se

recueillir, il s'envole. jusqu'à ce qu'il soit épuisé et tombe à la mer." — PETRUS LÆSTADIUS , *Journal af första året, etc.* , p. 325.

[82] *Die Herzogthümer Schleswig et Holstein* , i, p. 203.

[83] Les mouettes planent autour des navires au port, et souvent au large, surveillant avec diligence les déchets du fourgon de queue. " Tandis que les quatre grandes flottes, anglaise, française, turque et égyptienne, étaient stationnées dans le Bosphore, à l'été et à l'automne 1853, une jeune dame de ma famille attira mon attention sur le fait que les mouettes étaient bien plus nombreuses aux alentours. Les navires de l'une des flottes que ceux des autres : cela s'est vérifié par des observations répétées, et la différence était due sans doute à la plus grande abondance des détritus provenant des cuisines de l'escadre navale la plus fréquentée par les oiseaux. l'économie des marines des États en question, pourra conjecturer quelle flotte fut la plus favorisée par ces délicates attentions.

[84] Les oiseaux ne prennent pas souvent volontairement passage à bord de navires à destination de pays étrangers, mais je peux témoigner d'un tel cas. Une cigogne, qui avait niché près d'un des palais du Bosphore, s'était, par accident, blessée à une aile, et ne pouvait rejoindre sa suite lorsqu'ils commencèrent leur migration hivernale vers les rives du Nil. Avant de pouvoir voler à nouveau, il fut rattrapé et le drapeau de la nation à laquelle appartenait le palais fut attaché à sa jambe, de sorte qu'il fut facilement identifiable à une distance considérable. À mesure que son aile devenait plus forte, il fit plusieurs expériences de vol insatisfaisantes et, finalement, grâce à un effort vigoureux, il réussit à atteindre un navire qui passait et se dirigeait vers le sud et se percha sur une vergue de hunier. Il m'est arrivé d'être témoin de ce mouvement et je l'ai observé maintenir tranquillement sa position tant que je pouvais le discerner avec une longue-vue. Je suppose qu'il a terminé le voyage, car il n'est certainement pas retourné au palais.

[85] L'enthousiasme des naturalistes n'est pas toujours proportionné à la grandeur ou à l'importance des organismes dont ils s'occupent. Il n'est pas rapporté qu'Adams, qui a trouvé le pachyderme antédiluvien colossal dans une montagne épaisse de glace sibérienne, se soit déchaîné sur sa *trouvaille* ; mais Schmidl, en décrivant l'histoire naturelle des grottes du Karst, parle d'un éminent entomologiste comme de « *der glückliche Entdecker* », l' *heureux* découvreur d'un nouveau coléoptère, dans une de ces cavernes obscures. Comme les sources du bonheur sont diverses ! Pensez à un savant professeur allemand, dont la simple énumération des navires Rath et des navires scientifiques Mitglied remplit une page, rendu célèbre dans les annales de la science, immortel, heureux, par la découverte d'un scarabée ! Si cet impérial *ennuyé , qui offrait une prime pour l'invention d'un nouveau plaisir, mais avait lu Höhlen*

*des Karstes* de Schmidl , quelles splendides récompenses n'aurait-il pas comblé Kirby et Spence !

[86] Je crois qu'il n'y a aucun fondement à la supposition que les vers de terre attaquent le tubercule de la pomme de terre. Quelques-uns d'entre eux, surtout une ou deux espèces employées par les pêcheurs comme appâts, s'ils sont originaires des bois, sont au moins rares dans les terrains ombragés, mais se multiplient très rapidement après la mise en culture du sol. Il y a quarante ou cinquante ans, ils étaient si rares dans les régions les plus récentes de la Nouvelle-Angleterre que les pêcheurs rustiques de chaque village gardaient secrets les quelques endroits où ils se trouvaient dans leur voisinage, comme un mystère professionnel. retournez une pelletée de terre riche et humide n'importe où, sans en déterrer plusieurs. Une dame très intelligente, née dans les bois du nord de la Nouvelle-Angleterre, m'a dit que, dans son enfance, ces vers étaient presque inconnus dans cette région, bien que recherchés avec anxiété par les pêcheurs, mais qu'ils augmentaient à mesure que le pays était défriché, et enfin elle devint si nombreuse en certains endroits, que l'eau des sources et même des puits peu profonds, autrefois excellentes, devenait imbuvable à cause de la quantité de vers morts qui y tombaient. L'augmentation du rouge-gorge et d'autres petits oiseaux qui suivent le colon lorsqu'il leur a préparé un habitat convenable, a enfin arrêté la multiplication excessive des vers et a atténué la nuisance.

[87] J'ai déjà remarqué que les restes d'animaux existants sont rarement, voire jamais, rassemblés en quantités suffisantes pour posséder une quelconque importance géographique par leur simple masse ; mais les exuvies pourris des formes de vie même les plus petites et les plus humbles sont parfois assez abondantes pour exercer une influence perceptible sur le sol et l'atmosphère. « La plaine de Cumana, dit Humboldt, présente un phénomène remarquable, après de fortes pluies. La terre humide, chauffée par les rayons du soleil, diffuse l'odeur musquée commune dans la zone torride à des animaux de classes très diverses, pour le jaguar, la petite espèce de chat tigre, le cabiaï, le vautour gallinazo, le crocodile, la vipère et le serpent à sonnette. Les émanations gazeuses, véhicules de cet arôme, semblent se dégager à mesure que le sol, qui contient le les restes d'une multitude innombrable de reptiles, de vers et d'insectes, commencent à s'imprégner d'eau. Partout où nous remuons la terre, nous sommes frappés par la masse de substances organiques qui à leur tour se développent et se transforment ou se décomposent. semble plus actif, plus prolifique et pour ainsi dire, plus prodigue de vie. »

[88] Il est remarquable que Palissy, dont je suis heureux d'avoir souvent l'occasion de témoigner des grands mérites en tant qu'observateur attentif, ait remarqué que la végétation était nécessaire pour maintenir la pureté de l'eau dans les réservoirs artificiels, bien qu'il se soit trompé sur le raisonnement de

son influence, qu'il attribuait au « sel » élémentaire, qu'il supposait jouer un rôle important dans toutes les opérations de la nature. Dans son traité sur les Eaux et les Fontaines, p. 174, de la réimpression de 1844, il dit : « Et en particulier, tu remarqueras un point, qui est compris par peu de gens : c'est-à-dire que les feuilles des arbres qui tombent sur le parterre et les herbes qui poussent en dessous, et singulièrement les fruits, s'il y en a sur les arbres, étant pourris, les eaux du parterre y attireront le sel desdits fruits, feuilles et herbes, ce qui améliorera grandement l'eau de tes fontaines, et empêcher sa putréfaction.

[89] Entre les années 1851 et 1853 inclusivement, les États-Unis ont exporté 2 665 857 livres de cire d'abeille, sans compter une quantité considérable employée à la fabrication de bougies destinées à l'exportation. Cela représente une moyenne de plus de 330 000 livres par an. Le recensement de 1850 donnait la production totale de cire et de miel pour cette année-là à 14,853,128 livres. En 1860, elle s'élevait à 26,370,813 livres, l'augmentation étant due en partie à l'introduction de races améliorées d'abeilles d'Italie et de Suisse. — BIGELOW, *Les États Unis en 1863* , p. 376.

[90] Il y a quelques années, un ouvrier, employé dans un port nord-américain à décharger une cargaison de peaux en provenance de l'extrémité opposée du continent, fut mortellement empoisonné par la morsure ou la piqûre d'un insecte inconnu, sorti en courant d'un cacher qu'il manipulait.

[91] Chez de nombreux insectes, certains stades de la vie durent régulièrement plusieurs années et peuvent, dans des circonstances particulières, se prolonger presque indéfiniment. Le Dr Dwight mentionne le cas remarquable suivant de ce genre, qui peut être nouveau pour de nombreux lecteurs : « Pendant que j'étais ici [à Williamstown, Massachusetts], le Dr Fitch m'a montré un insecte d'environ un pouce de longueur, d'une couleur brune. couleur teintée d'orange, avec deux antennes, un peu comme une punaise de rose. Cet insecte est sorti d'une table à thé, faite de planches de pommier. Le Dr Dwight examina la table et découvrit que « la cavité d'où l'insecte était sorti dans la lumière » mesurait « environ deux pouces de longueur, presque horizontale et très peu inclinée vers le haut, sauf au niveau de la bouche. à l'extérieur du rabat de la table, il y avait quarante grains de bois. » On supposait que le scieur et l'ébéniste avaient enlevé au moins treize grains supplémentaires, et la table était en possession de son propriétaire depuis vingt ans.

[92] Il ne semble pas être tout à fait établi si les termites de France sont indigènes ou importés. Voir QUATREFAGES , *Souvenirs d'un Naturaliste* , II, pp. 400, 542, 543.

[93] J'ai vu la larve de libellule voler dans un aquarium mordre la tête d'un jeune poisson aussi longue qu'elle.

[94] Les insectes et les poissons, qui se nourrissent les uns les autres, sont les seules formes de vie animale nombreuses dans les bois indigènes, et leur aire de répartition est, bien entendu, limitée par l'étendue des eaux. La grande abondance de truites et d'autres genres plus ou moins apparentés dans les lacs de Laponie semble être due à l'approvisionnement en nourriture que leur fournissent les essaims d'insectes qui, à l'état de larves, habitent les eaux ou, à l'état de larves . d'autres étapes de leur vie, y sont accidentellement entraînées. Tous les voyageurs du nord de l'Europe parlent du moucheron et du moustique comme d'inconvénients très sérieux aux plaisirs du touriste estival, qui visite la tête du golfe de Botnie pour voir le soleil de minuit, et les frères Læstadius les considèrent comme l'un des les grands fléaux de la vie subarctique. "Les persécutions de ces insectes", dit Lars Levi Læstadius [ *Culex pipiens* , *Culex reptans* et *Culex pulicaris* ], " ne laissent un instant de paix, de jour comme de nuit, à aucun être vivant. Non seulement l'homme, mais le bétail, et même les oiseaux et les bêtes sauvages souffrent insupportablement de leur morsure. » Il ajoute dans une note : « Je n'affirmerai pas qu'ils aient jamais dévoré un homme vivant, mais de nombreux jeunes bovins, tels que des agneaux et des veaux, ont été tués par eux. Tous les habitants de Laponie déclarent que les jeunes oiseaux sont tués par eux, et cela n'est pas improbable, car les oiseaux se font rares après des saisons où le moucheron, le moucheron et le moustique sont nombreux. "— *Om Uppodlingar i Lappmarken* , p. 50.

Petrus Læstadius fait des déclarations similaires dans son *Journal för första året* , p. 285.

[95] Il est très douteux qu'il y ait un quelconque fondement à la croyance populaire selon laquelle l'hostilité des porcs et des cerfs envers le serpent à sonnettes, et des expériences minutieuses concernant le premier quadrupède semblent montrer que l'inimitié supposée est entièrement imaginaire. Remarquant que les étourneaux *stornelli* , qui se reproduisaient dans une vieille tour du Piémont, emportaient quelque chose de leurs nids et le laissaient tomber sur le sol, à peu près aussi souvent qu'ils apportaient de la nourriture à leurs petits, j'ai observé leurs activités et j'ai trouvé chaque jour couché à proximité la tour compte des vers lents morts ou mourants et, dans quelques cas, de petits lézards, qui, dans chaque cas, avaient perdu environ deux pouces de queue. Je crois que les étourneaux ont donné cette partie à leurs oisillons et ont jeté le reste.

[96] Russell nie l'existence de serpents venimeux dans le nord de la Syrie et déclare que le dernier cas de décès connu s'étant produit par morsure d'un serpent près d'Alep a eu lieu cent ans avant son époque. En Palestine, le climat, la maigreur de la population, la multitude d'insectes et de lézards, toutes les circonstances semblent en effet très favorables à la multiplication des serpents, mais les espèces venimeuses, du moins, sont extrêmement rares,

voire pas du tout connues. , dans ce pays. J'ai cependant été assuré par des personnes très familières avec le Mont-Liban, que des cas d'empoisonnement par morsure de serpent s'étaient produits en quelques années, près de Hasbeiyeh, et en d'autres endroits sur les pentes méridionales du Liban et de l'Hermon. En Egypte, au contraire, le cobra, l'aspic et les cérastes sont toujours aussi nombreux et sont très redoutés de tous les indigènes, à l'exception des charmeurs de serpents professionnels. Voir *l' annexe* , n ° 18 .

[97] J'utilise *baleine* non pas dans un sens technique, mais comme terme générique désignant tous les grands habitants de la mer communément regroupés sous ce nom.

[98] D'après le récit d'Ohther, introduit par le roi Alfred dans sa traduction d'Orosius, il est clair que les Hommes du Nord pratiquaient la pêche à la baleine au IXe siècle, et cela ressort, à la fois du poème intitulé La Baleine, dans le Codex Exoniensis , et du dialogue avec le pêcheur dans les Colloques d'Aelfric, que les Anglo-Saxons ont suivi cette dangereuse poursuite à une époque peu postérieure. Je ne connais aucune preuve démontrant qu'une quelconque des nations latines se soit engagée dans cette pêcherie avant un siècle ou deux plus tard, bien qu'il ne soit peut-être pas facile de réfuter leur participation antérieure à cette pêche. Dans la littérature médiévale, latine et romane, il est fait mention très fréquemment d'une espèce de vase appelée en latin *baleneria* , *balenerium* , *balenerius* , *balaneria* , etc.; en catalan, *presse à balles* ; en français, *balenier* ; tous ces mots se présentent sous de nombreuses autres formes. L'étymologie la plus évidente de ces mots suggérerait le sens, *baleinier* , *baleinier* ; mais certains ont supposé que le nom décrivait la grande taille des navires, et d'autres l'ont fait référence à une racine différente. À partir du XIVe siècle, le mot apparaît peut-être plus souvent en vieux catalan que dans toute autre langue ; mais Capmany ne considère pas la pêche à la baleine comme l'une des activités maritimes du très entreprenant peuple catalan, et je ne trouve pas non plus aucun des produits de la baleine mentionnés dans les anciens tarifs catalans. Le *os de baleine* des écrivains du moyen âge, que l'on décrit comme très blanc, est sans doute l'ivoire du morse ou du narval.

[99] En raison de la grande rareté de la baleine, l'emploi du gaz de houille pour l'éclairage, la substitution d'autres substances grasses et oléagineuses, telles que le saindoux, l'huile de palme et le pétrole, à l'huile de baleine noire et au spermaceti, la baleine la pêche a rapidement diminué en quelques années. La grande quantité de pétrole, qui est très utilisée pour lubrifier les machines ainsi que pour de nombreux autres usages, a produit un effet plus perceptible sur la pêche à la baleine que toute autre circonstance. D'après Bigelow, *Les États Unis en 1863* , p. 346, la flotte baleinière américaine a été diminuée de 29 en 1858, de 57 en 1860, de 94 en 1861 et de 65 en 1862. Le nombre actuel de navires américains employés dans cette pêcherie est de 353.

[100] L'origine et l'histoire de la langue anglaise, etc., pp. 423, 424.

[101] Parmi les résultats inattendus de l'action humaine, la destruction ou la multiplication des poissons, ainsi que d'autres animaux, n'est pas rare. J'aurai l'occasion de mentionner dans une page suivante l'extermination des poissons d'une rivière suédoise par une crue occasionnée par le rejet soudain des eaux d'un étang. Williams, dans son *Histoire du Vermont* , i, p. 149, cité dans *Natural History of Vermont de Thompson* , p. 142, rapporte un cas d'augmentation du nombre de truites pour une cause opposée. Dans un étang formé en endiguant un petit ruisseau pour obtenir de l'énergie hydraulique pour une scierie, et couvrant mille acres de forêt primitive, l'augmentation de la nourriture mise à la portée des poissons les multipliait à un tel point, qu'à la tête de l'eau. étang, où, au printemps, ils se pressaient dans le ruisseau qui l'alimentait, ils étaient pris par les mains à plaisir, et les porcs les attrapaient sans difficulté. Un seul coup de petite épuisette rapportait un demi-boisseau, les charrettes en étaient remplies aussi vite que si elles étaient ramassées sur la terre ferme, et pendant la saison de pêche, elles étaient généralement vendues à un shilling (huit pence et demi, soit environ dix-sept cents). un boisseau. L'augmentation de la taille des truites était aussi remarquable que la multiplication de leur nombre.

[102] BABINET , *Études et Lectures* , ii, pp. 108, 110.

[103] THOMPSON , *Histoire naturelle du Vermont* , p. 38, et annexe, p. 13. Il n'y a aucune raison de croire que le phoque se reproduit dans le lac Champlain, mais l'individu capturé là-bas pour la dernière fois doit avoir passé au moins quelques semaines dans ses eaux. Il a été tué sur la glace dans la partie la plus large du lac, le 23 février, treize jours après que la surface ait été entièrement gelée, à l'exception des petites fissures habituelles, et un mois ou deux après la fermeture des glaces en tous points au nord du lac. endroit où le sceau a été trouvé.

[104] Voir page 89, note, *ante* .

[105] Selon Hartwig, les Provinces-Unies de Hollande possédaient, en 1618, trois mille bus à harengs et neuf mille navires affectés au transport de ces poissons jusqu'au marché. Le nombre total de personnes employées dans la pêche au hareng aux Pays-Bas était estimé à 200 000 personnes.

Dans la dernière partie du XVIIIe siècle, cette pêcherie fut menée avec le plus de succès par les Suédois et, en 1781, la ville de Gottenburg exportait à elle seule 136 649 barils, contenant chacun 1 200 harengs, soit un total d'environ 164 000 000 ; mais l'épuisement des poissons fut si rapide, dû à cette poursuite acharnée, qu'en 1799 il fut jugé nécessaire d'en interdire complètement l'exportation. — *Das Leben des Meeres* , p. 182.

En 1855, les pêcheries britanniques produisaient 900 000 barils, soit suffisamment pour fournir un poisson à chaque habitant de la planète.

Sur les rives du détroit de Long Island, le poisson blanc, espèce de hareng trop osseux pour être facilement mangé, est utilisé comme fumier en très grande quantité. Dix mille sont employés pour nourrir un acre, et un seul filet en a parfois pris 200 000 par jour. — DWIGHT's *Travels*, II, pp. 512, 515.

L' hostilité aveugle de l'homme à l'égard des formes inférieures de vie animée est peu honorable pour la civilisation moderne, et il est pénible de réfléchir qu'elle devient plus vive et plus impitoyable à mesure que la race s'affine. Le sauvage ne tue aucun animal, pas même le serpent à sonnette, sans raison ; et le Turc, que nous appelons barbare, traite la bête muette avec la douceur d'un enfant. On ne peut pas vivre plusieurs semaines en Turquie sans être témoin d'exemples touchants de la bonté des gens envers les animaux inférieurs, et j'ai trouvé très difficile d'inciter même les garçons à attraper des lézards et autres reptiles pour les conserver comme spécimens. Voir *l' annexe*, n ° 19 .

La confiance intrépide dans l'homme, si généralement manifestée par les animaux sauvages dans les îles nouvellement découvertes, aurait dû leur inspirer un traitement plus doux ; mais quelques années de poursuite acharnée, à laquelle ils sont immédiatement soumis, suffisent pour les rendre aussi timides que les habitants les plus sauvages de la forêt européenne. Mais cette timidité peut être facilement surmontée. Les écureuils introduits par le maire Smith dans les parcs publics de Boston sont si apprivoisés qu'ils se nourrissent des mains des passagers, et il n'est pas rare qu'ils entrent dans les maisons voisines.

[107] Un fait mentionné par Schubert — et qui dans ses causes et dans beaucoup de ses résultats correspond presque exactement à ceux liés à l'évasion de Barton Pond dans le Vermont, si bien connu des étudiants en géologie — est important, car il montre que la diminution de La présence de poissons dans les rivières exposées aux inondations doit être principalement attribuée à l'action mécanique du courant, et non principalement, comme certains l'ont supposé, aux changements de température occasionnés par le dégagement. Notre auteur rapporte qu'en 1796, une terrible inondation se produisit dans l'Indalself, qui prend sa source dans le Storsjö dans le Jemtland, en y entraînant les eaux d'un autre lac près de Ragunda. L'inondation a détruit des maisons et des champs ; beaucoup de terre fut emportée dans le canal et l'eau rendue trouble et boueuse ; le saumon et les petits poissons abandonnèrent complètement la rivière et ne revinrent jamais. Les rives du fleuve n'ont jamais retrouvé leur solidité d'antan, et des portions de leur sol tombent encore continuellement dans l'eau. — *Resa genom Sverge*, ii, p. 51.

[108] WITTWER , *Géographie physique* , p. 142.

[109] Pour varier l'expression, j'utilise occasionnellement *animalcule* , qui, en tant que désignation populaire, englobe tous les organismes microscopiques. Le nom est fondé sur la supposition désormais éclatée selon laquelle ils sont tous animés, ce qui était la croyance générale des naturalistes lorsque l'attention a été attirée sur eux pour la première fois. On découvrit bientôt que beaucoup d'entre eux étaient incontestablement végétaux, et qu'il existe de nombreux genres dont la véritable classification est sujette à controverse parmi les observateurs les plus compétents. Il est des cas où des objets autrefois pris pour des animalcules vivants se révèlent être des produits de la décomposition de la matière une fois animés, et il est admis que ni le mouvement spontané, ni même l'irritabilité apparente ne sont des signes sûrs de la vie animale.

[110] Voir un intéressant rapport sur la pêche au corail, par Sant' Agabio, consul général d'Italie à Alger, dans le *Bollettino Consolare* , publié par le ministère des Affaires étrangères, 1862, pp. 139, 151, et dans les *Annali di Agricoltura, Industria e Commercio* , n° ii, pp. 360, 373.

[111] La fermentation des liquides et, dans de nombreux cas, la décomposition des semi-solides, autrefois supposées être dues à une action purement chimique, sont maintenant reconnues comme étant dues à des processus vitaux d'organismes vivants minuscules, tant végétaux qu'animaux, et par conséquent à physiologiques, ainsi qu'aux forces chimiques. Même l'alcool est considéré comme un produit animal. Voir un intéressant article d'Auguste Laugel sur les recherches récentes de Pasteur, dans la *Revue des Deux Mondes* , du 15 septembre 1863.

[112] Les preuves enregistrées à l'appui de la proposition du texte ont été recueillies par LF Alfred Maury, dans son *Histoire des grandes Forêts de la Gaule et de l'ancienne France* , et par Becquerel, dans son important ouvrage, *Des climats et de l'Influence qu'exerce les Sols boisés et non boisés* , livre II, chap. je à iv.

Nous pouvons classer parmi les preuves historiques sur ce point, sinon techniquement parmi les documents historiques, les anciens noms géographiques et les terminaisons indiquant étymologiquement forêt ou bosquet, qui sont si communs dans de nombreuses régions du continent oriental maintenant entièrement dépouillé de bois, comme dans le Sud. Europe, Breuil, Broglio, Brolio, Brolo ; dans Northern, Brühl, -wald, -wold, -wood, -shaw, -skeg et -skov.

[113] L'île de Madère, dont les forêts nobles ont été dévastées par un incendie peu de temps après sa colonisation par les colons européens, tire son nom du mot portugais signifiant bois.

[114] Les animaux brouteurs, et surtout la chèvre, sont considérés par les forestiers comme plus nuisibles à la croissance des jeunes arbres et, par conséquent, à la reproduction de la forêt, que presque toute autre cause destructrice. "D'après *Sainte-Hélène de Beatson* , chapitre d'introduction, et *le Journal of Researches in Geology and Natural History de Darwin* , pp. 582, 583", dit Emsmann, dans les notes de sa traduction de Foissac, p. 654, « ce sont les chèvres qui ont détruit les belles forêts qui, il y a trois cent cinquante ans, couvraient une surface continue d'au moins deux mille acres à l'intérieur de l'île [de Sainte-Hélène], sans parler des groupes dispersés Darwin observe : "Pendant notre séjour à Valparaiso, j'ai été très positivement assuré que le bois de santal poussait autrefois en abondance sur l'île de Juan Fernandez, mais que cet arbre y était maintenant entièrement éteint, ayant été extirpé par les chèvres qui les premiers navigateurs l'avaient introduit. Les îles voisines, vers lesquelles les chèvres n'ont pas été transportées, regorgent encore de bois de santal.

En hiver, la tribu des cerfs, en particulier le grand élan américain, subsiste en grande partie grâce aux bourgeons et aux jeunes pousses des arbres ; cependant, bien que par suite de la destruction des loups ou pour une cause difficile à expliquer, ces derniers animaux se soient récemment multipliés si rapidement dans certaines parties de l'Amérique du Nord, que, récemment, quatre cents d'entre eux auraient été tués, en une saison, sur un territoire du Maine ne dépassant pas cent cinquante milles carrés, les quadrupèdes sauvages brouteurs sont rarement, voire jamais, assez nombreux dans les régions inhabitées par l'homme pour produire un effet sensible sur l'état de la forêt. Une raison pour laquelle ils sont moins nuisibles que la chèvre aux jeunes arbres peut être qu'ils n'ont recours à cet aliment qu'en hiver, lorsque les herbes et les arbustes sont dépourvus de feuilles ou couverts de neige, tandis que la chèvre se nourrit de bourgeons et de jeunes pousses principalement pendant la période hivernale. saison de croissance. Quoi qu'il en soit, la loi naturelle de la consommation et de l'approvisionnement maintient la croissance forestière et les animaux sauvages qui vivent de ses produits dans un état d'équilibre tel qu'il assure la continuité indéfinie des deux, et la perpétuité d'aucun des deux n'est menacée jusqu'à ce que l'homme, qui est au-dessus des lois naturelles, interfère et détruit l'équilibre.

Cependant, lorsque les cerfs sont élevés et protégés dans les parcs, ils se multiplient comme le bétail domestique et deviennent également nuisibles aux arbres. « Il y a quelques années, dit Clavé, il n'y avait pas moins de deux mille cerfs d'âges différents dans la forêt de Fontainebleau. Faute d'herbe, on les chasse vers les arbres, et on ne les épargne pas. On calcule que le broutage de ces animaux, et le retard qui en résulte dans la croissance du bois, diminue le produit annuel de la forêt jusqu'à la somme de deux cent mille pieds cubes par an, * * et en outre, les arbres ainsi mutilés sont bientôt épuisés et meurent.

Les cerfs attaquent aussi les pins, arrachant l'écorce par de longues bandes, ou se frottant la tête contre eux en perdant leurs cornes, et parfois, dans des bosquets de plus de cent hectares, on ne trouve pas un pin indemne. par eux."— *Revue des Deux Mondes* , Mai, 1863, p. 157. Voir également *l'annexe* , n° 21 .

Beckstein calcule qu'un parc de 2 500 acres, contenant 250 acres de marais, 250 acres de champs et de prairies et les 2 000 acres restants de bois, peut héberger 364 cerfs d'espèces différentes, 47 sangliers, 200 lièvres, 100 lapins et un nombre indéfini. de faisans. Ces animaux auraient besoin, en hiver, de 123,000 livres de foin et de 22,000 livres de pommes de terre, en plus de ce qu'ils ramasseraient eux-mêmes. La forêt naturelle la plus peuplée d'animaux sauvages ne contiendrait pas, dans des climats tempérés, en moyenne un dixième de ces animaux sur la même étendue de surface.

[115] Même la poussière volcanique de l'Etna reste très longtemps improductive. Près de Nicolosi se trouve une grande étendue de sable noir et grossier, jeté en 1669, qui, pendant près de deux siècles, est resté entièrement à nu et ne peut être amené à faire pousser des plantes qu'au moyen de mélanges artificiels et de beaucoup de travail.

Mais l'augmentation du prix des vins, par suite de la diminution du produit de la maladie de la vigne, a amené même ces cendres à la culture. "J'ai trouvé", dit Waltershausen, se référant aux années 1861-1862, "des plaines de sable volcanique et de coulées de lave à moitié tamisées, qui il y a vingt ans étaient complètement désertes, maintenant couvertes de beaux vignobles. Le champ de cendres de dix milles carrés au-dessus Nicolosi, créé par l'éruption de 1669, qui était entièrement stérile en 1835, est maintenant planté de vignes presque jusqu'aux sommets du Monte Rosso, à une hauteur de trois mille pieds. "— Ueber den Sicilianischen Ackerbau, *p* . 19.

[116] *Une relation d'un voyage commencé An. Dom.* 1610, lib. 4, p. 260, édition de 1627. Le témoignage de Sandys sur ce point est confirmé par celui de Pighio, Braccini, Magliocco, Salimbeni et Nicola di Rubeo, tous cités par Roth, *Der Vesuv.* , p. 9. Il existe une certaine incertitude quant à la date de la dernière éruption antérieure à la grande de 1631. Des cendres, bien que non de la lave, semblent avoir été rejetées vers l'an 1500, et certains chroniqueurs ont enregistré une éruption en l'an 1306 ; mais cela semble être une erreur pour 1036, lorsqu'une grande quantité de lave fut éjectée. En 1139, les cendres furent jetées pendant plusieurs jours. Je tire ces dates des travaux de Roth que je viens de citer.

[117] Sauf sur les bords des rivières ou des lacs, les bois de l'intérieur de l'Amérique du Nord, loin des habitations de l'homme, sont presque dénués de vie animale. Le Dr Newberry, décrivant les vastes forêts de pins jaunes de l'Ouest, *Pinus ponderosa* , remarque : « Dans les régions arides et désertiques

du bassin intérieur, nous faisions des journées entières de marches dans des forêts de pins jaunes, dont ni la monotonie n'était interrompu par d'autres formes de végétation, ni son immobilité par le battement d'un oiseau ou le bourdonnement d'un insecte. "— *Pacific Railroad Report* , vol. vi, 1857. Rapport du Dr NEWBERRY *sur la botanique* , p. 37.

Les arbres fruitiers et à noix sauvages, le prunier du Canada, les cerisiers, les nombreuses espèces de noyers, le noyer cendré, le noisetier, ne rapportent que très peu, souvent rien, tant qu'ils poussent dans les bois ; et ce n'est que lorsque les arbres qui les entourent sont abattus, ou lorsqu'ils poussent dans les pâturages, qu'ils deviennent productifs. Les baies aussi, la fraise, la mûre, la framboise, la myrtille, ne portent guère de fruits que dans les terrains défrichés.

Les Indiens d'Amérique du Nord n'habitaient pas l'intérieur des forêts. Leurs colonies étaient situées sur les rives des rivières et des lacs, et leurs armes et autres reliques ne se trouvent que dans les terrains ouverts et étroits qu'ils avaient incendiés et cultivés, ou à la lisière des bois autour de leurs villages.

Les forêts denses des tropiques sont aussi peu productives en nourriture humaine que les bois moins luxuriants de la zone tempérée. Au cours de la malheureuse expédition de Strain à travers le grand isthme américain, où le voyage s'est déroulé principalement à travers des bois épais, plusieurs membres du groupe sont morts de faim, et pendant plusieurs jours, les survivants ont été contraints de subsister avec les plus rares réserves de légumes non nutritifs peut-être jamais utilisés auparavant pour se nourrir. par l'homme. Voir le récit intéressant de cette expédition dans *Harper's Magazine* de mars, avril et mai 1855.

Clavé, ainsi que de nombreux écrivains antérieurs, suppose que l'homme primitif tirait sa nourriture des productions spontanées du bois. « C'est aux forêts, dit-il, que l'homme fut d'abord redevable des moyens de subsistance. Exposé seul, sans défense, à la rigueur des saisons, ainsi qu'aux attaques d'animaux plus forts et plus rapides que lui, il y trouva son premier abri, en tira ses premières armes. Dans la première période de l'humanité, ils pourvoyèrent à tous ses besoins : ils lui fournissèrent du bois pour se chauffer, des fruits pour se nourrir, des vêtements pour couvrir sa nudité, des armes pour sa défense. ."— *Études sur l'Économie Forestière* , p. 13.

Mais l'histoire de la vie sauvage, telle qu'elle nous est connue, présente l'homme dans cet état comme n'habitant que les lisières de la forêt et les terrains découverts qui bordent les eaux et les bois, et comme n'y trouvant que les aliments qui le composent. son pain quotidien.

[118] L'origine des grandes prairies naturelles, ou prairies comme on les appelle, de la vallée du Mississipi, est obscure. Il n'existe, bien sûr, aucune preuve historique à ce sujet, et je crois que les restes de végétation forestière sont rarement ou jamais trouvés sous la surface, même dans les marécages, *où* l'humidité perpétuelle les conserverait indéfiniment. Le manque d'arbres a été attribué aux sécheresses occasionnelles et prolongées de l'été et à l'humidité excessive du sol en hiver ; mais il est, dans de très nombreux cas, certain que, quels que soient les moyens qui ont d'abord empêché ou détruit la croissance des forêts, les arbres n'en ont été empêchés depuis que par le brûlage annuel de l'herbe, par le pâturage des animaux, ou par le brûlage annuel de l'herbe. par la culture. Les bosquets et les ceintures d'arbres que l'on trouve dans les prairies, bien que leurs plants soient parfois tués par la sécheresse ou par un excès d'humidité, s'étendent rapidement sur eux lorsque les graines et les pousses sont protégées contre le feu, le bétail et la charrue. Les prairies, quoique d'une vaste étendue, doivent être considérées comme une exception locale et, dans la mesure où nos connaissances actuelles s'étendent, une exception anormale à la loi qui revêt de forêt toutes les surfaces convenables ; car il existe de nombreuses régions des États-Unis — l'Ohio, par exemple — où les conditions physiques semblent être presque identiques à celles des États situés plus à l'ouest, mais où il y avait relativement peu de prairies naturelles. Les prairies étaient l'aire d'alimentation idéale des bisons, et le grand nombre de ces animaux est lié, comme cause ou conséquence, à l'existence de ces vastes pâturages. Le bison, en effet, ne pourrait pas transformer la forêt en pâturage, mais il ferait beaucoup pour empêcher le pâturage de devenir une forêt.

Il existe des preuves positives que certaines tribus américaines possédaient de grands troupeaux de bisons domestiqués. Voir HUMBOLDT , *Ansichten der Natur* , i, pp. 71-73. Qu'est-ce qui nous autorise à affirmer qu'il s'agissait simplement du bison sauvage récupéré, et pourquoi ne pouvons-nous pas, avec une égale probabilité, croire que le buffle de prairie migrateur est la progéniture de l'animal domestique sauvage ?

Il existe, tant dans les prairies, comme dans le Wisconsin, que dans les forêts profondes, comme dans l'Ohio, de vastes restes d'un peuple primitif, qui doit avoir été plus nombreux et plus avancé dans l'art que les tribus indiennes actuelles. Il ne fait aucun doute que les bois où se trouvent de tels terrassements dans l'Ohio ont été défrichés par eux, et que les environs de ces forteresses ou temples étaient habités par une population nombreuse. Rien n'interdit de supposer que les prairies ont été défrichées par le même peuple ou par un peuple similaire, et que la croissance des arbres y a été empêchée par les incendies et le pâturage, tandis que la restauration des bois dans l'Ohio peut être due à l'abandon de cette région. par ses habitants d'origine. Les conditions climatiques défavorables à la croissance spontanée des arbres dans les prairies peuvent être un effet de défrichements trop étendus, plutôt qu'une cause du manque de bois. Voir *l'annexe*, n° 22.

[119] Dans de nombreuses régions des États de l'Amérique du Nord, les premiers colons blancs ont découvert de vastes étendues de bois minces, ressemblant beaucoup à un parc, appelées « ouvertures de chênes », à cause de la prédominance de différentes espèces de cet arbre. C'étaient les pâturages semi-artificiels des Indiens, amenés dans cet état et ainsi entretenus par un défrichement partiel et par le brûlage annuel de l'herbe. Le but de cette opération était d'attirer les cerfs vers les herbes fraîches qui poussaient après l'incendie. Les chênes supportaient les brûlures annuelles, au moins pendant un certain temps ; mais si cela avait été continué indéfiniment, ils auraient très probablement été finalement détruits. Le sol aurait alors été en grande partie dans l'état d'une prairie et n'aurait eu besoin que de pâturages pendant une longue succession d'années pour rendre la ressemblance parfaite. Que les incendies annuels soient seuls à l'origine du caractère particulier des ouvertures de chênes, est prouvé par le fait que dès que les Indiens eurent quitté le pays, de jeunes arbres de nombreuses espèces poussèrent et poussèrent abondamment dessus. Voir un récit très intéressant des ouvertures en chêne dans DWIGHT's *Travels*, iv, pp. 58-63.

[120] La pratique consistant à brûler les bois, à la fois pour défricher et engraisser le sol, est appelée en suédois *svedjande*, un nom participatif du verbe *att svedja*, brûler. Bien qu'utilisé en Suède comme préparation pour les récoltes de seigle ou d'autres céréales, il est employé plus fréquemment en Laponie pour assurer une croissance abondante des pâturages, qui suit deux ou trois ans après l'incendie ; et on y a parfois recours pour chasser les Lapons et leurs rennes du voisinage des pelouses et des meules de foin des forestiers suédois, dont ils sont de dangereux voisins. En effet, la forêt se reconstitue rapidement, mais il faut attendre une génération ou plus avant que la mousse de renne ne repousse. Lorsque la forêt est constituée de pins *hauts*, le sol, au lieu d'être rendu fertile par ce processus, devient désespérément stérile et ne produit pendant longtemps ensuite que des mauvaises herbes et des ronces. — Læstadius, OM Uppodlingar *i Lappmarken*, p. 15. Voir aussi SCHUBERT, *Resa i Sverge*, II, p. 375.

Dans certaines régions de France, cette pratique est si générale que Clavé dit : « Dans le département des Ardennes, le sartage *constitue* la base de l'agriculture. La partie nord du département, comprenant les arrondissements de Rocroi et de Mézières, est couverte de pentes abruptes. montagnes boisées au sol argileux, compact, humide et froid ; elle est sillonnée par trois vallées, ou plutôt trois ravins profonds, au fond desquels roulent les eaux de la Meuse, de la Semoy et de la Sormonne, et des villages se montrent partout. les parois des vallées s'éloignent suffisamment des rivières pour laisser la place à celles-ci. Privé de terres arables, puisque la nature du sol ne permet ni un défrichement régulier ni une culture, le paysan ardennais, au moyen du brûlage, obtient de la forêt subsistance qui, sans cette ressource, lui manquerait. Après l'enlèvement du bois disponible, il étend sur le sol les branches, brindilles, ronces et bruyères, y met le feu dans le temps sec de juillet et d'août, et sème en septembre une récolte de seigle, qu'il couvre par un léger labour. Ainsi préparée, la terre donne de dix-sept à vingt boisseaux l'acre, plus une tonne et demie ou deux tonnes de paille de la meilleure qualité pour la fabrication des chapeaux de paille. "— Clavé, Études sur l'Économie Forestière , p . 21 .

Clavé ne condamne pas expressément le *sartage* , qui semble en effet la seule méthode praticable pour obtenir des récoltes du sol qu'il décrit, mais, comme nous le verrons plus loin, il est considéré par la plupart des écrivains comme une pratique hautement pernicieuse.

[121] Les remarquables monticules et autres ouvrages de terrassement construits dans la vallée de l'Ohio et ailleurs sur le territoire des États-Unis, par un peuple apparemment plus avancé en culture que l'Indien moderne, étaient recouverts d'un dense manteau de forêt lors de leur première découverte. par les blancs. Mais bien que le terrain sur lequel elles étaient érigées ait dû être occupé par une population nombreuse pendant une période de temps considérable et, par conséquent, entièrement défriché, les arbres qui poussaient sur les anciennes forteresses et sur les terres adjacentes ne se distinguaient ni par leur espèce, ni même par leurs dimensions. et le caractère de la croissance, des forêts voisines, où le sol semblait n'avoir jamais été perturbé. Cette apparente exception à la loi du changement de culture dans la croissance naturelle des forêts a été ingénieusement expliquée par la suggestion du général Harrison, selon laquelle le laps de temps écoulé depuis l'ère des constructeurs de monticules était si grand qu'il a embrassé plusieurs générations successives d'arbres, et a provoqué, par leur rotation, un retour à la végétation originelle.

Les changements successifs dans la croissance spontanée de la forêt, comme le prouve la nature du bois trouvé dans les tourbières, sont souvent de nature à suggérer la théorie d'un changement considérable de climat au cours de la période humaine . Mais les lois qui régissent la germination et la croissance des arbres forestiers doivent être étudiées plus avant, et les conditions locales primitives des sites où sont enterrés les bois anciens doivent être mieux établies, avant que cette théorie puisse être admise sur la base des preuves en question. En fait, l'ordre de succession — car une rotation ou une alternance n'est pas encore prouvée — peut évoluer dans des directions opposées dans différents pays ayant le même climat et à la même époque. Ainsi, au Danemark et en Hollande, les sapins à feuilles persistantes ont cédé la place aux hêtres à feuilles larges, tandis qu'en Allemagne du Nord, le processus s'est inversé et les arbres à feuillage persistant ont supplanté les chênes et les bouleaux à feuilles caduques. La principale cause déterminante semble être l'influence de la lumière sur la germination des graines et la croissance du jeune arbre. Dans une forêt de sapins, par exemple, la répartition de la lumière et de l'ombre, à l'influence desquelles les graines et les pousses sont exposées, n'est en aucun cas la même que dans un bois de hêtres ou de chênes, et de là la croissance de différentes espèces d'arbres. les espèces seront stimulées dans les deux forêts. Voir BERG , *Das Verdrängen der Laubwälder im Nördlichen Deutschland* , 1844. HEYER , *Das Verhalten der Waldbäume gegen Licht und Schatten* , 1852. STARING , *De Bodem van Nederland* , 1856, i, pp. VAUPELL , *Om Bögens Indvandring i de Danske Skove* , 1857. KNORR , *Studien über die Buchen-Wirthschaft* , 1863.

[122] Il existe, en Italie du Nord et en Suisse, des sociétés par actions qui assurent contre les dommages causés par la grêle, ainsi que par l'incendie et la foudre. Entre les années 1854 et 1861, une seule de ces sociétés, La Riunione Adriatica, paya, pour les dégâts causés par la grêle dans le Piémont, la Lombardie vénitienne et le duché de Parme, plus de 6 500 000 francs, soit près de 200 000 dollars par an.

[123] La *paragrandine* , ou, comme on l'appelle en français, le *paragrêle* , est une espèce de conducteur par laquelle on a espéré protéger les récoltes dans les pays particulièrement exposés aux dégâts de la grêle. On a d'abord proposé d'employer à cet effet des perches supportant des gerbes de paille reliées au sol par le même matériau ; mais l'expérience fut ensuite tentée en Lombardie sur une grande échelle, avec des conducteurs électriques plus parfaits, constitués de poteaux fixés au sommet de grands arbres et munis d'un fil pointu pénétrant dans le sol et s'élevant au-dessus du sommet du poteau. On crut d'abord que cet appareil, érigé en de nombreux points sur une étendue de plusieurs milles, était d'une certaine utilité comme protection contre la grêle, mais cette opinion fut bientôt contestée et ne semble pas être appuyée par des faits bien établis. La question d'une répétition de l'expérience sur une vaste zone a été de nouveau agitée en quelques années en Lombardie ; mais les doutes exprimés par des physiciens très compétents quant à son efficacité et quant à savoir si la grêle est un phénomène électrique, ont découragé ses partisans de l'essayer.

[124] *Cenni sulla Importanza e Coltura dei Boschi* , p. 6.

[125] *Mémoire sui Boschi, etc.* , p. 44.

[126] *Voyages en Italie* , chap. iii.

[127] *Le Alpi che cingono l'Italia* , i, p. 377.

[128] « Bien avant l'apparition de l'homme, * * * elles [les forêts] avaient dépouillé l'atmosphère de l'énorme quantité d'acide carbonique qu'elle contenait, et l'avaient ainsi transformée en air respirable. Les arbres entassés

sur les arbres avaient déjà rempli l'atmosphère. étangs et marais, et enfoui avec eux dans les entrailles de la terre, pour nous le restituer après des milliers de siècles sous forme de houille bitumineuse et d'anthracite, le carbone qui était destiné à devenir, par cette merveilleuse condensation, un précieux réservoir. de richesse future. »— CLAVÉ , *Études sur l'Économie Forestière* , p. 13.

Cette opinion de la modification de l'atmosphère par la végétation est contestée.

[129] Schacht attribue à la forêt une influence spécifique, sinon mesurable, sur la constitution de l'atmosphère. "Les plantes s'imprègnent de l'air de l'acide carbonique et d'autres produits gazeux ou volatils exhalés par les animaux ou développés par les phénomènes naturels de décomposition. Par contre, le végétal déverse dans l'atmosphère de l'oxygène, qui est absorbé par les animaux et approprié par eux. L'arbre, par ses feuilles et ses jeunes rameaux herbacés, présente une surface considérable d'absorption et d'évaporation : il extrait le carbone de l'acide carbonique et le solidifie en bois, en fécule et en une multitude d'autres composés. une forêt retire de l'air, par sa grande surface absorbante, beaucoup plus de gaz que les prairies ou les champs cultivés, et exhale proportionnellement une quantité d'oxygène considérablement plus grande. L'influence des forêts sur la composition chimique de l'atmosphère est, en un mot, de la plus haute importance. »— *Les Arbres* , p. 111. Voir *Annexe* , n° 23 .

[130] La composition, la texture et la couleur du sol sont des éléments importants à prendre en compte pour estimer les effets de la déforestation sur son action thermoscopique. « L'expérience a prouvé, dit Becquerel, que lorsque le sol est mis à nu, il s'échauffe plus ou moins [par les rayons du soleil] selon la nature et la couleur des particules qui le composent, et selon son humidité. , et que, dans la réfrigération résultant du rayonnement, il faut tenir compte aussi du pouvoir conducteur de ces particules. Toutes choses égales par ailleurs, les sables siliceux et calcaires, comparés en volumes égaux aux différentes terres argileuses, à la poudre ou poussière calcaire, à humus, à terres arables et à terres de jardin, sont les sols les moins conducteurs de chaleur. C'est pour cette raison que les sols sableux, en été, maintiennent une température élevée même pendant la nuit. On peut donc conclure que lorsqu'un sol sableux est décapé de bois, la température locale s'élèvera. Après les sables succèdent les terres argileuses, arables et de jardin, puis l'humus, qui occupe le rang le plus bas. Si l'on représente le pouvoir du sable calcaire à retenir la chaleur par 100, on a, d'après à Schubler,

Pour le sable [silicieux ?] 95,6

" sol arable calcaire        74,8

                    " terre argileuse          68,4

                    "terre de jardin          64,8

                    " humus                   49,0

" Le pouvoir de rétention de l'humus n'est donc que la moitié de celui du sable calcaire. Nous ajouterons que le pouvoir de rétention de la chaleur est proportionnel à la densité. Il a aussi un rapport avec la grandeur des particules. C'est pour c'est pourquoi les sols recouverts de galets siliceux se refroidissent plus lentement que les sables siliceux, et que les sols caillouteux conviennent mieux à la culture de la vigne, parce qu'ils avancent plus rapidement la maturation du raisin que les terres crayeuses et argileuses, qui se refroidissent vite. on voit qu'en examinant les effets calorifiques du défrichement des forêts, il est important de tenir compte des propriétés du sol mis à nu. » — BECQUEREL , *Des Climats et des Sols boisés* , p. 137.

[131] "Il y a quelques années, on estimait que l'orme de Washington à Cambridge - un arbre sans taille extraordinaire - produisait une récolte de sept millions de feuilles, exposant une surface de deux cent mille pieds carrés, soit environ cinq acres de feuillage." — GRAY , *Premières leçons de botanique et de physiologie végétale* , cité par COULTAS , *Ce que l'on peut apprendre d'un arbre* , p. 34.

[132] Voir, sur ce point particulier, et sur l'influence générale de la forêt sur la température, HUMBOLDT , *Ansichten der Natur* , i, 158.

[133] Le pouvoir rayonnant et réfrigérant des objets ne dépend en aucun cas de leur seule forme. Melloni a découpé des feuilles de métal en forme de feuilles et d'herbes et a constaté qu'elles produisaient peu d'effet de refroidissement et n'étaient pas humidifiées dans des conditions atmosphériques qui déterminaient un dépôt abondant de rosée sur les feuilles des légumes.

[134] BECQUEREL , *Des Climats, etc., Discours Prélim.* vi.

[135] *Voyages* , je, p. 61.

[136] *Le Alpi che cingono l'Italia* , pp. 370, 371.

[137] BERGSÖE , *Reventlovs Virksomhed* , ii, p. 125.

[138] BECQUEREL , *Des Climats, etc.* , p. 179.

[139] Idem, p. 116.

[140] L'exemple bien attesté suivant d'un changement local de climat doit probablement être fait référence à l'influence de la forêt comme abri contre les vents froids. Pour répondre à la demande extraordinaire de fer italien provoquée par l'exclusion du fer anglais à l'époque de Napoléon Ier, les fourneaux des vallées de Bergame furent stimulés à une grande activité. « La

production ordinaire de charbon de bois ne suffisait pas à alimenter les fourneaux et les forges, les bois furent abattus, les bosquets coupés avant l'heure, et toute l'économie de la forêt fut dérangée. A Piazzatorre il y eut une telle dévastation des bois, et en conséquence, une telle rigueur du climat s'est accrue, que le maïs ne mûrissait plus. Une association, formée à cet effet, a effectué la restauration de la forêt, et le maïs refleurit dans les champs de Piazzatorre. "- Rapport de G. Rosa, DANS Il *Politecnico* , décembre, 1861, p. 614.

Des améliorations similaires ont été produites par des plantations en Belgique. Dans une intéressante série d'articles de Baude, intitulée « Les Côtes de la Manche », dans la *Revue des Deux Mondes* , je retrouve cette affirmation : « Un spectateur placé sur le fameux clocher de la cathédrale d'Anvers, vit, il n'y a pas longtemps ", de l'autre côté de l'Escaut seulement une vaste plaine déserte ; maintenant il voit une forêt dont les limites se confondent avec l'horizon. Qu'il entre dans son ombre. La forêt supposée n'est qu'un système de rangées régulières d'arbres. dont la plus ancienne n'a pas quarante ans. Ces plantations ont amélioré le climat qui avait voué à stériliser le sol où elles sont plantées. Tandis que la tempête agite violemment leurs cimes, l'air un peu en dessous est calme, et les sables bien plus nombreux. plus stériles que les plateaux de La Hague ont été transformés, sous leur protection, en champs fertiles. » — *Revue des Deux Mondes* , janvier 1859, p. 277.

[141] *Cenni sulla Importanza e Coltura dei Boschi* , p. 31.

[142] *La Provence au point de vue des Torrents et des Inondations* , p. 19.

[143] *Uber die Entwaldung der Gebirge* , p. 28.

[144] BECQUEREL , *Des Climats, etc.* , p. 9.

[145] SALVAGNOLI , *Rapporto sul Bonificamento delle Maremme Toscane* , pp. xli, 124.

[146] *Il Politecnico, Milan, Avril et Mai* , 1863, p. 35.

[147] SALVAGNOLI , *Mémoires sur la Maremme Toscane* , pp. 213, 214.

[148] Sauf dans les marais bouillonnants des tropiques, où la pourriture végétale est extrêmement rapide, l'uniformité de la température et de l'humidité atmosphérique rend toutes les forêts éminemment saines. Voir les observations de HOHENSTEIN À CE SUJET, *Der Wald* , p. 41.

Il ne fait aucun doute que les places et les parcs ouverts contribuent à la salubrité des villes, et de nombreux observateurs sont d'avis que les arbres et autres légumes avec lesquels ces terrains sont plantés contribuent essentiellement à leur influence bénéfique. Voir un article dans *Aus der Natur* , xxii, p. 813.

[149] *Mémoire de Boschi de Lombardie* , p. 45.

[150] *Économie rurale* , i, p. 22.

[151] ROSSMÄSSLER , *Der Wald* , p. 158.

[152] Idem, p. 160.

[153] La basse température de l'air et du sol à laquelle, dans la zone glaciale, ainsi que sous des latitudes plus chaudes dans des circonstances spéciales, les processus de végétation se poursuivent, semble nécessiter la supposition que toutes les manifestations de la vie végétale sont accompagnées de une évolution de chaleur. Aux États-Unis, il est courant de protéger la glace, dans les glacières, par une couverture de paille, qui contient naturellement parfois des grains de céréales. Ceux-ci poussent souvent et jettent même des racines et des feuilles sur une longueur considérable, à une température très peu au-dessus du point de congélation. Il y a trois ou quatre ans, j'ai vu un morceau de glace très claire et apparemment solide, d'environ huit pouces de long sur six d'épaisseur, sur lequel un grain de grain avait germé dans une glacière et avait envoyé une demi-douzaine ou plus de racines très minces dans la glace. pores de la glace et sur toute la longueur de la motte. La jeune plante a dû émettre une quantité considérable de chaleur ; car, bien que la glace fût, comme je l'ai dit, par ailleurs solide, les pores à travers lesquels passaient les racines étaient élargis jusqu'à peut-être doubler le diamètre des fibres, mais pas encore au point d'empêcher la rétention d'eau par attraction capillaire. Voir *l'application*. 24.

[154] BECQUEREL , *Des Climats, etc.* , pp.

[155] Le Dr Williams a fait quelques observations à ce sujet en 1789 et en 1791, mais elles appartenaient généralement aux mois les plus chauds, et je ne connais pas de séries approfondies de comparaisons entre la température du sol dans les bois et la température du sol. champs a été tenté en Amérique. Le thermomètre du Dr Williams fut plongé à une profondeur de dix pouces et donna les résultats suivants :

| Temps. | Température du sol dans les pâturages. | Température du sol dans les bois. | Différence. |
|---|---|---|---|
| 23 mai | 52 | 46 | 6 |
| " 28 | 57 | 48 | 9 |
| 15 juin | 64 | 51 | 13 |
| " 27 | 62 | 51 | 11 |

| | | | |
|---|---|---|---|
| 16 juillet | 62 | 51 | 11 |
| " 30 | 65½ | 55½ | dix |
| 15 août | 68 | 58 | dix |
| " 31 | 59½ | 55 | 4½ |
| 15 septembre | 59½ | 55 | 4½ |
| 1er octobre | 59½ | 55 | 4½ |
| " 15 | 49 | 49 | 0 |
| 1er novembre | 43 | 43 | 0 |
| " 16 | 43½ | 43½ | 0 |

Le 14 janvier 1791, au cours d'un hiver remarquable par son extrême rigueur, il trouva le sol, dans un champ ouvert et plat où la neige avait été emportée par le vent, gelé à une profondeur de trois pieds et cinq pouces ; dans les bois où la neige avait trois pieds d'épaisseur, et où le sol avait gelé jusqu'à six pouces d'épaisseur avant que la neige ne tombe, le thermomètre, à six pouces au-dessous de la surface du sol, était à 39°. Par conséquent, en raison de la couverture de neige, le sol auparavant gelé avait été dégelé et élevé à sept degrés au-dessus du point de congélation . *Vermont* , je, p. 74.

Des masses d'eau douce, si grandes qu'elles ne sont pas sensiblement affectées par des influences locales de portée étroite ou de courte durée, fourniraient des indications climatiques bien dignes d'une observation particulière. Le lac Champlain, qui constitue la frontière entre les États de New York et du Vermont, présente à cet effet des conditions très favorables. Ce lac, qui draine un bassin d'environ 6,000 milles carrés, couvre une superficie, sans compter ses îles, d'environ 500 milles carrés. Il s'étend de lat. 43° 30' à 45° 20', à peu près sur une ligne méridienne, a une largeur moyenne de quatre milles et demi, avec une largeur extrême, à l'exclusion des baies presque enclavées, de treize milles. Sa profondeur moyenne est mal connue. Il a cependant 400 pieds de profondeur à certains endroits, et de 100 à 200 pieds dans de nombreux endroits, et il comporte peu de hauts-fonds ou de fonds plats. Le climat est d'une telle rigueur qu'il manque rarement de geler complètement et d'être traversé en toute sécurité sur la glace, avec des attelages lourds, pendant plusieurs semaines chaque hiver. THOMPSON ( *Vermont* , p. 14, et annexe, p. 9) donne le tableau suivant des temps de fermeture et d'ouverture complètes de la glace, en face de Burlington, à peu près au centre du lac, et là où elle a dix milles de largeur.

| Année. | Fermeture. | Ouverture. | Jours fermés. | Année. | Fermeture. | Ouverture. | Jours fermés. |
|---|---|---|---|---|---|---|---|
| 1816 | 9 février | | | 1836 | 27 janvier | 21 avril | 85 |
| 1817 | 29 janvier | 16 avril | 78 | 1837 | 15 janvier | 26 avril | 101 |
| 1818 | 2 février | 15 avril | 72 | 1838 | 2 février | 13 avril | 70 |
| 1819 | 4 mars | 17 avril | 44 | 1839 | 25 janvier | 6 avril | 71 |
| 1820 { | 3 février | Février | } 4 | 1840 | 25 janvier | 20 février | 26 |
| | 8 mars | 12 mars | | 1841 | 18 février | 19 avril | 61 |
| 1821 | 15 janvier | 21 avril | 95 | 1842 | pas fermé | | |
| 1822 | 24 janvier | 30 mars | 75 | 1843 | 16 février | 22 avril | 65 |
| 1823 | 7 février | 5 avril | 57 | 1844 | 25 janvier | 11 avril | 77 |
| 1824 | 22 janvier | 11 février | 20 | 1845 | 3 février | 26 mars | 51 |
| 1825 | 9 février | | | 1846 | 10 février | 26 mars | 44 |
| 1826 | 1er fevrier | 24 mars | 51 | 1847 | 15 février | 23 avril | 68 |
| 1827 | 21 janvier | 31 mars | 68 | 1848 | 13 février | 26 février | 13 |
| 1828 | pas fermé | | | 1849 | 7 février | 23 mars | 44 |
| 1829 | 31 janvier | Avril | | 1850 | pas fermé | | |
| 1832 | 6 février | 17 avril | 70 | 1851 | 1er fevrier | 12 mars | 89 |
| 1833 | 2 février | 6 avril | 63 | 1852 | 18 janvier | 10 avril | 92 |
| 1834 | 13 février | 20 février | 7 | | | | |

| 1835 { | 10 janvier | 23 janvier | 18 | | | | |
| | 7 février | 12 avril | 64 | | | | |

En 1847, quoique, au point indiqué, la glace se soit brisée le 23 avril, elle resta gelée beaucoup plus tard au Nord, et les vapeurs ne purent parcourir toute la longueur du lac que le 6 mai.

Il ne faut pas, en effet, supposer que la condensation de la vapeur et l'évaporation de l'eau se produisent en même temps dans la même couche d'air, ou, en d'autres termes, que la vapeur se condense en gouttes de pluie et que les gouttes de pluie s'évaporent. dans les mêmes conditions ; mais la pluie formée dans une couche peut tomber à travers une autre, où la vapeur ne se condense pas. Deux couches saturées de températures différentes peuvent être mises en contact dans les régions les plus élevées et déverser de grosses gouttes de pluie qui, si elles ne sont pas divisées par quelque obstacle, atteindront le sol, tout en passant tout le temps à travers des couches qui les vaporiseraient si elles étaient en contact. un état de division plus infime.

[157] C'est peut-être exagéré de dire que l'influence des arbres sur le vent se limite strictement à la résistance mécanique de leurs troncs, de leurs branches et de leur feuillage. Dans la mesure où la forêt, par une action morte ou vivante, élève ou abaisse la température de l'air à l'intérieur d'elle, dans la mesure où elle crée des courants ascendants ou descendants dans l'atmosphère au-dessus d'elle et, par conséquent, un flux d'air vers ou depuis elle-même. . Ces courants d'air ont une certaine influence, quoique sans doute très faible, sur la force et la direction des mouvements atmosphériques plus importants.

[158] Comme illustration familière de l'influence de la forêt dans le contrôle du mouvement des vents, je peux mentionner le fait bien connu, que le froid sensible n'est jamais extrême dans les bois épais, où le mouvement de l'air est peu ressenti. Les bûcherons du Canada et du nord des États-Unis travaillent sans inconvénient dans les bois, lorsque le mercure est à plusieurs degrés au-dessous de zéro Fahrenheit, tandis qu'en pleine terre, avec seulement une brise modérée, la même température est presque insupportable. Les ingénieurs et les pompiers des locomotives, employés sur les chemins de fer qui traversent des forêts assez étendues, observent que, par temps très froid, il est beaucoup plus facile d'entretenir la vapeur pendant que la machine passe à travers les bois qu'en pleine terre. Dès que le train sort de l'abri des arbres, la jauge à vapeur baisse, et le chauffeur est obligé d'y ajouter généreusement du carburant pour la remonter.

Un autre fait moins fréquemment remarqué, dû sans doute en grande partie à l'immobilité de l'air, c'est que les sons se transmettent à des distances incroyables dans la forêt ininterrompue. De nombreux exemples de ce phénomène sont tombés sous ma propre observation, et d'autres, plus frappants encore, m'ont été rapportés par des témoins crédibles et compétents, familiers avec une condition plus primitive du monde anglo-américain. Un observateur attentif des phénomènes naturels, dont l'enfance et la jeunesse se sont déroulées à l'intérieur d'un des nouveaux États de la Nouvelle-Angleterre, m'a souvent raconté que lorsqu'il établissait sa maison dans la forêt, il entendait toujours distinctement, par temps calme, le claquement. de pieds de chevaux, lorsqu'ils franchirent à gué un petit ruisseau à près de sept huitièmes de mille de sa maison, bien qu'une partie du bois qui intervenait consistait en une crête de soixante-dix à quatre-vingts pieds plus haute que la maison ou le gué.

Je ne doute pas que, dans de tels cas, le calme de l'air soit l'élément le plus important dans l'extraordinaire transmissibilité du son ; mais il faut admettre que l'absence des bruits multipliés et confus qui accompagnent l'industrie humaine dans les pays densément peuplés d'hommes, contribue au même résultat. Nous devenons, par habitude, presque insensibles aux voix familières et incessantes de la civilisation dans les villes et les villages ; mais le bourdonnement indiscernable, qui échappe parfois même à l'oreille de celui qui l'écoute, amortit et souvent obstrue complètement la transmission des sons qui autrement seraient clairement audibles. Un observateur qui veut apprécier ce bourdonnement de la vie civique qu'il ne peut analyser, trouvera une excellente occasion en se plaçant sur la colline de Capo di Monte à Naples, dans le prolongement de la rue appelée Spaccanapoli.

C'est probablement au calme dont j'ai parlé qu'il faut attribuer la transmission du son à de grandes distances en mer par temps calme. En juin 1853, ma famille et moi étions passagers à bord d'un navire de guerre qui reliait l'Égée. Le 27 au soir de ce mois, alors que nous discutions à table de thé de quelques observations de Humboldt à ce sujet, le capitaine du navire nous raconta qu'il avait entendu une fois un seul coup de canon en mer à la distance de quatre-vingt-dix mètres. miles nautiques. Le matin du nid, même si une légère brise s'était levée du nord, la mer était d'une douceur vitreuse lorsque nous sommes montés sur le pont. A notre arrivée, un officier nous dit qu'il avait entendu un coup de feu au lever du soleil, et la conversation de la veille suggérait de se demander si ce coup de feu aurait pu provenir de la flotte combinée française et anglaise alors stationnée dans la baie de Beshika. Après examen de notre position, nous nous trouvâmes, au lever du soleil, à quatre-vingt-dix milles marins de ce point. Nous avons continué à avancer vers le nord, et entre le lever du soleil et le méridien de midi du 28, nous avons parcouru douze milles vers le nord, réduisant notre distance de la baie de Beshika à soixante-dix-huit milles marins. A midi, nous entendîmes plusieurs coups de feu si distinctement que nous pûmes les compter. Le 29, nous arrivâmes avec la flotte et apprîmes par un officier monté à bord qu'un salut royal avait été tiré le 28 à midi, en l'honneur du jour anniversaire du couronnement de la reine d'Angleterre. Le coup de canon du lever du soleil était évidemment le coup de canon du matin, celui de midi le salut.

De tels cas sont rares, parce que la mer est rarement calme, et les eaux calmes rarement silencieuses, sur un espace **aussi** grand que quatre-vingt-dix ou même soixante-dix-huit milles marins. J'applique à bon escient l'épithète *silencieux* à γέλασμα. Je suis convaincu qu'Eschyle parlait du rire audible des vagues, qui est en effet d' une multiplicité *infinie* , et non du sourire visible de la mer, qui, appartenant à la grande étendue comme une seule imitation, est unique, bien que, comme le sourire humain, fait du jeu de nombreuses fonctionnalités.

[159] « La présence de vapeur d'eau dans l'air est générale. * * * Les surfaces végétales sont douées du pouvoir d'absorber les gaz, les vapeurs, et aussi, sans doute, les divers corps solubles qui se présentent à elles. l'humidité est transportée par les feuilles sur une grande échelle ; la rosée d'une froide nuit d'été ravive les bosquets et les prairies, et une seule averse de pluie suffit à rafraîchir la verdure d'une forêt qu'une longue sécheresse avait desséchée. " - SCHACHT , *Les Arbres* , ix, p. 340.

L'absorption de la vapeur d'eau par les feuilles est controversée. « L'absorption de vapeur d'eau par les feuilles des plantes est, selon les expériences d'Unger, inadmissible. » — WILHELM , *Der Boden und das Wasser* , p. 19. Si ce dernier point de vue est correct, les effets apparemment rafraîchissants de l'humidité atmosphérique sur la végétation doivent être attribués à l'humidité absorbée par le sol depuis l'air et fournie aux racines. Dans certaines expériences récentes du Dr Sachs, un pot de fleur poreux, dans lequel poussait une plante, a été laissé sans arrosage jusqu'à ce que la terre soit sèche et que la plante commence à languir. Le pot était ensuite placé dans une vitrine contenant de l'air, qui était toujours saturé d'humidité, mais aucune eau n'était fournie et les feuilles de la plante étaient exposées à l'atmosphère ouverte. La terre dans le pot de fleur a absorbé suffisamment d'humidité de l'air pour raviver le feuillage et le garder longtemps vert, mais pas suffisamment pour favoriser le développement de nouvelles feuilles.— Id., ibid., p. 18.

[160] Les expériences de Hales et d'autres, sur l'absorption et l'expiration de l'eau par les végétaux, sont du plus haut intérêt physiologique ; mais les observations sur les tournesols, les choux, le houblon et les branches isolées d'arbres isolés, poussant dans des sols artificiellement préparés et dans des

conditions artificielles, ne fournissent aucune donnée fiable pour calculer la quantité d'eau reçue et dégagée par le bois naturel.

[161] Dans la forêt primitive, sauf là où le sol est trop humide pour la croissance dense des arbres, le sol est généralement trop épais de feuilles pour laisser beaucoup de place aux mousses terrestres. Dans les forêts les plus ouvertes d'Europe, cette forme de végétation est plus fréquente, comme le sont d'ailleurs beaucoup d'autres petites plantes d'un caractère plus accueillant, que dans la forêt indigène d'Amérique. Voir, sur les cryptogames et les plantes ligneuses, ROSSMÄSSLER , *Der Wald* , pp. 33 *et suiv.*

[162] Emerson ( *Trees of Massachusetts* , p. 493) mentionne un érable de six pieds de diamètre, comme ayant produit un baril, soit trente et un gallons et demi de sève en vingt-quatre heures, et un autre dont les dimensions ne sont pas déclarés comme ayant produit cent soixante-quinze gallons au cours de la saison. Le *Cultivator* , un journal agricole américain, de juin 1842, déclare que vingt gallons de sève ont été extraits en dix-huit heures d'un seul érable de deux pieds et demi de diamètre, dans la ville de Warner, New Hampshire, et la vérité sur ce compte a été vérifié par une enquête personnelle effectuée en mon nom. Cet arbre appartenait à la forêt d'origine et avait été laissé debout lorsque le sol autour de lui avait été défriché. Elle n'était saignée que tous les deux ans, puis avec six ou huit incisions. Le Dr Williams ( *History of Vermont* , i, p. 91) dit : « Un homme très employé à la fabrication du sucre d'érable a découvert que, pendant vingt et un jours consécutifs, un érable déversait sept gallons et demi par jour.

Un correspondant intelligent, ayant beaucoup d'expérience dans la fabrication du sucre d'érable, m'écrit qu'un érable de seconde venue, d'environ deux pieds de diamètre, planté en pleine terre, taraudé de quatre incisions, a, depuis plusieurs saisons, généralement coulé huit gallons. par jour par beau temps. Il parle d'un très grand arbre, duquel on tirait soixante gallons au cours d'une saison, et d'un autre, mesurant quelque chose de plus de trois pieds de diamètre, qui produisait quarante-deux livres de sucre humide et devait en donner pas moins d'un. cent cinquante gallons.

[163] « Les bourgeons de l'érable, dit le même correspondant, ne commencent que vers la fin de la saison des sucres. Dès qu'ils commencent à gonfler, la sève paraît moins sucrée, et le sucre qui en est tiré est moins sucré. d'une couleur plus foncée et avec moins de saveur distinctive d'érable.

[164] « Dans cette région, les érables sont généralement taraudés avec une mèche de trois quarts de pouce, perçant jusqu'à une profondeur d'un pouce et demi ou deux. Dans les arbres plus petits, une seule incision est pratiquée, deux dans ceux de dix-huit pouces. de diamètre et quatre dans les arbres de plus grande taille. Deux trous de 3/4 de pouce dans un arbre de

vingt-deux pouces de diamètre = 1/46 de la circonférence et 1/169 de la superficie de la section.

"L'entaillage n'arrête pas la croissance, mais nuit à la qualité du bois des érables. Le bois des arbres souvent entaillés est plus léger et moins dense que celui des arbres qui n'ont pas été entaillés, et donne moins de chaleur en brûlant. Aucune différence n'a été constatée. été observé dans le démarrage des bourgeons des arbres entaillés et inexploités." — *Même correspondant.*

[165] Le Dr Rush, dans une lettre à Jefferson, indique que le nombre d'érables aptes à être exploités sur un acre se situe entre trente et cinquante. « Ceci, observe mon correspondant, est exact en ce qui concerne le peuplement primitif, qui est toujours plus ou moins mêlé à d'autres arbres ; mais dans le peuplement secondaire, composé uniquement d'érables, le nombre dépasse largement ce chiffre. J'ai eu des érables. sur un quart d'acre, que j'ai pensé à une moyenne de «vergers d'érables» de seconde venue, comptés. Le nombre s'est avéré être cinquante-deux, dont trente-deux mesuraient dix pouces ou plus de diamètre, et, de bien sûr, assez grand pour être entaillé. Cela donne deux cent huit arbres par acre, dont cent vingt-huit étaient de taille appropriée pour entailler.

D'après les résultats du recensement, la quantité de sucre d'érable fabriquée aux États-Unis en 1850 était de 34 253 436 livres ; en 1860, c'était 38,863,884 livres, plus 1,944,594 gallons de mélasse. Le sucre de canne fabriqué en 1850 s'élevait à 237,133,000 livres ; en 1859, à 302 205 000.— *Rapport préliminaire sur le huitième recensement*, p. 88.

D'après Bigelow, *Les États Unis d'Amérique en 1863*, chap. iv, le produit sucrier de la Louisiane seule pour 1862 est estimé à 528 321 500 livres.

[166] Le correspondant déjà mentionné m'informe qu'un bouleau noir, saigné vers midi avec deux incisions, a été trouvé le lendemain matin comme ayant donné seize gallons. Le Dr Williams ( *History of Vermont*, i, p. 91) dit : « Un gros bouleau, entaillé au printemps, coulait à un rythme de cinq gallons par heure lors de sa première exploitation. Huit ou neuf jours après, il s'est avéré qu'il coulait. à raison d'environ deux gallons et demi à l'heure, et au bout de quinze jours, le débit continuait à peu près dans la même quantité. La sève a continué à couler pendant quatre ou cinq semaines, et c'était l'opinion des observateurs qu'elle a dû produire jusqu'à soixante barils [1 890 gallons]."

[167] "Le meilleur état météorologique pour une bonne course", dit mon correspondant, "est un temps clair, dégelant rapidement le jour et glacial bien la nuit, avec un vent doux d'ouest ou de nord-ouest; bien que nous ayons parfois des températures claires et fines. , des jours de dégel suivis de nuits glaciales, sans un bon écoulement de la sève, j'ai pensé qu'il était probable que l'écoulement irrégulier de la sève à différents jours de la même saison soit lié

à la variation de la pression atmosphérique ; car les conditions atmosphériques mentionnées ci-dessus comme celles Les plus favorables à un écoulement libre de la sève sont aussi celles dans lesquelles le baromètre indique habituellement une pression considérablement au-dessus de la moyenne. Par vent du sud ou du sud-est, et par temps bas, qui fait baisser le baromètre, l'écoulement cesse généralement, bien que le la sève coule parfois jusqu'après le début de la tempête. Avec un vent doux, du sud de l'ouest, les érables coulent parfois toute la nuit. Lorsque cela se produit, c'est le plus souvent peu avant la tempête. Au printemps dernier, la sève d'un verger sucrier d'un village *voisin* La ville coula la plus grande partie du temps pendant deux jours et deux nuits successives, et ne cessa qu'après le début d'une tempête de pluie.

L'arrêt de l'écoulement de la sève la nuit est peut-être en partie attribué au gel nocturne, qui arrête la fonte de la neige, diminuant bien sûr l'apport d'humidité dans le sol, et fige parfois les couches d'où sucent les radicelles. dans l'eau. Cependant, d'après les faits déjà mentionnés et d'autres circonstances bien connues, telles que, par exemple, l'écoulement plus libéral de la sève provenant des incisions du côté sud du tronc, il est évident que le retrait des influences stimulantes du la lumière et la chaleur du soleil sont la principale cause de la suspension de la circulation pendant la nuit.

[168] « Le flux cesse complètement peu de temps après que les bourgeons commencent à gonfler. » - *Lettre précédemment citée.*

[169] On pourrait contribuer à une estimation approximative de la quantité d'humidité extraite de la terre et de l'air par la végétation forestière, en constatant, autant que possible, la quantité de bois sur une superficie donnée, la proportion de matière assimilable contenus dans les fluides de l'arbre à différentes saisons de l'année, l'âge des arbres respectivement et la quantité de feuilles et de graines qu'ils perdent chaque année. Les résultats seraient en effet très vagues, mais ils pourraient servir à vérifier ou à confirmer les estimations obtenues par d'autres processus. Les faits suivants sont peut-être des éléments trop vagues pour être utilisés comme éléments dans un tel calcul.

Le Dr Williams, qui a écrit à l'époque où les bois du nord de la Nouvelle-Angleterre étaient généralement dans leur état primitif, estime le nombre d'arbres poussant sur un acre entre cent cinquante et six cent cinquante, selon leur taille et la qualité de la forêt. sol ; la quantité de bois, de cinquante à deux cents cordes, ou de 238 à 952 yards cubes, mais ajoute que sur des terrains couverts de pins, la quantité de bois serait beaucoup plus grande. Il n'indique pas s'il entend donner la totalité du contenu solide de l'arbre ou, comme c'est l'habitude dans les estimations ordinaires de la Nouvelle-Angleterre, seulement le bois commercialisable, les troncs et les branches les plus grosses.

Après le pin, l'érable donnerait probablement une plus grande quantité de rendement sur une superficie donnée que n'importe lequel des autres arbres mentionnés par le Dr Williams, mais le bois mélangé, en général, en mesure le plus. D'après de nombreuses observations sur ce sujet, la plus grande quantité de bois commercialisable que j'ai jamais connue coupée sur un acre de forêt vierge était de cent quatre cordes, ou 493 yards cubes, et la moitié de cette quantité est considérée comme un rendement très raisonnable. Les arbres, branches et brindilles plus petits n'augmenteraient pas la quantité de plus de vingt-cinq pour cent, et si nous en ajoutons autant pour les racines, nous aurions un total d'environ 750 mètres cubes. Je pense que l'estimation du Dr Williams est trop élevée, même si elle serait bien inférieure au produit des grands arbres de la vallée du Mississippi, de l'Oregon et de la Californie. Il convient d'observer que ces mesures sont celles du bois tel qu'il repose lorsqu'il est « cordé » ou empilé pour le marché, et ne dépassent pas la teneur réelle en matières solides d'au moins quinze pour cent.

« Dans un sol de qualité moyenne, dit Clavé, citant les estimations de Pfeil, pour le climat de la Prusse, le volume d'un hectare de pins de vingt ans dépasserait 80 mètres cubes ; il n'en serait que 24 dans un sol maigre. Cet arbre atteint son maximum de croissance moyenne à l'âge de soixante-quinze ans. A cet âge, dans les terres sablonneuses de Prusse, il produit annuellement environ 5 mètres cubes, avec un total volume de 311 mètres cubes par hectare. Après cet âge, le volume augmente, mais le taux moyen de croissance diminue. A quatre-vingts ans, par exemple, le volume est de 335 mètres cubes, la production annuelle 4 seulement. Le hêtre atteint son maximum de croissance annuelle à cent vingt ans. Il a alors un volume total de 633 mètres cubes à l'hectare et produit 5 mètres cubes par an. "— CLAVÉ , *Études* , p. 151.

Ces mesures, je crois, incluent tout le produit ligneux de l'arbre, à l'exclusion des racines, et expriment le contenu solide réel. La densité spécifique du bois d'érable est de 75. La sève d'érable donne du sucre à raison d'environ une livre de sucre *humide* pour trois gallons de sève, et le sucre humide est par rapport au sucre sec dans une proportion d'environ dix-neuf à seize. Outre le sucre, il y a un petit résidu de « sable », composé de phosphate de chaux, avec un peu de silex, et il est certain que par le procédé ordinaire et précipité de fabrication, on perd beaucoup de sucre ; car les gouttes, condensées par la vapeur des chaudières sur les chevrons des grossiers hangars où l'on fait bouillir la sève, ont un goût décidément doux.

[170] "La sève élaborée, sortant des feuilles, est reçue dans l'écorce interne, * * * et une partie de ce qui descend se fraye un chemin jusqu'aux extrémités des racines, et se diffuse tout le temps latéralement dans la tige. , où elle rencontre et se mélange avec la sève brute ou la matière première ascendante. Il n'y a donc pas de circulation séparée des deux sortes de sève ;

et aucune sève brute n'existe séparément dans aucune partie de la plante. Même dans la racine, où elle entre, cela se mêle immédiatement à une certaine sève élaborée déjà là. "- GRAY , *How Plants Grow* , § 273.

[171] Les caisses vitrées hermétiques de Ward pour élever, et surtout pour transporter les plantes, prouvent largement que l'eau ne circule qu'à travers les légumes, et qu'elle est encore et encore absorbée et transpirée par des organes appropriés à ces fonctions. Les graines, les herbes en croissance, les arbustes ou les arbres plantés dans une terre appropriée, modérément arrosés et recouverts d'une cloche de verre ou d'un cadre de verre fermé, vivent pendant des mois et même des années, avec seulement la réserve originale d'air et d'eau. Dans l'une des premières expériences de Ward, une flèche d'herbe et une fougère, qui ont poussé dans une bouteille bouchée contenant un peu de terre humide introduite comme lit pour un escargot, ont vécu et prospéré pendant dix-huit ans sans nouvel apport de l'un ou l'autre fluide. Dans ces caisses, les plantes poussent jusqu'à ce que l'air clos soit épuisé des constituants gazeux de la végétation, et jusqu'à ce que l'eau ait rendu la matière assimilable qu'elle tenait en solution, et ait dissous et fourni aux racines la nourriture contenue dans la terre dans laquelle elles se trouvaient. sont plantés. Après cela, ils restent longtemps dans un état de sommeil végétal, mais si de l'air frais et de l'eau sont introduits dans les caisses, ou si les plantes sont transplantées en pleine terre, ils se réveillent pour reprendre une vie renouvelée et poussent vigoureusement, sans paraître visibles. avoir souffert de leur longue détention. L'eau transpirée par les feuilles est en partie absorbée par la terre directement à partir de l'air, en partie condensée sur le verre, le long duquel elle s'écoule jusqu'à la terre, pénètre à nouveau dans les racines et répète ainsi continuellement le circuit. Voir *Aus der Natur* , 21, BS 537.

[172] WILHELM , *Der Boden et das Wasser* , p. 18. On ne sait pas dans quelles proportions la rosée s'évapore et dans quelle mesure elle est absorbée par la terre, dans la nature actuelle, mais il ne fait aucun doute que la quantité d'eau absorbée par la terre, soit de la vapeur en suspension dans l'air et la rosée sont grands. La chute annuelle de rosée en Angleterre est estimée à cinq pouces, mais cette quantité est bien dépassée dans de nombreux pays au ciel plus clair. « Dans plusieurs de nos campagnes d'Algérie, dit Babinet, lorsqu'on voulait punir le brigandage des tribus insoumises, il était impossible d'incendier leurs champs de céréales jusqu'à une heure tardive de la journée ; car les plantes étaient si humides. avec la rosée nocturne qu'il fallait attendre que le soleil les ait séchés."— *Études et Lectures* , ii, p. 212.

[173] "Il a été conclu que la terre ferme occupe environ 49 800 000 milles terrestres carrés. Cela n'inclut pas les étendues de terre récemment découvertes à proximité des pôles, et en tenant compte des terres encore non découvertes (qui, cependant, ne peuvent exister que en petite quantité), si

nous en attribuons 51 000 000 à la terre, il restera environ 146 000 000 de milles carrés pour l'étendue de la surface occupée par l'océan. " - Sir JFW Herschel, Physical GEOGRAPHY , *1861* , p. 19.

Il ne semble pas à quelle catégorie Herschel classe les mers intérieures et les lacs et rivières d'eau douce de la terre ; et Mme Somerville, qui déclare que « la terre ferme occupe une superficie de 38 millions de milles carrés » et que « *l*' océan couvre près des trois quarts de la surface du globe », est également muette sur ce point . cinquième édition, p. 30. À la page suivante, Mme Somerville, dans une note, cite M. Gardner comme son autorité et dit que, « selon ses calculs, l'étendue du territoire est d'environ 37 673 000 milles britanniques carrés, indépendamment du continent Victoria ; et la mer en occupe 110 849 000. Par conséquent, la terre est à la mer comme 1 à 4 à peu près. Sir John FW Herschel fait que la superficie de la terre ferme et de l'océan totalise 197 000 000 de milles carrés ; Mme Somerville, ou plutôt M. Gardner, 148 522 000. Je suppose que Sir John Herschel inclut les îles dans son agrégat de « terre ferme » et les eaux intérieures sous la désignation générale d'« océan », et que Mme Somerville exclut les deux.

[174] On a observé en Suède que le printemps, dans de nombreuses régions où les forêts ont été défrichées, arrive désormais quinze jours plus tard qu'au siècle dernier. — ASBJÖRNSEN , *Om Skovene i Norge* , p. 101.

La conclusion à laquelle est parvenu Noah Webster, dans son article très érudit et compétent sur le changement supposé de la température de l'hiver, lu devant l'Académie des Arts et des Sciences du Connecticut en 1799, était la suivante : « D'après une comparaison minutieuse de ces faits, il semble que le temps, dans les hivers modernes, aux États-Unis, est plus inconstant que lorsque la terre était couverte de bois, lors de la première installation des Européens dans le pays ; que le temps chaud de l'automne s'étend plus loin dans les mois d'hiver. et le froid de l'hiver et du printemps empiète sur l'été, que le vent étant plus variable, la neige est moins permanente, et peut-être la même remarque peut-elle s'appliquer à la glace des rivières. Ces effets semblent résulter nécessairement d'une plus grande quantité de chaleur accumulée dans la terre en été depuis que le sol a été débarrassé du bois et exposé aux rayons du soleil, et à une plus grande profondeur de gel dans la terre en hiver par l'exposition de sa surface découverte à l'atmosphère froide. "— *Recueil de documents par* NOAH WEBSTER , p. 162.

[175] J'ai vu, dans le nord de la Nouvelle-Angleterre, la surface du terrain découvert gelée jusqu'à une profondeur de vingt-deux pouces, au mois de novembre, alors que dans la terre forestière aucune gelée n'était décelable ; et plus tard dans l'hiver, j'ai vu une butte de sable exposée rester gelée à six pieds de profondeur, après que le sol des bois ait été complètement dégelé.

[176]

——Det golde Strög i Afrika,
Der Intet voxe kan, da ei det regner,Og,
omvendt, ingen Regn kan falde, daDer Intet
voxer.
PALUDAN-MÜLLER , *Adam Homo* , II, 408.

[177]

Et Stürme brausen um die Wette
Vom Meer aufs Land, vom Land aufs Meer.
GOETHE , *Faust, Chant des Archanges* .

[178] *Études sur l'Économie Forestière* , pp. 45, 46.

[179] Je ne connais aucune preuve démontrant que Malte ait eu des forêts importantes à un moment donné depuis que la culture du coton y a été introduite ; et s'il est vrai, comme on l'a souvent affirmé, que son sol actuel a été importé de Sicile, il se peut certainement qu'elle n'ait possédé aucune forêt depuis une époque très reculée. À l'époque de Sandys, en 1611, il n'y avait pas de bois sur l'île et elle produisait peu de coton. Il le décrit comme « un pays tout à fait champion, n'étant autre qu'un rocher recouvert de terre, mais profond de deux pieds là où il est le plus profond ; n'ayant que peu d'arbres mais qui portent des fruits. * * * De sorte qu'ils tirent leur bois de Sicile. ". Ils ont « une quantité indifférente de coton, mais c'est le meilleur de tous les autres. » — SANDYS , *Travels* , p. 228.

[180] SCHACHT , *Les Arbres* , p. 412.

[181] *Que peut-on apprendre d'un arbre* , p. 117.

[182] *Der Wald* , p. 13.

[183] *Om Skovene og deres Forhold til Nationalœconomien* , pp.

[184] *Om Skovene og om et ordnet Skovbrug i Norge* , p. 106.

[185] *Études et Lectures* , iv. p. 114.

[186] L'augmentation supposée de la fréquence et de la quantité des pluies en Basse-Égypte n'est en aucun cas établie. Je l'ai entendu contester sur place par des Francs intelligents, dont la résidence dans ce pays commençait avant les plantations de Méhémet Aali et d'Ibrahim Pacha, et ils m'ont assuré que les observations météorologiques, faites à Alexandrie vers le début de ce siècle, montrent une chute de pluie annuelle aussi importante qu'elle est habituelle à ce jour. Le simple fait qu'il n'ait pas plu pendant l'occupation française n'est pas concluant. Ayant éprouvé une douce averse de près de vingt-quatre heures en Haute-Egypte, je m'informai auprès du gouverneur local sur la fréquence de ce phénomène, et il me répondit que pas

une goutte de pluie n'était tombée à cet endroit depuis plus d'une heure. que deux ans auparavant.

La croyance à l'augmentation des pluies en Egypte repose presque entièrement sur les observations du maréchal Marmont et sur les preuves recueillies par lui en 1836. Ses conclusions ont été contestées, sinon réfutées, par Jomard et d'autres, et sont probablement erronées. Voir, FOISSAC , *Météorologie* , traduction allemande, pp. 634-639.

Il pleut certes quelquefois abondamment au Caire, mais l'évaporation est extrêmement rapide en Egypte, comme peut en témoigner quiconque a déjà vu une femme Fellah laver une serviette dans le Nil et la sécher en la secouant quelques instants à l'air ; et un tas de grain, mouillé à quelques centimètres sous la surface, sécherait probablement de nouveau sans dommage. Quoi qu'il en soit, le gouvernement égyptien possède souvent de grandes quantités de blé entreposées à Boulak, dans des chantiers découverts pendant l'hiver, même s'il faut admettre que la négligence et le manque de prévoyance de la vie orientale, publique et privée, sont tels que nous ne pouvons en déduire la sécurité de toute pratique suivie en Orient, simplement du fait de sa longue durée.

Cependant les grains peuvent être conservés longtemps à l'air libre dans des climats beaucoup moins secs que celui de l'Egypte, sans dommage, sauf aux couches superficielles ; car l'humidité ne pénètre pas très profondément dans un tas de grain une fois bien séché et bien aéré. Lorsque Louis IX préparait sa campagne d'Orient, il fit acheter de grandes quantités de vin et de céréales dans l'île de Chypre et les entreposa pendant deux ans en attendant son arrivée. « Lorsque nous arrivâmes à Chypre, dit Joinville, *Histoire de Saint Louis* , §§ 72, 73, nous y trouvâmes une grande partie des provisions des Kynge. * * Le blé et l'orge qu'ils avaient entassés en grands tas dans le ils étaient comme des montagnes, car la pluie, le blé battu depuis longtemps sur le blé, l'avait fait germer sur le dessus, de sorte qu'il ressemblait à de l'herbe verte. Incités à le transporter en Egypte, ils ont cassé ce gazon d'herbe verte, et ont trouvé sous celui-ci le blé et l'orge, aussi frais que si les hommes l'avaient eu mais maintenant nous l'avions battu.

[187] *Étude sur les Eaux au point de vue des Inondations* , p. 91.

[188] *Économie Rurale* , ii, chap. xx, § 4, p. 756-759. Voir aussi p. 733.

[189] Jacini, parlant des grands lacs italiens, dit : « Une grande proportion de l'eau des lacs, au lieu de s'écouler par le Tessin, l'Adda, l'Oglio, le Mincio, filtre à travers les couches siliceuses qui sous-tendent les collines, et suit des canaux souterrains jusqu'à la plaine, où il se rassemble dans les *fontanili* , et de là, conduit dans les canaux d'irrigation, devient une source de grande fertilité. "- *La Proprietà Fondiaria, etc.* , p. 144.

[190] *Météorologie* , traduction allemande d' EMSMANN , p. 605.

[191] *Handbuch der Physischen Geographie* , p. 658.

[192] *Annales des Ponts et Chaussées* , 1854, 1er semestre, pp. 21 *et suiv.* Voir les commentaires de VALLÈS sur ces observations, dans ses *Études sur les Inondations* , pp. 441 *et suiv.*

[193] Le passage de Pline est le suivant : « Nascuntur fontes, decisis plerumque silvis, quos arborum alimenta consumerbant, sicut in Hæmo, obsidente Gallos Cassandro, quum valli gratia cecidissent. Plerumque vero damnosi torrentes corrivantur, detracta collibus silva continere nimbos ac digerere consueta."— *Nat. Hist.* , xxxi, 30.

Sénèque cite ce cas, et un autre similaire qui aurait été observé à Magnésie, d'après un passage de Théophraste, qu'on ne trouve pas dans les œuvres existantes de cet auteur ; mais il ajoute que les histoires sont incroyables, parce que les terrains ombragés regorgent le plus d'eau : ferè aquosissima sunt quæcumque umbrosssima. — *Quæst. Nat.* , iii, 11. *Voir Annexe* , n° 26 .

[194] « Pourquoi aller si loin dans la preuve d'un phénomène qui se répète chaque jour sous nos yeux, et dont tout Parisien peut se convaincre, sans s'aventurer au-delà du bois de Boulogne ou de la forêt de Meudon ? Après quelques jours de pluie, suivre le chemin de Chevreuse, qui est bordé à droite par le bois, à gauche par des champs cultivés. La chute des eaux et la continuation de la pluie ont été les mêmes des deux côtés ; mais le fossé du côté le côté de la forêt restera rempli d'eau provenant de l'infiltration à travers le sol boisé, longtemps après que l'autre, contigu au terrain découvert, aura rempli son office de drainage et sera devenu sec. Le fossé de gauche se sera déversé dans un quelques heures une quantité d'eau, que le fossé de droite met plusieurs jours à recevoir et à transporter jusqu'à la vallée."— CLAVÉ , *Études, etc.* , pp. 53, 54.

[195] VALLÈS , *Études sur les Inondations* , p. 472.

[196] *Économie rurale* , p. 730.

[197] *Ueber die Entwaldung der Gebirge* , pp. 20 *et suiv.*

[198] *Géographie physique* , p. 32.

[199] *Les arbres d'Amérique* , pp. 50, 51.

[200] THOMPSON 's *Vermont* , annexe, p. 8.

[201] *Arbres d'Amérique* , p. 48.

[202] Dumont, à la suite de Dansse, donne un extrait intéressant du Misopogon de l'empereur Julien, montrant qu'au quatrième siècle, la Seine,

dont le niveau varie aujourd'hui de trente pieds entre les plus hautes et les plus basses eaux, mark - était presque entièrement exempt d'inondations et coulait avec un courant uniforme pendant toute l'année. "Ego olim eram in hibernis apud caram Lutetiam, [sic] enim Galli Parisiorum oppidum appelant, quæ insula est non magna, in fluvio sita, qui eam omni ex parte eingit. Pontes sublicii utrinque ad eam ferunt, ràroque fluvius minuitur ae crescit; sed qualis æstate, talis esse solet hyeme."— *Des Travaux Publics dans leurs Rapports avec l'Agriculture* , p. 361, remarque.

Comme Julien fut six ans en Gaule, et que sa résidence principale était à Paris, son témoignage sur l'état habituel de la Seine, à une époque où les provinces d'où proviennent ses sources étaient bien boisées, est très précieux.

[203] Presque tous les récits de voyages dans les pays qui furent les premiers sièges de la civilisation contiennent des preuves de la véracité de ces déclarations générales, et ces preuves sont présentées avec plus ou moins de détails dans la plupart des ouvrages spéciaux sur la forêt que j'ai publiés. avoir l'occasion de citer. Je peux me référer particulièrement à HOHENSTEIN , *Der Wald* , 1860, comme plein de faits importants sur ce sujet. Voir aussi CAIMI , *Cenni sulla Importanza dei Boschi* , pour quelques statistiques difficiles à trouver ailleurs, sur ce sujet et sur d'autres liés à la forêt.

[204] Stanley, citant SELDEN , *De Jure Naturali* , livre vi, et FABRICIUS , *Cod. Pseudap.* VT, i, 874, mentionne une remarquable tradition juive de date incertaine mais incontestablement ancienne, qui est parmi les plus anciennes preuves du respect public pour les bois, et d'opinions éclairées sur leur importance et leur traitement approprié :

"À Josué, une tradition juive fixe attribuait dix décrets, établissant des règles précises, qui étaient instituées pour protéger les biens de chaque tribu et de chaque propriétaire de la déprédation illégale. Le bétail, d'une espèce plus petite, devait être autorisé à paître dans des bois épais. , pas dans les bois minces ; dans les bois, aucune sorte de bétail sans le consentement du propriétaire. Les bâtons et les branches pouvaient être ramassés par n'importe quel Hébreu, mais pas coupés. * * * Les bois pouvaient être taillés, à condition qu'ils ne soient pas des oliviers ou des arbres fruitiers, et qu'il y avait suffisamment d'ombre dans l'endroit. "— *Conférences sur l'histoire de l'Église juive* , partie I, p. 271.

[205] Il semble y avoir eu une tendance au défrichement excessif dans le Centre et l'Ouest, plus tôt que dans le Sud-Est de la France. Le sage et bon Bernard Palissy, un de ces protestants persécutés du XVIe siècle, dont l'héroïsme, la vertu, le raffinement et le goût contrastent si magnifiquement avec la brutalité, la corruption, la grossièreté et la barbarie de leurs oppresseurs, dans le Recepte *Véritable* , imprimé pour la première fois en 1563, se plaint ainsi : « Quand je considère la valeur du moindre bouquet

d'arbres, ou même d'épines, je m'étonne beaucoup de la grande ignorance des hommes, qui, semble-t-il, n'étudient aujourd'hui que pour s'effondrer, sont tombés et ont dévasté les belles forêts que leurs ancêtres gardaient si judicieusement. Je ne penserais aucun mal à eux pour avoir abattu les bois, s'ils se contentaient d'en replanter une partie ; mais ils ne se soucient pas du temps à venir, ni ne se soucient ils du grand dommage qu'ils font à leurs enfants qui viendront après eux. "— *Œuvres Complètes de Bernard Palissy* , 1844, p. 88.

[206] Les grandes marines navales et commerciales de Venise et de Gênes ont dû occasionner une immense consommation de bois au Moyen Âge et dans les siècles qui suivirent immédiatement ceux communément embrassés sous cette appellation. La construction navale de cette période utilisait des bois plus gros que l'architecture navale moderne de la plupart des pays commerciaux, mais apparemment sans augmentation proportionnelle de la résistance. Les anciens modes de construction navale ont été, dans une large mesure, transmis jusqu'à nos jours en Méditerranée, et un Américain ou un Anglais regarde avec étonnement les énormes poutres et les planches épaisses si souvent employées dans la construction de très petits navires. naviguer sur cette mer. Selon Hummel, la désolation du Karst, le haut plateau situé au nord de Trieste, aujourd'hui l'une des régions les plus arides et arides d'Europe, est due à l'abattage de ses bois pour construire les marines de Venise. "Là où le misérable paysan du Karst ne voit plus que des rochers nus balayés et décapés par la Bora enragé, la fureur de ce vent était autrefois maîtrisée par de puissants sapins que Venise abattait imprudemment pour construire ses flottes." - Physische Geographie, *p* . . 32. Voir *Annexe* , n° 27 .

[207] *Le Alpi che cingono l'Italia* , i, p. 367.

[208] Voir le périodique *Politecnico* , publié à Milan, pour le mois de mai 1862, p. 234.

[209] *Annali di Agricoltura, Industria e Commercio* , vol. je, p. 77.

[210] Holinshed , réimpression de 1807, i, pp. 357, 358. Il ressort clairement de ce passage, et d'un autre à la page 397 du même volume, que, bien que le charbon de mer ait été largement exporté vers le continent, il n'était pas encore entré dans le marché. usage général en Angleterre. C'est une question très intéressante à l'époque où le charbon fut pour la première fois utilisé comme combustible en Angleterre. Je ne trouve aucune preuve qu'il ait été utilisé comme combustible jusqu'à plus d'un siècle après la conquête normande. On a dit qu'elle était connue de la population anglo-saxonne, mais je ne connais aucun passage dans la littérature de ce peuple qui le prouve. Les dictionnaires expliquent le mot anglo-saxon *græfa* par charbon marin. Je n'ai rencontré ce mot dans aucun ouvrage anglo-saxon, sauf dans la *Chronique* de 852 ap . sinon comme non plus. Le charbon n'est pas mentionné

dans Bede du roi Alfred, dans Glanville ou dans Robert de Gloucester, bien que tous ces auteurs parlent du jais qu'on trouve en Angleterre et soient complets dans leur énumération des produits minéraux de l'île.

L'Angleterre était autrefois remarquable par ses forêts, mais César dit qu'elle voulait du *fagus* et de l'*abies*. Il ne fait aucun doute que *fagus* désigne le hêtre qui, comme le montrent les restes des tourbières danoises, est un arbre introduit tardivement au Danemark, où il a succédé au sapin, un arbre qui n'est plus originaire de ce pays. La succession des cultures forestières semble avoir été la même en Angleterre ; pour Harrison, p. 359, parle de la « grande réserve de sapins » trouvés « sur toute leur longueur » dans les « fens et marises » du Lancashire et d'autres comtés, où même les buissons ne poussaient pas à son époque. Nous ne pouvons pas être sûrs de quelle espèce de César à feuilles persistantes était destinée par *l'abies*. Les désignations populaires des arbres à feuilles en épi sont toujours plus vagues et incertaines dans leur application que celles des arbres à feuilles larges. *Pinus*, *pin*, a été très vaguement employé même dans la nomenclature botanique, et *Kiefer*, *Fichte* et *Tanne* sont souvent confondus en allemand. — ROSSMÄSSLER, *Der Wald*, pp. 256, 289, 324. S'il était certain que les *abies* de César si le sapin se trouvait autrefois et encore dans les tourbières, et qu'il avait raison de nier l'existence du hêtre en Angleterre à son époque, l'observation serait très importante, car elle fixerait une date à laquelle le sapin avait disparu, et le hêtre n'était pas encore apparu dans l'île.

Le chêne anglais, bien que solide et durable, n'était pas considéré comme généralement adapté aux travaux de qualité au XVIe siècle. Il y avait cependant des exceptions. « De tous dans l'Essex », observe HARRISON, *Holinshed*, i, p. 357, "ce qui pousse à Bardfield Parke est le meilleur pour l'artisanat des ioiners : car j'ai souvent vu leurs ouvrages faits de cet oke si beau et si beau, comme la plupart des lambris apportés ici de Danske ; car notre lambris n'est pas fabriqués en Angleterre. Pourtant, divers ont essayé de traiter sans [avec nos] okes à cette fin, mais pas avec autant de succès qu'ils l'espéraient, parce que l'ab ou le jus ne sera pas si tôt enlevé et proprement retiré, ce que certains attribuent au manque de temps dans l'eau salée.

Ce passage est également intéressant car il montre que le trempage dans l'eau salée, comme mode d'assaisonnement, était pratiqué à l'époque d'Harrison.

Mais l'importation de lambris ou de planches pour les plafonds, les lambris et autres finitions des pièces, généralement en chêne, commença trois siècles avant l'époque d'Harrison. A la page 204 du *Liber Albus* — un livre qui aurait pu être bien plus précieux si l'éditeur nous avait donné les textes, avec ses savantes notes, au lieu d'une traduction — il est fait mention de « bois de chêne équarri », apporté du pays par charrettes, et bien sûr de la croissance intérieure, en franchise de droits de ville ou d'octroi, et de "planches de chêne" entrant de la même manière que l'on payait une planche par charrette. Mais dans le chapitre sur les "Coutumes de Billyngesgate", pp. 208, 209, relatif aux marchandises importées des pays étrangers, un droit d'un demi-penny est imposé sur chaque centaine de planches appelées "weynscotte", et d'un penny sur cent. de planches appelées « Rygholt ». L'éditeur explique "Rygholt" comme "le bois de Riga". C'était sans aucun doute du pin ou du sapin. L'année où ces dispositions furent prises n'apparaît pas, mais elles appartiennent au règne d'Henri III.

[211] Dans une lettre adressée au ministre des Travaux publics, après les terribles inondations de 1857, l'Empereur s'exprimait ainsi avec bonheur : « Avant de chercher le remède à un mal, on en recherche la cause. nos rivières ? De l'eau qui tombe sur les montagnes, non de celle qui tombe sur les plaines. Les eaux qui tombent sur nos champs ne produisent que peu de ruisseaux, mais celles qui tombent sur nos toits et se recueillent dans les gouttières, forment de petits ruisseaux. à la fois. Or, les toits sont des montagnes, les gouttières sont des vallées.

« Pour continuer la comparaison, observe d'Héricourt, les toits sont lisses et imperméables, et l'eau de pluie s'écoule rapidement de leur surface ; mais cette rapidité d'écoulement serait grandement diminuée si les toits étaient tapissés de mousses et d'herbes ; plus encore, s'ils étaient couverts de feuilles sèches, de petits arbustes, de branches jonchées et d'autres obstacles, enfin s'ils étaient boisés. "- *Annales Forestières, Déc.* , 1857, p. 311.

[212] « Les racines des légumes, dit d'Héricourt, font l'office d'un drainage perpendiculaire analogue à celui qu'on a pratiqué avec succès en Hollande et dans quelques parties des îles Britanniques. Ce système consiste à enfoncer trois ou quatre mille tuteurs par hectare ; l'eau de pluie filtre le long des tuteurs, et, dans certains cas, on obtient des résultats aussi favorables par cette méthode que par les drains horizontaux. » — Annales Forestières, 1857, *p* . 312.

[213] La productivité de l'Egypte a été attribuée trop exclusivement aux effets fertilisants de la vase déposée par les inondations du Nil ; car dans ce climat, un apport abondant d'eau produirait de bonnes récoltes sur presque n'importe quel sable ordinaire, tandis que, sans eau, le sol le plus riche ne donnerait rien. Les sédiments déposés chaque année n'ont qu'une très petite fraction d'un pouce d'épaisseur. On prétend qu'en quantité, il serait à peine suffisant pour un bon traitement de surface, et qu'en qualité, il ne se distingue pas chimiquement du sol à quelques centimètres ou pieds sous la surface. Mais nier, comme l'ont fait certains auteurs, que la bave ait la moindre propriété fertilisante, est une erreur aussi grave que l'erreur inverse consistant à attribuer toute la richesse agricole de l'Égypte à cette seule cause de

productivité. Les sols fins déposés par l'eau sont presque uniformément riches sous tous les climats ; ceux amenés par les rivières, emportés dans l'eau salée, puis ramenés par la marée, semblent être plus fertiles en permanence que tous les autres. Les polders de la côte des Pays-Bas présentent ce caractère, et les prairies du Lincolnshire, qui ont été recouvertes de vase par déformation , comme on dit, ou par le passage de l'eau à marée haute, sont remarquablement productives. Voir *annexe* , n ° 28 .

[214] « Les lois contre le défrichement n'ont jamais pu empêcher ces opérations lorsque le propriétaire y trouvait son avantage, et la longue série d'ordonnances royales et d'arrêtés des parlements, proclamés depuis Charlemagne jusqu'à nos jours, en vue de de sécurisation de la propriété forestière, n'ont servi qu'à démontrer l'impuissance de la notion législative à ce sujet."— CLAVÉ , *Études sur l'Économie Forestière* , p. 32.

« Un propriétaire peut toujours s'ingénier à défricher ses bois, quoi qu'on fasse pour l'en empêcher ; ce n'est qu'une question de temps, et quelques coupes imprudentes, quelques abus du droit de pâturage suffisent pour détruire une forêt malgré les tous règlements contraires. »— DUNOYER , *De la Liberté du Travail* , ii, p. 452, cité par Clavé, p. 353.

Les deux auteurs s'accordent sur le fait que la préservation des forêts en France n'est possible que par leur transfert à l'État, qui seul peut les protéger et assurer leur bon traitement. Il est fort à craindre que même cette mesure ne soit pas suffisante pour sauver les forêts de l'Union américaine. Il y a peu de respect pour la propriété publique en Amérique, et le gouvernement fédéral ne serait certainement pas l'agent approprié de la nation à cette fin. Il se montra incapable de protéger les forêts de chênes verts de Floride, qui étaient destinées à être conservées pour l'usage de la marine, et il paya plus d'une fois aux entrepreneurs un prix élevé pour le bois volé dans ses propres forêts. Les autorités des différents États pourraient être plus efficaces.

[215] Voir le récit vivant de la vente d'un bois communal à BERLEPSCH , *Die Alpen, Holzschläger und Flösser* .

[216] Streffleur ( *Ueber die Natur und die Wirkungen der Wildbäche* , p. 3) soutient que toutes les observations et spéculations des auteurs français sur la nature des torrents avaient été anticipées par les écrivains autrichiens. Pour prouver cette affirmation, il se réfère aux œuvres de Franz von Zallinger, 1778, de Von Arretin, 1808, de Franz Duile, 1826, toutes publiées à Innsbruck, et à la Beschreibung *neuerer Wasserbauwerke* de HAGEN , Königsberg, 1826, dont aucune n'est connue. tome. Il est évident, cependant, que les conclusions de Surell et d'autres écrivains français que je cite sont des résultats originaux d'enquêtes personnelles et non des opinions empruntées.

[217] Que Palissy ait connu cette ancienne pratique, ou si ce fut une de ces suggestions originales dont ses ouvrages sont si remplis, je l'ignore ; mais dans son traité *Des Eaux et Fontaines* , il le recommande ainsi, en guise de réponse aux objections de « Théorique », qui avait exprimé la crainte que « les eaux qui dévalent violemment des hauteurs de la montagne n'entraînent avec elles beaucoup de terre, de sable et d'autres choses », et gâcher ainsi la fontaine artificielle que « Pratique » lui apprenait à faire : « Et pour empêcher les méfaits des grandes eaux qui peuvent être rassemblées en peu d'heures par de grandes tempêtes, quand tu devras Si tu as préparé ton parterre pour recevoir l'eau, tu devras poser de grosses pierres en travers des canaux profonds qui mènent à ton parterre. Ainsi la force des courants impétueux sera amortie, et ton eau coulera paisiblement dans ses citernes. "- *Œuvres Complètes* , p. 173.

[218] Ladoucette dit que le paysan du Dévoluy « parcourt souvent une distance de cinq heures à travers les rochers et les précipices pour une seule charge de bois » ; et il remarque sur une autre page, que « le juge de paix de ce canton n'avait, en quarante-trois ans, qu'une seule fois entendu la voix du rossignol. » — Histoire, etc., des Hautes Alpes, pp. *220* . , 434.

[219] La vallée d'Embrun, aujourd'hui presque entièrement dévastée, était autrefois remarquable par sa fertilité. En 1806, Héricart de Thury en disait : « Dans cette magnifique vallée, la nature avait prodigue de ses dons. Ses habitants se sont aveuglément réjouis de ses faveurs, et se sont endormis au milieu de sa profusion. » — Becquerel, Des CLIMATS , *etc.* . , p. 314.

[220] Au temps de l'empire romain, la Durance était une rivière navigable, avec un commerce si important que les batcliers qui y parcouraient formaient une corporation distincte. — LADOUCETTE , *Histoire, etc., des Hautes Alpes* , p. 354.

Dès 1789, on calculait que la Durance avait déjà recouvert de graviers et de galets pas moins de 130 000 acres, « qui, sans ses inondations, auraient été les plus belles terres de la province. » — Arthur Young, VOYAGES en *France* , vol. je, ch. je.

[221] Entre 1851 et 1856, la population du Languedoc et de la Provence s'était accrue de 101 000 âmes. L'augmentation cependant s'est faite entièrement dans les provinces des plaines, où se trouvent toutes les principales villes. Dans ces provinces, l'augmentation a été de 204.000, tandis que dans les provinces de montagne, il y a eu une diminution de 103.000. La réduction de la superficie des terres arables est peut-être encore plus frappante. En 1842, le département des Basses-Alpes possédait 99 000 hectares, soit près de 245 000 acres de terres cultivées. En 1852, elle ne comptait que 74 000 hectares. Autrement dit, en dix ans, 25 000 hectares, soit

61 000 acres, avaient été emportés ou rendus inutilisables par les torrents et les abus des pâturages. — CLAVÉ , *Études* , pp. 66, 67.

[222] Le Skalära-Tobel, par exemple, près de Coire. Voir la description dans BERLEPSCH , *Die Alpen* , pp. 169 *et suiv.* , ou dans la traduction anglaise de Stephen.

Le changement récent dans le caractère de la Mella, une rivière autrefois si remarquable par la douceur de son courant qu'elle fut spécialement remarquée par Catulle comme coulant du molli flumine , mérite plus qu'une remarque en passant. Cette rivière prend sa source dans la chaîne de montagnes à l'est du lac d'Iseo et traverse la région de Brescia pour se jeter dans l'Oglio après un cours d'environ soixante-dix milles. Les usines sidérurgiques de la haute vallée de la Mella avaient depuis longtemps créé une demande considérable de bois, mais leurs opérations n'étaient pas assez étendues pour provoquer une destruction très soudaine ou générale des forêts, et le seul mal ressenti par les défrichements était la destruction progressive des forêts. diminution du volume de la rivière. Depuis une vingtaine d'années, la qualité supérieure des armes fabriquées à Brescia a considérablement élargi leur vente et stimulé très naturellement l'activité tant des forges que des charbonniers qui les fournissent, et les coteaux ont été rapidement dépouillés de leurs Charpente. Jusqu'en 1850, aucune inondation destructrice de la Mella n'avait été enregistrée. De nombreux bâtiments avaient été érigés sur sa marge, et sa vallée brillait par sa beauté rurale et sa fertilité. Mais lorsque la dénudation des montagnes eut atteint un certain point, la nature vengeresse commença l'œuvre de représailles. Au printemps et à l'été 1850, plusieurs nouveaux torrents se formèrent soudainement dans les vallées supérieures des affluents, et les 14 et 15 août de cette année-là, une chute de pluie, pas plus forte que celle qui avait été souvent connue, produisit une crue qui non seulement inondé une grande partie du terrain qui n'avait jamais débordé auparavant, mais détruisit un grand nombre de ponts, de barrages, d'usines et d'autres structures de valeur, et, ce qui était un mal bien plus grave, balaya des rochers une incroyable étendue de terre et convertit l'un des les plus belles vallées des Alpes italiennes dans un ravin presque aussi nu et aride que les gorges les plus sauvages du sud de la France. Le préjudice matériel fut estimé à plusieurs millions de francs, et la violence de la catastrophe fut jugée si extraordinaire, même dans un pays soumis à de semblables visites, que la sympathie suscitée pour les sinistrés produisit, en cinq mois, des contributions volontaires pour leur secours aux victimes. la somme de près de 200 000 \$ — *Delle Inondazioni del Mella, etc., dans la note du 14 au 15 août* 1850.

L'auteur de ce remarquable pamphlet a choisi comme devise un passage de la traduction de la Vulgate de Job, intéressant car montrant une observation précise de l'action du torrent : « Mons cadens definit, et saxum transfertur de loco suo; lapides excavant aquæ et alluvione paullatim terra consumitur." — *Job* XIV, 18, 19.

La version anglaise est beaucoup moins frappante et donne un sens différent.

[223] Streffleur cite de Duile les observations suivantes : « Le lit des ruisseaux tyroliens est souvent élevé bien au-dessus des vallées qu'ils traversent. Le lit de la Fersina est élevé au-dessus de la ville de Trient, qui se trouve à proximité. Villerbach coule à un niveau beaucoup plus élevé que celui de la place du marché de Neumarkt et de Vill, et menace de les submerger tous deux de ses eaux. Le Talfer de Botzen est au moins au même niveau que les toits de la ville voisine, sinon au-dessus d'eux. " Les clochers des villages de Schlanders, Kortsch et Laas sont plus bas que la surface du Gadribach. Le Saldurbach à Schluderns menace de destruction le village le plus bas, et le chef-lieu, Schwaz, est dans le même danger à cause du Lahnbach. ."— STREFFLEUR , *Ueber die Wildbäche, etc.* , p. 7.

[224] La neige dérive dans les ravins et s'accumule à des profondeurs incroyables, et l'eau résultant de sa dissolution et des pluies déluges qui tombent au printemps, et quelquefois en été, étant confinée par des parois rocheuses des deux côtés, s'élève jusqu'à un très grande hauteur, et acquiert bien sûr une immense vitesse et une immense puissance de transport dans sa descente rapide jusqu'à sa sortie de la montagne. Dans l'hiver 1842-1843, la vallée de la Doveria, le long de laquelle passe la route du Simplon, était remplie de congères solides jusqu'à une profondeur de cent pieds au-dessus de la route carrossable et de la piste de luge par laquelle les passagers et la poste étaient transportés. porté a couru à cette hauteur.

Toutes choses égales par ailleurs, le pouvoir de transport de l'eau est plus grand là où son écoulement est le plus rapide. C'est généralement dans la direction de l'axe du ravin. À mesure que le courant s'écoule hors de la gorge et s'échappe du confinement latéral de ses parois, il se propage et se divise en de nombreux ruisseaux plus petits, qui jaillissent de l'embouchure de la vallée, comme d'un centre, dans des directions différentes, comme les côtes. d'un éventail issu du pivot, chacun emportant avec lui son quota de pierres et de graviers. La plaine au-dessous du point de sortie de la montagne est rapidement soulevée par des torrents nouvellement formés, l'élévation dépendant de l'inclinaison du lit et de la forme et du poids de la matière transportée. Chaque crue augmente à la fois la hauteur de ce point central et étend toute la circonférence du gisement. Le courant conservant le plus près la direction primitive se meut avec le plus grand élan, et transporte par conséquent la matière solide dont il est chargé sur la plus grande distance.

Le lecteur non voyagé comprendra mieux cela lorsqu'il apprendra que le versant sud des Alpes s'élève généralement soudainement hors de la plaine, sans aucune colline intermédiaire pour interrompre la brusque transition, à l'exception de celles constituées de tas relativement petits de ses propres débris. apportés par d'anciens glaciers ou des torrents récents. Les torrents ne descendent pas dans des vallées s'élargissant progressivement vers les rivières ou la mer, mais jaillissent aussitôt des flancs des montagnes sur les plaines en contrebas. Cette disposition des surfaces facilite naturellement la formation de vastes dépôts à leurs points d'émergence, et le centre de l'accumulation, dans le cas de très petits torrents, atteint souvent une hauteur de cent pieds, et quelquefois beaucoup plus.

Les torrents et les rivières qui les reçoivent transportent les débris des montagnes sur des distances presque incroyables. Lorentz, dans un rapport officiel à ce sujet, cité par Marschand dans les Mémoires de la Société Agricole de Lyon, dit : « L'abattage des bois produit des torrents qui recouvrent le sol cultivé de cailloux et de fragments de roche, et ils ne limitez leurs ravages au voisinage des montagnes, mais étendez-les dans les champs fertiles de la Provence et des autres départements, à la distance de quarante ou cinquante lieues. » — Entwaldung *der Gebirge* , p. 17.

[225] Les parois escarpées du Val de Lys, et plus particulièrement du Val Doveria, bien que brisées çà et là, montrent en plusieurs endroits une face lisse sur un grand plan vertical, à une hauteur de centaines de pieds au-dessus du fond. de la vallée, qu'aucun organisme connu autre que la glace des glaciers n'est capable de produire, et bien sûr, ils peuvent n'avoir subi aucun changement sensible à ces points pendant une très longue période de temps. Les lits des rivières qui coulent dans ces vallées subissent occasionnellement un déplacement latéral, là où il y a place pour le déplacement du canal ; mais si une élévation ou une dépression s'y produit, elle est trop lente pour être perceptible, sauf dans le cas d'une obstruction simplement temporaire.

[226] Lombardini a constaté, il y a vingt ans, que la matière minérale apportée au Pô par ses affluents était, en général, broyée à peu près au même degré de finesse que les sables de son lit à leurs points de déversement. Dans le cas de la Trebbia, qui prend sa source dans les Apennins et se jette dans le Pô à Plaisance, il en était autrement : cette rivière roulait des cailloux et des graviers grossiers dans le lit du cours d'eau principal. Les rives des autres affluents, à l'exception de quelques-uns de ceux qui déversent leurs eaux dans les grands lacs, ou bien conservaient leurs bois, ou en étaient si longtemps dépourvues, que les torrents avaient emporté la plupart des roches désintégrées et meubles dans leur partie supérieure. bassins. La vallée de la Trebbia avait été récemment dégagée, et toutes les forces qui tendent à la dégradation et au transport des roches étaient en pleine activité. — *Notice sur les Rivières de la Lombardie, Annales des Ponts et Chaussées* , 1847, 1er semestre, p. 131.

Depuis les observations de Lombardini, de nombreuses vallées alpines ont été déboisées. Il serait intéressant de savoir si un changement sensible s'est produit dans le caractère ou la quantité des matières transportées par eux jusqu'au Pô.

[227] À mesure que les digues sont améliorées, et que les brèches et les fuites d'eau à travers elles sont moins fréquentes, la hauteur des inondations annuelles s'augmente. De nombreuses villes situées sur les rives du fleuve, et bien entendu à l'intérieur du système de digues parallèles, étaient autrefois à l'abri des inondations grâce à la hauteur des buttes artificielles sur lesquelles elles étaient construites ; mais ils ont été récemment obligés de construire des digues circulaires pour leur protection. — BAUMGARTEN , d'après LOMBARDINI , dans le document cité en dernier lieu, pp. 141, 147.

[228] Il y a trois siècles, alors que les pentes des montagnes conservaient encore une proportion beaucoup plus grande de leurs bois, les crues annuelles modérées du Pô étaient occasionnées par la fonte des neiges, et, comme le montre un passage du Tasse cité par Castellani ( *Dell' Influenza delle Selve* , i, p. 58, ndlr), elles ont eu lieu en mai. Les inondations beaucoup plus violentes du siècle actuel sont dues aux pluies, dont les eaux ne sont plus retenues par le sol forestier, mais transportées aussitôt vers les rivières, et elles se produisent presque uniformément en automne ou à la fin de l'été. Castellani, dans la page que nous venons de citer, dit que même vers 1780, le Pô avait besoin d'une forte pluie d'une semaine pour déborder de ses rives, mais que quarante ans plus tard, il était parfois mis en pleine crue en un seul jour.

[229] Ce changement de ligne de côte ne peut être attribué à des bouleversements, car une comparaison du niveau des bâtiments anciens - comme, par exemple, l'église de San Vitale et le tombeau de Théodoric à Ravenne - avec celui de la mer, tend à prouver une dépression plutôt qu'une élévation de leurs fondations.

Un calcul par une méthode différente rend les dépôts à l'embouchure du Po inférieurs de 2 123 000 mètres ; mais comme tous deux omettent le gravier et le limon roulés, sinon flottés, vers les eaux ordinaires et basses, nous pouvons supposer en toute sécurité qu'il s'agit d'une plus grande quantité. — *Article cité en dernier lieu* , p. 174. (Voir note, p. 329)

[230] Mengotti estimait la masse annuelle de matière solide « unie aux eaux du Pô » à 822 000 000 mètres cubes, soit près de vingt fois plus que, selon Lombardini, ce fleuve se jette dans l'Adriatique. Castellani suppose que les calculs de Mengotti sont bien en deçà de la vérité, et il ne fait aucun doute qu'une quantité bien plus grande de terre et de gravier est emportée par les Alpes et les Apennins que celle transportée vers la mer. — Castellani, DELL ' *Immediata Influenza delle Selve sul corso delle Acque* , i, pp. 42, 43.

Je me suis contenté de supposer moins d'un cinquième de l'estimation de Mengotti.

[231] BAUMGARTEN , *An. des Ponts et Chaussées* , 1847, 1er semestre, p. 175.

[232] La superficie totale du bassin du Pô, jusqu'à Ponte Lagoscuro [Ferrare], point où il a reçu tous ses affluents, est de 6 938 200 hectares, soit 4 105 600 en terres de montagne, 2 832 600 en terres de plaine. — DUMONT , *Travaux Publics, etc.* , p. 272.

Ces deux dernières quantités sont égales respectivement à 10,145,348 et 6,999,638 acres, soit 15,852 et 10,937 milles carrés.

[233] Je n'utilise pas les chiffres que j'ai empruntés ou supposés comme des facteurs dont la valeur est précisément établie; et, aux fins du présent argument, l'exactitude quantitative n'est pas importante. J'emploie les énoncés numériques simplement comme un moyen d'aider l'imagination à se faire une idée générale et certainement pas extravagante de l'étendue des révolutions géographiques que l'homme a beaucoup fait pour accélérer, sinon, à proprement parler, pour produire.

Il existe un vieux proverbe, *Dolus latet in generalibus* , et Arthur Young n'est pas le seul économiste public à avoir mis en garde ses lecteurs contre le caractère trompeur des chiffres ronds. Je pense, au contraire, que l'affectation de la précision dans les cas où la précision est impossible a produit bien plus d'erreurs. Dans toutes les grandes opérations de la nature terrestre, les éléments sont si nombreux et si difficiles à apprécier avec exactitude, que, jusqu'à ce que les moyens scientifiques d'observation et de mesure soient beaucoup plus perfectionnés qu'ils ne le sont aujourd'hui, nous devons nous contenter d'approximations générales. Je dis nature *terrestre* , parce que dans les mouvements cosmiques, nous avons moins d'éléments à traiter, et pouvons donc arriver à une précision beaucoup plus rigoureuse dans la détermination du temps et du lieu que nous ne pouvons le faire en fixant et en prédisant les quantités et les époques de phénomènes naturels variables sur la planète. la surface de la terre.

La valeur d'un niveau élevé de précision dans l'observation scientifique ne peut guère être surestimée ; mais des habitudes de rigueur rigoureuse ne seront jamais prises par un chercheur qui se permet de se fier implicitement à la précision numérique des résultats de quelques expériences. La merveilleuse précision des mesures géodésiques des temps modernes s'obtient, en général, en prenant la moyenne d'un grand nombre d'observations à chaque station, et cette précision finale n'est que l'équilibre mutuel et la compensation de nombreuses erreurs.

Les voyageurs sont souvent induits en erreur par les habitudes locales lorsqu'ils utilisent ce qu'on peut appeler des nombres représentatifs, où un défini est mis pour une quantité indéfinie. Un Grec, qui voulait exprimer la notion d'un nombre grand mais indéterminé, a utilisé « une myriade ou dix mille » ; un Romain, « six cents » ; un Oriental, « quarante », ou, à l'heure actuelle, très communément, « quinze mille ». Beaucoup de touristes ont gravement répété, comme un fait avéré, la vague déclaration des Arabes et des moines du Mont Sinaï, selon laquelle la montée du couvent de Sainte-Catherine jusqu'au sommet du Gebel Moosa compte « quinze mille » marches, bien que le la différence de niveau est à peine de deux mille pieds, et les « Quarante » Voleurs, les « quarante » moines martyrs du couvent d'El Arbain — sans parler d'un usage semblable de ce chiffre dans des cas plus importants — ont souvent été compris comme des expressions d'un nombre connu, alors qu'en fait ils signifient simplement *plusieurs* . Le nombre « quinze mille » a trouvé son chemin jusqu'à Rome, et De Quincey nous informe sérieusement, sous l'autorité d'une dame qui s'était donné beaucoup de mal pour vérifier la vérité exacte, que, y compris des placards assez grands *pour* un lit, le Vatican contient quinze mille pièces. Quiconque a observé les vastes dimensions de la plupart des appartements de cette structure admettra que nous accordons une très petite réserve d'espace lorsque nous attribuons une tige carrée, de seize pieds et demi carrés, à chaque pièce en moyenne. Sur un acre, il pourrait y avoir cent soixante de ces pièces, cloisons comprises ; et, pour en contenir quinze mille, un bâtiment doit couvrir plus de neuf acres et avoir dix étages de haut, ou posséder d'autres dimensions équivalentes, qui, comme tout voyageur le sait, dépassent de plusieurs fois la vérité.

L'écrivain le plus divertissant, About, réduit le nombre des chambres au Vatican, mais il compense cette réduction par des dimensions accrues, car il utilise le mot *salle* , qui ne peut s'appliquer à des cabinets à peine assez grands pour contenir un lit. Selon lui, il y a dans ce « presbytère », comme il l'appelle irrévérencieusement, douze mille grandes salles , trente cours et trois cents escaliers. — *Rome Contemporaire* , p. 68.

La prétendue exactitude des tableaux statistiques n'est généralement guère meilleure qu'une imposture ; et celles fondées non pas sur une estimation directe par des observateurs compétents, mais sur le rapport de personnes qui n'ont pas d'intérêt particulier à connaître, mais qui ont souvent un motif de déformer la vérité - comme les résultats des recensements - doivent généralement être considérées comme de vagues suppositions . au fait réel.

Fuller, qui, pour la combinaison de l'esprit, de la sagesse, de l'imagination et de la bonté personnelle, occupe la première place dans la littérature anglaise, remarque ainsi l'exactitude prétentieuse des auteurs historiques et statistiques : « J'approuve le simple, country By-word, comme contenant beaucoup Simplicité innocente là-dedans,

*'Presque et très près*
*d'avoir sauvé bien des mensonges.'*

De même les Latins ont leurs *prope* , *fere* , *juxta* , *circiter* , *plus minus* , utilisés en matière de fait par les historiens les plus authentiques. Oui, nous pouvons observer que l'Esprit de Vérité lui-même, en ce qui concerne *les nombres* et *les mesures* , dans les temps, les lieux et les personnes, utilise les modifications susmentionnées, sauf dans les cas où quelque mystère contenu dans le nombre nécessite une spécification particulière de celui-ci :

En temps.   Dans les lieux.   En personne.

Daniel, 5:33.   Luc, 24 :13.      Exode, 12:37.

Luc, 3:23.      Jean, 6 :19.      Actes, 2:41.

Personne donc ne peut me reprocher à juste titre, si, dans la même occasion, je me suis assuré des mêmes qualifications. En effet, ces historiens qui réduisent leur intelligence en *poudre de fraction* , faisant semblant de *fendre l'épingle* , *ratent parfois le mais* . Ainsi, on raconte que pendant la persécution sous *Dioélétien* , il n'y eut ni sous ni sur, mais seulement *neuf cent quatre-vingt-dix-neuf* martyrs. Oui, généralement ceux qui font le commerce de tels *articles de détail* et de si petites parcelles peuvent être félicités par les ignorants pour leur *soin* , mais condamnés par les judicieux pour leur *curiosité ridicule* . "— *L'histoire des dignes d'Angleterre* , je , page 59.

[234] SURELL , *Les Torrents des Hautes Alpes* , chap. XXIV. Dans de tels cas, le défrichement du terrain, qui, par suite d'un détournement momentané des eaux, ou pour quelque autre cause, s'est reboisé, renouvelle quelquefois les ravages du torrent. Ainsi, sur la rive gauche de la Durance, une pente boisée s'était formée par les débris charriés par les torrents, qui s'étaient éteints après avoir balayé une grande partie des couches superficielles de la montagne de Morgon. "Tout ce district était couvert de bois, qui se sont maintenant éclaircis et périssent de jour en jour; par conséquent, les torrents ont recommencé leurs ravages, et si les défrichements continuent, cette pente, aujourd'hui fertile, sera ruinée, comme ainsi bien d'autres. » — Id., p. 155.

[235] Là où un torrent n'a pas été longtemps en activité, et où la terre reste encore mêlée aux roches et aux graviers qu'il entasse à son point d'éruption, la végétation se relève bientôt et prospère, si elle est protégée contre les empiètements. En Provence, « plusieurs communes décidèrent, il y a une dizaine d'années, de réserver les sols ainsi gaspillés, c'est-à-dire de les

abandonner pour un certain temps, à une végétation spontanée, qui ne tarda pas à faire son apparition. » — Becquerel , Des *Climats* , p. 315.

[236] La roche est perméable à l'eau dans une plus grande mesure qu'on ne le suppose généralement. Le marbre fraîchement extrait, et même le granit, ainsi que la plupart des autres pierres, sont sensiblement plus lourds, plus mous et plus faciles à travailler qu'après avoir été séchés et durcis par assaisonnement à l'air. De nombreux grès sont suffisamment poreux pour servir de filtres aux liquides, et une grande partie de ceux de Haute-Égypte et de Nubie sifflent de manière audible lorsqu'ils sont jetés dans l'eau, à cause de l'échappement de l'air expulsé par la pression hydrostatique et l'attraction capillaire des pores pour l'eau. . Voir *annexe* , n ° 29 .

[237] Palissy avait observé l'action du gel sur la désintégration des roches, et il la décrit ainsi, dans son essai sur la formation des glaces : « Je sais que les pierres des montagnes des Ardennes sont plus dures que le marbre. ce pays n'extrait pas lesdites pierres en hiver, car elles sont sujettes au gel ; et plusieurs fois on a vu les roches tomber sans être coupées, au moyen desquelles beaucoup de personnes ont été tuées, lorsque lesdites roches fondaient. Palissy ignorait l'expansion de l'eau lors de la congélation - en fait il supposait que la force mécanique exercée par l'eau gelée était due à la compression et non à la dilatation - et c'est pourquoi il attribue au seul dégel des effets résultant non moins de la congélation.

Diverses forces se combinent pour produire les avalanches de pierres des hautes Alpes, dont la chute est l'un des plus grands dangers encourus par les explorateurs aventureux de ces régions : l'action directe du soleil sur la pierre, l'expansion de l'eau gelée et la relâchement des masses rocheuses par le dégel de la glace qui les soutenait ou les maintenait ensemble.

[238] WESSELY , *Die Oesterreichischen Alpenländer und ihre Forste* , pp. 125, 126. Wessely rapporte plusieurs autres événements plus ou moins similaires dans les Alpes autrichiennes. Certains d'entre eux, certes, ne doivent pas être attribués à l'enlèvement des bois, mais dans la plupart des cas, ils sont clairement imputables à cette cause.

[239] BIANCHI , Annexe à la traduction italienne de *la Géographie physique* de Mme SOMERVILLE , p. xxxvi.

[240] Voir dans KOHL , *Alpenreisen* , i, 120, un récit de la ruine des champs et des pâturages, et même de la destruction d'une large ceinture de forêt, par la chute de rochers à la suite de la coupe de quelques grands arbres. En Suisse, les bovins sont très souvent tués par des avalanches de pierres, et leurs propriétaires se garantissent contre cette perte en s'assurant contre ce risque ainsi que contre les dommages causés par le feu ou la grêle.

[241] *Entwaldung der Gebirge* , p. 41.

[242] L'importance du bois dans la prévention des avalanches est bien illustrée par le fait que, là où la forêt fait défaut, les habitants des localités exposées aux coulées de neige remplacent souvent les arbres en enfonçant des piquets dans la neige jusqu'au sol. et vérifiant ainsi sa propension à glisser. Les bois eux-mêmes sont parfois ainsi protégés contre les avalanches provenant des pentes au-dessus d'eux, et pour plus de sécurité, de petits arbres sont coupés le long de la ligne supérieure de la forêt et posés contre les troncs d'arbres plus grands, transversalement au trajet du glissement. , pour servir de barrière ou de barrage au mouvement d'une avalanche naissante, qui peut ainsi être arrêtée avant qu'elle n'acquière une vitesse et une force destructrices.

[243] La marée monte à Québec jusqu'à une hauteur de vingt-cinq pieds, et lorsqu'elle est aidée par un vent du nord-est, elle coule avec une violence presque irrésistible. Les radeaux contenant plusieurs centaines de milliers de pieds cubes de bois sont souvent emportés par la marée montante, déchirés en morceaux et dispersés sur des kilomètres le long des côtes.

[244] L'un d'eux, le Baron de Renfrew — ainsi nommé d'après un des titres des rois d'Angleterre — construit il y a trente ou quarante ans, mesurait 5,000 tonnes. Ce n'étaient rien d'autre que des radeaux, constitués de masses de bois presque solides conçues pour être démontées et vendues comme bois d'œuvre à leur arrivée au port de destination.

Le commerce du bois à Québec est encore très important. D'après un article récent de la *Revue des Deux Mondes* , cette ville exportait, en 1860, 30 000 000 de pieds cubes de bois équarri et 400 000 000 de pieds carrés de planches. L'épaisseur des planches n'est pas indiquée, mais je crois qu'elles sont généralement coupées d'un pouce et quart d'épaisseur pour le commerce de Québec, et comme elles rétrécissent un peu en séchant, on peut estimer dix carrés pour un pied cube de planches. Cela donne un total de 70 000 000 de pieds cubes. La densité du pin blanc est de 0,554, et le poids de cette quantité de bois, dont très peu est complètement séché, dépasserait un million de tonnes, même en supposant qu'il soit entièrement constitué de bois aussi léger que le pin. Le Nouveau-Brunswick exporte également une grande quantité de bois d'œuvre.

[245] Ce nom, issu du français *chantier* , qui a un sens plus large, s'applique en Amérique aux cabanes ou habitations temporaires érigées pour la commodité de la vie forestière, ou en relation avec des travaux d'amélioration matérielle.

[246] Les arbres diffèrent beaucoup dans leur capacité à résister à l'action des incendies de forêt. Les différents bois varient considérablement en termes de combustibilité, et même lorsque leur écorce est à peine brûlée, ils sont, en partie à cause de leur caractère physiologique, et en partie à cause de la

profondeur plus ou moins grande à laquelle leurs racines se trouvent habituellement sous la surface, affectés très différemment par les incendies continus. . Le pin blanc, *Pinus strobus* , étant le plus précieux, est aussi peut-être l'arbre le plus délicat de la forêt américaine, tandis que son congénère, le pin rigide du Nord, Pinus *rigida* , est moins blessé par le feu que tout autre arbre de ce pays. . J'ai entendu des bûcherons expérimentés affirmer que la croissance de ce pin était même accélérée par un incendie assez violent pour détruire tous les autres arbres, et je l'ai vu moi-même prospérer encore après un incendie qui n'avait laissé dans le bois non pas une feuille verte mais la sienne. , et jetant même du feuillage frais, alors que le vieux avait été complètement brûlé et que l'écorce était presque transformée en charbon de bois. Le bois du pitchpin a relativement peu de valeur pour le menuisier, mais il est utile à de très nombreuses fins. Sa rapidité de croissance, même dans les sols pauvres, sa rusticité et sa production abondante de produits résineux, lui donnent droit à une considération bien plus grande, comme arbre de plantation, qu'il n'en a reçu jusqu'ici en Europe ou en Amérique.

[247] Il y a entre cinquante et soixante ans, une montagne escarpée que je connais très bien, composée de roches métamorphiques et alors recouverte d'une épaisse couche de terre et d'une forêt vierge dense, a été accidentellement incendiée. L'incendie a eu lieu pendant une saison très sèche, la pente de la montagne était trop rapide pour retenir beaucoup d'eau, et l'incendie était d'un caractère extraordinairement violent, consumant presque entièrement le bois, brûlant les feuilles et la partie combustible de la moisissure, et en de nombreux endroits, la roche se fissure et se désintègre. Les pluies de l'automne suivant emportèrent une grande partie du sol restant, et le flanc de la montagne resta presque dépourvu de bois pendant deux ou trois ans après. Enfin, une nouvelle récolte d'arbres surgit et grandit vigoureusement, et la montagne est maintenant de nouveau couverte d'une épaisse couche. Mais la profondeur de moisissure et de terre est trop faible pour permettre aux arbres d'atteindre leur maturité. Lorsqu'ils atteignent un diamètre d'environ six pouces, ils meurent uniformément, et ils continueront sans doute à le faire jusqu'à ce que la pourriture des feuilles et du bois à la surface et la décomposition de la roche sous-jacente aient formé peut-être des centaines de dans quelques années, une couche de sol suffisamment épaisse pour supporter une forêt pleinement développée.

[248] La croissance du pin blanc, sur un bon sol et en pleine terre, est assez rapide jusqu'à ce qu'il atteigne le diamètre de quelques pieds, après quoi elle est beaucoup plus lente. L'habitat préféré de cet arbre est la terre sableuse légère. Sur ce sol et dans un bois dense, il lui faut un siècle pour atteindre le diamètre d'un mètre. Emerson ( *Trees of Massachusetts* , p. 65), dit qu'un pin de cette espèce, près de Paris, « planté depuis trente ans, mesure quatre-vingts pieds de haut et un diamètre de trois pieds ». Il déclare également que dix

pins blancs plantés à Cambridge, Massachusetts, en 1809 ou 1810, présentaient, dans l'hiver 1841 et 1842, un diamètre moyen de vingt pouces au sol, les deux plus grands mesurant, à une hauteur de trois pieds, quatre pieds huit pouces de circonférence ; et il mentionne un autre pin poussant dans un marais rocheux, qui, à l'âge de trente-deux ans, « donnait sept pieds de circonférence au mais, avec une hauteur de soixante-deux pieds six pouces ». Ce dernier, je suppose, est un semis, les autres *ont transplanté* des arbres, qui pouvaient avoir quelques années lorsqu'ils ont été placés là où ils ont finalement poussé.

Le cas suivant m'est venu à l'esprit : En 1824, un pin, si petit qu'une jeune femme, aidée d'un garçon, le souleva de terre et le transporta sur un quart de mille, fut planté près d'une maison. dans une ville du Vermont. Il était occasionnellement arrosé, mais ne recevait aucun autre traitement spécial. J'ai mesuré cet arbre en 1860, et je l'ai trouvé, à quatre pieds du sol et entièrement au-dessus de l'étendue des racines, deux pieds et quatre pouces de diamètre. Il ne pouvait pas avoir plus de trois pouces de diamètre lors de la transplantation, et a dû augmenter son diamètre de vingt-cinq pouces en trente-six ans.

[249] WILLIAMS , *Histoire du Vermont* , ii, p. 53. *Les voyages* de DWIGHT , iv, p. 21, et iii, p. 36. EMERSON , *Arbres du Massachusetts* , p. 61. PAROISSE , *Vie du président Wheelock* , p. 56.

[250] Les arbres forestiers des États du Nord n'atteignent pas une longévité extrême dans les bois denses. Le Dr Williams a constaté qu'aucun des énormes pins dont il a déterminé l'âge ne dépassait trois cent cinquante ou quatre cents ans, bien qu'il cite un ami qui pensait avoir remarqué des arbres considérablement plus âgés. Le chêne vit plus longtemps que le pin, et l'épinette de pruche a peut-être une durée de vie tout aussi longue. Un arbre de cette dernière espèce, coupé à ma connaissance dans un bois épais, comptait quatre cent quatre-vingt-six, ou, selon un autre observateur, cinq cents cercles annuels.

Une grande luxuriance de la production animale et végétale ne s'accompagne généralement pas d'une longue durée de vie de l'individu. Les hommes les plus âgés ne se trouvent pas dans la ville surpeuplée ; et sous les tropiques, où la vie est prolifique et précoce, elle est également courte. Les arbres forestiers les plus anciens dont nous ayons connaissance ne sont pas ceux qui poussent dans des bois épais, mais des spécimens isolés, sans voisin plus grand pour intercepter la lumière, la chaleur et l'air, et sans rival pour partager la nourriture fournie par le sol.

La croissance plus rapide et les plus grandes dimensions des arbres situés près de la limite de la forêt sont des sujets d'observation familiers. « Une longue expérience a montré que les arbres qui poussent à la lisière du bois peuvent être coupés à soixante ans aussi avantageusement que d'autres de la même espèce, élevés au fond de la forêt, à cent vingt ans. Nous avons souvent remarqué : dans nos Alpes, que le tronc des arbres en bordure d'un bosquet est le plus développé ou élargi sur le côté extérieur ou ouvert, là où les branches s'étendent le plus loin, tandis que les cercles concentriques de croissance sont plus uniformes dans ceux entièrement entourés d'autres arbres. , ou debout entièrement seul. "-A. et G. VILLA , *Necessità dei Boschi* , pp. 17, 18.

[251] Caimi déclare qu'« une seule flottation dans la Valteline en 1839 a causé des dommages estimés à plus de 800 000 \$ et évalués en réalité à 250 000 \$. » — *Cenni sulla Importanza e Coltura dei Boschi* , p. 65.

[252] La plupart des physiciens qui ont étudié les lois de l'hydraulique naturelle soutiennent que, en conséquence d'une obstruction directe et d'une résistance de friction à l'écoulement de l'eau des rivières le long de leurs rives, il y a à la fois une rapidité accrue du courant et une élévation de l'eau. au milieu du canal, de sorte qu'une rivière présente toujours une surface convexe. Les bûcherons le nient. Ils affirment que, lorsque les rivières montent, l'eau est la plus haute au milieu du canal et tend à rejeter les objets flottants vers le rivage ; pendant qu'ils tombent, il est le plus bas au milieu et les objets flottants s'inclinent vers le centre. Les bûches, dit-on, roulées dans l'eau pendant la montée, sont très susceptibles de se loger sur les berges, tandis que celles mises à flot pendant la baisse des eaux se maintiennent dans le courant et sont transportées sans entrave jusqu'à leur destination.

Les forestiers et les bûcherons, comme les marins et autres personnes dont les occupations quotidiennes les mettent en contact, et souvent en conflit, avec de grandes forces naturelles, ont de nombreuses opinions particulières, pour ne pas dire des superstitions. Dans l'une de ces catégories, il faut ranger la croyance universelle des bûcherons, selon laquelle, avec une hauteur d'eau donnée et en un nombre d'heures donné, une scierie coupe plus de bois la nuit que le jour. Ayant été personnellement intéressé par plusieurs scieries, j'ai fréquemment conversé à ce sujet avec des scieurs, et j'ai toujours été assuré par eux que leur expérience uniforme établissait que, toutes choses étant égales par ailleurs, l'action de la machinerie des scieries est plus rapide en la nuit que le jour. Je regrette — peut-être devrais-je avoir honte — de dire que mon scepticisme a été trop fort pour me permettre de profiter de l'occasion qui m'est offerte de tester cette question en passant une nuit, montre à la main, à compter les coups de scie. Des personnes plus impartiales, et je dois l'ajouter, très intelligentes et très crédibles m'ont informé qu'elles l'avaient fait, et ont trouvé le rapport des scieurs abondamment confirmé. Un géomètre, qui était aussi un bûcheron, un scieur et un machiniste expérimenté, un bon mathématicien et un observateur précis, m'a répété à plusieurs reprises qu'il avait très souvent « chronométré » les scieries et qu'il trouvait la différence en faveur du travail de nuit au-dessus de trente heures. pour cent. *C'est quelque chose.*

[253] Pour de nombreux exemples de ce genre, voir BECQUEREL , *Des Climats, etc.* , pp. 301-303. En 1664, les Suédois firent une incursion dans le Jutland et abattirent une étendue considérable de forêt. Après leur retraite, une étude des dégâts a été réalisée et le rapport existe toujours. Le nombre d'arbres coupés s'élevait à 120 000, et comme un compte était tenu du nombre de chaque espèce d'arbre, le document présente un intérêt pour l'histoire de la forêt, car il montre les proportions relatives entre les différents arbres qui composaient la forêt. bois. Voir VAUPELL . *Bögens Indvandring* , p. 35, et *Notes* , p. 55.

[254] Depuis que j'ai écrit ce paragraphe, je suis tombé sur — et cela chez un auteur espagnol — une de ces étranges coïncidences de pensée que tout homme de lecture diverse rencontre si souvent. Antonio Ponz ( *Viage de España* , i, prólogo, p. lxiii), dit : « Cela ne serait pas non plus un si grand mal si certains d'entre eux ne déclamaient pas contre les arbres, se proclamant ainsi, en quelque sorte, ennemis des *œuvres* de Dieu, qui nous a donné pour demeurer la demeure verdoyante du Paradis, où nous serions encore en séjour maintenant, sans le premier péché, qui nous en a expulsés.

Je ne sais à quelle époque les deux Castilles furent dépouillées de leurs bois, mais la proverbiale « haine de l'arbre » des Espagnols est ancienne. Herrera combat vigoureusement ce préjugé insensé ; et Ponz, dans le prologue du neuvième volume de son voyage, dit que beaucoup l'ont poussé jusqu'à détruire sans raison les arbres d'ombrage et d'ornement plantés par les autorités municipales. « Les arbres », affirmaient-ils, et croient toujours, « engendrent des oiseaux, et les oiseaux mangent le grain ». Notre auteur argumente contre la supposition de « la reproduction des oiseaux par les arbres », qui, dit-il, est aussi absurde que de croire qu'un orme puisse produire des poires ; et il suggère charitablement que l'expression est peut-être une *manière de dire* , une expression populaire, signifiant simplement que les arbres abritent des oiseaux.

[255] L'intolérance religieuse avait produit des effets similaires en France à une période antérieure. « La révocation de l'édit de Nantes et des dragonnades occasionna la vente des forêts des malheureux protestants, qui fuyaient chercher à l'étranger la liberté de conscience qui leur était refusée en France. Les forêts furent bientôt abattues par les acheteurs, et le sol en partie mis en culture."'- BECQUEREL , *Des Climats, etc.* , p. 303.

[256] Il faut rappeler au lecteur américain que, dans le langage de la chasse et du droit anglais, une « forêt » n'est pas nécessairement un bois. Toute grande étendue de terrain, soustraite à la culture, réservée aux plaisirs de la chasse, et laissée se revêtir d'une croissance spontanée, servant de ce qu'on

appelle techniquement « couvert » pour les animaux sauvages, est, dans les dialectes que j'ai mentionnés, une forêt. Par conséquent, lorsque les rois normands ont boisé les terrains mentionnés dans le texte, il ne faut pas supposer qu'ils y ont planté des arbres, bien que la protection que leur accordent les lois sur la chasse aurait bientôt été, si le bétail avait été tenu à l'écart. les convertis en vrais bois.

[257] *Histoire des Paysans*, II, p. 190. L'ouvrage de Bonnemère est d'une grande valeur pour ceux qui étudient l'histoire de l'Europe médiévale dans le désir d'en connaître le caractère réel, et non dans l'espoir de trouver des faits apparents pour étayer une théorie fausse et dangereuse. Bonnemère est l'un des rares écrivains qui, comme Michelet, ont eu l'honnêteté et l'audace de dire la vérité sur les relations entre l'Église et le peuple au Moyen Âge.

[258] Il est douloureux d'ajouter qu'un attentat similaire a été perpétré il y a très peu d'années, dans l'un des États européens, par un prince d'une famille aujourd'hui détrônée. Dans ce cas, cependant, le prince a tué l'intrus de sa propre main, ses sergents refusant d'exécuter son mandat.

[259] GUILLAUME DE NANGIS, tel que cité dans les notes de JOINVILLE, *Nouvelle Collection des Mémoires, etc.*, par Michaud et Poujoulat, première série, i, p. 335.

Les personnes connaissant le caractère et l'influence du clergé médiéval n'auront guère besoin d'être informées que les dix mille livres ne parvinrent jamais au Trésor royal. Il était facile de prouver au roi naïf que, les profits du péché étant le monopole de l'Église, il ne devait pas tirer profit de la commission d'un crime par l'un de ses sujets ; et les prêtres furent assez rusés à la fois pour s'assurer du montant de l'amende et pour extorquer à Louis d'importantes subventions supplémentaires pour réaliser les desseins auxquels ils consacraient l'argent. « Et bien que le roi ait pris les deniers, dit le chroniqueur, il ne les a pas mis dans son trésor, mais les a transformés en bonnes œuvres ; car il a bâti avec cela la maison-Dieu de Pontoise, et l'a dotée de rentes et de terres. ; aussi les écoles et le dortoir des frères prêcheurs de Paris, et le monastère des frères minoritaires."

[260] *Histoire des Paysans*, II, p. 200.

[261] Les détails suivants de Bonnemère serviront à donner une idée plus complète du caractère vexatoire et irritant des lois sur la chasse en France. Les officiers de chasse allèrent jusqu'à interdire l'arrachage des chardons et des mauvaises herbes, ou la fauche de tout terrain non clôturé avant la Saint-Jean [24 juin], afin que les nids du gibier à plumes ne fussent pas dérangés. Il était illégal de clôturer des terrains dans les plaines où se trouvaient les résidences royales ; il fut ordonné de planter des épines dans tous les champs de blé, d'orge ou d'avoine, pour empêcher l'utilisation de filets de terre pour

attraper les oiseaux qui consommaient, ou étaient censés consommer, le grain, et il était interdit de couper ou de tirer le chaume avant le premier octobre, de peur que les perdrix et les cailles ne soient privées de leur abri. Pour la destruction des œufs de caille, une amende de cent livres était infligée pour le premier délit, le double pour le deuxième, et pour le troisième le coupable était fouetté et banni pour cinq ans à six lieues de la forêt. .— *Histoire des Paysans* , II, p. 202, texte et notes.

Ni ces sanctions sévères, ni aucune disposition élaborée grâce à l'ingéniosité de la législation moderne, n'ont pu réprimer efficacement le braconnage. « Les lois sur la chasse, dit Clavé, ne nous ont pas délivrés des braconniers, qui tuent vingt fois plus de gibier que les chasseurs. Dans la forêt de Fontainebleau, comme dans toutes celles appartenant à l'État, le braconnage est un phénomène très répandu et très répandu. un délit très lucratif. C'est en vain que les gardes-chasse sont en alerte nuit et jour, ils ne peuvent l'empêcher. Ceux qui suivent le commerce commencent par étudier attentivement les habitudes du jeu. Ils resteront immobiles à terre, près du au bord des routes ou dans les fourrés, des journées entières, surveillant les sentiers les plus fréquentés par les animaux, " etc. — *Revue des Deux Mondes* , Mai, 1863, p. 160.

L'auteur ajoute de nombreux détails à ce sujet, et il apparaît que, comme il y a des « mendiants à cheval » en Amérique du Sud, il y a des braconniers en carrosse en France.

[262] « Des arbres entiers étaient sacrifiés pour les fins les plus insignifiantes ; les paysans coupaient deux sapins pour fabriquer une seule paire de sabots. » — MICHELET , cité par CLAVÉ , *Études* , p. 24.

Un gaspillage semblable régnait autrefois en Russie, mais pas pour la même cause. Au temps de Saint-Pierre, les planches apportées à Saint-Pétersbourg n'étaient pas sciées, mais taillées à la hache, et un arbre ne fournissait qu'une seule planche.

[263] "A cent cinquante pas de ma maison se trouve une colline de sable flottant, sur laquelle se dressaient quelques pins épars. *Pinus sylvestris* et *Sempervivum tectorum* en abondance, *Statice armeria* , *Ammone vernalis* , *Dianthus carthusianorum* , avec d'autres plantes des sables, J'ai planté quelques bouleaux sur la colline, et toutes les plantes que j'ai mentionnées ont complètement disparu, bien qu'il y ait de nombreuses taches de sable nu entre les arbres. Il faut ajouter cependant que la butte est plus densément boisée que * * * Il semble donc que *Sempervivum tectorum* , etc., ne supporte pas le voisinage du bouleau, bien qu'il pousse bien près du *Pinus sylvestris* . J'ai trouvé la grande variété rouge d' *Agaricus deliciosus* seulement parmi les racines du pin ; l' *Agaricus deliciosus* bleu verdâtre parmi les racines d'aulne, mais pas à proximité d'aucun autre arbre. Les oiseaux ont leurs préférences parmi les arbres et les

arbustes. Les *Silviæ* préfèrent le *Pinus Larix* aux autres arbres. Dans mon jardin, ce *Pinus* n'est jamais sans eux, mais je n'ai jamais vu un oiseau se perche sur *Thuja occidenialis* ou *Juniperus sabina* , bien que le feuillage épais de ces derniers arbres offre aux oiseaux un meilleur abri que les feuilles lâches d'autres arbres. Même un troglodyte ne parvient jamais à atteindre l'un d'eux. Peut-être que l'odeur du *Thuya* et du *Genévrier* leur est offensante. J'ai gâté une de mes prairies en coupant les buissons. Il portait autrefois de l'herbe de quatre pieds de haut, parce que de nombreuses plantes ombellifères, telles que *Heracleum spondylium* , *Spiræa ulmaria* , *Laserpitium latifolia* , etc., y poussaient. A l'abri des buissons, ces plantes mûrissaient et donnaient des graines, mais elles disparurent peu à peu à mesure que les arbustes disparaissaient, et l'herbe ne pousse plus à plus de deux pieds de hauteur, parce qu'elle n'est plus obligée de suivre le rythme de la végétation. ombellifères qui y prospéraient." Voir un article de JG BÜTTNER , de Kurland, dans BERGHAUS ' *Geographisches Jahrbuch* , 1852, n° 4, pp. 14, 15.

Ces faits sont intéressants car ils illustrent la multitude de conditions souvent obscures dont dépend la vie ou la croissance vigoureuse des petits organismes. On trouve des espèces particulières de truffes et de champignons associées à des arbres particuliers, sans être, comme on le croit généralement, des parasites tirant leur nourriture des racines mourantes ou mortes de ces arbres. Le succès des expériences de Rousseau semble décisif sur ce point, car il obtient de plus grandes récoltes de truffes sur un sol couvert de jeunes plants de chênes que sur celui rempli de racines de vieux arbres. Voir un article sur le Mont Ventoux, de Charles Martins, dans la *Revue des Deux Mondes* , Avril, 1863, p. 626.

Il faudrait bien plus généralement savoir que la plupart, sinon tous les champignons, même ceux des espèces réputées vénéneuses, peuvent être rendus inoffensifs et sains comme aliment en les trempant pendant deux heures dans de l'eau acidulée ou salée. L'eau nécessite deux ou trois cuillerées de vinaigre ou deux cuillerées de sel gris par litre, et un litre d'eau suffit pour une livre de champignons tranchés. Après ce trempage, ils sont bien lavés dans l'eau douce, jetés dans l'eau froide, qui est portée au point d'ébullition, et, après y être restés une demi-heure, sortis et lavés de nouveau. Gérard, pour prouver que « les crumpets sont sains », mangea cent soixante-quinze livres des champignons les plus vénéneux ainsi préparés, en un seul mois, en nourrit sa famille ad libitum, et finalement les administra, à doses *héroïques* , aux membres d'une commission désignée par le Conseil de la Santé de la ville de Paris. Voir FIGUIER , *L'Année Scientifique* , 1862, pp. 353, 384. Voir *Annexe* , n° 31 .

On sait depuis longtemps que les paysans russes consomment partout ailleurs en toute impunité des champignons d'espèces considérées comme très vénéneuses. N'est-il pas probable que le secret pour les rendre inoffensifs, connu de Pline, quoique oublié depuis en Italie, soit possédé par les rustiques Moscovites ?

[264] *Géographie physique* , p. 486.

[265] *Origine des espèces* , édition américaine, p. 69.

[266] Les auteurs sur la physiologie végétale rapportent de nombreux cas où des graines ont poussé après être restées dormantes pendant des siècles. Les cas suivants, mentionnés par le Dr Dwight ( *Travels* , ii, pp. 438, 439), peuvent être nouveaux pour de nombreux lecteurs :

« Les terres [à Panton, Vermont], qui ont été ici autrefois cultivées, et qui ont de nouveau été laissées à l'abandon pendant plusieurs années, donnent une riche et belle croissance de caryer [ Carya porcina ]. *De* ce bois, il n'y a pas, je crois, un seul arbre dans n'importe quelle forêt originale à moins de cinquante milles de cet endroit. La croissance indigène était ici du pin blanc, dont je n'ai pas vu une seule tige dans tout un bosquet de caryer.

Le caryer est une noix dont le fruit est trop lourd pour pouvoir être transporté à cinquante milles par les oiseaux, et d'ailleurs, je crois qu'il n'est mangé par aucun oiseau indigène du Vermont.

"Un champ, à environ cinq milles de Northampton, sur une éminence appelée Rail Hill, était cultivé il y a environ un siècle. La végétation indigène ici et dans toute la région environnante était entièrement composée de chênes, de châtaigniers, etc. Comme le champ appartenait à mon grand-père, j'ai eu la meilleure occasion d'apprendre son histoire. Elle contenait environ cinq acres, en forme de parallélogramme irrégulier. Comme les sauvages rendaient la culture dangereuse, elle fut abandonnée. Sur ce terrain poussait un bosquet de pins blancs. couvrant le champ et conservant exactement sa forme. Autant que je m'en souvienne, il n'y avait pas un seul chêne ou châtaignier. * * * Il n'y avait pas un seul pin dont les graines étaient, ou, probablement, avaient été depuis des siècles, suffisamment presque avoir été plantés à cet endroit. Le fait que ces pins blancs couvraient exactement ce champ, de manière à conserver à la fois son étendue et sa figure, et qu'il n'y en avait pas dans le voisinage, sont des preuves décisives que la culture a apporté les graines d'une ancienne forêt dans les limites de la végétation, et leur a donné l'occasion de germer."

[267] Le vieux Valvasor avait observé l'influence apaisante des solitudes de la nature. En décrivant le Canker-Thal solitaire, qui, bien que rocheux, était à son époque bien boisé de « sapins, mélèzes, hêtres et autres arbres », il dit : « La gaieté et la beauté qui habitent de nombreuses vallées ne peuvent être regardées car là-bas. Le voyage à travers ce pays est triste, mélancolique, fastidieux, et sert à tempérer et mortifier l'excès de joie de la pensée. * * * En

résumé, c'est un pays très sauvage, où la sauvagerie de l'orgueil humain s'apprivoise. "- *Ehre der Crain* , je, p. 136, b.

[268] Valvasor dit, dans le même paragraphe que je viens de citer : « Dans mes nombreux voyages à travers cette vallée, je n'ai jamais aperçu le moindre oiseau. »

[269] Smela, dans le gouvernement de Kiew, n'a, depuis quelques années, plus du tout souffert des criquets, qui venaient autrefois chaque année en vastes essaims, et le charançon, si nuisible aux récoltes de navets, y est moins destructeur que dans d'autres parties de la province. Cette amélioration est due en partie à une culture plus approfondie du sol, en partie aux bosquets qui sont disséminés parmi les terres labourées. * * * Lorsqu'au milieu des plaines des bois seront plantés et remplis d'oiseaux insectivores, les criquets cesseront d'être un fléau et une terreur pour le fermier. — Rentzsch, Der Wald , pp. 45, 46.

[270] L'Angleterre est, je crois, le seul pays où l'entreprise privée a poursuivi la sylviculture à une très grande échelle, bien que des exemples admirables aient été donnés dans de nombreux autres pays des deux côtés de l'Atlantique. En Angleterre, la loi de primogéniture et d'autres institutions et coutumes nationales qui tendent à maintenir les grands domaines longtemps indivis et dans la même ligne d'héritage, la richesse des propriétaires fonciers et la difficulté de trouver des placements de capitaux sûrs et rentables, se combinent pour permettre des encouragements à la plantation de forêts, qui n'existent nulle part ailleurs au même degré. Le climat de l'Angleterre est également très favorable à la croissance des arbres forestiers, bien que le caractère de la surface garantisse une grande partie de l'île des maux qui ont résulté de la destruction des bois ailleurs, et par conséquent leur restauration est une question. de moindre importance géographique en Angleterre que sur le continent.

[271] La préservation des bois de la frontière orientale de la France, comme une sorte d'abattis naturel, est également reconnue par le gouvernement de ce pays comme une mesure importante de défense militaire, bien qu'il y ait eu des opinions contradictoires à ce sujet.

[272] Prenons l'approvisionnement en bois pour les traverses de chemin de fer. Selon Clavé (p. 248), la France compte 9 000 kilomètres de voies ferrées en exploitation, 7 000 en construction, dont la moitié est construite à double voie. En ajoutant les aiguillages et les voies supplémentaires dans les gares, le nombre de traverses nécessaires pour une seule voie s'élève à 1 200 par kilomètre, soit, comme le calcule Clavé, pour l'ensemble du réseau français, 58 000 000. Comme disent les écoliers, « cette somme ne prouve pas » ; pour 16 000 + 8 000 pour la double voie à mi-chemin = 24 000, et 24 000 × 1 200 = 28 800 000. D'après Bigelow ( *Les États Unis en 1863* , p. 439), les

États-Unis avaient en exploitation ou en construction au 1er janvier 1862 51 000 milles, soit environ 81 000 kilomètres de voies ferrées, et les opérations militaires de la guerre civile actuelle étendent rapidement le système. En admettant la même proportion qu'en France, les chemins de fer américains nécessitaient 97,200,000 traverses en 1862. La consommation de bois en Europe et en Amérique au cours de la génération actuelle, occasionnée par cette demande, a exigé le sacrifice de plusieurs centaines de milliers d'acres de forêt, et si l'on considère ajoutez-y la quantité employée pour les postes télégraphiques, nous avons une quantité de destructions, pour des usages entièrement nouveaux, qui est vraiment épouvantable.

La consommation de bois pour les allumettes de Lucifer est énorme, et j'ai entendu parler de plusieurs cas où des étendues de forêt de pins, s'étendant sur des centaines, voire des milliers d'acres, ont été achetées et abattues, uniquement pour fournir du bois à cet effet.

La demande de bois pour les petites sculptures et les jouets pour enfants est incroyablement importante. Rentzsch affirme que l'exportation de ces objets depuis la seule ville de Sonneberg s'élevait, en 1853, à 60 000 centimes, soit un poids de trois mille tonnes. — *Der Wald*, p. 68. Voir *Annexe*, n° 33.

L'importance de gérer la forêt de manière à ce qu'elle puisse continuer indéfiniment à fournir un approvisionnement suffisant en matériaux pour l'architecture navale est bien illustrée par quelques remarques du même auteur dans le petit ouvrage précieux que nous venons de citer. Il suggère que la prospérité de l'Angleterre moderne est due, dans une large mesure, aux approvisionnements en bois et autres matériaux pour la construction et l'équipement des navires, provenant des forêts de ses colonies et d'autres pays avec lesquels elle a entretenu d'étroites relations commerciales. et il ajoute : « L'Espagne, qui par sa position semblait destinée au pouvoir universel, et qui, en fait, le possédait autrefois, a perdu son rang politique, parce que pendant l'administration imprudente des successeurs de Philippe II, le trésor vide n'a pas pu fournir les moyens de construire de nouvelles flottes ; car la destruction des forêts avait élevé le prix du bois au-dessus des ressources de l'État. » — *Der Wald*, p. 63.

On peut dire que le prix du marché du bois, comme celui de tous les autres produits, est, d'une manière générale, régulé par les lois de l'offre et de la demande, mais il est également contrôlé par ces accidents apparemment sans rapport qui déçoivent si souvent les calculs des investisseurs. économistes politiques dans d'autres branches du commerce. Un cas curieux de ce genre est signalé par CERINI, *Dell' Impianto e Conservazione dei Boschi*, p. 17 : « Dans les montagnes du Lac Majeur, les années où le maïs est bon marché, les bûcherons peuvent se procurer de la semoule de maïs pour une semaine en trois jours de travail, et ils refusent de travailler les quatre jours restants. D'où les marchands de bois. Les habitants, ne pouvant satisfaire à la demande, faute de main-d'œuvre, sont obligés d'augmenter le prix pour la saison suivante, tant pour le bois de construction que pour le bois de chauffage, de sorte qu'un bas prix du grain entraîne un prix élevé du bois de construction et du combustible. La conséquence est que, bien que les pauvres se soient approvisionnés à bon marché en nourriture, ils doivent payer cher le bois de chauffage, et ils ne peuvent pas trouver de travail, parce que le prix élevé du bois a découragé les réparations et la construction, dépenses que les propriétaires fonciers ne peuvent entreprendre lorsque leur les revenus ont été réduits par la vente de céréales à bas prix et, par conséquent, la demande de bois d'œuvre n'est pas suffisante pour inciter les marchands de bois à fournir du travail aux bûcherons.

[273] Outre le remplacement du bois par le fer, une grande économie de consommation de ce dernier matériau a été réalisée par la renaissance d'anciennes méthodes pour augmenter sa durabilité et par l'invention de nouveaux procédés dans le même but. Le conservateur le plus efficace jamais découvert pour le bois employé sur terre est le sulfate de cuivre, dont une solution est introduite dans les pores du bois alors qu'il est vert, par trempage, par pompes à force, ou, de manière plus économique, par la simple pression de une colonne de fluide dans un petit tuyau relié à l'extrémité de la pièce de bois soumise au traitement. Clavé ( *Études Forestières* , pp. 240-249) donne un compte rendu intéressant des divers procédés employés pour rendre le bois impérissable, et affirme que des traverses de chemin de fer injectées de sulfate de cuivre en 1846, furent retrouvées absolument intactes en 1855 ; et les postes télégraphiques, préparés deux ans plus tôt, sont aujourd'hui dans un état de parfaite conservation.

Dans de nombreux cas, la méthode d'injection est trop coûteuse et un procédé plus simple est fortement souhaitable. La question du moment approprié pour l'abattage du bois n'est pas réglée, et les meilleurs modes d'assaisonnement à l'air, à l'eau et à la vapeur ne sont pas encore complètement déterminés. Les expériences sur ces sujets mériteraient bien le patronage des gouvernements des pays nouveaux, où elles peuvent être faites très facilement, sans qu'il soit nécessaire de gaspiller beaucoup de matériel précieux et sans arrangements coûteux d'observation.

La pratique consistant à écorcer les arbres vivants quelques années avant leur abattage est aussi ancienne que l'époque de Vitruve, mais elle est beaucoup moins suivie qu'elle ne le mérite, en partie parce que le bois des arbres ainsi traités a tendance à se fissurer et à se fendre, et en partie parce que le bois des arbres ainsi traités a tendance à se fissurer et à se fendre. parce que cela devient si dur qu'il est difficile de le faire.

En Amérique, l'économie de la consommation de combustible a été grandement favorisée par le remplacement du bois par le charbon, l'usage généralisé des poêles à bois et à charbon, et récemment par l'emploi de l'anthracite dans les fourneaux des machines à vapeur fixes et des locomotives. Toutes les objections à l'emploi de l'anthracite dans ce dernier but semblent avoir été surmontées, et les améliorations apportées à sa combustion ont été accompagnées d'une grande économie pécuniaire et d'un grand avantage pour la conservation des bois.

L'emploi du charbon a produit une grande réduction de la consommation de bois de chauffage à Paris. En 1815, l'approvisionnement en bois de chauffage de la ville nécessitait 1 200 000 stères, ou mètres cubes ; en 1859, elle était tombée à 501.805, tandis que, dans le même temps, la consommation de charbon était passée de 600.000 à 432.000.000 de quintaux métriques. Voir CLAVÉ, *Études*, p. 212.

Je pense qu'il doit y avoir quelque erreur dans cette dernière somme, car 432 millions de quintaux métriques équivaudraient à 43 millions de tonnes, quantité qu'il est difficile de supposer qu'elle puisse être consommée dans la ville de Paris. Le prix du bois de chauffage n'a guère augmenté à Paris depuis un demi-siècle, alors que celui du bois a généralement augmenté énormément.

[274] Au cours des deux premières années de l'actuelle guerre civile aux États-Unis, vingt-huit mille noyers ont été abattus pour approvisionner une seule manufacture européenne de crosses d'armes pour le marché américain.

[275] Parmi les preuves indirectes de l'existence relativement récente de forêts étendues en France, on peut citer le fait que les loups étaient abondants, il n'y a pas très longtemps, dans les parties de l'empire où il n'y a plus ni loups ni bois pour les abriter. . Arthur Young parle plus d'une fois des « multitudes innombrables » de ces animaux qui infestèrent la France en 1789, et George Sand affirme, dans l' *Histoire de ma Vie*, que quelques années après la restauration des Bourbons, ils poursuivaient les voyageurs à cheval dans les Provinces du Sud, et frappe littéralement aux portes de la campagne de son beau-père.

[276] Dans le *Recepte Véritable*, Palissy ayant exprimé son indignation devant la folie des hommes de détruire les bois, son interlocuteur défend la politique de leur abattage, en citant l'exemple de « divers évêques, cardinaux, prieurs, abbés, moines, et chapitres qui, en coupant leurs bois, ont fait trois bénéfices, " la vente du bois, la rente de la terre et la " bonne part " qu'ils ont reçue du grain cultivé par les paysans. A cet argument, Palissy répond : « Je ne saurais assez détester cette chose, et je l'appelle non pas une erreur, mais une malédiction et une calamité pour toute la France ; car quand les forêts seront coupées, tous les arts cesseront, et ceux qui les pratiquent Je serai

chassé pour manger de l'herbe avec Nabuchodonosor et les bêtes des champs. J'ai pensé à plusieurs reprises à écrire les arts qui périront quand il n'y aura plus de bois; mais après en avoir écrit un grand nombre, je J'ai compris qu'il ne pouvait y avoir de fin à mes écrits, et après avoir soigneusement réfléchi, j'ai découvert qu'il n'y en avait pas qui puisse être suivi sans bois. * * " Et en vérité, je pourrais bien t'invoquer mille raisons, mais c'est une philosophie si bon marché, que les filles mêmes de la chambre, si elles réfléchissent, peuvent voir que sans bois, il n'est pas possible d'exercer aucune manière d'agir. " art humain ou ruse. "— *Œuvres de* BERNARD PALISSY , p. 89.

[277] Depuis la rédaction du paragraphe ci-dessus, j'ai trouvé l'opinion que j'ai adoptée sur ce point confirmée par les enquêtes minutieuses de Rentzsch, qui estime la proportion appropriée de terres boisées par rapport à la surface totale à vingt-trois pour cent. pour l'intérieur de l'Allemagne, et suppose que près de la côte, où l'air est alimenté en humidité par l'évaporation de la mer, on pourrait sans danger le réduire à vingt pour cent. Voir l'essai très précieux de Rentzsch, *Der Wald im Haushalt der Natur und der Volkswirthschaft* , cap. viii.

La proportion due en France dépasserait considérablement celle des États allemands, parce que la France a relativement plus de superficies impropres à toute végétation que celle du bois, parce que la forme et le caractère géologique de ses montagnes exposent son territoire à des dommages beaucoup plus grands des torrents, et parce que au moins, ses provinces du sud sont plus fréquemment touchées à la fois par une sécheresse extrême et par des pluies torrentielles.

[278] *Études sur l'économie forestière* , p. 261. Clavé ajoute (p. 262) : « Les forêts russes sont très inégalement réparties sur le territoire de ce vaste empire. Au nord elles forment des masses immenses et couvrent des provinces entières, tandis qu'au sud elles manquent si complètement que le les habitants n'ont d'autre combustible que la paille, le fumier, les joncs et la bruyère. » * * * « A Moscou, le bois de chauffage coûte trente pour cent de plus qu'à Paris, tandis qu'à quelques lieues de distance, il se vend au dixième de ce prix.

Cet état de choses est dû en partie au manque de moyens de transport, et certaines régions des États-Unis se trouvent dans une situation similaire. Au cours d'un hiver rigoureux, il y a six ou sept ans, le gel soudain des canaux et des rivières, avant qu'une grande ville américaine n'ait reçu son approvisionnement habituel en combustible, provoqua une hausse énorme du prix du bois et du charbon, et les pauvres souffrèrent gravement. faute de cela. À quelques heures de la ville se trouvaient de vastes forêts et un stock abondant de bois de chauffage abattu et préparé pour le brûlage. Cela aurait pu facilement être transporté jusqu'en ville par les chemins de fer qui traversaient les bois ; mais les gestionnaires des routes refusèrent de le recevoir comme fret, parce que l'ouverture d'un nouveau marché pour le bois risquait de faire monter le prix du combustible qu'ils employaient pour leurs locomotives.

Hohenstein, qui a longtemps travaillé comme forestier en Russie, décrit les conséquences de la guerre générale contre les forêts de ce pays comme déjà très désastreuses et comme menaçant de maux encore plus désastreux. Le fleuve Volga, artère vitale du commerce intérieur russe, s'assèche pour cette raison, et les grandes plaines moscovites progressent rapidement vers une désolation semblable à celle de la Perse. — *Der Wald*, p. 223.

Le niveau de la mer Caspienne est quatre-vingt-trois pieds plus bas que celui de la mer d'Azoff, et la surface du lac Aral s'enfonce rapidement. Von Baer soutient que la dépression de la Caspienne a été produite par un affaissement soudain, dû à des causes géologiques, et non graduellement par un excès d'évaporation par rapport à l'offre. Voir *Kaspische Studien*, p. 25. Mais cet affaissement diminua l'étendue et par conséquent l'évaporation de cette mer, et les fleuves qui maintenaient autrefois son ancien équilibre devraient la relever à son ancien niveau, si leur propre débit n'avait pas été diminué. Il n'est, en effet, pas prouvé que la mise à nu d'un pays boisé diminue la précipitation annuelle totale qui y tombe ; mais il est certain que l'évaporation estivale à la surface d'une région champêtre, comme celle où coulent la Volga, ses affluents et les sources du lac Aral, est augmentée par l'enlèvement de ses bois. Par conséquent, bien qu'il puisse encore tomber autant de pluie dans les vallées de ces rivières que lorsque toute leur surface était couverte de forêts, elles pourront fournir une moindre quantité d'eau depuis que leurs bassins ont été dégagés, et c'est pourquoi l'état actuel des eaux intérieures en question peut être due à la disparition des forêts dans leurs bassins.

[279] Rentzsch *(Der Wald, etc.* , pp. 123, 124) indique comme suit les proportions de forêts dans différents pays européens :

| | Pour cent. | Acres par habitant. | | Pour cent. | Acres par habitant. |
|---|---|---|---|---|---|
| Allemagne | 26.58 | 0,6638 | Suisse | 15. | 0,396 |
| Grande Bretagne | 5. | 0,1 | Hollande | 7.10 | 0,12 |
| France | 16h79 | 0,3766 | Belgique | 18h52 | 0,186 |

| Russie | 30.90 | 4.28 | Espagne | 5.52 | 0,291 |
|---|---|---|---|---|---|
| Suède | 60. | 8h55 | le Portugal | 4h40 | 0,182 |
| Norvège | 66. | 24.61 | Sardaigne | 12.29 | 0,223 |
| Danemark | 5,50 | 0,22 | Naples | 9.43 | 0,138 |

Aucun pays européen ne peut probablement aussi bien se passer des forêts, en tant qu'influence conservatrice, que l'Angleterre et l'Irlande. Leur position insulaire et leur latitude assurent une abondance d'humidité atmosphérique, et l'inclinaison générale de la surface n'est pas de nature à l'exposer à des dommages particuliers causés par les torrents. La proportion appropriée de terres boisées en Angleterre et en Irlande est donc une question presque purement économique, qui doit être décidée par le rendement pécuniaire direct et comparatif de la croissance forestière, des pâturages et des labours.

En Écosse, où le pays est pour la plupart plus accidenté et plus montagneux, la destruction générale des forêts a été accompagnée de maux très graves, et c'est en Écosse que se sont formées maintenant un grand nombre des plantations forestières britanniques les plus étendues. Mais bien que l'inclinaison de la surface en Écosse soit rapide, la constitution géologique du sol n'est pas de nature à favoriser une dégradation aussi destructrice par l'eau courante que dans le sud de la France, et il n'a pas à lutter contre les sécheresses desséchantes qui ont provoqué les dévastations de l'Écosse. les torrents sont rendus plus nuisibles dans cette partie de l'empire français.

En donnant la proportion des terres boisées par rapport à la population, je calcule le Morgen de Rentzsch à 0,3882 d'acre anglais, parce que je trouve, par le Dictionnaire des poids et mesures le plus précis et le plus précieux d'Alexandre, que telle est la valeur du Morgen de Dresde, et Rentzsch est un écrivain saxon. Dans les différents États allemands, il existe plus de vingt mesures foncières différentes connues sous le nom de Morgen, dont la valeur varie d'environ un tiers d'acre à plus de trois acres. Quand le monde sera-t-il assez sage pour s'unir en adoptant les systèmes métrique et monétaire français ? Quant à ces derniers, jamais tant que la chrétienté continue d'être gouvernée par des changeurs de monnaie, qui peuvent vous obliger à vous séparer de vos souverains en France à vingt-cinq francs, et en Angleterre à accepter quinze shillings pour vos napoléons. Je parle en tant que victime. *Experto croit Roberto.*

[280] Selon les maximes de la jurisprudence anglaise, la common law est constituée de coutumes générales établies depuis si longtemps que « la

mémoire de l'homme ne va pas dans le sens contraire ». En d'autres termes, une longue coutume fait loi. Dans les pays nouveaux, le changement de circonstances crée de nouvelles coutumes et, avec le temps, de nouvelles lois, sans l'aide de la législation. Si les colons américains avaient observé une économie plus sobre dans le traitement de leurs bois, un nouveau code de droit forestier coutumier aurait surgi et aurait acquis force de loi. L'habitude populaire élaborait rapidement les principes fondamentaux d'un tel code, lorsque l'augmentation rapide de la valeur du bois, par suite de la dévastation inconsidérée des forêts, fit que les propriétaires avaient intérêt à intervenir dans ce système naissant de jurisprudence forestière. et font appel aux règles du droit anglais pour la protection de leurs bois. Les tribunaux ont accueilli ces appels et la propriété forestière est désormais juridiquement aussi inviolable que toute autre, même si l'opinion commune continue de s'opposer à la décision judiciaire sur de telles questions.

Aux États-Unis, des essaims d'abeilles mellifères, en quittant la ruche mère, s'installent souvent dans les arbres creux des bois voisins. Selon les premières coutumes de la Nouvelle-Angleterre, celui qui trouvait un « arbre à abeilles » sur les terres d'un autre propriétaire était considéré comme ayant droit au miel en vertu du droit de découverte ; et comme accessoire nécessaire de ce droit, il pouvait couper l'arbre, à la saison convenable, sans demander la permission au propriétaire du sol. La quantité de « miel sauvage » dans un arbre était souvent importante, et la « chasse aux abeilles » était si lucrative qu'elle devenait presque une profession régulière. Le « chasseur d'abeilles » sortit avec une petite boîte contenant du miel et un peu de vermillon. Les abeilles attirées par le miel se marquaient avec le vermillon, et étaient donc plus facilement suivies dans leur vol de retour, et reconnues lorsqu'elles revenaient une seconde fois pour le butin. Lorsqu'il est chargé de déblais, cet insecte retourne à sa ruche par le chemin le plus court, et c'est pourquoi une ligne droite est communément appelée en Amérique « ligne d'abeille ». Par une telle ligne, le chasseur suivait les abeilles jusqu'à leur ruche sylvestre, marquait l'arbre de ses initiales et revenait pour obtenir son prix à l'automne. Lorsque le droit du « chasseur d'abeilles » fut enfin contesté par les propriétaires fonciers, il fut difficile d'obtenir, dans les tribunaux inférieurs, des jugements en faveur de ces derniers, et ce ne fut qu'après des décisions répétées des tribunaux supérieurs. que le droit supérieur du propriétaire du sol était enfin reconnu.

[281] *Étude sur le reboisement des montagnes* , p. 5.

[282] « En Amérique, dit Clavé (p. 124, 125), où il y a une vaste étendue de terre presque sans valeur pécuniaire, mais où le travail est cher et le taux de l'intérêt élevé, il est rentable de cultiver une terre. grande superficie au moindre coût possible : la culture *extensive* y est la plus avantageuse. En Angleterre, en France et en Allemagne, où tous les coins du sol sont occupés

et où le moindre morceau de terre est vendu à un prix élevé, mais où le travail et le capital sont relativement bon marché, il est plus sage d'employer une culture *intensive*. * * * Tous les efforts du cultivateur doivent être dirigés vers l'obtention d'un résultat donné avec le moins de sacrifices, et il y a également une perte pour la république si l'application de les procédés agricoles améliorés soient négligés là où ils sont avantageux, ou s'ils soient employés là où ils ne sont pas nécessaires.* * * A ce point de vue, la sylviculture doit suivre les mêmes lois que l'agriculture, et, comme elle, être modifiée selon les besoins économiques. conditions des différents États. Dans les pays riches en bonnes forêts et peu peuplés, il faut recourir à des méthodes élémentaires et bon marché ; dans les régions civilisées, où une population dense exige que le sol soit amené à produire tout ce qu'il peut produire, la forêt artificielle régulière, avec tous les procédés qu'enseigne la science, devrait être cultivée. Il serait absurde d'appliquer aux forêts infinies du Brésil et du Canada la méthode du Spessart par « doubles étapes », et cela ne l'est pas moins dans notre pays, où chaque mètre de terrain a une grande valeur, de laisser à la nature le soin de de multiplier les arbres, et de se contenter de couper, tous les vingt ou vingt-cinq ans, les maigres pousses que le hasard a pu produire.

[283] On pose souvent comme une loi universelle que le bois des arbres à végétation lente est supérieur à celui des arbres à croissance rapide. C'est un de ces lieux communs par lesquels les hommes aiment à se soustraire au travail d'une observation minutieuse. Il y a, en fait, tellement d'exceptions qu'on peut douter qu'il soit vrai dans un sens quelconque. La plupart des cèdres ont une croissance lente ; mais tandis que le bois des uns est ferme et durable, celui des autres est léger, cassant et périssable. L'épinette de la pruche a une croissance plus lente que celle des pins, mais son bois a très peu de valeur. Les chênes et les hêtres des pâturages présentent une largeur de grain — et, bien sûr, un accroissement annuel — deux fois plus grand que les arbres de la même espèce cultivés dans les bois ; et le criquet américain, *Robinia pseudacacia*, dont le bois est d'une dureté et d'une durabilité extrêmes, est, de tous les arbres indigènes de l'Amérique du Nord-Est, de loin celui à croissance la plus rapide.

Pour illustrer l'interdépendance mutuelle des arts mécaniques, je puis mentionner qu'en Italie, où la pierre, la brique et le plâtre sont presque les seuls matériaux utilisés en architecture, et où les ustensiles de cuisine «creux» sont en cuivre ou en argile , les outils ordinaires pour travailler le bois sont d'une description très inférieure, et le bois de criquet se révèle trop dur pour leur caractère. Southey nous informe, dans "Espriella's Letters", que lorsqu'une petite quantité d'acajou fut importée en Angleterre, au début du siècle dernier, les ébénistes furent incapables de l'utiliser, à cause de l'état défectueux de leurs outils, jusqu'à ce que la demande de meubles de le nouveau bois les obligea à améliorer la qualité de leurs outils. En Amérique, le faible coût du bois en a longtemps fait le matériau préféré pour presque toutes les utilisations auxquelles il pouvait être appliqué. Les couverts mécaniques et les outils des artisans des États-Unis sont d'un état, d'une finition et d'une commodité admirables, et aucun bois n'est trop dur, ni trop réfractaire, pour être travaillé avec une grande facilité, à la fois par des outils manuels et par la multitude d'ingénieux. machines que les Américains ont inventées à cet effet.

[284] *Études Forestières* , p. 7.

[285] *Études Forestières* , p. 7.

[286] Pour des catalogues très complets d'arbres forestiers américains et des remarques sur leur répartition géographique, consulter les articles sur le sujet du Dr JG Cooper, dans le rapport de la Smithsonian Institution pour 1858 et le rapport de l'Office des brevets des États-Unis, Division agricole, pour 1860.

[287] Bien que le catalogue des arbres de Spenser figure dans le premier chant du premier livre de la "Faëry Queene" - le seul chant de ce poème exquis effectivement lu par la plupart des étudiants en littérature anglaise - il n'est pas généralement familier au point de faire ressortir le citation tout à fait superflue :

VII.

Enforst de chercher quelque secret à portée de
main, un bosquet ombragé pas plus loin qu'ils
spide, qui promettent d'aider à résister à la
tempête; dont les arbres nobles, remplis de
fierté d'été, ont jailli si large, que la lumière du
ciel s'est cachée, non perceptible avec le
pouvoir de n'importe quel starr:Et tous à
l'intérieur étaient des chemins et des allées
larges,avec des pieds usés, et menant vers
l'intérieur farr;Faire port qu'ils semblent; alors
ils sont entrés dans ar.

VIII.

Et ils passent, avec plaisir menés en avant,
heureux d'entendre la douce harmonie des
oiseaux, qui y est enveloppée par la tempête
dred, semblent dans leur chant mépriser le ciel
cruel. Ils peuvent beaucoup louer les arbres si
droits et hy, le pin sayling ; le cèdre gros et

grand; l'orme à vigne; le peuplier ne sèche
jamais ; le constructeur Oake, seul roi de toutes
les forêts ; l'aspine est bonne pour les douves ;
les funérailles du cyprès ;

IX.

Le laurier, mélange de puissants conquérants
et de poètes sages ; le sapin qui pleure encore ;
Le saule, usé des amants désespérés; L'eugh,
obéissant à la volonté des maîtres; Le bouleau
pour les arbres; le jaunâtre pour le moulin;Le
mirrhe sweete-saignement dans la blessure
amère;Le hêtre guerrier; la cendre pour rien de
mal ; l'olive fructueuse ; et le platane rond ; le
sculpteur holme ; l'érable sonne rarement vers
l'intérieur.

[288] Le noyer est un arbre plus précieux qu'on ne le suppose
généralement. Elle donne le tiers de l'huile produite en France, et occupe sous
ce rapport une position intermédiaire entre l'olive du midi et les oléagineux
du nord. Un hectare (environ deux acres et demi) produira des noix pour une
valeur de cinq cents francs par an, qui ne coûtent que la cueillette.
Malheureusement, il faut attendre longtemps pour atteindre sa maturité, et
l'on coupe plus de noyers que de plantés. La demande de son bois pour
l'ébénisterie est la principale cause de sa destruction. Voir LAVERGNE ,
*Économie rurale de la France* , p. 253.

D'après Cosimo Ridolfi (Lezioni Orali, ii. p. 424), la France tire de la noix
trois fois plus d'huile que de l'olive, et presque autant que de toutes les graines
oléagineuses réunies. Il affirme que la noix donne des noix à l'âge de vingt
ans, et donne son maximum de produit à soixante-dix ans, et qu'un hectare
de terre avec trente arbres, ou douze par acre, équivaut à un capital de deux
mille cinq cents francs. .

La noix de cet arbre est connue aux États-Unis sous le nom de « noyer
anglais ». Les fruits et le bois ressemblent beaucoup à ceux du noyer noir
américain, *Juglans nigra* , mais pour l'ébénisterie, le noyer américain est le plus
beau matériau, surtout lorsqu'on emploie de gros nœuds. Le bois des espèces
européennes, lorsqu'il est à grain droit et *clair* ou exempt de nœuds, est, pour
les usages ordinaires, meilleur que celui du noyer noir américain, mais n'a
aucune comparaison avec le bois du caryer, lorsque la résistance est combinée
à l'élasticité. est nécessaire, et sa noix a un goût très inférieur à celui du
shagbark, ainsi qu'au noyer cendré, auquel il ressemble un peu.

« La châtaigne est plus précieuse encore, car elle produit sur un sol stérile qui, sans elle, ne donnerait que des fougères et des bruyères, nourriture abondante pour l'homme. » — Lavergne, Économie Rurale de la FRANCE , *p* . 253.

Je crois que les variétés développées par la culture sont moins nombreuses chez le noyer que chez le châtaignier, ce dernier arbre étant souvent greffé dans le sud de l'Europe.

[289] Ce sapin est remarquable par sa tendance à cicatriser ou à cicatriser sur ses souches, propriété qu'il possède en commun avec quelques autres sapins, le pin maritime et le mélèze d'Europe. Lorsque ces arbres poussent en touffes épaisses, leurs racines sont susceptibles de s'unir par une espèce de greffe naturelle, et si l'un d'eux est abattu, bien que ses propres radicelles meurent, la souche peut continuer, parfois pendant un siècle, à recevoir de la nourriture de les radicules des arbres environnants et un dôme de bois et d'écorce d'une épaisseur considérable soient formés dessus. La cicatrisation n'est cependant qu'apparente, car la souche entière, à l'exception de l'anneau extérieur de croissance annuelle, meurt bientôt et même se décompose à l'intérieur de son enveloppe, sans émettre de nouvelles pousses.

[290] À l'âge de douze ou quinze ans, le chêne-liège est dépouillé pour la première fois de son écorce externe. Ce premier rendement est de qualité inférieure et est employé pour les flotteurs des filets et des bouées, ou brûlé pour le noir de fumée. Après cela, une nouvelle couche de liège, d'un pouce ou d'un pouce et quart d'épaisseur, se forme environ une fois tous les dix ans, et est enlevée en grandes feuilles sans nuire à l'arbre, qui vit cent cinquante ans ou plus. D'après Clavé (p. 252), le produit annuel d'une forêt de chênes-lièges est calculé à environ 660 kilogrammes, valant 150 francs, à l'hectare, ce qui, déduction faite des dépenses, laisse un bénéfice de 100 francs. Cela équivaut à peu près à un poids de 250 livres et à un bénéfice de huit dollars par acre. Les chênes-lièges du domaine national en Algérie couvrent environ 500 000 acres et sont loués à des particuliers à des tarifs qui devraient, lorsque l'ensemble est loué, rapporter à l'État un revenu d'environ 2 000 000 $.

George Sand, dans son *Histoire de ma Vie* , parle des forêts de liège du sud de la France comme parmi les possessions rurales les plus rentables, et affirme, ce que je ne me souviens pas avoir vu ailleurs, que la Russie est le meilleur client du liège. Les grandes feuilles extraites des arbres sont découpées en fines plaques et utilisées pour tapisser les murs des appartements dans ce climat froid.

[291] Le noyer, le châtaignier, le pommier et le poirier sont communs à la frontière entre les pays que j'ai mentionnés, mais la gamme des autres arbres est limitée par les Alpes et par une ligne bien définie et nettement tracée. à l'ouest de ces montagnes. Je ne peux pas donner de détails

statistiques sur le nombre d'arbres en question, ni sur la superficie qu'ils couvriraient s'ils étaient regroupés dans un pays donné. Par quelque particularité du ciel de l'Europe, les plantes cultivées prospéreront, dans le nord de l'Italie, dans le sud de la France et même en Suisse, sous une profondeur d'ombre où aucune culture, pas même l'herbe, digne d'être récoltée, ne pousserait aux États-Unis avec une température estivale tout aussi élevée. C'est pourquoi la culture de tous ces arbres est praticable en Europe dans une mesure plus grande qu'on ne le supposerait conciliable avec les intérêts de l'agriculture. On peut se faire une idée de l'importance des vergers d'oliviers par le fait que la Sicile seule, île qui n'excède guère 10.000 milles carrés de superficie, dont un tiers au moins est absolument stérile, a exporté vers le seul port de Marseille plus de 2.000.000 d'oliviers. livres poids d'huile d'olive par an, au cours des vingt dernières années.

[292] Il est difficile de dire dans quelle mesure la forme particulière de la gracieuse couronne de ce pin est due à la taille. Il est vrai que les extrémités des branches les plus hautes sont rarement coupées, mais les branches latérales sont presque uniformément éloignées jusqu'à une hauteur très considérable, et il n'est pas improbable que la forme du sommet en soit affectée.

[293] D'ailleurs, dans un pays aussi diversifié en superficie — je voudrais qu'on puisse dire avec les Français *accidenté* — que l'Italie, à l'exception de la région champêtre drainée par le Pô, tout nouveau champ de vision exige soit un *coup d'état extraordinaire œil* chez le spectateur, ou une longue étude, afin d'en maîtriser le relief, ses plans, ses angles saillants et en retrait. En été, la verdure universelle confond lumière et ombre, distance et premier plan ; et bien que l'impression sur un voyageur, qui voyage pour l'amour des « sensations », puisse être renforcée par l'anéantissement mystérieux de tous les étalons de mesure de l'espace, l'intelligibilité supérieure du paysage hivernal de l'Italie est plus profitable à ceux qui voir en vue d'analyser.

[294] Bosquet, ou taillis, du français *couper*, couper, signifie proprement un bois dont les arbres sont coupés à certaines périodes de croissance immature, et laissés repousser à partir des racines ; mais il en est venu à signifier, très communément, un jeune bois, bosquet ou fourré, sans référence à son origine ou à son caractère de culture forestière.

[295] On a récemment déclaré, d'après le témoignage des forestiers du gouvernement de Grèce et du jardinier de la reine, qu'on a découvert en Arcadie un grand bois, composé d'un sapin qui a la propriété de soulever à la fois verticalement et latéralement. pousses de la souche des arbres abattus et formant une nouvelle couronne. On crut d'abord que cette forêt ne poussait que sur les « montagnes », dont le héros du conte le plus amusant d'About, *Le Roi des Montagnes* , était « roi » ; mais on dit maintenant que de petites

souches, avec les pousses attachées, ont été envoyées en Allemagne et reconnues par des botanistes habiles comme de véritables produits naturels.

[296] Les forêts naturelles sont rarement, voire jamais, composées d'arbres d'une seule espèce, et l'expérience a montré que les chênes et autres feuillus, plantés comme bois artificiels, doivent être mélangés ou associés à d'autres arbres aux habitudes différentes.

Dans la forêt de Fontainebleau, « les chênes, mêlés en proportion aux hêtres, dit Clavé, peuvent arriver à l'âge de cinq ou six cents ans en pleine vigueur, et atteindre des dimensions que je n'ai jamais vues dépassées ; ils ne sont absolument pas mélangés avec d'autres arbres, ils commencent à dépérir et à mourir au sommet, à l'âge de quarante ou cinquante ans, comme des hommes vieux avant l'âge, las du monde et ne désirant que le quitter. observés dans la plupart des plantations de chênes dont j'ai parlé, et ils n'ont pas pu atteindre leur pleine croissance. Lorsque la végétation s'est aperçue languir, ils ont été coupés, dans l'espoir que cette opération leur rendrait leur vigueur, et que les nouvelles pousses réussiraient mieux que les arbres originaux et, en fait, elles semblaient se rétablir pendant les premières années. Mais les pousses furent bientôt attaquées par la même pourriture, et l'opération dut être renouvelée à des intervalles de plus en plus courts. , jusqu'à ce qu'il soit finalement nécessaire de traiter comme taillis les plantations initialement conçues pour le système de pleine croissance. Ce n'était pas tout : le sol, périodiquement mis à nu par ces boutures, s'appauvrissait et devenait de moins en moins propice à la croissance du chêne. * * * Il fut alors proposé d'introduire le pin et de planter avec lui les clairières et les clairières. * * * Par ce moyen, la forêt fut sauvée de la ruine qui la menaçait, et maintenant plus de 10,000 acres de pins, âgés de quinze à trente ans, sont disséminés en divers points, tantôt mêlés de feuillus, tantôt formant bosquets par eux-mêmes. "- *Revue des Deux Mondes* , mai 1863, pp. 153, 154.

Les forêts du Danemark, auxquelles a succédé, dans les temps modernes, le hêtre, espèce plus encline à l'exclusivité que tout autre arbre à feuilles larges, étaient composées de bouleaux, de chênes, de sapins, de trembles, de saules, de noisetiers et d'érables. , les trois premières étant les principales espèces. À l'heure actuelle, le hêtre prédomine largement. — VAUPELL , *Bögens Indvandring* , pp. 19, 20.

[297] *Études Forestières* , p. 89.

[298] Les terrains qu'il est le plus important de revêtir de bois en guise d'influence conservatrice, et qui, en outre, peuvent être le mieux épargnés de l'usage agricole, sont les flancs de collines abruptes. Mais l'accomplissement de tous les devoirs du forestier envers l'arbre - semis, plantation, éclaircie et enfin abattage et enlèvement pour la consommation - est plus laborieux sur une pente rapide que sur un sol plat, et en même temps il est difficile de

appliquer de l'irrigation ou du fumier aux arbres ainsi situés. L'expérience a montré qu'il y a un grand avantage à terrasser le flanc d'une colline avant de la planter, à la fois pour empêcher le lessivage de la terre en contrôlant l'écoulement de l'eau le long de sa pente, et pour présenter une surface favorable à l'irrigation, ainsi qu'à la culture. fumant et cultivant l'arbre. Mais même sans un procédé aussi coûteux, des résultats très importants ont été obtenus en supprimant simplement les déclivités. "Afin de hâter la croissance du bois sur les flancs d'une montagne, M. Eugène Chevandier a divisé la pente en zones de quarante ou cinquante pieds de largeur, par des fossés horizontaux fermés aux deux extrémités, et a ainsi obtenu, de sapins d'âges différents, des pousses doublent les dimensions de celles qui poussaient sur un sol sec de même caractère, où l'eau pouvait s'écouler sans obstruction. "— DUMONT , *Des Travaux Publics, etc.* , pp. 94-96.

Les fossés avaient environ deux pieds et demi de profondeur et trois pieds et demi de largeur, et coûtaient environ quarante francs l'hectare, ou trois dollars l'acre. Cette croissance extraordinaire était entièrement produite par la rétention de l'eau de pluie dans les fossés, d'où elle filtrait à travers tout le sol et fournissait de l'humidité aux racines des arbres. On peut se demander si, dans un climat assez froid pour geler tout le contenu des fossés en hiver, il ne serait pas opportun de puiser l'eau en automne, comme pourrait le prouver la présence d'une si grande quantité de glace dans le sol. nuisible aux arbres trop jeunes et trop petits pour abriter efficacement le sol contre le gel.

Chevandier calcule que, si la croissance annuelle du pin dans le sol marécageux des Vosges est représentée par un, elle sera égale à deux en terrain sec, à quatre ou cinq sur des pentes tellement creusées ou nivelées de manière à retenir l'eau qui y coule des chemins. ou des pentes abruptes, et six où la terre est maintenue constamment humide par l'infiltration des ruisseaux. — *Comptes Rendus à l'Académie des Sciences* — t. XIX, Juillet, décembre 1844, p. 167.

L'effet de l'irrigation accidentelle est bien démontré par la croissance des arbres plantés le long des canaux d'irrigation qui traversent les champs dans de nombreuses régions d'Italie. Ils prospèrent abondamment, malgré un élagage continuel, et apportent une contribution très importante au stock de combustible pour l'usage domestique ; tandis que les arbres, situés si loin des canaux qu'ils sont hors de portée de leur infiltration, ont une croissance beaucoup plus lente, dans des circonstances par ailleurs également favorables.

Dans d'autres expériences de Chevandier, dans de meilleures conditions, le rendement du bois était augmenté, par une irrigation judicieuse, dans le rapport de sept pour un, les bénéfices de celui de douze pour un. A l'Exposition de 1855, Chambrelent exposa de jeunes arbres qui, en quatre ans à partir de la graine, avaient atteint une hauteur de seize et vingt pieds et un diamètre de dix et douze pouces. Chevandier expérimenta divers engrais et trouva que certains d'entre eux pouvaient être appliqués avec profit sur des arbres jeunes, mais non sur des arbres vieux, la quantité requise dans ce dernier cas étant trop grande. Les cendres de bois et les déchets des fabriques de soude sont particulièrement recommandés. J'ai vu une croissance extraordinaire produite dans les sapins par l'application de mousse de savon.

[299] Bien que l'économie de la forêt ait reçu peu d'attention aux États-Unis, aucun amoureux de la nature américaine ne peut manquer d'observer une différence marquée entre un bois indigène dont le bétail est exclu et un bois où il est autorisé à le brouter. Quelques saisons suffisent pour l'extirpation totale des « sous-bois », y compris les jeunes arbres dont dépend seule la reproduction de la forêt, et toutes les branches de ceux de plus grande taille qui pendent à la portée du bétail sont dépouillées de leurs bourgeons et feuilles, et bientôt se fanent et tombent. Ces effets sont observables à grande distance, et un pâturage boisé se reconnaît, presque aussi loin qu'on peut le voir, à la régularité avec laquelle son feuillage inférieur se termine à ce que Ruskin appelle quelque part la « ligne du bétail ». Celui-ci est toujours parallèle à la surface du sol et est déterminé par la hauteur que les quadrupèdes domestiques peuvent atteindre pour se nourrir des feuilles. En décrivant une visite à la ferme grand-ducale de San Rossore, près de Pise, où est gardé un grand troupeau de chameaux, Chateauvieux raconte : « En passant par un bois de chênes verts, j'ai observé que toutes les brindilles et le feuillage des arbres étaient coupé jusqu'à une hauteur d'environ douze pieds au-dessus du sol, sans laisser une seule gerbe au-dessous de ce niveau. J'ai été informé que le broutage des chameaux avait taillé les arbres aussi haut qu'ils pouvaient atteindre. "- Lullin de Chateauvieux , Lettres *sur l'Italie* , p. 113.

La suppression de l'abri offert par les broussailles et les branches pendantes des arbres permet aux vents desséchants et glacials de dessécher et de refroidir le sol, et bien sûr, cela nuit à la croissance du bois. Mais ce n'est pas tout. Le pas des quadrupèdes expose et meurtrit les racines des arbres, qui meurent souvent de cette cause, comme on peut le constater en suivant les sentiers tracés par le bétail à travers les bois.

[300] J'ai remarqué ailleurs que la plupart des insectes qui déposent et éclosent leurs œufs dans le bois de la forêt naturelle se confinent aux arbres morts. Non seulement c'est un fait, mais il est également vrai que beaucoup de foreurs ne s'attaquent qu'au bois fraîchement coupé. Leur saison de travail est courte et, à moins que l'arbre ne soit coupé pendant cette période, il est à l'abri d'eux. En été, vous pouvez les entendre faire tourner leurs tarières dans le bois d'un jeune pin à l'écorce vert tendre, alors que vous êtes assis sur son tronc, dans la semaine qui suit son abattage, mais les aubaines de l'hiver ne sont pas endommagées par le ver et même intact depuis des siècles. Dans les forêts de pins de la Nouvelle-Angleterre, après que le bûcheron régulier a

enlevé les arbres debout, ces vieux troncs sont arrachés des mousses et des feuilles qui les recouvrent à moitié, et fournissent souvent un excellent bois. La lente décomposition de ce bois dans les bois, on peut le remarquer, fournit une autre preuve de l'uniformité de température et d'humidité dans la forêt, pour le tronc d'un arbre couché sur l'herbe ou sur un terrain labouré, et naturellement exposé à toutes les alternances. du climat, résiste difficilement à une décomposition complète pendant une génération. Les forêts d'Europe présentent des faits similaires. Wessely, dans une description du bois primitif de Neuwald en Basse-Autriche, dit que les chablis nécessitaient de 150 à 200 ans pour une décomposition complète. - *Die Oesterreichischen Alpenländer und ihre Forste*, p. 312.

[301] VAUPELL, *Bögens Indvandring i de Danske Skove*, pp. 29, 46. Vaupell observe en outre, à la dernière page citée : « L'enlèvement des feuilles est préjudiciable à la forêt, non seulement parce qu'il retarde la croissance des arbres, mais encore plus parce que il disqualifie le sol pour la production d'espèces particulières. Lorsque le hêtre languit, que le développement de ses branches est moins vigoureux et que sa couronne est moins étalée, il devient incapable de résister aux empiètements du sapin. Ce dernier arbre prospère dans un sol inférieur. , et n'étant plus étouffé par le feuillage épais du hêtre, il se répand peu à peu à travers le bois, tandis que le hêtre recule devant lui et finit par périr.

L'étude de l'ordre naturel de succession des arbres forestiers est de la plus haute importance en sylviculture, car elle nous guide dans la sélection des espèces à employer pour planter une nouvelle forêt ou restaurer une forêt délabrée. Lorsque le sol est dénudé d'arbres et de terre végétale, et laissé à l'action de la nature seule et sans obstacle, elle propage d'abord des arbres qui ne germent et ne poussent que sous l'influence d'un plein apport de lumière et d'air, puis, successivement. , d'autres espèces, selon leur capacité à supporter l'ombre et leur demande de nourriture plus abondante. En Europe du Nord, le mélèze, le bouleau blanc, le tremble apparaissent pour la première fois ; puis suivent l'érable, l'aulne, le frêne, le sapin ; puis le chêne et le tilleul ; et puis le hêtre. Les arbres appelés par ces noms respectifs aux États-Unis ne sont pas spécifiquement les mêmes que leurs homonymes européens, ni même toujours les équivalents de ces derniers, et donc l'ordre de succession en Amérique ne serait pas exactement celui indiqué par la liste précédente. , mais il y correspond néanmoins de très près.

On estime qu'il est important d'encourager la croissance du hêtre au Danemark et dans le nord de l'Allemagne, parce qu'il donne dans l'ensemble de meilleurs rendements que les autres arbres, et surtout parce qu'il ne paraît pas épuiser, mais au contraire enrichir le sol ; car en perdant ses feuilles, il lui rend la plus grande partie de la nourriture qu'il en a tirée, et fournit en même temps un solvant qui aide matériellement à la décomposition de ses constituants minéraux.

Lorsque la forêt est laissée à elle-même, l'ordre de succession est constant et son inversion occasionnelle s'explique toujours par une intervention humaine. Il est curieux que les arbres qui nécessitent le plus de lumière se contentent des sols les plus pauvres, et *vice versa* . Les arbres qui apparaissent en premier sont aussi ceux qui se propagent le plus au nord. Le bouleau, le mélèze et le sapin supportent un climat plus rigoureux que le chêne, le chêne que le hêtre. « Ces parallélismes, dit Vaupell, sont très intéressants, car ils sont entièrement indépendants les uns des autres », et chacun prescrit le même ordre de succession. — *Bögens Indvandring* , p. 42.

[302] Quand de jeunes criquets vigoureux, de deux ou trois pouces de diamètre, sont interrogés, ils jettent un grand nombre de pousses à feuilles très épaisses, qui se disposent en une tête globulaire, si différente de la couronne naturelle de l'acacia, que les personnes qui ne connaissent que l'arbre non dressé le prennent souvent pour une espèce différente.

[303] Les deux idées exprimées dans le texte ne sont pas exactement équivalentes, car, bien que la consommation de nourriture animale diminue la quantité de nourriture végétale nécessaire à l'usage humain, les animaux eux-mêmes consomment une grande quantité de céréales et de racines cultivées sur une terre labourée. et cultivé aussi régulièrement et aussi laborieusement que n'importe quel autre.

Les 170 000 000 de boisseaux d'avoine cultivés aux États-Unis en 1860 et nourris aux 6 000 000 de chevaux, les pommes de terre, les navets et le maïs employés à l'engraissement des bœufs, des moutons et des porcs abattus la même année, occupaient une étendue de terre qui, cultivée à la main et avec l'industrie et l'habileté chinoises, aurait probablement produit une quantité de nourriture végétale égale en puissance alimentaire à la chair des quadrupèdes tués pour l'usage domestique. Par conséquent, en ce qui concerne la simple question de *la quantité de nourriture, les prairies et les pâturages auraient tout aussi bien pu rester à l'état de forêt.*

[304] Selon Clavé ( *Études* , p. 159), le revenu net des forêts de l'État en France, sans tenir compte des intérêts sur le capital représenté par la forêt, est de deux dollars l'acre. En Saxe, c'est à peu près la même chose, quoique les frais d'administration soient deux fois plus élevés qu'en France ; dans le Wurtemberg, c'est environ un dollar l'acre ; et en Prusse, où la moitié des revenus est consommée en dépenses d'administration, ils tombent à moins d'un demi-dollar. Ce faible taux en Prusse s'explique en partie par le fait qu'une proportion considérable de la production annuelle du bois est soit concédée à des personnes réclamant des droits de prescription, soit vendue à très bas prix aux pauvres. En tenant compte du capital investi dans les terres

forestières et en y ajoutant les intérêts, Pressler calcule qu'une forêt de pins, aménagée en vue de l'abattre à quatre-vingts ans, ne rapporterait qu'un huitième d'un pour cent. bénéfice annuel; un bois de sapin, à cent ans, un sixième d'un pour cent ; un bois de hêtre, à cent vingt ans, un quart de un pour cent. Le même auteur (p. 335) donne le revenu net de la Nouvelle Forêt en Angleterre, en sus des dépenses, intérêts non calculés, à vingt-cinq cents l'acre seulement. En Amérique, où aucune dépense n'est accordée aux bois, la croissance annuelle serait généralement estimée beaucoup plus élevée.

[305] Il est rare qu'un Américain d'âge moyen meure dans la maison où il est né, ou un vieil homme même dans celle qu'il a bâtie ; et cela n'est guère moins vrai dans les districts ruraux, où chacun est propriétaire de son habitation, que dans les villes, où la majorité vit dans des maisons à louer. Cette vie de vagabondage incessant est défavorable à l'exécution d'améliorations permanentes de toute sorte, et surtout de celles qui, comme la forêt, tardent à rembourser une partie du capital qu'on y dépense. Il faut un esprit très généreux chez un propriétaire terrien pour planter un bois sur une ferme qu'il compte vendre, ou dont il sait qu'il passera des mains de ses descendants à sa mort. Mais le fait même d'avoir commencé une plantation attacherait plus fortement le propriétaire au sol pour lequel il avait fait un tel sacrifice ; et les acres paternelles auraient une plus grande valeur aux yeux de la génération suivante, si elles étaient ainsi améliorées et embellies par les travaux de ceux dont elles ont été héritées. La propriété foncière, dont le transfert est heureusement libre de tout obstacle ou restriction légale aux États-Unis, trouverait, dans les sentiments ainsi suscités, un frein moral contre un changement trop fréquent de propriétaires, et tendrait à rester assez longtemps. qu'un propriétaire ou une famille puisse admettre des améliorations graduelles qui augmenteraient sa valeur à la fois pour le propriétaire et pour l'État.

[306] Il a souvent été affirmé par des écrivains éminents qu'une partie des marais du Lincolnshire a été récupérée par des digues maritimes sous le gouvernement des Romains. Je n'ai trouvé aucune autorité ancienne à l'appui de cette allégation, et je ne peux pas non plus me référer à aucun passage de la littérature romaine dans lequel les digues maritimes sont expressément mentionnées autrement que comme des murs ou des piliers, sauf celui de Pline ( Hist. Nat. xxxvi, 24 ) : où l'on dit que la mer Tyrrhénienne était exclue du lac Lucrine par des digues.

[307] Un ami m'a récemment suggéré une illustration intéressante de l'applicabilité des instruments militaires à l'art pacifique. La vente de poudre à canon aux États-Unis, m'informe-t-il, est moindre depuis le début de la rébellion actuelle qu'auparavant, parce que la guerre a provoqué la suspension de nombreuses améliorations publiques et privées, pour l'exécution

desquelles de grandes quantités de poudre ont été utilisées. pour le dynamitage.

On prétend que la même observation a été faite en France pendant la guerre de Crimée, et ce, en général, pas dix pour cent. de la poudre fabriquée de part et d'autre de l'Atlantique est utilisée à des fins militaires.

C'est un fait peu honorable pour le sens moral de la civilisation moderne, qu'un grand nombre des améliorations les plus importantes dans les machines et le travail des métaux ont pour origine les nécessités de la guerre, et que la plus haute ingéniosité de l'homme a été démontrée, et nombre de ses Les triomphes les plus remarquables sur les forces naturelles ont été obtenus dans la conception de machines destinées à la destruction de ses semblables. Le matériel militaire employé par le premier Napoléon est devenu, en moins de deux générations, presque aussi obsolète que la fronde et la pierre du berger, et l'attaque et la défense commencent désormais à des distances auxquelles, il y a un demi-siècle, les reconnaissances militaires s'étendaient à peine. D'un point de vue partiel, la race humaine semble destinée à devenir son propre bourreau – d'une part, en épuisant la capacité de la terre à fournir de la nourriture à son maître d'ouvrage ; de l'autre, compenser la diminution de la production en inventant des méthodes plus efficaces d'extermination du consommateur.

Mais la guerre développe de grandes vertus civiles et met en action un degré et une sorte d'énergie physique qui manque rarement d'éveiller une nouvelle vie intellectuelle chez un peuple qui obtient de grands résultats moraux et politiques grâce à un grand héroïsme, une grande endurance et une grande persévérance. La corruption intérieure a détruit plus de nations que l'invasion étrangère, et un peuple est rarement conquis tant qu'il n'a pas mérité d'être soumis.

[308] REGARDER , *Voormaals en Thans* , p. 150.

[309] Idem, p. 163. La plus grande partie des terres ainsi récupérées, bien que pour la plupart situées au-dessus de la laisse de basse mer, se trouvent à un niveau plus bas que les marais du Lincolnshire et sont plus sujettes aux inondations dues aux irruptions de la mer.

[310] *Die Inseln und Marschen der Herzogthümer Schleswig und Holstein* , iii, p. 151.

[311] L'île purement agricole de Pelworm, au large de la côte du Schleswig, contenant environ 10 000 acres, dépense annuellement pour l'entretien de ses digues pas moins de 6 000 £ sterling, soit près de 30 000 $. — JG Kohl, Inseln und Marschen Schleswig's und HOLSTEIN 's . , II, p. 394.

Le coût initial des digues de Pelworm n'est pas indiqué.

« La plus grande partie de la province de Zélande est protégée par des digues mesurant 250 milles de longueur, dont l'entretien coûte, dans les années ordinaires, plus d'un million de florins [au-dessus de 400 000 $]. * * * Les dépenses annuelles pour les digues et les ouvrages hydrauliques en Hollande est de cinq à sept millions de florins" [2 000 000 $ à 2 800 000 $]. — WILD , *Die Niederlande* , i, p. 62.

On n'est pas fâché d'apprendre que la tyrannie espagnole aux Pays-Bas a eu quelques compensations. La grande chaîne de digues circulaires qui entoure une grande partie de la Zélande est due à l'énergie de Caspar de Robles, gouverneur espagnol de cette province, qui ordonna en 1570 la construction de ces ouvrages aux frais de l'État, en remplacement des digues privées. des remblais qui avaient auparavant partiellement servi le même but.— WILD , *Die Niederlande* , i, p. 62.

[312] REGARDER , *Voormaals en Thans* , p. 163.

[313] *Voormaals en Thans* , p. 150, 151.

[314] REGARDER , *Voormaals en Thans* , p. 152. Kohl déclare que la péninsule de Diksand, sur la côte du Holstein, se composait, à la fin du siècle dernier, de plusieurs îles mesurant ensemble moins de cinq mille acres. En 1837, ils avaient été reliés au continent et avaient presque doublé de superficie. — *Inseln u. Marschen Schlesw. Holst.* , III, p. 262.

[315] Le touriste le plus instructif et le plus divertissant, JG Kohl — si justement qualifié par Davies d'« Hérodote de l'Europe moderne » — fournit une grande quantité d'informations intéressantes sur les digues du littoral bas-allemand, dans son Inseln und Marschen *der Herzogthümer Schleswig et Holstein* . Je ne connais aucun ouvrage populaire sur ce sujet que le lecteur puisse consulter avec plus de profit. Voir aussi STARING , *Voormaals en Thans* , et *De Bodem van Nederland* , sur les digues des Pays-Bas.

[316] L'inclinaison varie d'un pied d'élévation sur quatre de base à un pied sur quatorze. — KOHL , iii, p. 210.

[317] Les digues sont tantôt fondées sur des pieux, tantôt protégées par une ou plusieurs rangées de pieux enfoncés profondément dans le lit de la mer devant eux. "Des rangées triples de pieux de pins scandinaves", dit Wild, "ont été enfoncées le long de la côte de la Frise, où il n'y a pas de dunes, sur une distance de cent cinquante milles. Les pieux sont liés ensemble par de solides poutres transversales et des pinces de fer et les interstices sont remplis de pierres. Le sol adjacent aux pilotis est sécurisé par des fascines et, aux points exposés, de lourds blocs de pierre sont entassés pour une protection supplémentaire. La digue de terre est construite derrière le puissant pavois de ce brise-lames. et son pied aussi est fortifié avec des pierres. * * * "La grande digue du Helder a environ cinq milles de long et quarante pieds de large au

sommet, le long de laquelle passe une bonne route. Elle descend sur deux cents pieds dans la mer, à un angle de quarante degrés. Les vagues les plus hautes ne le font pas. Parvenue au sommet, les plus basses en couvrent toujours la base. A certaines distances, d'immenses contreforts, d'une hauteur et d'une largeur proportionnées à celles de la digue, et encore plus solidement bâtis, s'élancent à plusieurs centaines de pieds dans la mer ondulante. Cette gigantesque côte artificielle est entièrement composé de granit norvégien. "— WILD , *Die Niederlande* , i, pp. 61, 62.

[318] Les secousses du terrain, même chargé de grands bâtiments, par le passage de lourds équipages ou d'artillerie, ou par la marche d'un corps de cavalerie ou même d'infanterie, montrent que de telles causes peuvent produire d'importants effets mécaniques sur l'état. du sol. Les tourbières des Pays-Bas, comme dans la plupart des autres pays, contiennent un grand nombre d'arbres tombés, enfouis jusqu'à une certaine profondeur par la terre et les moisissures végétales. Lorsque les tourbières sont assez sèches pour servir de pâturages, on observe que les troncs de ces arbres séculaires remontent d'eux-mêmes à la surface. Staring attribue ce singulier phénomène à l'agitation du sol provoquée par le pas du bétail. « Lorsque les plates-formes, observe-t-il, sont construites avec des graviers et des cailloux de différentes grosseurs, et que ces derniers sont placés au fond sans être brisés et roulés fortement ensemble, ils sont bientôt amenés vers le haut par l'effet du déplacement sur la route. " Couchés librement, ils subissent un certain mouvement au passage de chaque roue de chariot et au pas de chaque cheval qui passe dessus. Ce mouvement est une oscillation ou un roulement partiel, et lorsqu'un côté d'un caillou est soulevé, un peu de sable fin ou la terre est forcée sous elle, et la répétition fréquente de ce processus par des bœufs ou des voitures se déplaçant dans des directions opposées la fait finalement remonter à la surface. Nous pouvons supposer qu'un effet similaire est produit sur les tiges des arbres dans les tourbières par le pas des animaux." — *De Bodem van Nederland* , i, pp. 75, 76.

On observe dans le nord des États-Unis que, lorsque les sols contenant des cailloux sont défrichés et cultivés, et que les pierres sont retirées de la surface, de nouveaux cailloux, et même des boules pesant plusieurs livres, continuent à se montrer au-dessus du sol, chaque printemps, car une longue série d'années. Dans les sols argileux, les poteaux des clôtures sont relevés de la même manière, et il n'est pas rare de voir le rail inférieur d'une clôture ainsi graduellement élevé d'un pied ou même de deux pieds au-dessus du sol. Ce soulèvement de pierres et de clôtures est communément attribué à l'action des fortes gelées de ce climat. L'expansion du sol, en gelant, dit-on, élève sa surface et, avec cette surface, les objets qui se trouvent à proximité ou qui y sont liés. Lorsque le sol dégèle au printemps, il revient à son niveau antérieur, tandis que les cailloux et les poteaux sont empêchés de descendre aussi bas qu'auparavant par la terre meuble qui est tombée sous eux. Le fait que l'élévation dont il est question n'est observée qu'au printemps donne du poids à cette théorie, qui est peut-être également applicable aux cas exposés par Staring, et il est probable que les deux causes assignées ci-dessus concourent à produire cet effet.

La question de l'affaissement de la côte néerlandaise a été très discutée. Sans parler des géologues antérieurs, Venema, dans plusieurs essais, et notamment dans *Het Dalen van de Noordelijke Kuststreken van ons Land* , 1854, présente de nombreux faits et arguments pour prouver un lent naufrage des provinces du nord de la Hollande. Laveleye ( *Affaissement du sol et envasement des fleuves survenus dans les temps historiques* , 1859), après une enquête encore plus approfondie, arrive à la même conclusion. L'éminent géologue Staring, cependant, qui évoque brièvement le sujet dans *De Bodem van Nederland* , i, p. 356 *et suiv.* , ne considère pas les preuves suffisantes pour prouver autre chose que l'affaissement de la surface des polders par assèchement et consolidation.

[319] L'élévation des terres entourées de digues, ou *polders* , comme on les appelle en Hollande, au-dessus de la laisse des basses eaux, dépend de la hauteur des marées, ou, en d'autres termes, de la différence entre le flux et le reflux. La marée ne peut pas déposer la terre plus haut qu'elle ne coule, et une fois le sol clôturé, la pourriture des légumes qui y poussent et l'ajout de fumier ne compensent pas la dépression occasionnée par le séchage et la consolidation. Sur la côte zélandaise et dans les îles de la Hollande méridionale, les marées, et bien sûr la surface des terres qu'elles déposent, sont si élevées que les polders peuvent être drainés par des fossés et des écluses, mais en d'autres points, comme dans les eaux fermées. terres de la Hollande septentrionale sur le Zuiderzee, où la marée ne monte que de trois pieds ou même moins, le pompage est nécessaire dès le début. — STARING , *Voormaals en Thans* , p. 152.

[320] La machine principale — appelée Leeghwater, du nom d'un ingénieur qui avait proposé l'assèchement du lac en 1641 — avait une puissance de 500 chevaux et entraînait onze pompes faisant six coups par minute. Chaque pompe soulevait six mètres cubes, soit près de huit mètres cubes d'eau par coup, ce qui équivalait au total à 23,760 mètres cubes, soit plus de 31,000 mètres cubes, l'heure. — Wild, DIE Niederlande , i, p. 87.

[321] En Angleterre et dans la Nouvelle-Angleterre, où les marais sont déjà asséchés ou sont relativement peu étendus, l'existence de grandes îles flottantes semble incroyable, et a parfois été traitée comme une fable, mais aucun fait géographique n'est mieux établi. Kohl ( *Inseln und Marschen Schleswig-Holsteins* , iii, p. 309) rappelle que Pline mentionne parmi les merveilles de l'Allemagne les îles flottantes, couvertes d'arbres, qui rencontraient les flottes romaines aux embouchures de l'Elbe et de la Weser. Notre auteur parle aussi

d'avoir visité, sur le territoire de Brême, des landes flottantes, portant non seulement des maisons mais des villages entiers. Aux niveaux d'eau bas, ces landes reposent sur un lit de sable, mais sont élevées de six à dix pieds par les hautes eaux du printemps et restent à flot jusqu'à ce que, au cours de l'été, l'eau en dessous soit épuisée par évaporation et drainage, lorsqu'ils retombent sur le sable. Voir *annexe* , n ° 40 .

Staring explique, d'une manière intéressante, toute la croissance, la formation et les fonctions des marais ou tourbières flottantes, dans son ouvrage très précieux, *De Bodem van Nederland* , i, p. 36-43. La substance de son récit est la suivante : La première condition pour la croissance des plantes qui composent la substance du gazon et la surface des marais, est le calme de l'eau. C'est pourquoi on ne les trouve pas dans les cours d'eau, ni dans les mares assez grandes pour être sujettes à une agitation fréquente par le vent. Par exemple, pas une seule plante ne poussait dans la partie ouverte du lac de Haarlem, et les tourbières cessent de se former dans toutes les mares dès que, par la coupe du gazon pour le combustible ou à d'autres fins, leur superficie est suffisamment élargie pour être beaucoup plus grande. actionné par le vent. Lorsque l'eau calme au-dessus d'un mètre de profondeur n'est pas perturbée, des plantes aquatiques de divers genres, tels que Nuphar, Nymphæa, Limnanthemum, Stratiotes, Polygonum et Potamogeton, remplissent le fond de racines et couvrent la surface de feuilles. Beaucoup de plantes meurent chaque année et préparent au fond un sol propre à la croissance d'un ordre supérieur de végétation, Phragmites, Acorus, Sparganium, Rumex, Lythrum, Pedicularis, Spiræa, Polystichum, Comarum, Caltha, etc., etc. . Au cours de vingt ou trente ans, le fond vaseux se remplit de racines de plantes aquatiques et marécageuses, plus légères que l'eau, et si la profondeur est assez grande pour permettre de détacher ce réseau végétal, à quelques mètres par exemple, il remonte à la surface, entraînant avec lui, bien entendu, le sol formé au-dessus de lui par la décomposition des tiges et des feuilles. De nouveaux genres apparaissent maintenant sur la masse, tels que Carex, Menyanthes et autres, et la recouvrent bientôt d'une épaisse couche. Le gazon a maintenant acquis une épaisseur de deux à quatre pieds, et s'appelle en Groningen *lad* ; en Frise, *til* , *tilland* ou *drijftil* ; à Overijssel, *krag* ; et en Hollande, *rietzod* . Il flotte au gré du vent, augmentant progressivement son épaisseur à cause de la décomposition de ses récoltes annuelles de végétation, et au bout d'un demi-siècle environ, il atteint le fond et se fixe. S'il n'a pas été envahi entre-temps par des hommes ou du bétail, des arbres et plantes arborescentes, Alnus, Salix, Myrica, etc. apparaissent, et celles-ci contribuent à accélérer l'attachement du gazon au fond, tant par leur poids que par l'envoi de leurs racines jusqu'au fond du sol.

C'est la méthode habituelle employée par la nature pour remplir graduellement les lacs et les étangs peu profonds et les transformer d'abord en marais, puis en terre ferme. Chaque fois que l'homme enlève la tourbe ou le gazon, il exerce une action géographique préjudiciable et, comme je l'ai déjà dit, il ne fait aucun doute que l'immense extension des mers intérieures de la Hollande dans les temps modernes est due à cette imprudence humaine et à d'autres. « Des centaines d'hectares de pâturages flottants, dit notre auteur, qui n'ont rien dans leur aspect qui les distingue des prairies reposant sur des tourbières solides, se trouvent dans l'Overijssel, en Hollande septentrionale et près d'Utrecht. Bref, on les trouve dans toutes les régions. les tourbières profondes et partout où les eaux profondes restent longtemps intactes.

Dans un cas, une île flottante, qui s'était attachée au rivage, a continué à flotter pendant longtemps après avoir été arrachée par une crue, et était suffisamment solide pour maintenir sur elle un étang d'eau douce douce, bien que le l'eau dans laquelle il nageait était devenue saumâtre par l'irruption de la mer. Une fois le foin coupé, le bétail est mis en pâturage sur ces îles, et de grands arbres y poussent parfois.

Lorsque le gazon ou la tourbe a été coupé, laissant de l'eau à moins d'un mètre de profondeur, Equisetum limosum pousse immédiatement et est suivi par la deuxième classe de plantes de marais mentionnée ci-dessus. Leurs racines ne se détachent pas du fond dans des eaux aussi peu profondes, mais forment du gazon ou de la tourbe ordinaire. Ces processus sont si rapides qu'une épaisseur de trois à six pieds de gazon se forme en un demi-siècle, et beaucoup d'hommes ont vécu pour tondre l'herbe là où ils avaient pêché dans leur enfance, et pour couper le gazon deux fois au même endroit.

Le capitaine Gilliss dit qu'avant que le lac Taguataga au Chili ne soit asséché, il y avait des îles composées de plantes mortes emmêlées sur une épaisseur de quatre à six pieds, et sur lesquelles poussaient des arbres de taille moyenne. Ces îles flottaient au gré du vent « avec leurs arbres et leur bétail broutant ». — *Expédition astronomique navale des États-Unis dans l'hémisphère sud*, i, pp. 16, 17.

[322] Un ouvrage considérable de ce caractère est mentionné par le capitaine Gilliss comme ayant été exécuté au Chili, pays vers lequel nous n'aurions guère dû espérer une amélioration de pareille nature. Le lac Taguataga a été partiellement drainé en coupant une étroite crête de terre, non pas au niveau de l'exutoire naturel, mais sur un côté du lac, et huit mille acres de terre couvertes par celui-ci ont été gagnées pour la culture . *Hémisphère Sud*, i, pp. 16, 17.

[323] *Économie rurale de la France*, p. 289.

[324] Dans une note sur une page précédente de ce volume, j'ai remarqué une observation de Jacini, à l'effet que les grands lacs italiens se déversent en partie par infiltration sous les collines qui les limitent. L'ampleur de cette

infiltration doit dépendre beaucoup de la pression hydrostatique exercée sur les parois des bassins lacustres et, bien entendu, l'abaissement de la surface de ces lacs, en diminuant cette pression, diminuerait également l'infiltration. Il est maintenant proposé d'abaisser le niveau du lac de Côme de quelques pieds en approfondissant son exutoire. Il est possible que l'effet de ceci se manifeste par une diminution de l'eau des sources et des *fontanili* ou puits artésiens en Lombardie. Voir *annexe* , n ° 43 .

[325] Simonde, parlant des canaux toscans, observe : « Mais les inondations ne sont pas les seuls dégâts causés par les eaux aux plaines de Toscane. Comme les canaux sont élevés au-dessus du sol, l'eau s'infiltre à travers leurs berges, pénètre tout obstacle, et, malgré tous les efforts de l'industrie, stérilise et transforme en marécages des champs que la nature et la richesse du sol semblaient avoir destinés aux récoltes les plus abondantes. Dans une terre ainsi pénétrée d'humidité, ou rendue froide , comme les Toscans l'expriment, par la filtration de l'eau du canal, les vignes et les mûriers, après avoir donné pendant quelques années des fruits d'un goût salé, pourrissent et périssent. Le blé pourrit dans la terre, ou meurt dès qu'il germe. Les cultures d'hiver sont abandonnées et les cultures d'été essayées pendant un certain temps, mais l' humidité croissante et la matière saline communiquée à la terre, ce qui affecte le goût de tous ses produits, même des herbes, que le bétail refuse de toucher. contraindre enfin le laboureur à abandonner ses champs, et à laisser inculte une terre qui ne récompense plus son travail. "- *Tableau de l'Agriculture Toscane.* p. 11, 12.

[326] *Géographie physique* , p. 288. Le drainage par abaissement de pieux, mentionné dans une note d'un chapitre sur les bois, *ante* , est un procédé de même nature.

[327] « Le plus simple forestier sait par expérience que toute culture est impossible au voisinage des tourbières et des marais. Pourquoi une récolte près des bords d'un marais est-elle coupée par le gel, tandis qu'un champ sur une butte, à quelques jets de pierre de est épargné ?" — LARS LEVI LÆSTADIUS , *Om Uppodlingar i Lappmarken* , pp. 69, 74.

[328] Babinet condamne même l'assèchement général des marais. « Le drainage, dit-il, est très à la mode depuis quelques années. C'est un objet spécial que d'assécher et de fertiliser les terrains marécageux. Mon opinion a toujours été qu'une sécheresse excessive se produit ainsi et que d'autres sols du voisinage sont stérilisé en proportion."

[329] Je devrais peut-être excepter les Mexicains et les Péruviens, dont les arts et les institutions ne se sont pas encore montrés historiquement liés à ceux d'aucun peuple plus ancien. La destruction lamentable de tant de monuments de ces tribus, par l'ignorance et l'intolérance des soi-disant barbares chrétiens qui les ont conquis, nous a laissé dans l'obscurité sur de

nombreux points de leur civilisation ; mais ils semblent avoir atteint ce stade où les progrès continus dans la connaissance et dans le pouvoir sur la nature sont assurés, et quelques siècles d'indépendance supplémentaires auraient pu les amener à créer eux-mêmes la plupart des grandes inventions que les quatre derniers siècles ont données à l'homme. .

[330] La nécessité de l'irrigation dans la grande plaine alluviale de l'Italie du Nord s'explique en partie par le fait que la couche superficielle de terre fine et de terre végétale est très largement recouverte par des lits de cailloux et de gravier apportés par les torrents de montagne à une époque reculée. . L'eau du sol superficiel s'écoule rapidement dans ces lits meubles et s'écoule par des canaux souterrains jusqu'à un point de décharge inconnu ; mais cette circonstance à elle seule ne constitue pas une solution suffisante. N'est-il pas possible que les habitudes des légumes cultivés dans les pays où l'irrigation a été employée de tout temps aient été tellement modifiées qu'ils ont besoin d'eau dans des conditions de sol et de climat là où leurs congénères, qui n'ont pas été traités avec autant d'indulgence, n'en ont pas besoin ?

Il existe dans le nord de l'Italie des phénomènes atmosphériques qu'un Américain a du mal à concilier avec ce qu'il a observé aux États-Unis. Pour un oeil américain, par exemple, le ciel du Piémont, de la Lombardie et de la côte nord de la Méditerranée est toujours blanchâtre et caillé, et il n'a jamais l'intensité et la profondeur insondable du bleu de son ciel natal. Et pourtant la chaleur des rayons du soleil, mesurée par la sensation, et, en même temps, l'évaporation, sont plus grandes qu'elles ne le seraient avec le thermomètre au même point en Amérique. J'ai souvent ressenti en Italie, avec le mercure au-dessous de 60° Fahrenheit et avec un ciel marbré et presque opaque, une chaleur d'irradiation solaire que je ne peux comparer qu'à la sensation de brûlure éprouvée en Amérique à une température de vingt degrés plus élevée, pendant les intervalles entre les averses, ou avant une pluie, lorsque le bleu clair du ciel semble infini en profondeur et en transparence. De telles circonstances peuvent créer une nécessité d'irrigation là où elle serait autrement superflue, voire absolument préjudiciable.

En parlant de la clarté apparente supérieure du *ciel* en Amérique, je me borne à la voûte concave du ciel, et je n'entends pas affirmer que les objets terrestres soient généralement visibles à de plus grandes distances aux États-Unis qu'en Italie. En fait, je suis plutôt disposé à soutenir le contraire ; car bien que je sache que les couches inférieures de l'atmosphère en Europe n'égalent jamais en transparence l'air près de la terre au Nouveau-Mexique, au Pérou et au Chili, je pense néanmoins que les accidents du littoral de la Riviera, comme, par exemple, entre Nice et La Spezia, ainsi que celles du panorama alpin incomparable vu de Turin, se distinguent à des distances plus grandes qu'elles ne le seraient aux États-Unis.

[331] En Egypte, l'évaporation et l'absorption par la terre sont si rapides, que toutes les cultures annuelles nécessitent l'irrigation pendant toute la période de leur croissance. Aussi vite que l'eau se retire par suite de l'affaissement de l'inondation annuelle, la graine est semée sur le sol encore humide et découvert, et l'irrigation commence immédiatement. Sur le Nil, on entend le craquement des roues hydrauliques, et parfois le mouvement des pompes à vapeur, pendant toute la nuit, tandis que les cultivateurs les plus pauvres utilisent sans cesse le simple shadoof, *ou* seau et balayage, soulevant laborieusement l'eau d'une auge à l'autre. le creux peut atteindre six ou sept niveaux lorsque le niveau de la rivière est bas. Le seau est en cuir souple, avec un bord rigide, et se vide dans l'auge, non pas en le retournant comme un seau en bois, mais en mettant la main en dessous et en poussant le fond jusqu'à ce que toute l'eau s'écoule par le bord, ou , en d'autres termes, en retournant le récipient.

La quantité d'eau ainsi retirée du Nil est énorme. La majeure partie s'évapore directement de la surface ou des couches superficielles, mais une partie de l'humidité s'infiltre et suinte à nouveau à travers les berges dans le fleuve, tandis qu'une plus grande quantité coule jusqu'à rejoindre le lent courant d'infiltration par lequel l'eau du Nil pénètre la terre. de la vallée à une distance, en certains points, d'au moins cinquante milles.

[332] Les « forêts », les « bois » et les « bosquets » sont très fréquemment mentionnés dans l'Ancien Testament comme existant à des endroits particuliers, et ils sont souvent mentionnés à titre d'illustration, comme des objets familiers. Le « bois » est mentionné à deux reprises comme matériau dans le Nouveau Testament, mais autrement – du moins selon Cruden – aucun des mots ci-dessus n'apparaît dans ce volume.

Ce fait intéressant, si d'autres preuves manquaient, prouverait loin qu'un grand changement s'est produit à cet égard entre les périodes où l'Ancien Testament et le Nouveau ont été respectivement composés ; car les écrivains scripturaires et les locuteurs introduits dans leurs récits sont remarquables par leurs fréquentes allusions aux objets naturels et aux habitudes sociales et industrielles qui caractérisaient leur époque et leur pays. Voir *annexe* , n ° 44 .

Salomon anticipa Chevandier dans l'irrigation des arbres forestiers : « Je me fis des bassins d'eau, pour en arroser le bois qui produit les arbres. » — *Ecclésiaste* ii, 6.

[333] L'un d'eux, sur le mont Hor, haut de deux étages, est encore dans un tel état de conservation, que j'y ai trouvé pas moins de dix pieds d'eau au mois de juin 1851.

Le ruisseau Ain Musa, qui traverse la ville de Petra et finit par disparaître dans les sables du Wadi el Araba, est un fleuve considérable en hiver, et les habitants de cette ville étaient obligés de creuser un tunnel dans le rocher près de la rive droite. juste au-dessus de l'entrée supérieure du Sik, pour évacuer une partie de son courant gonflé. La sagacité du docteur Robinson décela la nécessité de cette mesure, quoique le tunnel, dont l'embouchure était cachée par des broussailles, ne fut découvert que quelque temps après sa visite. J'ai même remarqué des restes sans équivoque d'une écluse par laquelle l'eau était détournée vers le tunnel près de l'arche qui traverse le Sik. Un travail immense fut également consacré à l'élargissement du canal naturel en plusieurs points en aval de la ville, afin d'empêcher la formation de barrages et le recul de l'eau, fait que les voyageurs, je crois, n'avaient pas remarqué jusqu'ici.

Les Fellahheen au-dessus de Petra utilisent encore les eaux d'Ain Musa pour l'irrigation, et en été le courant superficiel est entièrement détourné de son canal naturel à cet effet. A cette saison, le lit du ruisseau, composé de galets, de graviers et de sable, est à sec dans le Sik et à travers la ville ; mais l'infiltration est telle que l'eau se trouve généralement en creusant à faible profondeur dans le canal. Observant ces faits lors d'une visite à Pétra en été, j'étais curieux de savoir si les eaux souterraines s'échappaient de nouveau vers la lumière du jour, et je suivis le ravin au-dessous de la ville sur une longue distance. Non loin de l'entrée supérieure du ravin, une végétation arborescente apparaissait au fond, et dès que le sol fut bien ombragé, un filet d'eau jaillit. Celui-ci fut rejoint par d'autres un peu plus bas, et, à une distance d'un mille de la ville, un fort courant se forma et descendit vers le Wadi el Araba.

[334] Les autorités diffèrent quant à l'étendue du sol cultivable et cultivé de l'Egypte. *Le Gazetteer* de Lippincott, ou plutôt de Thomas et Baldwin — un ouvrage de recherche minutieuse — estime « l'ensemble de la zone comprise dans la vallée [sous la première cataracte] et le delta » à 11 000 milles carrés. Le Smith's *Dictionary of the Bible* , article « Égypte », dit : « L'Égypte a une superficie d'environ 9 582 milles géographiques carrés de sol, que le Nil arrose ou peut fertiliser. Ce calcul inclut le fleuve et les lacs ainsi que diverses étendues. qui peut être inondé, et l'espace entier cultivé ou propre à la culture ne dépasse pas environ 5 626 milles carrés. Par mille géographique, on entend ici, je suppose, le mille marin de soixante degrés équatorials, soit environ 2 025 yards. La superficie totale est donc, d'après cette estimation, de 12 682 milles carrés ou miles anglais, celle de l'espace « cultivé ou propre à la culture » étant de 7 447. Le Smith's *Dictionary of Greek and Roman Geography* , article "Ægyptus", donne 2 255 milles carrés comme superficie de la vallée entre Syène et la bifurcation du Nil, à l'exclusion du Fayoom, qui est estimée à 340. La superficie du Delta est indiquée à 1,976 milles carrés entre les principaux bras de la rivière et, y compris les terres irriguées à l'est et à l'ouest de ces bras, à 4,500 milles carrés. Ce dernier travail ne nous indique pas s'il s'agit de milles terrestres ou marins, mais les milles marins doivent être intentionnels.

D'autres auteurs donnent des estimations très différentes de celles qui viennent d'être citées. Les derniers calculs que j'ai vus sont ceux du premier volume de *Ægypten* de Kremer, 1863. Cet auteur (pp. 6, 7) attribue au Delta une superficie de 200 milles géographiques allemands carrés (quinze au degré) ; à toute la Basse-Égypte, y compris, bien sûr, le Delta, 400 milles de ce type. Ces nombres sont égaux respectivement à 4,239 et 8,478 milles terrestres carrés, et les grandes lagunes sont embrassées dans les superficies calculées. La Haute-Égypte (au-dessus du Caire) contiendrait (p. 11) 4 000 000 de feddan de *culturfläche* , ou terres cultivables. On indique (p. 37) que le feddan contient 7 333 piks carrés, le pik mesurant 75 centimètres, et il correspond donc presque exactement à l'acre anglais. Ainsi, selon Kremer, le sol cultivable de la Haute-Égypte est de 6 250 milles carrés, soit deux fois plus que toute la superficie de la vallée entre Syène et la bifurcation du Nil, selon le Dictionnaire Smith de géographie grecque et *romaine* . Je soupçonne que 4 000 000 de feddan sont donnés à tort comme la superficie cultivable de la seule Haute-Égypte, alors qu'en fait il devrait être pris pour la surface arable de la Basse et de la Haute-Égypte ; car d'après les tableaux statistiques du même volume, il ressort que 3 317 125 feddan, soit 5 253 milles terrestres carrés, ont été cultivés, dans les deux divisions géographiques, au cours de l'année mentionnée dans les tableaux, dont la date n'est pas indiquée.

La superficie que le Nil couvrirait aujourd'hui en pleine crue, s'il était laissé à lui-même, est plus grande que dans les temps anciens, parce que le lit du fleuve a été élevé, et par conséquent la propagation latérale de l'inondation a augmenté. Voir *le Dictionnaire de géographie* SMITH , article « Ægyptus ». Mais l'industrie des Égyptiens, au temps des Pharaons et des Ptolémées, transportait les eaux du Nil vers de vastes provinces aujourd'hui abandonnées depuis longtemps et retombées dans l'état de désert. " Autrefois ", observe l'auteur de l'article " Egypte " dans le Smith's *Dictionary of the Bible* , " 2 735 milles carrés supplémentaires [environ 3 700 milles carrés] auraient pu être cultivés. Dans les meilleurs jours de l'Égypte, toute la terre était probablement cultivée. cela pourrait être mis à disposition à des fins agricoles, et nous pouvons donc estimer l'ancienne superficie arable de ce pays à pas moins de 11 000 milles carrés, soit le double de son étendue actuelle.

[335] Un canal a été construit, et de nouveaux sont en cours, pour amener l'eau du Nil à la ville de Suez et à divers points de la ligne du canal maritime, dans le double but de fournir de l'eau douce à la habitants et ouvriers, et d'irriguer les sols adjacents. La superficie des terres qui peuvent ainsi être récupérées et fertilisées est très vaste, mais la quantité réelle qu'il s'avérera économiquement avantageux de mettre en culture ne peut être déterminée actuellement.

[336] La soi-disant source d'Héliopolis n'est qu'un filet d'eau infiltré du Nil ou des canaux.

[337] Le dattier et le palmier doum, le *sont* et bien d'autres acacias, le caroubier, le sycomore et d'autres arbres, poussent bien en Egypte sans irrigation, et se répandraient sans doute dans toute la vallée en quelques années.

[338] Wilkinson a montré que le sol cultivable de l'Egypte n'a pas été diminué par l'empiétement des sables du désert, ou autrement, mais qu'au contraire, il a dû s'accroître depuis l'époque des Pharaons. Le Gotha *Almanac* de 1862 indique la population de l'Égypte en 1859 à 5 125 000 âmes ; mais cela doit être une grande exagération, même en supposant que l'estimation inclut les habitants de la Nubie et de beaucoup d'autres territoires n'appartenant pas géographiquement à l'Égypte. En général, la population de ce pays a été estimée à un peu plus de trois millions, soit environ six cents par mille carré ; mais avec un meilleur gouvernement et de meilleures institutions sociales, le sol nourrirait un bien plus grand nombre, et en fait on croit que dans les temps anciens ses habitants étaient deux, peut-être même trois fois plus nombreux qu'aujourd'hui.

Wilkinson ( *Handbook for Travelers in Egypt* , p. 10) observe que la population totale, qui était estimée il y a deux cents ans à 4 000 000 d'âmes, ne s'élevait jusqu'à récemment qu'à environ 1 800 000 âmes, ayant été réduite depuis 1800 de 2 500 000 à ce nombre.

[339] Ritter suppose que l'Égypte était un désert de sable lorsqu'elle fut occupée pour la première fois par l'homme. "Le premier habitant de la vallée sablonneuse du Nil était un habitant du désert, comme le sont encore ses voisins de droite et de gauche, les Libyens, les Arabes nomades. Mais le peuple civilisé d'Egypte a transformé, par des canaux, les déchets en le grenier le plus riche. du monde ; ils se sont libérés des chaînes du désert de roches et de sable, au milieu duquel, par une sage répartition du fluide à travers la forme géographique solide, par l'irrigation en un mot, ils ont créé une région de culture des plus riches en monuments historiques."— *Einleitung zur allgemeinen vergleichenden Geographie* , pp. 165, 166.

Cette vision me semble hautement improbable ; car bien que, par des canaux et des digues, l'homme ait beaucoup fait pour modifier la distribution naturelle des eaux du Nil, et peut-être même ait transféré son lit d'un côté de la vallée à l'autre, l'inondation annuelle n'est pas son œuvre, et le fleuve a dû déborder de ses rives et emporter avec ses eaux une végétation spontanée, aussi bien avant que depuis la première occupation de l'Égypte par la famille humaine. Il y a, en effet, quelques raisons de supposer que l'homme vivait sur les rives du Nil à une époque où son lit était beaucoup plus bas et l'étendue de ses inondations beaucoup plus étroite qu'aujourd'hui ; mais là où son inondation atteignait, la forêt se propageait, et ses rives étaient bien plus probablement des marécages que des sables.

[340] *Memorie sui progetti per l'estensione dell' Irrigazione, etc., il Politecnico* , de janvier 1863, p. 6.

[341] NIEL , *L'Agriculture des États Sardes* , p. 232.

[342] NIEL , *Agriculture des États Sardes* , p. 237. Le calcul de Lombardini que nous venons de donner donne quatre-vingt-un mètres cubes par jour à l'hectare, ce qui, en supposant la saison d'irrigation de cent jours, équivaut à une précipitation de trente-deux pouces. Mais en Lombardie, certaines cultures sont arrosées pendant une période supérieure à cent jours ; et dans la *marcite*, elle coule sur le sol même en hiver.

D'après Boussingault ( *Économie Rurale* , II, p. 246), les pelouses devraient recevoir, en Allemagne, vingt et un centimètres d'eau par semaine, et avec moins de la moitié de cette quantité, il n'est pas conseillé d'encourir les frais de fourniture. Le sol est irrigué vingt-cinq ou trente fois, et si l'on y applique la totalité de vingt et un centimètres, il reçoit environ deux cents pouces d'eau, soit six fois la quantité totale de précipitations. Puvis, cité par Boussingault, après de nombreuses recherches, arrive à la conclusion qu'une quantité convenable est de vingt centimètres appliqués vingt-cinq ou trente fois, ce qui correspond à l'estimation qui vient d'être indiquée. Puvis ajoute — et comme notre auteur le pense avec raison — que ce montant pourrait être doublé sans inconvénient.

Boussingault observe que l'eau de pluie est infiniment plus fertilisante que l'eau des canaux d'irrigation, et donc l'apport de cette dernière doit être plus important. Ceci s'explique en partie par le caractère différent des substances maintenues en solution ou en suspension par les eaux de la terre et du ciel, en partie par la température plus élevée de ces dernières et, peut-être, en partie aussi par le mode d'application, la pluie. étant finement divisée à sa chute ou en frappant des plantes au sol, l'eau de la rivière s'écoulant en nappe continue.

La température de l'eau est considérée comme encore plus importante que sa composition. Les sources qui irriguent la *marcite* de Lombardie, prairies si fertiles que moins d'un acre fournit toute l'année de l'herbe à une vache, sont très chaudes. Le sol qu'ils arrosent ne gèle jamais, et une première récolte, pour le sol, en est récoltée en janvier ou février. Le canal Cavour, qui vient d'être inauguré, et qui doit s'alimenter du Pô à Chivasso, à quatorze ou quinze milles au-dessous de Turin, fournira une eau d'un pouvoir fertilisant bien plus élevé que celle provenant de la Dora Baltea et de la Sesia, à la fois parce qu'elle est plus chaud, et parce qu'il transporte un sédiment plus abondant et plus riche que ces derniers cours d'eau, qui sont alimentés par les champs de glace alpins et la fonte des neiges, et qui coulent, sur de longues distances, dans des canaux au sol lisse et dénudé par d'anciens glaciers, et ne contribuent plus aujourd'hui beaucoup de moisissure végétale ou de fine vase à leurs eaux.

[343] Il appartient plutôt à l'agriculture qu'à la géographie de discuter de la qualité des récoltes obtenues par l'irrigation, ou des effets permanents qu'elle produit sur la productivité du sol. Il ne fait cependant aucun doute que toutes les cultures qui peuvent être cultivées sans arrosage sont supérieures en saveur et en puissance nutritive à celles cultivées à l'aide de l'irrigation. Les légumes du jardin, en particulier ceux qui sont abondamment arrosés, sont si fades qu'ils sont à peine mangeables. Partout où l'irrigation est pratiquée, il existe une tendance presque irrésistible, surtout parmi les cultivateurs ignorants, à la pousser à l'excès ; et dans le Piémont et en Lombardie, si l'approvisionnement en eau est abondant, on l'applique si généreusement que quelquefois non seulement cela nuit à la qualité du produit, mais encore cela noie les plantes et diminue le poids réel de la récolte.

Le professeur Liebig, dans son *ouvrage sur l'Agriculture moderne* , dit : « Il n'existe pas en chimie de phénomène plus merveilleux, qui confond davantage toute la sagesse humaine, que celui que présente le sol d'un jardin ou d'un champ. Par l'expérience la plus simple, tout on peut s'assurer que l'eau de pluie filtrée dans la terre des champs ou des jardins ne dissout pas une trace de potasse, d'acide silicique, d'ammoniaque ou d'acide phosphorique. Le sol ne cède pas à l'eau une particule de la nourriture végétale qu'il contient. " Les pluies les plus continues ne peuvent ôter au champ, sauf mécaniquement, aucun des constituants essentiels de sa fertilité. "

"Le sol non seulement retient fermement toute la nourriture des plantes qui s'y trouve réellement, mais son pouvoir de conserver tout ce qui peut leur être utile s'étend beaucoup plus loin. Si la pluie ou autre eau retenant en solution l'ammoniaque, la potasse et le phosphore et silicique acides, soient mises en contact avec le sol, ces substances disparaissent presque immédiatement de la solution ; le sol les retire de l'eau. Seules sont complètement extraites par le sol les substances indispensables à l'alimentation des plantes ; toutes les autres restent entièrement ou en partie en solution.

Le premier des paragraphes que nous venons de citer n'est pas conforme à la prétendue expérience des agriculteurs des régions d'Italie où l'irrigation est appliquée avec le plus de succès. Ils croient que les éléments constitutifs de la croissance végétale sont éliminés du sol par un arrosage excessif et prolongé. Ils considèrent aussi comme un fait d'observation établi que l'eau qui a coulé à travers ou sur des terrains riches est bien plus précieuse pour l'irrigation que l'eau de la même source, qui n'a pas été imprégnée de substances fertilisantes en passant à travers des sols qui en contiennent ; et, d'autre part, cette eau, riche en éléments de végétation, se sépare avec eux pour servir à irriguer un sol pauvre, et est par conséquent moins précieuse comme engrais pour les terrains inférieurs vers lesquels elle peut ensuite être conduite.

La pratique de l'irrigation — sauf dans les pays montagneux où les sources et les ruisseaux sont nombreux — s'accompagne de très graves maux économiques, sociaux et politiques. La cons par de très riches propriétaires ; la capacité des canaux doit être calculée en fonction de la superficie destinée à être irriguée, et lorsque ceux-ci et leurs embranchements sont une fois construits, il est très difficile de les étendre ou d'adapter leurs dispositions originales aux changements de l'état des eaux. le sol, ou dans les modes ou objets de culture ; le débit de l'eau étant limité par l'abondance de la source ou la capacité des canaux, le propriétaire individuel ne peut être autorisé à puiser de l'eau à volonté, selon son intérêt privé ou sa convenance, mais le moment et la quantité de l'approvisionnement doit être réglementé par un système général applicable, autant que possible, à toute la zone irriguée par le même canal, et chaque cultivateur doit conformer son industrie à un plan qui peut être tout à fait en contradiction avec ses objets spéciaux ou avec ses vues de bon élevage. Les intérêts contradictoires et les jalousies des propriétaires qui dépendent des mêmes moyens d'approvisionnement sont une source de conflits et de litiges incessants, et les caprices ou les partialités des officiers qui contrôlent ou des entrepreneurs qui exploitent les canaux conduisent souvent à une injustice ruineuse à l'égard des canaux. propriétaires fonciers individuels. Ces circonstances découragent la division du sol en petites propriétés, et il y a une tendance constante à l'accumulation de grands domaines de terres irriguées entre les mains des grands capitalistes, et par conséquent à la dépossession des petits cultivateurs, qui passent de l'état de propriétaires fonciers à celui des laboureurs mercenaires. Les agriculteurs ne sont plus des yeomen, mais des paysans. N'ayant aucun intérêt pour le sol qui compose leur pays, ils sont virtuellement expatriés, et la bourgeoisie, qui devrait constituer la véritable force physique et morale du pays, cesse d'exister comme domaine rural et ne se retrouve que parmi les professionnels. , la population marchande et industrielle des villes.

[344] BOUSSINGAULT , *Économie Rurale* , ii, pp. 248, 249.

[345] La culture du riz est partout si préjudiciable à la santé que seules les nécessités d'une population dense peuvent justifier le sacrifice de vies qu'elle coûte dans les pays où elle est pratiquée.

Il a été démontré par des expériences réelles que même dans le Mississippi, le coton peut être avantageusement cultivé par l'homme blanc sans danger pour la santé ; et en fait, une grande partie du coton importé sur le marché de Vicksburg depuis quelques années a été cultivée exclusivement par des travailleurs blancs. Il n'y a aucune raison pour que la culture du coton soit une activité plus malsaine en Amérique que dans d'autres pays où on n'a jamais imaginé qu'elle soit dangereuse, et aucun Américain bien informé, dans les États esclavagistes ou ailleurs, ne croit que l'abolition de l'esclavage dans le Sud diminuerait définitivement la récolte de coton de ces États.

[346] *L'Italie à propos de l'Exposition de Paris* , p. 92.

[347] Les très précieux mémoires de Lombardini, *Cenni idrografi sulla Lombardia, Intorno al sistema idraulico del Po* , et d'autres articles sur des sujets similaires, furent publiés dans des périodiques peu connus hors d'Italie ; et l' *Idraulica Pratica* de Mari n'a pas, je crois, été traduite en français ou en anglais. Ces ouvrages, ainsi que d'autres sources d'information également inaccessibles hors d'Italie, ont été librement exploités par Baumgarten, dans un mémoire intitulé *Notice sur les Rivières de la Lombardie* , dans les *Annales des Ponts et Chaussées* , 1847, 1er semestre, pp. 129 *et suiv.* , et par Dumont, *Des Travaux Publics dans leurs Rapports avec l'Agriculture* , note, viii, pp. 269 *et suiv.* Pour la commodité de mes lecteurs, j'utiliserai ces deux articles au lieu des autorités originales sur lesquelles ils sont fondés.

[348] Sir John FW Herschel, citant Talabot comme son autorité, *Physical Geography* (24).

Dans un article élaboré sur « l'irrigation », imprimé dans le *rapport sur les brevets des États-Unis* pour 1860, p. 169, on indique que le volume d'eau déversé dans la Méditerranée par le Nil en vingt-quatre heures, aux basses eaux, est de 150 566 392 368 mètres cubes ; aux hautes eaux, 705.514.667.440 mètres cubes. En prenant la moyenne de ces deux chiffres, le débit journalier moyen du Nil serait de 428 081 059 808 mètres cubes, soit plus de 550 000 000 000 de yards cubes. Il y a une énorme erreur, probablement une erreur typographique, dans cette affirmation, qui rend le débit du Nil mille sept cents fois plus important que celui calculé par Talabot, et bien plus que ce qu'aucun géographe physique n'a jamais estimé la quantité fournie par tous les fleuves . sur la face du globe.

[349] Le Drac, torrent se déversant dans l'Isère un peu au-dessous de Grenoble, en a déversé 5,200, l'Isère, qui le reçoit, 7,800 mètres cubes, et la Durance une quantité égale, par seconde. — Montluisant, Note sur LES Desséchements , etc., *Annales des Ponts et Chaussées* , 1833, 2e semestre, p. 288.

Les crues de certains autres fleuves français sont à peine inférieures à celles du Rhône. La Loire, au-dessus de Roanne, a un bassin de 2 471 milles carrés, soit environ deux fois et demi la superficie de celui de l'Ardèche. Dans certaines de ses inondations, il a débité plus de 9 500 mètres cubes par seconde. — BELGRAND , *De l'Influence des Forêts, etc., Annales des Ponts et Chaussées* , 1854, 1er semestre, p. 15, remarque.

[350] Les forêts originelles dont le bassin de l'Ardèche était riche disparaissent rapidement depuis de nombreuses années, et la violence terrible des inondations qui le ravagent aujourd'hui est attribuée, par les enquêteurs les plus habiles, à cette cause. Dans un article inséré dans les *Annales Forestières* de 1843, cité par Hohenstein, *Der Wald* , p. 177, on dit qu'environ un tiers de la superficie du département était déjà devenu absolument stérile, par suite du défrichement, et que la destruction des bois se poursuivait encore avec une grande rapidité. De nouveaux torrents se formaient constamment, et on estime qu'ils couvraient de sable et de gravier plus de 70,000 acres de bonnes terres, soit un huitième de la superficie du département.

[351] « Il n'y a pas d'exemple de coïncidence entre les grandes crues de l'Ardèche et du Rhône, toutes les inondations connues de la première ayant eu lieu alors que la seconde était très basse. » — Mardigny , Mémoire sur les Inondations DES Rivières *de l'Ardèche* , p. 26.

Je profite de cette occasion pour me reconnaître redevable à l'intéressant mémoire que je viens de citer de toutes les déclarations que je fais sur les crues de l'Ardèche, sauf la comparaison du volume de ses eaux avec celui du Nil, et le calcul quant à la capacité requis pour la construction de réservoirs dans son bassin.

[352] Dans certains cas où le lit des cours d'eau alpins rapides est composé de roches très dures - comme c'est le cas dans de nombreuses vallées autrefois remplies d'anciens glaciers - et surtout là où ils sont alimentés par des glaciers non surplombés de falaises en ruine, le canal peut rester presque inchangé pendant des siècles. Ceci est observable dans de nombreux affluents de la Dora Baltea, qui draine la vallée d'Aoste. Plusieurs de ces petites rivières sont enjambées par des ponts romains plus ou moins parfaits, dont l'un, celui qui enjambe la Lys à Pont Saint-Martin, est encore en bon état et constamment utilisé. Un examen des rochers sur lesquels sont fondées les culées de cette structure et de quelques autres structures similaires, ainsi que des canaux des rivières qu'elles traversent, montre que le lit des ruisseaux ne peut pas avoir été beaucoup élevé ou abaissé depuis la construction des ponts. Dans d'autres cas, comme à l'embouchure du Val Tournanche à Châtillon, où subsiste encore une seule nervure d'un pont romain, rien n'empêche de supposer que le creusement profond du canal ait pu être en partie effectué à une époque beaucoup plus tardive. . Voir *l'application.* , n ° 47 .

[353] *Mémoire sur les Inondations des Rivières de l'Ardèche* , p. 16. « Le rugissement terrible, le tonnerre des torrents déchaînés proviennent principalement des pierres qui roulent dans le lit du ruisseau. Ce mouvement s'accompagne d'une attrition si puissante que, dans les Alpes du Sud, l'atmosphère des vallées où le le calcaire contient du bitume, a, lors des

inondations, l'odeur bitumineuse marquée produite par le frottement des morceaux de ce calcaire ensemble. "— WESSELY , *Die Oesterreichischien Alpenländer*, i, p. 113. Voir *Annexe* , n° 48 .

[354] FRISI , *Del modo di regolare i Fiumi ei Torrenti* , p. 4-19.

[355] SURELL , *Étude sur les Torrents* , pp.

[356] CHAMPION , *Les Inondations en France* , III, p. 156, remarque.

[357] Malgré cette circonstance favorable, les dégâts causés par l'inondation de 1840 dans la vallée du Rhône furent estimés à soixante-douze millions de francs. — CHAMPION , *Les Inondations en France* , iv, p. 124.

Plusieurs petites crues du Rhône, survenues un peu plus tôt dans l'année 1846, occasionnèrent une perte de quarante-cinq millions de francs. « Et si, dit Dumont, au lieu de se produire en octobre, c'est-à-dire entre la récolte et le semis, ils s'étaient produits avant que les récoltes soient assurées ? Les dégâts se seraient comptés par centaines de millions. » — Des Travaux Publics, *p* . 99, remarque.

[358] TROIE , *Étude sur le Reboisement des Montagnes* , §§ 6, 7, 21.

[359] Pour les récits de dégâts dus à l'éclatement des réservoirs, voir VALLÉE , *Mémoire sur les Réservoirs d'Alimentation des Canaux, Annales des Ponts et Chaussées* , 1833, 1er semestre, p. 261.

[360] Certains géographes appliquent le terme *de bifurcation* exclusivement à cette intercommunication de rivières ; d'autres, avec plus de convenance étymologique, l'utilisent pour exprimer la division des grands fleuves en bras à la tête de leurs deltas. Il manque un terme technique pour désigner le phénomène évoqué dans le texte.

[361] MARDIGNY , *Mémoire sur les inondations de l'Ardèche* , p. 13.

[362] Dans le cas des rivières coulant à travers de vastes plaines alluviales et très enclines à déplacer leur lit, comme le Pô, les digues laissent souvent entre elles un espace très large. Les digues du Pô sont parfois distantes de trois ou quatre milles. — BAUMGARTEN , d'après LOMBARDINI , *Annales des Ponts et Chaussées* , 1847, 1er semestre, p. 149.

[363] Il ressort des recherches de Lombardini que le taux d'élévation du lit du Pô a été très exagéré par les auteurs antérieurs, et que dans certaines parties de son cours, le changement est si lent que son niveau peut être considéré comme presque constant. .— BAUMGARTEN , volume précité, pp. 175, et suiv. Voir *annexe* , n ° 49 .

Si la côte occidentale de l'Adriatique subit une dépression séculaire, comme de nombreuses circonstances concourent à le prouver, l'affaissement de la plaine proche de la côte peut à la fois tendre à empêcher le dépôt de sédiments dans le lit du fleuve en augmentant la vitesse de son courant, et compenser l'élévation réellement produite par les dépôts, de sorte qu'il n'en résulterait aucune élévation sensible, même si beaucoup de gravier et de limon pourraient tomber.

[364] Pour protéger la ville de Sacramento en Californie des inondations auxquelles elle est soumise, une digue ou levée a été construite sur la rive de la rivière et élevée à une élévation au-dessus de celle des plus hautes crues connues, et elle a été reliée, en contrebas de la ville, avec des terrains s'étendant considérablement au-dessus de la rivière. À une occasion, une rupture de la digue s'est produite au-dessus de la ville à un stade très élevé de crue. L'eau se déversait derrière elle et débordait la partie basse de la ville, qui resta submergée pendant quelque temps après que le fleuve se soit retiré à son niveau ordinaire, parce que la digue, qui avait été construite pour *retenir* l'eau, la maintenait maintenant dans l' eau . .

Selon Arthur Young, dans le cours inférieur du Pô, où la surface du fleuve a été élevée bien au-dessus du niveau des champs adjacents par des digues, les paysans de son époque s'efforçaient fréquemment de protéger leurs terres contre les menaces de dévastation causées par l'éclatement des digues. , en traversant la rivière lorsque le danger devenait imminent et en ouvrant une brèche sur la rive opposée, sauvant ainsi leur propre propriété en inondant celle de leurs voisins. Il ajoute qu'à marée haute, la navigation sur le fleuve était absolument interdite, sauf aux bateaux postaux et à passagers, et que les gardes tiraient sur tous les autres ; l'objet de l'interdiction étant d'empêcher les paysans de recourir à cette mesure de légitime défense. — *Voyages en Italie et en Espagne* , 7 novembre 1789.

Lors d'une crue du Pô en 1839, une rupture du remblai eut lieu à Bonizzo. L'eau a traversé et inondé 116 000 acres, ou 181 milles carrés, de la plaine, jusqu'à une profondeur de vingt à vingt-trois pieds dans ses parties inférieures. — Baumgarten, d'après LOMBARDINI , VOLUME précédemment cité, p. 152.

[365] MOYENS *de forcer les Torrents de rendre une partie du sol qu'ils ravagent, et d'empêcher les grandes Inondations* .

[366] L'effet des arbres et autres obstacles détachés sur le contrôle de l'écoulement de l'eau est particulièrement remarqué par Palissy dans son essai sur *Waters and Fountains* , p. 173, édition de 1844. « Il y a, dit-il, dans diverses parties de la France, et spécialement à Nantes, des ponts de bois, où, pour briser la force des eaux et des glaces flottantes, qui pourraient endommager les piles de Auxdits ponts, ils ont enfoncé des bois verticaux dans le lit des rivières au-dessus desdits piliers, sans lesquels ils ne pourraient que peu se

maintenir. Et de même, les arbres qui sont plantés le long des montagnes atténuent beaucoup la violence des eaux. qui en découlent. »

[367] Je ne veux pas dire que toutes les rivières creusent leurs propres vallées, car je n'ai aucun doute que dans la majorité des cas de telles dépressions de surface ont pour origine des causes géologiques plus élevées, et que c'est donc la vallée qui fait la rivière, et non la rivière. la vallée. Mais même si l'on suppose qu'un bassin de la roche la plus dure s'élève aussitôt, complètement formé, de l'abîme sous-marin où il s'est formé, la première averse de pluie qui tombe sur lui après qu'il s'est élevé dans les airs, tandis que ses eaux suivront les lignes les plus basses de la surface couperont ces lignes plus profondément, et ainsi de suite à chaque pluie successive. La roche désintégrée de la partie supérieure du bassin forme la partie inférieure par alluvion, qui est constamment transportée de plus en plus loin jusqu'à ce que la résistance de gravitation et de cohésion équilibre la force mécanique de l'eau courante. Ainsi se forment des plaines plus ou moins fortement inclinées, dans lesquelles le fleuve change constamment de lit, selon la force et la direction perpétuellement variables de ses courants, modifiés qu'ils sont par des conditions toujours fluctuantes. Ainsi, on dit que le Pô a longtemps incliné son canal vers le sud, en raison de la force mécanique supérieure de ses affluents du nord. Un détournement de ces affluents de leurs lits actuels, afin qu'ils entrent dans le cours d'eau principal en d'autres points et dans des directions différentes, pourrait modifier tout le cours de ce grand fleuve. Mais la force mécanique de l'affluent n'est pas le seul élément de son influence sur le cours du cours d'eau principal. Les dépôts qu'elle dépose dans le lit de celle-ci, agissant comme de simples obstructions ou causes de détournement, ne sont pas des agents de changement moins importants.

[368] La distance à laquelle une nouvelle obstruction au débit d'une rivière, que ce soit par un barrage ou par un dépôt dans son chenal, retardera son courant ou, selon l'expression populaire, « fera reculer l'eau », est un problème une solution pratique plus difficile que presque toutes les autres solutions hydrauliques. Les éléments, tels que la rectitude ou la courbe du canal, la nature du fond et des berges, le volume et la vitesse antérieure du courant, la masse d'eau bien au-dessus de l'obstruction, la sécheresse ou l'humidité extraordinaire des saisons, la mesure relative dans laquelle la rivière peut être affectée par le les précipitations dans son propre bassin, et par les apports reçus par des canaux souterrains de sources si éloignées qu'elles sont exposées à des influences météorologiques très différentes, les effets du défrichement et d'autres améliorations toujours en cours dans de nouveaux pays, sont tous extrêmement difficiles, et certains d'entre eux impossibles. , à connaître et à mesurer. Dans les États américains, de très nombreux moulins à eau ont été construits en quelques années, et il n'y a guère de cours d'eau dans la partie habitée du pays qui ne soit traversé par plusieurs barrages.

Lorsqu'un barrage est élevé — processus que la diminution graduelle des courants d'été rend souvent nécessaire — ou lorsqu'un nouveau barrage est construit, il arrive souvent que les prairies au-dessus soient inondées, ou que le retard du cours d'eau se prolonge jusqu'au barrage. suivant ci-dessus. Cela conduit à de fréquents procès. En raison de la grande incertitude des faits, les témoignages sont plus contradictoires dans ces cas que dans toute autre classe de cas, et l'obstination avec laquelle les « causes de l'eau » sont contestées est devenue proverbiale.

Les cours souterrains des eaux forment un sujet d'investigation très difficile, et ce n'est que récemment que sa grande importance a été reconnue. Les intéressantes observations de Schmidt sur les grottes du Karst et leurs rivières jettent beaucoup de lumière sur l'hydrographie souterraine des districts calcaires, et servent à expliquer comment, dans la basse péninsule de Floride, des rivières, qui doivent prendre leur source dans des montagnes d'une centaine ou d'une centaine d'années, à des kilomètres plus éloignés, peuvent sortir de la terre dans des courants suffisamment grands pour permettre la navigation par bateau à vapeur jusqu'à leurs bassins d'éruption. Les puits artésiens nous révèlent l'existence de lacs et de rivières souterrains parfois superposés les uns aux autres en nappes successives ; mais le sujet encore plus important de l'absorption de l'eau par la terre et de sa transmission par infiltration est encore enveloppé dans une grande obscurité.

[369] Les sédiments du Pô ont rempli certaines lagunes et marécages de son delta et les ont transformés en terres relativement sèches ; mais, d'un autre côté, le retard du courant, dû à l'allongement de son cours, et la diminution de sa vitesse par les dépôts à son embouchure, ont forcé ses eaux à quelques points plus élevés à s'étendre malgré les digues, et ainsi à être fertiles. les champs ont été transformés en marais insalubres et improductifs. — Voir BOTTER , *Sulla condizione dei Terreni Maremmani nel Ferrarese. Annali di Agricoltura, etc.* , Fasc. v, 1863.

[370] Les sondages profonds n'ont détecté aucune différence essentielle dans la quantité ou la qualité des dépôts du Nil depuis quarante ou cinquante ans, ou, comme certains le calculent, depuis cent siècles. De quelle vaste réserve de terre riche ce fleuve tire-t-il les trois ou quatre pouces de matière fertilisante qu'il répand sur le sol de l'Égypte tous les cent ans ? Non pas du Nil Blanc, car ce fleuve laisse tomber presque toutes ses matières en suspension dans les larges expansions et le lent courant de son chenal au sud du dixième degré de latitude nord. Il ne semble pas non plus que le Bahr-el-Azrek, qui coule à travers les forêts sur une grande partie de son cours, apporte une grande quantité de sédiments. J'ai été informé par un vieil Européen résidant en Egypte, qui connaît très bien le Haut Nil, que presque toute la terre dont ses eaux sont chargées est charriée par le Takazzé.

[371] Il est très probable que, comme le suppose Lombardini, la plaine de Lombardie était autrefois couverte de forêts et de marais (Baumgarten, lcp 156) ; mais, si le Pô était resté libre, ses dépôts auraient soulevé ses rives aussi vite que son lit, et il n'y a aucune raison évidente pour que cette plaine soit plus marécageuse que les autres plaines alluviales traversées par de grands fleuves. Son cours inférieur serait peut-être devenu plus marécageux qu'aujourd'hui , mais les rives de son cours moyen et supérieur auraient été dans de meilleures conditions agricoles qu'elles ne le sont actuellement.

[372] D'après des mesures quotidiennes pendant une période de quatorze ans — 1827 à 1840 — le débit moyen du Pô à Ponte Lagoscuro, au-dessous de l'entrée de son dernier affluent, s'avère être de 1 720 mètres cubes, ou 60 745 pieds cubes, par seconde. . Sa plus petite livraison est de 186 mètres cubes, ou 6,569 pieds cubes, sa plus grande de 5,156 mètres cubes, ou 182,094 pieds cubes. — BAUMGARTEN , d'après LOMBARDINI , volume précité, p. 159.

Le débit moyen du Nil étant de 101 000 pieds cubes par seconde, il s'ensuit que le Pô apporte à l'Adriatique six dixièmes autant d'eau que le Nil à la Méditerranée — un résultat qui surprendra la plupart des lecteurs.

[373] Nous sommes tout à fait sûrs de supposer que la vallée du Nil a été occupée par l'homme depuis au moins 5 000 ans. Les dates de la chronologie égyptienne sont incertaines, mais je crois qu'aucun chercheur n'estime l'âge des grandes pyramides à moins de quarante siècles, et la construction de tels ouvrages implique une civilisation déjà ancienne.

[374] Il y a beaucoup de digues en Égypte, mais elles ne sont employées que dans un très petit nombre de cas pour exclure les eaux de l'inondation. Leur fonction est de retenir l'eau reçue au haut Nil dans les enceintes formées par eux jusqu'à ce qu'elle ait déposé ses sédiments ou ait été puisée pour l'irrigation ; et ils servent aussi de chaussées pour la communication intérieure pendant les inondations. Les digues égyptiennes, au lieu d'obliger le fleuve, comme celles du Pô, à transporter ses sédiments vers la mer, contribuent donc à retenir la vase qui, si l'écoulement du courant sur la terre n'était pas obstrué, pourrait être transportée de retour dans le canal, et enfin vers la Méditerranée.

[375] Le front méditerranéen du Delta peut être estimé à cent cinquante milles de longueur. Deux milles cubes de terre feraient plus que remplir les lagons de la côte, et les dix autres, même en admettant que la profondeur moyenne de l'eau soit de vingt brasses, ce qui est au-delà de la vérité, auraient suffi à étendre la ligne côtière d'environ trois milles plus loin vers la mer, et ainsi, y compris les terres gagnées par le remplissage des lagons, pour ajouter plus de cinq cents milles carrés à la superficie de l'Égypte. Et ce n'est pas tout ; car le ralentissement du courant, en allongeant le cours et en diminuant par

conséquent l'inclinaison du canal, eût augmenté le dépôt des matières en suspension, et augmenté proportionnellement l'effet total du remblai.

[376] Pour faciliter la navigation et pour diminuer le danger d'inondation en donnant une plus grande franchise et, bien sûr, une plus grande rapidité au courant, les coudes des rivières sont parfois coupés et les canaux sinueux rendus droits. Ce procédé a les mêmes effets généraux que l'endiguement et ne peut donc pas être utilisé sans obtenir les mêmes résultats.

On a souvent eu recours à cette pratique sur le Mississipi, dans l'intérêt de la navigation, mais c'est une tout autre question de savoir si cet avantage n'a pas été trop chèrement acheté par les dommages causés aux berges aux points inférieurs. Si nous supposons qu'une rivière ait un cours navigable de 1,600 milles mesuré par son chenal naturel, avec une descente de 800 pieds, nous aurons une chute de six pouces par mille. Si la longueur du canal est réduite à 1 200 milles en coupant les coudes, la chute est portée à huit pouces par mille. L'augmentation de la vitesse résultant de cette augmentation de l'inclinaison n'est pas calculable sans prendre en compte d'autres éléments, tels que la profondeur et le volume de l'eau, la diminution de la résistance directe, etc., mais dans presque tous les cas possibles, elle suffirait à produire de grands effets sur la hauteur des crues, le dépôt de sédiments dans le canal, sur les rives et à l'exutoire, l'érosion des berges et d'autres points de grande importance géographique.

Le Pô, dans les parties de son cours où les remblais laissent un large espace entre eux, coupe souvent des coudes dans son canal et redresse son cours. Ces raccourcis sont appelés *salti* , ou sauts, et réduisent parfois la distance entre leurs extrémités de plusieurs kilomètres. En 1777, le salto de Cottaro raccourcit de 5000 une distance de 7,000 mètres, ou, en d'autres termes, réduisit la longueur du canal de plus de trois milles ; et en 1807 et 1810, les deux salti de Mezzanone effectuèrent une réduction de distance comprise entre sept et huit milles. — BAUMGARTEN , lcp 38.

[377] Le fait que le mélange d'eau salée et d'eau douce dans les marais et les lagons côtiers est préjudiciable à l'état sanitaire du voisinage semble presque universellement admis, bien que la raison précise pour laquelle un mélange des deux devrait être plus nocif que l'un ou l'autre seul , n'est pas tout à fait clair. Il a été suggéré que l'admission d'eau salée dans les lagons et les rivières tue de nombreuses plantes et animaux d'eau douce, tandis que l'eau douce est également mortelle pour de nombreux organismes marins et que la décomposition des restes provoque des miasmes venimeux. D'autres théories ont cependant été proposées. L'ensemble du sujet est discuté de manière approfondie et compétente par le Dr Salvagnoli Marchetti dans l' annexe à son précieux *Rapporto sul Bonificamento delle Maremme Toscane* . Voir aussi la *Memorie Economico-Statistiche sulle Maremme Toscane* , du même auteur.

[378] Ce fait curieux est ainsi exposé dans la préface de Fossombroni ( *Memorie sopra la Val di Chiana* , édition de 1835, p. xiii), à laquelle j'emprunte aussi la plupart des données données ci-après concernant cette vallée : "Il On ne sait peut-être pas universellement que les hirondelles, qui viennent du nord [sud] pour passer l'été sous notre climat, ne fréquentent pas les régions marécageuses à l'atmosphère paludéenne. Une preuve du rétablissement de la salubrité dans le Val di Chiana est fournie par ces visiteurs aériens, qui n'avaient jamais été vus auparavant dans ces basses terres, mais qui sont apparus en quelques années à Forano et dans d'autres points situés de manière similaire.

L'air des marécages est-il destructeur pour les hirondelles, ou leur absence dans de telles localités est-elle simplement due au manque d'habitations humaines, près desquelles cet oiseau à moitié domestique aime se reproduire, peut-être parce que l'on y trouve la mouche domestique et d'autres insectes qui suivent l'homme. seulement à proximité de ses habitations ?

Dans presque tous les pays européens, l'hirondelle est protégée, par l'opinion populaire ou la superstition, de la persécution dont sont victimes presque tous les autres oiseaux. Il est possible que ce respect pour l'hirondelle soit fondé sur une observation ancienne du fait qui vient d'être exposé sous l'autorité de Fossombroni. L'ignorance prend l'effet pour la cause, et l'absence de cet oiseau peut avoir été supposée être l'occasion, et non la conséquence, de l'insalubrité de certaines localités. Cette opinion une fois adoptée, l'hirondelle deviendrait un oiseau sacré, et peu à peu des fables et des légendes seraient inventées pour donner une sanction supplémentaire aux préjugés qui la protégeaient. Les Romains considéraient l'hirondelle comme consacrée aux Pénates, ou dieux de la maison, et selon Peretti ( *Le Serate del Villaggio* , p. 168), les paysans lombards considèrent comme un péché de les tuer, car ce sont *les gallinelle del Signore* , les poules. du Seigneur.

Le petit *rispetto toscan suivant* de Gradi ( *Racconti Popolari* , p. 33) exprime bien le sentiment des paysans envers cet oiseau :

O rondinella che passi lo mare
Torna 'ndietro, vo' dirti du' parole;Dammi 'na
penna delle tue bell' ale,Vo' scrivere 'na lettera
al mi' amore;E quando l' avrò scritta 'n carta
bella,Ti renderò la penna, o rondinella;E
quando l'avrò scritta 'n carta bianca,Ti renderò
la penna che ti manca;E quando l'avrò scritta
in carta d'or, Ti renderò la penna al tuo bel
volo

.

Ô hirondelle qui vole au-delà de la mer,
retourne-toi ! Je voudrais avoir un mot avec
toi. Une plume, oh accorde, de ton aile si
brillante ! Car j'écrirais une lettre à ma chérie ;
Et quand elle sera écrite sur du papier fin, je te
donnerai, ô hirondelle, cette plume qui est à
toi. ;—Sur papier si blanc, et je te rendrai, ô
jolie hirondelle, la plume qui te manque ;—Sur
papier d'or, et puis je restaurerai à ton beau
pignon la plume une fois de plus.

Les traditions et les superstitions populaires sont si étroitement liées aux
localités que, même si un peuple émigré peut les transporter vers un pays
étranger, ils survivent rarement à une seconde génération. L'hirondelle est
cependant encore protégée dans la Nouvelle-Angleterre par des préjugés
d'origine transatlantique ; et je me souviens avoir entendu, dans mon enfance,
que si les hirondelles étaient tuées, les vaches donneraient du lait sanglant.

[379] MOROZZI , *Dello stato antico e moderno del fiume Arno* , II, p. 42.

[380] MOROZZI , *Dello stato, etc., dell'Arno* , II, pp. 39, 40.

[381] Torricelli s'exprime ainsi sur ce point : « Si l'on se contente de ce
que la nature a rendu praticable à l'industrie humaine, on s'efforcera de
contrôler, autant que possible, les débouchés de ces cours d'eau qui, en
élevant le lit des eaux, la vallée avec leurs dépôts, réalisera la fable du Tage et
du Pactole, et roulera véritablement des sables dorés pour celui qui sera assez
sage pour en profiter. "- Fossombroni, Memorie sopra LA Val *di Chiana* , p.
219.

[382] Arrian observe qu'à la jonction de l'Hydaspes et des Acesines, qui
sont tous deux décrits comme de larges ruisseaux, « une rivière très étroite
est formée de deux confluents, et son courant est très rapide. » — Arrian ,
Alex . *Anab.* , VI, 4.

[383] Cette difficulté a été résolue pour un fleuve important de la
Maremme, la Pecora, par des défrichements récemment exécutés le long de
son cours supérieur. "L'état de ce marais et de ses affluents a maintenant, en
novembre 1859, beaucoup changé, et il convient de poursuivre son
amélioration par des dépôts. En conséquence de l'abattage étendu des bois
sur les plaines, les collines et les montagnes de la territoire de Massa et
Scarlino, depuis dix ans, la Pecora et autres affluents du marais reçoivent,
pendant les pluies, des eaux abondamment chargées de limon, de sorte que
les dépôts dans la première division du marais sont déjà considérables, et l'on
peut espérer maintenant voir tout le marais et l'étang comblés dans un délai

beaucoup plus court qu'on était en droit de s'attendre avant 1850. Cette circonstance change totalement les termes de la question, car le remplissage du marais et de l'étang, qui paraissait alors presque impossible en raison de la petite quantité de sédiments déposés par la Pecora, est maintenant devenue praticable. "- SALVAGNOLI , *Rapporto sul Bonificamento delle Maremme Toscane* , pp. li, lii.

La quantité annuelle de sédiments apportés par les rivières de la Maremme est estimée à plus de 12 000 000 de mètres cubes, soit assez pour élever une superficie de quatre milles carrés par mètre. Entre 1830 et 1859, plus de trois fois cette quantité a été déposée dans le seul marais et lac peu profond de Castiglione. — SALVAGNOLI , *Raccolta di Documenti* , pp. 74, 75.

[384] La marée monte de dix pouces sur la côte de Toscane. Voir Mémoire de FANTONI , en annexe à SALVAGNOLI , *Rapporto* , p. 189.

Sur les marées de la Méditerranée, voir BÖTTGER , *Das Mittelmeer* , p. 190. N'ayant pas sous la main la Méditerranée de l'amiral Smyth, sur laquelle repose l'ouvrage de Böttger, je ne sais pas dans quelle mesure le mérite est dû à l'ancien auteur pour le sujet contenu dans le chapitre mentionné.

[385] Dans les pays catholiques, la discipline de l'Église exige une *maigre* alimentation à certaines saisons, et comme le poisson n'est pas de la chair, il y a une grande demande pour cet article de nourriture à ces périodes. Pour le confort des monastères et de leurs patrons, et comme source de rétribution pécuniaire pour les établissements ecclésiastiques et parfois pour les propriétaires laïcs, de nombreux étangs piscicoles artificiels furent créés au Moyen Âge. Il s'agissait généralement de mares peu profondes formées par le barrage des débouchés des marais, et elles étaient parmi les sources les plus fécondes de maladies endémiques et de la malignité particulière des épidémies qui ravageaient si souvent l'Europe au cours de ces siècles. Ces étangs, détenus par des religieux, étaient trop sacrés pour pouvoir être violés à des fins sanitaires, et lorsqu'ils appartenaient à de puissants seigneurs laïcs, ils étaient presque aussi inviolables. Les droits de pêche constituaient un obstacle permanent à toute proposition d'amélioration hydraulique, et jusqu'à ce jour de vastes et fertiles régions du sud de l'Europe restent malsaines, presque non aménagées et inhabitées, parce que l'assèchement des étangs qui s'y trouvent réduirait le revenu des propriétaires qui en tirent leurs revenus. de gros profits en approvisionnant les fidèles, pendant le carême, en poisson et en diverses espèces d'oiseaux aquatiques qui, quoique très gras, sont, ecclésiastiquement parlant, maigres.

[386] Macchiavel conseilla au gouvernement de Toscane « de prévoir que les hommes rétablissent la salubrité du sol par la culture et purifient l'air par le feu. » — SALVAGNOLI , *Memorie* , p. 111.

[387] GIORGINI , *Sur les causes de l'Insalubrité de l'air dans le voisinage des marais, etc.*, lue à l'Académie des Sciences à Paris , le 12 juillet, 1825. Réimprimé dans SALVAGNOLI , *Rapporto, etc.* , annexe, p . 5, *et suiv.*

[388] Voir les estimations minutieuses de ROSET , *Moyens de forcer les Torrents, etc.* , pp. 42, 44.

[389] Les rivières qui transportent du sable, des graviers, des cailloux, des matières minérales lourdes enfin, tendent à élever leur propre lit ; ceux chargés uniquement de terre fine et légère, pour les creuser plus profondément. Les rivières des Prairies de l'Ouest ont des canaux profonds, parce que la matière minérale qu'elles charrient n'est pas assez lourde pour résister à l'impulsion d'un courant même modéré, et les affluents du Pô qui déposent leurs sédiments dans les lacs, le Tessin, l'Adda , l'Oglio et le Mincio coulent, en coupes profondes, pour la même raison. — BAUMGARTEN , lc, p. 132.

[390] "Le ruisseau transporte cette boue, etc., d'abord plus à l'est, et ne la laisse tomber que là où la force du courant s'affaiblit. Ceci explique l'avancée continue des terres vers la mer le long de la côte syrienne, en conséquence dont Tyr et Sidon ne se trouvent plus sur le rivage, mais à une certaine distance à l'intérieur des terres. Le fait que le Nil contribue à ce dépôt peut facilement être vu, même par l'observateur non scientifique, par le caractère taché et trouble de l'eau à plusieurs kilomètres de ses embouchures. Un phénomène assez inquiétant fut observé dans ces environs en 1801, à bord de la frégate anglaise Romulus, Captain Culverhouse, lors d'un voyage d'Acre à Abukir. Le Dr ED Clarke, qui était passager à bord de ce navire, le décrit ainsi :

« 26 juillet. — Aujourd'hui dimanche, nous avons accompagné le capitaine au carré pour dîner, comme d'habitude, avec ses officiers. Pendant que nous étions à table, nous avons entendu les matelots qui jetaient le plomb crier tout à coup : « Trois et demi!" Le capitaine se releva d'un bond, fut sur le pont en un instant, et, presque au même moment, le navire ralentit sa marche et fit demi-tour. Tous les matelots à bord pensaient qu'il allait échouer immédiatement. Cependant, pendant ce temps, Au fur et à mesure que le navire tournait, on voyait que toute la surface de l'eau était recouverte d'une boue épaisse et noire, qui s'étendait si loin qu'elle ressemblait à une île. En même temps, la terre réelle n'était nulle part visible, pas même de loin. la tête de mât - et aucune mention d'un tel haut-fond ne figurait sur aucune carte à bord. Le fait est, comme nous l'avons appris par la suite, qu'une couche de boue, s'étendant des embouchures du Nil sur plusieurs milles au large , forme un dépôt mobile le long de la côte égyptienne. Si ce dépôt est poussé en avant par de puissants courants, il remonte quelquefois à la surface, et dérange le marin par l'apparition soudaine de hauts-fonds là où les cartes lui font espérer une profondeur d'eau considérable. Mais ces couches de boue ne sont en réalité pas du tout dangereuses. Dès qu'un navire les heurte, ils se brisent aussitôt, et une frégate peut maintenir sa route en parfaite sécurité là où un pilote inexpérimenté, induit en erreur par ses sondages, s'attendrait à tout moment à s'échouer.'"- Böttger, Das MITTELMEER , *pp* . 188, 189.

[391] Les grottes de la Carniole reçoivent des rivières considérables de la surface de la terre, qui ne peuvent, dans tous les cas, être identifiées avec des ruisseaux qui en sortent en d'autres points, et des phénomènes similaires ne sont pas rares dans d'autres pays calcaires.

Les cas ne sont certainement pas nombreux où l'on sait que les courants marins se déversent continuellement dans des cavités sous la surface de la terre, mais il existe au moins un exemple bien authentifié de ce genre : celui des ruisseaux des moulins à Argostoli, dans l'île de Céphalonie. On a longtemps observé que l'eau de mer s'écoulait dans plusieurs fissures et cavités des roches calcaires de la côte, mais ce phénomène a suscité peu d'attention jusqu'à très récemment. En 1833, trois des entrées furent fermées, et un canal régulier, long de seize pieds et large de trois pieds, avec une chute de trois pieds, fut creusé dans l'embouchure d'une cavité plus grande. L'eau de mer coulait dans ce canal, et pouvait être suivie à dix-huit ou vingt pieds au-delà de son extrémité intérieure, lorsqu'elle disparaissait dans des trous et des fentes dans la roche.

En 1858, le canal avait été élargi à la largeur de cinq pieds et demi et à la profondeur d'un pied. L'eau se déverse rapidement à travers le canal dans une dépression irrégulière et forme une mare dont la surface est à trois ou quatre pieds au-dessous du sol adjacent, et à environ deux pieds et demi ou trois pieds au-dessous du niveau de la mer . De cette mare, il s'échappe par plusieurs trous et fentes dans la roche, et on ne l'a pas encore trouvé pour émerger ailleurs.

Il y a une marée à Argostoli d'environ six pouces par temps calme, mais elle est considérablement plus élevée avec un vent du sud. Je ne trouve pas qu'il soit indiqué si l'eau s'écoule à travers le canal dans la cavité à marée basse, mais il apparaît clairement qu'il n'y a pas de courant de reflux, comme bien sûr il ne pourrait pas y en avoir d'un bassin aussi profond. Mousson a constaté que la livraison par le canal se faisait au rythme de 24,88 pieds cubes à la seconde ; à quel stade de la marée n'apparaît pas. D'autres moulins du même genre ont été érigés, et il semble y avoir plusieurs points sur la côte où la mer se jette dans la terre.

Diverses hypothèses ont été avancées pour expliquer ce phénomène, dont certaines supposent que l'eau descend à une grande profondeur sous la croûte terrestre, mais l'hypothèse d'une différence de niveau dans la surface de la mer des côtés opposés de l'île , qui semble confirmé par d'autres

circonstances, est la méthode la plus évidente pour expliquer ces faits singuliers. Si l'on suppose que le niveau de l'eau d'un côté de l'île s'élève par l'action de courants de trois ou quatre pieds plus élevés que de l'autre côté, l'existence de cavités et de canaux dans la roche expliquerait facilement l'existence d'un courant souterrain sous l'eau. île, et les ouvertures de fuite pourraient être si profondes ou si petites qu'elles échapperaient à l'observation. Voir *Aus der Natur*, vol. 19, p. 129, *et suiv.* Voir *annexe*, n ° 53
.

[392] « Les affluents reçus par la Seine au-dessous de Rouen sont si peu considérables, que l'augmentation du volume de cette rivière doit être attribuée principalement aux sources qui montent dans son lit. C'est un point dont les ingénieurs prennent maintenant note, et M. Belgrand, l'habile officier chargé de l'amélioration de la navigation de la Seine entre Paris et Rouen, y a consacré beaucoup d'attention. » — BABINET, *Études et Lectures*, iii, p. 185.

A la page 232 du volume que nous venons de citer, le même auteur observe : « Dans la partie inférieure de son cours, des chutes de l'Oise, la Seine reçoit si peu d'affluents importants, que l'évaporation seule suffirait à épuiser toute l'eau qui passe. sous les ponts de Paris. »

Cela suppose une quantité d'évaporation beaucoup plus grande qu'on ne l'a calculé habituellement, mais je crois qu'il est bien établi que la Seine apporte à la mer beaucoup plus d'eau que n'en rejettent toutes ses branches superficielles.

[393] Girard et Duchatelet soutiennent que les eaux souterraines de Paris sont absolument stagnantes. Voir leur rapport sur le drainage par puits artésiens, *Annales des Ponts et Chaussées*, 1833, 2e sémestre, pp. 313, *et suiv.*

Cette opinion, si elle est localement vraie, ne peut pas l'être généralement, car elle est incompatible avec le fait bien connu que la toute première éruption d'eau d'un forage fait souvent remonter des feuilles et d'autres objets qui ont dû être entraînés dans les réservoirs souterrains par les courants. .

[394] *Géographie physique*, p. 286. Il ne semble pas que cette conclusion soit celle de Mariotte ou celle de Wittwer. Je suppose que c'est une conclusion de ce dernier.

[395] *Géographie physique de la mer*. Dixième édition. Londres, 1861, § 274.

[396] PARAMELLE, *Quellenkunde, mit einem Vorwort von* B.COTTA, 1856.

[397] *Études et Lectures*, vi, p. 118.

[398] « La superficie du sol asséché par drainage augmente constamment, et l'eau reçue par la surface à partir des précipitations atmosphériques est ainsi en partie conduite dans de nouveaux canaux et, en général, évacuée plus

rapidement qu'auparavant. une influence sur l'état de nombreuses sources, dont le bassin d'alimentation subit ainsi une transformation partielle ou totale ? J'en suis convaincu, et il est important de collecter des données pour résoudre la question. BERNHARD COTTA , Préface de PARAMELLE , *Quellenkunde* (traduction allemande), pp. vii, viii. Voir *annexe* , n ° 54 .

[399] Voir les intéressantes observations de KRIEGK à ce sujet, *Schriften zur allgemeinen Erdkunde* , cap. iii, § 6, et surtout les passages de RITTER *Erdkunde* , vol. je, il y a fait référence.

Laurent ( *Mémoires sur le Sahara Oriental* , pp. 8, 9), en parlant d'une rivière à El-Faid, « qui, comme toutes celles du désert, est la plupart du temps sans eau », observe que de nombreux puits sont creusés dans le lit de la rivière en saison sèche, et que le courant souterrain ainsi atteint semble s'étendre latéralement, à peu près au même niveau, à au moins un kilomètre de la rivière, à mesure que l'on trouve de l'eau en creusant jusqu'au profondeur de douze ou quinze mètres dans un village situé à cette distance de la rive.

Le cas d'infiltration le plus remarquable que j'ai connu par observation personnelle est la présence d'eau douce dans le sable des plages du côté est du golfe d'Akaba, le bras oriental de la mer Rouge. Si l'on creuse une cavité dans la plage près du niveau de la mer, elle se remplit bientôt d'une eau si fraîche qu'elle n'est pas imbuvable, bien que l'eau de mer à deux ou trois mètres de là contienne encore plus que la quantité moyenne de sel. On ne peut pas soutenir qu'il s'agit d'eau de mer rafraîchie par filtration sur quelques pieds ou pouces de sable, car l'eau salée ne peut pas être privée de son sel par ce procédé. Il ne peut provenir que des hautes terres d'Arabie, et il semblerait qu'il doive exister dans l'intérieur quelque grand réservoir pour fournir un approvisionnement qui, malgré l'évaporation, dure des mois après les dernières pluies de l'hiver, et peut-être même pendant toute la durée de l'hiver. l'année. J'ai constaté le fait au mois de juin.

Les précipitations dans les montagnes qui bordent la mer Rouge ne sont pas connues par mesure pluviométrique, mais la masse de débris charriés par les torrents dans les ravins prouve que leur volume doit être important. La proportion de surface couverte de sable et de terre absorbante, en Arabie Pétrée et dans les pays voisins, est petite, et les montagnes se drainent rapidement dans les oueds ou ravins où se forment les torrents ; mais les couches de terre et de roches désagrégées au fond des vallées sont d'une texture si meuble et si poreuse, qu'une grande quantité d'eau est absorbée en les saturant avant qu'un courant visible ne se forme à leur surface. Dans un gros orage accompagné d'une pluie déluge, dont j'ai été témoin au mont Sinaï au mois de mai, un grand jet d'eau se déversait, en une cascade presque continue, dans le ravin escarpé au nord du couvent, par lequel les voyageurs parfois descendit du plateau entre les deux sommets, mais après avoir atteint le pied de la montagne, il ne coula que quelques mètres avant d'être englouti dans les sables.

[400] Il est concevable que dans des bassins souterrains vastes et peu profonds, la terre surjacente puisse reposer sur l'eau et être en partie soutenue par elle. Dans ce cas, le poids de la terre serait une cause supplémentaire, sinon unique, de la remontée de l'eau à travers les tubes des puits artésiens. L'élasticité des gaz dans les cavités peut également contribuer à faire monter l'eau.

Un ingénieur français, M. Mullot, a inventé une méthode simple pour amener à la surface l'eau provenant de plusieurs accumulations successives à différentes profondeurs, ou pour la faire monter, sans mélange, à partir de deux ou plusieurs d'entre elles à la fois. Elle consiste à employer des tubes concentriques, les uns dans les autres, laissant entre eux un espace pour la montée de l'eau, et arrivant chacun jusqu'à la nappe d'où on est destiné à puiser.

[401] De nombreuses conjectures plus ou moins probables ont été faites à ce sujet, mais jusqu'à présent, je ne suis pas au courant qu'il ait été réellement démontré qu'aucun des résultats appréhendés s'est produit. Dans un article des *Annales des Ponts et Chaussées* de juillet et août 1839, p. 131, il a été suggéré que l'affaissement des piles d'un pont à Tours en France a été provoqué par le captage d'eau de la terre par des puits artésiens, et par le retrait conséquent du support mécanique qu'il avait auparavant donné aux couches la contenant. On trouvera une réponse à cet article dans VIOLETT, *Théorie des Puits Artésiens*, p. 217.

Dans certains cas, l'eau s'est précipitée avec une force qui semblait menacer l'inondation du quartier et même l'emportement d'une grande partie de la terre ; mais dans ces cas, l'épuisement partiel de l'alimentation, ou le soulagement de la pression hydrostatique ou élastique, a généralement produit une diminution du débit en peu de temps, et je ne sais pas qu'un mal sérieux ait jamais été causé de cette manière.

[402] Voir un récit très intéressant de ces puits, et des ouvriers qui les nettoient lorsqu'ils sont obstrués par du sable remonté avec l'eau, dans le mémoire de Laurent sur les puits artésiens récemment forés par le gouvernement français dans le désert algérien, Mémoire *sur le Sahara Oriental, etc.*, pp. 19, *et suiv.* Certains hommes sont restés sous l'eau de deux minutes à deux minutes et quarante secondes. Plusieurs officiers auraient observé des immersions d'une durée de trois minutes, et M. Berbrugger prétend avoir été témoin d'une immersion de cinq minutes et cinquante-cinq secondes. La plus courte de ces périodes est plus longue que la durée pendant laquelle le meilleur plongeur de perles peut rester sous la surface de l'eau salée. Les puits du Sahara ont de vingt à quatre-vingts mètres de profondeur.

On a souvent affirmé que les anciens Égyptiens connaissaient l'art de forer des puits artésiens. Parthey, décrivant la Petite Oasis, mentionne les ruines d'un aqueduc romain et observe : « Il ressort des recherches récentes de Aim, un ingénieur français, que ces aqueducs sont reliés à d'anciens puits artésiens, dont la restauration permettrait de étendre la culture bien au-delà de ses limites actuelles. Cela concorde avec les témoignages anciens. On affirme que les habitants des oasis creusaient des puits jusqu'à la profondeur de 200, 300 et même 500 aunes, d'où sortaient de riches ruisseaux d'eau. Voir OLYMPIODORE dans *Photii Bibl.*, cod. 80, p. 61, l. 17, éd. Bekk."— PARTHEY, *Wanderungen*, ii, p. 528.

Dans un article intitulé *Note relative à l'exécution d'un Puits Artésien en Egypte sous la XVIIIe dynastie*, présenté à l'Académie des Inscriptions et Belles Lettres, le 12 novembre 1852, M. Lenormant s'efforce de montrer qu'un hiéroglyphe une inscription trouvée à Contrapscelcis prouve l'exécution d'un ouvrage de ce genre dans le désert nubien, à l'époque indiquée dans le titre de son article. L'interprétation de l'inscription est une question pour les égyptologues ; mais si des puits furent effectivement forés à travers la roche par les Égyptiens à la manière chinoise ou européenne, il est singulier que parmi les nombreuses et minutieuses représentations de leurs opérations industrielles, peintes ou sculptées sur les murs de leurs tombeaux, aucune trace des processus employé pour un but si remarquable et si important aurait dû être découvert. Voir *annexe*, n ° 56 .

Il est certain que les puits artésiens sont courants en Chine depuis une antiquité très reculée, et la méthode simple utilisée par les Chinois, où le foreur est soulevé et laissé tomber par une corde, au lieu d'une tige rigide, a été récemment employée dans L'Europe avec un avantage. Certains des puits chinois auraient une profondeur de 3 000 pieds ; celui de Neusalzwerk en Silésie, le plus profond d'Europe, est de 2 300. Un puits a été foré à Saint-Louis, dans le Missouri, il y a quelques années, pour alimenter une raffinerie de sucre, à une profondeur de 2,199 pieds. Cela a été réalisé par une entreprise privée en trois ans, au coût de seulement 10 000 $. Un autre a depuis été foré au Capitole de l'État à Columbus, Ohio, à 2 500 pieds de profondeur, mais sans obtenir l'approvisionnement en eau souhaité.

[403] « En prévision de notre succès à Oum-Thiour, tout avait été préparé pour profiter sans attendre de cette nouvelle source de richesse. Une division de la tribu des Selmia, et leur cheikh, Aïssa ben Shâ , fondèrent un village dès que l'eau coula, et plantèrent mille deux cents dattiers, renonçant à leur vie errante pour s'attacher au sol. Dans ce lieu aride, la vie avait pris la place de la solitude, et se présentait, avec ses images souriantes, au voyageur étonné. Des jeunes filles puisaient de l'eau à la fontaine ; les troupeaux, les grands dromadaires au pas lent, les chevaux menés au licol, se dirigeaient vers l'abreuvoir ; les chiens et les faucons égayaient l'ambiance. un groupe de

tentes aux couleurs de la fête, et des voix vivantes et un mouvement animé avaient succédé au silence et à la désolation." — LAURENT , *Mémoires sur le Sahara* , p. 85.

[404] La variété des teintes et des tons de la couleur locale du désert est, je pense, un des phénomènes qui surprennent et intéressent le plus un étranger à ces régions. En Angleterre et aux États-Unis, la roche est si généralement recouverte de mousse ou de terre, et la terre de végétation, que les Anglais et les Américains non voyagés ne sont pas très familiers avec la roche nue comme élément remarquable du paysage. Par conséquent, dans leur conception d'une falaise ou d'un précipice nu, ils ne lui attribuent guère une couleur définie, mais le représentent à leur imagination comme portant une teinte neutre qui n'est assimilable à aucune des teintes avec lesquelles la nature teinte son atmosphère ou peint ses créations organiques. Il existe certainement de vastes chaînes désertiques, principalement des formations calcaires, dont la surface est soit blanche, soit altérée jusqu'à une uniformité de ton terne qu'on peut difficilement appeler couleur ; et il y a des plaines de sable et des collines dérivantes d'une monotonie ennuyeuse de teinte. Mais la chimie de l'air, bien qu'elle puisse dompter l'éclat du calcaire jusqu'à un gris sombre, fait ressortir le vert, le brun et le violet des roches ignées, et le blanc, le rouge, le bleu, le violet et le jaune du grès. De nombreuses falaises d'Arabie Petræa sont aussi variées en couleurs que l'arc-en-ciel, et les veines sont si variables en épaisseur et en inclinaison, si déformées et si impliquées dans l'arrangement, qu'elles déroutent l'œil du spectateur comme un disque de verre aux couleurs festives dans révolution rapide.

Dans les oueds les plus étroits, le mirage n'est pas courant ; mais sur de vastes étendues, comme en de nombreux points entre Le Caire et Suez, et dans le Wadi el Araba, il se moque de vous avec des lacs et des baies enclavées, parsemées d'îles et bordées d'arbres, le tout peint avec une vérité illusoire de représentation absolument impossible à distinguer de la réalité. La terre en damier est également recouverte d'un ciel aussi varié qu'elle-même. Vous voyez, haut dans le ciel, des nuages roses à midi, colorés probablement par le reflet des montagnes rouges, tandis que près de l'horizon flottent des cumulus d'un bleu éthéré transparent, apparemment rassemblés en boule dans la claire substance céruléenne du firmament et détachés. de la voûte céleste, non par la couleur ou la consistance, mais uniquement par la lumière et l'ombre de leurs proéminences.

[405] *Œuvres de Palissy, Des Eaux et Fontaines* , p. 157.

[406] Id., p. 166. Voir *Annexe* , n° 57 .

[407] BABINET , *Études et Lectures sur les Sciences d'Observation* , II, p. 225. Notre auteur fait précéder l'exposé de sa méthode d'une plainte que la plupart des hommes qui s'adonnent à la réflexion ont l'occasion de répéter plusieurs

fois au cours de leur vie. « J'expliquerai à mes lecteurs la construction de fontaines artificielles selon le plan du célèbre Bernard de Palissy, qui, il y a cent cinquante [trois cents] ans, est venu m'enlever, humble académicien du XIXe siècle. , cette découverte que j'avais pris beaucoup de peine à faire. Elle a de quoi décourager toute invention quand on trouve des plagiaires dans le passé comme dans l'avenir ! (P. 224.)

[408] MG DUMAS , *La Science des Fontaines* , 1857.

[409] Dans le grès curieusement varié d'Arabie Petræa - qui est certainement une réagrégation de sable meuble dérivé de particules de roches plus anciennes - les veines contiguës diffèrent souvent très largement en couleur, mais pas sensiblement en densité ou en texture ; et la manière singulière dont ils sont tantôt alternés, tantôt confusément entremêlés, doit s'expliquer autrement que par le poids des grains respectifs qui les composent. Ils semblent en effet avoir été laissés tomber par l'eau en ébullition violente ou en agitation mécanique tumultueuse, ou par une succession de courants aquatiques ou aériens soudains s'écoulant dans des directions différentes et chargés de matières différemment colorées.

[410] *De Bodem van Nederland* , i, pp. 243, 246-377, *et suiv.* Voir aussi les arguments de Brémontier quant à l'origine des sables dunaires de Gascogne, *Annales des Ponts et Chaussées* , 1833, 1er semestre, pp. 158, 161. Brémontier estime le sable rejeté annuellement sur cette côte à cinq toises cubes et deux pieds par toise courante (ubi supra, p. 162), ou plutôt plus de deux cent vingt pieds cubes par pied courant. Laval, après des observations continuées pendant sept ans, a trouvé que la quantité était de vingt-cinq mètres par mètre courant, ce qui est égal à deux cent soixante-huit pieds cubes par pied courant. — Annales des Ponts et Chaussées, 1842, *2e* semestre , p. 229. Ces calculs rendent la proportion de sable déposée sur les côtes de Gascogne trois ou quatre fois plus grande que celle observée par Andresen sur les côtes du Jutland. Laval estime la quantité totale de sable rejetée annuellement sur les côtes de Gascogne à 6,000,000 de mètres cubes, soit plus de 7,800,000 yards cubes.

[411] *De Bodem van Nederland* , i, p. 339.

[412] Les conditions favorables à la production de sable à partir de roches désintégrées, par des causes actuellement en action, ne sont peut-être nulle part plus parfaitement réalisées que dans la péninsule Sinaïtique. Les montagnes sont escarpées et élevées, non protégées par la végétation ni même par une couche de terre, et les rochers qui les composent sont dans un état brisé et fragmentaire. Ils sont sillonnés de ravins profonds et escarpés, avec des lits suffisamment inclinés pour l'écoulement rapide de l'eau, et généralement sans bassins dans lesquels les plus gros blocs de pierre roulés par les torrents peuvent être laissés tomber et laissés au repos ; il y a de fortes

gelées et beaucoup de neige sur les sommets et les crêtes les plus élevés, et les pluies hivernales sont abondantes et fortes. Les montagnes sont principalement de formation ignée, mais beaucoup des sommets les moins élevés sont coiffés de grès, et sur le versant oriental de la péninsule, vous pouvez parfois apercevoir, d'un seul coup d'œil, plusieurs hautes pyramides de granit, séparées par des intervalles considérables, et tous surmontés de dépôts de grès stratifiés horizontalement, souvent de seulement quelques mètres carrés, qui se correspondent en hauteur, sont évidemment d'origine contemporaine et étaient autrefois reliés en lits continus. La dégradation de la roche sur laquelle repose cette formation en fait constamment tomber des masses et les mêle aux fragments basaltiques, porphyriques, granitiques et calcaires que les torrents entraînent jusqu'aux vallées et, à travers elles, en état de plus ou moins désintégration, vers la mer. La quantité de sable entraînée chaque année dans la mer Rouge par les plus grands torrents de la Petite Péninsule est probablement au moins égale à celle apportée à l'océan par tous les cours d'eau drainant des bassins de moindre étendue. En termes absolus, on peut donc dire que la masse est grande, mais elle est apparemment très petite comparée au sable rejeté par l'océan allemand et l'Atlantique sur les côtes du Danemark et de la France. Il y a en effet, en Arabie Pétrée, de nombreux torrents au cours très court, car les vagues de la mer dans de nombreuses parties de la côte péninsulaire lavent le pied des montagnes. Dans ces cas, les débris des roches n'arrivent pas à la mer dans un état suffisamment broyé pour avoir droit à l'appellation de sable, ni même sous forme de galets bien arrondis. Les fragments conservent leur forme angulaire et, en certains points de la côte, ils sont cimentés ensemble par de la chaux ou d'autres substances liantes maintenues en solution ou en suspension mécanique dans l'eau de mer, et se transforment si rapidement en un conglomérat singulièrement hétérogène, qu'on le gisement semble s'être consolidé en une brèche avant que les torrents de l'hiver prochain ne le recouvrent d'une autre.

Dans la partie nord de la péninsule, il existe de vastes dépôts de sable mêlés de galets d'agate et de bois pétrifié, mais ceux-ci ne sont évidemment ni dérivés du groupe sinaïtique, ni produits de causes locales connues pour être actuellement en action.

Je peux remarquer ici l'affirmation souvent répétée mais erronée, selon laquelle le bois pétrifié du désert d'Arabie occidentale est entièrement constitué de tiges de palmiers, ou du moins de légumes endogènes. C'est une erreur. J'ai moi-même ramassé dans ce désert, sur l'espace de quelques mètres carrés, des fragments à la fois de palmiers fossiles et d'au moins deux arbres pétrifiés distinctement marqués comme étant d'une croissance exogène à la fois par une structure annulaire et par des nœuds. Par son caractère ligneux, l'un d'eux ressemble presque exactement au grain du hêtre existant, et ce spécimen a été vermoulu avant d'être transformé en silex.

[413] BÖTTGER , *Das Mittelmeer* , p. 128.

[414] Les témoignages des plongeurs et des autres observateurs sur ce point sont contradictoires, comme on pouvait s'y attendre vu l'infinie variété des conditions par lesquelles le mouvement de l'eau est affecté. On croit généralement que l'action du vent sur l'eau n'est pas perceptible à des profondeurs plus grandes que celles de quinze pieds en temps ordinaire, jusqu'à quatre-vingts ou quatre-vingt-dix pieds dans les cas extrêmes ; mais ces estimations sont probablement très inférieures à la vérité. Andresen cite Brémontier disant que le mouvement des vagues s'étend parfois jusqu'à une profondeur de cinq cents pieds, et il ajoute que d'autres pensent qu'il peut atteindre six ou même sept cents pieds sous la surface. — Andresen, Om KLITFORMATIONEN , *p* . 20.

De nombreux physiciens supposent désormais que les ondulations des grandes étendues d'eau vont encore plus profondément. Mais un mouvement d'ondulation n'est pas nécessairement un mouvement de translation, et d'ailleurs il y a très souvent un ressac, qui tend à emporter vers la mer les corps suspendus avec autant de force que les vagues superficielles à les rejeter sur le rivage. Les bancs de sable s'éloignent parfois de la côte au lieu de rouler vers elle. Reclus nous apprend que la Mauvaise, banc de sable près de la pointe de Grave, sur la côte atlantique de la France, s'est déplacée de cinq milles vers l'ouest en moins d'un siècle. — Revue *des Deux Mondes* , de décembre 1862, p. 905.

L'action des courants a pu, dans certains cas, être confondue avec celle des vagues. Les courants marins, peut-être assez forts pour transporter du sable sur une certaine distance, s'écoulent loin sous la surface dans certaines parties de l'océan ouvert et, dans les détroits étroits, ils ont une force et une vitesse élevées. Les plongeurs employés à Constantinople en 1853 trouvèrent dans le Bosphore, à la profondeur de vingt-cinq brasses et en un point très exposé aux eaux de Galata et de Péra, un certain nombre de canons en bronze censés avoir appartenu à un navire de guerre détruit par l'explosion. environ cent cinquante ans auparavant. Ces canons n'étaient pas recouverts de sable ou de bave, bien qu'une croûte de matière terreuse, d'un pouce d'épaisseur, adhère à leurs surfaces supérieures, et que le fond du détroit paraisse entièrement exempt de sédiments. Le courant était si puissant à cette profondeur que les plongeurs pouvaient à peine se tenir debout, et un tonneau de clous fut volontairement jeté à l'eau, afin que ses mouvements puissent servir de guide dans la recherche d'un sac de monnaie accidentellement perdu par-dessus bord. d'un navire dans le port, a été roulé par le courant sur plusieurs centaines de mètres avant de s'arrêter.

[415] Peu de mers ont rejeté autant de sable que l'océan allemand peu profond ; mais il y a des raisons de penser que la quantité de ces matériaux rejetés aujourd'hui sur ses rives nord est moindre qu'à certaines périodes antérieures, bien qu'aucune série étendue d'observations sur ce sujet n'ait été enregistrée. Sur la flèche d'Agger, à l'embouchure actuelle du Liimfjord, Andresen en a trouvé la quantité pendant dix ans, sur une plage d'environ cinq cent soixante-dix pieds de largeur, égale à un dépôt annuel d'un pouce et demi sur toute la surface. *À propos de Klitformationen* , p. 56.

Cela donne soixante et onze pieds cubes au pied courant, quantité certainement bien moindre que celle rejetée par la même mer sur les rivages des duchés dano-allemands et de la Hollande, et, comme nous l'avons vu, à peine un pied cube . le quart de celui déposé par l'Atlantique sur les côtes de Gascogne. Voir *ante* , p. 453, remarque.

[416] Des tas de sable, hauts de trois et même six cents pieds, sont bien formés par le vent, mais cela s'effectue en poussant les particules sur un plan incliné, non en les soulevant. Brémontier, parlant des dunes de la côte ouest de la France, dit : « Les particules de sable qui les composent ne sont pas assez grosses pour résister au vent d'une certaine force, ni assez petites pour être emportées par lui, comme la poussière ; roulent le long de la surface dont ils sont détachés, et, bien que se déplaçant avec une grande vitesse, ils s'élèvent rarement à une hauteur supérieure à trois ou quatre pouces. "— Mémoire sur *les Dunes, Annales des Ponts et Chaussées* , 1833, 1er semestre, p . 148.

Andresen dit qu'un vent, ayant une vitesse de quarante pieds par seconde, est assez fort pour soulever des particules de sable aussi haut que le visage et les yeux d'un homme, mais qu'en général il roule sur le sol et ne souffle presque jamais. lancé à plus de quelques mètres de la surface. Même dans ces cas, il est entraîné par un mouvement sautillant et non continu ; car une nappe ou un canal d'eau très étroit arrête complètement la dérive, tout le sable y tombant jusqu'à ce qu'il soit rempli.

Le caractère du mouvement des bancs de sable est bien illustré par un fait intéressant, peu remarqué jusqu'ici par les voyageurs de l'Est. Dans les situations où le sable est poussé à travers des dépressions dans des lits rocheux ou sur des dépôts de galets siliceux, la surface de la pierre est usée et lissée beaucoup plus efficacement qu'elle ne pourrait l'être par l'eau courante, et vous pouvez ramasser, dans de telles localités, fragments d'agate arrondis et irrégulièrement brisés, qui ont reçu par l'attrition du sable un poli aussi fin que pourrait leur donner la roue du lapidaire.

Des observations très intéressantes sur le polissage des pierres dures par le sable dérivant se trouveront dans le Geological Report de William P. Blake : *Pacific Railroad Report* , vol. v, pp. 92, 230, 231. Le même géologue observe,

p. 242, que le sable du désert du Colorado ne s'élève pas haut dans les airs, mais rebondit à la surface ou à quelques centimètres seulement au-dessus d'elle.

[417] Wilkinson dit que, grâce à sa longue expérience dans les parties les plus sablonneuses du désert libyen et à ses nombreuses recherches sur les meilleures sources indigènes, il n'a jamais vu ou entendu parler d'un quelconque cas de danger pour l'homme ou la bête dû à la simple accumulation de sable transporté. par le vent. Les observations de Chesney en Arabie et le témoignage des Bédouins qu'il a consultés vont dans le même sens. Les dangers du simoom sont d'un caractère différent, quoiqu'ils soient certainement aggravés par les effets aveuglants des particules légères de poussière et de sable qu'il entraîne, et par celui de leur inhalation sur la respiration.

[418] Dans l'étroite vallée du Nil, limitée comme elle l'est, au-dessus du Delta, par de hautes falaises, tous les courants d'air provenant du quart nord se transforment en vents du nord, bien que, bien entendu, variant dans une direction partielle, conformément aux sinuosités du Nil. la vallée. Sur le plateau désertique, ils s'inclinent vers l'ouest et ont déjà transporté dans la vallée les sables des rives orientales et chassé ceux de l'ouest complètement hors de la partie égyptienne du bassin du Nil.

[419] « Le désert d'Afrique du Nord se divise en deux divisions : le Sahel, ou occidental, et le Sahar, ou oriental. Les sables du Sahar étaient, à une époque reculée, dérivés vers l'ouest. les vents entraînent l'océan de sable avec un mouvement progressif vers l'ouest. La moitié orientale du désert est balayée. "- NAUMANN , *Geognosie* , ii, p. 1173.

[420] Dans certaines parties du désert algérien, des efforts sont déployés pour retarder l'avancée des dunes de sable qui menacent de submerger les villages. « A Debila, dit Laurent, les parties basses des hautes dunes sont plantées de palmiers, * * * mais elles sont constamment menacées d'ensevelissement par les sables. Le seul remède employé par les indigènes consiste en de petites murailles sèches de gypse cristallisé. , construits sur les crêtes des dunes, ainsi que des haies de feuilles de palmiers mortes. Ces mesures défensives sont aidées par un travail incessant, car chaque jour les gens ramassent dans des paniers le sable qui leur a été apporté la nuit précédente et le rapportent au village. de l'autre côté de la dune."— *Mémoires sur le Sahara* , p. 14.

[421] Les constituants organiques, tels que les coquilles broyées et les exuvies siliceuses et calcaires d'animaux et de plantes infusoires, se trouvent parfois mélangés en quantités considérables avec des sables minéraux. Ce sont généralement des restes de végétaux ou d'animaux aquatiques, mais ce n'est pas toujours le cas, car les organismes microscopiques, dont les

enveloppes de silex pénètrent si largement dans les lits de sable de la Mark de Brandebourg, vivent encore et sont prolifiques dans la terre sèche. Voir WITTWER , *Physikalische Geographie* , p. 142.

Le désert des deux côtés du Nil est habité par un escargot terrestre, et des milliers de ses coquilles sont entraînées et finalement ensevelies dans les congères par chaque vent. Chaque poignée de sable en contient des fragments. FORCHHAMMER , dans *le Jahrbuch* de LEONHARD Und BRONN , 1841, p. 8, dit des dunes de la côte danoise : « Il n'est pas rare de trouver, en haut des buttes, des coquilles marines, et surtout celles de l'huître. Elles sont dues au mangeur d'huîtres [Hæmalopus ostralegus], qui *porte* son proie au sommet des dunes pour la dévorer. » Voir aussi STARING , *De Bodem van* , NI p. 321.

[422] Il y a diverses raisons pour lesquelles la formation des dunes est confinée aux rivages bas, et cette loi est si universelle, que lorsque des falaises sont surmontées par elles, il y a toujours lieu de soupçonner un soulèvement ou la suppression d'une plage en pente en face. de la falaise, après la formation des dunes. Les rivages audacieux ne disposent généralement pas d'une plage suffisante pour l'accumulation de dépôts importants ; ils sont communément baignés par une mer trop profonde pour faire remonter le sable de son fond ; leur élévation abrupte, même modérée en importance, serait encore trop grande pour permettre aux vents ordinaires de soulever le sable au-dessus d'eux ; et leur influence, en atténuant le vent qui souffle vers eux, empêcherait encore plus efficacement le soulèvement du sable de la plage à leurs pieds.

Forchhammer, décrivant la côte du Jutland, dit que, par vent fort, « on peut difficilement se tenir debout sur les dunes, sauf lorsqu'elles sont près de la ligne de flottaison et qu'elles ont été coupées perpendiculairement par les vagues. Alors le vent est faible ou nul à tout le monde le sentait, fait d'expérience très commun sur nos côtes, observé sur toutes les falaises escarpées de deux cents pieds de hauteur, et, dans les îles Féroé, sur les précipices de deux mille pieds de haut. voler jusqu'au bord même des falaises pour s'abriter et tomber fréquemment. Le vent, frappant la paroi verticale, crée un courant ascendant qui dépasse quelque peu la crête du rocher, et ainsi l'observateur ou l'animal est protégé contre le tempête par une barrière d'air. "— LEONHARD und BRONN , *Jahrbuch* , 1841, p. 3.

L'apaisement, ou plutôt la diversion, du vent par les falaises s'étend à une distance considérable en face d'elles, et aucun vent n'aurait une force suffisante pour soulever le sable verticalement, parallèlement à la face d'une falaise, même à une hauteur de vingt pieds. .

On croit très communément qu'il est impossible de faire pousser des arbres forestiers sur les falaises du bord de mer ou sur des points très exposés aux vents violents. Les observations que nous venons de citer tendent à montrer qu'il ne serait pas difficile de protéger les arbres de l'effet mécanique du vent, par des écrans beaucoup plus bas que la hauteur à laquelle ils sont censés pousser. Des expériences récentes le confirment, et l'on constate que, même si la ou les rangées extérieures peuvent souffrir du vent, chaque arbre en abrite un plus grand derrière lui. De vastes bosquets ont ainsi été formés dans des situations où un arbre isolé ne pousserait pas du tout.

Piper, dans ses *Arbres d'Amérique* , p. 19, donne un récit intéressant du succès de M. Tudor dans la plantation d'arbres sur la rive désolée et aride de Nahant. « M. Tudor, observe-t-il, a planté plus de dix mille arbres à Nahant, et, par les résultats de ses expériences, a pleinement démontré que les arbres, convenablement entretenus au début, peuvent pousser jusqu'à l'âge adulte. limites de l'océan, exposées aux morsures du vent et aux embruns de la mer. Le seul abri dont ils ont besoin est, d'abord, une interruption pour briser le courant du vent, comme des clôtures, des maisons ou d'autres arbres. "

[423] Les observations minutieuses du colonel JD Graham, de l'armée américaine, montrent une marée d'environ trois pouces dans le lac Michigan. Voir « Un raz-de-marée lunaire dans les lacs nord-américains », démontré par le lieutenant-colonel JD Graham, dans le quatorzième volume des *Actes de l'Association américaine pour l'avancement de la science* .

[424] REGARDER , *De Bodem van Nederland* , i, p. 327, remarque.

[425] Les principaux ouvrages et essais spéciaux que je connais sur ce sujet sont :

BRÉMONTIER , *Mémoire sur les Dunes, etc.* , 1790, réimprimé dans *Annales des Ponts et Chaussées* , 1833, 1er semestre, pp.

*Rapport sur les différents Mémoires de M. Brémontier* , par LAUMONT et autres, 1806, même volume, pp. 192, 224.

LEFORT , *Notice sur les Travaux de Fixation des Dunes, Annales des Ponts et Chaussées* , 1831, 2me sémestre, pp.

FORCHHAMMER , *Geognostische Studien am Meeres Ufer* , dans LEONHARD und BRONN , *Jahrbuch, etc.* , 1841, pp. 1, 38.

JG KOHL , *Die Inseln und Marschen der Herzogthümer Schleswig und Holstein* , 1846, vol. ii, pp. 112-162, 193-204.

LAVAL , *Mémoire sur les Dunes du Golfe de Gascogne, Annales des Ponts et Chaussées* , 1847, 2me sémestre, pp.

GCA KRAUSE , *Der Dünenbau auf den Ostsee-Küsten West-Preussens* , 1850, 1 vol. 8vo.

WCH Staring , *De Bodem van Nederland* , 1856, vol. je, pp. 310-341 et 424-431.

Même auteur, *Voormaals en Thans* , 1858, pages citées.

CC Andresen , *Om Klitformationen og Klittens Behandling og Bestyrelse* , 1861, 1 vol. 8vo, x, 392 pp., de loin le traité le plus complet sur le sujet.

Andresen cite, sur l'origine des dunes : Hull , *Over den Oorsprong en de Geschiedenis der Hollandsche Duinen* , 1838, et Gross 's *Veiledning ved Behandlingen af Sandflugtstrækningerne* , 1847 ; et sur l'amélioration des plaines sablonneuses par plantation, Pannewitz , *Anleitung zum Anbau der Sandflächen* , 1832. Je ne connais aucun des deux derniers ouvrages mais j'ai consulté avec avantage, à ce sujet, Delamarre , *Historique de la Création d' une Richesse millionnaire par la culture des Pins* , 1827 ; Boitel , *Mise en valeur des terres pauvres par le Pin maritime* , 1857 ; et Brincken , *Ansichten über die Bewaldung der Steppen des Europäischen Russlands* , 1854.

[426] « Les dunes sont toujours pleines d'eau, par l'action de l'attraction capillaire. Sur les sommets, il faut rarement creuser plus d'un pied pour trouver le sable humide, et dans les dépressions, l'eau douce se rencontre près de la surface. "— Forchhammer , dans Leonhard und Bronn , pour 1841, p. 5, remarque.

D'un autre côté, Andresen, qui a étudié très attentivement ce phénomène ainsi que tous les autres phénomènes dunaires, soutient que l'humidité des crêtes de sable ne peut pas être dérivée de l'attraction capillaire. Il a découvert par expérience que le sable de dérive n'était pas humidifié à une hauteur supérieure à huit pouces et demi, après avoir passé une nuit entière dans l'eau. Il fixe le minimum d'eau contenue par le sable des dunes, à un pied au-dessous de la surface, après une longue sécheresse, à deux pour cent, le maximum, après un mois pluvieux, à quatre pour cent. À de plus grandes profondeurs, la quantité est plus grande. Il a constaté que l'hygroscopique du sable de la côte du Jutland était de trente-trois pour cent. par mesure, ou 21,5 en poids. Les précipitations annuelles sur cette côte sont de vingt-sept pouces, et comme l'évaporation est à peu près la même, il soutient que l'eau de pluie ne pénètre pas loin sous la surface des dunes, et conclut que leur humidité ne peut s'expliquer que par l'évaporation des dunes. ci-dessous.— *Om Klitformationen* , pp.

Dans les dunes d'Algérie, l'eau est si abondante que des puits y sont constamment creusés en des points élevés de leur surface. Ils sont enfoncés à la profondeur de trois ou quatre mètres seulement, et l'eau y monte jusqu'à la hauteur d'un mètre. — Laurent , *Mémoire sur le Sahara* , pp. 11, 12, 13.

Le même auteur observe (p. 14) que les creux des dunes sont plantés de palmiers qui trouvent assez d'humidité un peu au-dessous de la surface. Il semblerait donc que la proposition de réparer les dunes qui sont censées menacer le canal de Suez, en y plantant du pin maritime et d'autres arbres, n'est pas aussi absurde que le pensent certains de ces philanthropes désintéressés d'autres pays. des nations qui craignent que les capitalistes français perdent l'argent qu'ils ont investi dans cette grande entreprise.

Des étangs d'eau se trouvent souvent dans les dépressions entre les dunes des chaînes de dunes du désert nord-américain.

[427] Selon les autorités françaises, les dunes de France ne sont pas toujours composées de sable quartzeux. « Les sables dunaires », de caractères différents, dit Brémontier, « participent de la nature des différents matériaux qui les composent. En certains points de la côte normande, ils se trouvent purement calcaires ; ils sont de composition mixte sur les rivages de la Normandie. Bretagne et Saintonge, et généralement quartzeuses entre l'embouchure de la Gironde et celle de l'Adour." — *Mémoire sur les Dunes, Annales des Ponts et Chaussées* , t. VII, 1833, 1er semestre, p. 146.

Dans les dunes de Long Island et du Jutland, on trouve des veines considérables composées presque entièrement de grenat. Pour un examen très complet de la composition mécanique et chimique des sables dunaires du Jutland, voir ANDRESEN , *Om Klitformationen* , p. 110.

[428] *De Bodem van Nederland* , i, p. 323.

[429] JG KOHL , *Die Inseln und Marschen der Herzogthümer Schleswig und Holstein* , II, p. 200.

[430] REGARDER , *De Bodem van Nederland* , i, p. 317. Voir aussi BERGSÖE , *Virksomhed de Reventov* , ii, p. 11.

"Dans les étangs dunaires mentionnés dans le texte, on observe une croissance vigoureuse de plantes tourbières accompagnée d'une formation de tourbe, qui se poursuit régulièrement tant que le sable des dunes ne dérive pas. Mais si la surface des dunes est brisée , le sable souffle dans les étangs, recouvre la tourbe et met fin à sa formation. Lorsqu'au cours du temps les courants marins découpent la côte, les dunes se déplacent vers les terres et remplissent les étangs, et ainsi se forment les des strates remarquables de tourbe fossile appelée Martörv, qui semblent inconnues des géologues des autres parties de l'Europe. » — FORCHHAMMER , dans LEONHARD und BRONN , 1841, p. 13.

[431] Les couches inférieures doivent être plus anciennes que les couches superficielles, et les particules qui les composent peuvent avec le temps devenir plus désintégrées, et par conséquent plus fines que celles déposées plus tard et au-dessus d'elles.

[432] "Sur la côte occidentale de l'Afrique, les dunes dérivent vers la mer et reçoivent toujours de nouvelles venues du Sahara. Elles avancent constamment vers la mer." Voir *ante*, p. 16, note.— NAUMANN, *Géognosie*, ii, p. 1172. Voir *Annexe*, n° 58.

[433] Forchhammer, après avoir souligné la coïncidence entre la stratification inclinée des dunes et la structure des anciennes roches inclinées, dit : « Mais je ne suis pas en mesure de signaler une formation de grès correspondant aux dunes. Il est probable que la plupart des dunes anciennes ont été détruites. par submersion avant que le sable meuble ne soit cimenté en pierre solide, mais nous pouvons supposer que des circonstances ont existé quelque part qui ont conservé les caractéristiques de cette formation. "— LEONHARD und BRONN, 1841, p. 8, 9.

Mais de telles formations existent certainement. Je trouve de Laurent ( *Mémoire sur le Sahara, etc.*, p. 12), que dans le désert algérien il existe des « formations gréseuses » non seulement « correspondant aux dunes », mais effectivement consolidées en leur sein. " Un endroit appelé El-Mouia-Tadjer présente une répétition de ce que nous avons vu à El-Baya ; l'un des entonnoirs formés au milieu des dunes contient des puits de deux mètres à deux et demi de profondeur, creusés dans un sable qui la pression, et probablement la présence de certains sels, ont cimenté de manière à former de vrais grès, mous certes, mais qui ne cèdent qu'à la pioche. Ces grès présentent une inclinaison qui semble être l'effet du vent ; car ils se conforment à la direction des sables qui roulent le long d'un escarpement occasionné par l'obstacle primitif. Voir *annexe*, n ° 59.

Les dunes proches de l'embouchure du Nil, dont les sables inférieurs ont été cimentés ensemble par l'infiltration de l'eau du Nil, présenteraient probablement une stratification similaire dans le grès qui forme aujourd'hui leur base.

[434] Forchhammer attribue la ressemblance entre les sillons des sables des dunes et les ondulations des plages, non pas à la similitude de l'effet du vent et de l'eau sur le sable, mais entièrement à l'action du premier fluide ; dans le premier cas, directement, dans le second, à travers l'eau. « Les ondulations du vent à la surface des dunes ressemblent exactement aux ondulations de l'eau des étendues de sable parfois inondées par la mer ; et en y regardant de plus près, je n'ai jamais pu déceler la moindre différence entre elles. Cela s'explique facilement par le fait, que les ondulations de l'eau sont produites par l'action d'un vent léger sur l'eau qui ne transmet les ondes aériennes qu'au sable. "— LEONHARD und BRONN, 1841, pp. 7, 8.

[435] Les observateurs américains ne s'accordent pas dans leurs descriptions de la forme et du caractère des grains de sable qui composent les dunes intérieures du désert nord-américain. CC Parry, géologue de la

Commission mexicaine des frontières, décrivant les dunes près de la station à une source située à trente-deux milles à l'ouest du Rio Grande à El Paso, dit : « Les grains séparés du sable composant les dunes sont vus sous une la lentille doit être angulaire et non arrondie, comme ce serait le cas dans les dépôts de plage réguliers. "— *US Mexican Boundary Survey, Report of* , vol. i, *Rapport géologique de CC Parry* , p. dix.

Dans la description générale du pays parcouru, même volume, p. 47, le colonel Emory dit que lors d'un « examen du sable avec un microscope de puissance suffisante », les grains sont vus comme étant anguleux et non arrondis par le roulement dans l'eau.

D'autre part, Blake, dans *Geological Report, Pacific Railroad Rep.* , vol. v, p. 119, observe que les grains du sable des dunes, constitués de quartz, de calcédoine, de cornaline, d'agate, de quartz rose et probablement de chrysolite, étaient très arrondis ; et à la page 241, il dit que la plupart des grains de sable du désert du Colorado sont des sphères parfaites.

À la page 20 d'un rapport du vol. ii du *Pacific Railroad Report* , par le même observateur, il est dit qu'un examen des sables des dunes apportés du Llano Estacado par le capitaine Pope a montré que les grains étaient « très arrondis par attrition ».

Les sables décrits par M. Parry et le colonel Emory ne proviennent pas des mêmes localités que ceux examinés par M. Blake, et la différence dans leur caractère peut dénoter une différence d'origine ou d'âge.

[436] LAURENT ( *Mémoire sur le Sahara* , pp. 11, 12 et ailleurs) parle d'une dépression en forme d'entonnoir située sur un point culminant des dunes, comme un trait caractéristique des dunes du désert algérien. Cela semble être une approximation de la forme en croissant remarquée par Meyen et Pöppig dans les dunes intérieures du Pérou.

[437] *Voyages au Pérou* , New York, 1848, chap. ix.

[438] Malgré la tendance générale des dunes côtières isolées et des sommets des crêtes de sable à prendre une forme conique, Andresen déclare que les collines des rangées intérieures ou vers la terre sont parfois en forme d'arc et parfois de *contour* ondulé . *Klitformationen* , p. 84. Il dit en outre que : « Devant un obstacle, haut de deux ou trois pieds et considérablement plus long, perpendiculaire à la direction du vent, le sable se dépose avec un angle au vent de 6° à 12°, et la berge présente une face concave au vent, tandis que, derrière l'obstruction, le contour est convexe ; " et il établit en règle générale qu'une pente *d'* où le sable est soufflé est laissée avec une concavité d'environ un pouce de profondeur sur quatre pieds de distance ; une pente *sur* laquelle le sable tombe par le vent est convexe. Il ressort cependant des figures d'Andresen que la concavité et la convexité mentionnées ne s'appliquent pas

à la section *longitudinale horizontale* du banc de sable, comme on pourrait supposer que son langage inexpliqué par les dessins, mais à la *section transversale verticale* . et c'est pourquoi les dunes qu'il décrit, à l'exception notée ci-dessus, ne correspondent pas à celles des déserts américains. — *Om Klitformationen* , p. 86.

Les dunes de Gascogne, qui dépassent quelquefois trois cents pieds de hauteur, présentent la même concavité et la même convexité de section *verticale* . Les pentes de ces dunes sont bien plus abruptes que celles des Pays-Bas et de la côte danoise ; car tandis que tous les observateurs s'accordent pour attribuer respectivement aux faces mer et terre de ces dernières des angles de 5° à 12° et 30° avec l'horizon, les faces correspondantes des dunes de Gascogne présentent des angles de 10° à 30° avec l'horizon. 25°, et 50° à 60°.— LAVAL , *Mémoire sur les Dunes de Gascogne, Annales des Ponts et Chaussées* , 1847, 2me sémestre.

[439] Krause, parlant des dunes de la côte prussienne, dit : « Leur origine appartient à trois périodes différentes, au cours desquelles des changements importants dans le niveau relatif de la mer et de la terre se sont incontestablement produits. * * * Sauf dans les profondeurs. Dans les dépressions qui les séparent, les dunes sont partout saupoudrées, sur une hauteur considérable, de fer brun oxydé, qui a pénétré dans le sable jusqu'à une profondeur de trois à dix-huit pouces et l'a coloré en rouge. * * * Au-dessus du fer se trouve une couche. de sable dont la composition diffère du sable de mer ordinaire, et sur lequel on trouve toujours des bois en croissance. * * * Le sol forestier progressivement accumulé se présente en lits d'un à trois pieds d'épaisseur et change, en remontant, du sable gris au sable noir. humus." Même sur la troisième chaîne, celle située au large, les graminées des sables apparaissent et prospèrent de manière luxuriante, du moins sur la côte ouest. Krause doute que les dunes de la côte est aient jamais été ainsi protégées. — *Der Dünenbau* , pp. 8, 11.

[440] LAVAL , *Mémoire sur les Dunes de Gascogne, Annales des Ponts et Chaussées* , 1847, 2me sémestre, p. 231. La même opinion avait été exprimée par BRÉMONTIER , *Annales des Ponts et Chaussées* , 1833, 1er semestre, p. 185.

[441] « Au Moyen Âge », dit Willibald Alexis, cité par Müller, *Das Buch der Pflanzenwelt* i, p. 16, « la Nehrung s'étendait plus loin et l'étroite ouverture près de Lochstadt s'était remplie de sable. Une grande forêt de pins liait sans interruption avec ses racines le sable des dunes et la lande de Dantzig à Pillau. Le roi Frédéric-Guillaume Ier était autrefois dans manque d'argent. Un certain Herr von Korff promit de le lui procurer, sans emprunt ni impôts, s'il pouvait déplacer quelque chose de tout à fait inutile. Il éclaircit les forêts de Prusse, qui avaient alors en effet peu de valeur pécuniaire ; mais il abattit tous les bois de la Frische Nehrung, dans la mesure où ils se trouvaient à l'intérieur

du territoire prussien. L'opération financière fut un succès. Le roi avait de l'argent, mais dans l'opération élémentaire qui en résulta, l'État reçut un préjudice irréparable. les vents marins se précipitent sur les collines dénudées, le Frische Haff est à moitié obstrué par le sable, le canal entre Elbing, la mer et Königsberg est en danger et les pêcheries du Haff sont blessées. L'opération de Herr von Korff rapporta au roi 200 000 thalers. . L'État dépenserait désormais volontiers des millions pour restaurer les forêts. »

[442] REGARDER , *Voormaals en Thans* , p. 231. Si les dunes des côtes néerlandaises et françaises, à l'époque de l'invasion romaine, avaient ressemblé aux dunes mouvantes d'aujourd'hui, il est inconcevable qu'elles auraient pu échapper à l'attention d'un géographe physique aussi avisé que Strabon ; et le silence absolu de César, de Ptolémée et de l'encyclopédique Pline, à leur égard, n'en serait pas moins inexplicable.

La vieille langue du Nord, l'ancienne langue du Danemark, bien que riche en termes descriptifs de paysages naturels, n'avait pas de nom pour les dunes, et je ne pense pas non plus que les dunes de la côte soient mentionnées nulle part dans la littérature islandaise. Les Islandais modernes, en parlant des dunes du Jutland, les appellent *klettr*, colline, falaise, et le danois *klit* vient de cette source. Le mot Düne est également d'introduction récente en allemand. Si les dunes avaient été distinguées des autres collines, dans les temps anciens, par une caractéristique aussi remarquable que la propension à la dérive, elles auraient certainement acquis un nom spécifique à la fois en vieux nord et en allemand. Tant qu'il s'agissait de collines boisées, ils n'avaient pas besoin de nom particulier ; lorsqu'ils devinrent redoutables, par la destruction des bois qui les enfermaient, ils acquitrent une appellation.

[443] Les sables de Cape Cod étaient partiellement, sinon complètement, recouverts de végétation par nature. Le Dr Dwight, décrivant les dunes telles qu'elles étaient en 1800, dit : « Certaines d'entre elles sont couvertes d'herbes de plage, d'autres bordées de buissons d'airelles, et certaines sont touffues d'une petite et singulière pousse de chênes. * * * Les parties de ce barrière, qui sont couvertes de buissons de myrtilles et de chênes, n'ont été soit pas du tout, soit très peu soufflées. Les chênes, particulièrement, paraissent être la continuation des forêts primitivement formées en cet endroit. des marques d'âge extrême ; étaient, dans certains cas, déjà pourries, et dans d'autres en décomposition ; étaient blanches de mousse et déformées par les branches, brisées et gaspillées, non par la violence, mais par le temps. " - Travels, iii, *p* . 91.

[444] Bergsöe ( *Reventlovs Virksomhed* , ii, 3) déclare que les dunes de la côte ouest du Jutland étaient stationnaires avant la destruction des forêts à l'est d'elles. L'abattage des grands arbres a supprimé la résistance aux courants

inférieurs des vents d'ouest, et les sables ont depuis enfoui une grande étendue de sol fertile. Voir aussi même ouvrage, ii, p. 124.

[445] « Il ne faut donc pas être surpris de voir les gens d'ici traiter leurs dunes avec autant de précaution, comme s'ils marchaient parmi des œufs. Celui qui a la chance de posséder une taupinière de dunes la caresse affectueusement et dépense ses biens dans Cette belle, fertile et riche province, la péninsule d'Eiderstädt, au sud de la Frise, n'a, à la pointe de la mer, qu'une minuscule rangée de dunes, longue d'environ six milles ; mais les gens parlent de leur frange de dunes comme s'il s'agissait d'une frontière sertie de perles. Ils la considèrent comme leur meilleure défense contre Neptune. Ils l'ont reliée à leur système de digues, et pendant des années ont gardé des sentinelles postées pour la protéger contre les blessures gratuites. ."— JG KOHL , *Die Inseln u. Marschen Schleswig-Holstein* , ii, p. 115.

[446] Des bancs de sable se joignent parfois à la côte par les deux extrémités, et coupent ainsi une partie de la mer. Dans ce cas, ainsi que lorsque l'eau salée est entourée de digues marines, l'eau ainsi séparée de l'océan devient progressivement douce, ou du moins saumâtre. Les Haffs, ou grandes étendues d'eau douce de la Prusse orientale, séparées de la Baltique par d'étroits bancs de sable appelés Nehrungen, ou, aux points abrités de la côte, par des dépôts fluviatiles appelés Werders, possèdent tous un ou plusieurs passages ouverts, à travers où l'eau des rivières qui les alimentent finit par se diriger vers la mer.

[447] ANDRESEN , *Om Klitformationen* , pp.

[448] Id., pp. 231, 232. L'ouvrage d'Andresen, bien qu'imprimé en 1861, fut terminé en 1859. Lyell ( *Antiquity of Man* , 1863, p. 14) dit : « Même au cours du siècle actuel, le les eaux salées ont fait une éruption dans la Baltique par le Liimfjord, bien qu'elles aient été à nouveau exclues.

[449] FORCHHAMMER , *Geognostische Studien am Meeres-Ufer* . LEONHARD et BRONN , *Jahrbuch* , 1841, pages 11, 13.

[450] ANDRESEN , *Om Klitformationen* , p. 68, 72.

[451] *Voormaals en Thans* , p. 126, 170.

[452] Voir un article très intéressant intitulé "Le Littoral de la France", d' ÉLISÉE RECLUS , dans la *Revue des Deux Mondes* , de décembre 1862, pp. 901, 936.

[453] *De Bodem van Nederland* , i, p. 425. Voir *Annexe* , n° 60 .

[454] Le mouvement des dunes n'a été guère moins destructeur sur le versant nord de la Gironde. Mer le précieux article d' ÉLISÉE RECLUS déjà

cité, dans la *Revue des Deux Mondes* , de décembre 1862, intitulé « Le Littoral de la France ».

[455] LAVAL , *Mémoire sur les Dunes du Golfe de Gascogne, Annales des Ponts et Chaussées* , 1847, p. 223. L'auteur ajoute, comme fait curieux et inexpliqué, que certains de ces bassins, bien qu'il ne s'agisse évidemment pas de formations originales mais de simples accumulations d'eau retenues par les dunes, ont, le long de leur rive ouest, près de la base des dunes, une profondeur de plus de cent trente pieds, et par conséquent leur fond n'est pas à moins de quatre-vingts pieds au-dessous du niveau des marées les plus basses. Leurs rives occidentales descendent abruptement, épousant presque la pente des dunes, tandis qu'au nord-est et au sud l'inclinaison de leurs lits est très graduelle. La plus grande profondeur de ces mares correspond à celle de la mer à dix milles du rivage. Est-il possible que le poids des sables ait pressé le sol sur lequel ils reposent, et provoqué ainsi un affaissement de la surface s'étendant au-delà de leur base ? Voir *annexe* , n ° 61 .

[456] ANDRESEN , *Om Klitformationem* , pp. 56, 79, 82.

[457] REGARDER , *De Bodem van Nederland* , i, pp. 329-331. Id., *Voormaals en Thans* , p. 163. ANDRESEN , *Om Klitformationen* , pp. 280, 295.

La création de nouvelles dunes, par les procédés évoqués dans le texte, semble bien plus ancienne en Europe que l'adoption de mesures de sécurisation par plantation. Le Dr Dwight mentionne un cas dans le Massachusetts, où une plage a été restaurée et de nouvelles dunes formées en plantant du gazon de plage. "Dans la mémoire de mon informateur, la mer s'est déchaînée sur la plage qui relie Truro à Province Town et a emporté le corps de celle-ci sur une certaine distance. L'herbe de plage a été immédiatement plantée sur place, en conséquence de quoi la plage a été à nouveau élevé à une hauteur suffisante, et en divers endroits en collines. "-*Dwight's Travels* , iii, p. 93.

[458] REGARDANT , je, pp. 310, 332.

[459] Il existe une certaine confusion dans l'usage populaire de ces noms et dans les désignations scientifiques des plantes de sable, et ils sont peut-être appliqués à différentes plantes dans différents endroits. Certains écrivains appellent le gourbet *Calamagrostis Arenaria* et le distinguent du danois Klittetag ou Hjelme.

[460] Du pain, en effet peu savoureux, a été fait avec les graines de l'arundo, mais la quantité qui peut être récoltée n'est pas suffisante pour former une ressource économique importante. —— ANDRESEN , *Om Klitformationen* , p. 160.

[461] BERGSÖE , *Reventlovs Virksomhed* , ii, p. 4.

[462] Des mesures ont été prises pour la protection des dunes de Cape Cod, dans le Massachusetts, pendant la période coloniale, mais je crois qu'elles sont aujourd'hui en grande partie abandonnées. Il y a cent ans, avant que la vallée du Mississippi, ou même les riches plaines du centre et de l'ouest de l'État de New York, ne soient ouvertes aux colons blancs, la valeur des terres était relativement beaucoup plus grande en Nouvelle-Angleterre qu'elle ne l'est aujourd'hui, et par conséquent certaines améliorations rurales valaient alors la peine d'être réalisées, mais elles ne produiraient pas aujourd'hui des rendements suffisants pour tenter l'investissement du capital. L'argent et le temps nécessaires pour maîtriser et rendre productifs vingt acres de sable marin à Cape Cod permettraient d'acheter une « section » et d'élever une famille dans l'Illinois. Le fils des pèlerins abandonne donc les dunes et cherche une meilleure fortune dans les fertiles prairies de l'Ouest.

Le Dr Dwight, qui visita Cape Cod en 1800, après avoir décrit « l'herbe de plage, un légume ressemblant généralement au carex, mais d'un vert bleuâtre clair et d'un aspect grossier », qui « s'épanouit avec une forte et une végétation rapide sur les sables », observe qu'il a reçu « d'un M. Collins, anciennement de Truro, les informations suivantes : » « Lorsqu'il habitait à Truro, les habitants étaient, sous l'autorité de la loi, régulièrement avertis au cours du mois d'avril, chaque année, pour planter de l'herbe de plage, comme dans d'autres villes de la Nouvelle-Angleterre, ils sont avertis de réparer les routes. Cela était exigé par les lois de l'État, et sous les sanctions appropriées en cas de désobéissance ; étant aussi régulier un impôt public comme n'importe quelle autre. Les gens, par conséquent, généralement assistaient et effectuaient le travail. L'herbe était creusée en bottes, comme elle pousse naturellement, et chaque botte était divisée en un certain nombre de plus petites. Celles-ci étaient disposées dans le sable à des distances de trois pieds.Une fois une rangée établie, d'autres étaient placées derrière elle de manière à boucher les interstices ; ou, comme dirait un charpentier, de manière à casser les joints. * * * Une fois fixé, il croît et se propage rapidement. * * * Les graines sont si lourdes qu'elles courbent les têtes de l'herbe ; et lorsqu'ils sont mûrs, laissez-les tomber directement à ses côtés, où ils végètent immédiatement. Ainsi, en peu de temps, le terrain est couvert.

"Là où se trouve cette couverture, aucune partie du sable n'est soufflée. Au contraire, il s'accumule et s'élève continuellement à mesure que la neige s'accumule et monte parmi les buissons, ou que les branches d'arbres sont coupées et répandues sur la terre. L'herbe ne fait pas non plus que défendre le sol. surface sur laquelle il est planté ; mais s'élève, à mesure qu'il s'élève par de nouvelles accumulations ; et dépasse toujours le sable, aussi haut qu'il puisse être soulevé par le vent. "- *Dwight's Travels in New England and New York*, ii, p. 92, 93.

Ces informations ont été reçues en 1800 et se rapportent à un état de choses antérieur, probablement plus de vingt ans auparavant et antérieur à 1779, lorsque le gouvernement du Danemark a pour la première fois tenté sérieusement la conquête des dunes.

Le dépâturage de l'herbe de plage, plante voisine par ses habitudes, sinon par son caractère botanique, de l'arundo, a eu des effets très nuisibles dans le Massachusetts. Le Dr Dwight, après s'être référé aux lois déjà citées sur sa propagation, dit : « Le bénéfice de cette plante utile et de ces réglementations prudentes est cependant, dans une certaine mesure, perdu. Il y en a à Province Town, comme je l'ai été. informés, cent quarante vaches. Ces animaux, étant limités dans leurs moyens de subsistance, sont autorisés à errer, de temps en temps, à la recherche de nourriture. Dans tous les cas, ils commettent des déprédations sur l'herbe de la plage et empêchent ses graines de sortir. en cours de formation. De cette manière, la plante est finalement détruite. "- *Travels* , iii, p. 94.

A la page 101 du même volume, l'auteur mentionne un cas de grand préjudice dû à cette cause. "Ici, environ mille acres ont été entièrement emportés par le vent jusqu'à une profondeur, en de nombreux endroits, de dix pieds. * * * Pas une chose verte n'était visible à l'exception des myrtilles, qui formaient quelques collines solitaires s'élevant à la hauteur de la surface originale . et empêchés par cette défense d'être emportés aussi. Ceux-ci, quoiqu'ils variaient la perspective, ajoutaient à l'obscurité par leur aspect fortement pittoresque, en marquant exactement le niveau primitif de la plaine, et en nous montrant ainsi l'immensité de la plaine. masse qui avait été ainsi emportée par le vent. L'herbe de plage avait été plantée ici, et le terrain avait été autrefois clôturé ; mais les portes avaient été laissées ouvertes, et le bétail avait détruit cette plante inestimable.

[463] ANDRESEN , *Om Klitformationen* , pp. 237, 240.

[464] « Ces plantations, persévérantes continuées depuis Brémontier couvrent aujourd'hui plus de 40 000 hectares, et composent des forêts qui non seulement sont le salut du département, mais constituent sa richesse. » — Clavé , Études FORESTIÈRES , *p* . 254.

D'autres auteurs ont constaté que les plantations des dunes françaises étaient beaucoup plus étendues.

[465] KRUSE , *Dünenbau* , pp. 34, 38, 40.

[466] Ces procédés sont sensiblement semblables à ceux employés dans les pinèdes des Carolines, mais ils sont mieux systématisés et menés de manière plus économique en France. Dans ce dernier pays, tous les produits du pin, jusqu'aux pommes de pin, trouvent un marché rémunérateur, tandis qu'en Amérique, le prix de la résine est si bas, que dans les courses féroces de

bateaux à vapeur sur les grands fleuves, de grandes quantités de résine sont produites. sont jetés dans les fourneaux pour augmenter l'intensité des incendies. Dans un article soigneusement préparé sur les pinèdes du Sud, publié dans un magazine américain — je pense Harper's — il y a quelques années, on affirmait que la résine des distilleries de térébenthine était parfois gaspillée ; et l'auteur, dans un cas, a observé une masse, ainsi rejetée comme détritus, qui était estimée à deux mille barils. Voir *annexe* , n ° 62 .

[467] ANDRESEN , *Om Klitformationen* , pages 78, 262, 275.

[468] LAVAL , *Mémoire sur les Dunes du Golfe de Gascogne, Annales des Ponts et Chaussées* , 1847, 2me semestre, p. 261. Voir *Annexe* , n° 63 .

[469] Il existe de vastes chaînes de dunes sur diverses parties des côtes des îles britanniques, mais je ne trouve aucune estimation de leur superficie. Pannewitz ( *Anleitung zam Anbau der Sandflächen* ), cité par Andresen ( *Om Klitformationen* , p. 45), déclare que les sables dérivants d'Europe, y compris, bien sûr, les plaines de sable ainsi que les dunes, couvrent une étendue de 21 000 milles carrés. C'est peut-être une exagération, bien qu'il y ait sans aucun doute beaucoup plus de terres désertiques de cette description sur le continent européen qu'on ne le suppose généralement. Il ne fait aucun doute que la plupart de ces déchets peuvent être récupérés par simple plantation, et aucun mode d'amélioration physique ne mérite mieux que celui-ci l'attention des gouvernements civilisés.

Il y a souvent de sérieuses objections à la plantation forestière extensive sur des sols susceptibles d'être autrement rendus productifs, mais elles ne s'appliquent pas aux déchets de sable qui, jusqu'à ce qu'ils soient recouverts par des bois, ne sont pas seulement un fardeau inutile, mais une source de grave danger pour tous les êtres humains. améliorations dans leur voisinage.

[470] BOITEL , *Mise en valeur des Terres pauvres par le Pin maritime* , pp. 212, 218.

[471] Voir *annexe* , n° .

[472] Pour plus de détails, consulter ANDRESEN , *Om Klitformationen* , pp. 223, 236.

[473] Lorsque le gisement n'est pas très profond et que les terres adjacentes situées sous le vent des vents dominants sont couvertes d'eau ou autrement sans valeur, la surface est parfois débarrassée des congères par des hersages répétés, qui détachent le sable, de sorte que que le vent l'emporte et le transporte vers des terrains où les accumulations sont moins nuisibles.

[474] *Voyages et recherches en Chaldée* , chap. ix.

[475] *Études Forestières* , p. 253.

[476] LAVERGNE , *Économie rurale de la France* , p. 300, estime la superficie des Landes de Gascogne à 700 000 hectares, soit environ 1 700 000 acres. Le même auteur affirme (p. 304) que lorsque les Maures furent chassés d'Espagne par la cupidité aveugle et l'intolérance brutale de l'époque, ils demandèrent la permission de s'établir dans ce désert ; mais des préjugés politiques et religieux empêchèrent l'octroi de cette liberté. A cette époque, les Maures étaient un peuple beaucoup plus cultivé que leurs persécuteurs chrétiens, et ils avaient porté de nombreux arts, notamment celui de l'agriculture, à un niveau plus élevé que toute autre nation européenne. Mais la France n'a pas été assez sage pour accepter ce que l'Espagne avait rejeté, et les Landes sont restées un désert pendant trois siècles encore. Voir *annexe* , n ° 64 .

La forêt de Fontainebleau, qui s'étend sur plus de 40,000 acres, n'est pas une plaine, mais son sol est composé presque entièrement de sable entrecoupé de corniches rocheuses. Le sable n'en forme pas moins de quatre-vingt-dix-huit pour cent. de la terre, et comme il est presque sans eau, ce serait un désert à la dérive sans la propagation artificielle des arbres forestiers.

[477] *Économie Rurale de la Belgique,* par ÉMILE DE LAVELEYE , *Revue des Deux Mondes* , Juin, 1861, pp. 617-644.

[478] *Géognosie* , II, p. 1173.

[479] Selon HOHENSTEIN , *Der Wald* , pp. 228, 229, une vaste plantation de pins — un arbre nouveau dans le sud de la Russie — a été commencée en 1842, sur les rives arides et sablonneuses de l'Ingula, près d'Elisabethgrod, et a rencontré avec un succès très flatteur. D'autres expériences de sylviculture en différents points des steppes promettent des résultats précieux.

[480] « Il y a seize ans, dit un propriétaire terrien d'Odessa, j'ai essayé de fixer le sable des steppes, qui recouvre le sol rocheux jusqu'à un pied de profondeur et forme des buttes mouvantes à chaque changement de vent. J'ai essayé les acacias. et des pins en vain ; rien ne pousserait dans un tel sol. Enfin je plantai l'arbre à vernis, ou *ailante* , qui réussit complètement à lier le sable. Ce résultat encouragea le propriétaire à étendre ses plantations à la fois sur les dunes et sur les steppes sablonneuses, et en seize ans cet arbre à croissance rapide avait formé de véritables forêts. D'autres propriétaires fonciers ont imité son exemple avec beaucoup d'avantage. — RENTSCH , *Der Wald* , p. 44, 45.

[481] *Souvenirs d'un Naturaliste* , i, pp. 204 *et suiv.*

[482] « Si nous supposons que l'isthme étroit de l'Amérique centrale est englouti dans l'océan, le courant équatorial chaud ne suivrait plus son itinéraire détourné autour du golfe du Mexique, mais se déverserait par la nouvelle ouverture directement dans le Pacifique. devrait alors perdre la

chaleur du Gulf Stream, et des courants polaires froids s'écoulant plus au sud prendraient sa place et seraient poussés sur nos côtes par les vents d'ouest. La mer du Nord ressemblerait à la baie d'Hudson, et ses ports ne seraient au mieux libres de glace que en été. La puissance et la prospérité de ses côtes se flétriraient sous le souffle de l'hiver, comme une méduse jetée sur le rivage se réduit à un film insignifiant sous l'influence de l'atmosphère destructrice. Le commerce, l'industrie, la fertilité des sols, la population disparaîtraient. et le vaste désert - un nouveau Labrador - deviendrait un appendice sans valeur d'un climat plus favorisé par la nature. "- HARTWIG , *Das Leben des Meeres* , p. 70.

[483] Je ne connais rien de l'ouvrage du capitaine Allen si ce n'est son titre et son sujet. Très probablement, il a peut-être anticipé bon nombre des spéculations suivantes et mis en lumière des points sur lesquels j'ignore.

[484] "Certains ont écrit que par certains rois habitant au-dessus, le *Nil* devrait y être arrêté; et à un moment préfixé, libéré sur un certain tribut que leur payaient les *Égyptiens* . L'erreur provenant peut-être d'une vérité (comme tous les rapports errants le font pour la plupart), en ce sens que le *sultan* paie une certaine somme annuelle à l' empereur *Abissin* pour ne pas modifier le cours du Riuer, ce qu'il peut (disent-ils), ou au moins l'appauvrir. " - GEORGE SANDYS , *Relation d'un voyage, etc.* , p. 98.

[485] La Recca, rivière au courant considérable, a été identifiée de manière satisfaisante avec un ruisseau coulant à travers la grotte de Trebich, et avec le Timavo — le Timavus de Virgile et des géographes anciens — qui se jette par plusieurs embouchures dans l'Adriatique entre Trieste et Aquilée. On estime que la distance entre Trieste et un point approprié dans la grotte de Trebich est inférieure à trois milles, et les difficultés liées à la construction d'un tunnel ne semblent pas formidables. Les ouvrages de Schmidl, *Die Höhlen des Karstes* et *Der unterirdische Lauf der Recca* , ne sont pas courants en dehors de l'Allemagne, mais le lecteur trouvera de nombreux faits intéressants qui en découlent dans deux articles intitulés *Der unterirdische Lauf der Recca* , dans *Aus der Natur* , xx, p. 250-254, 263-266.

[486] BARTH , *Wanderungen durch die Küsten des Mittelmeeres* , i, p. 353. Dans une note de la page 380 du même volume, Barth cite Strabon affirmant qu'une pratique similaire prévalait en Iapygie ; mais on peut se demander si l'épithète τραχεῖα, appliquée par Strabon à la surface originale, implique nécessairement qu'elle était recouverte d'une couche continue de roche.

[487] PARTHEY , *Wanderungen durch Sicilien und die Levante* , i, p. 404.

[488] *Geognostische Studien am Meeres Ufer* , LEONHARD und BRONN , *Jahrbuch* , 1841, pp.25, 26.

[489] KOHL , *Schleswig-Holstein* , ii, p. 45.

[490] *Wanderungen durch Sicilien und die Levante* , i, p. 406.

[491] LANDGREBE , *Naturgeschichte der Vulkane* , ii, pp. 19, 20.

[492] Peu après le courant sortant du volcan, il est recouvert au-dessus et sur les côtés, et enfin en avant, de scories, formées par le refroidissement de la surface exposée, qui enfouissent et cachent la masse fluide. Le ruisseau coule sous l'enduit et entre les parois des scories, et c'est la croûte latérale qui a été percée par les ouvriers mentionnés dans le texte.

La distance à laquelle s'écoule la lave, avant que sa surface ne commence à se solidifier, dépend de son volume, de sa composition, de sa température et de celle de l'air, de la force avec laquelle elle est éjectée et de l'inclinaison de la pente sur laquelle elle coule. Dans la plupart des cas, il est difficile d'approcher le courant aux points où il est encore entièrement fluide, et c'est pourquoi les occasions de l'observer dans cet état ne sont pas très fréquentes. Lors de l'éruption de février 1850, du côté est du Vésuve, je suis allé tout à fait jusqu'à l'un des exutoires. La lave jaillissait de l'orifice vers le haut avec une grande vitesse, comme l'eau d'une source, dans un ruisseau de huit ou dix pieds de diamètre, lançant parfois des bombes volcaniques, mais elle se répandait immédiatement sur la pente le long de laquelle elle coulait, jusqu'au largeur de plusieurs mètres. Il resta chauffé au rouge en plein jour et sans la moindre particule de scories à sa surface, sur une distance d'au moins cent mètres. A cette distance, les vapeurs suffocantes et sulfureuses devenaient si denses que je ne pouvais plus suivre le courant. Les ondulations de la surface étaient comme celles d'un ruisseau gonflé par la pluie. J'ai estimé la hauteur des vagues à cinq ou six pouces sur une largeur de dix-huit ou vingt. A l'œil, la fluidité de la lave semblait aussi parfaite que celle de l'eau, mais des masses de lave froide pesant dix ou quinze livres flottaient dessus comme du liège.

La chaleur émise par les courants de lave semble extrêmement faible si l'on considère la température requise pour faire fondre de tels matériaux et le temps qu'ils mettent à se refroidir. J'ai vu à Nicolosi d'anciennes jarres à huile, contenant cent gallons ou plus, qui avaient été creusées sous un ruisseau de vieille lave au-dessus de cette ville. Ils avaient été très légèrement recouverts de cendres volcaniques avant que la lave ne coule sur eux, mais le plomb avec lequel les trous avaient été bouchés n'avait pas fondu. Le courant qui ensevelit Mompilière en 1669 avait trente-cinq pieds d'épaisseur, mais des statues de marbre, dans une église sur laquelle la lave formait une arche, furent retrouvées non calcinées et indemnes en 1704. Voir Scrope, VOLCANOES , *chap* . VI. §6.

[493] FERRARE , *Descrizione dell'Etna* , p. 108.

[494] LANGREBE , *Naturgeschichte der Vulkane* , ii, p. 82.

[495] *Géographie physique* , p. 168. Des lits de tourbe, incendiés accidentellement, continuent parfois à brûler pendant des mois. Je prends le récit suivant d'un cas de ce genre dans une revue américaine récente :

" UN PHÉNOMÈNE CURIEUX. — Lors du nivellement de la voie ferrée entre Brunswick et Bath, en traversant un pré près de la partie peuplée de cette dernière ville, la « décharge » a soudainement pris un symptôme de naufrage, et les vingt pieds ont coulé. rempli de gravier, d'argile et de roches brisées, à l'abri des regards, et il fallut très, très longtemps *avant* que des trains de terre puissent remplir le vaste estomac qui semblait prêt à recevoir toute la matière solide qui pouvait y être transformée. la longueur fut vaincue, mais tout le long du côté du gouffre, la terre fut soulevée, brisée en gouffres béants, et la surface fut ainsi élevée au-dessus de son ancien niveau d'eau. Depuis lors, ce terrain, ainsi légèrement élevé, a été cultivé et a été cultivé. a donné énormément de tout ce que le propriétaire semblait disposé à y planter. Il y a environ trois mois, par un moyen inconnu de nous, la tourbe sous-jacente a pris feu, et pendant des semaines, alors que nous avions l'occasion de la dépasser, nous avons remarqué la fumée qui s'échappait de la tourbe. combustion couvante sous la surface. La pluie tombait, mais le feu brûlait et la fumée continuait de monter. Lundi, nous avons eu l'occasion de passer par cet endroit, et bien que près d'une semaine de pluie ait inondé le sol, et bien que la surface ait été blanchie par la neige, et bien que des flaques d'eau se dressent à la surface dans le voisinage immédiat, le feu souterrain éternel persiste . brûlait et la fumée s'élevait à travers la neige.

[496] L'une des suggestions les plus sublimes, et en même temps les plus effrayantes qui aient été suscitées par les recherches de la science moderne, a été faite par Babbage dans le neuvième chapitre de son Neuvième Traité de *Bridgewater* . Je n'ai pas le volume sous la main, mais l'explication suivante rappellera au lecteur, si elle ne rend pas autrement intelligible, la suggestion à laquelle je fais référence.

Aucun atome ne peut être perturbé sur place, ni subir un changement de température, d'état électrique ou autre condition matérielle, sans affecter, par attraction, répulsion ou autre communication, les atomes environnants. Ceux-ci, selon la même loi, transmettent leur influence à d'autres atomes, et l'impulsion ainsi donnée s'étend à travers tout l'univers matériel. Chaque mouvement humain, chaque acte organique, chaque volonté, passion ou émotion, chaque processus intellectuel, est accompagné d'une perturbation atomique, et par conséquent chacun de ces mouvements, chacun de ces actes ou processus affecte tous les atomes de la matière universelle. Bien que l'action et la réaction soient égales, la réaction ne restaure pas les atomes perturbés à leur place et à leur état antérieurs, et par conséquent les effets du moindre changement matériel ne sont jamais annulés, mais se perpétuent d'une manière ou d'une autre, de sorte qu'aucune action ne peut avoir lieu dans l'environnement physique. nature morale ou intellectuelle, sans laisser toute la matière dans un état différent de celui qu'elle aurait été si une telle action ne s'était pas produite. Par conséquent, pour utiliser un langage que j'ai employé à une autre occasion : il existe, non seulement dans la conscience humaine ou dans l'omniscience du Créateur, mais dans la nature matérielle externe, un enregistrement ineffaçable et impérissable, peut-être lisible même à l'intelligence créée, de chaque acte accompli, chaque parole prononcée, voire, de chaque souhait, dessein et pensée conçu par l'homme mortel, depuis la naissance de notre premier parent jusqu'à l'extinction finale de notre race ; afin que les traces physiques de nos péchés les plus secrets perdurent jusqu'à ce que le temps se fonde dans cette éternité dont non pas la science, mais la religion seule, prétend prendre connaissance.

---

# ANNEXE.

N ° 1 ( <u>page 19, *note*</u> ). On peut dire que les cas mentionnés dans la note de la p. 19 - et en fait tous les cas d'acclimatation supposée consistant en des changements physiologiques - sont des exemples de création de nouvelles variétés par sélection naturelle, le maïs, la tomate et d'autres légumes plus résistants du Nord étant la descendance de graines d'individus dotés, exceptionnellement , avec une plus grande puissance de résistance au froid que celle qui appartient en général aux espèces qui les ont produits. Mais, en ce qui concerne la preuve d'un changement de climat dû à une différence dans la croissance des légumes, il importe peu que nous adoptions ce point de vue ou que nous maintenions la doctrine plus ancienne et plus familière d'une modification locale du caractère des plantes en question.

N ° 2 ( <u>page 24, *note*</u> ). Les adjectifs de direction vers *l'intérieur* ne sont pas rarement utilisés pour indiquer, de manière vague, la direction des vents soufflant de points indéterminés entre le NE et le SE ; SE et SW ; SW et NW ou NW et NE Si l'emploi de ces mots se limitait à exprimer ainsi une direction plus proche du point cardinal dont le nom est tiré de l'adjectif que de tout autre point cardinal, ils seraient des éléments précieux de la météorologie anglaise. nomenclature.

N ° 3 ( <u>page 31</u> ). Je trouve une confirmation de mes observations sur les habitudes du castor en tant qu'agence géographique, dans un rapport des actes de la British Association, à l'Athenæum de Londres du 8 octobre 1864, p. 469. Il y est déclaré que le vicomte Milton et le Dr Cheadle, au cours d'une expédition à travers les montagnes Rocheuses par le Yellow Head, ou Leather Pass, ont observé qu'« une grande partie du pays à l'est des montagnes » avait été « complètement changé de caractère par l'action du castor, qui existait autrefois ici en nombre énorme. Les vallées peu profondes étaient autrefois traversées par des rivières et des chaînes de lacs qui, endigués tout au long de leur cours en de nombreux points, par le travail de ces animaux, sont devenus une série de marais à divers stades de consolidation. Ce changement a été si complet, qu'à peine un cours d'eau se trouve sur une distance de deux cents milles, à l'exception des grandes rivières. Les animaux ont ainsi détruit, par leurs propres travaux, les eaux nécessaires à leur propre existence."

Lorsque le processus de « consolidation » aura été achevé et que la forêt sera rétablie sur les marais, l'eau qui s'y diffuse désormais sera collectée dans les parties inférieures ou plus productives, ouvrira de nouveaux canaux pour leur écoulement, deviendra des ruisseaux courants et ainsi. restaurer l'aspect ancien de la surface.

N ° 4 ( <u>page 33, *note*</u> ). Les insectes lignivores qui attaquent les arbres vivants limitent presque uniformément leurs ravages aux arbres déjà malades ou malades à cause des déprédations des mangeurs de feuilles, tels que les chenilles et autres, ou pour d'autres causes. La pourriture de l'arbre est donc la cause et non la conséquence des invasions du foreur. Ce sujet a été discuté par Perris dans les *Annales de la Société Entomologique de la France* , pour 1851 (?), et ses conclusions sont confirmées par les observations de Samanos, qui cite assez longuement les vues de Perris. « Ayant, depuis quinze ans, dit ce dernier auteur, étudié sans cesse les habitudes des insectes lignivores dans une des régions les mieux boisées de France, j'ai observé suffisamment de faits pour me sentir autorisé à exprimer mes conclusions, qui sont : que les insectes en général — je ne parle pas de ceux qui confinent leur voracité à la feuille — n'attaquent pas les arbres en bonne santé, et ils n'attaquent que ceux dont les conditions et les fonctions normales ont été altérées par une cause quelconque.

Voir, plus complètement, Samanos, *Traité de la Culture du Pin Maritime* , Paris, 1864, pp. 140-145.

N ° 5 ( <u>page 34, *note*</u> ). Des observations très intéressantes sur l'action de l'écureuil et d'autres petits animaux dans la plantation et la destruction des noix et autres graines d'arbres peuvent être trouvées dans un article sur la succession des forêts dans les excursions de Thoreau, pp. 135 *et* suiv .

J'ai vu un jour plusieurs litres de faines pris dans les quartiers d'hiver d'une famille d'écureuils volants dans un arbre creux. Les grains étaient soigneusement débarrassés de leur coque et soigneusement stockés dans une cavité sèche.

N ° 6 ( <u>page 40, *note*</u> ). Schroeder van der Kolk, dans *Het Verschil tusschen den Psychischen Aanleg van het Dier en van den Mensch* , cite de Burdach et d'autres autorités de nombreux faits intéressants concernant les instincts perdus, ou nouvellement développés et devenus héréditaires, chez les animaux inférieurs, et il cite Aristote et Pline comme preuve que les quadrupèdes et les poules communes de nos champs et de nos poulaillers étaient beaucoup moins parfaitement domestiqués à leur époque que ne les ont faits aujourd'hui de très, très longues périodes de servitude.

Peut-être que le caractère à moitié sauvage attribué au renne de Laponie par P. Læstadius et d'autres écrivains suédois est dû, dans une certaine mesure, à la brièveté relative de la période pendant laquelle il a été partiellement apprivoisé. Les porcs domestiques élevés dans les bois de Hongrie et les buffles du sud de l'Italie sont si sauvages et sauvages qu'ils sont très dangereux pour tous, sauf pour leurs gardiens. Les premiers sont retombés dans leur état originel, les seconds n'en ont pas encore été récupérés.

Entre autres exemples d'instincts oblitérés, Schroeder van der Kolk affirme qu'en Hollande, où, pendant des siècles, les petits de la vache ont été généralement retirés de la mère à la naissance et nourris à la main, les veaux, même s'ils sont laissés avec la mère, font aucune tentative de sucer ; tandis qu'en Angleterre, où les veaux ne sont sevrés qu'à l'âge de plusieurs semaines, ils ont recours au pis aussi naturellement que les petits des quadrupèdes sauvages. — *Ziel en Ligchaam* , p. 128, *n.*

N ° 7 ( page 60, *première note* ). A Piè di Mulera, au débouché du Val Anzasca, près de l'hôtel principal, se trouve une vigne mesurant trente et un pouces de circonférence. La porte de la salle capitulaire du cloître de l'église de San Giovanni, à Saluzzo, est en bois de vigne, et les planches dont étaient faits les panneaux ne pouvaient avoir moins de dix pouces de largeur. Des statues et autres objets de dimensions considérables, en bois de vigne, sont mentionnés par les écrivains anciens.

N ° 8 ( page 63, *deuxième note* ). Cartier, 1535-1536 AP. J.-C., mentionne « des vignes, des gros melons, des concombres, des courges, des pois, des haricots de diverses couleurs, mais pas comme les nôtres », comme communs chez les Indiens des bords du Saint-Laurent. *Bref Récit* , etc., réimpression. Paris, 1863, p. 13, a ; 14, b; 20, b; 31, a.

N ° 8 ( page 65, *deuxième paragraphe* ). Il peut être considéré comme très probable, sinon certain, que les herboristes aveugles du XVIe siècle aient négligé de nombreuses plantes originaires de cette île. Un botaniste anglais, lors d'une visite d'une heure à Aden, découvrit sur des rochers plusieurs espèces de plantes toujours signalées, même par les voyageurs scientifiques, comme absolument stériles. Mais après tout, il semble bien établi que la flore originelle de Sainte-Hélène était extrêmement limitée, même si elle compte aujourd'hui des centaines d'espèces.

N ° 9 ( page 66, *première note* ). Bien que le *genre de vigne* soit très catholique et cosmopolite dans ses habitudes, certaines *variétés* sont cependant extrêmement exigeantes et exclusives dans leurs exigences en matière de sol et de climat. Les ceps de nombreux vignobles célèbres perdent leurs qualités particulières par la transplantation, et les vins les plus célèbres ne peuvent être produits que dans certaines régions bien définies et pour la plupart étroites. La vigne ionienne qui porte le petit raisin sans noyau connu dans le commerce sous le nom de groseille de Zante, a résisté à presque tous les efforts visant à la naturaliser ailleurs, et n'est guère cultivée que dans deux ou trois des îles ioniennes et dans un territoire étroit sur les rives nord de l'île. la Morée.

N ° 10 ( page 68, *première note* ). Dans la plupart des pays du sud de l'Europe, les moutons et les bœufs hivernent dans les plaines, mais sont conduits en été vers des pâturages de montagne situés à plusieurs jours de distance des propriétés de leurs propriétaires. Ils transportent des graines dans leur pelage dans les deux sens, et c'est pourquoi les plantes alpines poussent souvent au pied des montagnes, les herbes des plaines au bord des glaciers ; mais dans les deux cas, ils ne parviennent généralement pas à se propager en faisant mûrir leurs graines. Ceci explique les touffes éparses de trèfle commun, aux fleurs pâles et flasques, qu'on voit parfois à des hauteurs dépassant 7,000 pieds au-dessus de la mer.

N ° 11 ( page 73, *dernier paragraphe* ). Le panais sauvage venimeux, très commun dans la Nouvelle-Angleterre, est généralement considéré comme identique au panais des jardins et ne s'en distingue que par ses conditions de croissance, un sol plus riche le privant, dit-on, de ses propriétés nocives. De nombreuses plantes médicinales sauvages, comme la menthe pouliot par exemple, sont tellement moins aromatiques et puissantes lorsqu'elles sont cultivées dans des jardins que lorsqu'elles sont auto-semées sur des sols maigres, qu'elles sont difficilement utilisables.

N ° 12 ( page 74, *deuxième note* ). Voyez dans *les Excursions* de Thoreau une intéressante description des pommiers sauvages du Massachusetts.

N° 13 ( page 86, *premier paragraphe* ). On dit à Courmayeur que très peu de bouquetins, d'une plus grande variété que ceux des montagnes de Cogne, s'attardent encore autour de la Grande Jorasse.

N ° 14 ( page 92, *première note* ). Dans le nord et le centre de l'Italie, on voit souvent des collines couronnées de plantations de petits arbres ressemblant à de grands tonnelles. Ceux-ci servent à collecter les oiseaux qui sont en grand nombre piégés dans les filets. Ces plantations sont appelées *ragnaje* , et le lecteur trouvera, dans l'édition de Bindi de Davanzati, une description très agréable d'un ragnaja, bien que sa paternité ne soit pas maintenant attribuée à cet éminent écrivain.

N ° 15 ( page 93, *deuxième note* ). L'apparition du tétras semblable à une tourterelle, *Tetrao paradoxus* , ou *Syrrhaptes Pallasii* , dans diverses régions d'Europe, en 1859 et dans les années suivantes, constitue une exception notable à la loi de régularité qui semble régir les déplacements et déterminer l'habitat des oiseaux. . La demeure propre de cet oiseau est les steppes de la Tartarie, et on ne l'a observé en Europe, ou du moins à l'ouest de la Russie, que l'année mentionnée ci-dessus, où de nombreux troupeaux de vingt ou trente, et même d'une centaine d'individus, ont été observés en Bohême, en Allemagne, aux Pays-Bas, au Danemark, en Angleterre, en Irlande et en France. Un troupeau considérable a fréquenté l'île frisonne de Borkum pendant plus de cinq mois. On espérait qu'ils se reproduiraient et resteraient de façon permanente sur l'île, mais cette attente a été déçue et le tétras des steppes semble avoir de nouveau complètement disparu.

N ° 16 ( page 94, *note* ). D'après un article de A. Esquiros, dans la *Revue des Deux Mondes* du 1er septembre 1864, intitulé *La vie Anglaise* , p. 119, il semble que des événements comme celui indiqué dans la note ne soient pas rares sur la côte britannique.

N° 17 ( page 100, *premier paragraphe* ). Je ne peux pas savoir que la caprification soit aujourd'hui pratiquée en Italie, mais qu'elle soit encore en usage en Grèce.

N ° 18 ( page 112, *première note* ). La récente grande multiplication des vipères dans certaines parties de la France est un fait singulier et saisissant.

Toussenel, citant des documents officiels, affirme que sur offre d'une récompense de cinquante centimes ou dix centimes par tête, douze *mille* vipères furent amenées au préfet d'un seul département, et qu'en 1859 quinze cents serpents et vingt quarts Des œufs de serpents ont été trouvés sous la pierre du foyer d'une ferme. Le grenier, les écuries, le toit, les lits mêmes étaient envahis de serpents, et la famille fut obligée d'abandonner son habitation. Le docteur Viaugrandmarais, de Nantes, a signalé au préfet de son département plus de deux cents cas récents de morsures de vipères, dont vingt-quatre ont été mortelles. — *Tristia* , p. 176 *et suiv.*

N° 19 ( page 121, *première note* ). Les Bédouins sont peu portés à la chasse, et font rarement la guerre au gibier à plumes et aux quadrupèdes du désert. C'est pourquoi les animaux sauvages d'Arabie sont moins timides que ceux d'Europe. Un jour, alors que j'étais campé pendant une tempête de sable assez violente en Arabie Petræa, un pigeon sauvage se réfugia dans une de nos tentes qui n'avait pas été détruite par le vent et resta tranquillement perché sur un garçon au milieu de quatre ou cinq personnes. personnes, jusqu'à ce que la tempête soit passée, puis il partit, *insalutato hospite* .

N ° 20 ( page 122 ). Il est possible que le temps modifie les habitudes des poissons d'eau douce des États de l'Amérique du Nord et les adapte aux conditions physiques actuelles de leurs eaux natales. On peut donc espérer que la nature, même sans l'aide de l'art, contribuera à restaurer l'abondance ancienne de nos lacs et rivières. La diminution de nos poissons d'eau douce ne peut être attribuée au seul épuisement dû à la pêche, car dans les eaux des vallées et des flancs des Alpes, habitées et pêchées dix fois plus longtemps par une population plus dense, les poissons sont encore très abondants, et ils prospèrent et se multiplient dans des circonstances où aucune espèce américaine ne pourrait vivre du tout. Sur le versant sud de ces montagnes, les truites sont capturées en grand nombre, dans les courants rapides qui jaillissent des glaciers, et où l'eau est d'un froid glacial et si trouble de particules de roche finement broyée, qu'on ne peut pas voir un pouce sous la surface. Les ruisseaux glaciaires de Suisse, en revanche, sont moins riches en poissons.

N ° 21 ( page 131, *note* ). Vaupell, bien que d'accord avec d'autres auteurs sur les dommages causés à la forêt par la plupart des animaux domestiques — qu'il illustre d'une façon intéressante dans son ouvrage posthume, Les Bois Danois — pense néanmoins qu'à l'époque où le mât tombe, *les* porcs sont plutôt utiles qu'autrement aux forêts de hêtres et de chênes, en foulant le sol et en semant ainsi des faines et des glands, et en détruisant les taupes et les souris. — *De Danske Skore*, p. 12.

N ° 22 ( page 135, *note* ). Les auteurs compétents du rapport le plus précieux d'Humphreys et Abbot sur la physique et l'hydraulique du Mississippi concluent que le delta de ce fleuve a commencé à empiéter sur le golfe du Mexique il y a à peine 4 400 ans, période avant laquelle ils supposent que le Mississippi avait été « un cours d'eau relativement clair », transportant très peu de sédiments vers la mer. Le rythme actuel de progression du delta est de 262 pieds par an, et il y a des raisons de penser que la quantité de dépôt est depuis longtemps à peu près constante. — *Rapport*, pp. 435, 436.

Le changement dans le caractère de la rivière doit, si cette opinion est bien fondée, être dû à quelque révolution géologique, ou tout au moins à une convulsion, et à l'hypothèse de l'existence antérieure d'un ou de plusieurs grands lacs dans sa haute vallée, dont les fonds sont occupé par la région actuelle des Prairies, a été suggéré. Les rives de ces prétendus lacs n'ont pas, je crois, été tracées, ni même détectées, et nous ne pouvons admettre la vérité de cette hypothèse sans supposer des changements beaucoup plus étendus que le simple éclatement de la barrière qui confinait les eaux.

N ° 23 ( page 143, *note* ). Voir à ce sujet un article de J. Jamin, dans la *Revue des Deux Mondes* du 15 septembre 1864 ; et, sur les effets de l'industrie humaine sur l'atmosphère, un article dans *Aus der Natur*, vol. 29, 1864, pp. 443, 449, 465 *et suiv.*

N ° 24 ( page 159, *deuxième paragraphe* ). Tous les arbres à feuilles persistantes, même les arbres à feuilles larges, résistent mieux aux gelées d'une extraordinaire sévérité que les arbres à feuilles caduques des mêmes climats. N'est-ce pas parce que les processus vitaux des arbres à feuillage persistant sont moins interrompus pendant l'hiver que ceux des arbres qui perdent leurs feuilles chaque année, et que par conséquent plus de chaleur organique se développe ?

N ° 25 ( page 191, *premier paragraphe* ). En discutant de l'influence des montagnes sur les précipitations, les météorologues ont généralement traité la croyance populaire selon laquelle les montagnes "attirent" vers elles les nuages flottant à une certaine distance d'elles, comme un préjugé ignorant, et ils attribuent l'apparition des nuages autour des hauts sommets uniquement à la condensation de l'humidité de l'air transportée par les courants atmosphériques sur les pentes de la montagne jusqu'à une température plus froide. Mais si les montagnes n'attirent pas réellement vers elles nuages et vapeurs invisibles, elles constituent une exception à la loi universelle de l'attraction. L'attraction du petit mont Shehallien s'est avérée suffisante pour dévier de la perpendiculaire, d'une quantité mesurable, un plomb ne pesant que quelques onces. Pourquoi, alors, des masses plus grandes n'attireraient-elles pas vers elles des volumes de vapeur pesant des centaines de tonnes et flottant librement dans l'atmosphère à des distances modérées des montagnes ?

N ° 26 ( page 198, *note* ). Élisée Redus attribue la diminution des étangs qui bordent les dunes de Gascogne à l'absorption de leur eau par les arbres plantés sur les sables. — *Revue des Deux Mondes* , 1er août 1863, p. 694.

N ° 27 ( page 219, *note* ). Le gaspillage de bois dans la menuiserie européenne était autrefois énorme, les poutres des maisons étant à la fois plus grandes et plus nombreuses que ce qu'exigeait la permanence ou la stabilité. En examinant la construction des maisons occupées par les quatre-vingts familles qui habitent le village de Faucigny, en Savoie, en 1834, l'inspecteur forestier a constaté que cinquante mille arbres *avaient* été employés à leur construction. Les constructeurs « semblaient, dit Hudry-Menos, avoir essayé de résoudre le problème d'entasser sur les murs la plus grande quantité de bois possible sans les écraser. » — Revue des Deux *Mondes* , 1er juin 1864, p. 601.

N ° 28 ( page 231, *note* ). Dans un remarquable pamphlet, auquel j'aurai l'occasion de me référer plus d'une fois par la suite, intitulé *Avant-projet pour la création d'un sol fertile à la surface des Landes de Gascogne* , Duponchel soutient avec beaucoup de force que les propriétés fertilisantes des rivières -les slimes sont généralement dus bien plus à leurs constituants minéraux qu'à leurs constituants végétaux.

N ° 29 ( page 265, *note* ). Même les pierres siliceuses les plus denses sont pénétrables par les fluides et les matières colorantes qu'elles contiennent, à tel point que les agates et autres formes de silex peuvent être artificiellement colorées à travers leur substance. Cet art était connu et pratiqué par les anciens lapidaires, et il a été relancé ces derniers temps.

N ° 30 ( page 268 ). Il y a de bonnes raisons de penser que de nombreux glissements de terrain et de roches dans les Alpes se sont produits à une époque antérieure à l'origine de la végétation forestière qui, plus tard, recouvrait les flancs de ces montagnes. Voir *Bericht über die Untersuchung der Schweizerischen Hochgebirgswaldungen* . 1862. P. 61.

Là où des glissements de terrain plus récents ont été à nouveau recouverts de bois, les arbres, arbustes et plantes plus petites qui poussent spontanément sur eux sont généralement d'espèces différentes de celles observées sur un sol déplacé à des époques reculées. Cette différence est si marquée que l'emplacement d'un glissement peut souvent être reconnu de loin par la couleur générale du feuillage de sa végétation.

N ° 31 ( page 286, *note* ). Il aurait fallu constater que le principe venimeux des champignons vénéneux n'est pas décomposé et rendu innocent par le procédé décrit dans la *note* . Elle est simplement extraite par l'eau acidulée ou salée employée pour le trempage des plantes, et il faut avoir soin que cette eau soit jetée hors de portée des méfaits.

N ° 32 ( page 293, *note* ). Gaudry évalue à trente millions les traverses employées dans les chemins de fer de France, pour lesquels pas moins de deux millions de grands arbres ont été abattus. Ces liens ont été, en moyenne, au moins une fois renouvelés, et il faut donc doubler le nombre de liens et d'arbres nécessaires pour les fournir. — *Revue des Deux Mondes* , 15 juillet 1863, p. 425.

N ° 33 ( page 294, *deuxième paragraphe de note* ). Après tout, la consommation actuelle de bois et de bois d'œuvre pour le chauffage et d'autres usages domestiques et ruraux, dans de nombreuses régions d'Europe, semble incroyablement faible pour un Américain. Dans la Suisse rurale, l'ensemble de l'approvisionnement en bois de chauffage, combustible pour les petites forges, les laiteries, les brasseries, les fours à briques et à chaux, les distilleries, les clôtures, les meubles, les outils et même la construction d'habitations, à l'exclusion de la petite quantité provenant des chutes d'arbres fruitiers, vignes et haies, ainsi que des clôtures et des bâtiments délabrés – ne dépasse pas une moyenne de *deux cent trente pieds cubes* , ou moins de deux cordes, par an et par ménage. La consommation moyenne de bois dans la Nouvelle-Angleterre, uniquement pour le chauffage domestique, est de cinq à dix fois supérieure à celle dont les familles suisses ont besoin pour tous les usages énumérés ci-dessus. Mais les habitations existantes en Suisse suffisent à une population qui ne s'accroît que lentement, et dans les maisons des paysans, une seule pièce est habituellement chauffée. Voir *Bericht über die Untersuchung der Schweiz. Hochgebirgswaldungen* , pp.

N ° 34 ( page 304 ). Parmi les manuels plus récents, on peut citer : *Les Études de Maître Pierre.* Paris, 1864. In-12 ; BAZELAIRE , *Traité de Reboisement* . 2e édition, Paris, 1864 ; et, en italien, SIEMONI , *Manuale teorico-pratico d'arte Forestale* . Florence, 1864. 8vo. Un ouvrage très important a été publié dernièrement en France par le vicomte de Courval, que je ne connais que par une traduction allemande publiée à Berlin, en 1864, sous le titre Das Aufästen der *Waldbäume* . La caractéristique principale du système de sylviculture très réussi de De Courval est un mode de taille qui oblige l'arbre à développer la tige en réduisant la ramification latérale. En commençant par les jeunes arbres, les bourgeons sont enlevés des tiges et les pousses latérales superflues sont taillées jusqu'au tronc. Lorsqu'on prend en main de grands arbres, les branches qui peuvent être épargnées et dont l'enlèvement est nécessaire pour obtenir une longueur de tige convenable, sont coupées très doucement tout près du tronc, et la surface exposée est immédiatement brossée avec du charbon *minéral* . le goudron. Ainsi traitée, on dit que la cicatrisation de la plaie est parfaite et sans aucune pourriture de l'arbre.

N ° 35 ( page 313 ). Les plus belles colorations automnales que j'ai observées dans la végétation de l'Europe ont été celles des vallées de la Durance et de ses affluents en Dauphiné. Je dois admettre que ni par la variété, ni par la pureté et l'éclat de la teinte, cette coloration n'est pas très éloignée, voire pas du tout, de celle des bois de la Nouvelle-Angleterre. Mais il y a cette différence : en Dauphiné, ce n'est que dans les petits arbustes qu'on voit cette riche peinture, tandis qu'en Amérique du Nord le feuillage des grands arbres est teint dans toute sa splendeur. Par conséquent, la forêt américaine a moins de lumières brisées et plus de ce que les peintres appellent l'étendue des couleurs. En outre, la disposition du feuillage en grandes masses globulaires ou coniques offre une plus grande échelle de lumière et d'ombre, facilitant ainsi tantôt la gradation, tantôt le contraste des teintes, et donne au paysage américain d'octobre un ton plus doux et plus harmonieux que celui des marques les humbles bosquets des coteaux forestiers du Dauphiné.

Thoreau - qui n'était pas, comme certains critiques très célèbres du paysage d'aujourd'hui, un spectateur extérieur de l'action et des produits des forces naturelles, mais, au sens religieux ancien, un observateur *de* la nature organique, vivant, plus que presque tout autre écrivain descriptif, parmi et avec ses enfants, a un article très éloquent sur les « teintes automnales » du paysage de la Nouvelle-Angleterre. — Voir ses *Excursions* , pp. 215 *et suiv.*

Peu d'hommes ont personnellement remarqué autant de faits de l'histoire naturelle accessibles à l'observation non scientifique que Thoreau, et pourtant il n'avait jamais vu ce spectacle très commun et saisissant, la phosphorescence du bois en décomposition, jusqu'à ce que, dans les dernières années de sa vie, il surprenne son attention. attention dans un bivouac dans les forêts du Maine. Il semble avoir été plus excité par ce phénomène que par tout autre phénomène décrit dans ses œuvres. Il doit s'agir d'un œil vaste qui capte tous les faits visibles de l'histoire de l'objet naturel le plus familier. — *The Maine Woods* , p. 184.

"L'apparence lumineuse des corps projetés sur le ciel adjacent au soleil levant" ou couchant, si bien décrite dans la lettre du professeur Necker à Sir David Brewster, est, comme l'observe Tyndall, "presque jamais vue ni par les guides ni par les voyageurs, bien qu'elle serait Il semble, *à première vue* , que cela doit être fréquent. » Voir TYNDALL , *Glaciers des Alpes* . Partie I. Deuxième ascension du Mont Blanc.

Cependant, à en juger par mes propres observations, je doute fort que ce phénomène brillant puisse être vu aussi souvent dans sa perfection qu'on pourrait s'y attendre ; car je l'ai souvent cherché en vain au pied des Alpes, dans des conditions apparemment identiques à celles où, dans les hautes vallées alpines, il se montre dans la plus grande splendeur.

N ° 36 ( page 314 ). Les poètes européens, dont la connaissance du palmier dattier n'est pas fondée sur une observation personnelle, décrivent souvent son tronc comme étant non seulement élancé, mais particulièrement *droit* . Rien ne peut être plus éloigné de la vérité. Lorsque les Orientaux comparent la forme d'une belle jeune fille à la tige d'un palmier, ils la représentent non pas comme rigidement droite, mais au contraire comme composée de courbes gracieuses, qui ressemblent moins à des contours permanents qu'à un mouvement fluide. Dans une palmeraie, les troncs, loin d'être plantés debout comme les bougies d'un lustre, se courbent en une infinité de courbes, tantôt penchées, tantôt s'écartant, tantôt se croisant, et parmi une centaine vous aurez peine à vous en rendre compte. voyez-en deux dont les axes sont parallèles.

N ° 37 ( page 316, *première note* ). Charles Martin attribue le pouvoir de reproduction par pousses de la souche au cèdre du Mont Atlas, qui paraît identique au cèdre du Liban. — *Revue des Deux Mondes* , 15 juillet 1864, p. 315.

N ° 38 ( page 332 ). Dans un article intéressant sur les récentes améliorations intérieures en Angleterre, paru dans la London Quarterly Review de janvier 1858, il est rapporté que lors d'une seule tranchée rocheuse sur la voie ferrée de Liverpool et de Manchester, 480 000 mètres cubes de pierre furent enlevés ; que la terre excavée et enlevée lors de la construction des chemins de fer anglais jusqu'à cette date s'élevait à cent cinquante millions de mètres cubes, et qu'à Round Down Cliff, près de Douvres, un seul souffle de dix-neuf mille livres de poudre a fait tomber un milliard de tonnes de craie et recouvrit quinze acres de terrain avec les fragments.

N ° 39 ( page 339 ). D'après Reventlov, dont les travaux constituent l'une des meilleures sources d'information sur le sujet des battures baignés par les marées, *Salicornia herbacea* apparaît dès que le plat est élevé suffisamment haut pour être sec pendant trois heures à marée descendante ordinaire, ou , en d'autres termes, là où l'inondation ordinaire le recouvre jusqu'à une profondeur ne dépassant pas deux pieds. À une profondeur d'inondation d'un pied, la *salicorne* meurt et est remplacée par diverses plantes sableuses. Viennent ensuite *Poa distans* et *Poa maritima,* à mesure que le sol est soulevé par d'autres dépôts, et ces plantes enfin par des graminées communes. Les *Salicornia* sont précédées de *conferves* , poussant dans des eaux plus profondes, qui s'étendent sur le fond, et lorsqu'elles sont recouvertes par un nouveau dépôt de vase, réapparaissent au-dessus, et ainsi les strates végétales et alluviales alternent jusqu'à ce que le plat soit élevé suffisamment haut pour la croissance des Salicornia . .— *Om Marskdannelsen paa Vestkysten af Hertugdömmet Slesvig* , pp. 7, 8.

N ° 40 ( <u>page 348, *note*</u> ). La dérive employée pour la digue circulaire du lac de Haarlem était en partie coupée en tronçons de cinquante pieds de long sur six ou sept de large, et ceux-ci naviguaient comme des radeaux jusqu'à l'endroit où ils étaient coulés pour former la digue. — Emile de LAVELEYE , *Revue des Deux Mondes* , 15 sept. 1863, p. 285.

N° 41 ( <u>page 352, *dernier paragraphe*</u> ). Voir sur l'influence des améliorations en question sur les marées et autres courants marins, Staring, *De Bodem van Nederland* , I. p. 279.

Bien que les digues des Pays-Bas et des États limitrophes aient protégé une étendue considérable de côtes des empiétements de la mer et aient conquis de vastes étendues de terres cultivables de la domination des eaux, on s'est demandé s'il n'existait pas une méthode différente pour y parvenir. ces objets n'auraient peut-être pas été adoptés avec avantage. Il a été suggéré qu'un système de digues et de canaux intérieurs, sur le principe de ceux qui, comme on le verra dans une partie ultérieure du chapitre sur les eaux, ont été employés avec tant de succès dans le Val di Chiana et en Egypte, pourrait ont élevé les basses terres au-dessus des marées océaniques, en y répandant les sédiments apportés par le Rhin, le Maes et l'Escaut. Si ce processus avait été introduit au Moyen Âge et constamment poursuivi jusqu'à nos jours, la géographie superficielle et côtière, ainsi que l'hydrographie des pays en question, auraient sans doute présenté un aspect très différent de leur état actuel ; et en combinant ce processus avec un système de digues maritimes, qui aurait été nécessaire, à la fois pour résister à l'avancée de la mer et pour retenir les vases déposés par les débordements des rivières, il est possible que le territoire de ces États ait été aussi étendu tel qu'il est aujourd'hui, et en même temps plus élevé de plusieurs pieds. Mais il faut garder à l'esprit que nous ne connaissons pas les proportions dans lesquelles les dépôts marins qui forment les polders proviennent de matériaux apportés par ces rivières ou d'autres sources plus lointaines. Une grande partie de la vase fluviale a sans aucun doute été transportée par les courants marins bien au-delà de la portée des cours d'eau qui reviennent, et on ne sait pas exactement dans quelle mesure cette perte a été compensée par la terre emportée par la mer depuis des rivages lointains et laissée tomber sur les côtes des Pays-Bas. et d'autres pays voisins.

Nous savons peu ou rien de la quantité de matière solide apportée par les rivières de l'Europe occidentale dans les premiers âges, mais comme les rives de ces rivières sont aujourd'hui généralement mieux protégées contre le lessivage et l'abrasion que dans les siècles précédents, les sédiments transportés par elles doit être moindre qu'à des époques plus proches de la disparition des forêts primitives de leurs vallées. Klöden déclare que la quantité de matière sédimentaire apportée chaque année par le Rhin à Bonn est suffisante pour couvrir seulement un mile carré anglais sur une profondeur d'un peu plus d'un pied. — Erdkunde, I. *p* . 384.

N° 42 ( page 358, *premier paragraphe* ). Des observations météorologiques ont été régulièrement enregistrées à Zwanenburg, près de l'extrémité nord du lac de Haarlem, depuis plus d'un siècle, et depuis 1845 un registre similaire a été tenu au Helder, quarante ou cinquante milles plus au nord. En comparant ces deux séries d'observations, on constate que vers la fin de l'année 1852, alors que le captage des eaux du lac de Haarlem était terminé, et que l'été précédent avait asséché les terrains mis à nu de manière à réduire considérablement la surface évaporable, un changement s'est produit dans la température relative des deux stations. En prenant la moyenne de chaque période successive de cinq jours de 1845 à 1852, la température à Zwanenburg était *inférieure* de trente-trois centièmes de degré Celsius à celle du Helder. Depuis la fin de 1852, le thermomètre à Zwanenburg s'est élevé, du 11 avril au 20 septembre inclus, à vingt-deux centièmes de degré plus haut *qu'au* Helder, mais du 14 octobre au 17 mars, elle est en moyenne *inférieure* d'un dixième de degré à sa moyenne entre les mêmes dates avant 1853.

Il ne fait aucun doute raisonnable que ces différences sont dues au drainage du lac. Il y a eu moins de réfrigération à cause de l'évaporation en été et le sol a absorbé plus de chaleur solaire au cours de la même période, tandis qu'en hiver, il a rayonné plus de chaleur que lorsqu'il était recouvert d'eau. Sans doute la quantité d'humidité contenue dans l'atmosphère a également été affectée par la même cause, mais des observations ne paraissent pas avoir été faites sur ce point. Voir KRECKE , *Het Klimaat van Nederland* , II. 64.

N ° 43 ( page 358, *note* ). Au cours de cette année (1864), il y a eu plusieurs glissements de terrain sur les bords du lac de Côme, et dans un cas, le terrain d'une villa située au bord de l'eau a subi un déplacement considérable. Si le lac devait être abaissé d'une manière considérable, conformément au plan mentionné dans la note de la page 358, il y a lieu de craindre que les rives escarpées du lac pourraient, en certains points, être privées d'une pression latérale nécessaire pour leur stabilité, et glissent dans l'eau comme sur le lac de Lungern. Voir p. 356.

N° 44 ( page 369, *avant-dernier paragraphe à noter* ). De même, tandis que le buis, le cèdre, le sapin, le chêne, le pin, les « poutres » et le « bois » sont très fréquemment mentionnés dans l'Ancien Testament, aucun de ces mots ne se retrouve dans le Nouveau, *sauf* le cas de la « poutre dans l'œil », dans la parabole de Matthieu et Luc.

N ° 45 ( page 375, *note* ). Selon toute probabilité, le véritable changement opéré par l'art humain dans la géographie superficielle de l'Egypte, est la conversion des étangs et des marais en terre ferme, par un système de digues transversales, qui obligeaient les eaux de crue à déposer leurs sédiments sur les rives du fleuve. rivière au lieu de l'emporter vers la mer. Les *colmates* de l'Italie moderne étaient ainsi anticipés dans l'Egypte ancienne.

N ° 46 ( page 378 ). Nous avons vu dans *l'Annexe* 42, *ante* , que la température moyenne d'une station située sur les bords du lac de Haarlem, nappe d'eau couvrant autrefois soixante-deux milles carrés anglais, pour la période comprise entre le 11 Les jours d'avril et 20 septembre n'avaient pas été élevés de moins d'un degré Fahrenheit par l'assèchement de ce lac ; ou, pour dire le cas plus précisément, que la formation du lac, conséquence de l'imprévoyance de l'homme, avait réduit la température d'un degré F. au-dessous de la norme naturelle. Les terres artificiellement irriguées de la France, du Piémont et de la Lombardie, prises ensemble, sont cinquante fois plus étendues que le lac de Haarlem, et elles sont situées dans des climats où l'évaporation est infiniment plus rapide qu'aux Pays-Bas. Ils doivent donc sans doute affecter le climat local dans une mesure bien plus grande que ce qui a été observé à propos de l'assèchement du lac en question. Je ne sais pas si des observations spéciales ont été faites en vue de mesurer les effets climatiques de l'irrigation, mais en été j'ai souvent trouvé la température matinale , lorsque la différence serait naturellement la moins perceptible, dans les plaines arrosées du Piémont, de neuf heures. miles au sud de Turin, plusieurs degrés inférieurs à celui enregistré par un observatoire de la ville.

N ° 47 ( page 391, *note* ). L'aqueduc romain dit du Pont du Gard, près de Nismes, a probablement été construit il y a dix-neuf siècles. Le lit du Gardon, cours d'eau assez rapide, qui coule en contrebas, n'a pu subir qu'une légère dépression depuis la fondation des piles de l'aqueduc.

N° 48 ( page 393, *première note* ). Duponchel fait la remarque remarquable suivante : « Le fleuve Hérault prend sa source dans une région granitique, mais atteint bientôt des formations calcaires, qu'il traverse sur plus de soixante kilomètres, roulant dans des ravins profonds et escarpés, dans lesquels les torrents déversent sans cesse d'énormes masses de cailloux. appartenant aux roches les plus dures de l'époque jurassienne. Ces débris, continuellement renouvelés, composent, jusqu'au-dessous de la sortie de la gorge où la rivière entre dans un chenal régulier creusé dans un dépôt tertiaire, de larges plages, de prodigieux amas de galets roulés, s'étendant sur plusieurs kilomètres en aval, mais ils diminuent en volume et en poids si rapidement qu'au-dessus de l'embouchure de la rivière, qui est à trente ou trente-cinq kilomètres de la gorge, toute trace de matière calcaire a disparu des sables du ruisseau. fond, qui sont exclusivement siliceux." — *Avant-projet pour la création d'un sol fertile* , etc., p. 20.

N° 49 ( page 404, *premier paragraphe de la deuxième note* ). La longueur du cours inférieur du Pô ayant été considérablement augmentée par le remplissage de l'Adriatique par ses dépôts, la vitesse du courant aurait dû, à première vue, *être* diminuée et son lit surélevé d'autant. Il y a des raisons de croire que cela s'est produit dans le cas du Nil, et une des raisons pour lesquelles le même effet n'a pas été plus sensiblement perceptible dans le Pô est que le confinement du courant par des digues continues lui confère une vitesse d'eau élevée. suffisant pour balayer les dépôts laissés tomber aux étages inférieurs et aux mouvements plus lents de l'eau. Les cours d'eau torrentiels ont tendance d'abord à creuser, puis à surélever leur lit. Aucune loi générale sur ce point ne peut être formulée en ce qui concerne le cours moyen et inférieur des rivières. Les conditions qui déterminent la question de la dépression ou de l'élévation du lit d'une rivière sont trop multiples, variables et complexes pour être soumises à des formules, et elles peuvent à peine être énumérées. Voir cependant la note p. 431.

N° 50 ( page 406, *premier paragraphe* ). Le système proposé dans le texte est sensiblement la méthode égyptienne, les digues du Nil ayant été construites plutôt pour retenir que pour exclure l'eau. Les eaux des rivières qui coulent dans des plans de faible inclinaison, déposent dans leurs inondations la plus grande proportion de leurs sédiments dès que, en débordant de leurs rives, elles s'échappent du courant rapide du canal, et par conséquent les rives immédiates de ces rivières deviennent plus haut que les terrains plus éloignés du ruisseau. Dans les « intervalles » ou « fonds » des grands fleuves d'Amérique du Nord, les rives alluviales sont élevées et sèches, les plaines plus éloignées de la rivière sont plus basses et marécageuses. Ceci est généralement observable en Egypte, quoique moins que dans la vallée du Mississipi, où, au-dessous du cap Girardeau, les rives alluviales constituent des glacis naturels descendant à mesure qu'on s'éloigne du fleuve, à une moyenne de sept pieds dans le premier mille. HUMPHREYS ET ABBOT *Rapport* , p. 96, 97.

Les digues égyptiennes, en retenant l'eau des inondations, l'obligent à laisser tomber ce qui lui reste de vase, et c'est pourquoi l'élévation des terres les plus éloignées se poursuit à un rythme qui n'est pas beaucoup plus lent que celui des rives immédiates. Des remblais transversaux produiraient probablement le même effet dans la vallée du Mississippi. Dans les grandes crues de cette rivière, on observe qu'à une certaine distance du canal, les fonds, quoique plus bas que les berges, sont inondés à une moindre profondeur. Voir les coupes transversales dans la planche IV. du rapport Humphreys et Abbot. Ce fait apparemment anormal est dû, je suppose, à la plus grande rapidité du courant des eaux débordantes dans les basses terres, qui sont souvent drainées par les canaux de rivières dont le lit se situe à un niveau inférieur à celui du Mississippi, ou par les bayous qui sont un trait si caractéristique de la géographie de cette vallée. Une utilisation judicieuse des digues transformerait probablement les marécages de la basse vallée du Mississippi en une région comme l'Égypte.

N° 51 ( *deuxième note* ). Le débit moyen du Mississippi est de 675,000 pieds cubes par seconde, et, en conséquence, ce fleuve apporte à la mer environ onze fois plus d'eau que le Pô, et plus de six fois et demie autant que le Nil. Le débit du Mississippi est estimé à un quart des précipitations de son bassin, proportion certainement très grande, si l'on considère la rapidité de l'évaporation dans de nombreuses parties du bassin et la perte probable par infiltration. — Humphreys et Abbot 'S *Rapport* , p. 93.

N° 52 ( page 423, *premier paragraphe* ). Les courants d'eau dirigés artificiellement ont été avantageusement utilisés dans le génie civil pour déplacer et transporter de grandes quantités de terre, et il ne fait aucun doute que cet agent pourrait être utilisé avec profit dans une bien plus grande mesure que ce qui a été tenté jusqu'à présent. Certains des travaux hydrauliques réalisés en Californie pour arroser des masses de terres aurifères sont d'une ampleur suffisamment prodigieuse pour produire des changements topographiques vraiment importants.

N° 53 ( page 435, *première note* ). J'ai récemment été informé par un habitant des îles Ioniennes, qui connaît ce phénomène, que la mer se jette sans interruption dans les cavités sub-insulaires, à tous les stades de la marée.

N ° 54 ( page 438, *note* ). On observe en Cornouailles que les mines profondes sont plus exemptes d'eau dans les districts agricoles artificiellement bien drainés que dans les districts agricoles non drainés. — ESQUIROS , *Revue des Deux Mondes* , 15 novembre 1863, p. 430.

N ° 55 ( page 441 ). Voir, sur les puits artésiens du Sahara, et surtout sur les rejets de poissons vivants par ceux-ci, un article intitulé *Le Sahara* , etc., de Charles Martins, dans la *Revue des Deux Mondes* du 1er août 1864, pp. 618, 619.

N ° 56 ( page 444, *première note* ). De l'article du *Rév. des Deux Mondes* cité dans la note précédente, il ressort que les puits découverts par Ayme étaient véritablement artésiens. Ils étaient forés dans la roche et munis à la sortie d'une valve en pierre en forme de poire, par laquelle l'orifice pouvait être fermé ou ouvert à volonté.

N ° 57 ( page 447, *deuxième note* ). Hull suggère ingénieusement que, outre d'autres changements, le sable fin mélangé ou déposé au-dessus d'une couche plus grossière, ainsi que les minuscules particules résultant de la désintégration de cette dernière, peuvent être transportés par la pluie dans le cas des dunes, ou par l'action ordinaire. de l'eau de mer dans celle des bancs de sable subaquatiques, en passant par les interstices de la couche la plus grossière, et ainsi la position relative du sable fin et du gravier peut être plus ou moins modifiée. — *Oorsprong der Hollandsche Duinen* , p. 103.

N ° 58 ( page 479 ). Il ressort de Laurent que des coquillages marins, d'espèces existantes, se trouvent dans les sables du Sahara, loin de la mer, et même à des profondeurs considérables sous la surface. — Mémoires sur le Sahara Oriental, *p* . 62.

Cette observation a été confirmée par des voyageurs ultérieurs et constitue un maillon important dans la chaîne de preuves qui tend à prouver que le bouleversement du désert libyen est de date relativement récente.

N ° 59 ( p. 480 ). « A New Quay [en Angleterre], les sables des dunes sont convertis en pierre par un oxyde de fer maintenu en solution par l'eau qui les pénètre. Cette pierre, qui se forme pour ainsi dire sous nos yeux, s'est avérée assez solide. pour être employé à la construction. » — ESQUIROS , *L'Angleterre et la vie Anglaise* , *Revue des Deux Mondes* , 1er mars 1864, pp. 44, 45.

N ° 60 ( page 496, *premier paragraphe* ). A Ditmarsh, la rupture de la surface par la manœuvre d'un corps de cavalerie a laissé échapper une dérive de sable qui a causé de graves dégâts avant d'être maîtrisée. — KOHL , *Inseln u. Marschen.* etc., III. p. 282.

Des cas similaires se sont produits dans l'est du Massachusetts, pour des causes tout aussi légères. — Voir THOREAU , *A Week on the Concord and Merrimack Rivers* , pp. 151-208.

N° 61 ( page 497, *dernière note* ). Une explication plus probable du fait énoncé dans la note est suggérée par Élisée Reclus, dans un article intitulé *Le Littoral de la France* , dans la *Revue des Deux Mondes* du 1er septembre 1864, pp. 193, 194. Cet écrivain compétent estime que ces mares sont les vestiges d'anciennes baies maritimes, coupées de l'océan par des bancs de sable progressivement accumulés et élevés par les vagues et les vents jusqu'à prendre le caractère de dunes.

N ° 62 ( page 506, *note* ). La déclaration contenue dans la note est confirmée par Olmsted : « Il n'y a pas une demande suffisante de colophane, sauf pour les premières qualités, pour qu'elle vaille la peine d'être transportée depuis les distilleries de l'intérieur ; une auge en bois, et on laissait s'en écouler pour jeter les déchets sur le sol. Dans la première distillerie que j'ai visitée, qui n'était en activité que depuis un an, se trouvait un bassin de colophane figée, estimé à contenir plus de trois mille barils. *Un voyage dans les États esclavagistes du littoral* , 1863, p. 345.

N ° 63 ( page 507 ). Dans un article sur les dunes d'Europe, dans Vol. 29 (1864) de *Aus der Natur* , p. 590, on estime que les dunes couvrent, sur les îles et les côtes du Schleswig Holstein, dans le nord-ouest de l'Allemagne, au Danemark, en Hollande et en France, cent quatre-vingt-un milles carrés allemands, soit près de quatre mille milles carrés anglais ; en Ecosse, environ dix milles allemands ou deux cent dix milles anglais ; en Irlande, vingt milles allemands ou quatre cent vingt milles anglais ; et en Angleterre, cent vingt milles allemands, soit plus de deux mille cinq cents milles anglais.

N° 64 ( page 512, *dernier paragraphe* ). Pour un brillant récit de l'amélioration des Landes, voir Edmond About, *Le Progrès* , Chap, VII.

Dans le mémoire cité en *annexe* , n° 48, *ante* , Duponchel propose la construction de torrents artificiels pour broyer la roche calcaire en limon par roulage et attrition dans son lit, et, en même temps, le lessivage d'un dépôt argileux qui sera mélangée aux limons calcaires et distribuée dans les Landes par des cours d'eau aménagés à cet effet. Par ce moyen, il suppose qu'un sol très fertile pourrait se former à la surface, qui serait également soulevé par le processus de manière à permettre un drainage plus libre. Comme rien ne manque peut-être pour recommander ce projet, Duponchel suggère que, comme certaines rivières de l'Ouest de la France sont aurifères, il est probable qu'on pourra recueillir suffisamment d'or des lavages pour réduire matériellement le coût des opérations.

N° 65 ( page 528, *premier paragraphe* ). L'ouverture d'un canal à travers Cape Cod aurait, quoique peut-être dans une moindre mesure, les mêmes effets en échangeant la vie animale des rives sud et nord de l'isthme, comme dans le cas du canal de Suez ; car, bien que la largeur du cap Cod ne dépasse nulle part vingt milles, et soit réduite à un seul en certains endroits, il ressort des rapports officiels sur l'histoire naturelle du Massachusetts que la population des eaux opposées diffère considérablement en espèces.

N'ayant pas les documents originaux sous la main, je cite un extrait du *Rapport sur les animaux invertébrés de Mass.* , donné par Thoreau, *Excursions* , p. 69 : « La répartition des coquillages marins est tout à fait digne d'être remarquée en tant que fait géologique. Cape Cod, le bras droit du Commonwealth, s'étend dans l'océan sur environ cinquante ou soixante milles. Il n'a nulle part plusieurs milles de large ; mais cet étroit La pointe de terre s'est avérée jusqu'ici une barrière à la migration de nombreuses espèces de mollusques. Plusieurs genres et de nombreuses espèces, qui ne sont séparés que par l'intervention de quelques milles de terre, sont effectivement empêchés de se mélanger par le Cap et ne passent pas d'un bord à l'autre * * * * Sur les cent quatre-vingt-dix-sept espèces marines, quatre-vingt-trois ne passent pas sur la rive sud, et cinquante ne se trouvent pas sur la rive nord du Cap.

Il est probable que la répartition des espèces de mollusques soit affectée par des conditions locales inconnues, et par conséquent un canal ouvert à travers le Cap pourrait ne pas rendre toutes les espèces qui habitent les eaux d'un côté communes à celles de l'autre ; mais il ne fait aucun doute qu'il y aurait une migration considérable dans les deux sens.

Le fait exposé dans le rapport peut suggérer une prudence importante lorsqu'il s'agit de tirer des conclusions sur l'âge relatif des formations à partir de la nature de leurs fossiles. Si un ou plusieurs mouvements géologiques avaient soulevé à différents niveaux les fonds des eaux ainsi séparés par un isthme étroit, et disloqué la connexion entre ces fonds, les naturalistes, dans la suite des âges, en raisonnant d'après le caractère des faunes fossiles, auraient pu les attribuer à des espèces différentes. , et peut-être des périodes très lointaines.

N° 66 ( _page 548, premier paragraphe_ ). Aux effets géologiques de l'épaississement de la croûte terrestre dans le golfe du Bengale, s'ajoutent ceux de son amincissement sur les hauts plateaux où prend sa source le Gange. La même action peut, comme me le suggère un éminent ami, même avoir une influence cosmique. Les grands fleuves de la terre, pris dans leur ensemble, transportent des sédiments des régions polaires dans une direction équatoriale, et tendent par conséquent à augmenter le diamètre équatorial et en même temps, par leur inégalité d'action, à un déplacement continuel de l'eau. centre de gravité de la Terre. Le mouvement du globe et de tous les corps affectés par son attraction est modifié par tout changement de sa forme, et dans ce cas nous ne sommes pas autorisés à dire que de tels effets sont en aucune manière compensés.